『十四五』国家重点图书出版规划项目

中国近现代稀见史料丛刊【第九辑】

张剑 徐雁平 彭国忠 主编

# 张人骏往来函电集（上）

（清）张人骏 著

刘天昌 整理

本辑执行主编 彭国忠

凤凰出版社

图书在版编目（CIP）数据

张人骏往来函电集 / （清）张人骏著 ; 刘天昌整理
. -- 南京 : 凤凰出版社, 2022.10
（中国近现代稀见史料丛刊. 第九辑）
ISBN 978-7-5506-3713-9

Ⅰ. ①张… Ⅱ. ①张… ②刘… Ⅲ. ①中国历史－史料－清末－文集 Ⅳ. ①K252.06

中国版本图书馆CIP数据核字(2022)第147687号

| | |
|---|---|
| 书　　名 | 张人骏往来函电集 |
| 著　　者 | (清)张人骏 著　刘天昌 整理 |
| 责任编辑 | 陈晓清 |
| 装帧设计 | 姜　嵩 |
| 出版发行 | 凤凰出版社(原江苏古籍出版社)<br>发行部电话025-83223462 |
| 出版社地址 | 江苏省南京市中央路165号,邮编:210009 |
| 照　　排 | 南京凯建文化发展有限公司 |
| 印　　刷 | 江苏凤凰通达印刷有限公司<br>江苏省南京市六合区冶山镇,邮编:211523 |
| 开　　本 | 880毫米×1230毫米　1/32 |
| 印　　张 | 28.5 |
| 字　　数 | 741千字 |
| 版　　次 | 2022年10月第1版 |
| 印　　次 | 2022年10月第1次印刷 |
| 标准书号 | ISBN 978-7-5506-3713-9 |
| 定　　价 | 218.00元(全二册) |

(本书凡印装错误可向承印厂调换,电话:025-57572508)

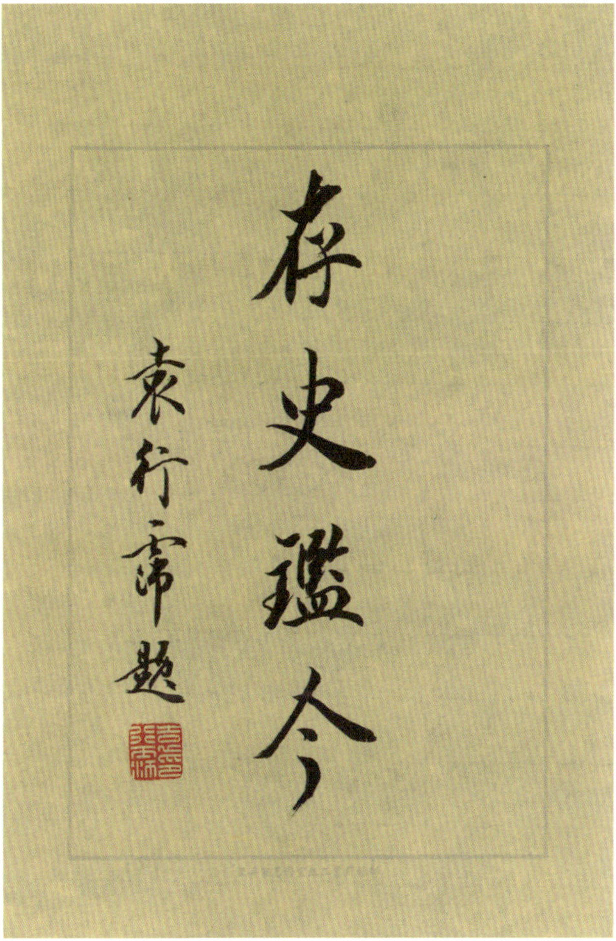


袁行霈先生题辞

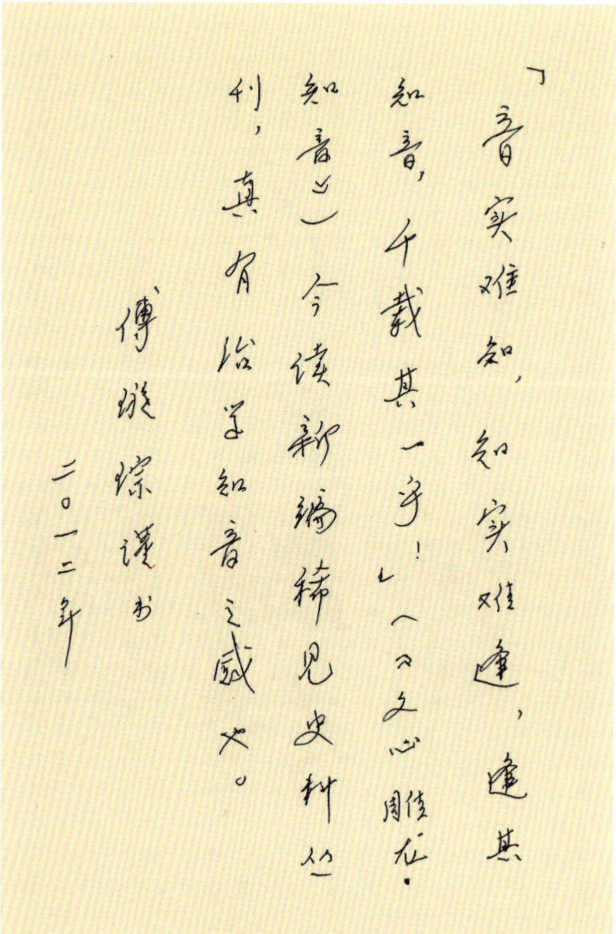
「音实难知，知实难逢，逢其知音，千载其一乎！」（文心雕龙·知音）今读新编稀见史料丛刊，真有治学知音之感矣。

傅璇琮谨书

二〇一二年

傅璇琮先生题辞

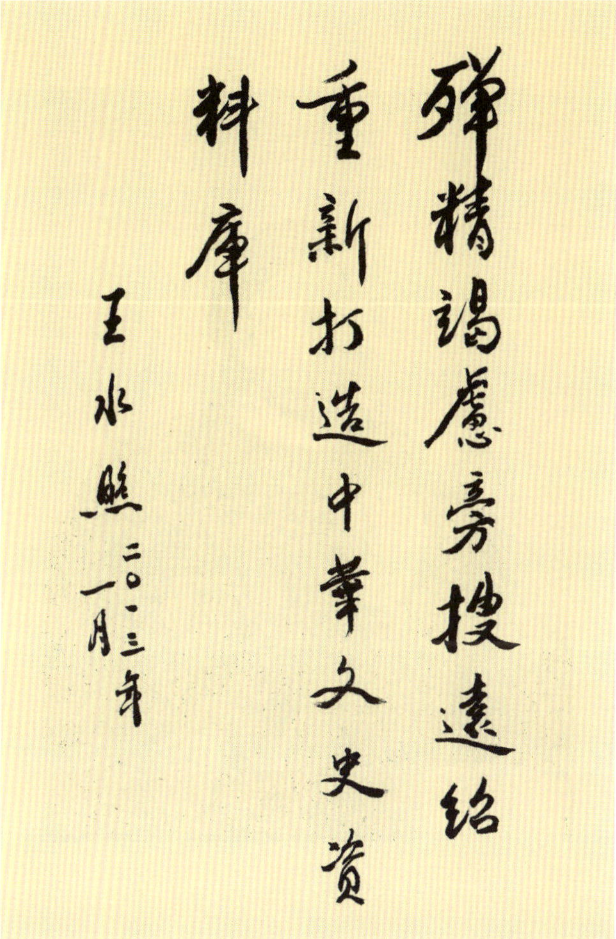


王水照先生题辞

张人骏

# 《中国近现代稀见史料丛刊》总序

在世界所有的文明中，中华文明也许可说是“唯一从古代存留至今的文明”（罗素《中国问题》）。她绵延不绝、永葆生机的秘诀何在？袁行霈先生做过很好的总结：“和平、和谐、包容、开明、革新、开放，就是回顾中华文明史所得到的主要启示。凡是大体上处于这种状况的时候，文明就繁荣发展，而当与之背离的时候，文明就会减慢发展的速度甚至停滞不前。”（《中华文明的历史启示》，《北京大学学报》2007 年第 1 期）

但我们也要清醒看到，数千年的中华文明带给我们的并不全是积极遗产，其长时段积累而成的生活方式与价值观具有强大的稳定性，使她在应对挑战时所做的必要革新与转变，相比他者往往显得迟缓和沉重。即使是面对佛教这种柔性的文化进入，也是历经数百年之久才使之彻底完成中国化，成为中华文明的一部分；更不用说遭逢“数千年来未有之变局”、“数千年未有之强敌”（李鸿章《筹议海防折》），“数千年未有之巨劫奇变”（陈寅恪《王观堂先生挽词序》）的中国近现代。晚清至今虽历一百六十余年，但是，足以应对当今世界全方位挑战的新型中华文明还没能最终形成，变动和融合仍在进行。1998 年 6 月 17 日，美国三位前总统（布什、卡特、福特）和二十四位前国务卿、前财政部长、前国防部长、前国家安全顾问致信国会称：“中国注定要在 21 世纪中成为一个伟大的经济和政治强国。”（徐中约著《中国近代史》上册第六版英文版序，香港中文大学 2002 年版）即便如此，我们也不能盲目乐观，认为中华文明已经转型成功，相反，中华文明今天面对的挑战更为复杂和严峻。新型的中华文明到底会怎样呈现，又怎样具体表现或作用于政治、经济、文化等层面，人们还在不断探索。这个问题，我们这一代恐怕无法给出答案。但我们坚信，在历史上曾经灿烂辉煌的中华文明必将凤凰浴火，涅槃重生。这既是数千年已经存在的中华文明发展史告诉我们的经验事实，也是所有为中国文化所化之人应有的信念和责任。

不过，对于近现代这一涉及当代中国合法性的重要历史阶段，我们了解得还过于粗线条。她所遗存下来的史料范围广阔，内容复杂，且有数量庞大且富有价值的稀见史料未被发掘和利用，这不仅会影响到我们对这段历史的全面了解和规律性认识，也会影响到今天中国新型文明和现代化建设对它的科学借鉴。有一则印度谚语如是说："骑在树枝上锯树枝的时候，千万不要锯自己骑着的那一根。"那么，就让我们用自己的专业知识与能力，为承载和养育我们的中华文明做一点有益的事情——这是我们编纂这套《中国近现代稀见史料丛刊》的初衷。

书名中的"近现代"，主要指 1840—1949 年这一时段，但上限并非以一标志性的事件一刀切割，可以适当向前延展，然与所指较为宽泛的包含整个清朝的"近代中国"、"晚期中华帝国"又有所区分。将近现代连为一体，并有意淡化起始的界限，是想表达一种历史的整体观。我们观看社会发展变革的波澜，当然要回看波澜如何生，风从何处来；也要看波澜如何扩散，或为涟漪，或为浪涛。个人的生活记录，与大历史相比，更多地显现出生活的连续。变局中的个体，经历的可能是渐变。《丛刊》期望通过整合多种稀见史料，以个体陈述的方式，从生活、文化、风习、人情等多个层面，重现具有连续性的近现代中国社会。

书名中的"稀见"，只是相对而言。因为随着时代与科技的进步，越来越多的珍本秘籍经影印或数字化方式处理后，真身虽仍"稀见"，化身却成为"可见"。但是，高昂的定价、难辨的字迹、未经标点的文本，仍使其处于专业研究的小众阅读状态。况且尚有大量未被影印或数字化的文献，或流传较少，或未被整合，也造成阅读和利用的不便。因此，《丛刊》侧重选择未被纳入电子数据库的文献，尤欢迎整理那些辨识困难、断句费力、裒合不易或是其他具有难度和挑战性的文献，也欢迎整理那些确有价值但被人们习见思维与眼光所遮蔽的文献，在我们看来，这些文献都可属于“稀见”。

书名中的“史料”，不局限于严格意义上的历史学范畴，举凡日记、书信、奏牍、笔记、诗文集、诗话、词话乃至序跋汇编等，只要是某方面能够反映时代政治、经济、文化特色以及人物生平、思想、性情的文献，都在考虑之列。我们的目的，是想以切实的工作，促进处于秘藏、边缘、零散等状态的史料转化为新型的文献，通过一辑、二辑、三辑……这样的累积性整理，自然地呈现出一种规模与气象，与其他已经整理出版的文献相互关联，形成一个丰茂的文献群，从而揭示在宏大的中国近现代叙事背后，还有很多未被打量过的局部、日常与细节；在主流周边或更远处，还有富于变化的细小溪流；甚至在主流中，还有漩涡，在边缘，还有静止之水。近现代中国是大变革、大痛苦的时代，身处变局中的个体接物处事的伸屈、所思所想的起落，借纸墨得以留存，这是一个时代的个人记录。此中有文学、文化、生活；也时有动乱、战争、革命。我们整理史料，是提供一种俯首细看的方式，或者一种贴近近现代社会和文化的文本。当然，对这些个人印记明显的史料，也要客观地看待其价值，需要与其他史料联系和比照阅读，减少因个人视角、立场或叙述体裁带来的偏差。

知识皆有其价值和魅力，知识分子也应具有价值关怀和理想追求。清人舒位诗云“名士十年无赖贼”（《金谷园故址》），我们警惕袖手空谈，傲慢指点江山；鲁迅先生诗云“我以我血荐轩辕”（《自题小像》），我们愿意埋头苦干，逐步趋近理想。我们没有奢望这套《丛刊》产生宏大的效果，只是盼望所做的一切，能融合于前贤时彦所做的贡献之中，共同为中华文明的成功转型，适当“缩短和减轻分娩的痛苦”（马克思《资本论》第一卷第一版序言）。

《丛刊》的编纂，得到了诸多前辈、时贤和出版社的大力扶植。袁行霈先生、傅璇琮先生、王水照先生题辞勖勉，周勋初先生来信鼓励，凤凰出版社姜小青总编辑赋予信任，刘跃进先生还慷慨同意将其列入“中华文学史史料学会”重大规划项目，学界其他友好也多有不同形式的帮助……这些，都增添了我们做好这套《丛刊》的信心。必须一提的是，《丛刊》原拟主编四人（张剑、张晖、徐雁平、彭国忠），每位主编负责一辑，周而复始，滚动发展，原计划由张晖负责第四辑，但他尚未正式投入工作即于 2013 年 3 月 15 日赍志而殁，令人抱恨终天，我们将以兢兢业业的工作表达对他的怀念。

《丛刊》的基本整理方式为简体横排和标点（鼓励必要的校释），以期更广泛地传播知识、更好地服务社会。希望我们的工作，得到更多朋友的理解和支持。

2013 年 4 月 15 日

# 整理说明

张人骏是历经清代道光、咸丰、同治、光绪、宣统及中华民国六个朝代的著名历史人物，是历官同治、光绪、宣统三朝的晚清重臣。从同光中兴、中法战争、洋务运动、中日战争、戊戌变法、义和团运动、清末新政、辛亥革命、洪宪帝制到张勋复辟，他都是直接的参与者。作为从 1901 年至 1911 年十年间唯一一位始终在地方担任巡抚总督的封疆大吏，他不仅宦迹广西、广东、山东、山西、河南、江苏、安徽、江西等省，而且直接参与或主导了废除科举、改革官制、改革漕运、兴办新学、创建新军、兴办洋务、制定律法等清末新政。他是晚清疆臣中稳健务实的改革派，是中国律法近代化、军队近代化的缔造者之一，是中国近代教育的倡导者和鲁、豫、晋、粤、苏、赣、皖等七省新式教育的推动者；是唯一一位不畏列强，同英、法、美、日、德、葡等国屡作斗争的爱国者，是南海主权的确立者，是朝野公认的所谓忠臣。历史上著名的山西保矿运动、河南保矿运动、收回鸡公山主权、收回西江缉捕权、"二辰丸"事件及首次抵制日货运动、启动澳门划界、收复东沙、两勘西沙、创建香洲商埠、创办香港大学、平息上海橡皮股票危机、举办南洋劝业会、提倡建立内阁与速开国会、东北鼠疫、江皖水灾等重大历史事件，都以他为主角。可以说，张人骏是晚清杰出的政治家、军事家、外交家、法学家，是确立南海主权的民族英雄，至今南海还有以他名字命名的"人骏滩"。他去世后，逊帝溥仪赐其谥号"文贞"。

但是，由于张人骏曾身膺疆寄、位高权重，清朝灭亡后始终处于自责之中，认为自己尽职不力，耻于宣扬自己的经历，甚至晚年焚书裂稿、不允著述，未给后人留下只字片言。后人对他疏于了解，且对他主导的历史事件认识模糊。为了弥补这一历史缺憾，填补晚清史上的一段空白，整理者在没有任何底本的情况下，翻阅了大量历史文献，集腋成裘，聚沙成塔，搜集整理出1473件张人骏信函电稿，其中包括与外务部、军机处往来函电490件，与张之洞125件，与袁世凯16件，与岑春煊59件，与盛宣怀47件，与锡良242件，与端方16件，与六叔张佩纶16件，与长子张允言69件，详细再现了与张人骏有关的历史真相。该书既是张人骏丰富多彩人生历程的真实写照，又是研究中国近代政治、经济、军事、外交和文化教育等方面的珍贵资料，具有重要的学术价值和史料价值。该书也是即将整理告竣的《张人骏全集》的重要组成部分。

本书所收函电，均无标题，为整理者所加，日期也为整理者根据“韵目代日表”推定。书后附“韵目代日表”，读者可以自行代入。原电文均照原文录入，不作更改；明显讹字，用[ ]更正。

# 张人骏生平简历

道光二十六年(1846)正月,出生于直隶丰润县齐家坨村。

同治三年(1864),考中举人。

同治七年(1868)四月,考中进士,授翰林院庶吉士。

同治十年(1871)四月,授翰林院编修。

光绪九年(1883)正月,授湖广道监察御史。

光绪十一年(1885)十一月,授户科给事中。

光绪十五年(1889)九月,升广西桂平梧郁盐法道。

光绪二十年(1894)十一月,升广东按察使。

光绪二十一年(1895)十二月,升广东布政使。

光绪二十四年(1898)七月,调山东布政使。

光绪二十六年(1900)十月,升漕运总督。

光绪二十七年(1901)九月,任山东巡抚。

光绪二十八年(1902)四月,任河南巡抚。

光绪二十九年(1903)三月,任广东巡抚。

光绪三十一年(1905)六月,任山西巡抚。

光绪三十二年(1906)二月,任河南巡抚。

光绪三十三年(1907)七月,任两广总督。

宣统元年(1909)五月,任两江总督、南洋大臣。

宣统三年(1911)十二月,下野,退隐。

民国六年(1917)五月,张勋复辟,逊帝溥仪授“协办大学士”。

民国十三年(1924)正月,逢甲子乡举重逢,逊帝溥仪赏“太子太保”衔。

民国十六年(1927)正月,病逝。逊帝溥仪赐谥号“文贞”。

# 目　录

**【附录】**

# 光绪十六年庚寅(1890)

## 到达广州致张佩纶函

（光绪十六年四月十七日）

六叔[①]大人尊前：

由在上海寄上各信，并转寄都寓木箱等件，计均照收。侄初一附富顺船，初二早开。在港耽搁两日，初七到广州省[②]，次日移寓城内。留发电信，想阅悉矣。初十谒见筱公[③]，极荷温处，此皆傅相[④]揄扬所致。连日酬应纷繁，日不暇给，现在大致粗了。已赁广西船，约于二十开行。粤东天气火热，到此已穿亮纱，逐日衣冠仆仆，大是苦境。西江发水，舟行不能速，到桂林总在五月半前后矣。

九叔[⑤]到省即委鱼雷局，薪水夫马共七十金。惟粤东无事不费，无物不贵（凉水三十余文一挑，他可知），恐当不敷半月之用。九婶及

---

① 张佩纶(1848—1903)，字幼樵，号篑斋（一作蒉斋）、绳庵，直隶丰润人。李鸿章女婿，张人骏祖父张印坦的亲侄，在张人骏父辈九人大排行六，与张人骏情同手足。同治十年(1871)进士，历官翰林院编修、侍讲，为“清流四谏”之首，以弹劾大臣而闻名。后署总理衙门大臣、左副都御史。光绪十年(1884)中法战争初起，力主抗战，以三品卿衔会办福建海防事宜，兼署船政大臣，马尾战败后，被夺职流放。

② 原文如此。

③ 李鸿章长兄。时任两广总督。

④ 李鸿章。因其被赐予太子太傅及文华殿大学士（相当于宰相），故名。

⑤ 张佩绪(1850—1899)，字曼农，号悔斋。张佩纶六弟（大排行九）。

普弟皆念此人初至此，总觉不便耳。新吾姻叔高中，书法本好，大约可入词馆。傅相处乞道贺意，到彼再修奉。侄及儿辈均可支持，当不十分劳悴。粤东天地人三者，无一合宜，幸是过路，久住真难耐耳！前信系九叔交陈先生者，祈并此信皆寄京都。余续述。

敬请双安！

侄期人骏启　十七日

## 到任以来公私犹适致庞鸿书函

（光绪十六年至光绪十七年）

劬庵[①]二兄世年大人阁下：

别来忽忽已半年余矣。近想枕葄时勤，埙篪竞奏，乐可知也。弟到任以来，公私犹适，职事颇简，而束缚殊甚，不独清游不可得，即可以清谈者，亦无其人。交游之乐，州官不如京官，边省不如腹地，合当如此。则昔贤之谪居于此者，其岑寂无聊之况，可想见矣。荣补有消息否？前后持使节来桂林者，主考则推纲兄为最，学政则以雨亭为最。官绅之论皆同，而皆与鄙人相好，颇引为荣。桂林之缺，以学政为独优，而文风远不如他省。虽中丞奏开书局，欲以振兴文教，亦如求马唐肆，逐而不当，未必即获实效。明岁大比，阁下倘能乘传南来，为之讲求诱掖，开其风气，而鄙人亦得逐从之乐，真大妙矣。　　前致纲兄一函，附陈狗鱼四尾，不知何日得达。此物形状可异，恐其味不佳，非下酒之品也。近日游兴如何？同人尚念及远人否？匆匆。

敬请升安（纲兄均此）！

弟期人骏书

---

① 庞鸿书（1848—1915），字劬庵，号郦亭。刑部尚书庞钟璐次子。曾任贵州巡抚。

# 光绪十八年壬辰(1892)

## 为采购广西谷米事致张曾飏函

（约光绪十八年某月初四日）

小帆[①]吾兄同年大人阁下：

六月间，曾寄一缄，计早鉴及。昨接电示，知须由浔、梧买谷二万石，填补府仓，属允厘捐。业将尊意回明中丞，并与何观察（署道、管厘局）熟商。以此事向无办过成案，西省民贫地瘠，饷源专恃厘金，而米谷居十之三四，若明手通融，恐各处将相因而起。况东省商人蓄谋已久，故近日谣传御旨请停西省米厘之疏，中丞甫经荷月杪，以未能停止情形复奏。相去无几时，而尊处谷石忽然免厘，恐东商等闻之，必又生心借此事以为口实，于西省大局似有窒碍。然执事关心民食，备预不虞，自是美举。况购数无几，不似诿属，断无妨命之理。因思得一变通之法，请尊处委员采办时，给予执照，填明所购谷石数目，仍照常完厘，以二万石为率，此间密饬各卡，记系广府仓谷所完之税厘，另行存储，不入款册，随后一律将原款缴还处。如此一转移间，面面俱圆，于公事既不牵掣，而他人亦无从指摘，并可杜夹带影射与西省各卡委员负借口诿卸之地。尊意当以为然？此信到时，望速示一电，以便属厘局转饬各卡也。至购谷欲在浔州以下处，此便是边军采办兵米之地，价必不能甚廉。　　何观察入闱提调，昨晚省竣，故察答

---

① 张曾飏(1842—1920)，字小帆。张人骏同年。曾任浙江巡抚、山西巡抚。

稍迟，祈谅之。今早复电计达览矣，东省驿递迟延，此行排递梧府，转递当可速到。专此奉复。

敬请升安！

年愚弟人骏书　初四日

中丞处奉稿附阅。

# 光绪十九年癸巳(1893)

## 虔祷两日而甘霖未沛复周璜[①]同年函

(约光绪十九年春)

手示祗悉。虔祷两日而甘霖未沛,殆诚尚不能感格耶?焦闷已极!南门今日已闭街市,虽仅断屠,而同官皆相约持斋。本拟明日不雨,即禁五荤,兼诣广福王祠祈祷。烧锅刻已遵示,属首府县即传各铺户谕知停烧,一面出示晓谕。昨日兴安已得透雨,今日似亦有得雨之处,平乐、全州米价均大平矣。知念附及,特复。

即请黻卿老兄同年大安!

弟骏顿首

## 附去洋蚨十元乞转交邓宅致周璜同年函

(光绪十九年冬)

黻卿老兄同年大人阁下:

多日未见,天气严寒,尊体想尚佳胜。属写联扇,涂出奉缴,因就正于法家,不觉胆怯腕拘,恶劣殊甚,不足当一噱也。邓同年[②]家属事,前已转致薇垣设法,不知成否?日内尚未谈及。附去洋蚨十元,

---

① 周璜(?—1897),字黻卿。同治七年(1868)与张人骏同科进士,授翰林院庶吉士。

② 邓佐槐(1836—1893),字振勋,号砺侯,同治七年进士。著有《中法战事记》。

即乞转交邓宅，聊备御冬之资。明岁再当筹助。自愧棉薄，不能从丰为歉。余容迟日诣谈面罄。

专此敬颂大安！

年愚弟张人骏顿首

# 光绪二十年甲午(1894)

## 日内写字奉缴复周璜同年函

（约光绪二十年）

手书祇悉。药未交价，借呈嘱付，日内写字奉缴。伤药方，搬家时不知收存何所，检得即录呈。尤肯配合送人，甚妙。此复。

敬祈黻卿吾兄同年大人刻安！

弟骏顿首

方已觅得，录出敬上。

## 为倭寇已与我兵开仗致张佩纶函

（光绪二十年七月初三日）

六叔大人尊前：

月杪寄去六号信，约八月初可以达览。昨阅东电，知倭寇已与我兵开仗，“济远”船伤，而“广乙”无下落，倭亦沉一船。陆军则我稍胜于彼，此后不知若何情形。倭、俄皆垂涎高丽，倭弱而俄强，倭不度德量力，而惟利是图，岂能成事？第恐兵连不解，中国坐困，俄超而乘之，高丽为彼所收，则从此无高枕之日矣。可虑。傅相想有成算，定能破彼阴谋，先有备也。当望详示一切情为要。甲申至今仅十年，海上又出此警，两次皆值庆典年份，诚可异也。

云楣[①]后日下船，迁署须望后。云楣有德俄出使之意，已有定局

---

① 胡燏棻（1840—1906），字芸楣，亦作云眉。曾任总理各国事务大臣。

否？侄今年痰气颇胜于前，半年内未服药，此十年来所未有也。秋闱在即，不知有儆侍者否？场规必比往年为严，望属诸人格外慎重也。

特请双安！

侄人骏谨启　七月初三日

## 附：张佩纶为刑幕之弊致张人骏函
## （光绪二十年五月二十二日）

署臬[①]亦何足喜！以侄不能去粤西，聊以解嘲耳！

来书极言刑幕之弊，此风天下皆是，而四川、广西尤甚。欲就供招以发伏摘瑕，非自治律书不可。侄于律学夙未究心，自未便率尔操觚。且恐刑幕联络一气，纸上供招，必然改案就律，所谓虽皋陶听之犹以为死有余辜者。

如侄果得此席，必须改弦更张，力挽积弊，方止于暂时庖代，改则无权，不改则内疚，诚属两难。今为思得一策，使署任时，详请省城设一学律局，简十余正途牧令研究律例，即令兼充发审。首府系同年，经之妥商发审处详定章程，务以亭疑清讼为主。而自撰告示规条，下各属谆谆告诫，以自明其不敢冤滥之心。如能密陈中丞，在隔省延一二慈祥公正之刑席，固属挽回积习无量功德。否则处处留心，以诚恳开导本署之刑席，当亦渐可转移。明知中峰非力图振作之才，一省有泄沓相安之习，即一臬司亦不能遽革陋风，况于摄官承乏。然侄在桂，资礼已深，谅亦不致因此获戾。我尽我心，成则民间少若干冤狱，即阳奉阴违徒成文具，而条教频仍，亦当有见而感化者。似乎平易可行，较胜于嘿尔而息也。幸酌度之。

① 时任桂平梧盐法道张人骏奉旨署理广西按察使。

此间自傅相巡海归来，朝鲜土匪滋事，日本乘势派兵[①]，意在改其国政，为并吞计。我虽派兵，止问土匪，而不问日本。局外自无从进言，隐忧殊在肘腋。朝政似可观其详，则非面谈难悉耳。场期渐近，都、津五秀才[②]，学业均无正进境。今年非去年比，一过便须三年正。戊子承甲子课，请甲午两房，有一二人以承庚午，未知能如愿否？

余不一一。即问健庵吾侄近佳，合署均绥。

绳叔手书 五月廿二日

## 为牙山之捷致张佩纶函

（光绪二十年七月二十五日）

六叔大人尊前：

久未接奉手书，至深亟念。牙山之捷，已见明发。闻十三又有海上大胜之说。东电定闻之，港电未知确否。果真则国威大张，足以抑倭人之狡谋，保全藩属。而俄人窥伺之心，亦可暂灭。

桂省偏僻，消息不灵，殊觉气闷。江都于此不甚经意，询东之电，亦侄议及也。

胡云楣望日可到羊城，此时计已北行，并无电来，不知水陆出于何途。从札皆度岭而北，以海道尚未靖，初意八月拟遣冀北去，至此又迟疑矣。朝政今年大异往时，举措皆当人心，咸有清明之望。而近日何维楷主撰，又为讲幄私意之证，充此而行。所谓独吾大夫也！可慨！

---

① 光绪二十年(1894)，朝鲜爆发东学党起义。朝鲜要求中国出面援助，日本公使怂恿袁世凯采取行动，并暗示日本无意干预此事。但日本却暗中作了准备。袁世凯率部刚协助扑灭东学党，8000 名日本兵就出现在朝鲜。

② 指张佩纶子张志沧、张志潜，张佩绪子张志潭，张人骏四子张允恺、侄子张允厘等面临乡试的五位秀才。当年五月，张志潜、张允恺、张允厘叔侄同时中举，堪称张家盛事。

秋闱已届，而子侄辈文无进境，恐难幸获。若复无望，又须等候三年。如何！竹筠[①]使期已满，闻有以云楣往代之说，确否？余容续述。

敬请双安！

侄人骏谨启 七月廿五日

两弟当早入都矣。

## 附：张佩纶为甲午战事内情致张人骏函
### （光绪二十年八月二十二日）

……生一疽[②]，治二十余日始愈。又苦水泄，自七月初九起，至八月初二。同合肥[③]一月未见，召至内斋一面。初三四询前敌事，力争，不欢而散。又感冒五六日，未会食（此系托词，蒉以废人，实不愿预闻，而合肥问及，又不能附和，动辄敷衍，无益之至。病先真得，后而电旨来矣）。

见在两儿[④]已自都归，十九入屋。闺人[⑤]十七迁出，因合肥十九得拔翎、斥黄褂处分，遣之入署劝慰，廿一复回。廿三遣允襄归都寓，蒉亦即于此日回里。里门万不能住，止好蜷伏许时，为运河南下之计。闺人见理甚明，年未三十，遭此难处之事，合肥闷恨万分，竟能委曲开慰。素患难行乎患难，良为可敬！惟此事蒉之生就甚决，而合肥之祸福未定，闺人性又笃孝，目击老父如此，势难遽此南行，此稍棘手耳。

---

① 许景澄（1845—1900），原名癸身，字竹筠。曾任驻俄、德、奥、荷四国公使。光绪二十三年（1897），出任总理各国事务衙门大臣兼工部左侍郎，并兼任中东铁路公司督办。

② 此函首页缺失。

③ 李鸿章。

④ 张佩纶长子张志沧、次子张志潜。

⑤ 李鸿章之女、张佩纶之继室李经琇。

合肥办理此事，萧旁观者清，不幸多中，今亦置之不论，岂可复以先见之明自解？范忠宣[①]诸子欲以与司马光之异，上白求免南迁，忠宣大怒，止之。此君子处变之道也。合肥欲为萧复奏辩析，而上之疑合肥，与要人之忌萧，深浅相似。萧且当以军务方殷，眷注稍替，似非所宜。且既以党人累公，又何以渎奏再累？合肥默然。萧即长揖，谓公请专意军事，勿为小人所误，从此日奏捷音，即萧受从前贻误之咎，甘之如饴，从此非奉旨不再来署。师生、翁婿从此为别，竟未敢定再见之期。合肥惭且愠。惭者，未一听萧说，而电报乃伯行[②]密管，秘不示人；愠者，嫌萧之去太速也。侄试思之，萧何故再不去乎？即此逗留十日，亦当因体贴半生相待之深情，及其父女不能遽离之意耳！有一正人不能庇，有一谗人不能去，即此一事，老境颓唐，亦可怜也。

现闻平壤已失，叶[③]、卫[④]又弃军而退，北洋军资搜括以供此两军者，全行遗失。海军本不得力，闽将林泰曾[⑤]因是林文

① 范纯仁，范仲淹次子。去世后追赠开府仪同三司，谥号忠宣。著有《范忠宣公集》。

② 李经方(1855—1934)，李鸿章六弟李昭庆之子，后过继给李鸿章为长子。曾任出使日本大臣、出使英国大臣、邮传部左侍郎等。

③ 叶志超(1838—1901)，字曙青。光绪二十年，朝鲜爆发东学党起义，五月底，清政府遣叶志超率太原镇总兵聂士成等清军二千余人开赴朝鲜牙山，在日军攻击下，率部溃逃，损失惨重。

④ 卫汝贵(1836—1895)，字达三，淮军将领，以镇压捻军起家，后因在甲午战争中罪责深重，被清廷处斩。

⑤ 林泰曾(1851—1894)，字凯仕，林则徐胞弟之孙。光绪十四年(1888)北洋海军成军，为左翼总兵，加提督衔。光绪二十年黄海海战后，镇远号入港时触礁受损，后自杀。

忠[①]之族，内特誉之，可笑之至。刘步蟾[②]，均性懦无能，丁汝昌[③]受其挟制。方伯谦[④]两次先逃，反得嘉奖。闽党蟠结，前败牙山，近又战于鸭绿江口，杀伤巨相当又丧两船。师船益少，大局不堪设想。

设十二不出，十九必不须问及。在国则旧为词臣，在津则夙称知己。此策竟不能不对，上亦不能动听，何以自处！然则端侍御[⑤]之一疏，惠我良多矣。

最可慨者，合肥自戊子以来，皆在兰骈馆会食。闺人去署，止能在签押房自食。近来食少事烦，已形衰惫，经此变态，更是食不下咽，此生生要老翁性命而已。合肥平日待诸将甚宽，亲信皆小人有才者，致有此晚节末路而变生肘腋。上之猜忌之深如此，即鞠躬尽瘁亦做不到好处也。特合肥固如此，易一人谁又能办者？清卿[⑥]来此，锐意自任，方云海军可战，而海军败矣；方云

---

① 林则徐(1785—1850)，字元抚，又字少穆、石麟。曾任湖广总督、陕甘总督和云贵总督，两次受命钦差大臣。卒后，清廷晋赠其太子太傅，谥文忠。

② 刘步蟾(1852—1895)，字子香。北洋水师右翼总兵。光绪二十年中日战起，黄海战役中丁汝昌受伤，他代为督战指挥，多次击中敌舰。次年，在威海卫海战中英勇抗敌，以身殉国。

③ 丁汝昌(1836—1895)，原名丁先达，字禹亭，号次章。甲午战争爆发，丁汝昌指挥北洋水师与日军展开大东沟海战，后舰队退保威海卫。第二年威海卫之战中，在弹尽粮绝、援军未至的情况下，拒绝日军劝降，服食鸦片自尽。

④ 方伯谦(1854—1894)，字益堂。济远号管带，黄海海战阵前逃走，被朝廷处斩。

⑤ 端良。

⑥ 吴大澂(1835—1902)，初名大淳，字止敬，又字清卿，号恒轩，晚号窓斋。同治七年(1868)进士。光绪二十一年二月二十一日，吴大澂与宋庆等部合军第四次反攻海城，清军惨遭失败。三月十七日，朝廷下令撤去吴大澂帮办军务职，交部议处。复降旨革职，永不叙用。

淮军可用,而淮军又败矣。其素所倚仗之戴宗骞[1],平日以诸葛自命,倭船一犯威海,以两营环绕自卫。清卿到威一行,必然铺张放势吓之,且云击坏彼船,自调能者,直是笑话。所部湘军四营,尚未东来也。十九日,闺人见老翁。是日,水陆两败信与处分并至,心中难受可知。又谆谆于蒉之身世,谓蒉素刚,我不能劝他。盖婉劝其致书都中高阳[2]诸公为之地。闺人云:蒉都中师友,不过此数人。高阳如得地,不必致书,自无此事。其余如廉生[3]辈,不过词人墨客,平日谈谈金石书画之交,当此急难之际,致书徒伤品行,无济于事,请勿厝意。且此事端良所云,人人皆知其浅陋不近情,直不必辩。政府必虑其得用,从而下石。若夸张其可用此救,盖宽饶故事,益中其忌。倘有晓事者,但云蒉品学素优,近已病久,在津就医,未必不可动听。然止能住津,蒉亦终不肯入署,与老人命意不合,似乎不必劝蒉,听命由天为妙。归而告蒉。有妇如此,可以共贫贱患难,要亦不减伯鸾[4]之得清曜,侄亦可以释然矣。至于倭事,则譬彼舟流,不知所界,恐亦非群公快意恩仇之日耳。

允襄文字平妥,不甚出色,要中亦中得。允夔出场即病。两儿文字,沧串做二三场,十对六七;潜平做经策无疵,今年运气如此,无中理。特南去于其岁科考有碍,亦不能兼顾。但愿倭事速结,南行较便。或住金陵,或住苏州,现尚未能定局,俟议定再闻。余俟回里,将一切布置妥帖,当有详函。

---

① 戴宗骞(1842—1895),字孝侯,甲午战争爆发后,任威海卫陆路清军总统领,率领绥军四营,守卫威海卫北岸炮台。

② 李鸿藻。

③ 王懿荣(1845—1900),字正儒、廉生。张佩纶密友,张人骏亲家。近代金石学家、鉴藏家和书法家,为发现和收藏甲骨第一人。

④ 东汉梁鸿的字。

即问秋祺。侄媳暨侄孙甥均好。

绳叔手书　廿二日

再，朝鲜之事，蕢所以绝不干预者，何也？乙酉定约撤兵，中有如朝鲜有事，两国公会一国派兵等语（大意如此，其原文不能找矣）。时正遣戍过津。是日，合肥饯别，清卿作陪，属看草约，蕢辞不阅。合肥云：军台非王臣乎？不阅即是不忠。蕢乃阅之，至此处力争，以为不可，曰：如此，两属矣。朝鲜必不能无事，中国守信义，派兵必公会，倭则不然。且虑其蓄谋报得我猝不及防，为害甚大，不如去之。合肥悚然。清卿坐洋磨盘式椅上云：门生以为无害。合肥云：会办不以为然。蕢云：不阅即为不忠，阅而不挑即为不智。此事早晚必见，公且姑记余说。是年海军游历至长崎，全队去嫖，被日本人杀数十名，以泄花房竹添之愤。合肥对章琴生[①]云：蕢极聪明人，可恨清卿笨极不肯改却。约语琴生告我塞上。蕢云：未也，合肥能记我话，其讲求海军可矣。若仍用闽将，恣其嫖赌，即不立此约，朝鲜终不能保也。琴生以此复书告，合肥亦搁置之。今年土匪，乃袁道世凯张皇入告，合肥正检阅海军，归而秘甚，不告蕢知。后幕中微泄，已在合肥归后数日。（合肥四月廿三回，约谈在廿五六日）初议聂镇士成[②]以五百人往。叶提[③]以庆典覃恩未得异数，且素忌聂，合肥过榆关，力请行，欲再如朝阳之乱杀民作匪以报功也。蕢猝问合肥

---

① 章洪钧（？—1887），字琴生。同治十年（1871）与张佩纶同登进士。张佩纶密友。

② 聂士成（1836—1900），字功亭。甲午战争爆发后，聂士成随提督叶志超援朝，驻军牙山，因功补授直隶提督。光绪二十四年（1898）冬，聂士成奉命总统直隶淮练各军。

③ 叶志超。

云:闻朝鲜有土匪,袁道请兵,确乎?答曰:确。余云:缓告日本,命一大将以重兵往,至少亦须七八千人,辅以海军全队,以防日本非打土匪也。师须将题目认清。合肥且言且行云:迂哉!日本方和好,哪有此事?恐蒉之再言,即疾趋至签押房。从此蒉遂不开口论此事。

直至五月廿五,颇有窘意,问有何策。蒉云:公宜奏明筹饷募兵,此大患也,不宜轻视。合肥云:我有电,何必奏?蒉云:宜奏。相持许久,至签押房召盛道[1]及于晦若[2]筹议。不决,又遣人召蒉。蒉不愿至签室,五人飞促,勉一往。示以廷寄,蒉乃拈出云:内有迅速具奏语,何云不必奏乎?于是议乃定。合肥欲蒉秉笔,蒉云:既非关道,亦非幕府,断不敢作奏。晦若对:宜属盛。合肥骂云:尔看他这伸头缩额模样,能作奏么?放着两翰林,如何叫一捐班不通之人主稿?蒉乃回顾晦若:此军务,兄不宜辞。即散之。稿定,未写毕,两电催奏。于是合肥以蒉料内外事如观火,急欲其参画此事,软磨两日。时密与盛议和,知师之意和战不定也,始终坚辞。一日,密谓蒉:省三[3]必不出,吾意汝为我一行,护诸将可乎?蒉云:以谁为大将?云:卫汝贵。蒉云:蒉不胜任也,有姻嫌,而蒉又败将,特怨未尽,此时未大决裂,内排廷议、外舍淮将而用蒉,保必不准,徒与保崔惠人[4]作一副对联而已。

---

① 盛宣怀(1844—1916),字杏荪,别署愚斋,晚年自号止叟。历任李鸿章幕僚、工部侍郎、邮传部尚书等。武昌起义爆发后,盛宣怀被革职查办,逃亡日本。民国建立后,盛宣怀受孙中山之邀回到上海,出任汉冶萍公司董事长。

② 于式枚(1853—1916),字晦若。光绪六年(1880)进士。充李鸿章幕僚多年,奏牍多出其手。曾充出使考察宪政大臣。

③ 刘铭传(1836—1896),字省三。光绪十一年(1885)任台湾巡抚。

④ 崔国因(1831—?),字惠人。光绪十五年(1889)三月,出使美国、日斯巴尼亚(今西班牙)、秘鲁。

省三不出，淮无大将，才以资改用宋庆[①]，以谋略用曹克忠[②]。合肥不悦，谓蕢怕吃苦。蕢亦不辩。盖今之朝鲜，乃唐之白沟、高丽两国，险要必争者。熊津、浿水，即今之仁川、大同两口。我海军得力，十日可以逐倭。既让此一着，而趋重陆路。以国初之强，平朝鲜亦十万人。今欲以万余人丁之，而淮将如家人父子，一味宽以驭之，相有恩而蕢徒用威，如何能战？且内间即不拂合肥之请，断不能遽以革职学士充督办一差遣委用，特碍去就。是以蕢决计辞绝（此似安合矣？又一笑）。既以辞绝交合肥，故高阳会议来询，蕢亦以败将书生语覆之。何也？高阳之与蕢契合，起于合肥。而此次高阳之出，名次在虞山后。既有虞山，又有政府，所处乃危难之地。蕢言之，高阳必纳。虞山、济宁必猜是蕢主谋，合肥亦必嫌蕢不出主意，而私告高阳，生出种种窒碍，自处甚难。是以蕢形迹益晦，以避暑拣书，常下榻于海防公所西偏之屋，即今迁眷属处。伯行廿三日到，次日往答之。坐未定，"高升"被击信至，此事定议于六月初九日，而廿一二始行，安得不泄？主谋者，即盛道与张士珩[③]也。初，合肥欲以船移叶军至平壤，丁提复一电，与张士珩云：叶军三不足虑。牙山地险可战，一也；败可卫至黄海道以达平壤，二也；海军暗护可以回华，三也。（丁注意在前二说。叶后用此黄海之策，但军与械全弃以猎户，八十人由山道扒出，乃报大捷，赏物件）张不知丁之畏事，力主其说，劝合肥增兵。叶已终日心惊肉跳。有吴学廉[④]者，伯行姐

---

① 宋庆（1820—1902），字祝三。清末名将，参与平定陕甘回乱，历甲午战争、庚子之变等。

② 曹克忠（1826—1896），以总兵记名。

③ 张士珩（？—1918），字楚宝，李鸿章外甥。

④ 吴学廉（？—1931），字鉴泉。吴赞诚长子，娶李鸿章六弟李昭庆长女为妻。

夫、合肥侄婿,其人可厌万状。自诩知兵,力劝叶守牙山,而自招两哨愿备先锋(其后,亦在扒山之列),故叶亦主增兵。盛、张因议不决,合肥急促。蒉适在上房,至则先骂盛之巧滑、张之糊涂。而后开谈。蒉云:前后未贯澈,不能议。合肥从盛手内抢下电报送阅,云:小事不请高明,今如救焚拯溺,何忍坐视?蒉不得已,乃云:将战矣,不可儿戏。如公之策,岂非以平壤为北路,牙山为南路,两路包抄乎?彼倭岂有坐待平壤之兵直达明津关与牙山相应者?无论如何,彼必先打牙山增兵,即打增兵之运船,此一定之理也。不如抽回叶军,貌若示弱,出牙山口后,直走大同。彼喜于牙山之去毒,或不亟肇衅。若增兵,则似乎雄壮,必因此开仗。蒉主战人,此不敢孟浪。合肥大以为然,即电属丁必须在牙山口明护送至大同,又骂盛包藏叵测、脉脉无言,张心地糊涂、混出主意。蒉尚云:此本师原意,与蒉何涉?是日留署同饭,并云:万勿捡书,须可怜我老而无助。蒉与闺人谈,此不算事,何关大局?老人以小事为大事,却将大事不问。如此入局,奈何?急思脱身之法。次日饭时,忽告我云:我换主意,仍增兵。电已发矣。蒉徐云:增兵,须全队师船方抵得住,否则必然涉险。师云:自然全队。蒉即无言。后盛恐局船冒险,改用英旗;张又护水师,电属派数船丁,派两船护之。而商船又陆续进发。局中藏有奸细,以致偾事。合肥因此事又被料着,又与伯行召去妥议。蒉默然,急思脱身之法。嘿则近于巧滑,不如作一番大议论,能见听或可挽回也。算报国,也算一酬知!若以为迂阔,自然杜绝。因极陈水师之积习,必须去闽将而用良材(有邓世昌者较好,闻近亦阵亡。未知确否)。陆军近年亦刻扣疲款,亟宜少严厉以当军规,诸将畏威、军士得惠始能战胜。果拂师意。亦会初九后即大病,不相见者几及一月。初三四,则度平壤叶、卫不和,必不能守。闻师亦以为忧。否时叶新得总统也,盛为蒉所不喜,且师当蒉两骂之,其贿参固宜。合肥每召一次,蒉必埋怨一次,何故必在签室？渠视盛亦如子弟，不以为然。说蒉胆小，而不知望为荆公①之召惠卿②也。现被驱逐，以三函及屡召徕自悔。

蒉受合肥相待以国，出于废弃，得申以婚姻，妇又贤淑，断无怨尤之理。恐道远或以蒉前次所告为饰词。若真览电报参军谋者，果一一自蒉主持，未必如此。非事后自矜先见也。独避祸而仍得祸，见机不得决机，则为情所牵，以至于此。然失马安知非福耶！

侄得此详情，可释远系。余俟回里后再及，大局则不能细及矣。

蒉又自廿二日三鼓略及之。平壤失守，安州亦弃去，铭军四千守九连城，沈阳陵寝所在空虚，可虑！

## 为甲午战事致张佩纶函

（光绪二十年十月初八日）

庚申局面，且恐倭之残忍百倍于西洋。北望燕云，真觉心胆俱摇。惟验之天象人心，或不至骤有大灾耳！傅相生平之待吾叔，不可为非知己，而此事动辄龃龉，殆亦天意使然，苟能稍从谏言，当不至溃决至此。百百之奸，天下人无不知之，而傅相独契之深，牢不可破，此何理耶！

侄常谓其相将乱疑日，必不能保全始终，初不料其贻误国事如此也！端良之疏，人知其为贿嘱而如响斯应，其为要人修然可知。然时局已如积薪，而独修私怨，小人真别有肺肠乎！闻叶、卫弃军已尽，山陕之兵皆老弱无枪炮，募勇未畜，军械已尽，其危殊不可测。昨日都寓来电，求避寇之计，此事万难遥度。当已电复令渠等酌量，并请吾叔商度。鄙意事急只可退至保定，离海以远，且可为迁山西之计，否

---

① 王安石。

② 吕惠卿(1032—1111)，字吉甫，号恩祖。北宋宰相。

则或就吾处西来桂林。叔携之南下，儿辈少不更事，势必仓皇无措，望叔分心照料为要。盖侄所最关念者，大兄早殁，大嫂及诸媳不可再使流离。套弟已过继二叔，亦不可不为保全。侄远隔万里，实有鞭长莫及之势，不得已，只好托吾叔就近筹划耳。又，韩氏[①]侄妇尚未葬，此时断无暇购地，只可就村东新茔选穴葬之。国威不振如此，此后事更难料，不能再讲规模矣。如必不可葬，或老屋后园，掘土暂埋，俟事平之后再为营葬，亦无不可。均望酌度代筹。明知吾叔亦在颠沛之中，意境可想。此实万不得已之事，舍吾叔无他人可托也。六婶素性贤明，今当危难交迫之时，而能淡定如此，真不可及，将来必有后福。即此每成败利钝，关乎国运，系于天下，非可逆料。而世俗之见，往往责人无已。况居高明之地，尤为指摘。所归北洋军事，皆由傅相主持，今事机如此不顺，谗言蜂起，不问可知。若从此日有转机，犹无可虑。如至仓率议和，诸多亏损，将来主谗于上，众谤于下，后患何可思议！闻一端可决。吾叔必有复起之日，不至终于废弃也。翁、李、刘同入政地，自是出于宸断，惟当此时会，诸公措手，亦殊不易。国事家事，百端交集，夙夜未得安眠，目眩耳鸣，心神不定，临书不能详尽。

敬请双安！

侄启　十月初八日

## 又

傅相近日疏陈，有固守天津，其余鞭长莫及之语，此似尤非所宜。现在封海期近，天津断无足虑，不如奏请出关，督师进剿，诸将见傅相亲自临边，自然振刷精神，同心敌忾，不致如前此之漫无纪律。倭人夙仰威名，必然望风气沮。人心鼓舞，军事必有转机，一切谤谗不办自息。此时敌势注重都城，天津非所争之地，若仍坐守津城，他日有

---

① 张人骏发妻，光绪六年(1880)三月初七日卒于北京，一直未葬。

谓其以敌贴君父者，不又触怒于上乎？吾叔虽奉严旨，形迹不能不疏，而平生情谊亦不可恝然置之。似宜以此意作书婉劝努力一行，以杜谗口。侄亦素承傅相知爱，心明为危，不敢缄默，而又不能冒昧进言。敢告吾叔，请即酌度为要。侄又启。

## 倭攻旅顺甚急致张佩纶函

（光绪二十年十月二十九日）

六叔大人尊前：

昨寄十一号信，不知何日得达。倭一小岛，不意披猖至此。尽管关乎天数，亦人事所感召耳！月余以来，忧国忧家，兼愤吾叔之被诬谤，感愤交集，眠食不安。如何！

高阳重入政府，边、李不次起用，上之举措当乎人心天意，或可转移运运，小寇当可渐次消灭也。云楣来电，谓金州已失，倭攻旅顺甚急，宋军夹击而无援应，势甚可危。旅顺不守，则不独数千万之船坞机可惜，而奉锦、山海、滦乐、天津、威海、烟台处处吃紧矣。昨日又接儿辈来电，则谓军事稍好，或所调诸营当能奋勇，不至如叶、卫等等望风而遁乎。桂林地僻，而江都不甚电询军情，殊闷人也。

自有洋务以来，国之安危，全系火器之利钝。倭并不强于中国，而此番受其大创，则彼肯刻意讲求，而中国狃于和局，自暴自弃故也。天津积械已空，此最可虑。所购船械，不知有无到者。倭船学法故智，在海面搜查，各国商人当肯代运否？望示知一二。

南洋、广东地大物博，大可有为，而历来大府惟安富尊荣，无一人奋与振超者。否则倭人倾国入寇，后路必虚，两省能出船十余直捣其巢，何至猖獗至此？可叹！吾叔被诬而合肥不能办，高阳坐视颠沛而不为之援手，其余碌碌诸公更何足责乎！海军之设，创自吾叔，果能实事求是，十年之久必有成效可睹，倭亦何敢乘机窃发？高阳果能申明前议，将前疏上呈，未必不能默感天心。惜乎其不知出此，足见天分之钝也。近日军情望详示。韩氏侄妇之柩，望即留意设法。今年如不宜,则立春后似可择期,否则暂瘗后园亦胜于浮厝也。

敬请福安!

侄启　廿九日

**附:张佩纶为岫岩及州已失复张人骏函**

**(光绪二十年十一月十六日)**

健庵吾侄如晤:

连得两书,以无好怀未即作复。侄调粤东[①],不喜其迁官,而喜其易地,不知何时可卸西篆。似须入都一行,方能履任耳。鄙人数月间游盘山,涉滦河,行纵靡定,虽此衷浩然,而卜居无所,不但眷属久处津门非计,而一身仆仆如梅福之弃妻子,张检之变姓名者,亦非长策也。初欲南去,卜宅钟山作寓公以老,而孝达[②]又调金陵,刘来督师[③],似赴南为依孝达,未免难处。居苏之常熟,近恐吓其乡人不能安枕。吾力不克屡迁,故乡万难住,而廉生坚主在县城买屋。翁、孙之门,其倜唱固宜如此。目下心无定向,不免展转为难。合肥劾居保定,既易招口舌。而陈宝箴[④]又来作藩伯,所谓从前作过事,没兴一齐来,丝之衔结,以自

① 光绪二十年(1894)十一月初六日,张人骏由广西盐法道升任广东按察使。进京觐见后,于次年七月到任。

② 张之洞,字孝达。

③ 光绪二十年十月之后,日军在辽东、辽南攻陷多地。二十八日,光绪谕刘坤一为钦差大臣,“关内外防剿各军均归节制”。并派湖南巡抚吴大澂、四川提督宋庆为帮办。光绪二十一年(1895)一月,刘坤一派吴大澂统率湘、楚各军陆续出关,很快节节败退。刘坤一重整军队、以图反攻的设想化为乌有。

④ 陈宝箴(1831—1900),字相真,号右铭。光绪二十年调直隶布政使,二十一年升任湖南巡抚。光绪九年因张佩纶弹劾而被革职。

作自寿(受)。时有人欲劾之,疑为鄙人,故借端疏报复,此润师[1]所言。此事惟侄与我知之,直可发一笑也。鄙人惟极口承认实有其事,岂不直捷痛快哉!

军事:摩天岭暂能支柱,而岫岩及州已失。彼注意宋军,宋已退至盖平,深虑宋不能战,节节退军,即引之入关。见在唐、胡三二军出关,或可接应。然新募市人,杂法笼械,殊无把握。合肥颇以鄙意料事多中,向闺人称之,然亦晚矣!内意求和,而倭不肯就范,要挟必多。衮衮诸公一筹莫展。胡云楣专奏倚邵班卿[2](作樟)为诸葛,妙在诸葛亦不从之(邵乃琴生之乡人,稍能读。尝予智者自矜者。一迂人。与余习),此高阳所特赏者。王云舫[3]办团练,斤斤算小,与曹提督积忤,措大滥人均登坛坫。吴清帅者,无事说大话,一闻警张皇乞师,在榆关数月,不知有小口戈处,不知扼大凌河、宁远。此虞山所力庇者。北洋之大,何患无才?不知才,甚难耳!岂曰倭强,中实弱而忧无可定者。

今且论移计,侄幸为我策之。九弟回避,八弟[4]一房须我料理,亦一难题。多费则分内矣。

及贺大喜,即问近佳,合署均好。

绳叔手书　十一月十六日

---

① 边宝泉(1831—1898),字廉溪,号润民。张佩纶第二任岳父。曾任陕西布政使、陕西巡抚、河南巡抚、闽浙总督。

② 邵班卿(1851—1898),名运超,字作舟。光绪二十一年中日议和,班卿进言:“外患暂息,京津不久必有大乱。”著有《邵氏危言》《论文八则》等。

③ 王文锦,字云舫。与张佩纶同科进士。

④ 张佩绂(1849—1893),字韦儒,张佩纶五弟(大排行八)。

## 又

再，倭氛日迫，内间竟有疏请西迁者。自旅顺失守，人心更为皇恐，达官迁，言路亦迁，可发一噱。允言等亦徙居告闻，亦得侄复电，但鄙人难以决计。劳费不必言说，既动不如南行，风雪中既嫌跋涉，且山东道上募军北来，未能静谧。如鄙人大可去，以此尚踌躇未能定。若云不迁，则榆关军杂无纪，陈湜[①]不受湘抚节制，湘抚尚每日以打靶为事，陈则纵兵骚扰，日饮醇酢而已。从前均麇聚关内，现始议陈、魏与宋会合，而海城已失，能速行扼大凌河，即是万幸。敌至，恐未能久持。内恃和，恐盘子太大，难遽合拍。和而无以为国，尚是迂谈。先虑和，亦无成耳。

都寓之迁，来电云保定，鄙意亦然。但恐銮舆或有西幸之事，则必尾追，保定尚非乐土。鄙人不能自决，遂亦不能代决。非有他也，现拟作一书与陈伯平[②]，如都寓决意保垣，渠署首府当能照料耳。但顾廷一云：妇方临娩，颇为难也，一切俟襄到可定矣。

芬侄妇葬事，今年午本命，明年方向不利。襄回里料理，鄙人因风鹤频闻，甫到津，未能往助，亦以半生忙。此事心惊目骇，得躲即躲，幸谅之矣。

督师一节，云楣辈均相劝，相意不决，内有属岘意。盖去必尽带淮勇，津唐炮台一空，亦属可虑。而军械尚未到，到亦不多，徒拥虚名。而杂合徒手新募之兵，兵五十营，以往亦损威折重而已。前月杪，曾议及师(彼此未能见，亦未通一纸，皆闻人)言，如不能不去，必奏曾为总统(传说耳)。鄙参军幕，鄙亦未辞，但虑

---

① 陈湜(1832—1896)，字舫仙，曾任江西布政使。

② 陈启泰(？—1909)，字鲁生，又字伯平。光绪三十三年(1907)任江苏巡抚。

翁、孙作梗。既而张来议和，事得中止。此等举动，须以死而后已为重，否则非口舌所能争，非尽因回籍避嫌也。

鄙人年内运气正坏，作事颠倒，错乱胆情，竟不能画策，军情日迫，安土何方，未审相见何日。及身两遭此境，回忆儿时，殊增感喟。再问近佳。

绳叔又书　廿二日

# 光绪二十一年乙未(1895)

## 为悬赏通缉孙文等晓谕事

（光绪二十一年十月二十一日）

钦命广东提刑按察使兼管全省驿传事务、加三级、记录一次张，为悬赏购匪事：

照得土匪纠结伙党，暗运军火，约期在省城举事一案，当经拿获匪犯陆皓东等多名审办，惟尚有首要各匪孙文等，在逃未获，亟宜悬赏缉拿，合行出示晓谕。为此示谕各属平民等等知悉：尔等如能拿获赏格之各匪解案，一经讯明定夺，即如数给与花红银两，银封存库，犯到即给赏，勿怀疑观望。至此外被诱匪徒，准其改过自新，免予深究。如能拿获后开首要各匪解案，仍一律给赏。各宜凛遵勿违，特示。

计开：

孙文，即逸仙，香山县东乡翠微人，额角不宽，年约二十九岁，花红银一千元。

夏亚伯，新会县人，肥矮，面微黄，年约四十岁，花红银一百元。

李亚举，香山县隆都乡蓝下村人，身高，眼大，发多黑，年约五十三岁，花红银二百元。

李芝南，南海县佛山人，年约三四十岁，花红银二百元。

杨衢云，香山县人，本籍福建，右手共缺三指，年约三十九岁，花红银一百元。

刘秉祥，清远县人，身高，年约三十岁，花红银二百元。

朱浩清，清远县人，年约二十七八岁，花红银二百元。

陈少白，即夔石，新会县外海人，年约二十八九岁，花红银一百元。

王质甫，江西人，身中，面白，年约三十七八岁，花红银二百元。

汤亚才，花县人，身高，微麻，年约四十岁，花红银三百元。

吴子才，潮州人，身高，额窄，年约四十岁，花红银二百元。

莫亨，顺德人，身矮，年约二十五六岁，花红银一百元。

陈焕州，南海县西樵乡人，身胖，微麻，年约三十二三岁，花红银二百元。

侯艾泉，香山县隆都乡人，身高瘦，发秃，年约五十岁，花红银二百元。

魏友琴，归善县南真村人，面圆，有须，年约三十七八岁，花红银二百元。

黄丽彬，清远县人，矮瘦，年约三十四五岁，花红银一百元。

光绪二十一年十月廿一日示

# 光绪二十二年丙申(1896)

## 致士周大公祖年丈大人

（光绪二十二年正月）

遥睽风采，又易岁华。际暖律之初调，喜庆云之有曜。敬维士周大公祖[1]年丈[2]大人，霞阁椒盏，春满薇垣；千里旬宣，四民胥登；亿宇三年，经缉万家；共乐熙台，申命衰荣，士林笃庆。侄粤藩承之岁，籥，处抛海疆多事之秋，任使、尤宜审慎。库帑日虚，之后出纳资费踌躇，责重材轻，深虑陨越。肃缄。

敬贺年禧，并请勋安！

治愚年侄[3]张人骏顿首

## 谭钟麟许振祎张人骏为购制钱事复张之洞电

（光绪二十二年十月十四日亥刻到）

粤东钱局停铸两年，民间钱缺与鄂同。市肆所用大半搀和鹅眼、水上漂之类。前饬严拿私毁私铸，并禁止制钱出境，而市间八分钱仍不见。鄂省欲向粤购制钱，当俟铜价减落时商之，此刻无以报命也。

---

① 明清两朝士绅对府以上官员的尊称。

② 年伯。

③ 明清科举中式者对同年之子的称谓。

麟[1]、祎[2]、骏，盐[3]。

## 附：张之洞为派人赴粤采办制钱事致谭钟麟许振祎张人骏电

（光绪二十二年十月初十日巳刻发）

湖北通省丁漕、厘金、盐课皆用制钱交纳，目前钱缺价贵，商民困极，上下游如四川、湖南、安徽、江西、江南皆每银一两换钱一千三百数十文，湖北独一千二百零数文，各省又禁钱出境，若用土法鼓铸，每串须赔二成有余，补数无策。粤局代造钱，甚感。然每月只能出一万四五千串，又须兼代江南铸，运鄂者尚不及此数。粤省商民通用向以银元为主，故钱价尚平，拟将鄂铸银元运赴粤换钱回鄂行用，亏折尚不甚多，每月所购约不过值银三万两，粤不重钱，此于商民无碍，铜钱渐少则粤局银元行销日多，此于官局行银元有益。鄂银元入粤每年至多不过值银三十万两，较之粤局年铸银元之数不及十分之一，断不致有妨粤元销路。一年以后鄂钱稍充，或可停购，待奉商。如可行，当派员赴粤采办，并请发护照，全鄂商民均感。祈示复。蒸。

---

① 谭钟麟(1822—1905)，字文卿。光绪二十一年(1895)任两广总督。国民党元老谭延闿是他的庶出三子。有《谭文勤公奏稿》。

② 许振祎(1827—1899)，字仙屏。光绪二十一年任广东巡抚。去世后经张人骏奏请入名宦祠。

③ 韵目代日法，指十四日。本书附《韵目代日表》，读者可自行查阅。

# 光绪二十四年戊戌(1898)

## 为遵奉查办望厦乡实情事致香山县知县札

（光绪二十四年四月十九日）

光绪二十四年四月十九日奉两广总督部堂谭札开，现据驻澳西洋嘉大臣照称，旺厦乡向系澳内地方，该乡职员何广成等所禀各节，均属捏饰，请饬遵照等情前来。查此事前据前山同知、香山县会禀，即经行文澳官，并抄稿咨行在案。兹据文称各情，应饬详查，切实禀覆，以凭行文遵照，并分别核咨总理衙门察办，未便稍涉迁就。札司会同广东臬司，速饬该丞、县遵照檄指事理，详查禀办，并查明县属旺厦乡烟户共有多少聚居，实有几姓屋宇，是否均系接连近澳，究有若干里数，并禀察核。该丞、县责在守土，此事务当认真查办，勿稍率误，是为至要。切切。计粘抄文一件等因。奉此除移会臬司一体饬遵外，合就札饬。札到，该丞、县即便遵照檄指事理，逐一确查，通禀核覆，勿稍率误。切切。此札，计粘单一纸。

光绪二十四年四月十九日

### 附：粤督谭钟麟为葡人不得越界征收华民税钞事致澳门总督照会

（光绪二十四年三月十八日）

为照会事。

现据前山同知、香山县会禀内称，据旺厦乡职员何广成等禀称，向来澳门以围墙为界，墙外居民田户悉隶香山县管辖。本年正月，澳官向界外勒征业钞，民情汹汹，恐酿巨变等情前来。

查两国约章未经勘定，一切均仍其旧，不得有增减改变之事。贵国官员何得越界向华民征税，应请贵大臣、贵领事官转致，速即严行禁止。否则华民激变，中国不能不向贵国官理论也。

为此照会，顺候时祉。须至照会者。

## 附：粤督谭钟麟为抄录严禁葡人越界征税照会事致张人骏等咨行稿

（光绪二十四年三月十八日）

光绪二十四年三月十八日咨行，照会葡官不得越界征华民税。为咨行事。

现据前山该同知、香山该县禀称，据旺厦乡职员何广成等禀称，澳人越界征税，业经本部堂照会西洋官严行禁止。所有照会稿，合就钞录札遵。札到该司、同知、县(丞)，即便遵照。

再，该同知等禀内屡称夷人与条约不符，以后宜详细查考，不可疏率，致滋借口。切切。

一、札藩臬两司、前山同知、香山县。

云云。相应咨行。为此合咨贵部院，请烦查照施行。

二、咨抚部院。

## 附：谭钟麟为查办望厦乡实情事致张人骏等衙门咨会稿

（光绪二十四年四月十九日）

光绪二十四年四月十九日，饬查香山县属旺厦乡烟户多少，近澳若干里数，禀覆察核。为饬遵咨会事。

现据驻澳西洋嘉大臣照会，旺厦乡向系澳内地方，该乡职员何广成等所禀各节，均属捏饰，请饬遵照等情前来。查此事前据前山同知、香山县会禀，即经行文澳官，并抄稿咨行遵照在案。

兹据文称各情，应饬详查，切实禀覆，以凭行文遵照，并分别核咨总理衙门察办，未便稍涉迁就，合就札饬。札到该司，即便会同广东臬司，速饬该丞遵照檄指事理，详查禀办，并查明县属旺厦乡烟户共有多少聚居，实有几姓屋宇，是否均系接连近澳，究有若干里数，并禀察核。该县责在守土，此事务当认真查办，勿稍率误，是为至要。切切。计粘抄文一件。

## 附：旺厦村绅耆何广成等为澳葡越界勒征事致香山县禀文

（光绪二十四年三月）

具呈：旺厦乡绅士职员何广成、黄以剑、沈雄文、赵士奇、唐兆时，监生何育阶、何逊阶、赵宗苗，耆民杨德盛、翁森泉、胡颜、苏廷珍、苏廷瑞、何球、沈元畅、沈马保、黄让能、赵仲贻、沈焕文、许瑞生、许义苏、匡莱、林藻波、郑耀堂，地保吴科、黄让礼，抱告何遵呈，为澳夷违约，越界横征，联请宪恩，援案转详，迅赐照会，以卫阎闾而弭衅端事。

窃职等世居恭常都旺厦乡，与澳地毗连。查葡人之住澳，原以围墙为界，墙外民田户籍悉隶香山管辖，今围墙虽毁，故址犹存。于光绪十一年，澳夷向界外居民勒收田房租钞，经绅士张耀昌等联禀赴诉，蒙前抚宪吴亲临澳境，巡阅华夷地界，业已照会葡官饬禁在案。迨十三年与西洋所立和约，其第二款云西洋国永居管理澳门，大清国仍允无异。惟现经商定，俟两国派员妥为会订界址，再行特立专约。其未经定界以前，一切事宜俱照依现时情形勿动，彼此均不得有增减改变之事。夫照现时情形，则旺厦各乡向来赋税系输纳香山，岂澳夷所得而过问？不料夷人灭德背约，故智复萌，于本年正月复向界外各乡征收业钞，并勒令居民过期完纳。倘敢逾期弗纳，则将该屋发卖充公。恫喝威逼，较前愈为凶暴。职等食毛践土，世受国恩，谁甘隶籍于葡夷？且皇朝疆土，不容以尺寸与人，若稍纵其夜郎自大之心，将愈肆愈横，势必得陇而望蜀。其所以夺抽租赋者祸犹浅，其所以得寸入尺者祸无已也。

历考澳夷狡逞，于道光八年则开辟马道，平毁山坟矣。于二十八九年，则编号竖界，勒收地租矣。于同治初年，则擅拆围墙，毁灭界址矣。逾至光绪年间，而澳夷更不可问，任意增开马道、创建洋楼，岁岁加征租钞、开拓土地，日以刻剥商民为事，各怀忿激，痛心疾首而莫奈伊何，非以宪威挫遏其锋，流毒伊于胡底。况且民情汹汹，一旦将其住屋充公，穷苦无依，难保不酿成巨变。迫得联请宪恩，迅赐饬禁，并乞通详大宪照会葡官遵守旧章，毋得越境搀征，违约启衅，乡闾获安，实为德便。

## 附：澳门总督为职员何广成所禀望厦乡居于澳门界外各节实属捏饰事覆两广总督谭钟麟照会
（光绪二十四年闰三月二十六日）

光绪二十四年闰三月二十六日，西洋驻澳大臣嘉照覆言，职员何广成所禀旺厦乡居于澳门界外各节，均属捏饰，为照覆事。

准贵部堂光绪二十四年闰三月十八日文开，现据前山同知、香山县会禀内称，据旺厦乡职员何广成等禀称，旺厦乡居于澳门界外，即以澳门墙为界，所有居民向隶香山县管辖。本年正月，澳官征收业钞，民情汹汹，恐酿巨变等因。本部堂均已阅悉。

查旺厦坊职员何广成等所禀等情，悉属捏造，而其所捏之词有六：夫旺厦者实非村乡，乃澳门城外一坊也，该坊归本国管辖，历有年所。且居于本国所设炮台界内，是为明证。此其捏造者一。查前光绪十三年十月十七日，本国与贵国立和约时，从未将澳门界址勘明。然自道光二十八年至立是约之时，澳门土股以及澳门属地，业已咸归界内，有光绪十三年三月初二日预订节略第二款暨两国和约第二款所载等情，足已彰明较著。此其捏造者二。再查澳门自道光二十八年时已无墙界，惟有一土茎毗连香山县,而茎中筑有关闸。该关闸门内,曾于是年有本国所设兵营可据。此其捏造者三。又,该坊居民向享本国人民利益,本国地方官并公局亦优待该坊居民,如本国人民无异。此其捏造者四。查该坊住户及澳门别坊居民向无隶香山县管辖之意,然其亦势有所不能。盖一切词讼等件,向皆禀呈本国官员理处,而大小罪案,亦归本国该管衙门审判,自系本国管辖无疑。此其捏造者五。查本国官员催征该坊居民生意产业等钞,非自今年正月始,前经照例设册征收也。而该坊居民并未预称不服,然亦有不能之势。此其捏造者六。今该钞项,该坊实有数人,竟延至三年或数年未曾输纳者,一经催征,即呈禀谬称该地租经纳于寓居前山官员,抑或民家,以为避纳之计。前此虽将租纳于原主,或其后裔恐现居中国地方,亦未可知。惟是地租与房主或房客应纳之生意产业等钞迥乎不同,假如地主另地居住,该地决不能归地主居处之地方官管辖,即地主是现任职官,亦无是理。而本部堂亦不准其干预本国管辖地方之事。

至所云恐酿巨变一节,据本部堂悬揣,谅无是事。倘有奸匪借端滋闹,亦必有法弹压,无论有无变端,该坊既不归贵部堂两省所辖之内,请勿介意。

今贵部堂既知两国和约载有未定界以前,一切事宜均照旧勿动,彼此均不得有增减改变之事,盖是年立约时已有之界,不得增改也。况同治十三年尚未订此和约之时,贵国经将澳门一带地方绘成图形,而贵国政府亦经查照在案。贵部堂查阅该图则知,旺厦坊居民所禀等情尽属虚伪,且悉本国实有管辖澳门及澳门属地主权耳。至本国大君主所订和约,匪特自行遵守,亦愿他国一体遵行,而本国不独不准本部堂稍有或违,即他人违之,亦不准也。

兹奉前因,洵属碍难允行,其余无拘何事,果无碍于本国利权暨无妨本部堂之责者,靡不顺如所请。惟冀贵部堂将两国数百年友谊，尤为敦笃，是本部堂之所深愿也。相应照覆贵部堂查照，顺候升祺。须至照覆者。

右照覆两广总督部堂谭。

## 附：前山同知李荣富等为请照会澳门葡官禁止越界征钞事呈谭钟麟张人骏等禀文

（光绪二十四年三月二十一日）

敬禀者：

窃据卑县旺厦乡职员何广成等禀称，伊等世居恭常都旺厦乡，与澳地毗连。查葡人之住澳，原以围墙为界，墙外民田户籍悉隶香山管辖，今围墙虽毁，故址犹存。于光绪十一年，澳夷向界外居民勒收田房租钞，经绅士张耀昌等联禀赴诉，蒙前抚宪吴亲临澳境，巡阅华夷地界，业已照会葡官饬禁在案。迨十三年与西洋所立和约，其第二款云西洋国永居管理澳门，大清国仍允无异。惟现经商定，俟两国派员妥为会订界址，再行特立专约。其未经定界以前，一切事宜俱照依现时情形勿动，彼此均不得有增减改变之事。夫照现时情形，则旺厦各乡向来赋税系输纳香山，岂澳夷所得而过问？不料夷人灭德背约，故智复萌，于本年正月，复向界外各乡征收业钞，并勒令居民克期完纳。倘敢逾期弗纳，则将该屋发卖充公。恫喝威逼，较前愈为凶暴。非仗宪威挫遏其锋，流毒伊于胡底。况且民情汹汹，一旦将其住屋充公，穷苦无依，难保不酿成巨变。叩乞迅赐饬禁，并通详照会葡官遵守旧章，毋得越境搀征等情。据此，查旺度乡与澳地毗连，葡人之住澳，原以围墙为界，光绪十一、十三年间，葡人迭次占地收租，业经卑各县令禀奉院宪，前宪照会驻澳西洋大臣查禁在案。兹该葡人复向界外各乡征收业钞，实属复萌故智，若不亟为力阻，难免激出事端。除饬令该乡职员何广成等约束子弟，静候官为办理，毋任肇衅事外，理合会禀，禀请宪台察核，俯赐转禀督宪，照会澳门葡官,饬其查明,严行禁止,毋任越界滋扰,以期中外相安。是否之处,伏乞批示祗遵。

除禀督、抚宪暨藩、臬、粮、洋务局宪外,肃此具禀。

## 为购买快炮询张之洞电

（光绪二十四年六月初九日）

闻宪节前在南洋向泰来洋商卜块士,转向美商元丰顺史福来,买一分钟可放六百响快炮四十五架。美商云系每架五千余元。究系若干,求电复,至盼至祷。西省郁博解围,四县均复,余匪溃散,现正搜捕,当可平定。本司人骏禀。佳。

(戊戌六月初九日午刻发,初十日午刻到)

### 附:张之洞为从曾怡和洋行购买马克逊小快炮复张人骏电

（光绪二十四年六月初十日）

佳电悉。弟在江南,并未向泰来买军火。至元丰顺,著名荒唐无赖,前年曾买该行前膛枪数千枝,皆系废坏,退货赔钱大费唇舌。至快炮,小者每分钟不过二三十出。此所云每分钟六百响,乃马克逊小快炮。名为炮,其实即连珠快枪,因其弹即枪弹,力量远近与枪无异,故亦名枪口机器炮,较格林炮加速耳,每分钟亦只一百八十出。然其弹入口稍偏即窒塞炮管内,不能放出,须停数分钟收拾。江南共买二十五尊,其价系每炮一尊、弹四千八百颗,合规银三千一百五十八两,乃怡和承办。此炮各国均有。西匪溃散,欣慰。蒸。

(戊戌六月初十日亥刻发)

## 为粤省拟购无烟火药枪子机器询张之洞电

（光绪二十四年七月十九日）

粤省拟购装无烟火药枪子机器,闻薛令云,鄂有此器。买价若干？何商代购？是否人力？抑用气机？每分钟装子若干？又，造无烟机器，闻系十二万马克，每点钟成药若干？求电复。本司调任山东文到，至申候旨，喜近帡幪，或可就聆训诲。人骏禀。效。

（戊戌七月廿日未刻发，廿一日丑刻到）

## 附：张之洞为鄂厂装无烟火药枪子机器进口价复张人骏电
（光绪二十四年七月二十三日）

广东张藩台：

鄂厂装无烟火药枪子机器，全分德国力拂厂，购价三万五千马克，用皮带轮每点钟装弹千颗。造无烟药机由德商礼和洋行经手，购自格鲁松厂，连运保十五万二千七百马克，每十点钟出药三百卅磅。洞。漾。

（戊戌七月廿三日戌刻发）

# 光绪二十五年己亥(1899)

## 为光绪二十五年东省征收上忙钱粮核计分数禀署理山东巡抚袁世凯文

(光绪二十五年十二月初七日)

光绪二十五年，山东通省州、县、卫、所起运地丁正耗，同昌邑县升科地亩正耗、鱼台县湖田升科地亩正耗暨庆云县民粮，除被潮碱废、沿河坍塌、堤占沙压地亩应行豁除，并青黄不接案内缓征，以及留支等项外，实应征银二百八十一万三千二百六十一两六钱九分四厘。自二月间征起，至六月底止，已完解藩库银一百二十五万五千五十五两八钱八分八厘。又已完起运折色脚价银二千二百二十六两一钱六分六厘，课程银九十六两九钱二分九厘，牛驴、牙、杂银七十三两五钱五分一厘。统计上忙完解藩库正、杂，共银一百二十五万七千四百五十二两五钱三分四厘。系属灾缓之年，应以实征为准。核计上忙已完四分四厘四毫，较之部定匀作四分新章，有盈无绌。

# 光绪二十六年庚子(1900)

## 为齐东县缓征米折银给发禀袁世凯文

（光绪二十六年正月）

邹平等县,光绪二十五年因灾蠲缓米石,已照奏案改拨禹城等八州县大漕,运青交兑。惟齐东县缓征米七百六十一石二斗六升,原系蓟粮拨运,作正开销,无款抵补,应照历年成案,折银给发,以示体恤。

## 为巢凤冈月薪水垫付事复张之洞电

（光绪二十六年七月二十三日）

督宪钧鉴:

养电祗悉。巢委员薪水,自当遵照垫付。骏。漾。

（七月廿三日酉刻发,亥刻到）

### 附:张之洞为祈垫给探员巢凤冈月薪事致袁世凯张人骏电

（光绪二十六年七月二十二日巳刻发）

鄂省派有探员巢凤冈,现在济南,尚需赴德州侦探。该员月薪无处电汇,如有需用,祈张方伯①暂为垫给,俟有便人寄还。即候电复。感荷。养。

---

① 商周时代一方诸侯之长。汉以来之刺史,唐之采访使、观察使,明清之布政使均称方伯。

## 未接来禀甚念致张允言张允方函

(光绪二十六年闰八月二十一日)

两儿[①]阅:

汝等改道由河南赴陕,甚是。然已十日,不知行抵何处,亦未接来禀,甚念!甚念!

川资恐已不敷,不知如何设法?荣儿无皮衣,天气已冷,宜稍添置。羊皮者可御寒,亦价廉,到西安可即买。迟恐人争购,不易得耳。驾返恐在隆冬,临时恐赶不及,宜先时为之。且都中所存者,已为洋兵抢掠,皮衣恐已无存。即回京亦须另置矣。饷员归,言随扈各司员均自有车,盖恐回銮之际雇车不易,汝亦宜购一车两骡(一骡亦可)。临时如无车可雇。有此,则弟兄坐车,家人骑骡马,便可行路。只要能走长道者最好,不必太好。

冯年伯[②]处,另信托之。大约数百金总可通融,此时不能汇,俟定局寄还,或汇至南边,均无不可。汝可自与商量。又闻川陕汇兑,似尚可通,寄子修处亦可。两宫有驻洛阳(备一路)之意,则较西安又略近。且有延锡之[③]、冯叔惠通融,较易也。

十九,洋兵有数十人至保定,内一提督与廷少民[④]信,言尚有千

---

① 张允言、张允方。张允言(1869—1926),幼名荣,字伯讷,张人骏长子。光绪十五年(1889)进士。光绪三十一年,清政府在北京设户部银行(后改称大清银行),张允言任银行总监督。辛亥革命后历任海关监督等。张允方(1873—1940),字叔威,张人骏第三子,同辈大排行五。

② 冯光元(1841—1908),字叔惠。历任工部主事、实录馆校对,后捐候补知府、候补道。

③ 延祉,字锡之,赫舍里氏,历任内阁中书、军机章京等。

④ 廷雍(1853—1900),字绍民,一作邵民,号画巢。曾代理直隶总督,为庚子事变中被八国联军所杀级别最高的中国官员。

余人即至，专办剿匪，决不扰乱。廷遣府县出接，且腾出城外营盘与住，城内居民已全搬徙，渠有攻教之事。彼族之言，何足凭信？全无布置，殊可虑也。

廿一日谕

## 五弟[1]回济病已渐好致张允言函

（光绪二十六年九月十一日）

荣儿阅：

五弟回济，病已渐好。今日得汝初十到潼关来电，甚慰。大约十三四日可到西安。见贡差电，小军机仍住贡院，则司官到彼，当亦有安榻之所，较之赁屋自稍方便。惟只身远客，饮食寒暖，切宜小心，格外慎重为嘱。

冯年伯处，前已函托，遇有短钱之际，可稍通融。昨又由新泰厚带去三百金，此款备回京之用。约须廿余日始到。再加鹿[2]处存款，旅费已丰。皮衣须略添置，但求御寒，不可太华。回京时恐已严寒，上路衣服须暖厚，此亦宜预为制备，临时匆忙，恐赶不及。客居虽无事，花柳酬应，万不可赴，千万切嘱。用钱务宜节省，盖回銮不远，川资及到京后，均须费用。其时恐未必即能汇寄，须预为筹备也。

父字　九月十一日

---

① 张允方。

② 鹿传霖（1836—1910），字滋轩，同治元年（1862）进士。张之洞姐夫。历任广东巡抚、两江总督、两广总督、军机大臣等。与张佩纶、张人骏叔侄友善。

## 为月初南行致张之洞电

（光绪二十六年十月二十一日）

武昌督宪钧鉴：

翰电敬悉，承贺愧谢。骏廿二交卸，月初南行，月舫[1]委权藩篆。承命筹济京官之款，骏与月舫所认，及公函致同乡之各现任酌量派捐，约可得三千金。惟缓不济急，请公筹垫三千金，先行附汇，俟收齐后由月舫寄上归款。骏。个。

（庚子十二月廿一日巳刻发，申刻到）

## 为汇款事复张之洞电

（光绪二十六年十一月二十九日）

制台钧鉴：

骏廿六接篆，前往韩庄舟次，奉电示。筹济京官一款，刻就现银随时汇寄。昨电告月舫，覆电已收有二千余金，应否寄尊处附汇，抑另行觅寄？何处可汇？是否交恽薇孙[2]？均望示遵。人骏。俭。

（庚子十一月廿九日巳刻发，亥刻到）

### 附：张之洞为王懿荣全家殉难事致张人骏电

（光绪二十六年闰八月初六日）

致济南张藩台：

支电悉。廉生[3]忠骸及眷属，承振卿侍郎[4]料理殡厝，子孙

---

① 胡景桂，字月舫。曾任山东按察使、布政使等，著有《使甘奏牍》一卷、《西台谏草》一卷、《山左公牍》一卷、《求是斋文稿》、《求是斋杂著》等。

② 恽毓鼎(1862—1917)，字薇孙，一字澄斋。曾任国史馆总纂、宪政研究所总办等。

③ 王懿荣。

④ 吏部侍郎张英麟。

无恙,稍慰。汉辅[1]只可暂缓入都,祈代致唁。竹坡[2]两子云云,深为惊惋,前闻寿伯符有遇祸之说,未敢遽信,正深悬系。究系如何殉难,望明示。慰帅[3]处代致谢。洞。麻。

### 附:张之洞为助王懿荣归葬费千金致张人骏电

(光绪二十六年九月初三日子刻发)

致济南张藩台:

鄙人助廉生祭洒、归葬费千金,已托袁中丞拨兑交尊处,请转交其乃郎汉甫。惟款多道梗,似交汇丰汇京为妥。渠何日行?并祈示。沃。

### 附:张之洞为汇款事致张人骏电

(光绪二十六年十二月初一日)

致清江张漕台:

履新大喜,欣贺。济京款,请由尊处径寄交恽薇生、刘仲鲁、舍侄张检(字玉叔)[4]分送。艳。

(庚子十二月初一日丑刻发)

## 贺荣禄[5]荣升文渊阁大学士兼管兵部事务函

(约光绪二十六年八月)

薰琴一曲,听熙春歌颂之声;槐荫三台,仰函夏燮和之象。恭维

---

① 王懿荣之子王崇烈。

② 宝廷,字竹坡。

③ 袁世凯,字慰亭。

④ 张检(1864—?),字玉叔。张之洞长兄张之濂长子。历任江西巡警道、署江西按察使。

⑤ 荣禄(1836—1903),字仲华,号略园,瓜尔佳氏。辛酉政变后,为慈禧太后和恭亲王奕䜣赏识,官至总管内务府大臣,加太子太保,转文华殿大学士。其女是末代皇帝溥仪的生母,被慈禧太后收为养女。

中堂玑璇察政，鼎鼐铭勋。化洽调梅，抚五辰而启泰运；恩隆赐葛，合一德以振乾维。揆席遥詹，揄私曷既。人骏稷符忝绾，艾序欣逢。试巡行鲁，甸斋郊材。惭抚字正，兆协金瓯。玉烛酒晋，长生肃丹。叩贺午禧，虔请钧安！诸希垂照不戬。

张人骏谨肃

## 为王参将可以器任致文渊阁大学士荣禄函

（约光绪二十六年冬）

中堂阁下敬肃者：

昨尘贺简，计达钧垂。顷奉赐函，益萦瑑佩。敬谂平章介祉，燮理调元。引跂黄扉，式符丹颂。骏梁园承乏，谷状惭无，帑绌时艰，迂疏莫补。地连七省，牙错居多，俗悍民贫，易生盗贼，兼以纷纭路矿，防卫须严。兵力过单，未足为不虞之备。刻下正筹募练，不知能否速成。王参将明通稳练，信是有为之才；重以鼎言，自当因时器任，借展所长。专肃布复，祇请钧安！伏惟霁鉴不戬。

张人骏谨肃

## 悼文渊阁大学士荣禄丧子[①]函

（约光绪二十六年秋冬）

敬肃者：

夙钦吐握，恒切瞻依。正当时事多艰，盐梅[②]允赖；岂料传闻竟确，玉树偏摧。恭维中堂慈爱素昭，岐嶷遽失。溯趋庭于昔日，不图涕陨尼山；念肯构之嘉名，曷禁心伤逝水。然而寿夭有数，修短难齐。

---

① 荣禄子纶厚，字少华，庚子年从慈禧、光绪西行，时年仅十四岁，不久以疾卒。

② 盐味咸，梅味酸，均为调味所需。亦喻指国家所需的各方面贤才。

宰辅系天下安危，宜稍释西河之痛[1]；朝庙际振兴伊始，庶可分北阙[2]之劳。至性难关，达观愿勉。人骏漕河谬绾[3]，疆域攸羁。谨纾丹悃以陈词，莫名惋惜；敢为苍生而请命，幸卫眠餐。

专肃奉慰，虔请钧安！

张人骏谨肃

---

① 西河，战国魏地，在今陕西东部黄河西岸一带。“西河之痛”又作“西河之讥”。后用为丧子过度悲痛的典故。

② 朝廷。

③ 光绪二十六年(1900)十月初四日，张人骏由山东布政使升任漕运总督。

# 光绪二十七年辛丑(1901)

## 拟变法九条复张之洞电

（光绪二十七年二月十七日）

武昌张制台鉴：

宙。元电奉到。崇论闳议，洵足振聩发聋。敝处覆奏，因见闻陋隘，参酌无人，属草未定。公允附衔，甚幸。谨就鄙见所及，略抒一得，以备采择。

一、亲贵游历，最为切要。惟宜抑损体制，庶东南各省不困于供亿。

二、游学各国，宜选中学已成者充之。识见先定，不至见异思迁，如从前出洋学生之性情俱变。

三、科举改章。国家设科取士，止取识字明理，本未以八股治天下。咸、同以来，各途竞进科甲，止是一途。而世运至此人心未散者，则以尊孔孟之故。人知尊孔孟者，则由朝廷以四书试士之故。今议改章，四书决不可废，六经亦同。至于西国书籍，辗转翻译，未尽可凭，寒士购求不易，重光、气、化等学，非空言可试，亦非一人能兼。若以之试士，则报馆主笔皆膺上选，必至满纸起点，连篇压力，其弊殆甚于饾饤剿袭，主试凭何取此？亟宜熟筹者也。

四、多设学校。虽近支亲贵，亦令向学。不读书明理者，不得任以职事，则端、庄之类可少。

五、西法练兵，此诚当务之急。

六、将官久任，可救今日用人之失。鄙意总督署堂官宜设专缺，可减六部侍郎缺移置。厚其禄糈，勿兼他事。出使大臣宜久任，有劳则增禄秩。参赞、随员亦然，可备异日使臣之选。尤应严禁钻营。

七、仿设巡捕。若通国设立，恐无此饷力。若止设于繁盛之区，则督、抚可便宜为之，似不必归于新政。

八、推广邮政。西国邮政与轮船、铁路相辅而行，中国行之数年而无大效者，则内地铁路未通，邮局反不如民局之速，济南且然，西北、闽省可知。此须筹有办法。

九、专用银元，诚属利国便民之政。惟各省仅有数局，不足供鼓铸，则外洋银元浸灌愈甚。且恐私铸遍地，外人借为口实，将阻我之行使占其利权。不如兼用，而杂以钞票。此项须借重洋人。再，中国办事，不如西人简捷，由于例案太繁，胥吏得以把持。行在无例案，并无废事。现在各部档案全失，正可请删汰之机。事定后，一切复旧，不可动矣。西国无冗兵，故强。京师旗、绿各营，豢养二百年不能效一割之用。此时未复伍，宜请裁改，迟则归复旧制，言将无及。

以上皆刍见所及，不敢自信，祈公裁定示复。骏。霰。

（辛丑二月十八日亥刻发，十九日亥刻到）

## 附：张之洞为变法九条事复张人骏电

（光绪二十七年三月十二日）

霰电悉。筹虑精详，甚佩。

一、游历宜多。派正途京外官，此费不能惜。岁费数十万，得明白官百余人，其益多矣。亲贵出洋，仪文自应省约，然贵人不能多。鄙意谓多派王公大臣之子弟，非必王公也。能自备资斧，予以奖。

二、游学费尤不宜惜，宜派理明志定者。如明旨许以出路，在外国书院得有优等凭据者，可照等作为秀才、举人、进士，自备资斧者必多。科举拟照前年鄙人所奏奉旨允准办法，断无废经书之理。

三、亲贵须入学校,方准任事。好极。

四、总署专缺,使员久任。极是。

五、繁区设巡捕,自可缓奏。

六、邮政畅行,必可有效。然开办必须用洋人,但宜各省自雇洋员,不宜统归赫德。

七、专用银元。谓官款出入,专用中国自铸龙元,可增局多铸。各国银币定例只用本国之币,至沿海商民,只可听之。

至于删例案、除吏弊,急宜乘机更改。凡款目银,自一厘以下改为厘米,自一合以下改为合。六部用候补司员办稿,督、抚、司、道、府用候补佐杂,州、县用秀才誊写,随时雇人,尽革经乘清书名目。绿营可汰疲留壮,改为巡捕,属州、县管辖调度。旗营断不便请裁减,拟请选留强健者为兵,其余分别令入普通学校、工艺学堂,但减兵额,勿减饷数,其愿至外省为工商依亲友者听。则饷不靡,人不废。又如京外官俸廉宜明加,翰林、御史、试差考小楷宜改,进学必须通晓算学、画图。京官积弊宜除,报销之虚文宜改。选补章程太拘板处,处分则例太苛琐处,宜变通。能停捐最好,如必不能停,非秀才不准报捐。监狱刑责宜宽恤,皆中法必应整顿者。管见不过举隅,不及详思,通请卓裁。吻。

## 何时拜发奏稿询张之洞电

(光绪二十七年二月二十七日)

武昌张制台鉴:

前上覆电,未知有当百一否?昨接岘帅[①]电,推重尊处主稿,想老谋深识,成见在胸。未知已定稿否?约何时拜发?乞电示复。沁。

(辛丑二月廿七日未刻发,酉刻到)

---

① 刘坤一。

## 为自行覆奏致张之洞电

（光绪二十七年三月初九日）

制台鉴：

亥。密。前电询变法会奏，未奉示复。今已届限，如尊处专奏，不可会衔，敝处亦当自行覆奏。务乞电示为祷。骏。佳。

（辛丑三月初九日亥刻发，初十日午刻到）

### 附：张之洞为变法事不联衔致张人骏丁振铎邓华熙电

（光绪二十七年三月初十日）

致清江张漕台、云南丁制台、贵州邓抚台：

覆奏变法事，不联衔为妥。请尊处单衔具奏，余续达。卦。

（辛丑三月初十日亥刻发）

## 致张佩纶电

（光绪二十七年四月十五日）

贤良寺翰林院张：

赦服清宁丸两次，左手脉痛减，麻木未瘥，似是症热虚，气恐未对，当徐俟之。偿款已明降，撤兵有期否？允襄十四日赴沪，随救济会北去。删。

### 附：张佩纶致张人骏电

（光绪二十七年二月二十七日）

清江张漕帅：

月初忽感风温，退热后赴沪，候船七日，廿五始到京，寓贤良寺，肝眩犹未尽平。俄约托法使转圜，尚无回信。公约纸未修诚,赔款单未交来,于势孤立,虑难应手。转滋[1]。法德兵声言西进(以吾军逼近直境),内颇张皇。蕢。沁。

### 附:张佩纶致张人骏电
（光绪二十七年三月初三日）

清江张漕帅:

傅相云偕那、徐、周往晤各使,越次论辩。外疑,内亦忌。但随相筹画,处不争之地,尽心襄助,或少有裨。俄情详杨电,实法使暗助瓜分。西犯皆虚声。廿九夜,俄守殿毁,瓦酋[2]穿窗逸。转鹿。觉。

### 附:张佩纶为与列强谈判事致张人骏电
（光绪二十七年五月十三日）

寄清江张漕帅:

减数宽期,傅相商各使未复。偿款截至五月十六,展日须增加税或加镑,有许意,决难抵偿款。纶从早电奏,别筹的项。留防:闻京二千,津六千。撤兵须待回銮宣期,殊狡。如迁襄、汴,各使随之。奈何?祸从己发。余函详转。陕、京停考五年,何论丰玉[3]。

## 为漕改节银事复张之洞电
（光绪二十七年九月三十日午刻发）

张制台鉴:

亥。承贺,感愧!省银百余万,系约计折放百万而言。此外仍应

---

① 鹿传霖。
② 瓦德西,八国联军总司令。
③ 丰润县、玉田县。

遵旨折银，并不运米。惟请酌留节省之银，秋冬间陆续购米五十万石，附商局轮船运仓，不全解部。俟仓存至二百万，则本折兼收，腾出漕价，按年购运，便将节省银全做他用。敝处原奏如此，容抄咨奉览。骏。卅。

（辛丑九月三十日午刻发，十月初一日丑刻到）

### 附：张之洞为漕运改革事致张人骏电

（光绪二十七年九月二十六日）

清江张漕台：

急。现办折漕，部章系如何办法？系由何处收买？如何运京？每年实可省银若干万？祈速示复。感祷。宥。

（辛丑九月廿六日戌发）

### 附：张之洞为荣调山东贺张人骏电

（光绪二十七年九月二十九日）

致清江新授东抚张抚台：

荣调山东，欣贺！勘电悉。米折百万，此外尚应运米若干万，所省运费等银百余万两。是否全部解部？窃谓江浙采买，似不如径由京城招商购运之简便。即在京仓收买，可省招商局及挖河、放闸、盘坝、剥船、仓场之种种靡费，米亦必干洁，所省可至二百余万。妄言备采，卓见以为如何？祈示。艳。

（辛丑九月廿九日午刻发）

## 为不能会奏复张之洞电

（光绪二十七年十月初五日）

张制台鉴：

拜诵沃、冬二电，敬服谠言。惟顷接慰帅电，不能会奏。骏交卸在即，职系东抚，未便与前任两歧。求原谅。好在尊折在前，俟到东后,体察情形,亦可承此义上陈。骏。歌。

(辛丑十月初五日申刻发,初六日辰刻到)

## 附:张之洞致刘坤一张人骏等督抚电

(光绪二十七年十月初二日)

致江宁刘制台、济南新授直隶督院袁制台、广州陶制台德抚台、福州许制台、成都奎制台、云南魏制台李抚台、安庆王抚台、南昌李抚台、苏州聂抚台、清江新授山东抚院张漕台、太原岑抚台、桂林丁抚台、贵阳邓抚台、长沙俞抚台、上海盛大臣、杭州任抚台:

谨拟会各省衔电奏曰:"各省分派赔款,为数过巨,筹措万难。方今民生困穷,商业凋敝。经去年之变,各省商民元气大伤,种种筹款之法,历年皆经办过,久已竭泽而渔。若再痛加搜括,民力既不能堪,赔款仍必贻误。且沿江沿海五省盐厘货厘,久已抵还旧案洋债,拨补大半无着。近年加拨各款,多系有名无实,无法筹解。而自去年以来,南北各省闹教赔款,多者二三百万,少者数十万。即不闹教省分推派直隶教案赔款,亦二三十万至十数万,此又出于各项饷需之外。民怨已深,正苦无从设法。自新案大赔款经全权定议后,数月以来,屡与司道各局筹商,无不焦思束手,虽勉强搜罗,断难如数。且即所拟议奏明筹捐加收之数,将来亦恐难收足,实无把握。间有议加货厘者,乃是无聊之极思。窃恐驱鱼驱爵[1],徒归洋旗,子口收数转不能多。若按粮捐输,少则无益,多则必然扞格。房捐为数有限。此外各种筹款之法,无一易办者。总之,无论如何,筹加筹捐,无非取之于

---

① 出自《孟子·离娄上》:"民之归仁也,犹水之就下、兽之走圹也。故为渊驱鱼者,獭也;为丛驱爵者,鹯也;为汤武驱民者,桀与纣也。"比喻不善于团结人或笼络人,把可以依靠的力量赶向对方。

民。当此时势，民心为国家第一根本，以民穷财尽之时，倘再尽力搜括追呼，以供外国赔款，必然内怨朝政，外愤洋人，为患不堪设想。否则商挂洋旗，民入教堂，国势何由固结？某等渥受厚恩，分膺疆寄。若因筹赔款之故，以致稍生事端，罪戾滋重。若百事俱废，专凑赔款，将兴学、练兵、农工、商务，一切养民、治民、卫民之自强要政，概行搁置不办，则民心日涣，士心日离，国势日微，外侮日甚，内乱将作，大局亦必难支。惟赔款岂能失信？窃拟一稍纾民力之法。盖各省赔款数巨，筹足困难，而尤以明年上半年一期为更难。筹款甫经试办，尚无端绪，期限已迫，必然贻误。查十月初一起，现办洋税加足值百抽五一条，据上年二月赫德条议，每年可增加三百万。向来免税洋货，亦按抽五纳税一条。据上年二月盛宣怀条议，每年可增加一百万。常关归税司代收一条，据德国穆使自天津来与之洞面言，津海一关，每年可多收三十万。准此类推，除粤海关外，各海关监督兼管之常关，税司代收每年必可多收一百五六十万，有盈无绌。现在饬办折漕一事，电询漕督，张覆称每年可省百余万。四项合计已有六百六十万。又查张春发、陈泽霖两军，去秋裁汰八营外，每年可节省银二十八万。董军余众无多，已归他人接统，每年可节省银四十余万。六项增收款及裁省款并计，共得银七百三十万。就每年赔款一千八百万之数核计，正得四成之数，尚多十万。伏思洋货加足抽五，免税之货完税，常关税归司兼办，全漕改折四款，乃各国公使所指定者，本议明专为赔款而设，拟吁恳圣恩，俯念民生困苦，巨款难筹，准将各省赔款减免四成，即将上项所指加增裁省之款凑足，各省上半年止解一成，下半年解五成，以纾民力而免贻误。此减剩六成，自必如期筹解，不敢延欠。惟所指抵凑四成之款，必须明年十一月方能收齐。而明年上半年五月还期，万不能缓，拟请敕下户部、盛宣怀及上海道，向外国银行如汇丰、德华之类，商借七百二十万，约定明年五月半交银，一年归还，酌给利息，能止借八个月尤善。国家止借此数,并不为难。年限既少,即利息稍重,亦属有限。俟明年十二月间,核计所指增收裁省各款,实得若干,如足敷四成及息银,即请于光绪二十九年起,令各省以后即照此六成之数筹解。如洋、常两税于抵足四成外,能再多收一成一百八十万,各省即再减一成;能再多收半成,即再减半成;如尚不敷四成及息银,则请由各省照数分摊,解部补还,限后年二月解足。盖减少四成,薄海商民固感朝廷宽恤之恩,且展至下半年始解,巨款亦可从容妥筹,免致操切生事。此外,西北各省尤为瘠苦,情形亦必相同。某等为仰体皇仁,纾民力、固邦基起见,不得已勉筹此策。仰恳圣裁施行,不胜惶迫待命之至。请代奏。某某某等同叩。"等语。鄂省端中丞意见相同,愿列衔。请岘帅裁酌改定,会各省衔,由宁发。各省各帅有愿列衔者,请速分电江鄂两处,务于三日内电复。各帅当有卓见,杏翁必更有良策,亦望电示。洞。沃。

(辛丑十月初二日酉刻发,致杭州电初五日午刻补发)

## 附:袁世凯致张之洞刘坤一张人骏电

(光绪二十七年十月初四日)

江宁刘宫保、武昌张制台、清江张抚台:

宙。鄂沃电奏稿拜悉。东省应摊赔款,已筹足奏明。直省情形尚未深悉,且今春曾建议赔款宜分二十年偿清,款可多筹,现不便言其过难。拟不附名。俟抵直任查看办法,且就地立论。尚祈涵谅。凯。

## 为漕运事复张之洞电

(光绪二十七年十月初八日)

制台鉴:

遇电敬悉。南粮起运,每年约百五十万石,所放俸饷约九十余万石,运费每石约一两三四钱,若以折收二两之价折放,官兵无不乐从,运费已省百余万。其余五十万石之折价、运费、购米、储仓以备缓急，计无不敷。江浙新米上市极贵，不过两元有零，仓中积米二百万石，后逐年推陈易新，四年之后所省在二百万外矣。京津招商采买条议及覆奏，均已详陈覆奏，仍交部议。昨行在来电言，仓场电，京师米价陡涨，须运南漕百万，采买多费。浙抚电，杭嘉湖仍本折兼收，苏省有似此者，仍收本色，两省凑足百万石，由海运京等语。是改折之旨，已不能行。其实，江浙州县乱后大半无仓，所收本色甚少，州县皆招商采买，运沪交兑。前接慰帅咨，山东粟米折价二两，运费等节省三十万，新漕节省十万。山东可行，而浙江必须兼收本色，其意何居？盖折漕之说，利于国而不利于蠹。朝廷日言变法，岂易事哉！覆奏稿已咨冰案。骏择十二赴济。骏。齐。

（辛丑十月初九日午刻发，初十日丑刻到）

## 附：张之洞为折放一节致张人骏电

（光绪二十七年十月初七日）

急致清江张漕台：

卅电悉。折放一节，拟每石折银若干，已奏准否？昨接聂仲帅[1]电，仓场令办米一百万石。尊处已接仓场文否？假如办米百万，能省若干？恐所省无几矣。若照尊议，止办五十万石，可省若干？所省之银解京作何用？祈示。其实，每年五十万足可备用，仓场总愿多办米耳。能止请办五十万石否？最好在京招商收买，所省最巨，但恐不愿者多。此义尊奏曾言及否？并示。遇。

（辛丑十月初七日申刻发）

---

① 聂缉椝(1855—1911)，字仲芳，曾国藩小女婿，李鸿章得力干将。历任江南制造局总办、上海道台、江苏巡抚、湖北巡抚、安徽巡抚、浙江巡抚等。

## 附:张之洞为折漕致张人骏电

(光绪二十七年十月初八日)

急致清江新授山东抚院张漕台:

遇电想达览。折漕一项,究能节省若干,所省系何项,祈速查详示,至感。因各省请减赔款会奏待发,故一再奉询,意在确知折漕实可节省若干,方可酌叙入奏。多此折漕若干万,各省赔款可抵若干万,皆出荩筹之赐。感荷者非止鄂省。再,歌电已读悉,自当不列台衔。何日起节赴东,并示。齐。

(辛丑十月初八日亥发)

## 致张之洞电

(光绪二十七年十月初九日)

武昌制台鉴:

庚电谨悉,承询各节,前电已详。骏。佳。

(辛丑十月初九日酉刻发,初十日卯刻到)

## 与刘坤一袁世凯张之洞等各省督抚为庚子赔款会衔致开封行在军机处电

(光绪二十七年十月十六日)

各省分派赔款,为数过巨,筹措万难。方今民生困穷,商业凋敝。经去年之变,各省商民元气大伤,种种筹款之法,历年皆经办过,久已竭泽而渔,若再痛加搜括,民力既不能勘,赔款仍必贻误。且沿江沿海五省,盐厘、货厘久已抵退旧案洋债,补拨大半无着。近年加拨各款,多系有名无实,无法筹解。而自去年以来,南北各省闹教,赔款多者二三百万,少者数十万。即不闹教省分,摊派直隶教案赔款,亦二三十万至十数万,此又出于各项饷需之外。民怨已深,正苦无从设法。自新案大赔款经全权定议后,数月以来,屡与司道各局筹商,无不焦思束手，虽勉强搜罗，断难如数。且即所拟议奏明筹捐加收之数，将来亦恐难收足，实无把握。间有议加货厘者，乃是无聊之极思，窃恐驱鱼驱爵，从归洋旗，子口收数转不能多。若按粮捐输，少则无益，多则必然扞格。房捐虽有办者，亦不能多。各种筹款之法，无一易办者。总之，无论如何，筹加筹捐，无非取之于民。但此时势，民心为国家第一根本，以民穷财尽之时，倘再尽力搜括追呼，以供外国赔款，必然内怨苛政，外愤洋人，为患不堪设想。否则商挂洋旗，民入教堂，国势何由固结？臣等渥受厚恩，分膺疆寄，若因筹赔款之故，以致稍生事端，罪戾滋重。若百事俱废，专凑赔款，将兴学、练兵、农工、商务，一切养民、治民、卫民之自强要政，概行搁置不办，则民心日涣，士心日离，国势日微，外侮日甚，内乱将作，大局亦必难支。

惟赔款岂能失信？窃拟一稍纾民力之法。盖各省赔款数巨，筹足固难，而尤以明年上半年一期为更难。筹款甫经试办，尚无端绪，期限已迫，必然贻误。查十月初一起，洋货加足值百抽五一条，据上年二月总署咨赫德条议，每年可增加三百万以内。即按九成核计，亦可能增二百七十万。向来免税洋货，亦按抽五纳税一条，据税司贺璧理现开间节略，照二十四年免税各物计，每年可收三十二万。据盛京卿宣怀条议，为数更多。常关归税司代收一条，据德国穆使自天津来，与之洞面言，津海一关，税司代收每年可多收三十万。准此类推，除粤海关不归税司外，赫德初次指定之十四关，及外务部咨赫德二次添指之十关、局，合之天津关共二十五关、局，每年必可多收一百五十万，有盈无绌。折漕一事，现经漕督张奏请，以二两折放九十余万石，令浙江购米五十万石，备用折解、折放者，每石省运费一两三四钱，每年可省一百三十余万。即照仓场文令江浙运米一百万石，每年亦可省约七十万。合之山东折漕，省出建费约二十万。省挑挖运河等费，约十万。南北各省折漕，合计总可省一百万以上。四项统计，或增收，或裁省，共得五百五十万。就每年各省赔款一千八百万之数核计，正得三成有奇。伏思洋货加足抽五、免税之货完税、常关税司兼办、全漕改折四款，乃各国公使及全权所指定者，本议明专为赔款而设，户部咨亦有“关税增数，专为赔款，各省摊数，尚可酌减”之语，具证体恤。拟吁恳天恩，俯念民生困苦，巨款难筹，准将各省赔款减免三成，即将上项所指加增裁省之款凑足，各省上半年止解二成，下半年解五成，以纾民力而免贻误。此减剩七成，自必如期筹解，不敢延欠。惟所指抵凑三成之款，必须明年十一月方能收齐，而明年上半年五月还期，万不能缓，拟请饬下户部、盛宣怀及上海道，向外国银行如汇丰、德华之类商借五百四十万，约定明年五月半交银，一年归还，酌给利息。能止借八个月尤善。国家止借此数，并不为难，年限既少，即利息稍重亦属有限。俟明年十二月间，核计所指增收裁省各款实得若干，如足敷三成及息银，即请于光绪二十九年起，令各省以后即照此七成之数筹解。如洋、常两税于抵足三成外能再多收一成一百八十万，各省即再减一成；能再多收半成，即再减半成。如尚不敷三成及息银，则请由各省照数分摊，解部补还，限后年二月解足。盖减少三成，薄海商民固感朝廷宽恤之恩，且展至下半年始解，巨款亦可从容妥筹，免致操切生事。此外，北方各省尤为瘠苦，情形亦必相同。

臣等为仰体皇仁，纾民力、固邦基起见，不得已勉筹此策，仰恳圣裁施行，不胜惶迫待命之至。请代奏。臣刘坤一、袁世凯、张之洞、陶模、德寿、许应骙、奎俊、魏光焘、李经羲、王之春、李兴锐、聂缉椝、张人骏、岑春煊、丁振铎、邓华熙、俞廉三、盛宣怀、任道镕。谏。

## 为汉辅难延致张之洞电

(光绪二十七年十一月初十日)

张宫保鉴：

亥。荣进宫衔，敬贺大喜。

骏到时，汉辅[①]适患病，昨始来见。当照尊意，劝阻汉辅，历述子女皆幼，无人抚育，岳翁年迈，故其婶母及仲怿方伯与其岳家商定，此事大局已成，似难中止。虽惜之，而无如何也。

山东德事颇棘手，而骏又不谙洋务，公意中有无精于德文及中外政治、品学端正之士，乞示为感。

学堂事，贵省当年举行，外府县如何办法，乞撮大略电示为恳。骏叩。蒸。

## 为两宫回銮需筹款数致张之洞电

（光绪二十七年十一月十二日）

张宫保鉴：

亥。两宫回銮，尊处是否尚派员赴都恭迎及另具专折？回銮后，需款必切，尊处有无于常年例拨外，另筹解济之项？拟数若干？均乞即复。骏。文。

（辛丑十一月十二日申刻发，十三日未刻到）

### 附：张之洞为不能另筹增解复张人骏电

（光绪二十七年十一月十五日）

致济南张抚台：

文电悉。鄂派王道万震赴京迎驾，并具专折。鄂饷万分支绌，赔款尚茫然无措，京饷于例拨外，实不能另筹增解。尊处办法如何？祈示悉。咸。

（辛丑十一月十五日未刻发）

---

① 王崇烈(1870—1919)，字汉辅，王懿荣次子。八国联军攻入北京后，王懿荣一家三口遇难，王崇烈赴京料理后事。为还债，他把父亲收藏的青铜器等文物卖给翁同龢等人，把一千余片甲骨卖给刘鹗。王崇烈在经学、金石学、训诂学方面颇有成就。

## 为《山东煤矿章程》谨请钦遵致外务部电

（光绪二十七年十一月二十日）

窃查接管卷内，于光绪二十七年十月初五日，由升任抚提部院袁专弁具奏，为上年商订《山东矿务章程》，业经德员签押，谨照录补行进呈一折，当经抄稿咨呈在案。兹于本年十一月初七日赍回原折，内阁奉朱批"外务部知道。钦此"相应恭录咨呈，为此咨呈贵部，谨请钦遵，查照施行。

## 为匪首郑得胜已递回原籍严行监禁致增祺[①]咨文

（光绪二十七年十一月二十六日）

为咨复事。光绪二十七年十一月十五日，准贵将军咨开"据营务处、交涉局呈称：窃照前经收抚东边各军，业奉宪恩分别录用给资遣散。惟头目郑得胜即前次扑犯安东首犯，绰号老君炉者，自就抚后派充哨长差使，并不任差，声言欲回山东莱州府平度州原籍。查该头目散党尚多，恐其借回籍为名，再行勾结滋事。若即从严惩办，现在三省已经收抚人众甚多，转使反侧不能自安，殊于大局攸关，应请咨送回籍，交该原籍地方官严行圈禁，以免滋事。是否有当，理合禀请宪台，察核示遵等情前来，除分行外，相应咨行、照会贵抚部院请烦查照，希即转饬遵办。须至咨者。合行抄单札仰该州遵照办理具复。特札贵道核为查照，俟郑得胜送到后，希即饬派妥靠弁兵护送前进。仍祈见复。须致照会者"等因。奉此，除将解到郑得胜一名札发福山县递解回籍，并移沿海防军派拨弁勇沿途护送，暨札饬平度州，俟后郑得胜解到严行监禁外，理合具文申报查核。除将头目郑得胜递回原籍饬平度州严行监禁外，相应咨复。为此，咨复贵将

---

① 增祺(1851—1919)，伊拉里氏，字瑞堂。宣统元年(1909)迁广州将军，兼署两广总督。

军，请烦查照施行。

### 附：增祺给山东巡抚部院登莱青道平度州知州咨文照会札文

（光绪二十七年十月二十一日）

为咨行照会知事案。据营务处、交涉局呈称："窃照前经收抚东边各军，业奉宪恩分别录用给资遣散。惟头目郑得胜即前次扑犯安东首犯，绰号老君炉者，自就抚后派充哨长差使，并不任差，声言欲回山东莱州府平度州原籍。查该头目散党尚多，恐其借回籍为名，再行勾结滋事。若即从严惩办，现在三省已经收抚人众甚多，转使反侧不能自安，殊于大局攸关，应请咨送回籍，交该原籍地方官严行圈禁，以免滋事。是否有当，理合禀请宪台察核示遵。"等情前来，除分行外，相应咨行、照会贵抚部院请烦查照，希即转饬遵办。须至咨者。合行抄单札仰该州遵照办理具复。特札贵道核为查照，俟郑得胜送到后，希即饬派妥靠弁兵护送前进。仍祈见复。须致照会者。

计粘单一纸。

咨山东巡抚部院，右照会山东登莱青道李。札山东莱州府平度州知州。准此。

郑得胜，年四十六岁，身中，面麻，无须，十指九斗一箕。系山东莱州府平度州人。原籍有母亲徐氏，在外有妻冯氏，子名祥子，别无亲人。

## 为山东五矿大部已允开办三处似与前电不合致外务部电

（光绪二十七年十二月初一日）

外务部钧鉴：

卅电谨悉。抽税报效两项，已饬杨道晟设法竭力磋商矣。惟连梓等云三处同时开办，已经大部允准，现拟先行开办三处，请即照准，并请饬属保护等情。当饬杨道，告以只能查照山东矿务公司办法，准其先行查勘,不得于章程未经订妥以前,遽请开办等语复之。惟前奉钧署宥电云,葛署使允不同时开三处令连等云。大部已允开办三处,似与前电不甚合,究应如何因应,谨请酌示。余俟汇商就绪,再行呈请大部核办。人骏。谨肃。东。

## 葛尔士两次函会不知大部如何核复致外务部电

(光绪二十七年十二月初十日)

外务部钧鉴:

宙。密。据杨道晟禀称,现接葛尔士复电,内开:"来电已悉。在京谈矿务时,未与阁下议定如何,谨将此事各节略为谈论。如中国平静无乱,该公司已开办地有三处,时间二年。且拳乱之咎,既不能责成该公司,更不能使该公司因乱而转受亏损,故同时在三处开办一节,前于十月十六日已函达外务部,今日又照会外务部,仍系此意。此即系按理所应索者。"等语。当由杨道复以:"鱼电拜悉。查,二十五年总署与贵国钦使商议矿公司在山东开矿五处之事宜,至上年四月迄未议定,旋因拳乱暂行停议。平静后,始于本年在东接商。应俟商定签押方行开办,似是正理。兹准电称同时在三处开办一节,果如尊言,则拳乱以前该公司何以并未开办?且山东平静已久,为何仍未开办,尚待会同妥商?可见此事并未议定。该公司须俟议定后,始能开办也。至同时开办三处,固与开办一处仅只先后之别。惟该公司在东开矿为日方长,办事总宜按理循序,庶彼此均有裨益。前在京与公言及此节,公亦极言意见相同,尚未仍照原议电知连君先行开办一处,十个月后再办一处。如此递推,以五处为止。此事关系两国商民利益,力所能及,无不竭力帮助。乞鉴之。仍求电复。"等语复之。谨电达。葛尔士两次函、会,不知大部如何核复?敬请摘要电示,以便转饬杨道查照,妥为因应。是所至祷。人骏谨肃电。

## 连等来署谒商称议交章程未能照允致外务部电

（光绪二十七年十二月初十日）

外务部钧鉴：

宙。前饬杨道晟与连、梓等开议，系援照总署与克使原订章程十四条，并采择山东矿务公司现行章程，共酌订详细章程三十条。声明议订后，仍须呈候大部核准签押，方能照办。已由杨道持与开议。连等旋于初八日来署谒商，据称议交章程未能照允。揣其语意，仍是不肯援照总署原章，甚为狡执。当由骏告以此事总应遵照大部迭次文、电办理，东省实无择改总署原议之权，甚冀彼此和衷商办，等语。一面仍饬杨道竭力磋商。所有商办情形，容再随时电达。惟闻连等有电致德使之说，特先电达钧听，以便相机因应。仍请酌核示遵。人骏谨肃。佳。

## 抽税报效一节连领不肯分项议加致外务部电

（光绪二十七年十二月十五日）

外务部钧鉴：

宙。密。前奉青电，当饬杨道与连领往返商订。其抽税、报效一节，连领坚称大部已与德使议定该公司连抽税报效共纳盈余百分之七，不肯分项议加。迭饬杨道竭力磋磨，连狡执不移。现据该杨道所商，惟有仍照前与连领所商办法，于现订章程中载明将此节提出，分两项归大部与德使在京另订专章，或俟矿务总局核定各矿税则，再行据以转商德使，俾与各省华洋公司事同一律，似较此时在东商订易于就范。况且德司系该公司总办，与连同居一处，遇事把持，得步进步，极难婉商。似不如候大局定时，在彼既无可要挟，在我亦不虞牵掣。但拟定章程内载有提出抽税、报效两项，另订专章一款，与之确订，不但德使无可诿卸，即连、贝等亦无可阻难，似于矿务全局有裨。而且该公司须待查勘明确，始行开采，此节留俟从容商订，亦尚不迟。谨再电商。是否可行,即请酌核电示,以便转饬杨道汇入章程,与连领妥速商订,再行摘要电请核复遵办。再,愚见以彼既将抽税、报效两项牵混为一,似不如俟在京另订专章,明径将报效一节删去,专与妥订税章,并就德使所允铜铅等数值百抽七酌中定议,勿论金银煤铁等矿,概以值百抽十订算,以赢补绌,似亦不至吃亏,且可杜其牵混。管窥所及,并候鉴核。人骏肃。咸。

### 附:外务部为德使索勘鲁省矿产三处勿遽开办致张人骏电

(光绪二十七年十二月初八日)

现准德使来照,仍索三处同时开办,并云:纳税等费暂行无关紧要,嗣后可再为议定等情。查德使以此事早有成约,上年因乱停议,致受亏损,必须开办三处为补偿之计。现只能通融,允其先勘三处。惟章程未经定妥以前,只准查勘,勿遽开办,以符矿章。至抽税、报效两项,近与连领事磋商如何?前电连领允值百抽五,核与原议煤、铁矿税相符,惟金、银仍须值百抽十五。现德使以该矿产铜、铅等类,允值百抽七,应令加至值百抽十,酌中定议。其报效一项,据连领呈称,初办五年内尚无盈余,已声明情愿议妥此节,并拟将报效之款照赢余之数增长等语。应将此节订入章程,切实声明,为将来议增地步。希饬杨道与连领分别商定,将所订章程摘要先电复,以免稽延。德使以此事未定,与天津撤兵甚有关系,务祈迅筹结束,勿致牵制。十二月初八日。

## 抽税一节拟定德使来函商办致外务部电

(光绪二十七年十二月十九日)

外务部钧鉴:

宙。密。洽电谨悉,当饬杨道与连领和商。抽税一节,拟定德使来函商办。报效一节,拟定德使来文及德使据连领呈称各节商办,俾免周折。旋据杨道禀称，连坚称德使已与大部议定，无论何项矿产，该公司按照赢余净利完纳一百分之七，并无值百抽税若干之说。虑与争辩，狡执如前，并谓系遵德使来电办法。多方挟制，难与和商。拟请大部按照德使来文值百抽若干税原议，与德使议定分数，即请其电饬连等遵照，以便从速议结，等情。骏查杨道所禀，系杜、连等推诿起见，可否酌量商办，谨请酌核速示。人骏谨肃。啸。

## 为锡乐巴函请给奖致张之洞电

（光绪二十七年十二月二十日）

张宫保鉴：

宙。密。顷据华德铁路公司总办锡乐巴[①]函，请酌给承办胶济铁路工头、栈长、司机人等顶戴、功牌，以资钤束。并云前承办大冶铁路工程曾蒙尊处赏给功牌，特援案请发，等语。尊处曾否发给？谨请查明电示为荷。骏。皓。

（辛丑十二月十九日亥刻发，二十日巳刻到）

## 商订详细章程二十一款谨摘要电陈致外务部电

（光绪二十七年十二月二十二日）

外务部钧鉴：

连日饬杨道与连领等商订矿章，狡执如前。经骏督饬杨道竭力磋磨，始允不将五处地名列入章程，以图为据。并商订详细章程二十一款。谨摘要电陈。计开：该公司名目：德文内仍用德京原订编入商籍之名，华文内改为华德采矿贸易公司，以定界限。此项章程，须候

---

① 德国铁路设计师。1892年至1898年为湖广总督张之洞设计建造了从汉阳到湖北大冶铁矿的铁路。1899年6月，由德国十四家银行共同出资组建的山东铁路公司联合体成立，锡乐巴为公司经理兼首席工程师。1910年，锡乐巴被铁路大臣盛宣怀聘为顾问。

大部核准。第一款略谓,该公司业已奉中国国家允开矿五处,内任十个月开办一处为限,陆续指定地段开采。如限内不开,即将此一处作为罢论。华股招至十万两以外,应由本省派员入公司办事,稽查华股一切利益。第二款略谓,该公司如何设局招股,俟查看情形随时商定。山东巡抚允将该公司与山东矿务公司一律优待。第三款略谓,该公司勘查开采,应由本省即行派员会同办理,所用地段倘公司不欲购买,则应商明发给租价。所伤禾稼等项,应给价作赔。每次试办开采,应在半个月以前通知地方官转达百姓。华总办及其所差之员办公费用,该公司查照山东矿务公司一律供给。第四款至第十九款,大致与山东矿务章程相同。查,山东矿章系袁世凯升抚于上年二月议订,曾经咨呈大部有案。其第四款至十九款多系限制公司之事,如先行绘图呈核始准购地,所购地段以敷用为止,购租民地秉公给价;庙宇坟茔均须绕避,本省城垒公地基、防守要害均须绕避,须无所妨损;朝廷所属行宫、祠庙、园厂厅等项之下,均不准办理矿务;所购地段应纳国课,照他国人在中国他处开矿章程办理,仍由地方官发给买地执照,发照后始准动工;动工之时宜多用本处人,本处所有之物亦应在本处购买;人、物致伤,应抚恤赔偿;华人已开之矿,应准其办理;禀请派兵保护,该公司应议给津贴,不准请用外国兵队;公司所用洋人,应请颁凭单、护照,有不合之处应照条约办理;公司所用华人,应归地方官稽查;地主大权,仍操山东巡抚。各条均已包括在内,连允援照办理。第二十款,系拟载抽税、报效两节,今暂将此款空出,俟奉大部复电议定办法,再与连领妥商补入。第二十一款略谓,此项矿局,中国将来如何购回,并将何时购回,将来另议。至该公司系属商务,其筹借洋款如有亏折,与中国国家无涉。以上各款,应缮华、德文各三份,以一份呈大部备案,一份存东抚署,一份存该公司。此后,若有应行增损之处,只能由山东巡抚或特派大员,与公司商订各等因。连允照此定议签押。是否有当,恭候大部核复,电示遵行。再,抽税、报效两节,不知已与德使议妥否?并乞核示。人骏谨肃。养。

## 为孙武备出身致张佩纶电

（光绪二十七年某月二十日）

合肥人、知府史龙云言，孙武备出身，曾随傅相出洋，带过练军，确否？询示。号。

# 光绪二十八年壬寅(1902)

## 为拟将泉河通判奏请裁缺致锡良电

（光绪二十八年正月十八日）

清弼[1]尊兄乡大人阁下：

疆索分驰，未亲矩范。互于牍答往还，徒寄怀思。翘企贤劳，时殷梦毂。敬审起居佳鬯，勋福崇隆；指顾兼圻，允孚祷祝。

弟齐疆忝领，短绠滋惭。东省地瘠民贫，饷糈告匮；交涉事件，更觉繁难。幸辖境粗安，借纾绮注。

昨查有泉郡邑，如兖、沂、泰、济等属州县，均隶泉河通判管理，名为官泉，每遇灌田，民间不敢引用。揆其设厅管理之意，不过谓储蓄泉水导入汶、洸、沂、泗，汇归于运河，以利粮艘。今则江北之漕全行折色，无粮可运，而汶、洸一带，沙与岸齐，积高二三丈不等。是水小则泉不足济运，水大则济运并不在泉。有损于民，无益于运，每年徒耗浚泉经费约数千金。适有人条陈泉河利病前来，复经派员详查，所称情形均属相同。现当国帑空虚，异常支绌。若为便民计，固当去其厉禁，以厚民生。即为军糈计，亦当节此虚糜，借充军饷。思维再四，拟将泉河通判奏请裁缺，泉夫一项名目概行除尽，方免病民。惟水利攸关，究竟有无妨碍，素佩公忠在抱，必能通筹全局，以补时艰。兹将原呈节略录陈台端，用以奉商。是否可行，事关国计民生。尚祈从实

---

[1] 锡良(1852—1917)，字清弼。姓巴岳特。历官河南巡抚，热河都统，四川、云贵、东三省总督等职。

训迪，勿吝教益。如以为可，将来会衔入告，即请尊处主稿，免致两歧。可否之处，并望赐示为幸。专肃布臆，敬请勋安。惟诸澄察，不戬。

乡愚弟张人骏顿首

附抄陈原呈节略一纸

（正月十八日发，二十四日到）

### 附：锡良为运河裁并事宜致张人骏电

（光绪二十八年二月十三日）

济南张安帅鉴：

运河裁并事宜，已咨商尊处，请鉴定速复，以便具奏。运河尚有工程，定局后可赶办也。祈复。元。二月十三日。

## 为调用辜鸿铭致张之洞电

（光绪二十八年正月十九日戌刻发）

武昌张宫保鉴：

宙。密。德租青岛，铁路、矿务日益纠葛，一切交涉之事极关系匪轻，必须从长与之议订。东省现少能者，闻尊处辜翻译汤生[①]，熟悉德文、政治，拟恳饬令来济，暂资臂助，想我公关怀全局，定荷允从。候示。骏叩。皓。

## 德领事商改山东五处矿务章程情形致外务部函

（光绪二十八年正月二十二日）

前于上年十二月二十二日，与德国连领事等商订《五处矿务章程》共二十一款，其第一、第二、第三、第二十一各款，系查照总署原议，暨山东矿务章程参酌议订。其第四至第十九款各款，则系专照山

---

① 辜鸿铭。

东矿务章程办理。惟第二十款系预备详载抽税、报效两项,声明留俟大部与德使在京商订,俟订妥电复到东,再行补入。当日与连领事等议明后,即经电达钧听,并声明须俟大部核复后,始可汇缮签押。

本年正月间,连领事因久未奉复,催询多次。十一日,递来照会,又以耽延日久,索赔用费等词相挟,并将前订之第一、第三、第二十一各款,一并改拟照送前来。当经人骏据理驳斥,即将所改各款送还。十三日,连领事又送来照会,仍申前请,复经人骏驳斥如前,并告以此项章程,即已彼此商允,电达大部,敝处实无擅自商改之权,须俟大部复电到东,再行妥商办理。旋于十四日奉到钧电,敬悉一切。当即督饬杨道晟按照钧电拟改各节,竭力磋订。连领事等不但不允照改,并欲照彼所改拟者载入章程。彼此相持,势难两就。正在筹画因应间,是日午后,连领事又率同贝德斯来署请见,词气极为谦和,迥非前日狡悍气象。谈及极以提出抽税、报效留俟大部商订为悔,并呈递申论矿产落地税、出井税各节说帖一纸,请将抽税报效改归东省酌定。人骏当以此项既已电请大部与贵国公使在京商订,断毋中途改归东省另议之理。且东已议定多次,即接议亦万难就绪等语拒之。连领事旋又请将此项说帖电达大部。据云,其中皆系论说矿产抽税实在情事,如承电达,必邀鉴察。贝德斯亦从旁极力陈说,窥其情状,一似此事由大部与德使议有成说,于该公司甚有不便也。或已接到德使密电,亦未可知。然照会则挟以峻词,晤谈又饴以甘语,其狡黠殊不可测。复经人骏告以说帖字句太多,电达亦不甚便,连领事等又请将说帖排递寄呈大部。人骏未便过卸,声明只能将原件寄呈,至于如何订商,仍应俟大部与德使在京妥议,决非敝处所能越俎代谋。连领事等遂再三称谢而去。十五日,又具函续申前请,词尤谦逊,并有大部不以为然,自可再拟别项之语。惶急情状,溢于言辞。人骏虽未奉到大部续电,不知抽税、报效两项已否分别议定,大约所议,必甚得手。否则,连领事等何以如是惶急?诸借荩筹,佩慰无似。兹时将连领事等所呈说帖寄呈大部,恭备查阅。其说帖中所论净利报效,虽有抽百分之五、百分之十、百分之二十、百分之五十等项办法，然只是就近(净)利之百分而言，所抽仍属有限，似不如仍按照原议值百抽几议订较为合算。且彼既认抽税是抽税，与报效自是两事，亦未便任其牵混，致碍利权。究应如何酌量议订之处，仍谨请大部与德使按照原议商订妥洽，迅赐电示，以便查照汇载第二十款内，连同各款，一并从速签押。

人骏现函复连领事，告以将说帖寄呈大部；仍一面优礼款待，妥为因应，俾彼无所借口，庶可从速议结。至承示拟改第一、第三、第二十一各款，前次议订底稿，本与钧电大概相同，因连领事坚不允从，彼此磋改多次，始于十二月二十二日议订就绪。今连领事即拟乘隙悔议，为另订抽税报效地步，偶不经意，即堕术中。所有第一、第三、第二十一各款，似仍照前议核定，不再商改为是。再查第一款载明，本省派员入公司办事，所派之员即是华总办。既入公司办事，即属有权。因恐不甚显明，故又于第三款内，标列华总办名目，以相印合。鄙意并拟俟该公司招股时，勿论如何，必由本省凑集本银十万两以上，以便届时派员入公司办事，似亦较有实际，且与钧电指示办法亦尚相符。至第三款所载办公费用一节，该公司本允供给，因为数较少，是以改照山东矿务公司一律。查山东矿务章程，虽未提明公费，而矿务公司曾允每月送给津贴四五百金，经杨道商令改为公费，兹令援照办理，似于事理亦尚相合。又，第二十一款只重在此系商务四字，借以区别并非交涉。筹借洋款一语，似亦包括股本在内。连领事等概不允照改，似亦无甚出入。兹已专电奉商大部，如可以照准，亦希从速电复，俾与连领事等先将各款议定。一俟抽税、报效两项由大部与德使议定，电复到东后，即可汇缮签押，俾免别生枝节。鄙意总以商订抽税、报效两项多得分数，为挽回利权紧要关键，其余各款，似可略予通融，以便从权议结。是否有当，恭候钧裁。祗请勋安，伏维台鉴。

照录清单。

## 论矿产抽出井税事

一、在各西国久免出井一税,因非公平之法。并出井税难处甚多,是以均无有此。旧时虽有此出井税,亦不过抽百分之一二。且旧时出井税只为国家帮助矿务公司各事,及派差役保护,并准用官路各节,国家方抽此出井税也。

二、各西国及美国,按照国家律例,矿务事只收净利之税,每百分抽四。比此稍多则均无之。矿务及农工商业均同。

三、所出矿产及矿质,非是净利所得。各样矿质,应挖窟井及盖造房屋栈厂、修道路,并设贵重机器等事。且在山东省各等矿质,非在地面之上易取,惟均系在硬石之内,须将此硬石用机器磨碎,磨碎之后又须用最费心费财之法,方能分清石金。如此各样,花费巨款应须扣除,余者可算净利。平常所得净利极少,比在山东所得金矿质,每吨内多至不过百分之一是金。

四、所得出井金银铁煤等矿质之价,如何核算,岂可中国国家抽金银矿质百分之十五,铁之七,煤之五,自行出售乎?或该公司自卖所得价值,应纳百分之五、七、十五乎?如该公司出井之各矿质不能沽出,亦要纳此五、七、十五之数乎?若该公司不能卖出,或者卖出亏本,如何核算价值耳?且出井矿质,移放栈地,则定无价值。再,所有出井矿质之多少,中国国家何法可以查考?抑可派官员在该处守待用秤量乎?

五、按照中国国家所拟,该公司应纳钱粮地赋、进口出口各税,及山东省所派官员公费,此系实为格外极重之则例。该公司应用各样物料、机器,不能在山东省购买,其各矿质亦不能在山东省出售,必须出口运往他处。因此,所应纳进口出口各税,亦为甚大数目。在各西国均有极好道路,而在中国则无此等好路,该公司须自行修路及小铁道,以便装运机器等件到开矿各处,并将矿质运往铁路栈处,或通商埠出口。如该公司再纳重税如斯,该公司定不能期得净利。此等公司定无人给其资本耗用，并不能招入华股、西股。中国国家既允准该公司开矿，亦有欲令该公司可得净利之意。

六、专论出口一事。全地球各国，定均无出口税，更无五金出口税。全球各国均出有金银铜铁等各样，出卖于全球互市之场。如该公司在山东所得金银铜铁等物，送往高价之大市出售，即其金等之价，再加有此百分之五出口税则，即无人买此贵货。若该公司必须卖出，定致吃亏。在全地球商市，多此百分之五少此百分之五，最关紧要。如想以上所说，就知出口税是甚重之事。出井税与出口税，名异税同。

七、落地税或出井税，该公司实属不能允准。应请将此落地税、出井税一概除卸，毋庸置议。各国只有收净利税之法，公司只能允准完纳净利之说。兹拟如下：除出本得百分之五不计外，如得利在百分之五以外至百分之七，即抽百分之五报效；自百分之七至百分之八，即抽百分之十报效；自百分之八至百分之十，即抽百分之二十报效；自百分之十至百分之十二，即抽百分之三十报效；至百分之十二以外，抽百分之五十报效。

八、中国国家欲在中国扩充矿务，惟似此如何扩充？各等税如此之重，何人敢承开办？该公司尚未得有净利，而中国国家要收重税，该公司之意，以其资本在山东开矿，要用认真从实就新之法，与山东百姓大有益处，并从丰发给作工人等工价。至该公司能得净利与否，不能预知。若得净利，情愿抽提报效中国国家；未得净利以前，定不能纳税。该公司所有亏赔之处，亦不与中国国家相干。

九、中国国家既允该公司在山东开矿，因此，中国国家亦必允导公司能得净利之路。无此导路，并向公司要落地税、出井税，该公司定不能开工。想中国国家必不欲窒碍该公司开工，及阻其不得净利也。

## 为寻常命盗案可否会衔复奏致张之洞电

（光绪二十八年正月二十九日）

江宁、武昌，刘太宫保[①]、张宫保鉴：

各省寻常命盗案件，罪关斩绞监候者，向系分案具题。上年新定改题为奏章程，系十起汇为一案，摘要开单具奏，其详细供招，仍行咨部。办法甚善。昨准刑部通行，嗣后仍令按起详奏，不准汇案，等因。尊处想可接到。查东省前项案件，每年不下数百起，若一起一奏，甚属烦琐。尊处案件多寡，是否遵照部咨，可否会衔覆奏，仍请汇案开单，摘要具奏，以省烦渎之处。请酌示为感。骏。艳。

（壬寅正月廿九日酉刻发，三十日未刻到）

## 为祝贺两宫回銮致文渊阁大学士荣禄函

（光绪二十八年）

柴封驻马，讴歌扬调燮之猷；枫驿传鸿，遐迩述功庸之喜。恭念宫太保中堂晋前星之硕辅，丽吉曜于重规。爵齿兼尊，一德更隆其倚畀；风辇叠采，两仪允赖以转旋。中外欢胪，官民颂洽。

人骏疆符忝绾，井绠滋虞。鸠拙难藏，庶事与渊冰共惕；鹊音逖听，崇衔偕日月同辉。专肃寸简，敬贺钧安。伏惟台鉴。不戳。

张人骏谨肃

## 准允德人先行查勘三处矿产事宜致外务部函

（光绪二十八年二月十六日）

正月十五日肃呈函件，谅邀台鉴。兹于月之初九日恭奉佳电，敬悉一切。贝德司前呈说帖，系将抽税、报效两项相并立论，意图牵混。而上年十二月二十二日，连领事及贝德司在敝署面订章程共二十一

---

① 刘坤一。光绪二十七年(1901)被赐太子太保。

款，其第二十款则系彼此商定载明：华德采矿贸易公司，除照章完纳地段国课外，所有抽税若干、报效若干，及抽税报效之专章，应由大德国驻京钦差与外务部公同妥商订定，彼此遵照办理，等语。拟俟电候大部核复，即可先行汇缮签押。旋以只奉钧电，已与德使商订抽税事宜，因又与连领事商明，将第二十款暂行空出，留俟大部与德使议定抽税、报效两项专章，电复到东再行汇缮，连领事等亦经照允。其前订第二十款所载各节，并有连领事华德文为凭。是抽税、报效分作两项，留俟大部与德使商订专章，系由连领事等允定之事，始终一致，毫无疑义。连领事等事后以已允另订抽税、报效两项专章，即与已允抽税无异，吃亏太甚，是以屡次设法希图悔议；并以久未核复借口，欲将第一、第二、第三等款，另行酌改；更欲将五处地名，仍须列入章程。种种狡谋，只是希图翻悔前议，均经人骏设法驳阻。现在德使既坚不肯允，贝德司进京后，必更设法狡赖，谋将抽税、报效牵混为一。所有敝处与连领事等面订第二十款详细情形，电音简略，未及详叙，恐有歧义，兹将上年十二月二十二日彼此当面商定之二十一款，汇缮清折寄呈，并将连领事等所允之第二十款底稿另纸照抄，一并恭呈钧鉴，以备查核，俾与德使及贝德司等议订抽税、报效两项专章时，可据以商办也。再，前奉钧电，允该公司先行查勘三处矿产，旋由连领事函送查勘沂州、沂水、宁海，宁海即在第五处烟台周围二百五十里内。三处矿产、洋员福士戴等六名清单前来，由人骏核发护照；一面函电沂州胡守及各该州县，饬令酌派弁勇妥为照料，加意保护。所需地亩、房屋，并饬知地方官，准其随时酌量租赁备用。惟于未定章程以前，不得购置地亩开采矿产，以符原议。旋据该各府州县陆续申复，已一体遵照办理矣。连领事现仍在省守候，如抽税之事一时尚难就绪，可否先将各款核明电复，以便与连领事先为定议。抑或俟商定抽税、报效两项，一并汇订之处，敬请酌核示遵。再，连领事前以悔议未遂，辄云五处地名必须列入章程，经人骏再三辩驳，而连领事仍哓哓不已，拟俟汇缮全项章程时，再为相机因应。如必须备列地名，拟即按照总署十四条章程第一条内所载,起首一处地名,准其载入合同原议。将来于分订合同呈送地图时,准其于合同内分别载列。是仍然以图为据,而于原议亦尚相符。是否有当,并候核示,谨此肃陈,祇请钧安,伏惟台鉴。

照录清单。

为办事迅速安静起见,今华德采矿贸易公司业奉中国国家允准,在山东开矿五处。是以按照原议之五处绘就地图,商定章程各条如下。此次章程是用华文、德文缮就,其中语意,彼此相符,须呈候北京外务部核准,并须由驻扎德京之该公司督办签押,以昭慎重。该公司名目在德文内,用其由德京原订编入商籍之名目;华文内,用华德采矿贸易公司名目,以定界限。

第一款,华德采矿贸易公司,在业奉中国国家允开矿五处之内,以十个月开办一处为限,陆续指定地段开采矿产。如限内不开,即将此一处作为罢论。并照公司章程,招集中国官商股份,先由德人暂时经理。所收华人股份,按季呈报山东巡抚。俟招股在十万两以外时,再由本省遴派专员入公司办事,稽查华股应得一切利益。

第二款,该公司应设局在何处招股及若干处,俟查看情形随时商定。山东巡抚应允竭力帮助该公司一切事务,并将该公司与山东矿务公司一律优待。

第三款,该公司应办勘查开采以及试办各事,应由本省即行派定专员会同办理。所用地段,倘该公司不欲购买,则应商明发给租价。至所伤禾稼等项,应照该处情形给价作赔,以免百姓吃亏。再,每次试办开采,应在半个月以前通知该处地方官,以便转达百姓,俾杜生疑。至本省所派之华总办及其委员人等,系为帮助该公司办事,与山东矿务公司办法相同。此项人员办事公费,山东矿务公司如何供给之处,华德采矿贸易公司亦情愿一律供给。

第四款,开挖煤矿应用地段,如建筑矿井、修盖机器等厂,以至工人住房与货栈等项,须会同官绅彼此商办,以期无损于百姓,所为平安顺手起见。是以山东巡抚特派专员，帮同买地及料理一切。惟凡请矿学处与采择地势各节，应归矿师作主。而购租地段，须会同华总办妥商办理，或租或买，不得强抑勒索。每次查定地段后，应绘一作二万五千比例之布置形势图，送呈山东巡抚以备稽查。呈图后，始准买地。俟地买妥，方准修盖所需各处。至地下所作一切，除第七款所云不计外，不与上面人相干，故不得拦阻，亦不得争讨，以昭公允。再，买地一事，应秉公迅速妥办，以免耽延开采矿产，地价应照该处情形核实付给。所购地段，只准购得将来修盖矿井与各项房屋、煤栈、装车运煤处所等项，足数应用为止。

第五款，凡庙宇、房屋、树木及众多齐整之坟茔等项，均应顾惜，谨慎躲避，不使因办矿务，令其受伤。万不得已，必须迁移以上所指各物，则请地方官在两个月以前通知该主人，以便妥商赔偿。总使该主人在他处照原样另行置办，并于钱财上不致吃亏。

第六款，办理矿务，须盖各房及开挖矿井等项，地位均须合宜，总使于本省城垒、公基及防守各要害无所妨损。

第七款，朝廷所属各祠庙、行宫、围厂等项之下，概不准办理矿务。

第八款，该公司因开矿买地，无论何处，应用官弓尺丈量地亩，每弓合五尺，每尺合三百三十八米里达，每地一亩按三百六十弓计算，合九千方尺。至所购地段，应纳图课一节，须照他国人在中国他处开矿章程办理，以昭公允。

第九款，该公司倘请地方官派人前来帮同作事，则应给辛工银两。另行开发，不准与地价稍有牵涉，以清眉目。所发地价，应妥交地方官代收，以便转给各该地主；一面由地方官发给公司买地执照，发照后始准动工。

第十款，或在勘查矿苗时，或在开采矿产、修盖矿厂时，在百里环界外，倘须禀请山东巡抚派兵前往保护一切，届时查度情形，见禀随即照准，并派敷用之兵数，以应所需。至该公司应给此项卫兵若干津贴,应另行商议。惟不准请用外国兵队。

第十一款,该公司购买物件,应照本地市价交易,不准强买,亦不准故意贵卖,以昭公允。或请地方官代购亦可。

第十二款,在开矿处附近一带,倘欲租赁住房或办公处所,应请地方官代租,并代立租房合同。

第十三款,该公司办理矿务,应揽用本处工人使之工作。所需物料,凡本处所有之物,亦应在本处购买,并须公平给价。倘公司所用之工人,与本处百姓滋事,应由地方官拿办。再,公司所用各工人,无论如何,不准擅入百姓住家,如敢违禁,定必从严究办。

第十四款,该公司开采矿产时,万一遇意外不测之事,致伤人命或物件,理应抚恤赔偿。除此以外,尚有应定详细章程。凡因办理矿务被伤各物,均照详细章程赔偿。至在试办时,倘因公司之过致伤人命或物件,亦应抚恤赔偿。

第十五款,办理矿务,准保不伤民田、房屋、水井等项。若因公司大意粗心,伤以上所指各物,定当按照该处情形认赔。至矿内若有泉水,应谨慎引出,总以不伤民田等项为率。否则,则议价赔偿。

……

## 复锡良电

(光绪二十八年二月十四日)

锡清帅鉴:

元电悉,俟大咨到,即从速奉复。骏。寒。

## 为裁留归并事复锡良电

(光绪二十八年二月十八日)

锡帅鉴:

大咨已到。裁留归并,斟酌尽善,可即会衔主稿具奏。至应饬司道承查各事,已分檄饬查,容另具复。骏。巧。

## 拟购小口径快枪两千只子五十万致张之洞电

（光绪二十八年二月二十日）

武昌张宫保鉴：

宙。密。山东僻处一隅，武备向不讲求。慰帅抚东，右军随来，军容稍壮。近已全数调直。本省枪械旧式尚不全备，何论利器。迩来胶济铁路深入堂奥，较前局势迥不相同。而德国武员往来如织，若仍而不改，损国威，启戎心，所关匪细。尊处局造各枪，极为精良，闻尚存储不少，拟恳拨付小口径快枪两千支，子五十万，其价照数奉缴。想公关怀大局，当必俯如所请，即祈速复，以便委员领取。万恳。幸生已到，熟悉洋情，心术端正，深佩公知人之明也。骏。号。

（壬寅二月廿日未刻发，廿二申刻到）

## 拟修津镇铁路致盛宣怀电

（光绪二十八年三月初十日）

准德督函称，拟修之津镇铁路，该公司必须先将沿途山川情势考察明晰，始可开工。并拟派工程司先验经过黄河应造桥梁，不久即赴该处，请发护照，并饬保护，等语。查津镇铁路，系归何公司承办，是否有德商在内派员查勘一节，曾否商明尊处，敝省未准外务部咨达，无可稽考，希即查明详晰电复，以便酌照办理。

### 附：盛宣怀为拟修之津镇铁路复张人骏电

（光绪二十八年三月十一日）

津镇铁路，前系胡侍郎与英德公司前立合同，敝处近亦未准外务部咨照。顷已将尊电转达外务部酌定，径复尊处矣。

## 附:盛宣怀为津镇路草合同复张人骏电

（光绪二十八年三月十二日）

津镇路草合同,查系许竹筠、张燕谋[1]二公所定,尚未订立正约。顷已将草合同密钞邮呈台核。

## 恳请匀拨枪支致张之洞电

（光绪二十八年三月十二日）

武昌张宫保鉴:

宙。密。前月,电恳匀拨枪支,计邀鉴及。东省路矿繁兴,伏莽未靖,德人每值保护为名,辄思派兵深入,胶州、高密已建兵房,非整军容,不能杜其阴谋。而器械太劣,不足壮观。此时无从购买,望公慨念时艰,移缓就急,俯如所请,即行示复,以便筹款委员走领。骏。文。

（壬寅七月廿二日酉刻发,亥刻到）

## 为锡乐巴赏给宝星事札洪用舟[2]文

（光绪二十八年三月十九日）

为札发事。光绪二十八年三月十五日,准兵部火票递到外务部咨,光绪二十八年二月十五日奉旨:锡乐巴着赏给二等第三宝星,钦此。钦遵电达在案。兹照章制就宝星一座,并缮就执照一张,相应咨行查照,转给祗领可也,等因。到本部院。承准此,除将火票饬发臬司照例造报并分行外,所有宝星、执照合亟札发。札到该道,即便查收,转交锡总办乐巴祗领。一面备文申报查考。无违。此札。

计发宝星一座、执照一张。

札仰总理路矿事宜洪道用舟。准此。

---

① 张翼(1846—1913),字燕谋。曾任开平矿务局督办。

② 洪用舟,字兰楫。曾任胶济铁路总办。

三月廿五日到青岛。

## 附：钦命全权大臣便宜行事总理外务部事务和硕亲王为给发宝星执照事

（光绪二十八年三月十一日）

大德国人、胶济铁路公司总办锡乐巴经山东巡抚张奏请，赏给宝星。光绪二十八年二月十五日奉旨，锡乐巴着赏给二等第三宝星。钦此。兹照章制就宝星一座，并缮就执照一张，发给收执。须至执照者。

右给，大德国人、胶济铁路公司总办锡乐巴收执。

光绪二十八年三月十一日（印）。

星字一千六百四十号。

## 附：锡乐巴致洪用舟函

（光绪二十八年三月）

敬覆者：

昨日弁至，接奉华章，备承藻饰。并荷转交到抚院张公函一件，暨承准外务部咨发宝星一座、执照一纸，敬请祗领。窃思鄙人以海外庸材，谬膺重任，莅东三载有奇，路工建修尚未及半，于国计民生，毫无所益。正深惶愧，兹乃谬承抚院保奏，特沛恩施，感激之私，何可言喻。除将奉到日期及感谢下忱函送张中丞外，所有来省之弁，徇据来弁云，称尚在潍邑。兹特附上茶敬洋银四十元，祈代转交。至潍来之弁，已另酌给酒资洋银十大元，并以附陈。匆泐，覆请升安。惟照不专。名正具。

附呈张中丞函一件，敬祈代呈为祷。

再，另奉来函所商各站牌札一事，已饬各站开具职事姓名，容于四月初一日鄙人来潍时带呈请酌。此外，又恳者，不才前承张中丞优加奖饰，代为保奏，其原折可否仰恳执事代为私下抄录一纸，赐给阅看？则感荷云情更无既极矣。恃爱渎陈，尚希原宥。迩维贵恙谅已痊愈，念念。近日潍县偷盗之风稍戢否？更为记怀。

## 津海关税务司应使用三联单致北洋大臣袁世凯电

（光绪二十八年三月十九日）

案据委办馆陶卫河厘卡候补知州程牧丹桂禀称：窃卑职丹桂，蒙委办馆陶厘卡，恭奉钧谕，认真整顿，实力稽征，务期厘金日有起色，以裕饷源。仰见整饬厘务之至意，莫名钦佩。卑职到卡后，逐一体察利之所在、弊即丛生，委员如能洁己，司事果能得人，尚不难涓滴归公。惟有殚精血诚，力除积弊，以期无负委任厚恩。而弊之大者，无过平票洋单。查津商何荣托办平粜，假公济私，已非一年，关卡曾受其害。此次所称永顺茂、庆长厚、同义公、德成源，据高维翰供：天津并无此四号，显系捏造，冒领护照，不持一钱，不买一米，明目张胆发卖平票，包揽税厘，罔上肥己。月前，曾会同赵令尔赍查明后，将何荣并跟人刘春田、季从善送县看押，禀明总局，详请究办在案。旬余以来，所过米船，均系客商所购，遵例完厘，奸商从无侵蚀矣。惟洋票日增，亏厘仍巨，亦须亟为整顿，以杜漏卮。查去岁九月，奉到总局转奉前升宪袁札饬："凡各国所发土货报单、洋货税单，总以津关税务司戳记为凭。如有戳记，货单斤重相符，随即验放；若无津海关税务司戳记，仍应照货纳厘，以符约章。"等因。卑职遵于所过三联单及各国领事所发洋票，查有税务司戳记者免厘放行，其无戳记者，仍令完纳。兹谨将各领事洋票录呈钧览。至于三联单，多系去岁所发，并无津海关关防，均税务司代印。所买土货，止开牛皮、羊皮、牛羊废骨、草帽辫、花生等项，并无斤重。已购之货，另粘一条，其真假实无从查考。天津指日交还，津关复旧，拟请咨会北洋大臣，凡各国领事所发小票，如能一律停止，专用津关三联单，注明某洋行，应购货物斤重，限定日期。内地商民希图免税购买三联单者，一概禁止。庶关卡易于稽查，而利权不至外溢矣。是否有当，钧酌施行。

## 为安阳水田民间不肯呈验契照致盛宣怀电

（光绪二十八年三月二十五日）

尊意安阳水田，照直隶按契发价办法，以归划一，甚佩。惟民间不肯呈验契照者，盖恐遗失。鄙意令民间交地方官转呈，如有遗失，由地方官补给，则民间自乐于呈验，而购地委员会亦省许多饶舌。尊意当以为然，并质之慰帅，何如？

## 运河道厅纷请修工致锡良电

（光绪二十八年四月初一日）

锡清帅鉴：

近据运河道厅纷请修工。查南运河工，本由河院主政。河院一缺现已裁撤，而文卷未准移交，无凭核拟，且请裁河厅会奏，奉旨仍由尊处估办。请卓裁电复为感。骏。东。

### 附：锡良复张人骏电

（光绪二十八年四月初二日）

济南张安帅鉴：

东电悉。运工难以遥度，请尊处委员会同兖沂道勘估。余函复。良。冬。

## 辜委员未能即遣归鄂致张之洞电

（光绪二十八年四月初九日到）

张宫保鉴：

宙。密。翰电祗悉。允拨枪支，感甚。现在饬委潘守志恂[①]携

① 潘志恂，字鸣谦，号子牧。曾任兖州知府等。

款赴鄂走领。前商调辜委员汤生,承允暂留两月,现届期满。惟东省路矿繁兴,交涉之事尚难就绪,非多得精于德文者不可。辜委员未能即遣归鄂,仍恳暂留差遣。如蒙允准,大局幸甚。广宗匪已平,逆首景姓击毙。知念附闻。骏。齐。

(壬寅四月初八日戌刻发,初九日巳刻到)

## 为举荐王有宏王殿魁致锡良电

(光绪二十八年五月二十二日)

锡清帅鉴:

啸电悉。方致祥[①]驻防东昌一带,直境匪案甫定,暂难遽易生手。酌拟二人,以备采择:副将衔补用参将王有宏前往松鹤帅处当差,豫省情形颇熟,操守甚好,明白洋操。又,山西候补参将王殿魁[②],河南人,系嵩武旧将,人有血性,营规整齐。皆弟奏调来东者,可否于其中择调一员。仍祈荩裁。骏。养。

### 附:锡良为调方致祥赴豫致张人骏电

(光绪二十八年四月十八日)

济南张安帅鉴:

豫省精锐两营统带柴镇洪山[③]欲赴任,谅将乏人。拟调方镇致祥来豫接统。如承俯允,即祈饬令速来。切祷盼复。良。啸。

---

① 方致祥(1840—1915),字心斋。曾任山东兖州镇总兵。

② 王殿魁(1849—1913),字梅林,号雪洲。锡良任豫抚时调河南任抚标练军统领,统率常备军及豫正营。

③ 曾任甘肃肃州镇总兵记名提督。

### 附:锡良为请即饬王殿魁来汴复张人骏电

（光绪二十八年五月二十三日）

济南张安帅鉴：

养电悉。王殿魁既承赏拔，请即饬迅速来汴，到后再行奏调。玉帅几时到东？兄是否北上？良。漾。

## 为抵豫须至秋初致锡良电

（光绪二十八年四月二十四日）

锡清帅鉴：

荣喜，欣贺！彼都情形未悉，全仗指教。多方俾守萧规，借免陨越。弟俟玉帅到东，如须北上，恐迁延时日，计抵豫须至秋初。所有乡闱及一切要务，我公公忠体国，自必有伟略，盖犹绸缪未雨，俾弟到豫后得有遵循，不至遽行鸠拙，感荷尤非浅鲜。将先奉贺。骏。敬。印。

### 附:锡良为早临为盼复张人骏电

（光绪二十八年四月二十五日）

张安帅鉴：

荣迁忭贺！玉帅几时到东？公是否北上？早临为盼。此间偿款现始筹足，泌案议结，乡闱一切已办，麦收丰稔，地方静谧。

## 为烟台银行代铸铜元暂从缓议致盛宣怀电

（光绪二十八年四月二十五日）

烟台银行代铸铜元，洵于东省财政有裨，本可遵示商办。惟未接尊电以前，已函商袁慰帅，拟由直、东两省合铸银元、铜元，以便流通。慰帅亦颇以两省合办为然。烟台银行所请一节，似须暂从缓议。如将来直、东合办之局不获办成，届时当由周玉帅再与公妥商办理。因候慰帅消息，是以电复稍迟，祈谅之。

### 附:盛宣怀请求烟台银行代铸铜元致张人骏电

（光绪二十八年四月十二日）

各省制钱短缺,私铸日多。江鄂闽广奏办当十铜元廛市通行,足维圜法。中国烟台银行商董,呈请总行垫本,购机设局,代铸当十五铜元,背面刊明山东省造字样,赋课税厘与现钱相辅而行,铸本盈余,酌提报效,等语。事关东省财政,台端酌剂盈虚,以为可行,或允拨助官本,拟即批准咨请援案奏办。请核复。

## 夏敬曾可先行请补致锡良电

（光绪二十八年五月十三日）

锡清帅鉴:

元电祗悉。运河缺未裁须补,部议未定不能用裁缺之员,夏敬曾既合例,只可先请请补。请酌办。骏。元。

### 附:锡良为河工候补人员如何分拨致张人骏电

（光绪二十八年四月十三日）

济南张安帅鉴:

河工候补人员如何分拨,未奉部议。运河同知缺已将逾限,难以久待。查有夏敬曾,酌补合例,可否仍由敝处具奏?祈示复。良。元。印。

## 比国工程师并未到峄县查勘购买煤矿致外务部函

（光绪二十八年五月初八日）

案据峄县知县王令贻哲禀称,案蒙宪台札开,承准外务部咨,光绪二十八年三月初一日接准德穆使函称,闻比工程师数人,受峄县煤矿华地主(内有张侍郎)之意,前往山东查勘该处煤矿,以便购买。究竟有无其事,饬即查明禀复,等因。旋奉洋务局札同前由,各到县。

蒙此，伏查卑职到任以来，实未有比国工程师查勘煤矿情事，犹恐该工程师到峄未必告知县署。卑县境内现有煤窑二处，一在枣庄，即张侍郎①奏请开采之官窑；一在小屯村，即崔广澍具禀商务局准与试采之民窑。当即抄札分查二处。先后均据声复，并未有比国工程师来此查勘购买煤矿。卑职复又详加查访，除已开之官窑二处外，凡有境内产煤之处，遍访附近居民有无比国工程师来此查勘等情，亦据禀称并无其事。所有卑职遵札查明缘由，理合禀复鉴核等情到本部院。据此，除禀批示外，相应咨呈大部，谨请查照施行。

## 河标郭副将来禀致锡良电

（光绪二十八年五月十三日）

锡清帅鉴：

宙。密。奉冬电及初四赐书，指示详尽，导我先路，俾可规随，万分铭感。昨河标郭副将等来省，察询裁兵情形，据言标兵每月饷银只数钱，不能糊口。终归裁撤，亦无挥恋，情愿一起全裁，另谋生计。况人怀去志，约束不易，等语。查河标分五年递裁，系奏定之案。经公通盘筹画，审量而行。今该副将等之言如此，应否变通办理，仍乞荩裁。如谓可行，当由该副将等具禀，委员讯取员弁、兵丁印甘各结，会衔陈请。尊意以为如何？祈电复。骏。元。

### 附：锡良为裁兵情形复张人骏电

（光绪二十八年五月十四日）

济南，张安帅鉴：

元电悉。裁兵情形，隔省难以遥度，前已奏明移交尊处接

① 1899年2月22日，张翼、张连芬在天津与德国驻天津税务司德璀琳达成中德合办枣庄煤矿协议，成立“华德中兴煤矿有限公司”，张连芬任中方总办，德璀琳任洋总办。

办。应如何酌量变通,即请卓裁定夺。良。愿。印。

## 七月半前后当可到京致张允言等函

(光绪二十八年六月初二日)

顷得慰帅电,周玉翁[①]初十后可回保定,约计廿前后到此,月内必可交卸。七月半前后当可到京,一切事可逐渐布置。南屋朋友无熟人,到京时一切可先托一妥人,以免临时匆促。费用慰帅前有电,肯为通融,意甚可感,然亦未便全数累之。前月汝来电言,大德通等肯筹垫,不知已与谈过否?倘能通挪六七千金,则加以袁处,当可敷衍过去矣。

汝等弟兄,现有四人在京,而来信转略,何也?通政司衙门已裁允褒[②]之官,究竟作何补用,部议如何?来信迄未提过。此看乡试,现无衙门。应在何处起文送考?此间应否办文?照新章(国子监章程),堂弟兄亦可送考,来信总未一提,何疏忽乃尔!京中候选人员,往往一得缺,即肆行酬应,终日花天酒地,往往出京时重利借贷。君儿[③]似不应蹈此恶习。然以近日来信之疏,吾不能不有疑心也。

覃叔[④]下场否?来信亦总未提及。夏[⑤]处去信已两月,至今未得复。昨得六叔祖[⑥]信,言夏仅允送至金陵。我信到后,不知能通融否?未得回信,不能悬揣,可禀知九叔祖母[⑦]为要。

---

① 周馥(1837—1921),字玉山,号兰溪。历任山东巡抚、署理两江总督、闽浙总督、两广总督等。

② 张允褒,张人骏堂侄。

③ 张允襄,乳名君儿,张人骏次子。

④ 张志潭(1834—1935),字远伯,张人骏堂叔张佩绪之长子,张佩纶亲侄。

⑤ 夏献铭,张志潭发妻之父。

⑥ 张佩纶。

⑦ 张佩绪之妻、张志潭之母。张佩绪大排行九。

天津瘟症盛行，都中如何？寓中均平安否？念。

六月初二日

## 枪价本用库实交汇复张之洞电

（光绪二十八年六月初六日）

武昌张宫保鉴：

冬电祗悉。枪价本用库实交汇，该票号误交汉估，已由司饬该号补足矣。骏。鱼。

（壬寅六月初六日未刻发，亥刻到）

## 北上时可走水路致张允言等函

（光绪二十八年六月十三日）

荣儿等阅：

周玉帅闻日内请训，大约到此总在月底月初矣。允恺[①]等十一起程，大雨之后天气却凉快，惟道路不免泥泞。今年天时不正，水果总要少吃，病后尤忌。此间前数日霍乱大作，竟有因西瓜而不治者，不可不留意也。

天津交还已定义。慰帅有迟四礼拜处津收城之说。我北上时，大可走水路矣。君儿已复元否？甚念甚念。千万不必来东。此间前患霍乱时，我处配药施送，均甚效验。京中即亦有此时症，似可配合送人，惟药须道地，救急丹点眼点脐尤妙。药力大，轻症不须吃，若仅止腹泻，则藿香丸、菩提丸足矣，凉药、表药切忌！大约初起时赶紧设法，不过取□或刮痧即愈，迟误则不可测。各方皆寄去一纸，即查收。厚朴如未失落，带一二块来尤好。

六月十三日书

---

① 张允恺。

## 陈大令暂委一差复张之洞电

（光绪二十八年六月十六日）

张宫保鉴：

宙。密。文电祗悉。陈大令事，昨与鼎臣方伯商定，暂委一差，以救其困，俟有相当之事，即图报命。骏。删。

（壬寅六月十六日酉刻发，十七日午刻到）

## 寄上代垫车价致洪恩广函

（光绪二十八年九月中旬）

翰香[①]尊兄大人阁下：

日昨展觐北上，道出津沽。诸荷照拂，感铭心版，遥维勋祺懋介。履绂凝禧，定符私颂。在津承执事代垫车价，当以匆匆开车，未克即行奉缴。兹寄上番饼一百五十枚，即祈察纳。知交有素，幸勿客气，再为寄回。当时所以奉恳代办者，原恐慰帅为之开付票价，若执事亦不肯赐收，与弟初意未合，务祈曲谅下请，是为拜祷！

弟到京两觐天颜，垂询甚久，敬慎奏对，幸无陨越。刻定二十后请训，随即由保阳一路赴汴。专此布谢，顺贺秋禧。祗请勋安。

愚弟张人骏顿首

## 此次汴闱十分安静致张允言等函

（光绪二十八年十月十九日）

允言等阅：

来禀均已收到，我到汴即值顺天考官陆续回京。袁慰帅又由省经过，加以接见僚属，每日无一息之暇。初六即入闱监临，好在身体

① 洪翰香，原名恩广。其父洪汝奎与张佩纶互为倾慕。光绪二十七年(1901)九月十八日张佩纶致李鸿章最后一函曾为洪恩广谋职。

尚能耐劳，不觉甚累。

此次汴闱十分安静。点名时，士子一万一千余人皆鱼贯而入，绝无拥挤喧哗。头场申初即点毕，二三场不过一两点钟均已入场。据云如此顺手，为历科所未有。现在三场已毕，约廿一二弥封完竣，即可出闱。

会试派汴抚充知贡举[1]，系奏定章程，恐难更改。锡帅请派监临，有河工可以措词，春间无词可托。我生平于功名一事，深不愿以人力谋之，此事只可听其自然。如果有应中者，自能入场；否则即不派知贡举，亦岂能定得？闻锡清弼[2]之辞监临，实因欲令其子应试。而八旗仍不能考，亦何必多此一举？况一门中三人，旁观皆以为盛事，而我意颇以盈满为惧。得此小小折挫，未始非福。汝见当道，切弗多言，于事无益，徒滋人以口实，且犯造物之忌。千万！千万！

允襄事我最关怀。据来信言，近日情形与我出京时相仿，则复原恐非一半月可期。隆冬上路，决不放心。年外限期太紧，此非早为计算不可。前托幕友所查期限，想已收到。如何捐级备抵，则由此时算起，尚可有一年光景，可以安心静养。如前议不行，则不如此时在部具呈声明，因病不能如限到任，请将缺开去，将来不过坐选原缺。虽略迟数年，较为稳妥。譬如去年不捐遇缺，先则此时亦未必能选也。汝二人可细细思量，寻一行家商之。至要！至要！

凡体胖多痰之人，喜劳恶逸。今允襄病后体未减瘦，而胆多怯，恐是余痰未净，似仍以习劳为第一妙法。宜多出门、多走路，或练习《易筋经》之十二势，胆气一壮，自然神旺，复原必速。断不可终日静坐，或随意攲卧。愈畏劳，愈胆怯。我从前病后深知其况，当处广西时亦逼于程限，勉强就道。初到任时，胆亦甚怯，闻锣声、人声心尚发

① 会试主试者。

② 锡良。

懵,不敢食厚味,不敢着暖衣,日间不敢假寐,夜睡往往不能通宵,饭后必行千余步,至今尚然,汝等所知。及至广东,始无此患,前后已六七年矣。再,西医能治实处,不能治虚处。今病去而神不能复,恐虚处尚未干净,宜延中国之精于医者诊视,看其所说如何,再酌量服药与否,不可专恃西医也。

十九日谕

## 顺天考官不及尽敬致张允言等函

(光绪二十八年十一月十七日)

允言等阅:

昨阅汝等信,知允襄体气尚未能照常,十分悬系。义善源收条已到,而用款账至今未寄来,何也?我初到,适顺天考官纷纷动身,不及尽敬。兹由局汇去章平银二千两,可送四主考每位百金。允恺房师俞志韶(此时恐未回京,存,俟到时致送)亦送百(金)。允厘之师孙博翁此间业已送过百金,似可无须另送。陆伯葵系学政,应否送年敬即酌度办理,如须送,一百、五十均可。滋翁处年下仍送四百金。所有各处信函,十九有折差行,即寄去,毋庸京中再写矣。

冬月十七日父谕

允襄病后复原,何以如此之难?我甚不放心。故前信设此二法,亦并无成,汝等可细商量办理。以后写信,务将情形写得稍详,不得空空一语过去。父母惟其疾之忧,汝等当体此意。西人治疾,有换水土之说。故有病之人,往往转至他处游历,谓可却病,其理甚微,然仍是习劳恶逸之法耳。若终不作一事,闷处一室,非坐即卧,岂能习劳?此须设法令肢体运动,气血流通,则精神易于生长。精神既长,则正自复,而病日去矣。若虚损之人,又宜静养,不可一例。惟允襄之病确系有余,非不足也。

到此半月即入闱,诸事忙迫。致鹿书在场内始写出,已觉后时,汝见鹿可言明。允厘本拟初六七即行,故交其带去。因有事迟延,到京稍迟也。

## 允襄之病只可开缺静养致张允言等函

（光绪二十八年十一月二十六日）

允言等阅：

允襄之病仍未见轻，只可将缺开去，安心静养。第恐其心因此难受，必反增病，全赖汝等缓词劝慰。捐项有免补原缺一条，不知免选原缺亦能捐否？即做不到，将来不过多等三数年。如有他途可就，亦无不可，不必为此切切也。

允褒能改知县候选亦好，第捐款印结须三千余金，为款不少，年内断来不及。拟月初筹寄两千金，余由汝等设法挪凑，或可集事，可酌行。前寄两千金，除送人约剩千金，可敷年下用度，我须明正再寄矣。

延锡之仍是在粤光景。锡清弼多疑好名，以意气用事，故动辄龃龉。即如所谓加赋者，即指亩捐。此系有旨令各省试办者，我亦不愿办。但与鼎臣明言之，浙江、广东皆已举办，四川则自军兴以来无岁无之，不得谓之加赋，亦未闻因此激变。况各省有兴革之理，院司如不商明，断无硬详之理。他人尚不肯为，锡之岂肯为此？据说锡之曾与清帅商过，清已面允，既不谓然便当止之，及详文既上则又悔议，亲笔批驳，语颇过厉，此唯锡之能受，他人恐须抵牾矣。初以交卸在即，可归后任，故面允锡之之请。不意锡在渠任即详也，今到京又如此议论，仍是名心大重耳。鹿如谈及时，可为锡之略明其事。锡之任事过勇，侯补道等无从见长，招忌殆由于此。鹿墨生谓其专权，藩司本无事不当问，岂得谓之专权，意可知矣。其实此间司道之才，欲均不及锡之也。

本色海龙袖头如看见，能买一二付寄来最好。两主试已行，此后事可稍减。惟心绪总不宁靖，如何！如何！知贡举不能免，殊属无谓。然极盛之时，得此小小遏抑，未始非福，听之而已。

十一月廿六日谕

## 知伯母患冬温病致张允言等函

（光绪二十八年十二月初三日）

允言等阅：

邱得胜回，接汝等书，知伯母患冬温病。昨又电令九弟回京，病势想甚不轻，焦急无似。伤寒温病情形大异，服药一错，其害甚烈。不知诊师用药尚能对否？另请他人看否？京寓今年病人太多，皆伯母一人照料，积劳成疾，遂至如此。但愿神佑，能即有转机方好。

允褒捐官购买股票，其价既不能减，只可稍费。兹汇去两千金，即为办理此事，不必迟疑。印结免保，汝等能筹固好，否则明岁再为设法。渠既愿到山东，即办捐省亦可。义善源既有股票，亦可购。虽价稍大，或可不全付现银，此款即可作免保印结，汝等酌量办可也。年内无款可寄，上次所汇之款，所余当可敷度岁之用，滋翁处年敬务必留出。真不足出利，暂借亦可，明岁可较此时松动矣。

十二月初三日谕

## 骇悉汝伯母逝世致张允言函

（光绪二十八年十二月初三日）

允言阅：

前得电，骇悉汝伯母逝世，悲愕欲绝。当电属一切，知已照办。金陵[①]已电讣否？

昨折弁回，接初四信，始悉汝伯母病情。自汝伯父故后二十余年，家中一切皆汝伯母经理，故我得宦游南北，毫无顾虑，汝等亦托庇甚厚。然此二十年中，汝伯母上侍重闱，下理家政，辛苦备尝。今秋，汝四弟得中，我以为老境可以回甘，不料因数日之疾，竟至下世！我自得信后，眠食俱废。而昨晚又知允襄之变，悲愤交集，转侧竟夕，心

---

① 南京张佩纶府邸。

胆均欲碎裂矣。自庚子之乱，一家南来，在淮在济，一家团聚，甚得天伦之乐。不意数月之间，变成如此局面，真可痛心。若非调汴，我并不愿全眷回京。亦断想不到回京之后，竟成如此变故。

允襄久困场屋，吾怜之，而无可如何，始为筹出山之计。岂料命薄至此，一区区县令，而亦无福去做。其才于肆应颇长，立心亦尚忠厚，相貌亦无夭折之形，何竟短命至此？岂由家运使然？抑我作外官十余年，有造孽之事耶？百思而不得其故。除恸哭以外，更有何说！

我亦年近花甲，何堪叠遇此等伤心之事，何天之待我如是耶！寅孙继与允襄为嗣，自是正办。允高电初九到京，想尚不至过累。汝须切劝四、六、九弟节哀，弗过悲痛，科理大事以免悬心。一切汝与诸弟酌量办理，我亦无从说起。

汝三弟妇明春似接其来署，即可照料寅孙，长成后，性情可以亲密，不至不关痛痒。汝伯母之灵，自以明正出殡为是。京东乡间，不知礼数，可属四、六弟等，将吾学录查考，庶办理可合，不致错误。新茔方向若无不合，便可营葬。此等时候，总以入土为安。惟汝三弟之柩，应如何办理？汝母之柩，尚是浅厝，此须斟酌为之，可觅一风鉴亲商之。心绪棼乱，不能多写。即将此信与汝四、六、九弟看之。

十二月十一日谕

六弟功名既已办有眉目，似以办成为是。未闻丧中不能捐官之说，然亦须向人问明，免致贻人口实。况股票有限期，不能久候耶？印结免保，可随后再说也。京寓房屋似宜迁移，明春可酌度办理。田家已通知否？昨田亲母与汝母亲信，似尚未知也。

各信写出带去，细细察阅。应送即送，否则置之可也。

## 卫盐仍由豫抽收复张之洞电

（光绪二十八年十二月初九日）

江宁张宫保鉴：

宙。密。沃电祗悉，荩筹具佩周详。惟豫省支绌万分，此款不敷,外销极少,乌往、蒋三、河尖各卡一成、半成外销。公费不仅本局开支,如大学堂、矿务机器等局经费不足,以及赔款解费,均借挹注。如将来此款由正阳局代收包缴,以外销津贴商人,匀摊于众,所得甚微,而本省杂支将无所出。新案赔款,以加价为大宗,由豫抽收提用较捷,即有短绌,亦已预筹。卫盐包缴,亦只旧案二文,其新加四文,业经部驳。慰帅过此,深悉为难,允不再争淮岸包缴。在公必力为维持,不至无着。特恐他人未必如公之存心,设督销一不得人,或汝、光等属有灾,解不足额,势必至如滇、桂,协饷徒摊虚名。所关匪细,再四熟商,仍以由豫抽收为是。公素顾全大局,谅能曲从。再,北纲滞销,由于私贩充斥,囊在袁浦,即闻有一官二私,私灶多于官灶之说。徐绍垣[①]以分司尚卖灶盐,他更可知。即尽减加价,亦不敌私盐之贱。倘能设法整顿,于国于商,均有裨益。公谓如何?骏。素。佳。

(壬寅十二月初十日子刻发,酉刻到)

## 附:张之洞为拟以正阳督销局代收卫盐致张人骏电
(光绪二十八年十二月初二日)

河南张抚台鉴:

锡中丞[②]加卫盐一文、减淮盐一文一案,经部议驳。刘忠诚[③]以直省坨盐何肯自认复旧,饬运司暨督销局查复。弟接管卷内,司道等仍沥陈淮盐疲滞详情,奏咨减去续加二文。窃查,卫盐以困苦而免加,潞盐以滞销而减加,北盐不符奏限,海分司革职,其滞销可知。海啸为灾,至今商力、盐价未能复旧,困苦又

① 徐绍垣:字星槎。曾任海州盐运分司,与沈云沛等创办东海树艺公司,自兼经理,深受两江总督刘坤一赏识。

② 前任豫抚锡良。

③ 刘坤一赐谥“忠诚”。

可知。该司道等所请，实非如部议无故请减，敝处似无不力奏请减之理。卫、潞减免，皆以有困得邀部准，亦似无终令淮盐偏枯之理。北盐滞销，江省受累固独重。而豫省厘金，加价亦必大减。即为豫省计，亦非计之得也。惟淮盐不得不减，卫盐一时未必能加。当此赔款紧急之时，豫省骤失巨款，亦形竭蹶。敝处于无可设法之中，思得一法。查豫省三河尖加价卡，乌龙、往流、蒋集三厘金卡，颇有使费。江省清查，豫贩成本有案可稽。原加、续加价一成公费，外销新加价半成公费，此亦因自行设局，不得不然。若能仿照淮盐、湘、鄂西、皖等岸办法，豫省厘金加价，概归正阳督销局代收，不但杂费可免，即以公费而论，除火耗、解费外，余可津贴商贩。以此二者核计，淮盐已邀暗减两文之利。稍缓须臾，江省自应仍援案请减，而豫省则可不减淮而加卫、潞，又可骤得大宗款项，以济要需。淮盐经此次暗减，俟卫、潞加足之后，设法整顿，庶可规复。各销各岸之大经大法，如蒙采纳，即请将豫省数年来所收淮盐厘金，加价比较，酌中定数，归江省包收包解，将来赢绌互补，非汝、光等属有大水旱之类，不得缺解额定之数。至卫盐成本较轻，而豫省原加二文淮盐销十四州县，每年约可收五万两。卫盐行豫省五十二州县，只以十二万两包交，续加二文豁免，新加四文又于销盐后扣缴，无往不占便宜。以致淮、卫价值，每斤相悬十余文。然功令所在，正阳督销得人，豫省州县通力合作，此事确有把握也。敝处为统筹兼顾起见，是否可行，鹄候电复。沃。

（壬寅十二月初二日巳刻发）

## 本年河南应拨当税四千一百两复张之洞电

（光绪二十八年十二月十四日）

张宫保鉴：

真电悉。本年河南应拨当税四千一百两。上月杪已汇解淮运司矣。骏。愿。

(壬寅十二月十四日酉刻发,戌刻到)

## 致新任河南属官陆钟琦函

(光绪二十八年至二十九年间)

申甫[①]老弟大人足下:

肯阅来牍,知已履新任事。顷得手书,备悉壹是。精心图治,善政宜民。甘雨随车,良慰注念。

学堂为教育之源,巡警乃治安之要。新政诸端,此为首重。陈郡中学堂存款五万金,岁息六千缗,经费不为不裕,而办理未善,成效难期,望酌变通之,宜去泰甚之弊,庶可日有起色。

周口警务,陆直牧尚能认真经理,可随时会商,如有签掣窒碍难行之处,无妨密陈。

淮宁[②]苑寨教民一案,当时报窃无多,事后补呈失物,难保非受人教唆,意图择噬。日前,该主教何安业[③]来省面陈条款,已由交涉局据理函复,将来亦不难了结也。

足下襟抱宏远,必能不负所学。刻下莅任伊始,僚吏瞩目,惟望督饬各牧令,于学务、警政、民教、缉捕诸要政,实力讲求,持平办理。总期不因循、不操切,俾贤能者各尽所长,虚谨者各举其职。如有地方应兴应革重要之件,并希随时直陈为盼。

率复。顺颂升祺。

愚兄张人骏顿启

---

① 陆钟琦(1848—1911),字申甫。宣统元年(1909)任江苏布政使,署巡抚。宣统三年七月擢山西巡抚,就任未逾月,新军起义时中弹死。

② 今河南省周口市淮阳区。

③ 何安业(1844—1910),意大利人,光绪二十年(1894)任南阳教区副主教,光绪三十一年(1905)任南阳教区主教。

# 光绪二十九年癸卯(1903)

## 桂弟缔姻袁氏下定事致张允言函

(光绪二十九年正月二十六日)

允言阅:

桂弟缔姻袁氏,本议在汴下定。现慰帅之意,拟就近改在京举行。临时遣其世兄云台[①]前往,如此较为省事。好在汝赴东洋,未必三月初即行。顷接复电,知可照办,甚好。此间备用之物,交折差带去,可照收。即添打金手镯、买翠耳环,即可敷用。其余喜果、喜饼等,临时一买足矣。徐午阁詹吉,以三月初二寅时为最吉。如寅时太早,酉时亦可用,然总不如寅时也。将来赏号,一切看女家光景,在不丰不俭之间最妙。此事皆系陆砚香观察嘉谷(现办北洋筹款局)说合。顷已有信报,即请其执柯。第渠系有职之人,不知能否来京?如不能来,须另行延请,俟云台到京时商之。顷复陆砚香信中已言明。此间相距太远,往返商量不易,诸事拟即令汝就近与之商酌。仅汝先与通一信为妥,即酌行。

昨已由大德通汇去千金,近日署中用度颇窘,俟下月再寄。昨锡之言,汝此次由东洋回,可望保专道,未知确否。今日已遣允恺赴金陵,往返须月余也。

正月廿六日父谕

此次带去铁盒两个,内盛翡翠手镯一付、翠戒指两个、翠如意簪

---

① 袁克定(1878—1955),字云台。袁世凯长子,助父称帝。

一只、金戒指一对(须交铺见新)、金耳环一付、彩蛋十二个、彩小莲十二对、彩三元果十二对、彩棕二十对,以上可照收。尚有金簪未打好,下次带去。在京即打金手镯一付(八两,时式),买翠耳环一付(须略好)。所需对果及喜果等,均由京预备。

## 为桂弟下定之事致张允言函

(光绪二十九年二月十五日)

折升回。接来禀,知桂弟下定之事均已照信办理。金如意簪现已打成,寄去即照收。其翡翠耳环,好者本不易,但看的过者,即可购用。陆砚香前来信,允为执柯[①],届时即可请之。

去年那琴轩[②]曾荐一武弁(忘其名),当时属其到汴后再斟酌。不知其人现就他事否?可向琴轩一问。如尚无事,即令前来。汝三月初九出洋,川资想可张罗。此间已将正月之款提前用完,故前仅寄千金。迟数日再寄一款,然亦不能多。今年乡、会三次,酬应必多。加以会试,来者纷纷。呈送朱卷,每人数金便已不菲。今年恐不免要做亏空。劫财坐命,真无可如何也。余详五弟信中。

二月十五日父谕

去年见慰帅,有今春两宫谒陵后、似有幸保定之说。回銮例有安折,幸保定应否再具一分?昨有电询,不知汝已问明。满贡举及提调明日到省,此后恐无一刻暇矣。

十五日又谕

---

① 做媒。

② 那桐,字琴轩。

## 光绪二十五年分甘饷解清请奖事致热河都统锡良咨文

（光绪二十九年三月初五日）

兵部侍郎兼都察院右副都御史、巡抚河南等处地方、提督衔节制全省军务驻防满洲营官兵、兼管河工事务张，为移咨询事。

光绪二十九年二月三十日，准陕甘总督部堂崧咨为咨明事，光绪二十九年正月十六日准吏部咨考功司案呈本部奏筹拨光绪二十五年分甘饷解清请奖一折，相应知照可也。等因。到本督部堂。准此。除分咨外，相应咨明。为此合咨，请烦查照分别咨行施行。计粘单一纸，等因，到本部院。准此。除行布政司知照外，相应移咨。为此合咨贵都统，请烦查照分别施行。须至咨者。

计粘单一纸。

右咨。

热河都统锡。

## 为福公司坚执专办二字欲图河北三府矿权事致外务部电

（光绪二十九年三月初八日）

自光绪二十四年，据翰林院检讨吴式钊①、分省补用道程恩培②设立豫丰公司，与福公司议订合同，借用洋款开采矿产。去年福公司派矿师利德来怀庆府属之老牛河开办，因原合同第一条有“专办”二

① 吴式钊（1851—?），字楚生。因代外国人出面承办山西、河南矿务，得罪当道，被革职。

② 程恩培（1854—?），原名程云章，字绍周，又字少周、筱周。是刘鹗的儿女亲家。光绪二十四年（1898）英国福公司贿赂吴式钊、程恩培，攫取太行山一带矿权。

字,即欲执为专办河北三府矿务之据,节经总办矿务局韩道再三与之辩驳。日前,利德晋省,又与交涉局司道晤称,原合同既有“专办”二字,英文内复有“怀庆左右并黄河以北”等字,是河北三府矿务应归该公司专办,民人除已开外,不得再行私开,等语。该司道告以“专办”二字,就英文讲解,系专指开矿一事而言,所以划清他项商务,不得牵混在内之意,并非河北矿事该公司皆有主权,况合同所云怀庆左右、黄河以北,系黄河于怀庆之北,自系指怀庆境内之黄河而言,不得谓黄河以北即为三府之据,词意甚明。乃利德始终坚执,遽电告其总公司,更必转告钧处。窃查福公司来怀,本由豫丰公司借用其款,始与订定合同。是以原奏本有所借之款,商借商还,如有亏折,归该公司自理。又合同第六条声明商人筹借,与中国国家无涉,等语。则华商之借用洋款开办中国矿产,即系中国商务,与德商之办胶济铁路者不同。既经订立合同,应以中文为凭,岂容另生枝节?且现定矿务新章,只准专办一县一处,期定界限,不准泛指多索,立法已较从前严密。彼纵以合同在先,不肯照办,然但就原合同而论,亦只能就怀庆府左右之黄河以北开办,断不能因有“专办”二字,又因英文添一“并”字,遂举河北三府矿地而全畀之。至合同专办以下,仍审明勘定何乡何山,禀由督抚查明,果于地方情形无碍,发给凭单,方准开采。是则如果有碍,尚可驳回。安有未给凭单之先,反可专权独办之理?总因合同立已多年,迁延未办,现在吴式钊以镌职回籍,程恩培已赴浙候补,原立豫丰公司已无其人,该公司不免意存奢望。然证以新章,该公司业已多得利益,若再听其索取三府矿地,将来矿权尽失,办理愈难,不得不力图挽救,以保利权。现据司道将问答各语开单呈阅,特饬照录一份,呈请查核,俯赐力为主持,妥与商定,以期有所遵循。至浚河一事,容俟商明直隶、山东两省,分别办理。其河北设局经费,当由豫省设法筹措,以资办公。是否,仍候钧裁,不胜盼祷之至。专肃,敬请勋安。并希示复。

## 为云贵新疆举人试毕回籍致张之洞等电

（光绪二十九年三月初十日）

制台（武昌、兰州），抚台（迪化、西安）鉴：

本年借闱会试，云贵、新疆举人试毕回籍，驰驿因豫省火牌不敷，援案填给司照，除另咨，合先电达，请速饬经过州县查照应付为祷。骏。蒸。

（癸卯三月初十日亥刻发，十一日巳刻到）

## 为安阳水田事致工部左侍郎盛宣怀电

（光绪二十九年三月二十五日）

尊意安阳水田照直隶按契发价办法，以归划一，甚佩。惟民间不肯呈验契照者，盖恐遗失。鄙意令民间交地方官转呈，如有遗失，由地方官补给，则民间自乐于呈验，而购地委员亦省许多饶舌。尊意当以为然？并质之慰帅，何如？

## 为沿途见闻尚求电示复张之洞电

（光绪二十九年四月十一日）

彰德投呈张香帅鉴：

宙。蒸电敬悉。豫省征银州县四十五处，或半银半钱，或大量完银小量完钱，参差不一。大率书差包户，揽收中饱。前因练军饷绌，仿照山东章程，一律征钱，以余项充饷。各属开征月余，民间遵章完纳。不料温、孟刁匪，借端煽惑。孟县聚众致焚衙署，温县有在押之朴[殷]姓二犯，素不安分。其父殷晴云，乃已革户书，积年讼棍，因案在押脱逃，暗中勾结乡愚刀匪，率众到城，借端要索二子。周镇与该县将其二子放出，始各散去，并有强劫大户情事。旋经该县将殷姓父子复行拿获，又另获刀匪数人，已饬提省审判。同时，密绣河内，亦相应总聚众济源，与温、孟接壤，改章征钱，事同一律。且亦接有匪人传单，竟得安静无事。可见良莠不齐，皆系匪徒勾结滋事。河南文升守来省，洛民亦有效尤聚众之事，该升守回郡，众即解散，现在征银改章，各属民情大致安谧，钱粮亦渐有起色。已饬司查明书差规费，严加裁革，俾民间不致为难，当可无事。俟温县提省之案讯办后，一律议结奏报。人骏适以知贡举入闱，各属闹粮滋事，谨据印委禀达，各情恐未详尽。

旌莅止沿途访问，如何情形，尚求电示，俾资考证。诸承关照，不胜感荷。河南风气嚣悍，书差与匪通气，聚众之事，无岁无之。即如泌阳之案，其为首之张沄卿，亦系县书。而防营经上年裁并，除分布各属外，可调遣者止两营而已。故匪人易于生心，不能不以练兵为急务也。周守回省，两示均奉到。贵族张令，人本老诚，前拟借重，因闻其病，而止。承嘱，自当在意。人骏。真。

(癸卯四月十一日戌刻发，十二日申刻到)

### 附：张之洞为顷抵郾城趱程北上致张人骏电

(光绪二十九年四月初三日)

致开封张抚台：

顷抵郾城，趱程北上，不克诣省领教，怅歉。沿途电报不少，通见所闻。祈将初二日以后电局所传邸钞饬录一份，排递郑州；初五以后电钞，排递卫辉，俾稍知近事。感祷。江。

(癸卯四月初四日在郾城卯刻发)

## 咨送考城县吕姓控案卷宗致钦差大臣锡良文

(光绪二十九年闰五月二十二日)

兵部侍郎兼都察院右副都御史、巡抚河南等处地方、提督衔节制全省军务驻防满洲营官兵、兼管河工事务张，为咨送事。

案准贵部堂咨开：为咨明事。照得本部堂钦奉寄谕，前往河南查办事件，所有案内应讯人证，理合咨明。希即速饬兼程到省，听候传讯，勿稍延缓。并请严饬所属，于本部堂经过地方及到省城，只须预备洁净公馆一所，不得张灯结彩，以及致送酒席、门包等项。各州县办差丁胥，尤不准借端需索乡民、行户，致干重究。务令遵照。须至咨者。计开：候补知府徐葆连、孟县知县孙寿彭、河内县知县苗变、本任考城县知县周锡曾、撤任考城县知县查乘汉、署任考城县知县陈有庆、布政司经历周元熙、考城县人吕姓。又准咨调事。照得本部堂钦奉寄谕查办河南事件，前经将案内应讯人证开单咨调在案，所有此案卷宗应行咨取。为此，合咨贵部院请烦查照，迅饬将后开案卷逐一检查齐全，咨送察阅，以凭核办。望速施行。须至咨者。计开：加粮奏稿、批札各稿，以及司道府州县禀详各件，考城县吕姓控案全卷各等因，先后到本部院。准此，当经饬司札调单开人证来省，由司解候提讯，并饬承将所取案卷查检齐全。其考城县吕姓控案，因院中案卷不全，已饬司局逐一检呈，相应一并咨送。为此，合咨贵部堂，请烦查照核办施行。须至咨者。

计咨送考城县滋事卷一束，孟县滋事卷一束，河内县滋事卷一束，豫省厘定丁漕卷一束，考城县案卷抚署、洋务局卷宗各一束共计二束，又司卷一束已由臬司先送。

右咨，钦差查办河南事件、调署四川总督闽浙总督部堂锡。

## 附：钦差大臣锡良为咨调事致张人骏咨文

（光绪二十九年闰五月　日）

为咨调事。照得本部堂钦奉寄谕查办河南事件，前经将案内应讯人证开单咨调在案，所有此案卷宗应行咨取。为此，合咨贵部院请烦查照，迅饬将后开案卷逐一检查齐全，咨送察阅，以凭核办。望速施行。须至咨者。计开：加粮奏稿、批札各稿，以及司道府州县禀详各件、考城县吕姓控案全卷。

右咨。

河南抚部院。

光绪二十九年闰五月 日。

调署四川总督部堂锡。

## 咨送考城县吕姓控案卷宗致锡良咨文

(光绪二十九年闰五月二十三日)

兵部侍郎兼都察院右副都御史、巡抚河南等处地方、提督衔节制全省军务驻防满洲营官兵、兼管河工事务张,为咨送事。

案据布政司详为,光绪二十九年闰五月二十二日,蒙宪台札开,案准钦差查办河南事件、调署四川总督锡咨开,为咨调事。照得本部堂钦奉寄谕,查办河南事件。前经将案内应讯人证开单咨调在案,所有此案卷宗,应行咨取。为此,合资贵部院,请烦查照,迅饬将后开卷宗,逐一检查齐全,咨送察阅,以凭核办。望速施行,等因。到本部院。准此。当将单开各卷,饬承查检。惟有考城县吕姓控案中,案卷不全。查此案系由司局与教士会议,一切文件多未在院,无凭检送。除分饬外,合亟札提,札到该司,于即日内,迅将考城县吕姓控案全卷逐细检点齐全,呈由本部院汇案咨送,毋稍刻延,切切,等因。蒙此查考城县吕姓控案系由臬司主政,本司衙门案卷亦不甚全,兹奉前因,遵将本司所存此案卷宗,饬承逐细检齐粘连钤印具详,呈请鉴核咨送。为此,备由具呈,付乞照详施行,等情。到本部院。据此,查此案昨准咨取,业将案卷咨送在案。兹据前情,合再咨送。为此,合咨贵部堂,请烦查照核办施行。

须至咨者。

计咨送藩署、考城县吕姓控案卷一束。

右咨钦差查办河南事件、调署四川总督闽浙总督部堂锡。

光绪二十九年闰五月二十三日。

监印官:候补县丞联润、候补主簿李寿庆。

## 收到锡良咨送考城吕姓控案卷宗文

（光绪二十九年闰五月二十七日）

兵部侍郎兼都察院右副都御史、巡抚河南等处地方、提督衔节制全省军务驻防满洲营官兵、兼管河工事务张，为咨复事。

案准贵部堂咨送豫省厘定丁漕各卷，并藩署及洋务局考城吕姓控案卷到本部院。准此，除分别饬承收档札发外，相应咨复。为此合咨贵部堂，请烦查照施行。

须至咨者。

计收到：温县滋事卷、孟县滋事卷、河内县滋事卷各一束。豫省厘定丁漕卷一束。河、孟、温三县滋事札稿详册卷一束，往来电报一本。考城县案卷、抚署洋务局卷宗各一束。藩司署考城县卷一束。

右咨钦差大臣、调署四川总督部堂锡。

光绪二十九年闰五月二十七日。

监印官：候补县丞联润、候补主簿李寿庆。

## 锡折一片挟私之心致张允言等函

（光绪二十九年六月二十四日）

允言等阅：

接来信，并谕折汇抄均收。锡[1]折一片挟私之心跃然纸上，有识者见之无不了然。锡之虽暂被屈抑，而细绎原旨，圣意似尚优眷，当不至于久废，现拟俟部文到即交卸回京。昨陈筱石、陆伯葵来电，欲留办顺闱，其意决不愿。盖以此次风波，皆起于两次借闱也。改章盈余准留抵正赋，在锡督未到之先即已定稿，廿二出奏，锡系廿一始到。即遣人来说，欲我往见。当婉辞复之，言我之不便往，犹彼之不便来

---

① 锡良。

也。至廿七始来拜。以前并未见面,而折尾云与我会商,岂不可笑。今之所谓正人者,固如是乎!

杨星垣当已见着,惟随员谋者人多,且在都朝贵,必多属托,六弟未必能成。又正在服中,恐亦不便奏调也。

祠屋被灾,潭叔电言另有函寄汴,至今并未接到,不知情形究竟如何矣。祠事亦只可如此办理也。

六月廿四日谕旨

## 张令已委捐输局差复张之洞电

(光绪二十九年七月初四日)

张宫保鉴:

宙。江电祗悉。张令闰月已委捐输局差。骏。支。

(癸卯年七月初四日酉刻发,初五日午刻到)

## 敬恳附列贱名致袁世凯张之洞电

(光绪二十九年七月十九日)

天津袁宫保、北京张宫保鉴:

宙。铣电谨悉,敬恳附列贱名。惟骏已卸豫篆,尚未到粤,应如何列名,祈酌定为荷。骏。效。

(癸卯七月十九日午刻发,戌刻到)

## 寄去京平足银五千两致张允言等函

(光绪二十九年七月二十一日)

允言等阅:

兹由义善源寄去京平足银五千两(陶如山所借,当时岂未拨归广东耶?查明),可即拨还协成乾所欠(似是松江)之三千六百九十两,余即留作京寓用度。粤抚每年进项闻止万余金(为刚[①]所括),今年能否再寄,殊不可必。家用务须极力撙节也。至要。

七月廿一日谕

## 为明年慈圣万寿庆典会衔与张之洞等致军机处请代奏电

(光绪二十九年七月二十九日)

明年慈圣万寿庆典,外官援照成案报效养廉银二成五,谨会同各省将军、都统、督抚,合词陈请代奏。

窃臣等躬值昌期,欣承普庆。当明年冬孟上旬之吉正,圣母古稀万寿之辰。启姒幄[②]以延春,舞尧衢[③]而献曝。预摅[④]华祝,共效嵩呼。钦维慈禧端佑康颐昭豫庄诚寿恭钦献崇熙皇太后嘉瑞符妫,懿徽翼夏。璇宫训政,秉纶綍者四十余年;环宇归仁,辑梯航于廿二行省。

振礼乐中兴之业,克缵文谟;定河山再造之基,丕承武烈。比诸汉孝文[⑤]海内殷富之日,朝不言黄老,而自享修龄;拟以宋宣仁[⑥]女中尧舜之称,曩曾诚颂扬,而允垂成宪。我皇上凝旒履顺,掖辇颐愉。珠槃联万国之欢,知圣人兴而取法;玉食进中官之膳,以天下养而承颜。际升平有道之隆,母仪是赖;介久视长生之椵,寿字偕登。臣等咫尺瞻天,奉鸾舆而拱极;涓埃答圣,集鹤俸以输诚。谨援成

---

① 刚毅(1837—1900),字子良。曾任山西巡抚、军机大臣兼礼部侍郎、兵部尚书、协办大学士等。

② 姒:古代称丈夫的嫂子或年长之妾,或者是对姐姐的称呼。幄:如房屋的大帐幕。

③ 相传唐尧征询民意的地方。

④ 发表或表示。

⑤ 汉孝文帝窦皇后。

⑥ 北宋宣仁皇太后高氏,宋英宗的皇后、宋神宗的母亲。

案,各省报效养廉银二成五,用襄庆典,借展微忱。众议佥同,联衔入告。雖细流卑壤,无裨坤德之含宏;而斗糈铢泉,原属湛恩之余羡。夙荷仁慈豢养,坐縻官禄于平时;共期黾勉驰驱,仰企朝仪于班末。所有各省报效下忱,谨合词具陈,伏乞皇太后、皇上圣鉴。谨请代奏。

袁世凯、张之洞、增祺、长顺、信恪、常恩、崇善、寿荫、绰哈布、苏噜岱、长春、色普征额、马亮、恒寿、萨保、松寿、奎顺、魏光焘、崧蕃、岑春煊、锡良、丁振铎、端方、李兴锐、恩寿、聂缉槼、周馥、张曾扬、陈夔龙、升允、赵尔巽、林绍年、潘效苏、诚勋、张人骏、柯逢时、李经羲、夏时、翁曾桂、丁体常、曹鸿勋等同叩。艳。

## 附:直督袁世凯湖广总督张之洞致各省将军督抚电
## (光绪二十九年七月十六日)

至急。盛京将军、吉林将军、黑龙江将军、热河都统、齐齐哈尔都统、绥远城将军、江宁将军、杭州将军、福州将军、西安将军、成都将军、荆州将军、伊犁将军、广州将军,南京制台、苏州抚台、安庆抚台、南昌抚台、山东抚台、山西抚台、开封抚台、陕甘制台、陕西抚台、新疆抚台、闽浙制台、浙江抚台、武昌制台、湖北抚台、长沙抚台、四川制台、广东制台、广东抚台、广西抚台、云南制台、云南抚台、贵州抚台:

宙。顷枢廷传庆邸敕曰:明岁慈圣万寿,拟查密照上届成案,京官报效俸银二成五,外官报效养廉银二成五,共伸嵩祝之诚。谅各省无不欣愿。属即电询各省将军、都统、督抚候覆,以便由京合洞具奏。等因。谨奉达,祈速示覆。袁世凯、张之洞同启。铣。

## 调广东虑与岑春煊[1]不协致张允言等函

（光绪二十九年八月初九日）

允言等阅：

前山义善源汇去五千金，除还协承乾外，可余四百金，节前当可收用。现在摒挡川资，计尚从容。再由日升昌寄去京平千金，汝等可省俭用之。粤抚仅万余进项，恐不能多寄京寓也。协成乾款，可提开暂存。俟我到广后，有信令还再还。一则虑与岑不协；一则两广若无起色，市面必紧，一时恐难通融也。

八月初九日

## 与粤督岑春煊为保护湖汕铁路致潮州府知府札

（光绪二十九年十一月二十一日）

光绪二十九年十一月二十日，准兵部火票递到军机大臣字寄，光绪二十九年十月二十四日奉上谕："商部奏粤绅承办湖汕铁路，请予立案，并饬保护折。广东汕头一埠，为潮州咽喉。现经候补京堂张煜南恳请招集华商股份，于该处创办铁路，自应官为保护，以期广开风气，逐渐扩充。著岑春煊、张人骏饬令该处地方官出示晓谕居民，俾知为兴商便民之举。所有该绅办理勘路购地、运料兴工一切事宜，妥为照料，毋得稍存漠视。钦此。"遵旨寄信前来等因，到本部堂院。承准此，即转行钦遵查照，出示晓谕，妥为照料保护。

---

① 岑春煊(1861—1933)，字云阶，号炯堂老人，曾用名云霭、春泽，云贵总督岑毓英之子，以恩荫入仕。光绪二十四年(1898)接替张人骏为广东布政使，1899年调甘肃布政使。1900年庚子之变率军"勤王"，得宠于慈禧太后，擢陕西巡抚。次年任山西巡抚，后署理四川总督，旋署两广总督。

# 光绪三十年甲辰(1904)

## 批德庆州蒙养学堂纵火案札[1]

（光绪三十年正月）

匪徒胆敢放火焚毁学堂，阻挠地方善举，殊属不法。仰学务处会同按察司，饬即访查本案放火匪徒及主使之人，严拿务获，详讯究办。

## 与岑春煊为越南增兵事致盛宣怀电

（光绪三十年三月二十五日）

越南增兵，确有其事，惟尚无寻衅意。沪报称兵已至龙州，系谣传。可否饬更正，免摇惑人心。杨使顷电：普兰店、青泥洼亦为日踞，捷报到，举国若狂云。俄军海陆皆挫，战争必有变幻。我应如何自救？请示崇筹。沪上多贤达，有何卓见，亦愿聆悉。

## 与岑春煊为由官拨款抚恤致盛宣怀电

（光绪三十年四月初五日）

勘电甚愿遵办，惟华官办事断难机密，俄人固难责备，然可迫我仿行，恐致应接不暇。弟等之见，不如由官拨款，各令本省绅商出名，光明正大，俄人转无可说。卓见如谓然，请转商各省，何如？

---

① 光绪二十九年(1903)，德庆州知州赵某将悦城龙母庙内之准提阁改为蒙养学堂，触动了以卢炳琦为首的乡绅利益。第二年正月初五日，有人欲放火烧毁蒙养学堂，幸而及早发现引线及火药，幸未着火。

## 附:盛宣怀吕海寰为募捐抚恤日军事致张人骏等督抚电

（光绪三十年三月二十七日）

寄成都锡清帅、广州岑云帅张安帅、福州李勉帅、苏州恩艺帅、杭州聂仲帅、安庆诚果帅、南昌夏莜帅、武昌张香帅端午帅、长沙赵次帅、开封陈筱帅、济南周玉帅：

日本总领事小田切面称，九连城之役，日军虽大捷，伤亡几及千人，临难不避，深堪嘉恻。拟请贵国官商公议抚恤伤亡，家眷岂独存殁？其感抑亦士气百倍。此事志在救济，与中立之侧无妨。倘碍难明办，即乞密办。等语。窃思明办实有窒碍，但彼既有此请，似难漠视。若劝各省绅商协助，亦恐招摇。沪上红十字会捐款，系中西合办，又难提拨。鄙见只可密约数省合筹一款，交小田切转送彼国附奏抚绥，并嘱不登报纸。昨先电商南、北洋，午帅电复“照尊议最妥，俟有成数再行密交”。又慰帅电复“美民曾为日集抚恤资，法亦为俄集，闻均甚巨。我官商本当有此举，况小田来请，尤无却理，亦未便太少。密约数省合筹，办法甚善，但恐无多，敝处当竭力凑集。如南中义绅有愿募劝者，亦可听之”等语。谨特密达。如卓见亦以为然，可否请酌量筹助，以厚邦交。似各省所费公款无多，于将来结束东省大局当有裨益。并祈示复，以便密告小田切转电彼都。

## 银行一事恐汝不能胜任致张允言等函

（光绪三十年四月初六日）

允言等阅：

三月间由协成乾寄款两数，与汝一信。而汝已南行，想尚未见。大致以银行一事，关系极重，吾深虑汝之不能胜任。昨日精琪来谒，言及银行事，亦看得极重。吾稍作谦词。精云户部选派之人，必是专门好手。洋人之重视银行业，而汝于商务并无阅历，贸然肩此重任，不知有何把握？吾心甚以为危。近日人心刻薄，果能办有成效，犹恐仄目者飞短流长。倘小有出入，即不免于集矢。况报馆倡言，肆无忌惮。但有人以一纸交之，不独刊登报章，且复力肆诋毁。即如银行尚无眉目，而三月初九、十日《中外日报》于所定章程已大肆讥评，竟用盘踞字样（可设法购阅，亦可借以自警）。其实汇丰等行，未闻岁岁换大班也。盛杏生[①]觊觎此事有年，此番精琪过沪，闻其与精琪问答，内即有银行总办所派非人之语。闻子立言，将来必以问答之词抄寄外部，其意可想。且闻此番与精琪交际极为谄佞，其意何居？汝涉世甚浅，民情未必能尽知，况民伪乎！汝来信云，《中外日报》尚有赞词，意颇自负。不知其赞者皆虚词，其攻击者皆实处。忽赞忽毁，阳示直道之公，阴行倾挤之计。此等供张之术，汝能尽防之乎？即如我在河南更改银价一事，系山东办有成效者，且是奏允始开办。温、孟[②]小有滋事，当时即定情形，亦早电复外务。外务又将原电进呈。乃事隔三月有余，张熙等忽架词耸听。锡清弼乘机倾陷锡之，而定兴竟不能略予维持。况银行关系太大，稍有变动，定兴尚不能自保，他人更何有主持公道者？故吾意汝能设法卸去最好，如必不能，万万留意。脚踏实地做去，不可疏忽。俟其事一有端绪，仍以辞退为是。接此信，可将汝所以敢任此事情形，详细写一信来。我可借以考究汝之能之与否，免我之日日耽心也。天下事往往旁观者较当局明白，凡事总宜虚心，多问人。不可自以为是，而恶逆耳之言。此番在沪，如盛、杨等人（沪上此等人甚多，宜处处留意），势不能无交接，凡事留意。千万！

子立表叔现随精琪返粤，此间一切情事问之可悉。再，宗太姑丈昨有信，言汉口大镇，将来必须分设一行，渠于汉镇各庄颇有熟手，招股亦可设法，极愿襄助此事。嘱我谕汝为留一席，如果可用，自较生人为妙。我欲无从决断，子立又再三面悉，我于此事情形未能深悉，

---

① 盛宣怀。

② 温县、孟县，即今河南焦作温县、孟州市。

答复颇难著笔。汝接此信，可即斟酌告我，信电均可，以速为妙，我可答复。

八弟初二到京，闻揭晓有定期一、三之说。八弟新生子，小名已取龙字，相貌与考儿相仿，两耳颇似祖，头角亦峥嵘，将来当有出息也。

四月初六日谕

## 柳州降匪复叛致张允言函

（光绪三十年五月二十五日）

允言收阅：

昨接金陵电，言汝二十四回京，此时不知行至何处。何以来去均未发电？

滋翁昨有书来，银行一事仍未准辞，此亦无可如何。其书有祸福与共之说，似未便再申前请，惟有尽力为之而已。

宗姑爷汝见面时如何说？来禀始终未提，我无作复信。接此信即详细禀陈为要。

京电举人可承恩荫，自以给允恺办理为是。惟此须查部呈请，而出月即考，日期较促，故专邱德胜将文书送京寓，未知赶得上否？

柳州降匪复叛，十一踞城，十三北陷柳城县，十五退出柳州，现扰永福。桂林危急，兵单械绌，而救援无及，存亡竟不必敢。柳州所存开花炮、无烟枪等甚多，此次均为匪有。匪在广西两年，而不能抗官兵者无好枪炮。今一旦得此大批军火，此后官军恐难制之矣。若攻桂林，恐无可以御之者。桂林若有意外，恐各省震动，其祸甚于洪、杨。今日时局，尚可经有大变乎？可虑，可虑！

邱得胜应否进京，由汝酌定。接此信后，速寄一信来。

五月廿五日谕

## 万寿贡品督抚是否另有私献致张允言等函

（光绪三十年五月二十五日）

允言等阅：

此次应得恩荫，以条款内，系荫一子入监读书，故先拟给允亮承荫。昨接电，知举人亦可合例，自以允恺承荫为顺。当已电，想即照办。惟照例须由督抚起文咨部，出月即考，为期甚迫。故备文，专邱得胜送京，不知尚赶得及否。文系咨吏部、国子监、礼三衙门者(吏部文有履历册，可细细核对，有不合可即换写)，收到后，可打听明白如何投递，妥为办理。另备空白两套，恐前文有未妥者，可以另缮。第此空白如用不着，可好好收存，或仍带回，至要至要。万一不经意为人得去，恐生他事也。

万寿[①]贡品，粤东本有公进一分。上次六旬庆典，各人并无私献。不知陈三舅[②]所说各督抚皆有者，不知是公进者抑另有私献。盖偏僻省分，往往无从购置贡品。有托人在京购办，其实止是一分。各省督抚，同城者甚少。虽系公进，而只是一人出名，与私献相同。若此，则粤省即有公共一分，我处便可无须再进，以免重出。若各省皆有私献，而我独无，似亦不好看。若有数省并无另备私献，则我不进亦无不可。他省若止一分，我亦不必双分。岑云阶平时时有进呈之物，我岂能与之相比？惟当此庆典时，近在同城，渠有而我无，相形亦难堪。此次云阶有无私献，尚无所闻，渠在京事必托朱道荣璪[③]办理。陈三舅与之相识，能请三舅转询最妙。如允言已回，即商鹿滋翁最妥。或令郑芸请示亦可。我累深而缺瘠，实无此力量，借贷又不

---

① 光绪三十年(1904)慈禧太后十月十日的七十岁寿辰。

② 陈名侃(1848—1929)，号梦向，时任都察院副都御史。张人骏继室陈夫人三兄。

③ 朱荣璪(1854—1926)，字晓南。受岑春煊重用，曾官至广西布政使。

易,且粤西军事大坏,东省亦有不支之势,正不知将来如何结局。多做亏空,亦殊可虑,不能不加意慎重。俟汝等复电到时再酌。此事前电已详。恐有未尽,故重述之。

柳州降匪复叛,十一踞城为乱,快枪快炮均为匪有。十三复陷柳城县,十五退出柳州。现闻匪股万余人已扰永福,离省百余里。桂林兵单械绌,危在旦夕,不知当有转机否。此则须看天意,人事不足恃矣。朝廷用人不加检点,其效如此,可叹也!

允言二十由金陵回京,现在不知已到何处。迄无电来,殊闷。南京来电,又催允高前去。冒暑远行,我甚不放心。而署中各事无人料理,亦殊不便,然亦无如何也。

五月廿五日谕

## 催胡子勷回粤销差复张之洞电

(光绪三十年六月十一日)

张宫保鉴:

阳电悉。胡倅子勷前解太平关奏销银册进京,久未回粤,传闻该员改指江苏,是以电请魏、恩两帅催其回粤销差,并无追缴欠款之事。现自无庸电苏停追,其电汇胡款五百两,到时由关自行清理。敬复。骏。真。

(甲辰六月十一日未刻发,十二日未刻到)

## 为整顿土药税厘致川督锡良电

(光绪三十年六月十二日)

锡清帅鉴:

宙。粤省奉外务部电整顿土药厘税,应将贵省出口税厘核算并计,乞饬局查明额征正数目,迅赐电复。骏。文。

### 附:川督锡良为近三年出口土药税厘数复张人骏电

(光绪三十年六月二十日)

广州张抚帅鉴:

洪。文电敬悉,遵即行查近三年出口土药税厘征数,计岁收税四十万有奇,厘十万有奇。谨复。良。号。

## 与岑春煊为广九铁路必须自办致盛宣怀电

(光绪三十年六月十七日)

盛宫保,愿电悉。广九铁路一付外人,则利权尽失,粤中无论如何必须筹款自办,以保路权,断非空言抵拒。请向英使坚持,以维大局。无任感祷。并祈示复。

### 附:盛宣怀为广九铁路九龙租界段致岑春煊张人骏电

(光绪三十年六月十三日)

英使派参赞来议广九铁路,以九龙租界二十五英里港督筹款自办,广州华界一百一英里请照二十五年草约借英款,一如沪宁办法。弟告以九界港督自办已与草约不符,广界亦应由粤督自办。彼云中国未必能自筹款,徒属空言延宕。前见尊电,请部坚持自办。果能绅民一心,应允筹款,不致空言。请速切实电致外务部及敝处,以凭抵抗。

## 与岑春煊为九广铁路英注意已久致盛宣怀并外务部商部张之洞电

(光绪三十年六月二十三日)

九广铁路,英注意已久。现因粤汉赎路向英贷款,借此要求。昨英领函商,办法有二:一则有九龙至省城全在华界者,照沪宁合同办理;一则九广全路作为合办,照外附合同办理,并将两国政府拟订合同草稿钞附送阅。查铁路合办，流弊滋多。惟现若力拒，一则虑贷款难成，一则虑终不能拒。昨派员面告英领，拟划明界限。英属界内听彼自筑，其九龙华界至省，则由粤自行筹修，俟将来全路均成，再行接轨。如虑空言推宕，应订以五年为期。如我尚未开工，届时再议合办。在英政府为畅通香港商务，但求此路必成。粤汉自办，既可徇英人之请，亦可免别国效尤。英领无异言。大部如以此说为然，请即咨会盛宫保切商驻使，声明划界自办，一面由香帅面告英领，许以此路必办。借款之事，或可从速定议也。仍乞密示。

## 晓谕绅民上诉案件禁止交邮局寄递札

（光绪三十年六月二十四日）

照得民间命盗案件一切词讼，各地方官办理不力、审断不公，原许具词上诉，然须遵用状式、备具保领、来辕投递，以凭批行查办，如有假冒，即当提抱呈追究。乃有石城县民陈国昆、民妇黄梁氏，以其子陈阿朝、黄阿胜，因劫案被县获办，具禀申诉。而辄用信封，外写“北京张寓缄寄”字样。又有自称法国天主教太原雅郎，为日本台涛府人，以在三水县属置买税地，累控绅族抢掳，而夹两粤教商雅各公司名片，又附太原雅郎洋纸小名片，注明号雅各、原籍台湾人、驻广西梧州字样，亦用信封均交邮政局递送到辕。查陈国昆等，如果志在鸣冤，何得冒写北京张寓缄寄，直作本部院驻京寓之信？实属荒谬！太原雅郎既用日本人名字，又写法国天主教，复称为两粤教商寄寓梧州，亦属离奇。按通商约章，外国人不得在内地置买私产，今因在三水县属购地涉讼，其为中国民人用外国名字可知，似此伞用信封，混行寄递，尚不知其人之真伪，更何论其事之虚实？若不严行杜绝，则乖张为幻伊于胡底。此两禀应不准理。嗣后，各属绅民上控案件，除遵用状式来辕投递者照旧收问办理外，如再有率用自禀外加信封交邮政局递寄者，无论所禀何项事件，本部院一概不阅不办，以杜冒混而免滋弊。除札行司局通饬各属遵照外，合行牌示。为此示谕各属绅民诸色人等,一体遵照毋违。

## 为再查明贵省土药税厘致锡良曹鸿勋电

(光绪三十年六月二十五日)

四川锡清帅、贵阳曹竹帅[①]鉴:

宙。号、效电敬悉,外部属接英使函称,洋药税重,土药税轻,议加重土药税厘,等因。惟抽数过重,究恐土药滞销,自应将各省土药每百斤抽出口税厘若干,过境省份抽税厘若干,逐款合算,方可谋抵制而免受亏。仍乞饬再查明贵省土药税厘章程,分别示复,以凭转达外部。骏。径。

### 附:川督锡良为川省土药税厘复张人骏电

(光绪三十年六月二十九日)

广州张安帅鉴:

洪。径电敬悉。川省土药每百斤出口税银原征暨加抽共二十二两,厘银共五两二钱八分,云贵药入川照抽。川药出口后所经省份征数未悉,请参稽并计。谨复。艳。

## 粤路所用洋工人屡次枪毙人命致盛宣怀电

(光绪三十年七月初四日)

粤路所用洋工人等,多有飞猎滨[菲律宾]当兵美人及印度洋人,粗暴无赖,屡次枪毙人命。现在开办伊始,如此多事,将来工程愈广,后患何穷?粤省人情浮动,匪类遍地,往往借端生衅,设再任令洋人妄为,必致激成大变。务祈执事商明美公司,将一切无赖洋工及印度人开除,选用安分之人,并妥订章程,责令严加管束。如有洋

---

① 曹鸿勋(1846—1910),字仲铭,又字竹铭,号兰生,另号铭帛。曾任云南按察使、贵州布政使、贵州巡抚、湖南布政使、陕西巡抚等。

工滋事，必应按律惩办，不得仅以革退了事，庶有所畏惮，不致仍前纵容滋扰。至恳。

### 附：盛宣怀为敝处正与美公司理论复张人骏电

（光绪三十年七月初七日）

粤路多用飞猎滨[菲律宾]及印度洋人，此皆葛利留下余孽，敝处正与美公司理论，勒令撤换。全工局章，本不准洋人带枪，美德自知不久于中国，一味放纵。昨美公司复电，已饬令交犯。乃美德致管理处函，全推华人闹事，洋人无错。温道来电，观审时有三洋人承认放枪，未知美领辜有何开释之理。据请催李道、温道详细速禀，必当与康使商办。全工更换大局，尊教悉合鄙意，必当遵照赶办。目前，仍乞密饬地方文武，妥为照料，免为借口，是所感祷。

### 附：盛宣怀为洋匠叠次枪毙人命致岑春煊张人骏电

（光绪三十年九月初九日）

美公司承办广州至三水铁路工程，逾估报账笼统，不开细数，雇佣洋匠叠次枪毙人命，纵凶不交，并有他国人附股，干预中外，交请部电，亦令废约，处停止小票。彼即停工，现正与议，停办后除行车酌留洋员一人、会同华员管理外，凡在路工所用洋人不论距省远近，责令悉数撤回。余存材料，或归并一处，或分段管理，是总公司之事。以前应付未付工款，由其自行理直。已用民地未给价者，由我筹付。保护行车、弁勇，照常留差，余须裁撤。请照复美领事，属将在工洋人，责令该公司尽数撤回，俟议定停工细目，派定管料、行车委员，再电达。祈先密饬地方文武会同照例，并饬李、温二道妥慎防范，至所切祷。

## 银行事不能辞只可谨慎办去致张允言等函

（光绪三十年七月初七日）

允言等阅：

汝等来信，均已收到。银行事不能辞，亦只可谨慎办去。惟此去极难胜任，尚不知银元局之有成法可循也。此次在沪集股一事，究竟有无一、二办成者？粤人商于南洋者，颇多巨富。但能招得数家，则二百万可以立致。惜气太不通，无可介绍之人。且国家屡次失信，商民与官交涉，均视为畏途，无论如何苦口，不能生其信心。即粤之二张，都向人言京中无一非想钱之人。此等风声，皆与集股有碍。近日《岭东报》又刊有某部郎回京，鹿责以招股无成，而用去万余金，大加申饬一条(或他报有了而抄袭登报)。究不知造言者为何人。汝于潮州一事，似不能有怨家，则为谗忌之人腾谤。可知前子立言，众皆侧目，殆非虚言。可不惧乎！至于用人一节，亦颇不易，官场固多难信，而商家亦岂尽可恃？但有一二人不可靠，亦足败坏大局，此尤宜留意也。伦贝子过南洋，闻与埠商颇有酬酢，不知如何情形？如能由此通南洋之气，或当有益。今日香港电局温道影(潮汕铁路渠即与张同办)来见，言奥国拟在粤开银行，南洋商人之附股者已二百余万。可知集股不难，惜不得其道耳。当以集股事托之，渠言须看章程方能设法。汝或将章程寄数分，当与商之(此章程记得曾见上海报中，然被驳不少，不知所驳如何，亦不知即盛党所为否)。此亦姑妄为之，未必定成耳。

中书考期已有定日否？若允恺能取中书，原不必再就荫生，否则得通判亦无不可，能进一步即同知直隶州矣。滋翁所言，殆就近日所用而观。然功名有命，内用外用当亦有数存焉，非人力所能强也。

六媳忧郁情形亦殊可念。前以日俄开战，海道不靖，不欲冒险。且由沪至东京，无有熟悉之人同去，亦不放心。长发栈等当能熟悉，如有妥便，不妨送去。第应如何办理，我无从遥度，汝等酌量妥办，但不可搭日本船，以防意外，至要。前由协成乾汇千五百金，到否？

柳州之变，由于叠次杀降，以致降匪解体。又复操之过急，激成此祸。幸匪无大志，或不致酿成洪、杨之势。惟军装所失太多，颇为可虑，恐非今年能了。然西省兵事久不能定，广东恐亦有不能支之势矣。岑帅尚在桂林，未赴柳州。日来虽通电，未及兵事，不知近情如何？殆尚无起色也。

《海山帖》已收到，得荫须谢恩。是否此时即办？抑俟用职后具折？问明即复为要。

七月初七日谕

紫草茸数两，薛氏万应保赤散（杨梅竹斜街雅观楼，此铺有名，易问），独流醋三数斤（用磁坛装），以上速购，交折弁带回。

## 川省旱灾先汇寄二万两致锡良电

（光绪三十年七月十二日）

锡清帅鉴：

鱼电悉。川省旱灾情形极重，现经奏请展办常捐赈捐一年，属粤省代为劝办垫拨。惟粤省潮、嘉、高、全属水灾，钦、廉又报风灾，粤库支绌万分，自救不暇。前因畿辅直隶灾赈尤重，慰帅急电求助，正费筹付。川灾实难拨垫，不得已当传署粮道王秉恩、候补道李准面商，该道等顾念乡里，即在商号暂借银二万两，由天顺祥号先行汇寄，以济急需。务请将空白执照迅速寄来，俾该道等竭力劝办，以副廑念。骏。蒸。

### 附：锡良为川省五府大旱致李经羲端方张人骏电

（光绪三十年七月初六日）

福州李制台、苏州端抚台、广州张抚台鉴：

川省夔、绥、顺、保、潼五府，全属大旱；重、叙、忠、资、泸所属,轻重不等。秋成失望,饥嗷骤起。昨经电奏,奉旨赈恤。又已专疏,请展赈常捐一年,颁空白照。惟本省蕃富州县多经被灾,劝集无几,地广赈长,实较壬寅倍蓰。夙承筹济不易,讵敢无厌?坐视数百万捐瘠,罪咎滋重。迫代灾黎呼吁,伏望垂念万急,迅赐垫拨,一面饬属广劝各捐,归款实收,另行咨送。川人仕贵省者,尤盼转致厚惠梓里。均祈电复。

### 附:锡良为叩谢赈款二万两复张人骏电

(光绪三十年七月十二日)

广州张安帅鉴:

蒸电敬悉,渥承饬借二万金寄川,俾济急赈,荩筹高谊,谨为灾黎叩谢。王、李两道,念切梓桑,同深感佩。部照到日,拟飞寄。即托劝捐,乞先转致再补函牍。良。文。

## 为各省宽筹的款致张之洞电

(光绪三十年七月十二日)

张宫保、李藩台①鉴:

洪。密。五月廿八上谕,责成各省宽筹的款,为近畿练兵之用。廷旨严切,亟应遵筹。惟粤库奇空,西事未已,需饷尤繁。不惟的款难以遽指,即腾挪亦属不易。我公荩筹硕画,必有嘉谟,贵省如何筹覆,认解若干,乞赐电示为叩。人骏。文。

(甲辰七月十二日戌刻发,十三日午刻到)

---

① 李岷琛(1837—1913),字少东。历任湖北按察使署理布政使、湖广总督。

### 附：张之洞为湖北照旨派数认筹致张人骏电
（光绪三十年七月二十五日）

急致长沙陆抚台、广州张抚台：

密电悉。湖北照旨派数认筹。尊处请自酌。敬。

（甲辰七月廿五日寅刻发）

### 附：张之洞为报效五万两致张人骏电
（光绪三十年七月二十六日）

急致长沙陆抚台、广州张抚台：

湖北于认筹练兵派数外，另由实任官公捐报效一次计银五万两，昨漏叙，特补闻。径。

（甲辰七月廿六日子刻发）

## 与岑春煊为将空白执照迅赐寄粤致锡良电
（光绪三十年七月十六日）

锡清帅鉴：

宙。密电示悉。川省旱灾，亟应遵属筹垫赈款。粤省高、钦、廉及潮、嘉等处均有偏灾，正在分报赈抚。直隶河决，又电粤求助。库储万窘，应接不暇，川灾实难筹垫。因思署粮道王秉恩、候补道李滩均系蜀人，情关桑梓。经与熟商，由该道等在商号暂垫银二万两，交天顺祥汇川，稍济急需。随后劝捐归款，务请将空白执照迅赐寄粤，俾得广为劝办，以副荩廑。春煊、人骏。删。

### 附：锡良为劝办赈捐照到即寄复张人骏岑春煊电
（光绪三十年七月十六日）

广州岑云帅、张安帅鉴：

洪电示祗悉。川赈渥承借款济急，用活灾黎，深感谨谢。

王、李两道,电托劝办赈捐,照到即寄。并闻。良。谏。

## 蜡价等银已饬司从速筹解复川督锡良电

(光绪三十年七月十九日)

锡清帅鉴:

洪、愿电悉。蜡价等银已饬司从速筹解。骏。巧。

### 附:锡良为催解垫购白蜡价银致张人骏电

(光绪三十年七月十四日)

广州张安帅鉴:

洪。部催尊处额解白蜡,已于前月代购委解,应需蜡价、水脚等银二万四千四百九十六两零。因赈需孔亟,司请电催归垫。川灾深荷廑怀,敬乞谅察,速饬汇川至盼。良。愿。

## 西省匪势愈炽致张允言等函

(光绪三十年八月初八日)

允言等阅:

六月廿七来禀及汝致诸弟九、十两号允恺信,均收到。中书计早出榜而无电,则覃叔与汝似又来能得手。是否留考荫生?想已有信在途矣。

定兴憨直,不为同值所喜,故排而去之,未必定有事迹,否则岂止调部而已耶!近日诸如练兵之派王公、铁良[①]之查考各省,商部之欲派各省商局议员,此等举动,仅又欲踵庚子已前之辙,殊不可解。

译学馆三人皆取,不知章程如何,是何功课,如何便算毕业,将来

---

① 铁良(1863—1938),字宝臣,穆尔察氏。曾为荣禄幕僚。1903 年赴日本考察军事,回国后任练兵大臣,协助袁世凯创设北洋六镇新军。继任军机大臣。1910 年调任江宁将军。辛亥革命时,在南京与张人骏、张勋一起防守南京。

有何进步,能否应试?想已考订明白。潭、浩[1]两叔皆在京,则九叔祖母似不能不移居都中。

赵次珊[2]报毒太深,求新过甚。此番一入户部,必不能十分安静。然民力竭矣,再加搜括,恐成土崩之祸。即如近日各处办理学堂,因筹学费而激成聚众者不知凡几。然仅恃寻常书院所入,岂能供学堂之靡费。而朝廷督促甚严,将来不知如何结局也。

银行事实无把握。鹿已他调,无可为倚恃之人。事必掣肘,恐难办到好处。且银元局事,业已委曲繁重,兼管两处岂能裕如?倘能趁便将银行推出则甚好矣。银元局第一不可贪小利,如章程如何便须做到,且须时时化验(此层断不可少,须找高手),即可防弊,亦可杜谤。能总其大纲,弗管收支最好。薛梅溪管粤局十余年而无一闲话(银铜皆由善后局购买,本局但管镕铸,造成后全数解交善后局。即局中一切薪工杂用,均另由善后局请领,不在所铸款内开支),即是此故。若兼铸铜元,亦宜留意。大约铜六铅四,是一定之法。务宜校准,亦须常常化验铜色,则奏定何种便用何种,不可意为增减。若万一须更易,亦须奏明办理,至要至要!再,广东银毫,虽名为八二,其实略欠,大约八〇几。盖大圆(半圆亦是)用银条色校足,小毫用本地纹银,不能足色,此亦不可不知。

西省匪势愈炽,近闻有窜黔之说。若变为流寇,愈难收拾。嘉州虽将门,而吏治、将略全未梦见,朝廷遽信任如此,岂能不偾事?即如柳匪之叛,我知之在柯抚[3]之先,而此公始终不知,至今尚谓由柯激

---

① 张志潭、张志澂,张佩绪(大排行九)之子。

② 赵尔巽(1844—1927),字公镶,号次珊。曾历任安徽、陕西各省按察使,甘肃、新疆、山西布政使,湖南巡抚,民部尚书,天京将军,江西、四川、东三省总督等职。民国成立后,任清史馆总裁,主编《清史稿》。

③ 柯逢时(1845—1912),亦名益敏,字懋修,号钦臣、逊庵。光绪二十九年(1903)任广西巡抚。

战,特不知其是真不知,抑为诿过之地也。柯则直是一学究,岂能胜边疆之任!闻柳州乱后,以大炮数尊,置大堂上,尤为可笑。初疑不确,近有自桂林来者,询之良然。朝廷用人如此,岂不可虑。

各报言苏子熙[①]已减等改发军台,此说确否?汝可打听明白。胡云楣当知之。苏为王、岑所龁,而朝廷又不念其前功,几致不测,未免稍冤。我与之从未见过,因前在桂时,张丹帅[②]与之不合,我为维持,不知何人与之说及,任粤藩时,渠忽以兰谱寄来,当时势难却回。既有此层交谊,此时不忍瞻视,然亦无力挽救,故拟稍筹接济,聊尽我心。此事弗得忘却。

巡抚敕书及此番恩诏貤封,拟追赠二叔祖[③]父母,此两事九弟与汝信中已提及否?允恺之房师送十六金似稍薄,不知允恺已另送否?另复陈三舅信(封好送去)及伽楠珠可送去。

八月初八日谕

折弁回。廿六日来禀及醋、药等物均收到。银行若设于上海,则汝断不能兼顾。赵次山各省提十万之说,我亦曾经想及。惟此事有商股方能经久,既不用商股,则户部二百万亦将就可以开办,似无须各省提款。章程收到,此间近始由司刊就,俟温道来省当与商之。汝所拟驳上海报驳银行章程之议,可寄来一看。

六叔祖初二下葬,四叔[④]月前既病,临时如何成礼?甚为悬念。九叔祖[⑤]前购湖北织布局股万金,久未付息,厂亦转售事商办。现闻南皮[⑥]已筹有一款,拟将各股本付还,并稍给利息。昨已电汝,告

---

① 苏元春(1844—1908),字子熙。时任广西提督。

② 张联桂(1838—1897),字丹叔。官至广西巡抚。

③ 张镇(1829—1868),字式如,张人骏二叔。精文献,长书画,旁及音律、医道,藏书及著作甚丰。

④ 张志潜,张佩纶次子。

⑤ 张佩绪。

⑥ 张之洞。

禀叔速遣沈顾持票至湖北，托协承乾领出，不可迟误，想已转告矣。

来禀所称闽人曾姓，熟于南洋情形。汝托其招徕洋商，如果可靠，未始无益。惟其人底细汝能深知否？近日闽粤人借招股作骗局者比比皆是，此间正在访拿一尹姓。若所托非人或借此招摇，殊于大局有碍。不可不慎，千万千万！

两督互调，不知何故。李[1]已龙钟，岂能胜江督之任乎！柯、岑决裂，今柳匪窜黔，而柯往作抚，岂能济事？似应另易。朝廷喜于纷纷更调，此则又应调不调，何也？

十一日又谕

伽楠十八子，记得曾与汝一串，岂已失之乎？此同好者亦可遇而不可求，且价较前更昂。我近日不甚喜香气，兹将我所带者给汝，带后务必即收拾盒中。若随手乱掷，即好者香气亦必散尽。且一沾他物，气息最易染受，不可不知。香云纱湖、白各一件，均照收。又白者一件与允厘。

## 兹由协成乾汇去京纹一千两致张允言等函

（光绪三十年九月初九日）

允言等阅：

八月十四日来禀已收到。京中用度，我亦知其不足。惟今年出项太多，如八儿[2]等考试及九儿[3]赴宁，以及董太表婶之事，此缺所入本可敷用，而仍不免有亏累。近日京中同乡尚有公信，欲扩充乡祠，又须捐助巨款。国家事如此，而诸公尚作此不要紧之事，未免为他人所笑。明知其非而不能不应之，真所谓出钱买不是，于私计亦不无受伤也。

---

① 李兴锐（1827—1904），字勉林。光绪二十九年（1903）署闽浙总督，次年署两江总督。

② 张允恺。

③ 张允高。

兹由协成乾汇去京纹壹千两,即照收。冬间或再筹济度岁之须,惟总须撙节用之耳。

九月初九日谕

## 顷交协成乾汇去千金致张允言等函

(光绪三十年九月初九日)

允言等阅:

顷交协成乾汇去千金,月内可到。套叔①、普叔当已入译学馆。现在各学堂风气不好,学生往往滋闹,可传我语告知两叔,千万束身励行,弗交无益之友。倘为所累,则成终身之玷矣。覃叔考取第一,顷接来信,语气似并未有入馆之意。则前次应考,或系为陪普叔故耶? 允恺考荫,不知已有期否? 考后似须引见,方能分内外用。若万一得内用,则即办到署,再乞假南来为是。六媳已起程否? 彦君人如何? 到东洋后,用度若必不敷,吾当设法接济。可告之,免允褒为难。但非浪费,我无不体谅也。

前月匪围广宁,当即派兵,到时已击散。现饬莫镇剿捕,不难肃清。前月杪,外部据税司言电询,当即据实复之,并请代奏。未有旨意,不知何故。岂外部并未上呈耶? 见滋翁、陈三舅,可一询之。广西之事,西林②不听我言(此语不可向外人道,盖粤绅颇不满于此公,大有起哄之意。若引我为证,殊无谓也),遂致调度乖方,愈办愈坏。近日来电,颇自谦抑,然收束已颇不易矣。

新屋当已修理竣工,何时移居? 银行一事,伍侍郎③既有揽办之意,汝得借此脱身甚好。惟借洋款为之,则后患可虑,当轴岂令无见

---

① 张恂(1887—1943),字孟嘉,号默迦居士。张人骏三叔张铨之子。画家。

② 岑春煊。

③ 伍廷芳(1842—1922),字文爵,号秩庸。南京临时政府成立后出任司法总长。

及者乎？粤东为洋款、西饷所困，度支万难久支，恐有不测之变。岑又不敢请款，惟在本省搜索，岂能持久！西林既不准回东，我更无迁移之望，如何如何！

年底如玉田肉到京时，拣好者购买十余斤（须味淡而肉嫩），遇便带来。上次独流醋，似不甚佳也。

九月重阳日谕

## 为展缓赔款致袁世凯李兴锐张之洞岑春煊电

（光绪三十年九月二十日）

天津袁慰帅、江宁李勉帅、武昌张宫保、桂林岑云帅鉴：

洪。密。津、宁盐、谏各电均悉，赔款能力争还银，固属至幸，倘办不到，则各省同一奇窘，银款凭何筹付？勉帅卅九年后补还之说，期长息重，未免又增一累。常洋增税，各关办两年，仅收三百六十余万。户部已拨旧洋款，不敷镑价之用，恐未必有余。印花税繁重细密，收效颇迟。洋药加税，权操外人，恐无把握。将来免厘加税，如果照行，其改章接续之时，各省进款必顿形减少，更难支柱。愚见，处此万难之际，惟有展缓一法，尚可稍纾。目前，或将赔款认息展缓年期腾还镑价，或将积欠镑价认作借款，分年贴息摊还。骏于外交素鲜讲求，一得之愚，聊备采择，付乞赐教为幸。勉帅电述五端，持论精详，如果电奏，骏必附骥。骏。号。

（甲辰九月二十日亥刻发，二十一日申刻到）

### 附：岑春煊为可照北洋苛电办法复袁世凯李兴锐张之洞端方张人骏电

（光绪三十年九月二十一日）

天津袁宫保、江宁李制台、武昌张宫保、苏州端抚台、广州张抚台鉴：

洪。津号、苛电，苏皓电，粤号电均拜悉。愚见，目下似只可照北洋苛电办法，俟南洋饬据沪道查复再议。惟虑镑价日昂，常洋增税仍属不敷，无论洋药加税是否能行，总须在洋商身上设法筹一大宗的款抵补，方能略保华人生计。不但各省疆吏搜括为难也，倘竟无良策，势将搜括官吏，尚可自求罢斥，而民财既竭，国本亦摇，思之心惨。煊一筹莫展，惟乞诸帅卓裁，随时赐教。感叩。煊。个。

(甲辰九月廿一日申刻发，亥刻到)

## 与岑春煊为慨拨枪弹谢张之洞电

(光绪三十年九月二十二日)

张宫保鉴：

洪。啸电承允慨拨枪弹缓付价银，感甚。一切悉如尊命办理，容备文派员赴鄂领解。煊、骏。养。

(甲辰九月廿二日戌刻发，廿三日午刻到)

## 粤海关忽裁缺归并地方致张允言等函

(光绪三十年十月十四日)

允言等阅：

信昨接汝由津来电，知今日可以回京。

粤关设监督，由内府人员管理，已百余年。弊窦万千，不可究诘。今裁缺归并地方，认真整顿，自可以得巨款。惟中饱之款虽归监督，实亦不能独享。都中馈赠，殆不下一二十万，如内监、御前、内府、外部、军机皆有。今忽奉旨接收，不认真则不能整顿，认真则为诸怨所丛，王内监及内务府为尤甚。盖内监向吃内府，内务人员向视粤关为世产，一旦裁撤，心必不甘。出自特旨，无可泄愤，必钉恨于办事之人。而粤关传办之事，断不能不与之交涉，多方倾轧必不能免，而朝廷岂能鉴谅至此。且我于应酬权要一道，素非所屑，亦不在行，不如西林之扈从日久，能得要领。且又是短局，实不愿与若辈交结。不知将来岑如何办。我不犯先开此端，为渠所笑。若于交接非馈赠不可，解囊则无力出之，公中则非侵蚀不能有此巨款。税口太多，须委员到商同日开办。思之，极为郁闷。接收当在冬月初间，以一切须布置周密，方能动手。倘西林能于冬月回东，则我可脱然矣。

芦台信阅后寄去，信到时覃叔大约亦返矣。信中所云拨交千金，送来即收，不送不必去要。下月当再寄一款，接济家用。

署中诸人病后均已复元，惟九媳病后忽患头病呕吐，至今服药未愈，亦殊可虑。六媳到日本后，至今尚无函电，不知何故？京中水果，到此皆糜烂不堪，以后不必带。

粤关事，滋翁如何议论？当时何以不能拦阻？滋翁于我，凡事不能帮忙，真不可解。衡湘须缓为设法，此时尚无机会。其本家何官何名？蒋莪困此间，无乞退之说，然其为人似不宜作外官也。

允恺何时考试？甚望其来粤。早知如此淹滞，悔令其考中书也。

白面冬间尚可稍寄。上次所寄者甚粗劣，不耐吃。

十月十四日谕

## 为粤绅坚持废约致张之洞电

（光绪三十年十月初十日）

武昌张宫保鉴：

洪。密。急。奉歌电，当即钞送伍太史[①]诸绅公阅。兹据覆称，粤省绅商坚持废约自办之说，始终并无异议。遵即飞电邓中丞[②]，仍乞宫保力持，以维大局。至将来果能废约，则赎路是第一关键，刻不容缓，必须预筹的款，方免临时周章。查粤汉铁路，系自粤发轫，湘鄂

---

① 伍铨萃(1863—1933)，字选青，号叔葆。曾历任编修、云南副考官、湖北郧阳知府。

② 邓华熙(1826—1916)，字筱赤，又字小石。历任安徽巡抚、山西巡抚、贵州巡抚、署漕运总督等职。

均未兴工。现在粤路已成一百余里,就此间考察所得,赎路各费约需银六百万元。时迫款巨,粤力断难独任。窃思废约之举,意在全路收回自办,若粤路不赎,则约不能废;约不能废,则湘鄂各路均难以收回。是粤路之能否赎回,实关全局之利害,不仅为粤东一省之计,所有赎费拟请三省公认匀摊,或粤略多认,亦当勉力。就目前而论,粤似稍占便宜,而将来按路公摊,即系三省同受其益。湘鄂荐绅诸公,明达公忠,定能不分畛域。宫保经猷宏远,尤粤人所赖以维持。绅等一得之愚,是否有当,乞电商张宫保转致湘鄂诸绅俯鉴,愚忱同力合作,并求宫保鼎力援助,俾粤省不致独为其难,则众心更有把握。现拟筹分任赎路之费,迭经集议,稍有端倪,合并陈明,余容函达,等语。用特转电代陈,请听诸绅所议是否可采,仍候卓裁,并祈电复。骏。蒸。

(甲辰十月初十日酉刻发,十一日辰刻到)

## 附:张之洞为粤省赎路款筹集办法复岑春煊张人骏伍铨萃等电

(光绪三十年十月二十一日)

急致桂林岑制台、广州张抚台、吴叔宝太史诸公:

安帅蒸电,转粤绅公电,具悉。废约必先赎路,赎路必先筹款,自是入手关键,已切电盛大臣。造成粤路,只能核实公估价值,不能听美公司浮开要索。但路在粤境,赎回后行车之利,亦粤得之。似赎路之款,未便令三省公认匀摊。粤商财力雄厚,其在南洋各埠者,富商尤夥。是三省筹款,必推粤为最易。湘省境内路最长,款最巨。鄂省路较短,而财力素薄。两省官绅固不敢不勉担义务,尽力图维。若再令兼顾他省,则财力实有不逮。大致办法,抵制外人,则三省当同心协力筹备路款,则三省当按地分摊,事最公允。惟粤省赎路之款数至五六百万,诚恐一时遽难齐集,窃为代筹。一、集款之法,因势利导,莫如售票开标,此一段路已造成,最为繁盛,目前即可见利,每票或五十元,或一百元，每月一次，每次以一百万元为率，以五成开彩，及充一切费用。以五成留备赎路之用。得彩者，付一半现银，以一半留作铁路股票。未得彩者，准折半抵换铁路股票。期以一年举行十二次，即可得六百万元，自属众擎易举。但须刻报劝导，言明此乃设法赎路，以尽义务，方能感发鼓舞。如此办法，乃是各省人集股赎回粤省已造成之铁路一百余里，并不须全由粤人自筹也。此不过大略，至于详细办法，统望体察情形，因时制宜，酌量办理。姑陈此策，以备筹酌。总期于必将此路赎回为度。祈转达伍太史诸绅公阅，并望见复。洞。马。

（甲辰十月廿一日未刻发）

### 附：张之洞致岑春煊张人骏伍铨萃电
（光绪三十年十一月初四日）

万急，致桂林岑制台、广州张抚台、伍叔宝太史：

马电想已转达，伍太史诸公铁路筹款之法，究竟有无成议，未接电复，悬盼殊深。现奉廷寄，议废美公司合同一事，交敝处核议，妥筹办理。外务部另有函交美商柏士来鄂商办，昨已抵汉。查柏士即倍次，浮言甚多，断不宜再与纠缠。此事鄙意专主废约自办，然必须三省筹款之法确有把握，自办一节乃能着实。除电询湘绅议复外，祈转致伍太史诸公，粤省已有筹集巨款之策否？开标之法能否举行？此外，别有何良策？望飞速详电示复，以便接见柏士，婉词谢绝，俾免干预。切盼。洞。质。

（甲辰十一月初四日午刻发）

## 兹由义善源寄去京平足银一千六百两致张允言等函
（光绪三十年十月三十日）

允言等阅：

兹由义善源寄去京平足银一千六百两，内六百两捐乡祠款，余作家用。务必节省用度,此缺实无余剩。今年各汇号统算,尚有亏欠。又潭叔处,春间曾为挪用协成乾千金,前来信欲归还,我复以拨归京寓。如交来即收存,否则不必往索。

同乡复函阅后即并银交去。现在何人管乡祠,疑是与李符曾否?再,国事如此,而乡祠大兴土木,恐惹议论,此南皮之不识大体。我虽捐钱,而心颇非之。汝见滋翁能婉言讽之,俟大局定后再作此举方好。可言即言,否则听之亦可。

十月卅日谕

## 与岑春煊为现拟仿照日本劝业银行发售储蓄债票致张之洞电

(光绪三十年十一月初六日)

张宫保鉴:

洪。马、质电均录送粤绅,复电云:质电敬悉,铁路废约,我帅鼎力维持,阖省感戴。现拟仿照日本劝业银行发售储蓄债票章程,参酌办理。每票二元,集票五十万,分得银一百万元,以二十万元开会。每月集票一次,开投一次。所有一百万元票底,无论曾经获分会彩与否,俱作为铁路股份,刊刻征信录榜示于众。如此,有角胜之趣,无赌博之弊。东西文明禁赌,诸国均准行此章程,票底不缺,稍分利益于激劝之中,微寓奖励之意,亦不贻承办赌饷者以口实。粤人性质,持此劝集,尚有把握。或虑开票迟缓,则拟息借华款办法,将现成之路,作按能筹任十万元者总理、五万元者副总理。目前已成之路利益,以一半酬正、副总理,以一半归入股票公司。冀于洋厂殷商,可望得巨款。迭经绅等旬月集议,策无有善于此者。其详细节目,另函请示。倘废约在速,仓卒未能劝集全款,拟请我帅商会三省大帅,设法筹垫,备足应付,陆续开票归还。是否可行,请电示遵办。伍铨萃、道镕、庆林、国廉、崇龄暨阖省绅商等同叩。煊、骏。鱼。

(甲辰十一月初六日亥刻发,初七日酉刻到)

### 附：张之洞为筹款之法事致岑春煊张人骏伍铨萃等电

（光绪三十年十一月初八日）

急致梧州岑制台、广州张抚台、伍叔宝太史诸公：

鱼电悉。筹款之法事，籍众擎轻而易举，必能岁集巨款。慰甚，佩甚！此议如行，鄂愿为粤认筹十万元，以之为倡。何时需款，即望电知拨汇。特先奉达。庚。

（甲辰十一月初八日巳刻发）

## 与岑春煊为车路封款事致盛宣怀电

（光绪三十年十一月初十日）

车路封款事，已派员向美领事诘问。据称，合兴系美公司，照美国律法应如此办理，殊非得已。美德不日可到，如能与各原告调处了结，立即揭封，等语。合亟电复。

### 附：盛宣怀为美德尚欠两月薪工未发致外务部并鄂督张之洞粤督岑春煊粤抚张人骏电

（光绪三十年十一月初六日）

接广东行车监督温道宗尧禀，现路工洋人因美德尚欠两月薪工未发，潜行往沪大为鼓噪，群向美总领事禀告。领事即将车路存项及每日进款封禁，除行车日需之款外，不准取用，以备偿了。债案应如何对待，请示办法，等语。查路工已撤，各洋人因总工司美德欠发薪资，联名控告，业饬美德于初六晚，赴广州逐项了给。即实因款竭，必须总公司筹垫，亦须被告之美德电禀到沪乃可商办。请大部详告康使，请督部堂、抚部院详告驻粤领事，不可将车路存项及每日进款封禁，以免别生枝节。仍祈电复。

## 粤关初四接管致张允言等函

（光绪三十年十一月二十日）

允言等阅：

初三考荫，已见报纸，允恺当已与试。刻已半月，尚未引见，不知何故？

粤关初四接管，认真整顿，化私为公，每年当可多数十万。惟结怨甚多，此亦无妄之灾。粤关监督并无公费，盖常关所入之款，除报部二十万零，其余则承应内间，所多之款皆入私橐，故从前并无公费名目。若欲沾润，尽无限制。然岂吾所能为？况系短局耶！惟积弊已深，官绅及驻防旗人，无不以此为利薮，盘据把持，颇难改革，只得逐渐清厘。招怨必不能免，且恐若辈暗中倾陷，殊无谓也。恩赏寿字非若斗方，即是慈圣御笔。现在署中所悬福寿匾额甚多，皆斗方，而御笔则尚未有。故电令寄来，钩刻悬挂，可好好制筒封寄。俟匾制成，仍寄回京，以便子孙永宝也。

近年南北迁调，都中亲友均未一送年敬。今年虽未移动，而此缺甚瘠，且又在将裁之际，不送想亦不致招怪，汝等以为何如？惟时时有托人查考之事，如华璧臣[①]等，不稍应酬似觉缺典。应否点缀？汝等可酌之。

张太史已到，尚未来见。此在从前任粤藩时本常有之事。惟现在官场局面不大如前，所有大缺，经刚相[②]搜括后，又加屡次抉剔，均有不能自了之势。而西林又喜苛罚，闻有任过优缺即加煅炼，即光景稍裕者忌讳莫如深，不便强令酬应。

有黄太史者，前持尹佩之书来，再三谆托亦无以应之，只可自己多送而已。以后如有来托汝者，不妨先将此情告之，免其奢望，多费

---

① 华世奎(1864—1942)，字璧臣。

② 刚毅。

唇舌，而终于不能讨好也。

引小姐[①]亲事，至今尚无议者。我颇关心，而此间无可物色。汝等务宜留意。有相当者，早为议定，至要！

信运台因盐务改章，与岑颇龃龉，求交卸而不得。今忽调浙江，而我则不能稍有活动，殊为愤懑。近日各省纷纷调动，而滋乃令我请裁缺，以为求调地，真可笑也！粤中水土我实不耐，况诸事之不称心乎！

十一月二十日谕

## 与岑春煊及粤绅为美商有背约之举致张之洞电

（光绪三十年十二月十二日）

武昌张宫保钧鉴：

洪。歌电敬悉。合兴显背合同，已失信用，必应作废。前美政府云，如该公司改其规模办法，即不认保护，具见美国国家保全名誉。粤省认定此言，统筹路费书略定，今据海大臣文称，该公司近年在中国颇遭物议，是明认美商有背约之举。今始借词收回股票，事后弥缝难信，他日再无意外举动。况仅收大半，则未收尚多美股。前为比得公司腐败，全得三省华人公愤助力，始渐收回。岂能今比股销除，便许续办？查两国立约，信用一失，即无执行原约之权。乞电转盛、梁两大臣据理力争，勿再游移，致贻后患。并恳我帅坚持。全粤感祷。铨萃、道镕、庆桂、国廉、崇龄暨阖省绅商同叩。煊、骏。真。

（甲辰十二月十一日酉刻发，十二日亥刻到）

### 附：张之洞为废约事致岑春煊张人骏伍铨萃等万急电

（光绪三十年十二月初十日）

万急，致广州岑制台张抚台、伍叔宝太史诸公同鉴：

歌电转驻美梁使来电，并盛公所拟复电，想早达览。顷盛电

---

① 张韵芬，张人骏堂妹。

外务部、商部及敝处,谓如久不覆美外部,必认为默许,等语。此事关系全局利害,湘绅已有电复,仍主废约。贵省众志如何?曾否定议?祈迅赐电复,以便转盛,俾免误为默许也。切盼。洞。卦。

(甲辰十二月十二日发)

## 附:张之洞为废约自办再致岑春煊张人骏伍铨萃等万急电
(光绪三十年十二月十二日)

万急,致广州张抚台、伍叔宝太史诸公,梧州岑制台同鉴:

卦电想达览。未接粤绅覆电,盛公必认粤绅为默许,利害关系极重,诸公宗旨究竟如何,焦盼至深。此事即力争于前,断无退沮之理。湘绅覆电,除废约自办,更不认第二种办法,美重民权,非诸公协力坚持,不足相抵。昨得云帅真电,虑巨款一时难集,此无足虑。废约非旦夕可议成,只要抱定宗旨,一面筹款,一面抗争,百折不回,或有转圜一日。俟废约定议,彼时赎路款如果不足,或三省公摊,或暂行息借均可从长计议。此时,盛公专待官绅覆电,粤岂能缄口不言?务速切实径电盛公,并电敝处,以便复盛。盼祷。锡。

(甲辰十二月十二日亥刻发)

## 为粤中绅民始终力举废约筹款致张之洞急电
(光绪三十年十二月十四日)

急,武昌张宫保鉴:

洪。卦、锡二电均到,即钞送真日酉刻转发伍君等公电,废约宗旨亦已详尽。今读锡电,似尚未到,请饬局查明。今早伍太史、罗道来言,粤中绅民始终力举废约筹款,并无二义。除自电外,属再电请公照覆盛侍郎为叩。骏。寒。

(甲辰十二月十四日未刻发,戌刻到)

## 附:张之洞为万不能听合兴擅自开工致岑春煊张人骏伍铨萃等急电

(光绪三十年十二月二十四日)

急致梧州岑制台、广州张制台、伍叔宝太史诸公:

盛大臣祃电云:行车总办致陈道善言函,叙及粤省至高唐将次完工,彼留工程司,意欲将未完之工补足,以便开车取利。应即电尊处知照领事不准开工,并电梁使,免致临时别生枝节,等语。查此事现正切商废约,美尚坚持,若一准开工,彼必谓我已认许,无从更议废约。务请尊处知照美领事,万不能听合兴擅自开工。除请盛大臣电致梁使外,特电达,祈照办电复。洞。敬。

(甲辰十二月廿四日午刻发)

## 附:张之洞为究应如何抵制致端方岑春煊张人骏等急电

(光绪三十年十二月二十五日)

急致长沙陆抚台、龙侍郎诸公,岳州端抚台,梧州岑制台,广州张抚台、伍叔宝太史诸公:

洪。密。外务部号电云:驻美梁使电称,张、盛电仍废约,美外部谓比股既收,万不应废,摩根等极有信望,美廷须坚持保护,等语。希查照。又外务部敬电云,粤汉路事,美使照称,准本国政府电训,不允中政府将合兴合同作废,因该公司前售他国股票,现经美国人多出优价买回,如中政府废此合同,是与抢劫无异,一定不能听从,等因。希速酌核电复,以凭照复美使,等语。此事关系三省利害,究应如何抵制,必须妥筹实在办法,免致徒托空言。务请诸公迅速会商筹定办法,电复敝处,以便转复外务部,切盼。有。

(甲辰十二月廿五日亥刻发)

### 附:岑春煊为业经电告美领致张之洞张人骏电
（光绪三十年十二月二十五日）

武昌张宫保、广州张安帅鉴,并译送伍叔宝太史诸公:

洪。张宫保敬电已悉,业经电告美领万不能听合兴擅自开工。特奉闻。煊。径。

(甲辰十二月廿五日酉刻发,廿六日丑刻到)

## 程仪洛事无人来控复张之洞电
（光绪三十年十二月二十五日）

张宫保鉴:

辰。密。程[1]事无人来控,报纸所登,殆怨家为之耳。骏。

(甲辰十二月廿五日申刻发,亥刻到)

### 附:张之洞为臬司程仪洛被控事致张人骏急电
（光绪三十年十二月二十四日）

急致广州张抚台:

辰。密。闻程臬司有被讦控事,情节甚为拉杂,其虚实无从臆断。但程臬前在江苏,办事认真出力,有功盐务,其劳足录。恳公略短取长,善为处置,曲予保全,以惜人才。即其事万不能了,亦祈浑含出之,以存大体。以司宪之官,若太伤体面,似于大局不宜。特此密达。务望鉴纳示复,至幸,至感!漾。

(甲辰十二月廿四日卯刻发)

---

① 程仪洛,字雨亭。光绪二十八年(1902)任广东按察使。

## 陈宗风已到粤料理可望了结致张允言等函

（光绪三十年十二月二十七日）

允言等阅：

昨得八儿青岛来电，言廿七南下，大约可到上海度岁。到粤当在新正初十后矣。

粤东自刚相搜括之后，已无好缺。近以筹款艰难，于亏空案参追认真。西林喜怒不常，官场皆重足而立。往往朝坐堂皇，暮登白简。而参追亏空，已随其后。人有戒心，谁复肯解囊作无益之酬应？故近时新贵之来粤张罗者多扫兴而去。张启后持汝信来见我，即将大概情形告之，渠仍纠缠不已，婉词答之。迟日来信，又属饬首府代为散卷。当函复我系监临官，恭追之案皆我署主稿，此间近年从无督抚为人散卷之事，我止可自尽棉力。过数日又来一信，要我托两司散卷，如可做到，亦何恃彼言？此信尚未复，又来一信，大加责备，殊属无理取闹！本欲不理，因彼恃汝信来，恐为汝结怨，故仍含容送与二百元，以践自尽棉力之言。兹将来信带去，汝可看之，以后交友，切意留意。如再有求汝者，可即婉辞却之。近日世界愈穷，廉耻道衰。君子尚无害，若遇小人，则一不遂意，钉恨终身矣。

陈宗风亏空案，司详已请查追，我抑而未发。刻陈宗风已到粤料理，可望了结。西林于我总算推重，而广东元气破坏殆尽。此后不独巡抚不可作，即于我总督亦非所愿。好在西事冬间大有转机，西林归亦不久。此缺能早裁，则可速去，惟届时川资尚须费事耳。

十二月廿七日谕

# 光绪三十一年乙巳(1905)

## 与两广总督岑春煊为南非洲招工事宜致外务部电

（光绪三十一年正月二十五日）

南非洲招工一事，原约工人均须在口岸下船径往非洲，嗣因甘前领以广州省河水浅，运工船只不能直达，另议在港换船、并拟防弊专章数条，经电商贵部核准照办。查原拟办法：（一）本港换船仍在省城设局，另委员在港稽查。（二）工人在省注册后，发给两联编号执照，由在港委员核对无误，始准下船。（三）招费三元之外，如每船载运工人足一千五百名，照章纳交船钞与在省河无异等语。此事未经开办，适甘领卸任，萨领接事后，屡经续议，并以纳钞应按通商约章，一百五十吨以上每照交四钱吨税，四个月一次。迭与磋商，萨领既不以甘领前议为然，而纳钞一节，尤非所愿。辩论再三，仍复固执。查在港换船，张星使前经电复，如此办法，实背咸丰十年约款，种种流弊，且订约时英外部本欲载入，严驳得免，固属坚持。煊等察度情形，殊未妥了，拟即借此停办。如英使复向贵部要求，即乞转致照约在商口径运，如广州水浅即换他口开招，以符原约。

## 与岑春煊为铜元千枚成本五两致张之洞电

（光绪三十一年二月初四日）

武昌张宫保鉴：

江电敬悉。京饷搭解铜元三成，敝处业已照办。铜元成本，视铜价为涨落。就目前论，铜元千枚约合成本五两左右。承询，奉复。

煊、骏。支。

（乙巳二月初四日申刻发，亥刻到）

## 与岑春煊为伍铨萃主谋毁学事复张之洞电
（光绪三十一年二月初八日）

张宫保鉴：

洪。豪电拜悉。伍绅主谋毁学事，现据各学堂指控，并准商部学务处来电饬查，均经转行司局学务处秉公查办，自不容黄、潘各绅凭空污蔑。奉电后，属该司局处不可为各报馆所唆，遵谕为之剖白保全。至粤汉铁路一事，闻各绅商不甚信服伍绅，众情既有未洽，似难倚之主办。因此事关系极重，既有所闻，敢以附及，非不满于伍绅也。煊、骏。霁。

（乙巳二月初八日戌刻发，初九日酉刻到）

### 附：张之洞为伍铨萃说情致岑春煊张人骏急电
（光绪三十一年二月初四日）

急致广州岑制台、张抚台：

辰。密。昨接粤绅、在籍刑部主事陈芜昌电，以在籍编修伍铨萃破坏公益，替僧毁学等词，横肆诋诮，知其中必别有情节，正拟电询，适接程臬司仪洛、王道秉恩来电云，伍叔葆太史去夏借寓长寿寺半帆亭，冬初议争路权，新党黄景棠、潘全甡拟为公所，绅商以西关僻处，改借新城天后宫。黄、潘疑伍不允借用，登报攻击。正月廿三辰刻，寺僧滋闹，黄、潘等电禀商部大学堂，诬为主使，借端泄忿。伍于是日往河南拜客，亦无子弟在寺，众目共见。方今朝旨，借寺办学。伍虽至愚，岂肯为此借寓半帆，横遭污蔑？等语。查伍以翰苑文儒，岂肯助僧毁学？又何致破坏公益？其事之不足信，自在两帅冰镜之中。特以伍太史乃广雅书院多年弟子，弟所素知而深信者；去冬力争路权，伍持议极为平实正大。现当力争路权吃紧之际,昨又奉寄谕,令鄙人速办废约事,粤事正赖伍太史一人为左右,于兹忽被人污蔑,焦急之至,不得不代达一言。商部大学堂如有电转询尊处,务请代为剖白保全。此铁路大局之事,非为一人。叩祷,叩祷!即祈裁复。豪。

(乙巳二月初五日寅刻发)

### 附:张之洞为伍铨萃众情不洽致岑春煊张人骏急电

(光绪三十一年二月初十日)

急致广州岑制台、张抚台鉴:

霁电悉。伍绅事承代剖白保全,具仰力持公道,感佩!从前粤绅因路事致敝处公电,系伍领衔,意必粤中绅商公推,故敝处复粤绅电,亦列伍在前。今伍既与众情不洽,路事彼自须妥酌。惟争回路权,筹集款项,此时正在吃紧之际,粤绅公议现拟推何人领袖,尊意此事应以何绅主持为妥,尚祈裁酌电复。卦。

(乙巳二月十一日寅刻发)

## 与岑春煊为粤省土膏统捐致张之洞电

(光绪三十一年二月初十日)

武昌张宫保鉴:

洪。佳电敬悉。粤省土膏统捐,自去冬改章,东西两省合办,收数尚有起色。八省合办之议,只能行于土药来源必须经过宜昌之省。若强行于两广,则徒损饷源,无裨大局。前经会同西抚电奏,仍请归两广自办,尚未奉旨,谨将电文另行译达。公垂念旧治饷源万窘,能如何设法维持之处,伏望赐教。煊、骏。

(乙巳二月初十日申刻发,戌刻到)

## 会同岑春煊李经羲致张之洞电

（光绪三十一年二月初十日）

武昌张宫保鉴：

洪。致外务部电奏文曰：钦奉十一月初十日寄谕：铁良奏，拟请派员抽收土膏统捐，以裕度支一折，据称湖北、湖南合力，于宜昌设立总局，抽收土膏税捐。继又并江西、安徽两省合办，较各省分办之时溢收甚巨，已著成效。两广、苏、闽亦系云、贵、川土行销之地，若合八省为一，收数必更可观。此项进款，均照二十九年收数作为各省定额，由宜局合收，分解溢收之数，另款存储候拨，等语。至此项统捐，应如何遴派妥员通筹办法，期于推行尽利之处，并着财政处、户部会同各该省督抚从速详定章程，奏明办理，等因。钦此。煊等当恭录咨会，再四电商。查广西曾于上年十二月议收膏捐，先从土药入手。嗣因广东饷项奇绌，罗掘无从，遂议两广合办，借资弥补。甫于本年十一月设总局于梧州，拟章程试办，并无旧额可循。开办之始，商请观望，即使经营就绪，收数日增，而广东则岁亏约三百万，广西则军务未了，用款日多，两省万分艰窘情形，经煊等先后沥陈有案。是此项土膏捐尽数以补本省之亏尚虞不足，更无可提。细译铁良原奏，以为两湖、赣、皖自经合办，收款遂增，合以两广收数必当更旺。不知两广行销土药，以云、贵产为大宗，川土十不及一。广西边境，多与滇、黔接壤，处处可通，土之来路不一。并有由云南出越南而进广州湾者，亦有绕越南而航北海者，更有夹杂洋货自香港、澳门输入者，与两湖、赣、皖所销之土，必须经过宜昌迥不相同。原奏虽有于广西之梧州、湖南之洪江各设分局之言，不知梧州于两广，只能指为适中之地，不能目为扼要之区，若洪江更于两广渺不相涉。所以，贵乎合办者，谓设总局之处，能扼土药出口之总汇耳。今两广所销之云贵土药，绝不经过宜昌，似无取乎合办。且两广幅员辽阔，洋界毗连，抽查稍失机宜，动成交涉，即今两广合办，一切规画布置，已有鞭长莫及之虞。若受成于数千里外之宜昌,势必控制难周,动多窒碍。煊等再四筹商,以为合办之说,可行于土药来源必须经过宜昌之省,若强行于两广,徒损两粤饷源,实觉无裨大局。合无仰恳圣恩,俯念两广财政万分拮据,合办实属无益,准将两广土膏捐划出,仍照现章试办,出自圣裁。谨合词电陈,伏乞代奏。春煊、人骏、经羲叩感。云云。

(乙巳二月初十日申刻发,十一日戌刻到)

## 会同岑春煊为伍铨萃暂仍其旧致张之洞电

(光绪三十一年二月十八日)

武昌张宫保鉴:

卦电拜悉。伍固非由公推,然粤绅涣散,各挟私见,欲别求一公推之人,亦殊不易。似不如暂仍其旧,果有成议时,恐不能不别筹办法,及别求办理之人耳。煊、骏。

(乙巳二月十七日戌刻发,十八日丑刻到)

## 与岑春煊为粤省土膏捐数复张之洞电

(光绪三十一年二月二十九日)

武昌张宫保鉴:

洪。前奉电询,粤省土膏捐收数,并承示代筹挽回之策,极深感纫。现据该总局查复,东省自上年十一月改革,截至正月止,约共收银五十万两,尚有数处册报未到,收数总在五十万外。东省万分支绌,恃此为弥补大宗,总求划出自办,方可为恃。煊等拟于前次电奏之意,再具折力请。钧意拟如何挽救,乞示办法,尤为感盼。至西省收数,已请仲帅查明径复。并闻。煊、骏。艳。

(乙巳二月三十日午刻发,申刻到)

## 附：张之洞为八省合办之议不顾各省利害致岑春煊张人骏李经羲加密电

（光绪三十一年二月十九日）

万急，致广州岑制台、张抚台，桂林李抚台：

洪。密密密。广州蒸电，并合办膏捐电奏稿读悉。两广事急饷艰，鄙人深知。合办之议，当时献策之道员但图借此干进，不顾各省利害，并不计自己能办到否。鄂省既失巨款，并生出无数枝节，焦灼尤甚。然尊处电奏已经两月，至今未奉覆旨，内意可知。若不妥筹办法，倘竟由内派员经理，则各省愈难措手。故不得不赶紧筹画，思一可行之策。闻梧州上年收数甚巨，其由云南入桂境之百色厅、由贵州入桂境之梅寨，均设有分局，收数当亦不少。务请将两省所收膏捐确数分晰电示，以便斟酌设法，鄙人必当为两省力图挽回补救之策。特此密商，祈迅赐电覆。效。

（乙巳二月十九日未刻发）

## 与岑春煊为粤省膏捐拟划出自办致张之洞电

（光绪三十一年三月十三日）

武昌张宫保鉴：

洪。真电敬悉。膏捐事，承念。两粤饷绌，设法维持，至深感佩。粤中行销土药，均不经由宜昌，合办之说，按之理势，均不能行，已联同仲帅再奏请画出自办。容俟得旨，再当奉达，仍乞随时维持指示为祷。尊处及湘、皖等省，是否照铁大臣原议办理，并恳示。煊、骏。元。

（乙巳三月十三日未刻发，十四日子刻到）

## 与岑春煊为拟筹借民债三百万两致张之洞电

(光绪三十一年四月二十六日)

武昌张宫保钧鉴:

洪。养、漾电悉。路事赖公坚持,得使摩根就范。维持全局,佩仰实深。承示官款须多于民款,乃能有权,自属不易之论。粤绅前议集股,几于筑室道谋。现拟将筹借之民债三百万两,专坐顶售。粤路资本,常年所需,俟有成议,再当竭力筹办。煊、骏。宥。

(乙巳四月廿六日戌刻发,廿七日丑刻到)

### 附:张之洞为铁路须筹官款致岑春煊张人骏电

(光绪三十一年四月二十三日)

急致广州岑制台、张抚台:

辰。密。昨复云帅养电,想达览。铁路事,固赖绅民协力,然将来若全不由官主持,则意见纷歧,情势涣散,流弊亦多。惟欲官与民事公同商办,不由民间专操其权,须筹官款。提倡将来行车之利,按本均摊,官款并非无着。官款多于民款,或官款与民款相等,绅民乃肯让官有权。鄂省路较短,费较少,所拟每岁筹备铁路之项,全系官款。湘省拟岁筹一百五十万或二百万,亦官款多于民款。粤省官款似亦不可少于商款。承示将息借民款三百万移充路用,如此款本息由官按期陆续筹集归还,则此三百万即可作为官款矣。此外,如能再筹常年的款若干,以存官权而重路政,尤善。祈裁酌。洞。漾。

(乙巳四月廿三日戌刻发)

## 附:张之洞为粤汉路事致粤督岑春煊粤抚张人骏电
（光绪三十一年四月三十日）

万急致广州岑制台、张抚台:

辰。密,密,密。粤汉路事,自敝处径电梁使筹商办法,将旁人撇开,事无旁挠,宗旨乃定。然合兴百端抵抗,种种为难,彼以美前兵部大臣路提等出场争论,情词坚悍。我乃特延美前外部大臣福士达、铁路律师良信等与之驳辩。相持累月,翻覆无常,波澜迭起。敝处与梁使往复电商,笔枯舌敝,坚定不移,加以多方布置,摩根始有转圜之意。迨美股东全数允售,而比股东又多方作梗,事几中变。复属梁使密托某君设法,幸比股今亦允售,真喜出望外也。惟索价奇昂,意将借以困我。经梁使一再驳减外,计将合兴公司全份收回,一切归我自办,应付售价六百八十余万金元。内有已售出之借票二百二十二万余金元,由我接认,按期付息,应照原价九折抵扣,不须付现。尚有已提未售之借票四百万金元,现存摩根手。梁使意拟令摩根承购此票,由我接认,指款作押,分年摊付本息,冀可少筹现款,以纾目前之急。敝意现既定议收回,不宜留大宗借款于美国最有权力之人之手,不如另借他国之款,一气清还,俾断葛藤。综计应付现款四百八十余万金元,约合华银七百二十余万两。粤省认筹三百万两,鄂、湘两省合筹四百二十余万两,足以济事。两湖拟暂借洋款应付,尊处允以息借民款三百万备拨此款,是否业已收齐?梁使来电,售值须于画押后三个月内付清,特先奉达,祈即早为预备。该款约几时可以如数付清?务请先赐电示,以便覆梁使定议。

再。此事大略,虽已有成,一切究未全行订妥,望暂勿宣泄,恐小人忌妒搅局。切祷。洞。卅。

（乙巳四月三十日午刻发）

### 附:张之洞为路事尚未画押致岑春煊张人骏端方电

(光绪三十一年五月初一日)

急致广州岑制台、张抚台,长沙端抚台:

密,密,密。路事虽粗有成议,然合兴尚未画押,千万不宜宣布,或致登报传扬,另生枝节。务祈秘密,并切属与闻诸绅,万勿漏泄。至祷,至感!东。

(乙巳五月初一日戌刻发)

## 会同岑春煊为俄波舰全队惨败致张之洞电

(光绪三十一年四月三十日)

京外务部钧鉴,福州崇军帅①、天津袁宫保、江宁周督帅、武昌张宫保、成都锡督帅、云南丁督帅、长沙端抚帅、太原张抚帅、贵阳林抚帅鉴:

洪。据香港探电,俄波舰全队,除有三船逃往海参威外,其余大小各船,或被日军掳去,或被日军击沉。统镇波舰之水师提督罗者司温司忌,亦被日军俘获,此信甚确,等语。又据九龙关税务司密电,日本击沉俄舰廿二只,另有五只逃往珲春,俄督罗亦被俘云。煊、骏。卅。

(乙巳四月三十日戌刻发,六月初一日午刻到)

### 附:福州将军崇善致岑春煊张人骏等电

(光绪三十一年五月初一日)

北京外务部,天津袁宫保,江宁周玉帅,武昌张宫保,长沙端抚帅,济南杨濂帅,广州岑云帅、张安帅,杭州聂仲帅鉴:

顷日领函称,接外部公电,此次掳获、击沉俄舰廿二只,合十

① 崇善,字佑庭,清宗室。曾任江宁将军、福州将军,署理闽浙总督。

五万三千四百十一吨，罗斯水师提督及幕僚尽为俘获，降兵三千；日军坏雷艇三。罗督伤重，现送佐世保病院云。谨闻。善叩。东。

（乙巳五月初一日午刻发，亥刻到）

## 会同岑春煊为路事筹款致张之洞电

（光绪三十一年五月初二日）

张宫保鉴：

辰。卅、东两电敬悉。苦心定力，竟有今日，敬佩无已。目下遵当秘密。款事熟筹另覆。总之，事果有成，筹款虽难，决当力任。煊、骏。冬。

（乙巳五月初二日未刻发，初三日午刻到）

## 会同岑春煊为请代粤省议借三百万路款致张之洞电

（光绪三十一年五月初八日）

张宫保鉴：

辰。密、密两电敬悉。路事赖公以全力维持，得有成议，挽回大局，钦感无量。惟售价限画押后三月付清，为期似觉稍速，能否由公切商梁使，改为分期交付，或展宽三两月，措办较易。粤中息借民款，数月内恐无成数。尊处借洋款时，拟请代粤省议借三百万，利息轻重、抵押有无、期限长短，愿照尊处一律。将来民款借得，即充造路之用。万一不成，亦免误事。可否，乞示复。煊、骏。庚。

（乙巳五月初八日午刻发，酉刻到）

### 附：张之洞为粤路借款致岑春煊张人骏电

（光绪三十一年五月初九日）

急致广州岑制台、张抚台：

辰。密。庚电悉。敝处初以粤借民款三百万足资抵拨，甚慰。兹知此款亦尚虚悬,自非息借应急不可。然借款极难,鄂、湘所拟商借之款,前途尚未电覆,期限、抵押、利息均尚未说定。尊处能另设法筹借最善。如必欲由敝处汇借,则将来合同须三省分担责任方妥。尊意拟以何项进款作抵押?年限或愿长抑愿短?筹付本息指何的款?统祈迅赐筹示。争废美约之初,粤绅公电纷来,义形于色。此时何以寂然,并不过问?如张侍郎振勋、张京卿煜南皆擅雄资,宜尽义务,似不便听其恝置。究竟粤汉路事,粤绅中现由何人主持?祈详示。至绅中领袖,必其人乡望素孚,关心大局,为鄙人所稔悉者,始能通电筹商。将来三省应各设粤汉铁路公司专局,至粤汉铁路总公司总局,似宜在鄂设,粤、湘均宜选派公正明白、实心任事之员绅来鄂,公同经理。弟当遇事与粤、湘、鄂绅会商兴办,以期联络一气。盖三省路事,有须各担责者,有须通力合作者,有须看本省情形者,有须画一者,总以有益全局,早日成功为主。至粤工之次第先后,及路线经由何处,工师用何国人,必须公同商定。招股之法虽各省不必尽同,必须不相妨碍。总之,无论路在何省,各省分筹之款,不能全无参差。总归于照本摊利,毫无偏袑,至公至平。若畛域过分,各存意见,必致公碍难行。卓见如何?并望裁示。洞。佳。

(乙巳五月初十日丑刻发)

**附:张之洞为中国废约条款致端方岑春煊张人骏电**

(光绪三十一年五月初九日)

致长沙端抚台,广州岑制台、张抚台:

顷接驻美梁使鱼电云:前日赴纽,与路提等商定节略。照译:

兹因中国政府将建筑粤汉铁路之特权及合同注销作废,又不准合兴续办路工,惟情愿给以公道偿费。此项偿费订定总数,计美金六百七十五万元。中国政府可将合兴在中国所有产业、已成铁路、铁路材料、测量图表、开矿特权,以及在中国所有应得权利,无论明指暗包,一概全行收管。所有合兴已提之中国政府借票,除已售之二百二十二万二千元外,一概交还中国政府查收。至此项已售之二百二十二万二千元或交还或收存,仍听售主自便。如买主愿意收存,或全数或少数,每百元应按九十元计,由总数六百七十五万元之内扣抵。惟不论如何办法,此项二百二十二万二千元借票,在西一千九百五年五月一号,应付息银五万五千五百五十元。中国政府须自本日起,于三个月内照数付给。又总数六百七十五万元内,中国政府须自本日起,于三个月先交二百万元,所余之数,须自本日起,限六个月内,一律清付合兴照收。所有交款,订明由中国政府妥速得办。中国政府每次所交之款,须自一千九百五年五月一号起至交款日止,按年息五元计,加付利息。以上办法应由中国政府及合兴股东彼此批准,方作定议。一千九百五年六月七号福士达、路提、英格澜签押。

查售价该作债费,系因比股坚执不愿顷售,由路提等力请改换以后,每股与比股交涉之地细商,福等均云无碍,在我只期事成,似无须争执字面已售二百二十二万二千元,借票付息一节,合兴开价在西二月间。当时如能收回此项息银,五月到期应由我付。此时,补给尚无出入。已提未售之四百万元借票,由我收回,不作扣抵,以免纠葛。其已售二百二十二万二千元,系由比、法银行承买,亟应收回。惟按例退留权在买主公司,不能预定,姑作活口。如能收回,更为妥当。如不能收回,即按九折扣抵。原议售价,须自开价日起,至画押日止,加计利息。又自画押日起,款项不能交楚,须按日加息。经与驳论,改为自五月一号起,加计利息。至交款日止,款交息减。此件节略,系由两造律师先行签押作据,俟钧处核准及股东议定,然后电开请示,由诚与公司签押实行。前日会议，路提等仍以已售借票应得第便义四十余万，及酬资二十五万为词争辩。逾刻，彼始无词。

昨日比股代表致书合兴，极力阻挠。比政府电美外部，持之尤力。今晨外部约晤，犹以为言。幸已定议，无如何也。诚秉承指导，委曲周全，收回路权，幸得就绪。从此永断葛藤，保至命脉，实与三省绅民初意相符。惟收费过巨，吃亏已甚，应否照办，仍请钧处电商三省公同核妥示遵。等语。

此事赖三省合力坚持，幸有成议。偿费虽巨，就此收回三省地权、利权，保全实大。业经梁使磋商定议，其应付借票利息及付款未清以前利息，均属例所应有。付款初限三个月，现已商展至六个月，无可再展，拟即照准。俾及画早押，免再翻悔。即祈邀集在事各正绅公商定局，立赐电覆，以便转覆梁使照办，幸勿稍迟。其借款事，另电详达。此电祈译送湘绅龙侍郎诸公、粤绅左京卿诸公同阅。此时，梁星使尚未画押，犹恐坏人搅局，仍望替为秘密，并切嘱诸绅同密之。切要，切要。洞。佳。

(乙巳五月初十日卯刻发)

## 附：张之洞为赎路事致岑春煊张人骏电
(光绪三十一年五月十五日)

急致广州岑制台、张抚台：

辰。密，密，密。愿电悉。赎路事，三省意见相同，已即日电致梁使照议画押，作为定局。借款尚无眉目，筹商正自不易。还期不宜太长，拟以十年为限。粤省拟以佛枝路作抵，此路是否合兴承造？路款是否粤省另筹？如即在合兴项售总价之内，则不便专抵粤借之款。盖现在赎款及接认之金元小票综计不下八百余万，金元所收回者，止此。粤境已成百里之路工耳，若专抵粤款，则此八百余万美金，粤又岂肯独认？总之，此次合兴售价，凡从前靡费、滥支、行贿及股票涨价、停工期内亏耗，悉数包括在内。我既购赎此路,则所付之八百余万美金,统归三省分认,不能复计粤境路工之实用成本若干矣。将来粤汉铁路,不拘何省造成若干里,路工或贵或贱,其行车之利,均应总除总算,按三省用款计成摊利,不容再分畛域。至此次借款,断不宜以铁路作抵。鄂湘两省借款,拟以两湖膏捐作抵。尊处似亦宜以广东膏捐作抵,但须秘密,不可预令部知,致生阻力。假如省佛枝路果系民款造成,与合兴无涉,亦宜官以膏捐作保借外债,而取枝路为绅民认付本息之抵押,未知尊意以为何如?定局后,应行筹议之事甚多,即借款合同,亦须三省正绅公同签字。湘绅期月底来鄂,粤绅亦宜推举领袖一二人来鄂会议。一切望速转达诸绅,并祈电复。洞。咸。

(乙巳五月十六日午刻发)

## 会同岑春煊为筹款为最先急务致张之洞电

(光绪三十一年五月十四日)

武昌张宫保鉴:

辰。密。两佳电悉。路事赖公与梁使尽力维持,得有成议。当集司道、粤绅密切筹商,同声钦感。现赎路既有成约,则筹款为最先急务。粤绅之意,佥以合筹分任为宜,粤省担认三百万两,请由尊处汇借,为款较巨,庶期可稍久,息可稍轻。其抵押则拟将已筑之省佛枝路筹付本息。则拟开国民赎路股票公会,岁开四期,每期可得七十万元。益以省佛铁路岁入余锢可四十万元,并由粤绅公禀担认。务使款归有着,事在必成。钧意如以为然,即请一面先行代借,一面电示遵办。至粤绅主持此事,现议定公举邓小赤[1]中

---

① 邓华熙(1826—1916),字筱赤,又字小石、小赤。曾任安徽巡抚、山西巡抚、贵州巡抚、署漕运总督等。

丞、吴玉臣[①]太史、梁小山[②]侍读、黎道国廉[③]四人将来筹议一切,并与尊处通电,皆以此四人为代表。而众情瞻注,固无日不祝此事之成也。其将来设立公司,以及如何分派员绅协同经理,并勘画路线,聘用工程师各节,一切由我公裁决,自当不分畛域,极力襄办。统乞教示。煊、骏。愿。

(乙巳五月十四日申刻发,十五日寅刻到)

## 会同岑春煊为赎路用款致张之洞电

(光绪三十一年五月十八日)

武昌张宫保鉴:

辰。密。咸电悉。赎路用款,现由三省分认,将来计成摊利,无分畛域,办法本自公允。粤省所认三百万两,以膏作抵,与煊、骏私意适符。粤绅请以佛支路抵押,殆未通盘计画。鄙意但期此项借款,粤绅能切实担承,公家即可许以膏捐作保,所订年期子息请照尊处一律。至合同签字,粤绅推举何人赴鄂,俟议定当再奉闻。煊、骏。啸。

(乙巳五月十八日戌刻发,十九日丑刻到)

---

① 吴道镕(1852—1936),原名国镇,字玉臣,号澹庵。辛亥革命后闭门著述,以遗老自居。

② 梁庆桂(1856—1931),号小山,亦作筱珊。清末参与向美国收回粤汉铁路修筑权,被推选为粤汉铁路副总办(其族人梁诚为总办)。

③ 黎国廉(1870—1940),字季裴,号六禾。时美国出资承办粤汉铁路,广东、湖南、湖北三省绅民合议欲收回自办。以黎素有名声,选为代表,到武昌与张之洞等会商。最终,铁路决定由三省自办,湖北为官办,湖南绅办,广东则为商办。当时广东饷用枯竭,岑春煊主政,欲假借筑路为名敛财于民,黎集绅商议,驳斥这种做法。岑盛怒之下逮黎下狱,于是全省民愤,短时间内集资三百余万两,粤汉路南段遂成,即现在的京广线广韶段。辛亥革命后,黎以民望被举为广东民政长。

## 会同岑春煊为粤绅公举领袖致张之洞电

（光绪三十一年五月二十七日）

武昌张宫保鉴：

洪。粤汉路事，前奉钧电，饬令粤绅公举领袖一二人赴鄂会议。兹据举定梁绅庆桂、黎道国廉两人赴鄂。借款事有端倪否？乞示。煊、骏。感。

（乙巳五月十七日亥刻发，十八日申刻到）

## 会同岑春煊为粤路已成若干复张之洞电

（光绪三十一年六月初八日）

张宫保鉴：

辰。豪电敬悉。路权无论官绅，惟视占款之多寡。能有仍按之款，即有若干之权。此乃一定之理，必然之势。《时报》所载，即有此语，亦属不明理势者之谬说。粤绅屡经集议，除开股票一事，此外别无筹款办法，恐难深恃。现拟将尊处代借之三百万，先作粤绅赎路官本，将来绅款能集若干，即作为若干绅股。总之，悬揣情形，绅款断不能及官款之巨，自不能有专抗。至造路之费，俟赎约画押，借款已成，再行续议筹拨，此时骤难并举。承询粤路已成若干，现计已成支路由省至三水共三十英里四分，其干路则由黄沙至高塘全路计长十二英里，内由黄沙起至大布止，计六英里，业已铺轨，惟路高低尚未垫平，桥梁亦未造妥，约有七八成工程；其由大布至高塘河边计六英里，虽筑路基，尚未铺轨修垫。以上支、干两路，均系合兴所修。其存储材料，虽有数目可稽，并未开列价值，逐一评估计非数日所能集事。谨先电覆。煊、骏。齐。

（乙巳六月初八日戌刻发，初九日午刻到）

## 附:张之洞为粤省会议筹款问答致岑春煊张人骏电
（光绪三十一年六月初四日）

急致广州岑制台、张抚台:

辰。密,密,密,密。借款事,已粗有成议。赎约虽尚未画押,交收事宜应先筹及。粤路究竟共成若干里,孰为干路,孰为枝路,是否均系合兴公司所修,材料存储若干数,祈密速访查电复。昨见《时报》载"粤省会议筹款问答",内有官绅惟有保护联络之责、万无干涉把持之权两语,可骇已极!此次合兴之约,非官方岂能争回?现在赎约巨款,非官力从何筹借?将来接造轨路,非官力谁为弹压防护?即如筹款一节,无论或招股或摊派或投标,非由官为维持劝导,亦恐筑室道谋,终无实济。况铁路为国家大政,安有官不与闻之理?所言实属荒谬。惟官欲有权,不可不助之以款。鄂路较短,全系官款。湘路亦官款、民款参半。粤境事同一律,未知尊意拟岁拨官款若干?将来按本分利,官款并非虚掷,断不可全令商筹,致路事为所把持。总之,三省同心,官民合力,此路始易观成。若各存意见,先存一抗官专权之心,焉能有济?想荩筹,必早计也。再,官民合筹之款,为数必不能甚多,造路即不能甚速。两湖拟借款造路,而以所筹之款,摊还借款本息。如此,则工可速而力可纾。未知粤中办法何如,并祈裁复。洞。豪。

（乙巳六月初四日亥刻发）

## 会同岑春煊为九龙铁路英人蓄志已久复张之洞电
（光绪三十一年六月初八日）

张宫保鉴:

辰。麻电敬悉。九龙铁路,英人蓄志已久。前闻驻使有向外部商请中英合办之议,当以此事关系极重,电部维持,即势难终拒,亦必须妥订合办条款,期于权利两无所失,方可应允。现尚未准外部将所议办法电示。前于二十四年间,展拓九龙租界,专条有将来中国建造铁路至九龙、临时商办一语,此外别无议立合同、彼此签字之说。此次借款,与九龙铁路两不相涉,英领借端要求,我公拒不应承,盖已深烛之矣。借款期息如何?如有成议,乞电示。煊、骏。齐。

(乙巳年六月初八日酉刻发,初九日午刻到)

### 附:张之洞为咨询九龙铁路事致岑春煊张人骏电

(光绪三十一年六月初六日)

急致广州岑制台、张抚台:

辰。密。从此借款,系向英国商借,已有眉目。英领事口气甚好,利息当不致过重。惟该领事云,英政府以广东九龙铁路前已议有合同,彼此曾经签字,请电商尊处,从速订定开办,借款即可照允,等语。敝处不知此事底细,未敢应承。究竟九龙铁路何年说起?何时议成?是否中英合办?铁路成后,能否各辖各境,中国是否尚有路权?如须设兵护路,兵是否归中国派驻?其运载章程,除平时输运商货外,有无限制条款?合同系何人签字?外务部已否核准?尊意现拟如何办法?此事关系甚重,务祈将实在详细情形密速电示。至盼。洞。麻。

(乙巳六月初六日亥刻发)

### 附:盛宣怀为广九铁路事致岑春煊张人骏电

(光绪三十一年六月十四日)

英使派参赞来议广九铁路,以九龙租界二十五英里,港督筹款自办;广州华界一百一英里,请照二十五年草约,借英商款,一如沪宁办法。弟告以九界港督自办已与草约不符,广界亦应由粤督自办。彼云,中国未必能自筹款,徒属空言延宕。前见尊电请部坚持自办,果能绅民一心,应允筹款,不致空言。请速切实电致外务部及敝处,以凭抵拒。

## 会同岑春煊为拟请节庵为粤绅代表致张之洞电

(光绪三十一年六月初八日)

武昌张宫保鉴:

辰。两齐电计达。梁、黎两绅,拟俟赎路股票开办就绪,再行赴鄂。其未到以前,有须会议之事,拟请节庵①为粤绅代表。钧意如以为然,乞即转告节庵,并电示。煊、骏。齐。

(乙巳六月初九日午刻发,未刻到)

## 会同粤督岑春煊为拟禁番摊示谕民众文

(光绪三十一年六月十三日)

照得广东赌博之害,尽人皆知。然若闱姓、若彩票、若基铺山票,虽同一赌博,其害尚轻;为害烈而流毒广者,则小闱姓而外,以番摊为最。查番摊每年承饷三百万元,公家所得虽止此数,而承饷之商人与夫官绅兵役中饱分肥之数,约计当又倍之。今姑以承饷及中饱分肥总数六百万计,加中取一,则每年赌博出入之数当有六千万矣;二十、三十取一,则每年赌博出入之数当有一万二千万及至一万八千万矣。夫此六千万及一万八千万之数,其中真以祖遗产业及艰难辛苦所生之财投入者,计不过十分之三四,其余之数无非由盗贼之手掠之于良善,输之于赌馆。一省盗赃每年积至数千万,无惑夫?四民愁叹,阖省骚然,日日办盗,而盗以日滋也,然此犹显而易见之害耳。其伏而难见之害,则以赌徒无不废时失业,日投其母财于不可复之地,使全省总量日减而无日增值。至十年数十年游手分利者益多、勤业生利

---

① 梁鼎芬(1859—1919),字星海,号节庵。因弹劾李鸿章名震朝野。曾任溥仪师傅,被授予“毓庆宫行走”。诗词多慷慨愤世之作,为“岭南近代四家”之一。

者益少，饥寒所迫，大乱因之。彼时情形，思之心悸。本部堂、本部院念祸至之无日，愧教养之无方，以为欲救粤民，第一当从禁赌下手。无如司局各库，每年出入不敷三百万两，又历年积欠亦三百余万两。现在各项赌饷共五百余万，一日禁革，何以为继？即以番摊一项而论，承饷已三百万元。款目太多，如何抵补？本拟在盐务、海关两项，设法整顿筹措，而常关均归并洋关，增出之数，悉归赔款不能截留；盐务甫经整顿改章，能否增款尚无把握。此外虽有可筹之款，无非取之于民。以今日民智之未开，官场之积习，凡筹款岂能绝无扰累？欲求别有良策，能如承赌之可以款集而民不扰，实属难乎其难。本部堂、本部院朝夕焦思，苦无善策，用特出示晓谕，凡官绅士民如有筹款之策，务即详具说帖，送呈善后局汇核，择其切实可行者，禀使本部堂、本部院酌核施行，抵款能得若干，即先禁若干赌馆。一属能筹得抵款即先禁一属，一乡能筹得抵款即先禁一乡，一俟筹饷全得，立即会奏立案，将全省赌馆永远禁止，不得以款绌之故再行弛禁。本部堂、本都院以为每年以数千万之母财输于赌馆，不过徒滋盗贼。若以之营生利事业，纳其每年总值增之子息，计抵赌饷而有余。由是言之，并非真无抵款之可筹，只因各绅民不知利害之切身。不明计学之原理，而公家遂因之不得不鸠之以渴。所望明达士绅，苦心热心，转相劝诫，倘能于一二年内全行禁绝，粤人之福，亦本部堂、本部院之幸也。合亟示谕，仰所属官绅士民一体知悉，毋违特示。光绪三十一年六月十三日。

## 会同岑春煊为广九铁路必须筹款自办致盛宣怀并外务部电

（光绪三十一年六月十七日）

盛宫保愿电悉。广九铁路一付外人，则权利尽失。粤中无论如何，必须筹款自办以保路权，断非空言抵拒。请向英使坚持以维大局，无任感祷。并祈示复。

## 会同岑春煊为广九铁路必须筹款自办致盛宣怀并外务部商部张之洞电

（光绪三十一年六月二十三日）

北京外务部、商部钧鉴，盛宫保鉴，武昌张宫保鉴：

辰。九广铁路，英注意已久。现因粤汉赎路向英贷款，借此要求。昨英领函商办法有二：一则有九龙至省城全在华界者，照沪宁合同办理；一则九广全路作为合办，照外付合同办理，并将两国政府拟订合同草稿钞附送阅。查铁路合办，流弊滋多。惟现若力拒，一则虑贷款难成，一则虑终不能拒。昨派员面告英领，拟划明界限。英属界内，听彼自筑。其九龙华界至省，则由粤自行办修。俟将来全路均成，再行接轨。如虑空言推宕，应订以五年为期。如我尚未开工，届时再议合办。在英政府，为畅通香港商务，但求此路之必成。粤汉自办，既可徇英人之请，亦可免别国效尤。英领尚无异言。大部如以此说为然，请即咨会盛宫保切商驻使，声明划界自办，一面由香帅面告英领，许以此路必办。借款之事，或可从速定议也。仍乞密示。煊、骏。漾。

（乙巳年六月廿三日午刻发，酉刻到）

## 会同岑春煊为承示三端荩谋深远复张之洞电

（光绪三十一年六月二十八日）

武昌张宫保鉴：

辰。密。有电拜悉，敬佩伟筹。九广铁路，本与贷款无涉，英使借端要求，明知我公必不迁就，惟此路从前曾经盛大臣在沪拟订草约，虽未经本省核定，而已有成议，势难终拒，不得已许以划界自办，欲保全路权，非专为贷款计也。承示三端，荩谋深远。惟英欲修此路，本期畅通商货起见，若不与同轨，则换车驳货，转折必多，此条恐须磋议。至辟埠筑垒，一则互相牵掣，一则自为设防而保路，即以与商，彼亦无词可阻。容有成议，再行查酌地方情形，分别筹办。路政应归疆吏主议，本属权限所关。现已电商外部，所有此路合同，必须咨由粤省详加覆核，不得遽由铁路总公司定议，期免窒碍。我公关心大局，粤又为公旧治，于此事利害权之至熟，知必有以教之。煊、骏。俭。

（乙巳六月廿八日亥刻发，廿九日申刻到）

## 附：张之洞为广九铁路关系国防甚重致岑春煊张人骏电
（光绪三十一年六月二十五日）

急致广州岑制台、张抚台：

密，密，密。漾电悉。广州九龙如造铁路，则粤省海防三百里内重重门户，无数炮台，一旦尽废，其事实可寒心。此间英领屡述萨使，意欲以广九路事切托居间，经敝处坚持驳拒，告以事与借款无涉，如必欲牵连并议，借款事尽可作罢，另向别国议借，英领亦无可如何。今尊处来电，似已遽允所请，当别有不得已之故。如专为借款计，鄙意宁可设法另筹，断不必因此将路事稍涉迁就。若此事本有成议，无可推宕，与借款并不相干，则荩裁自有胜算。鄙人原无庸越俎，但此次发端，究因借款而起，设有窒碍，后人将归咎于借款之人。管见所及，不敢不以奉商：一、轨道宽窄，万不可与英轨相同。所有客货，到华界换车再行，庶防意外，稍有限制。二、于广九中间，铁路必经之地，择宜另辟一商埠，公诸各国，俾互相牵制，势不得逞。东莞所属地方，有何处相宜，祈电示。三、华界内，铁路所经，当扼要设防，多筑台垒，彼不能阻。有此三层，或可稍防侵轶。务请卓裁酌办。再，此等路政，关系国防甚重，自应由本省大吏主议，庶利害所系，谋虑必周，似不便由铁路总公司干预，放失权利。并祈鉴察，速商外务部更正前议。尊意如何？盼速电复。洞。宥。

（乙巳六月廿五日午刻发）

## 为接手晋事致山西巡抚张曾敭电

（光绪三十一年七月二十三日）

太原张筱帅鉴：

洪、养电悉。偿款、新政、练兵，三者同时并举，不竭民力不止，可为寒心。练兵费粤尚无力照认，而况于山西瘠苦之地。弟未知晋省情形，无从遥揣，请公通筹全局，酌重议征。但合弟接手后，不致偾事，则拜惠愫矣。骏。漾。印。

### 附：川督锡良为恭贺荣调致张人骏电

（光绪三十一年六月二十三日）

太原张安帅鉴：

敬闻荣调，恭贺鸿喜。漾。

## 会同袁世凯盛宣怀为晋绅公立同济公司开办晋省矿务呈外务部文

（光绪三十一年九月初六日）

前据山西绅商直隶补用道董崇仁[①]、军机章京礼部郎中孙笥经[②]、刑部郎中段振基、户部主事李慎修、翰林院庶吉士梁善济[③]等联名禀称，“窃职道等于本年正月间，集成巨款，公立同济公司，拟开办本省矿务，请咨明商部立案、外务部查核等情，业蒙批准在案。今同

---

① 董崇仁，字子安。袁世凯盟兄弟，祖上三代在北京包揽皇宫工程。

② 孙笥经，字孝如。官至吏部郎中、军机章京。

③ 梁善济，字伯强。曾留学日本，入政法大学。学成归国后，任山西省教育会会长。1907年与解荣辂等代表晋绅300余人上书清政府，要求收回矿权，与英国福公司废除合同。1909年任山西省谘议局议长。民初，与梁启超、汤化龙等组织宪法研究会，简称研究系。

济公司勘定平定州河北矿地界：由前庄庙至虎尾沟、马头摇二里，马头摇至水泉沟姚家窑一里半，姚家窑至河沙堰庙三里，河沙堰庙至石圪叠一里七，石圪叠至汉河沟祥瑞窑一里半，祥瑞窑至山神庙三里，山神庙至马王沟何家窑一里七，何家窑至魏家沟任家窑二里，任家窑至西北大山三里、至刘备山庙四里，刘备山庙至前庄庙七里八，前庄庙至小南沟杨家窑三里，前庄庙至赛鱼四里，赛鱼至辛兴滩八里；另由河沙堰至甘河沟土窑二里半，土窑至桃林沟史家窑二里。河南矿地界：由赛鱼至小阳泉十里，小阳泉至神峪沟四里，神峪沟往西南一带至西大山十六里。拟设总局在河北石谷沟。河北拟造运煤铁路：由总局至隆凤沟，隆凤沟至红城河，红城河至平津垴，平津垴至上五渡，上五渡至下五渡火车站。河南拟造运煤铁路：由神峪沟至老窑，老窑至沙墇口火车站。划定界限，测绘成图，为此禀呈图说三幅，恳请俯准备案，并乞送图说咨明商部立案、外务部查核，实为公便"等情，到本大臣。据此，除批示外，相应咨呈贵部，谨请查核。

## 赐贺愧谢复锡良电

（光绪三十一年九月二十九日）

锡制台鉴：

洪。赐贺愧谢。胆对军事，闻甚顺手，此时地方当已大定，便中祈示一二。骏叩。艳。

### 附：川督锡良为接任晋抚致张人骏贺电

（光绪三十一年九月二十六日）

太原张安帅鉴：

荣调履新，恭贺鸿禧。宥。

### 附:锡良为胆对应及时收回复山西巡抚张人骏电

(光绪三十一年十月初一日)

太原张安帅鉴:

洪。艳电祗悉。巴塘逆匪,经马军门统师攻克,首要歼除,全台底定。现饬赵道尔丰留办善后,改土归流,设官整理。胆对应及时收回,甫经奏奉双谕旨会商有大臣谕藏办理,尚无回文。承注,谨闻。东。

## 哲董力争专办之权已经合力坚拒复吏部李侍郎诸公电

(光绪三十一年十一月初四日)

吏部左堂李侍郎诸公钧鉴:

东电悉。哲董力争专办之权,业经人骏暨商局合力坚拒,哲称赴部理论。已将绅士公禀并商答各词抄咨送部核办,亩捐容即酌定入告。请舒钧系。骏。支。

## 为英福公司专办二字复外务部电

(光绪三十一年十一月初六日)

歌电悉。"专办"二字讲解,兹准驳复英使,咨文极为明允,敝处函复哲董,即就此义申明,专办只对他处他国他种矿产而言,不能禁止华人开采。晋土苦瘠,别无大宗物产,民皆恃矿为生,若允外人专利,是绝晋民生计,贻害甚大。现在全省士绅以全力争此二字,情势汹汹。宋汝阳矿虽系土法,然必须备机器开采。况有同济公司,业经禀明贵部立案,前抚曾电贵部声明,无论土法机器,不能禁止,亦奉照复。自不能因英使坚持,遽予曲从。且此约并未明以洋文为主。又十六条有不得侵占,可见仍准人民开采。新订合同,并欲合办,更无专办之理。此事关系利害极巨,唯乞鼎力坚拒,以保晋民生计、中国利源。骏。肃恳。

### 附:外务部为英福公司专办二字致张人骏电
（光绪三十一年十一月初五日）

支电悉。孙汝阳在平定州开办煤矿,英使以违背福公司合同,照请禁阻,当经本部以不能限制华人照驳,并抄咨在案。兹复准英使照称,福公司章程第一条所谓“专办”二字,应作福公司专办讲解,若不能限制华人,则无专办之权,何贵此合同?等语。查英使于此事执之甚坚,按照洋文专办字义,委系无论何人均归限制。现孙汝阳所开之矿,系用土法、抑用机器?统希查明电复。外务部。歌。

### 附:外务部为英福公司洋文不能不认致张人骏电
（光绪三十一年十一月 日）

鱼电悉。洋文不能不认,如哲董到部,自应按照新章,令其自向山西商务局商办,并令速订合办详细章程,则专办二字不攻自破。

## 咨送福公司哲董来往函稿及本省绅士公禀呈外务部函
（光绪三十一年十一月初十日）

案据福公司[①]总董哲美森[②]来晋商办平、孟、泽、潞煤矿事件,当将大致议复情形电陈在案。所有商务局与哲董两次问答各词,及本部院与哲董来往函稿两件,及本省绅士公禀两件,合行抄录咨送。为

---

① 1897年,英国授意意大利人康门斗多·恩其罗·罗沙成立“英意联合公司”,注册地为英国伦敦,注册名为“福公司”。同年在天津设立办事处,开采中国矿产资源。其活动范围主要在河南、山西、天津、上海等地。

② 哲美森(1843—1920),英国人。1864年来中国。历任英国驻九江领事、驻上海领事等。1897年福公司成立后,哲美森为总董事长。

此咨呈贵部,谨请查照核办施行。

附:抄问答二件、函稿二件、公禀二件。

## 福公司商务局二次会议折

光绪三十一年十一月初一日一点钟,福公司来商务局第二次开议各语,开列于左。

在会人员:福公司总董哲美森、参赞萨君福礼、翻译钱亮畴、翻译陈晓波。

商务局总办刘笃敬、会办马觐宸、前任平定州王为干、副提调贾栩、翻译黄廷栋。

哲问:前者请代禀抚台之事如何?

刘将说帖一条递给,帖开,按合同第一条,专办二字,系山西抚台准商务局专办,并不是准福公司专办。本局又查合同第十九条,该矿为中国自主之产,矿既为中国自主之产,权即为中国自主之权,除本局专办外,概不能与别国人专办,此二条,均合同内彼此应守办法。

哲详看许久云:合同第十九条,系指开兵端时而言,与开矿无涉。

刘云:合同十九条明言中国自主之产,产即是矿产,自主即是权在中国人。

哲又问:凭单之事,代禀抚台如何?

刘又递予说帖一条,帖开,福公司须与商务局将办法议好,再请发给凭单。本局按合同内发给凭单,系在查明与地方情形无碍之后,须先议定权限,方能委员查明,不能先发凭单。

哲云:专办之事,看来在此难以定议,只好回京向外务部说去。又云,暂将专办之事搁起,福公司能购地开矿否?

刘答云:权限不议定,他事亦难专理。

哲云:此事我已电达英钦使,专办二字,不能让给贵局,合同系你们国家批准的。

王云：国家并未将专办之权批给福公司，且贵公司此次系由北京来，何不在京时，即议定，现又多此往返乎？

哲又云：我今日要去见抚台。

刘云：抚台今早未见客，因受煤薰不爽快。

王曰：总董只管去打听，但抚台实在不爽快，恐未必能见。

哲云：合同之各事转请公司，即是专办之权，已归公司。

王云：事与权迥不相同，转请公司，是办事的，并未给权。

哲云：专办不能归公司，暂不议，但六十年之限期，作何时算起？你们不发给凭单，并不是公司耽延不办。

刘云：合同已定数年，公司耽延未办，并非商务局耽延。

王云：要先开矿，须明白商务局专权，再商开矿。

马云：若不商妥，恐百姓不允。

哲云：前有委员徐光弼赴平定州，是商务局委的否？

刘云：是本局委的，因公司并未知照本局，不能不遣人询问。

哲云：西四月有工程师来查矿，曾经外务部电来知会保护，贵局知道否？

刘云：未知有电，保护之责，向归地方官。

王云：贵公司此行和平办理，尚有别意，不妨明言。

哲云：总不能撇开合同办理，不能令别人侵占公司之权，此外亦可和平办理。

刘云：商务局亦可和平办理，惟专办二字不能让！

王云：可收回专办二字否？

哲云：不能！

哲又云：本拟明日即行，应候回电，少停一日，俟礼拜三即行回京，另日辞行。遂告辞而去。

## 福公司商务局三次会议折

照录福公司在山西与商务局会议问答。

光绪三十一年十月二十八日,福公司在山西太原府商务局会议记录。

在会人员如左:

福公司总董哲美森、副总办萨福礼、翻译员钱亮畴、翻译员陈占鳌。

商务局总办刘笃敬、会办马觐宸、前任平定州王为干、副提调贾栩、翻译黄廷栋。

哲君云:前公司有信与抚台,请发凭单,并未奉得。昨见抚台云须与商务局商妥办法,再行发给。办法若何?

刘道云:商务局借款请福公司办矿,必须同得利益。合同第六条"余利由公司自行分给,如有亏折,与国家毫不干涉"。似此有害无利之事,商务局不敢承认。

哲君云:如有亏折,福公司可以担承,但余利不能与商务局。

刘道云:总董能担承亏折,即能分给利益。

哲君云:合同如此定,不能更改。

刘道云:现惟按新订合同四条,议合办详细章程,最为妥当。

哲君云:须先议原合同。福公司有专办矿务之权,再商量合办。

刘道云:合同第一条,"商务局禀奉山西巡抚批准专办",是专办之权,应归商务局,由商务局转请福公司。"专办"二字,不能相让。

哲君云:如别国人、中国人愿开新窑,皆可应允否?有此权否?

刘道云:商务局不允别国人来开矿,不能不允中国人。

哲君云:十六条"民人先经开采者,不准侵占。其未开采者,不准他人再开”。若准开新窑，何必多叙已开之矿一层？

刘道云：民人开自己之矿，何能禁止？此除系防公司侵占，合同上并无不许再开新窑字样。

哲君云：第一条“专办”，即有不准再开之权。

刘道云：专办之权，应归商务局，不能付给福公司。

哲君云：此来本愿和平商酌，若无专办之权，则会同所列，均为无庸，公司当返北京，向政府索赔款。公司吃亏太大。

刘道云：公司并未开办，有何吃亏？若商务局之吃亏，又向谁索？

哲君云：此等事情，须说在合同之前，此时不能说。惟福公司须六十年后，专权方能归还。

刘道云：商务局请福公司，是商务局为主，专权不能归福公司。

哲君云：将平定州工会章程指示询问，商务局批准否？

刘道云：并未见过。

哲君云：前山西巡抚出告示，非发凭单，无论华洋人均不得开采。现有家汝阳开矿，曾发过凭单否？

刘道云：巡抚告示，未曾见过。本地人开矿，似可不要凭单。

哲君云：公司向民人购地，民人不肯私售。商务局能出告示晓谕否？

刘道云：告示不便出。劝谕民人则能为。

## 照录哲美森来函

敬启者：

本总董前来商办开矿一事，商务局总办刘道等，不肯承认福公司有专办之权，所事遂不能和平成议，谅刘道等业经禀明麾下矣。本总董查福公司原订合同第一条内载“今将批准各事，转请福公司办理，以六十年为限”等语，“专办”二字，即是批准之一事。合同既云“今将批准各事,转请福公司办理”,是福公司既有专办之权。本总董于此一节,不容稍有退让。至于前请发给凭单之事,据称麾下不愿与闻其事,是以本总董于日昨拟定亲往拜会,俾得于此一事,面聆雅教。孰意适值政体违和,数日之内尚恐不能接见,殊为怅歉。本总董因回国在即,须将敝公司公事交代后任办理,是以不能在此久留,本总董只得返回北京,将此一事禀明大英国驻京钦差大臣查核办理,并请麾下详细熟思发给凭单之事,倘有迟延,敝公司如何吃亏之处,将来只得索要赔款而已,非本总董之本意也。仍请麾下派员查办,速发凭单。敝公司总工程师利德君,前已函知绘图贴说,倘有不能照办之处,应请将麾下之意见如何,径复敝总工程师利德君可也。肃此。并请钧安。

## 复哲美森函稿

径复者:

本部院昨因偶有不舒,不克与贵总董接晤,至为抱歉。旋诵台函,具悉一一。商务局与贵公司开办矿务,自当据此按照合同,和平商议。惟贵总董所索专办之权,似于合同原文未免误会。当时批准专办平盂泽潞煤铁矿者,“专办”二字不过对他处他国他种矿产而言,本无禁止本国商民自行开采之理。至于发给凭单,应先查明地方情形。晋民均恃矿产为养命之源,如贵公司要禁百姓开矿,即于地方民生大有妨碍,又况合同详细条款,多不议明,此项凭单,何从核发?本部院前晤贵总董时,即经复交两来函据称不愿与闻其事,不知何据?又云只有返回北京,请钦差核办。本部院曾接敝国外务部来咨,业经照复贵国钦差有案,所说专办之意,亦属相同。贵总董既从北京来晋,想亦接到贵国钦差知照矣。来函又云,倘有迟延之处,只得索赔等语,如贵总董不与商务局按照合同妥议办法,则系贵公司自行耽延,本部院不能任咎，又安有吃亏索赔之理？本部院前接总工程师利德来函，知贵总董刻日驾临，一切自可面谈。本部院极愿与贵总董和平商办，请勿汲汲起程，是所盼跂。

专复。即颂日祉。

## 照录山西绅士公禀

照录山西绅士刘懋常等公禀。

敬肃者：

窃举人等，风闻督办铁路盛大臣，有与福公司定议，拟设镕化厂并合办铁矿会同，不胜骇异。复探悉该合同第一条内开"山西商务局将批准专办之盂县、平定、潞安、泽州与平阳府煤铁各矿，光绪二十四年商务局与福公司订立合同，转请福公司办理，限六十年为期。现经议定，中国愿与福公司合办以上盂、平、泽、潞等处铁矿，以及化铁需用之煤与炼焦炉。福公司应允中国合股开办，以五成为度"。又云，"至以上所指各处煤矿，如亦愿意合办，届时由山西商务局与福公司再行商议"等语，尤为诧异。窃思福公司所办煤铁等事，自应以原定章程为凭，查原定章程第一条，"山西商务局禀奉山西巡抚批准，专办盂县、平定州、潞安、泽州与平阳府属煤铁，以及他处煤油各矿，今将批准各事，转请福公司办理"等语。是盂、平、潞、泽煤铁又他处煤油，系批准山西商务局专办也，转请福公司办理者。是请福公司代商务局办理此事也。又第二条，"山西商务局禀奉山西巡抚批准，自借洋债不得过一千万两之数"。又第六条，"每年结账盈余，先用本付官利六厘，再提公债一分，逐年还本，仍随本减息。俟用本还清，公积即行停止。此外所余净利，提二十五分归中国国家，余归公司自行分给"。又云"此系商人筹借开办"各等语。是商务局因□□□□，既曰息借□□□□□万之款，将来用过若干，即为商务局自用。语意甚含混。又第三条，"调度矿务与开采工程，用人理财各事由福公司总董经理,山西商务局总办会同办理”等语,是因各省精习矿务,不能不订予办理之权,与抵押地产者不同。而犹云会同者,是即商务局总办虽不必精习,尚得有以上各项会办之权。则此外之主权自在也。其第六条所谓“余归公司自行分给”者,系由公司按照矿律,给予应分余利之人。是商务局与福公司均得享有此项办矿所余之利益,而始符转请代办之宗旨也。纵上各条,既无所谓分,安有所谓合。今盛大臣与福公司率定合办铁矿合同,并有续定合办煤矿之议,含糊立案,是故意放弃我山西商务局之主权。实所未解,盖该公司久悉晋铁利薄,晋煤利厚,喧宾夺主,方虑无所借口。适有新订合同,以投其机,铁矿既重订合同,煤矿自不言而为其独办矣,明修暗渡,意将谁欺,且息借之谓何?岂有既出息反不能为主办,必再派股五成,始为合办,始博一附属之名词乎,孰得孰失,固不待智者而决也。查山西商务局系山西各绅商各国民集款建设之公业,因求发达,故借款办矿,因借款,故转请福公司办理,凡以求我商务之利益也,合群国民而求得我政府允准之权利,令一盛大臣而放弃全省之主权,则拟定合办铁矿等议,我山西全省国民,实难承认。况福公司以商务局转请之人,违章反客为主,既失文明国国民之程度,我国民亦请伊大英文明国裁判废约,不再认其办理。为此叩恳大中丞大人代为奏明,请我皇太后、皇上宸吏同断,撤销续立合同,以保我商务局主权、山西省利益,则全省国民感戴鸿德于无既矣。伏祈恩准,代奏施行。

翰林院庶吉士解荣辂[1]、翰林院庶吉士梁善济、吏部学习主事蒯育瓒、江西即用知县刘棉、即用知县马晋、优贡知县崔廷献、拣选知县杨祓田、候选知县七厅教谕段雨田、候选直隶州判刘志詹、屯留县教谕田应璜、闻喜县训导胡瀛、候选教谕刘文炳、太原

① 解荣辂(? —1920),字子仁,号菊村。曾任山西大学堂监督。

府教授吴振铎、候选训导任钟澍、候选训导张友桐，共三百四十三人。

## 照录各学堂学生公禀

照录山西各学堂学生张宝麟公禀。

敬禀者：

窃维富强之基，首在兴矿。而矿权操于己，则兴之，号为正矿；权操于人，则兴之，号为负矿。观英美德日之隆盛，特兰士法、印度、夏威夷之凋谢，可以镜己。

山西僻处北隅，阻山带河，无海湾商港之利以发达商业，所恃以争存于念记中者，惟此数千年蕴蓄未劈之矿产耳。故矿存则山西存，矿亡则山西亡，此理昭著，不可诬也。山西近数十年，荒兵络绎，财力消乏，货弃于地，为谋不臧。光绪二十四年，前部院胡创立山西商务局，后转请福公司办理盂、平、潞、泽与平阳府属之矿，订立合同，大错一铸，利权尽失，是无异陷我网罟，刳我血肉也。夫英人素有以商力横贯世界之念，其攘攫矿权，匪为异闲，独怪商务局诸绅，食晋士菽麦以生，竟忍以生民遗留之产业拱手让人，延敌之罪，百喙何辞？且一省之矿产，实为民之私业，无论士农工商，皆是主人，商务局与福公司私订合同，未经民人允许，愚侮主人极矣，措[厝]火积薪，终必上炎。近闻路矿（大臣）盛（宣怀）与福公司重立合同，将平盂潞泽铁矿主权让与英人，而探悉商务局接福公司来函，又要挟备至，大与原订合同反背，该局如何对付，未能有闻。而推原祸始，非前商务撤尽藩篱，何至有今日虎狼嗥啸之恶况？生等此警言，且愤惧，爰集诸学堂同学，共筹自保，佥谓大中丞关心民膜[瘼]，必能生死人而肉白骨于我山西也，必不忍使十四兆民人，共蹈非奴之故辙也。惟葛藤不断，后患叠滋，久安至计，首在议废合同，合力自办。考合同乃国际私法之交涉，非中国政府与英国政府所订之条约，彼恫喝商务局之主人,即其违背合同之明证。况晋矿素为民有,商务局非民之代表,私定合同,不经民人承认,揆诸国彼国之理,断难垂久。伏乞大中丞,上尊国体,下顺舆情,仿粤汉铁路皖省矿务办法,将商务局与福公司所立合同作废,生等从此应劝捐纳,多设公司,以断他国之觎。仍请大中丞提倡奖励,并饬各属认真筹办。今平定矿山,业经自办,必获巨利,而此事播传,则以后再集巨款,如顺风扬帆,无有难事矣。或持和平主义,令各学生,年终归里,遍告乡人,创立乡约,外人虽出巨价,不售与寸土。福公司开采无地,合同不废自废。生等窃以为无济,盖山西人民贫瘠,茹荼嚼蘖,日犹不给,抱数亩矿山,终岁筹画,冀得善价,一纾积困。一亩值二千钱,此外加至十千钱,必共弃乡约,趋而售之。管子曰,衣食足而知礼节。议立乡约抵制,是犹不知经首之会,侈言割疽也。生等肄业学堂,不应妄有举动,致干例禁,惟此事为身家性命之关键,种族存灭之枢机,苟视若秦越,缄默自安,自问具有天良,乌忍出此?且此时不争,万一商务局再以同蒲铁路私售外人,是桑梓权利,尽归他人掌握,卒业以后,将为驱役,于家无获涓滴之益。用敢不揣冒昧,吁呼于贤父母之前,倘能垂察下意,竭力转图,得达生等之目的,则山西五十万里之区域,不至沦胥;十四兆土著之人民,不归消灭,皆出自大中丞今日之赐矣,不胜迫切待命之至。肃此寸禀。共一千零十四名。

## 奏调人员一折未邀俞允致张允言等函

(光绪三十一年十一月十六日)

允言等阅:

折弁专差等赍回信件均已照收,奏调人员一折未邀俞允。在政府诸公,随意挥洒,不知办事便十分掣肘。山西风气尚未大开,官场能办新政者,甚难其选。筱帅多病畏事,诸事皆成敷衍局面(与定兴等不必言,恐其传闻。数十年交情,因此失欢,似伤友道),如营务处,只一知县办事；学务处，只一本署文票兼办；常备军、续备军则一人兼带两营，若有事故，求一替换之人而不可得；两统领均止守备，余用千、把虚衔；大学堂无监督总理，只以一数习兼之，遂致中西教习互相冲突，教习与学生冲突。我到此一月，风潮已起数次，月初几至罢学而无人过问。我自往调停，乃得安静。陆军小学堂则款尚未筹，地尚未定，教习亦未有人，而学生七十名则已考取，养之贡院无所事事。诸如此类，殊属为难，若不调取人员，我一身万难兼顾。故我意，拟再顶奏。现先致函鹿、徐、荣三公商定，如皆以为不可，则开春以后，我只可设法求退。数十年资望，不犯在山西丢人也！各信汝可阅看，封好亲交军机大臣（先送定兴，看其如何说法，再送两处）。向不愿致人信，可否之处，汝可说明由汝转告，不为定须诸公作答也。

初六日允恺来信，颇有退志，不知何故？岂尚惠臣相待太薄耶？抑同伴有轻视意耶？电言十五起程，确否？其信言同伴均拟不带皮衣，出洋后何以御寒？抑改服毡衣也？允亮中文已成，惜科举已停，不能一试。若回北进学堂，又诸多不便。且京中各学堂课程、风气均不得法。山西大学堂中西两斋，中斋重中学，而科学不全；西斋即李提摩太用赔款所创，教习皆系英人。课程虽无中文，而西学普遍似较他处全备。我意拟令桂宝入堂肄习，不知可否。本有客籍，譬如往外洋游学，惟系巡抚之子，与本省人及属员子弟杂居，易招嫌谤，应否奏明办理？汝见荣、鹿诸公试一商之，能多问当道最好，慰帅亦可，速速。如此事可行，则开正便可与新班同送也。

我在津所要软皮领，至今并未做来，何也？又董表祖（都司，名俊超）昨来信，现无差，仍住济南。曾托潘仲年，无用，求我设法。我与杨莲甫无交，不愿函托，汝能致信一托否？

京官炭敬，我无力致送。替办事之章京，不能不酬应，如华璧臣之类。应否送数十金？汝酌办。年内拟再寄千金作家用，都中当可充裕矣。惟票号之账太多，无时能清结，深可虑也。

冬月十六日谕

## 为同济矿务公司事致盛宣怀并袁世凯电

（光绪三十一年十一月二十日）

据同济矿务公司董道禀，现设泽潞、平盂两分局，泽局拟派杨令荫廷[①]坐办，平局拟派李令佩楷坐办，已如禀由敝处会列尊衔札委矣。奉闻。

## 为晋矿事正拟磋商间哲竟他去致外务部电

（光绪三十一年十一月二十四日）

北京外务部钧鉴：

洪。福公司矿务合同原系晋绅当日在总署所定，此次该公司哲董来晋与商务局绅会议二次，意见未合，正拟磋商间，哲竟他去。现晋绅民公举主事李廷飏、举人刘懋赏为代表，并请咨明大部，已于本月初入都，候该公司有人到京再与妥议。谨代咨明，以答原案。敬。

## 为福公司矿务合同本已大错致外务部陈某电

（光绪三十一年十一月　日）

北京外务部陈鉴：

密。福公司矿务合同本已大错，哲美森尚坚求专办，若不争回则数十万穷民生机立断，故绅民争持甚坚。现哲美森因议不合，业已回京，闻欲至贵署理论。晋省绅民亦公举李主政廷飏、刘举人懋赏月初进京作代表人，至贵署陈诉诸事，乞兄维持。若能挽回则造福无量，不仅弟一人之私感也。一切实情，见李、刘详询可悉。

---

① 杨荫廷，历任广东澄迈、南海等县知县。

# 光绪三十二年丙午(1906)

## 为拟将泉河通判奏请裁缺致四川总督锡良电

（光绪三十二年正月十八日）

清弼尊兄乡大人阁下：

疆索分驰，未亲棨范，祗于笺答往还，徒寄怀思。翘企贤劳，时殷梦毂。敬审起居佳鬯，勋福崇隆，指顾兼圻，允孚祷祝。弟齐疆忝领，短绠滋惭。东省地瘠民贫，馕糈告匮，交涉事件更觉繁难。幸辖境粗安，借纾绮注。昨查有泉郡邑如兖、沂、泰、济等属州县，均隶泉河通判管理，名为官泉，每遇灌田，民间不敢引用。揆其设厅管理之意，不过谓储蓄泉水导入洸、沂、泗，归于运以利粮艘。今则江北之漕全行折色，无粮可运，而汶、洸一带沙与岸齐，积高二三丈不等。是水小则泉不足济运，水大则济运并不在泉，有损于民，无益于济。每年徒耗浚泉经费约数千金。适有人条陈泉河利病前来，复经派员详查，所称情形，均属相同。现当国帑空虚，异常支出，若为便民计，固当去其厉禁，以厚民生。即为军糈计，亦当节此虚縻，借充军馕。思维再四，拟将泉河通判奏请裁缺，泉夫一项名目概行除尽，方免病民。惟水利攸关，究竟有无妨碍，素佩公忠在抱，必能通筹全局，以补时艰。兹将原呈节略录陈台端，用以奉商。是否可行，事关国计民生，尚祈从实训迪，勿吝教益。如以为可，将来会衔入告，即请尊处主稿，免致两歧。可否之处，并望赐示为幸。专肃布臆，敬请勋安。诸惟澄察不戬。乡愚弟张人骏顿首。

附抄陈原呈节略一纸。

(正月十八日发,廿四日到。)

## 鄙恙远承存问致四川总督锡良电

(光绪三十二年二月三十日)

锡清帅鉴:

艳电悉。鄙恙远承存问,感谢!此次因感风温,内蕴湿痰,自耳后以至项际,肿硬蟠结,痛楚异常。现在患处穿溃,日延中西医兼治,尚称得手,请纾廑系。骏。卅。印。

### 附:张曾扬为何日交卸致张人骏电

(光绪三十二年二月十三日)

太原抚台:

晋公约何日交卸?枪事有眉目否?静已函复德使,现在如无妥善办法,后益难矣。奈何!静。元。

### 附:张曾扬致张人骏慰问电

(光绪三十二年二月二十九日)

太原张安帅鉴:

闻公交部请假,想略静养,即可大痊,驰念之至。艳。

### 附:张曾扬致张人骏慰问电

(光绪三十二年四月初二日)

太原张安帅:

晋。清恙大佥,极慰。赵君十三赴汴。静。冬。

### 附：川督锡良为接任豫抚致张人骏贺电

（光绪三十二年四月十八日）

开封张安帅鉴：

欣闻荣任，恭贺鸿禧。尊体想康健胜常，为念。良。巧。

## 承贺愧不敢当复张之洞电

（光绪三十二年四月二十日）

武昌张宫保鉴：

洪。效电敬悉，承贺，愧不敢当。前西遂事起，弹护铁路，端仗鄂军，实深纫感。将来秋操，豫军一协议归南军，一切事宜，尤望随时指示。骏。苛。

（丙午四月廿戌刻发，亥刻到）

### 附：张之洞为荣任大喜致张人骏电

（光绪三十二年四月十九日）

致开封张抚台：

荣任大喜。旧治新猷定卜，措施尽利，舆诵欢欣。敬贺。效。丙午四月十九日申刻发。

## 为拟借精通武备最高者一二员致张之洞电

（光绪三十二年四月二十九日）

武昌张宫保鉴：

洪。豫省陆军虽有步马炮十营，均系陆续编成，既无洋员教练，即学堂出身之员亦不多得，以旧时官弁学习新操，不敢信有把握。秋间会操，隶之南军，诚恐程度太差，致滋贻误。骏本不知兵，且旋车未久，更属无从措手。尊处广储将才，拟借精通武备最高者一二员，迅饬来豫，俾资赞画。二三月后，如能规模稍具，即当奉还，断不久留。

想我公关怀大局,谅必乐于成全。祈电覆为盼。骏。艳。

(丙午四月二十九日戌刻发,闰四月初一日丑刻到)

## 为假武备人员致张之洞电

(光绪三十二年闰四月初九日)

武昌张宫保鉴:

洪。前电请假武备人员,计邀览。秋操为中国名誉所关,豫军非大加整顿,不能合操,亦非借材指授难期追步。所冀邻光分照,俯如所请,不胜企祷。骏。青。

(丙午闰四月初九日未刻发,亥刻到)

## 为借高曾介来豫致张之洞电

(光绪三十二年闰四月十八日)

武昌张宫保鉴:

洪。豫省武备乏才,闻东洋留学高生曾介[1],程度较优,拟调来豫。惟系贵省官费,恳即电饬该生速来为感。并盼复。骏。啸。

(丙午闰四月十八日戌刻发,十九日子刻到)

### 附:张之洞为高生需留资急用复张人骏电

(光绪三十二年闰四月二十一日)

致开封张抚台:

啸电悉。向来各省官费生,专为本省用。高生曾介此次赴东,专为派令学习陆军经理。计学经理者,湖北只此一人。本年

---

① 高曾介(1874—?),被湖广总督张之洞选派官费赴日留学,入成城学校、日本陆军士官学校中华队第一期步兵科,后入日本近卫步兵第四联队做见习士官。毕业回国在湖北新军任职。1906年赴河南新军任职,后回湖北,任督练公所参议。1911年参与武昌首义。

秋操，正苦经理人少，高生需留资急用，万难应命。祈鉴谅。个。
（丙午闰四月二十二日辰刻发）

## 已饬商城令更正复张之洞电

（光绪三十二年五月初三日）

武昌张制台鉴：

洪。冬电敬悉，已札饬商城令从速更正矣。骏。江。

（丙午五月初三日亥刻发，初四日午刻到）

## 铜元归并事复张之洞电

（光绪三十二年五月初六日）

武昌张宫保鉴：

洪。冬电敬悉，伟论宏议，统顾兼筹，读之无任佩仰。前承财政处、户部漾、号两电，业以铜元致弊之由，并参酌豫省情形碍难归并之处，电覆在案。事关要政，一听部、处主裁。惟豫省利害所关，不能不自为计，尚祈鉴谅是幸。骏。鱼。

（丙午五月初六日戌刻发，七日巳刻到）

### 附：张之洞为拟酌量归并铜元铸造局致张人骏袁世凯等急电

（光绪三十二年五月初一日）

急致京财政处、户部、天津袁宫保、江宁周制台、开封张抚台、长沙庞抚台：

洪。号、漾、先三电悉，承示以铜元充斥，各省铸造过多，拟酌量归并，调剂盈虚，令统筹电复，等因。查沿江各省，铜元过多，钱价日低，物价日贵，利少害多，实非严立限制不可。去冬，贵部、处分定各省限制，乃是正办。鄂省曾奏自行限制，不过欲本省随时体察情形而已，并非以任意多铸为然也。然减数而不减局,则工火费用甚不合算,故贵处归并之说,亦是良策。始就湖北省言之。最近者,南则湘省,北则豫省,尚可归并。如鄂省部额,日铸百万;湘、豫部额,各铸三十万。合计每日共铸一百六十万,所得余利,照十六分匀摊,鄂得十分,湘、豫各得三分,似属公允。湘、豫两省,准其派人至鄂省稽察,以昭核实。惟行销地界,必应划定,断不宜任意浸灌。假如鄂湘豫并为一局,则鄂局所铸,不能大批运销出此三省以外,他省应如何归并,听候部处裁定。凡设局之省,有三数省可以流通,已稍有调剂挹注之益,一年以后,钱价当可渐长,物价当可渐平,各局余利,虽断不能如旧日之丰,尚不至于全失。此为最稳、最实之策。若不限铸数,则为害无所底止,尚有何利之可言?不限省界,则以邻为壑,必至因一省而累及各省,似乎不可。至欲定银币为本位,而但以铜元为找零之用。夫找零能用几何?是几于废此铸成之数千万串铜元不用矣。民情既多不便,于库款尤受巨伤。且北五省无论大小贸易,出入皆以钱计。湖北省商贾交易亦大半以钱计。一旦废钱用银,窒碍太多。又若定银铜画一价一节固善。惟地广情殊,事须慎重,一时断难强同。似可待铸造铜元章程定后再议。但湘豫两省,愿如此办否,应请询商湘豫鄂省,不过抒其统筹挽救之管见而已。可否?均听部处与湘豫裁酌。洞。东。

(丙午年五月初二日寅刻发)

## 为豫厂未能归并致张之洞电

(光绪三十二年五月二十八日)

武昌张宫保鉴:

洪。筱电悉。荩谟为豫兼筹,曷胜感佩。昨与司道熟商,佥以前接部电,业将豫厂未能归并情形电复,自应候部主裁,似难遽翻前议。且闻各省覆电,均无主归并之说者。况豫铸铜元,现始推行各厅州县民,闻甫经信用,钱价得以持平,其偏僻村乡,尚有未能普及之处,若骤将本省停铸,改用鄂铸铜元,诚恐民情疑虑,致生阻力。且由鄂运入,道远费巨,多寡迟速,其权不自我操,则周转不灵,官民必将交受其困。纵蒙我公关怀大局,设法补救,倘或荣移节钺,萧规未必曹随,豫省益恐无以支持。此利权所关,不能不各分省界,非故为过虑也。迂拘之见,尚祈谅察为幸。骏。俭。

(丙午五月廿八日酉刻发,廿九日子刻到)

### 附:张之洞为敝处归并湘豫两省铜元局之议复张人骏电

(光绪三十二年五月十七日)

急致开封张抚台:

鱼电悉。豫省利害所关,台端自当为豫省计。惟敝处归并湘、豫两省铜元局之议,意在三省均受其益,非专为鄂计也。三省通力合作,统铸统销,不惟局用省,销路必加畅,盈余必加多,确然无疑。究竟豫省现在每年盈余实有若干,尊意拟一年铸若干,盈余必须有若干,方可敷用。祈确示,以便酌拟办法奉商,或能为豫省代筹一策,以助高深,亦未可知。缘传闻豫省行币似未尽得法也。部议定则难改,切盼速示复。洞。筱。

(丙午五月十七日午刻发)

## 为鄂军防护铁路酌保人数致张之洞电

(光绪三十二年五月二十八日)

武昌张宫保鉴:

洪。有电敬悉。鄂军防护铁路,俾豫军得以专事剿匪,均属著有勤劳。惟检查豫省旧案,奉旨酌保数员者,向系文武共保十员,余皆咨奖。此次出力之员甚多,正恐格于部议,不足以酬劳勋。承示文武可各保十员,系何年有此成案,乞查示,以便仿照办理。骏。俭。

(丙午五月廿八日戌刻发,廿九日子刻到)

## 为速传文武官员衔名致张之洞电

（光绪三十二年六月二十日）

武昌张宫保鉴：

漾、敬两电谨悉。兵、吏二部通行酌保章程已检阅。且有贵省二十四年成案可循，当可仿照办理。贵省拟保文二员、武四员，请速开示衔名，以便附保。骏。廿。

（丙午六月廿日巳刻发，戌刻到）

## 为豫军十五日运完致张之洞电

（光绪三十二年八月十四日）

急。武昌张香帅鉴：

豫省陆军，初十开拔即值大雨，军队冒雨忍饥赶行。十三日戌刻到郑，雨仍不止，辎重车阻泥淖中，十三夜仍未到郑。车站言，自十三亥刻起运豫省军队、车辆，仅十四日运完，十五日开往汉口，等语。现车未到齐，军装多缺，十四难于全运。已电达唐大臣，仍照原议于十五日运完，再赴汉候运鄂军，以免延误。即请转饬张统制知照。骏。寒。

（丙午八月十四日戌刻发，十五日子刻到）

## 为豫军行期致张之洞电

（光绪三十二年八月十六日）

张香帅鉴：

洪。咸电悉。前接唐大臣来电，十四、十五两日输送豫军，十六日起，京旗、北洋、鄂军南北路同时并运，已商定练兵处，等语。昨郑车站忽有仅十四日一天运豫军之言，辎车因雨未到，且与原电不符，故电告唐大臣及尊处。现唐大臣已允照原议办理，并未牵动鄂军行期，请纾廑系。骏。谏。

（丙午八月十六日戌刻发，十七日未刻到）

## 为查验留学生卢一士事致张之洞急电

（光绪三十二年八月十七日）

武昌张宫保鉴：

洪。昨有留东毕业、湖北德安学生卢一士亲持杨钦使咨文来投。查验来咨，系将给送尊处之文挖补割换，追验文凭，盖有湖北学务处验戳。何以不将前咨呈递，行迹殊属可疑。恳饬查该生有无别项事故，亟盼电覆，以凭核办。骏。筱。

（丙午八月十七日戌刻发，十八日戌刻到）

### 附：张之洞为卢一士查系湖北自费生致张人骏电

（光绪三十二年九月初七日）

致开封张抚台鉴：

卢一士查系湖北自费生，并非官派游学，时亦未请给咨文，惟回鄂时曾来学务处呈验文凭，不过谋求差委。该处以未悉其人，亦未派事。现既查知其行迹荒谬，希酌核办理。阳。

（丙午九月初七日巳刻发）

## 为陈侍郎先赴奉天复四川总督锡良电

（光绪三十二年九月初八日）

锡清帅鉴：

洪、阳电敬悉。陈侍郎[1]考察币厂，闻先赴奉天，继赴东南西北省，最后到豫。至接收情形，见东牍谅即咨达。骏。庚。

---

① 陈璧(1852—1928)，字玉苍、佩苍，晚号苏斋。曾任邮传部尚书。

## 附:四川总督锡良为陈侍郎是否先到贵省致河南巡抚张人骏电

（光绪三十二年九月初七日）

开封张安帅鉴:

洪。陈侍郎考查各省造币分厂,是否先到贵省?如何考查及接收情形,敬祈详示为祷。阳。

## 为豫省土税致四川总督锡良电

（光绪三十二年九月二十日）

锡清帅鉴:

洪。筱电悉。患豫省土税,凡城厢大镇,土行患并为公行。回乡小集镇设分行,均取保结给照。零土酌限发票,图土验存,销时始税。豫省产土约五十余,州县现共设总、分卡三十处,浆土系以五成七折报,稀五成十足征收。余飞函详达。骏。号。

## 为厘定外省官制致袁世凯张之洞电

（光绪三十二年九月二十四日）

天津袁宫保、武昌张宫保鉴:

洪。昨奉厘定官制、大臣电询改订外省官制各节,尊意有无异同,如何拟复?请先开示大旨。骏。迥。

（丙午九月廿四日戌刻发,廿五日子刻到）

## 致厘定官制大臣电

（光绪三十二年十月初八日）

厘定官制大臣钧鉴:

效电敬悉。承示酌改中省官制,宏献伟略,钦佩良深。

州县地广政繁,自应添官佐理。惟添官必先增费,非厚给俸糈,优予公费,不能责其洁己奉公。今每县添财赋、巡警、教育、监狱、农工商佐官五员，审判厅官一员，谳局区官约四员，共十员。即以河南一省而论，计一百七厅佐州县，应添一千七十员。各员职掌繁简不一，岁给多寡不同，姑以每员二千两核算，每年即增费二百一十余万。此外尚有省城新设丞参曹佐、高等审判厅、各府州县议员董员，以及新添各官应增人役，审判厅局应设衙署，监狱应添巡警，各巡警分置曹佐，一切经费概不在内。豫省州县有余者十之一，仅足者十之五六，不足者十之三四，各缺平羡。历次酌提归公，所余无几，总使锱铢悉索，酌剂匀摊，杯水车薪，于事无济。若仍如丞典旧制，每员岁给廉俸数十金，则禄薄不足以养廉。多一官多一需索，其弊更甚于书差，于地方不惟无益而有损矣。此项新增之费为数甚巨，取之于公，则空虚之余无此财力；取之于民，则宪法未备，民智未开，苛敛适以召乱。是酌改官制非先筹费不可。此外千条万绪，利病甚多，今姑举其大者。

亲民之官骤增十倍，员数逾千，一省之官几不足一省之用，滥任则偾事，简选则财难，虽欲造就甄陶，亦非旦夕可得。此一难也。

向来民间上控，由府而道而司而院，均许吁诉。遇有冤滞，道府均可就近提审平反。近地方审判官一鞫不服，必赴省高等审判厅上控，此外无控诉之门。各属审判官贤否勤惰，仅恃高等审判官一人为之考核，其余督抚司道均无干涉裁判之权，无从过问。民间难于上诉，则远道老幼恐有含冤莫伸；上官疏于稽察，则属吏鬻狱舞文，谁为摘发？况词讼与地方庶政无一不相关涉，合之则脉络贯通，分之则权限易紊。州县不司裁判，则与民日疏；疆吏不管刑名，则政权不一。若文武因案革审，民间指控县官，又应归何处审办？此二难也。

中国一省之大，等于泰西一国。外交、内政、理财、治军已不胜其烦，再加以近日新政，如学务、巡警、农工商矿诸务，尤为繁赜，固非京师每部专管一事者可比，亦与奉、吉边省土旷人稀者不同，更与外国之治属地视为异种，但以兵威镇乱敛财者迥别。向来一省庶政，司道局所分其任，督抚总其成，重且要者督抚治之，寻常者司、道、局、所治之。要事直决径行，本不拘平承；例案多一稽核，似不厌其周详。督抚权不下侵,司道责无可卸,彼此有匡助之益,无搀越之嫌,故能上下相维,各尽其职。今合司院所掌于一署,彼此同画一稿,似觉权限不轻,轻重无别。督抚既为总理,则辅佐之藩、臬、道皆有所禀承,虽各掌一门,而既有总理在前,则佐司转轻责任。督抚一人精力有限,事无巨细,似难综核靡遗。即以画稿而论,向由司道分核办理者,今皆须督抚画诺,簿书填委,画千百之稿,已虞不给,迄问其他。才愚者必致丛挫贻讥;刚愎者难免师心自用。一有贻误,互相推诿,各思迴护。欲专责成而转无责成,欲不废弛而转多废弛。此三难也。

其余详细节目,此时未睹全章,无从揣议。窃谓此事关系重大,现当议办之始,筹度不妨审详,或于繁富及贫瘠之区各择一省,先行试办。如无窒碍,各省再依次推行,似尚有把握。管窥之见,撮要上陈,用备采择。是否有当,伏候卓裁。骏。

## 附:厘定官制大臣致各省督抚通电

(光绪三十二年九月十九日)

现遵谕旨,厘定官制为立宪预备。各省官制自应参仿京部官制,妥为厘定。亲民之职,古今中外皆所最重。我朝承明制,管官官多,管民官少,州县以上府道司院层层钤制,而以州县一人萃地方百务于其身,又无分曹为佐,遂致假手幕宾,寄权书役,坏吏治、酿祸乱皆由于此。今拟仿汉、唐县分数级之制,分地方为三等:甲等曰府,乙等曰州,丙等曰县。令现设知府解所属州县,专治附郭县事,仍称知府,从四品,其原设首县即行裁撤。直隶州知州、直隶厅抚民同知均不管属县,与散州知州统称知州,正五品。直隶厅抚民通判及知县统称知县,从五品。每府、州、县各设六品至九品官,分掌财赋、巡警、教育、监狱、农工商及庶务,同集一署办公。别设地方审判厅,置审判官,受理诉讼;并画府州县各分数区,每区设谳局一所,置审判官,受理细故诉讼,不服者方准上控于地方审判厅。每府州县各设议事会,由人民选举议会，公议本府州县应办之事。并设董事会，由人民选举会员，辅助地方官，办理议事会所议决之事。俟府州县议事会及董事会成立后，再推广设城镇乡各议事会、各董事会及城镇乡长等自治机关，以上均受地方官监督。仍留各巡道，监督各府州县，宜体察情形并按地方广狭、属县多寡，酌录增减，并分置曹佐。以上办法，由各省督抚酌量推行。

至省城院司各官，现拟有两层办法。欧洲各国本土，鲜如中国之广。英之属地如加拿大、澳洲及美国各省，均设总督，略如中行省。其民政、财政等官，皆为总督僚属，与唐初益州、夔州诸道尚书行台分设子部，元行省设平章丞参，明布政司设左右布政、参政、参议者相合。大要汇公牍于一署，则去承转之繁多，省批详之重叠，事可会商即决，最有益于治。拟仿我朝各边省将军衙署分设户礼兵刑工各司、粮饷各处办法，合院司所掌于一署，名之曰行省衙门，督抚总理本衙门政务，略如各部尚书。藩臬两司，略如部丞。其下参酌京部官制，合并藩臬以外司道局所，分设各司，酌设官，略如参议者领之。以下分设各曹，置五品至九品官分掌之。每督抚率同属官定时入署，事关急速者即可决议施行，疑难者亦可悉心商榷；一稿同画，不必彼此移送申详。各府州县公牍直达于省，由省径行府州县。每省各设高等审判厅，置省审判官，受理上控案件。行政、司法各有专职，文牍简壹，机关灵通，与立宪国官制最为相近。此为第一层办法。

其次，则以督抚径管外务、军政，兼监督一切行政、司法；以布政司管民政，兼管农工商；以按察司专管司法上之行政，监督高等审判厅；另设财政司，专管财政，兼管交通事务。秩视运使，均酌设属官佐理一切。此外，学、盐、粮、关、河各司道，仍旧制。以上司道均按主管事务，禀承督抚办理，并监督各该局所。此系按照现行官制量为变通，以专责成而清权限。此为第二层办法。

执事久莅封疆，外台利病皆所稔悉。此次厘定官制，关系颇重,究竟此时程度以何者为宜,务请迅赐电复,无任祈祷。厘定官制大臣。效。

## 为暂留费道纯复四川总督锡良电

(光绪三十二年十月二十七日)

锡清帅鉴:

洪。马电敬悉。豫省我公旧治,道员班内人才,亦公所稔知。刻下吴道葑已饬赴任,胡道翔林忽以忧去,韩道国钧又调奉天,一切相需,于费道[1]尤萦维意切。路政极知重要,蜀地素多才士,或尚不乏替人。该道现赴宜昌,如局事一有规模,祈公饬速行汴,借贤臂助。诸求曲谅,感启殊殷。骏。感。

### 附:四川总督锡良为挽留费道纯致张人骏电

(光绪三十二年十月二十日)

开封张安帅鉴:

洪。川省铁路在宜昌设局,会筹开办,前经绅民公举费道纯为绅总办。兹据胡绅峻[2]等来言,闻费道有留汴之说,恳即电商台端,等情。查该道本系汴员,宜应留效。惟川绅中如该道之开通而又朴实可靠者,实难其选。路政至为重要,以我公殷怀大局,必予玉成。谨此商恳,务祈允赐见让,以全要举而孚舆情。无任盼祷。个。

---

① 费道纯(? —1908),字竹心。光绪十五年(1889)进士。光绪三十四年(1908)一月,由邮传部奏请任川汉铁路公司第一任总理。费道纯和勘测队员一起餐风宿露,为川汉铁路宜昌至秭归段最后勘定线路。七月,勘测兴山路段时在里村坪染病暴卒。

② 胡峻(1869—1909),字雨岚。历任川汉铁路绅办总理、四川教育总会会长。

## 韩国钧奏留未准致张允言等函

（光绪三十二年十一月初四日）

允言等阅：

接汝与允高书，知前令李明远所带信件均已交到。我近日身子尚好，惟允高又去，殊觉不便耳。都中消息，我处太不灵通，以后如有新事，汝等可详细写来。往往有寻常之事，司通等皆传遍，而我尚以为新闻，岂不可笑?！译学馆试卷虽经学部复阅，然已将近一月，何至尚未看完？桂林[①]初次取第二，复试似不至遗落。况数人同考，似无一人不取之理。今日达官动欲规权西法，而积压迟缓之旧习不能变，则无论如何，变法亦变不到是处耳！

聪姑[②]喜事一切顺利，闻之甚慰，三爷[③]之处替我道喜。惟引姑[④]亲事至今杳然，而年纪日大，吾甚念之，汝等务宜着意。我处此地位，实无从张罗也，至要！至要！

带银针貂褂我颇思购，惟八百价太昂，五六数如何？可与大兴议之。小毛者已有，不必买。

八儿事如何？曾公使想定进京。昨复儿[⑤]来书则谓曾为人太新，恐允恺难与相处，不知何指？汝等可与允恺商明，如不能相安，只可回来再议。惟川资太昂，或须另筹寄耳。

喻太史所托项令事，以后遇有机缘，当为设法。调补须合例，不能随意。到此半年，尚未调补过一人也。胡海帆[⑥]想汝已吊过，不知

---

① 张允亮乳名。

② 张韵梅，张人骏堂妹、张铨之女。

③ 张人骏三叔张铨。

④ 张韵芬。

⑤ 张允方乳名。

⑥ 胡朔林。

其尚回河南开吊否?京中如已送礼,此间不必再送,来信可告我。

近日吴阒生赴任,韩国钧奏留未准。费道回川(丁忧回籍),锡清弼亦欲留办铁路,昨与电商,未知能见让否。其余后补道尚有二十余人,而可用实寥寥。即吴方城亦不足资辅佐,余更逊吴多矣。鼎臣、叔江抚袁大化不知如何?若又不得力,则受累无穷矣。

十一月初四日谕

## 为请札汉关道发购枪护照致张之洞电

(光绪三十二年十一月初八日)

武昌张宫保鉴:

前敝省派员赴粤礼和洋行,购买枪码,业经咨请札汉关道发给护照。兹再电再请札该道,并给准单,为荷。骏。齐。

(丙午十一月初八日申刻发,亥刻到)

## 为鸡公山主权致张之洞电

(光绪三十二年十一月十六日)

武昌张制台鉴:

辰。洋人在鸡公山建屋一案,筱帅[①]曾经咨达,未奉赐复。顷派员诣该山查勘,各国教士、洋商造屋较前愈多。该教士自知违约,借领事为推辞,豫省拟派员赴汉,与英美各领事据约磋商。该洋人建屋之地,有隶应山[②]境者,闻尊处已委员诣勘。案关交涉,应如何妥筹办理,以杜后患,卓见必有主裁,希电示,俾有遵循。骏。铣。

(丙午十一月十六日亥刻发,十七日未刻到)

---

① 陈夔龙,前任河南巡抚。

② 湖北省应山县(现湖北省广水市应山区)。

## 细询严伯玉之为人致张允言等函

（光绪三十二年十一月初九日）

允言等阅：

初五交差并带去一信，计已收到。昨接全甥①来电，言初六日赴沪，候允高同行。路上既有此伴，一切方便多矣。

尚惠臣如能晤面，可细询严伯玉②（名璩）之为人。若办交涉，能否胜折冲之任？前在彰德见铁尚书③，曾与商量拟调来豫。据铁尚书说，政治馆欲用其人，未必肯放，因遂中止。现奏留韩道未允，而豫省无一能办洋务之人，以致鸡公山一事大错已成，为豫省留一大害。现拟先委一人，暂接韩手。如能挽回则已，否则不能不向他处调人。盖关系太巨也。

昨所言大兴永貂褂，不知是皮统，抑已成做者。来信未言明，则价值难定。即使是统子，若年分大久，亦不足取。银针貂若与朝会可服否？须问明为妙。若不能作正经衣服，则犯不着买。从前大兴永所购中毛貂褂并未多穿，而两袖口及左袖底毛锋几乎脱落殆尽。左手不甚着力，何以较右手为甚？不可解。想亦由皮统太陈所致，可留意。

冬至夜。

速购毡里小缎帽一顶，交此次折差带回。

初九日

---

① 邵雅全(1878—1933)，字伯完，号幼实。邵积诚之子、张人骏外甥。

② 严璩(1874—1942)，字伯玉，严复长子。早年游学英国，回国后任广东省电政监督、驻法国使馆参赞。宣统元年(1909)，任福建财政监理。民国成立后，历任长芦盐运使、财政部参事、公债司司长、财政部次长、盐务署署长兼盐务稽查总所总办、财政部部长、司法部总务司司长。

③ 铁良(1863—1938)，字宝臣。曾任陆军部尚书。

## 山东曹匪及鸡公山两事颇费手耳致张允言等函

（光绪三十二年十一月二十一日）

允言等阅：

折弁回。接来禀得悉一切。严伯玉此时尚在京否？前在彰德与铁尚书商量，铁云政治馆欲用之，恐不能调，故遂中止。汝可打听究竟，渠已有事否。

银针褂质地颇佳。惟究系故衣，胸间及背已有小损，大兴永索价太昂。且贵重之品，常服可惜；不服则压置箱底，亦殊无谓。故购否我尚未定。若其价能大减，则亦勉强购之。否则下次折差带回也。

鼎臣二十交卸即行，临行时强欲拜认师生。我未保过他，虽两次同官，为日不久，断无受理。不得已，与之换帖。汝以后与往来，须以叔礼待之。

慰帅因改官制一事，颇犯众怒。兵权一撤，将来如何办事？且恐谗忌者多，难保无意外之事，深可虑。现在情形如何？有所闻随时告我。礼乐征伐乃天子之事，非臣下所宜强预。慰帅正坐读书太少耳。

引姑亲事务宜留意，遇有相宜者，即早议定。年纪已长，不能从容苛择。可告知三叔祖弗太坚执，将来后悔无及。且凡人皆有命在，岂能勉强耶！

豫境近尚安靖，惟山东曹匪及鸡公山两事，颇费手耳。

久无雪天甚暖，都中闻已严寒矣。上次所带盐水鸭甚好，可带三四只来。

十一月廿一日谕

## 为鸡公山主权拟按照约章致张之洞电

（光绪三十二年十一月二十二日）

武昌张制台鉴：

辰。效电悉。鸡公山洋房，如照庐山办法[1]买回出租，事虽易了，但庐山地属九江，向系通商口岸，与豫省情形不同。且闻彼处洋人占地日广，至今尚多纠葛。豫居内地，非通商省份，教士购地转卖洋商建房避暑，均属大违条约，若出重价购回，无论豫省一时无此财力，诚恐外人纷纷效尤，更将何所底止？鄙意如能按照约章，令该洋商撤房，该教士将地亩退还，较为妥协。明知着手不易，似未便将错就错，以失主权、国体。尊意如何，仍祈指示。骏。养。

（丙午十一月廿二日戌刻发，廿三日酉刻到）

## 畿辅顺直两学堂嘱捐学费致张允言等函

（光绪三十二年十一月二十二日）

允言等阅：

前接畿辅、顺直两学堂公函，嘱捐学费。数月来，因用度不敷，未能早筹。兹寄去千金，即由汝等酌量分送。或捐数一样，或稍分多寡均可（三、四、五百均可），当看情形办理。办理无条理者，不必多捐。复信亦缮就，银数未填，俟汝等酌定后，填好送去。其数目能打听他省（如湖北、浙江）多少，仿办为妥。如有余，即留作家用。度岁之款，

---

① 据《庐山志》："庐山之牯牛岭、长冲等处公地，因前清德化县举人万和赓等立契，盗卖与英商李德立造屋。地方绅耆查知，控阻，饬缓兴造，不听，以致地方人民拆毁木棚等物。经前清饶九道督饬县委劝令退还，一面拘盗卖之人讯办。旋接总理衙门来电，英使催办速结……"光绪二十一年（1895）十一月十六日，九江县判决允许李德立"租借"长冲999年，年租金12千文，且当局要向李德立赔偿英洋4115元，其他地方如女儿城、牯牛岭等地则不予"租借"，在押犯万和赓等被释放。

月初当汇寄也。

十一月廿二日谕

## 运枪委员尚未奉到护照致张之洞电

(光绪三十二年十一月二十四日)

武昌张宫保鉴:

豫省在粤礼和洋行购枪并弹,已运到汉。前经咨请札饬关道发给护照准单,并电咨在案。现据运枪委员电称,尚未奉到护照,祈速札饬发给,领凭速运。祷切。骏。敬。

(丙午十一月廿四日酉刻发,廿五日子刻到)

## 银针褂价太大致张允言等函

(光绪三十二年十二月初二日)

允言等阅:

折弁回。接廿七日来禀,得悉一切。此信既无图章又不封口,何仓卒乃尔?未免粗心!汝纵事多,四五[①]二人有何公忙?竟数月不见他们一字,而终年受我供应,苟有人心,自问何以过得去?可传我话问之,令其斟酌主意复我。若明年仍是如此,我不须有此等子侄。当令其自立门户,我不愿作此等牛马也。渠等功名皆已有成,皆我之力,亦算对得住他们了。

银针褂价太大,大兴永即不肯让价,兹托衍庆之观察带回,可照收即付还之。用度日内即寄,然皆我心血换来,而养此全无心肝之人,可恨!可恨!

腊月初二日谕

① 张允厘、张允方。

## 兹由大德恒汇去京足银贰千两致张允言等函

（光绪三十二年十二月初六日）

允言等阅：

昨托衍庆之观察寄回貂褂，计已送到。兹由大德恒汇去京足银贰千两，即照收。

腊月初六日谕

## 都中用度日趋繁费致张允言等函

（光绪三十二年十二月初七日）

允言等阅：

两次折差及初一邮寄信、搢绅盐鸭、丸药均已收到。带来各账，我虽无暇细看，然已得其大略。则都中用度日趋繁费，皆汝等不知艰难所致。姑指出数端，汝等细思之。从前我在京时，开水皆出自厨房，今署中亦仅一茶炉，而京寓内外茶灶设至三处。署中所点洋油，每月不过三箱；而京寓每月竟点至七箱半，灯油尚不在内。饭菜早晚竟开至十八桌，比署中多至三分之一。此不独形其奢费，亦可见弟兄妯娌之不能和洽。今尚仰给于我，而已露此分爨气象（引我最动心之事），他日尚可问乎？聪姑喜事，此间寄去各物，似亦不至十分恶劣。而帐中无一不是另购，岂带去者皆不可用耶？以此类推，靡费尚何待言！我到河南后寄京之款，络续已万余金矣，此缺不为不优，而票号之累至今未清。设另调他缺或转京秩，不知何以过去。思之，殊为可虑！汝等曾亦念及否耶！九儿捐官之款，尚余五百金，可抵此次喜事所短之五百金。昨寄捐学堂之款（顺天学堂如有名无实，则不必捐），如送三四百金，则又可余六七百。昨由大德恒寄去贰千金，迟日拟再寄千金。有此数目，则今日以前旧欠之款，及应付各项，当可扫数清结，以后不准再言旧欠。汝伯母及允襄之事，八月前即以此款为言，故多寄千金。今来信又提此款，岂前次并未还耶？照来帐算，每年用度及活支款,不过七千余金。而我所寄者,已往往不止此数。汝之所贴入用度者,均归何处?现在汝三人皆有薪水,虽有多寡之别,然亦各宜提出一半贴补用度,岂能全累我一人?若止欲独善其身,则以后京中用度,我亦可以不管。接此信后,汝等三人可即核算。自正月起,每月用度共须若干,汝等认几成,我认几成,以便按月寄去。用度以外,凡我所用,另帐归我清算,免得一笔糊涂帐,纠缠不清。此层必明白登复,不得空言搪塞。即如给二女[①]之二百金,我系另给,亦拉入用度帐,何也?我转瞬六十二岁矣,汝等弗视为金山铜穴。各宜猛醒,早图自立也。

此间两月无雪,天气不时。署中大小,自月杪起,几于无人不病。汝母稍重,与我均至今未愈。我尚须勉强应做钦差,不能稍息,老年人实觉不耐。椒林[②]本未经事,且有功课,不能责令管琐事也。九儿二十到东京,至今无信。顾氏兄弟[③]初四始到,可谓性缓。幸郑处已为借定住屋,否则匆促极矣。

貂褂虽愿买,无如款太巨,一时难筹,稍缓再议。虎皮可买,但须是真者,宜细看有无虫蚀为要。

昨来一本家名锡纯,言是儒二爷[④]之子。渠云在巡警学堂毕业,五儿为谋警长而未得,故来寻我。不知渠系近族,例在回避之列,我岂能派事?汝等可在天津京城等为图一事最妙。迟数日当遣令回去也。

此间近日所购橙桔之类,较京中带来似尚胜,绿萝卜亦有好者。年内水果可不必带,如有所需,当写信与汝等。严伯玉不知已得何差,薪水若干?便中询明。河南局面小,薪水不能太丰。汝与晤时,

---

① 张允龢,张人骏次女。

② 张允靖,张人骏幼子。

③ 似指张允言之妻弟。

④ 张佩绩,张人骏族叔。

不可说得太结实。前欲速用之，实以鸡公山之事。现在与湖北商定合办，彼处当有交涉好手。惟本省能自有一人方便，故颇欲调之。而不能不踌躇者，则薪水太大，不易安插也。陈玉苍[①]言，银行将设丞缺。不知已有定议否？袁杏南[②]颇有营混子神气，将来不知共事如何。此间无悉其为人者。

译学馆年假闻止十余日，则桂林似不能冒寒往来。不知渠同寓者，陶世兄外尚有何人？似不能全由我处任其费用。来禀谓渠一人住京，竟可抵三媳[③]及二女两房用度，何至如是之费耶？

腊月初七日谕

昨接一讣文，系通政司经历钱莨庵。我素不认得此人，见启中有善医之说，或京寓曾延其诊治病症？即酌送十金、十二金奠分，否则不理。

胡云翁[④]奠礼，京中想已送过。将来此间即不再送。

## 马积生等所开六河沟煤矿煤质甚佳致张允言等函

（光绪三十二年十二月初八日）

允言等阅：

昨交折差及西号带去银信，想均收到矣。马积生[⑤]等所开煤矿，离城数十里。到过其地者，实无多人，故知其内中情形者甚少。昨电止能略述大概。据韩道国钧言，张矿师（现不在省）从前经盛杏生令

---

① 陈璧。

② 袁大化（1851—1935），字杏南。历任山东按察使、河南布政使、山东巡抚、江西巡抚、新疆巡抚等。

③ 田氏，张允襄妻。

④ 胡燏棻。

⑤ 马吉樟（1859—1931），字积生，号子诚，张人骏好友马丕瑶次子。曾任翰林院编修、日讲起居注官、河北按察使等。辛亥革命后，任湖北提法使、总统府秘书等职。

其勘过,煤质甚佳。此番在河北勘矿,因已去过遂未复往。惟闻其办理不甚得法,故仅一峒出煤。所包火车,所用之数尚不能敷。前在彰德时,问过岑守,则有鸡窝煤之说,言恐不能甚旺。小铁路系购自泰来行者,因无现款,系赊账分年还款。因此讹传有外人股分,前商部尚未查过。闻现已安设前后,所费闻已用卅余万。马积生兄弟及顾渔溪虽亦入股,并非现款。马子明[①]一人经理其事,却未能十分切实以此。能否兴旺,实难预卜。但使煤质果佳,则机器铁路等项,决不止十万数,总可相抵。惟张矿师之言,未知可凭否耳。河南风气不开,而此矿实为发端之始(现在河内靳姓所开者较此为优),廿八九年开办时,我亦耸其成,故深望其兴望。惟十万巨款,汝之责任非轻,不能不加审慎。我意不如由银行遣一妥人,前往查明,似较传闻为确。可与同人酌之。

允亮来信,言译学馆十五放假,渠似可来汴度岁。惟隆冬上道,我不甚放心,而汝母则极思见之,不知都寓有人同来否?我已大愈,汝母虽好,而夜间仍有时大咳气,体尚未复元,余人则均愈矣。一冬少雪,至有此等时症。前今两日得小雨,未始无益。此时天气沉阴,似有雪意。闻都中亦旱,汝等及小儿辈,一切均须留意。

《钱牧斋诗》一本(止一本,草订小字本),似已带回京。捡出寄来。

腊月十四日谕

## 刻交日升昌寄去纹银致张允言等函

(光绪三十二年十二月十五日)

允言等阅:

刻交日升昌寄去京纹壹千五百两。以千金归家用,五百金存好,候我拨用。下次折差去,当有信也。

---

① 马吉森(1857—1912),字子明,马丕瑶长子。一生创办了不少厂矿,如安阳六河沟煤矿、安阳广益纱厂(今安阳豫北棉纺织厂前身)。

刘三姻叔送年敬卅两。

腊月十五日。

猞猁马褂太长，不能穿。此间无好毛匠，不能改，带回可交太兴永一做，尺寸照另单属。令改做时，花纹必须拼合式，不可随便。即配月白缎里子，专作反穿。白狐出风时价太贵，此系反穿，不出风似亦无不可，酌之。又银针海龙袖头嫌太小，能照式拼大最好，切不可上颜色。如不能配，能改作领子二条亦可。又，旧海龙袖头，可择未秃者，改成领子做软胎者（见锡之等皆有，平时带之尚适意）。以上各件，均不等用，因便带去，可缓缓办之。

## 为京汉铁路占用民地丁漕致张之洞电

（光绪三十二年十二月十五日）

武昌张宫保鉴：

洪。京汉铁路占用民地丁漕，州县多主请豁，而部章应归公司包完赋额，所关自是正办。前电询直隶，尚无一定办法。粮久虚悬，殊多窒碍。鄂省究应如何办理，公老谋硕画，幸赐教以归一律。乞示复。骏。咸。

（丙午年十二月十五日戌刻发，十六日子刻到）

## 京中用度繁费非意料所及致张允言等函

（光绪三十二年十二月二十一日）

允言等阅：

折差及快班两信均收到。京中用度繁费，非意料所及。来禀所述，颇多不实，不尽我无暇细辨。姑将我到河南后所寄之款开单寄去，汝等细算之。前后所寄已及一万八千金，除买房、喜事、允高捐官、学堂捐寄、允恺与二女及留拨等款外，其余无甚巨款，要亦不足千金。都寓所用，总在万金以外。汝之贴入用度者，尚不在内。试问此岂能持久之道乎？署中人数，总较都寓为多，而所用尚不至此。幸此缺稍丰,尚然如此,若仍在山西,如何过去?我从前当京官时,人口亦未必少于此时,其时每年不过二千余金。今即物价略昂,应酬较大,亦何至悬殊如此?我当时每年入款不过数百金,而一家数十口皆我养赡。今汝等所入皆多于我,而无一事不仰给于我,此何理也!若果添制衣履、积蓄私囊,情尚可恕。今观帐中,如每月洋油用至七箱半、茶炉设至三处。以此类推,浪费之处,不知凡几。若不趁早撙节,后将何以为继?即如郑保九等(郑家甚俭省),终年住在我处,则家常饭菜,汝等与同桌而食,亦何不可?与他人之暂时来京者不同,何必顿顿盛设乎?

兹寄去刘博泉、陈三舅、陆伯葵三信,内皆致送炭敬。可在留拨款内开票(数目查信内附张即得),封入送去。刘三姻叔送酬金。其余有无应送者,由汝酌量。当道诸公似不便也。顾康民处替我写唁其世兄信,并致赙五十金。庆邸[1]正寿,不能不应酬,汝可酌量预备,但须打听他省如何,若化钱而惹闲话,亦犯不着。

徐佐尧作官尚好,因洋人在信阳偷购地段造屋,误出税契事,英领事有所借口,不得已劾其暂行革职。若能将地争回,以随同力争为说,当与原案开复。此时不能与差。见花浓时,可略告其故。

此间今日微雪即止。闻都中得雪亦止寸余,明年温气亦可虑也。锡纯叔已予信托洪翰香设法,异其在津投效,不知有成否?

腊月二十一日谕

刻接电,知允亮因出疹,不能来汴,甚念。此症最忌风吹,现在天气正寒,即复原后,亦宜多避些时,弗早出。衣服被褥要暖,房亦不可过冷。又最忌荤菜,忌口总须月余。黄瓜、韭菜等须忌过一百天。最好专吃素菜。又最忌看书。

桂林性喜读书,无事即翻书本,于此症最不相宜。稍不谨慎,将

---

① 奕劻(1836—1918)。光绪二十年(1894)晋爵庆亲王,曾任首席军机大臣、内阁总理大臣等。

来两目必受伤。汝等须设法防之。老许精神如何？能令其搬入房中同住最好。渠老年人经事多，必能细意照料。再，此症非四五十日不能复元，正月开馆时只可为请病假，俟二月半后再上课。弗勉强前去，千万！千万！

廿一日又谕

日升昌（皆到河南所寄）

闰月初九日寄一千五百两。

七月初六日寄二千两（因购屋寄）。

腊月十五日寄一千五百两（内五百候拨用）。

大德通

闰月十七日寄一千五百两（有给二女二百）。

九月十六日寄一千五百两（有允恺五百）。

廿二日寄二千两（允高捐官用一千四百余）。

协成乾

七月初六日寄二千两（购屋价未全付应有存者）。

廿七日寄二千两。

八月二十日寄一千两（因喜事寄）。

十一月廿二日寄一千两（因学堂捐）。

大德恒

十二月初六日寄二千两。

共一万八千两。

# 光绪三十三年丁未(1907)

## 为已饬费道迅期回宜复锡良电

(光绪三十三年正月十二日)

锡清帅鉴:

洪。庚电敬悉。费道既有经手款目亟待清核,路政又关重要,已遵饬该道迅期回宜矣。骏。文。

### 附:四川总督锡良为饬回费道致张人骏电

(光绪三十三年正月初八日)

开封张安帅鉴:

洪。前承慨允费道暂留宜昌,经理路政,同深感纫。兹该公司总办胡绅已出洋考察回省,亟须调查财政。费道在宜经手款目,专候清核计议。务祈台端迅饬回宜。至盼至恳。庚。

## 驻德公使不知究更动否致张允言等函

(光绪三十三年正月十五日)

昨有贺函名锡璋,兹将复信寄去,可并年敬四十金送去(贺信年前寄京,想已送)。葛、张诸公应送若干,由汝酌定。

桂弟初十信言尚忌口避风,不知十六能上学否?或未复元,似不必勉强!我甚不放心!如已入学,倘觉不能耐劳,请假调理亦可。

驻德公使不知究更动否？如易慕韩[1]，则允恺当可蝉联。鞠人[2]何以忽有出督之信？岂次山[3]办理不妥？抑吉、黑亦将另设总督耶？允方如愿远行，与之同去，借资历练，亦无不可。民政易人，差亦未必定能进步。

锡纯叔在我处，言并无奢望。其在京时如何情形？吾乡人好作大言，未可尽信以为真耳。

正月十五日谕

## 兹交协成乾汇去纹银致张允言等函

（光绪三十三年正月二十三日）

允言等阅：

十八日来禀，已收到。兹交协成乾汇去京足银壹千叁百两，以备送邸礼及归还年敬之款。余另详。

廿三日谕

## 闻桂林已赴译馆致张允言等函

（光绪三十三年正月二十三日）

允言等阅：

十八日来禀收到。闻桂林已赴译馆，身体照常，甚慰。俄文不如英法通行，故前欲令其改习。即监督不肯改，只可从之。好在桂林英文已稍有门径，家中又有习英文之人，将来补习亦是易事。且进译学馆，原为毕业后可入大学堂起见，并不打算将来作翻译。况俄与我国处处接壤，以后交涉日多。现虽为日所败，势稍不振，然大国难测，不得因目前胜败，即作为优劣定局。如果西北有事，则俄文用处正多。

---

① 孙宝琦。

② 徐世昌。

③ 赵尔巽。

但患不能精通,不患无事做也。至改入贵胄学堂,则近于见异思迁。设临时有举章程中学生不准改就他学之说,则转觉不好看。似不可不慎重也!

允方系会典馆保举,总算实官。何以尚须办核准?名省类此者甚多,何以一样可以得保?此层须打听明白,如非此不可,则当为设法即办。渠意不愿赴山西,能否趁此改归他省?即酌量办理为要。

韩道[①]已赴东。我已奏留两次,均未邀允。豫省京官昨有信来,拟上呈都察院代奏保留。如能转圜甚好,我却未便再三奏请也。

何少仙观察(廷俊)[②]现办商务局,兼官豫泉官银号。渠意拟就官银号代办度支部分银行,此事是否可行?即酌量速复。何道来折附去。允厘可望补主事,闻之甚喜!徐[③]出关之前,能定局否?徐事报纸已早见,且云继之者为肃邸[④],不知确否?顾渔溪有无补缺之望?如见时,可询其铁路一事,运动有无成局。弗忘。

正月廿三日谕

## 兹带去中小毛貂褂各一件致张允言等函

(光绪三十三年正月二十八日)

允言等阅:

十六交折差,廿三交邮局及协号三信,想均次第收到。我自初七、八即患腹泻,至今廿余日。殆系在广东所受湿热太深,积久始发,故经棉[年]如此。今日似可望止,且看晚间如何。幸身体尚不觉疲弱,惟多日未能见客耳。

---

① 韩国钧。

② 何廷俊,字少仙,号潜园。曾任河南彰卫怀道。有《潜园诗草》。

③ 徐世昌。

④ 肃亲王善耆。

兹带去中、小毛貂褂各一件，可即照收。虽皆稍旧，然京官磨车似尚相宜。中毛者去年以百八十金购得，通体尚完善，袖底亦未秃，惟左大襟中间有两处略磨损，脊间亦有秃锋，已配得貂皮一片（夹貂褂内），本拟补好再穿，因汝所购系小中毛者，大冷天不相宜，故与汝。小毛者秃处稍多，可令大兴永设法改时式，小尺寸者所费谅亦不多。又红宝石带头一个，翠石扇坠一件，系汝母赐汝庆四十生辰者。

附去浚搏公信一件，阅后如称谓格式无误，即封好设法送交，勿致遗失为要。十六折差计应回豫，而今日尚未到，不知何故。

今日得雨，虽不大，而雷电大作，往年无如此之早。虽冬间略缺雨雪，亦不至再闹春温矣。都中近日得雨否？

正月廿八日谕

## 桂林欲改他国文致张允言等函

（光绪三十三年正月二十九日）

今早折弁回署，来禀及书均收到。允厘点补主事，可喜之至！应否谢恩？可打听明白。汝若得丞、参，又须陈谢。如此重叠，致启谗忌否？

允方如不愿远行，能随菊人出关，稍资历练，未为不可。多事之秋，京官不能增阅历也。葛处似以送五十金为宜，寿礼可照办。

桂林欲改他国文，似不必勉强。世变无定，岂能预料！即如祝世兄习东文，而庚子之乱，竟能保家上进，此岂渠意料所及乎？以罕见珍，人亦如此。近日习英、日文者太多，转难出人头地也。

昨日雷雨，晚饭后星斗满天，夜半大风忽起，黎明时又降大雪，至今未止。北方天气如此变幻，亦可异事。然近来苦旱，得此于农田颇有益也。

腹泻仍不能止，久恐不支。此间又无良医，如何如何！

廿九日又谕

上好陈米购一二十斤。都中名曰子儿米,香而无仓气,此须询满州[洲]朋友乃能买得。惟各仓经庚子之乱全行散失,闻大米铺尚有存者。带时不可去糠,方易存放。上次在河南分购者,携行南北数年,竟不霉变,真可宝也。

腊月交日升昌汇款,交回收条,系银行所出代收条,此是何故?

## 允厘补民治司主事致张允言等函

(光绪三十三年二月初八日)

允言等阅:

月杪折弁带去信件,想已照收。昨接电,知允厘补民治司主事,欣喜之至。查奏折谱,胞侄无陈谢之例,似可省此一举。

德使已易人否?允恺事如何?昨有信,欲买狐脊大褂统一件,为做斗篷之用。软毛者不能用,愈结实愈好,免为毡衣磨损。因德地冬间屋内有火,甚暖。而出门甚寒,非此不可。又洋斗篷皮领子一条,来信但言高七寸、长围二尺余,有一尺三四寸皮子即敷用,不知用何色皮张。汝等可与大兴永商购,趁新使带去最便。但将皮张寄去,不必成做也。

鞠人出关事,何以尚无明文,岂又将中变耶?允方不同去则已,如同去,可先来汴一行。五、九[①]贰人功名,拟数月内筹款,为办核准,省得将来又有变动。无论立宪官制如何改革,不能不要地方官也。杨星垣[②]奏调允高折,已开江苏知县,而未核准,亦觉不便。允方捐省,可陈明另改否?即查明。

棒子肉一斤、信远斋蜜溅[饯]海棠果数确,购交折差带回为要。

二月初八日谕

---

① 张允方、张允高。

② 杨枢(1844—1917),字星垣。光绪二十七年(1901),任驻日公使,曾参与选派留学生赴日学习。宣统元年(1909)出任驻比利时公使。

## 致张允言等函

（光绪三十三年二月初九日）

锡纯叔来信两函，我复信一函，汝等阅后，照信行事。银即由京寓付寄，千万弗迟。渠能在学堂加习一学，似较县学堂完备，将来图事稍易。但总须自己要好，弗染习气耳。

度支部官制，何尚迟延未定？见初九日谕旨，局面又与前异。如当轴能秉公道尚好，否则汝之补缺，竟无期望矣。

初九日又谕

## 来禀及老米均收到致张允言等函

（光绪三十三年二月十四日）

允言等阅：

折弁回署，来禀及老米均收到。今又接续票，得悉一切。我腹疾已愈，昨已出门照常见客。

徐菊人既不出关，则允方自以能调部为妙。其官既交免保，不如早为办妥。约须若干，即查明禀来，即为筹寄。九弟捐案，亦拟为办核准。允厘既补主事，则胞弟例可免交印结、免保等费，大约不出千金。亦即查明，开单寄来为要。

引姑亲事，不能再迟。薛锡成性情如何，是否浮薄一路，及沾染学生习气？其父向作何等事业，家世是否清白，其父母何以尚在德国？均须考订明白。如果相宜，不可再错过，第亦不能不审慎也。

锡纯叔已入高等巡警学堂，前日银、信已妥寄否？复信一函，阅后封好即寄去。此间雨雪甚足，为多年所无，据云此后即无雨，而麦秋亦可丰收。闻京津一带仍未透雨，确否？允恺信寄回。

二月十四日谕

陈三舅款，我已划付五舅矣。交来之款，即存汝处，备我零星购物之用。即作家用,亦无不可。

## 力劝允方二人节饮致张允言等函

(光绪三十三年三月初三日)

允言等阅:

差弁及廿八日邮递两禀均到(初一早即到,可谓快矣)。徐菊人既须出关,恐必与赵次山对调,允方留部似无望,如不随徐去,不如到省。前之捐省山西者,以晋有十直隶州,补缺较易。而其体(回京后一切较在两广为适)似于北方为宜。现渠不愿往晋,则北方惟豫省(四缺)及山东(三缺),南方惟安徽(五缺)江苏(三缺)耳。核准时可酌量改捐江皖。捐成数定出,可即查明捐数,我必设法连允高者均为筹款办理。如改安徽,随时可以到省。河南则须俟我他调之后。山东、江苏缺似太少,大约一二缺居多。浙江至无一缺。他省更不宜矣。

公毅[1]欲接大媳妇[2]归宁,原无不可。惟此时即去,至七、八月始回,则半年之久。家事何人料理?小儿何人照管?万不可行。须妥酌。弗任一时之性,致生他日之悔。千万,千万!顾亲家太太六十整寿,可为我备礼致送。须稍丰。

三叔祖所要鼻烟,本应带去。惟由广东北来后,其箱始终未解,此时尚无暇料理此等事。可先将前年过津时与汝数瓶内,检一大瓶者(系文海关所送,尚有七成光景)呈上。稍暇,当检一瓶与汝。

---

① 顾公毅(1882—1955),字怡生,张允言岳父。光绪三十二年(1906)毕业于通州师范,留校任教。毕生从事师范教育。中华人民共和国成立后,历任江苏省第一届人民代表大会代表、江苏省文史馆馆员。

② 张允言夫人。

家中用度，自汝等孩提以至今日，皆我一人独任，何至与汝等较量？

惟前年在天津力戒允方二人节饮，渠等当面允我之言，我尚记得，而二人竟未能实践其言。以我辛勤所得之俸入，为二人沉湎酗德之资。我心实不能甘，致有前议。此后，若能节饮戒性，以所得入款，为添制衣履应酬之用，我亦未必责以解囊。允厘房用仍不必扣，惟允言所入较丰，不能不分任其事，免为外人议论。

度支部官制，何时可以揭晓？昨见报纸，汝名似尚在前。惟瑞裕如[①]亦列名，恐不确耳。允恺事如何？庚子年孙老五颇受我惠，现成人情或不至推托。张冶秋[②]无甚深交，其人亦不足取，惟厘、方等均出其门，不能不酬应，约送奠分五六十金可矣，至多不过百金。杞县姚令已调署登封，可免本府与之为难。鞠人[③]所询，是此事否？

带去皮衣三件，可交铺收拾。二毛单皮袍大襟有油渍数处，羔皮袍两袖、大襟均有油渍。湘绉小马褂大襟有火烧小孔二处，须织补。另，夏衣乃汝母寄与桂宝者，可即交之。如须有添制之处，汝等可为张罗。桂林于此等事，素不肯向人开口也。

三舅所交之松口，可付大兴永。貂褂价三百，庆处加一之百金。用度日内即寄。陈三舅与舅母今年六十双寿，我处须送礼。永恺[④]所要皮统，已购就否？或买一皮袍改做，稍宽大亦不妨，他日仍可改做袍统也。京中皮货铺，春间打包后即不卖，不如故衣为易。若俟秋冬再买，觅皮既难，恐到已过时矣。

---

① 瑞丰。历任大清银行副总办、署度支部左侍郎等。

② 张百熙(1847—1907)，字埜秋、冶秋，号潜斋。曾任户部尚书、邮传部尚书等职。

③ 即菊人，徐世昌。

④ 张允恺。

袁杏南习气颇深,人亦不甚平正,久处颇难水乳。然于东三省情形甚熟。菊人出关倘能调之彼处,驾御得法,亦可收效。何不以此微告之?但不可露我之意。银行币厂年底汝得红股若干?将来如补缺,薪水是否停支?

南数省苦雨,直东又有旱象,河南可望丰稔。闻都中近得透雨,时令想可平安。

三月初三日谕

鸡公山事[①],日难一日。而南皮冥顽不灵,直是尸居余气,后患将何底止!都中岂全无闻见?不知有何议论,可留意。

## 致张允言等函

(光绪三十三年三月十三日)

允言等阅:

初五折差想已出京,日内当可接来禀矣。兹寄去京纹贰千两,一半作家用,一半暂存,听候下次信去拨用。此谕。

三月十三日谕

## 银行专设丞参致张允言等函

(光绪三十三年三月十八日)

允言等阅:

折弁回,来禀阅悉。银行专设丞、参,汝似可补丞缺。惟此系专门,将来升转,必较部员吃亏。且各直省将来管设分行,仅以丞参管之,权不能重,恐有窒碍之处。然近年立法,是兴到笔随。十年不可

---

① 1903年9月,美国传教士李立生和施道格等在河南鸡公山非法购买土地,开发房屋出售,侵犯中国主权。张人骏、张之洞闻讯后,经过长期努力,终于争回了主权。

恃，谁复有久远之计！

允方可望留部，原不必定须出关。惟在部当差，不如出关之易增阅历。其捐款，俟下月再筹寄，可办核准也。

分省通判邓昶，系邓铁香[①]之子，系我荐与次山。闻派督署文案。其人虽无大才，而谨愿无习气。鞠人如能用，亦可备咨访之任。又王有宏，穷愁无以为活，昨有信求为推荐。东三省本多事之地，现又改设行省，不能不破格用人，况其人才实可用。即如河南陆军，初练时王为统领，营兵皆能守法。及杨慕时[②]为统领，则已有在城厢滋事者。去年因秋操之故，协统、标统皆由北洋调来。今年正月，竟有抢劫谢督带之事。上盗者共十二人，而十一人皆陆军，其一则开烟馆者。盖学生练兵，如优伶演剧。以后如有军事，恐尚不如甲午也。且甲午年曾在关外带兵，情形亦尚熟悉。鞠人主眷正隆，倘能调用，决不至不能邀准。以上二人，汝能于见鞠人时，为之一提。如在可行，我再作函推荐，以速为妙。

再，去年允亮赴京时，有湖色单大衫带京织补（问阮寿即知，非交桂宝），至今未寄来，想已忘却。即补好，有便寄来，此谕。

三月十八日

允恺来电，已补书记。而来禀竟未提及。我意此事似无须陈谢。平日见抄报，凡谢子弟补阙恩者，皆京官为多。主事、中书以上笔政，及小京官即不多见。外官道府已（以）上皆谢，厅县以下即未见。书

---

① 邓承修（1841—1892），字伯讷，一字铁香。任御史时与张佩纶、张人骏等同为清流，人称“铁笔御史”。中法勘界时为中方勘界大臣，勇于维护国家利益。

② 杨慕时（1889—1945），字斌甫，又字彬甫。早年参加北方同盟会活动。民国初年加入冯玉祥部队，任书记官，军需官等。后曾任京汉铁路局长，甘肃省政府委员、甘肃省财政厅长、建设厅长、民政厅长，国民党甘肃省省党部执行委员、西安市市长。“九一八”事变后，从事抗日救亡活动。

记止使馆随员,其身份与同、通[1]相等。且此前无成案可援,若冒昧陈谢,恐招疑怪,汝可再与明白人商之。各国使馆员弁皆改实缺,不知六、九之办学务者,作何办法,有所闻即具禀告我。

允方之官,款到可即办核准。或俟午节后亦可。

## 鸡公山已勒令停工复张之洞电

(光绪三十三年三月二十八日)

武昌张制台鉴:

洪。感电敬悉。昨接许道电,当即严电饬南汝光道督同信阳州,仿照尊处办法,勒令停工。旋得吴道[2]复电,业已遵办。此事赖我公大力维持,可冀渐就范围。感幸曷极。骏。俭。

(丁未三月廿八日亥刻发,廿九日申刻到)

## 吴道月朔亲赴鸡公山查看致张之洞电

(光绪三十三年四月初三日)

武昌张宫保鉴:

洪。顷据南汝光吴道电奏,月朔亲赴鸡公山查看,豫境工人纷散,现已一律停工。惟有湖南石匠谢荣华等三人在山逗留,当即拘获发州看管,并派王令程鹏常川在山稽查,如有违奏私自作工之人,立即拿办,等语。仰赖荩画,鄂豫现俱停工。祈饬鄂员会同许道,乘机合力磋商,以期早就范围。无任感恳。骏。江。

---

① 同知、通判。清代同知为正五品,通判为正六品。

② 吴𡼏(1864—1921),字阗生,号树堂。张人骏好友、儿女亲家王懿荣的女婿。

## 西林入都朝局立变致张允言等函

（光绪三十三年四月初五日）

允言等阅：

廿八、初一两禀均已收到。桂宝大愈，闻之甚慰。病后失调，其害甚大，似宜加意，多请假休息，不必亟亟赴馆。如虑降班，不防[妨]将实情禀陈监学。或将药方呈验，或函询医生，将其复信呈验。患病与无故告假者不同，当亦不至驳斥也。

凭心煤矿[①]，煤质在开平六阿之上，较安阳六河沟为佳。福公司常有觊觎之意，不能不与维持。行南[②]来商，拟附官股二十万，以便招股扩充。虽发银票，而银号仍有现银。并于司库再筹现银十万，另存备提。并非以空言敷衍，当不至有碍大局。昨已饬何道亲往查明情形，似尚可信。况已允定，不便中止也。

允恺补六品书记官，并不吃亏。昨来信，渠意亦所望止此。昨检部章，书记本有三等，三舅[③]之言，当由误记。既得此官，便可专意办理交涉一门，果能精进，将来亦可造就有用之才，较学堂更有实效。况得暇尚可兼习他事。但看其立志如何耳。

西林[④]（以能吃人血自负，弗向人言。其天性残忍可知）入都，朝局立变。且陈谢之后即乞病假，仍是以退为进之故智，恐非政府及南

---

① 1902年，英国福公司在焦作建哲美森厂后，靳法蕙为了和福公司相抗衡，筹集资金，于1906年在李河附近的桐树沟、庙河一带，开办“凭良心窑”，又叫“凭心煤矿公司”，采取土法手工开采。1907年，该公司加入官股。1912年，该公司改名为中州煤矿股份有限公司（以下简称中州煤矿公司），靳法蕙任经理。

② 袁大化，字行南。

③ 都察院副都御史陈名侃，张人骏继室陈氏三兄。

④ 岑春煊。

北洋不足满其所欲。庆[①]事未知如何？此间有接津信者，谓两事皆实有之。闻醇[②]邸与渠父子向不相能，不知将来如何了结。即使洗刷干净，而练兵及稽察各衙门二事，恐亦非所能了。殆西林欲困以事，使之屡受诘责，不能不引以自助。即不骤入政府，亦可先管陆军。颇疑赵疏亦有所秉承也。陈宝柱所禀，系争承荫及家产，非江西事。黎信殆陈氏伪言，陈鹤云以亲子出继，而以侄为子，陈道以长房独子而继于叔，且不继于嫡而继于叔妾(陈道捐道即其妾资)，出仕履历，并无过继之说。而其孙则得江西臬司恩荫。陈宝柱不甘适其本生母，故而陈道不报丁忧，遂挟此禀揭然，父攘子证亦无人理。我故听之，不愿干预。前鹤云来见，讽以家庭之变，非自为调处不可。陈道旋即请假回鄂，非我勒令回去也。长龄事当留意看其机缘，我不能专主，亦不愿与行南言私也。

八儿[③]事，那相[④]承其用情。而那所托之知府杨敬宸[⑤]，我竟未能报命。那前悬委禹州煤厘，近日禹州煤厘差出，已属厘局札委，而袁、钟[⑥]忽谓杨之为人不可靠，闻那亦有信与袁。子和宦囊甚富，均为其子败去。渠向人辄言，有私累八千金，非得优差不可。万一任情挪移致亏公款，将来转难办理。合之上次我信所述情形，确有此虑。不得

① 庆亲王奕劻。

② 爱新觉罗·载沣(1883—1951)，第二代醇亲王。光绪帝之同父异母弟、宣统帝之父、监国摄政王。

③ 张允恺，张人骏四子，大排行八。

④ 那桐(1856—1925)，字琴轩，叶赫那拉氏。历任户部尚书、外务部尚书、总理衙门大臣、军机大臣、内阁协理大臣等。

⑤ 1909 年 4 月 4 日，英方贿买、胁迫杨敬宸等私订所谓《见煤后办事专条》“补充条款”，独霸当地售煤权，河南绅民群情激愤。同年 5 月 25 日，清政府将杨敬宸等革职，交部议处。

⑥ 藩司袁大化、臬司爱新觉罗·钟培。

已，止可另委。如那相提及时，可以此情略告之。五儿[1]之事，恐那未必出力。如不能留部，则不如到省。日内拟再汇一款，即可上兑。现在各处外捐已皆开办，江苏振捐不过二折，却须打听清楚，惟免保是否须交十成耳。今日冯星岩[2]来，言西林见面时大肆挤排之力，恐南北洋皆受其伤。闻政府诸公亦皆自危。有欲援引以媚之者，果尔则大局又将反复。戊戌、庚子以来，国家元气伤尽，若再有事，吾直不忍言矣。闻此次之劾唐、朱（因铁路电政事），实受盛之指使，欲以倾袁（朱效张松而盛遂失势），未知确否。书至此，又接汝与椒弟[3]书，直隶州印结竟须千金，未免太大矣。礼和洋行所带各物允恺均未收到，洋人之不足信如此。不知所带何物，应否补购？并将应用而外洋不易购者，酌量交孙慕韩[4]带往。独居数万里外，得见本国之物，亦可稍慰旅况也。译馆假期既尚可续二十日，则其时或可复元。汝可临时斟酌，不必冒险。

四月初五日谕

王有宏穷极可怜。菊人既如此言，亦未便强令奏调。应否由我作函，令其随后赍报，即酌量复我。闻东三省巡抚，无关防，不准奏事，皆出菊人之意，殊不可解，此恐又不能终局矣。允方不同去甚好。

## 覃叔得子可喜致张允言等函

（光绪三十三年四月十四日）

允言等阅：

前交折差及大德恒寄去两信，当已次第交到。度支部添设丞、

---

① 张允方，张人骏三子，大排行五。

② 冯汝骙（？—1911），字星岩。曾任浙江巡抚、江西巡抚等。

③ 张允靖，张人骏六子。

④ 孙宝琦（1867—1931），字慕韩。晚清至民国时期重臣、外交家。1902年7月任出使法国大臣。辛亥革命后曾任外交总长、国务院代总理等。

参，经今数月，何以尚未揭晓？现又换某公[①]管部，不知有无变动？某公自海外归来，自信颇深，且又狎昵群小。此事大局已定，无论何人，曾可接办，难保无篡取之人。若失此机会，将来补缺更难矣。

桂林愈后已及半月，一切当能复元。馆中续假尚无碍否？约于何日回馆？甚念之。

西林一入都中，忽变宽和为严厉，必有喜事之人为之附和。汝等三人凡事皆宜谨慎，勿谓自信无过稍涉大意。危行言逊四字，极宜留意，至属！至属！

顷见日报，陶兰泉[②]有查办之说，不知确否？闻政地诸公畏嘉州之逼，有投引入枢垣以媚之之说，有所闻否？王有宏前日来此，当告以鞠人之意，允用不允奏调。渠意非奏调不可，且欲我转求慰帅再托鞠人。此事我未便允，汝见滋翁时可一言之。传闻西林于滋老及袁、端[③]颇肆诋毁。滋翁之意如何，曾谈过否？

覃叔得子，可喜。我自八、九[④]及桂林相离后，益觉郁闷。每日上午见客觉其繁冗，午后无事即觉寂寞。极闷时，常欲弃官而去。凡接他处信函，无一封非托人情者，开缄即生厌恶之心。惟日盼家信，借以排遣。而来禀总不能详尽，即如覃叔生子，来信竟不提及，何也？以后家中诸事，无论大小，可随意写来，我亦可借以破闷也。

四月十四日谕

① 载泽(1868—1929)，初名载蕉，字荫坪。宗室大臣，立宪派重要人物。光绪三十一年(1905)七月十六日，清廷特派载泽和户部侍郎戴鸿慈、兵部侍郎徐世昌、湖南巡抚端方、商部右丞绍英出国考察政治，是为“五大臣出洋”。

② 陶湘(1871—1940)，字兰泉，号涉园。曾任京汉路养路处机器厂总办、上海三新纱厂总办。著名藏书家、刻书家。

③ 鹿传霖、袁世凯、端方。

④ 张允恺、张允高。

## 京寓小孩多患疹子致张允言等函

（光绪三十三年四月廿二日）

允言等阅：

折弁及十七邮局两信均已收到，闻京寓小孩多患疹子，此时想已痊愈，甚念。桂林虽愈，尚未十分复。此次之病，可谓不轻。幸大媳未赴山东，均得平安照料。吾前次信中所虑，今竟全验。以后凡事总宜顾虑，不可任意也。

译馆何时放暑假？桂保想必来汴，惟回京时正值天热之时，殊不便当。今年捐赈及汇京各款，目前颇有亏累。须月初方有进项，家用此时竟不能寄。午节时汝等可将前存之千金，先行拨用。

汴省麦收尚好，惟久未得雨，此时若不得甘霖，则秋收可虑。会匪以河北为最多，去年春夏前尚未如此。大抵由上年秋，掺随湖北军队阑入者，竟是南边一派。前已屡派人密查，匪首多在湖北、直隶两省，行踪飘忽无定，来去不时，弋获不易。本省虽多入会之人，而无大头目，只可渐渐设法。若操之过急，恐立生变动，转难收拾。近来所获匪徒，几无一案非军队出身之人。曹州之匪，多是袁军旧部。练兵之效如此，可叹也。而陆军部尚操更番挑练之说，以为如此，是可以通国皆兵。我恐数年之后，将成通国皆贼。一旦揭竿而起，其祸恐不可收拾。

岑云阶竟作蔡和甫[①]之婿，宜其力保盛杏荪[②]也。鞠人自信太深，东三省事恐办不到好处。覃叔随去，殊无谓。岷臣[③]叔来信，言学堂须交第二学期学费。兹将复信及来信寄去，阅后即照寄，弗迟为要。

---

① 蔡钧，浙江杭州人，字和甫，曾任出使日本大臣。

② 盛宣怀。

③ 张锡纯（1886—1958），字岷臣。

我带过花翎甚多,检出四条与汝,以备磨车之用。或另扎再用亦可。前有洋板《佩文韵府》一通(边上已写字),似在京,便中检出寄来。

四月廿二日谕

## 以四五品候补之员而骤跻三品致张允言等函

(光绪三十三年五月初三日)

允言等阅:

折弁回。接廿七日来禀,知小儿辈各恙均愈,惟五儿又患温症,日来当已痊愈。银行新设专官,而无明发,与各国之遣使枢垣之传章京一样,殊不可解。他日升转落后,自在意中。以四五品候补之员,而骤跻三品,不可谓非破格。惟此事责任太重,我不愿汝久与其事。谢折此次已递矣。

译馆章程十八放假,允亮廿后当可来此。惟天气炎热,火车不甚凉爽,一切须留意。暑药(六一散等药)宜随身携带,不可忘记,要要!五儿差如已裁,间空之时能来此一转亦好。举贡当已考,四叔必可望取,如已出榜,即电告。五儿之官核准后,即为九儿办理。究竟须用印结否?速查明。胞兄即是分结之官,似不能一无通融。

都中近日得雨否?此间亦苦旱,节后拟设坛祈祷,麦秋收成尚好,当是上年余渥也。

五月初三日谕

## 恽薇孙奏劾瞿大枢暗通报馆致张允言等函

(光绪三十三年五月初八日)

允言等阅:

初四交折弁一信,计已送到。桂儿来信言汝赴津,不知何事?银行股东会议情形如何？想尚无议论也。恽薇孙[1]奏劾瞿大枢[2]暗通报馆（何处报馆），授意（指何事）言官阴结外援（何人），分布党羽（何人），不知是何情形？此信到时，都下当有确实消息，可详细写一信来。

昨奉廷寄，岑春煊奏，谨拟预备立宪阶级，奉旨交阁部议奏。外省设谘议局各节，令各督抚议奏。不知都下议论如何？汝可留意探询。无论有何消息，即速禀闻。至要！原折之意，大约仍本康、梁[3]，而参以近日上海各报议论，议覆颇不易。闻此公在沪往来之人，颇多不类，其志不可测度也。

桂保放假后，似宜稍息一二日，再行整程。天气太燥，起居宜谨慎。随身行李外，一切均可留于都寓也。

午月初八日谕

## 刻交协记汇去京纹叁千两致张允言等函

（光绪三十三年五月十六日）

允言等阅：

十一及折差所递两信均到。刻交协记汇去京纹三千两，即为九弟办理核准。除用外，即并前余之数暂存。现邵姑夫[4]欲为老虎[5]办理核准，来索旧欠，允其二千两。两次所余，大约足敷其数矣。下月初，拟再寄款与京也。

午月十六日谕

---

① 恽毓鼎（1862—1917），字薇孙，一字澄斋。光绪三十三年（1907）五月初六，恽毓鼎受袁世凯、端方等指使，上疏参劾军机大臣瞿鸿禨，瞿被开缺回籍。同年七月初一，他又参劾两广总督岑春煊，七月初四岑被开缺养病，由张人骏接替该职。不到两个月时间，连续扳倒两大重臣，恽名闻朝野。

② 瞿鸿禨（1850—1918），字子玖。曾任工部尚书、军机大臣。

③ 康有为、梁启超。

④ 邵积诚（1832—1908），号实孚，张人骏妹夫。

⑤ 邵继全（1878—1933），号幼实，张人骏外甥。

## 滋翁重入政府致张允言等函

（光绪三十三年五月十六日）

允言等阅：

初九、十一两禀均到。奎采五由都回，言及北方得雨亦不大，顺天所报，乃是虚数。不知日来又得续雨否？此间麦秋尚好，而开、彰、卫三属，近颇苦旱，祈求无应。若再半月不雨，恐成灾象，焦郁异常。

滋翁重入政府，足见朝廷用人之公。此时中外大僚中，其稍能持正者止此一人。惟耳疾较前如何？奏对时不知如何对付。醇邸人皆谓其性情忠厚，将来加以阅历，不为小人诱惑，或可贤于前人。杨杏成[①]兄弟本非端人，恽之出于授意，毫无疑义。惟瞿亦小人，岑则无赖。汪康年[②]系革命党魁（现《中外日报》所载即可见），而二人与之交接，其心术亦可知矣。近日西林所陈立宪折，其注意为革命党道地，疑即汪之手笔，盖与《中外日报》一孔出气也。肃王[③]补民政部，亦本朝所无之事。闻其人不甚明白，将来部事恐尚不如前人，允方不知站得住否？其捐事想已办理，拟捐何省，来禀总未提及，岂尚未酌定耶？

昨交协成乾汇去一款，可为九儿办核准之用，所余备姑夫为全甥办理核准费。如邵姑夫有信来，汝即照办。款似不足，下月我再寄去也。允方所办捐务是何事？每月薪水共若干？再，印结免保均交足，以后如欲引见到省，有无别项花销？瞿何日出京？如由铁

---

① 杨士琦(1862—1918)，字杏城，直隶总督杨士骧之弟。袁世凯排除异己瞿鸿禨、岑春煊的主力。

② 汪康年(1860—1911)，初名灏年，字梁卿；后改名康年，字穰卿。甲午战争后在沪入强学会，办《时务报》，后改办《昌言报》，自任主编。又先后办《中外日报》《京报》《刍言报》。有《汪穰卿遗著》《汪穰卿笔记》。

③ 肃亲王善耆。

道，可即发一电来，以便遣人赴郑州候之，此地主之谊也。渠从前本系朝夕见面之人，及得意后，遽忘前情。不独于我淡漠，其待六叔祖[①]尤无情谊，我之不与联络者由此。本可不理，然我不愿以炎凉处之也。

五月十六日

袁[②]之苍猾顽犷，处家尤为凉薄，相处之难，殆甚于西林，久恐不能谈洽。不知滋公能设法调令他往否？便中可微探其意。此公恐即是杨杏城为之运动者，否则何飞腾之速耶！阅后即丙[③]。

## 得悉允方核准之案致张允言等函

（光绪三十三年六月初三日）

允言等阅：

折弁回，接到来禀，得悉允方核准之案，既不办捐省，则印费暂时可省。如能留部，则此款可免。兹再寄去京纹贰千两，允高之捐案及捐省即可为办核准。除再拨邵姑夫贰千两外，尚可余千余金。暂存大兴永，以备拨用，家用亦可。其貂褂价即付清亦可。邵姑夫信两函，一并寄去，阅之可以接头。

六月初三日谕

## 日来荧惑入南斗致张允言等函

（光绪三十三年六月初七日）

允言等阅：

昨交日升昌寄去京纹贰千，日内当已送到。昨接汝致诸弟书，得悉一切。

---

① 张佩纶，与瞿鸿禨既是同年，又同朝为官。

② 时任河南布政使的袁大化。

③ 烧掉。

安徽一案[①],连得端午桥[②]来电,大致已悉。日日言维新,日日言游学,所获效验如此。出此巨案,正宜切实根究(出结官何以不根究?学堂中执事各员毫无觉察,何以不根究)。镇定不摇,庶可稍戢奸谋。而读近日谕旨,未免示怯太甚,适以长叛人之气。不知衮衮诸公,是何庙算?奸徒之排满革命,何尝为立宪起见,不过借以扇惑人心。吾恐继此而起者,尚不知现何怪象。定兴[③]素称刚直,亦复不置可否,何也?汝如见着,盖以此意规之。

柯逊庵[④]信,殆程雨亭[⑤]为之请托而得耳。闻岑云阶亦以接得,遂不信有炸弹从事之说不敢赴粤,不知确否?中外大臣识见如此,天下事尚何问乎?慰帅此时忽然请假,亦属失着。即真有不适,亦宜勉强支持也。

日来荧惑[⑥]入南斗[⑦],南方恐不能无事。盖两广分野,似属南斗。今粤东无总督,广西省城山崩地陷,老人峰在臬署墙外忽然崩塌,王府坪大街也塌陷七八处,岂是佳兆?吾深为两广忧之。

兑换铜元,乃袁、何上人当。事前二人来回此事,言之甚力,止之不可。故我谓代铸(用汴字摹)则可,兑换则不可。闻总厂不肯代铸,此事可作罢论矣。

玉苍来汴时,署鲁山者系项梦罴,乃俞志韶[⑧]太史之戚,实缺项

---

① 光复会会员徐锡麟刺杀安徽巡抚恩铭案。

② 端方。

③ 鹿传霖。

④ 柯逢时(1845—1912),一作凤逊,字逊庵,号巽庵,别号息园。曾任湖北铁路协会名誉总理。

⑤ 程仪洛(1841—?),字雨亭。曾任广东按察使、山西按察使。

⑥ 火星。

⑦ 南斗六星分别为天府星、天梁星、天机星、天同星、天相星、七杀星。古人以南斗六星主天子寿命,也主宰相爵禄之位。

⑧ 喻长霖(1857—1940),字志韶。曾任京师女子师范学校总理。

城不能回任。俞有信来托，因见其人尚朴实，因属鼎臣委署鲁山。乃招用刀匪十余人为巡警，住于署内，而又不能钤制，几酿事端。汝州拨队前往，始纷纷逃去。因此即行撤任。不知打听其人者系何人？下次信复。

豫省开封及彰、卫、怀皆苦旱，若再半月不雨，则秋收无望。虽有麦秋，亦恐无济。其余各属，皆陆续得雨，多有报深透者。北方似亦未得透雨，山西则荒象已成。天时、人事均无好气象，殊可虑也。

端电两纸附去。

六月初七日谕

## 电汇赈银三千两致云贵总督锡良电

（光绪三十三年六月初八日）

锡制台鉴：

交天顺祥电汇助赈银三千两，并请收发赐覆。骏。齐。

### 附：云贵总督锡良为收到赈银事复张人骏电

（光绪三十三年六月初九日）

张抚帅鉴：

齐电祗悉。远承垂念滇灾，电汇赈银三千两，已饬司局照收。敬率百万灾黎叩首。敬谢。佳。印。

## 现在伏莽遍地致张允言等函

（光绪三十三年六月十五日）

允言等阅：

昨日接十二日来禀，得悉一切。都中连得大雨，闻之甚慰。不独人口可望平安，秋成尚可补救。现在伏莽遍地，丰年或可无事，一遇歉岁必生变端。北方今年麦秋本已歉收，岂可再遇荒灾！河南近亦患旱。前月迎请铁牌，廿五入城，廿六得雨二寸，南路亦纷纷得雨，有深透者。惟首府及河北三府,仍苦不足。十三起仍复祈祷,尚无应象,殊为焦闷。

兑换铜元事,乃袁、何为一容姓(在河北行销铜元者。闻渠先至,欲向总厂购买未得,归设此谋。二人为所鼓动)所怂恿,与王宰善无涉也。附去复捕公信一函,仍即设法交去。此等事殊属可厌。滋翁竟得协办直隶,同时得两中堂,国初尚有,后则绝无矣。

寄去之款既有余,允高捐省似可一同办妥。日本公使闻已更易,确否?六、九二人将来如何?汝等宜与商量。前允褒本有回国之意也。

六月十五日谕

## 上海保险一事致张允言等函

(光绪三十三年六月十六日)

四叔系考取第若干名?前电不明白。复试已过,是否尚须引见,大约可望点用何职?得售,即电来,至要!

十六日

上海保险一事,无人可托。拟将款交汝设法。

## 此番得擢粤督致张允言等函

(光绪三十三年七月初五日)

允言等阅:

鬯叔及桂儿昨辰北行,今晚当可到家矣。此番得擢粤督,自是天恩高厚。惟粤中近年寇盗充斥,财政困难,诸事殊难着手。吾年已渐衰,尤畏海上风波,初意能在豫多做一二年,将夙累一清,便作抽身之计。今得此难题,顾虑做不出好文章。升官固可喜,远虑亦不能无,未免中心惴惴耳。

林赞虞①出京必速，而派袁护理则两宫之焦急可知。行期不能太缓，已托人择日。如十九可用，即拟赶办。三、八两媳拟携带同去。九媳亦极欲同往，惟熙孙太小，乳妪又是新换，长途溽暑，殊不放心，故拟令回京。此间无人可送，能于厘、方二人中，来一人照料方好。告假十余日，当无不可。汝等可商定，即电知。

行李尚嫌太多，拟将书籍、字画、粗重器具全带回京，大毛衣服广东用不着，亦拟存京，须好好收拾。若全存大兴永，亦不放心。鼻烟除所带外，尚有一扁箱，亦须收好。连字画，此两项所值不少。不可大意，至要。

允言本有赴汉口之说，不知能提前一行否？放缺时上边如何议论？滋老必论及，信中可叙明。套叔愿与允亮同住，可以照办。学堂人杂，气习本不好，既自己有寓，尽可自由也。复陈三舅信即送去。杨敬宸已委道口厘差，那相问及可告之。

全盛云头青缎鞋一双、绒口夹靴一双、一品朝顶两座、仙鹤品级纱单各数两分，能交此次折差带回最好。

七月初五日谕

文揖系实缺，本任彰德营参将，调补抚标中军参将（尚未到任），现出有信阳协副将缺，通省止文揖一人合例，应升。年底始奏补。其抚标参将缺，系文炼署理，荣所说回本任，似未知此情形。不知是要到抚标任，抑仍留彰德任？至于文炼，似临行时荣说其夫人在彰德病故时极为照料等语，不知有无错误。今来禀言，文揖系渠之戚，岂当时误听作文炼耶？然此二字不至讹错，或当时荣说错耶？可便中探明。

---

① 林绍年（1845—1916），字赞虞。光绪三十三年（1907）七月接替张人骏任河南巡抚。

## 游击梁秀春逃跑案复外务部电

（光绪三十三年八月十九日）

寒电祗悉。梁秀春事,已录案照会法领转电越督照约交解,并另文咨呈贵部察照。外洋提犯每需证人,前据龙州庄道电称,认识梁犯之人,边防尚不难觅。乞先电驻法刘使,如法官必需证人质讯,请将该犯解至龙州,由驻龙法领会讯,以期妥速。该犯亏短枪械,缺欠兵饷,均系私罪,与军务国事等犯不同。请电刘使与法外部切实磋商,照约解回,庶免狡脱。骏。皓。

### 附:外务部为梁秀春事致驻法大臣刘式训电

（光绪三十三年八月十七日）

粤督等电称,已革游击梁秀春,于廿九年因遗失军械、侵蚀饷项,经岑督严拿,逃往越南,现经查悉。由本部照会法使,按越南通商章程第十七款交犯。嗣经谅江府拿获梁弁等五十余名。梁自认逆党,法官遂以公罪释放。查梁弁先犯私罪,与国事犯不同,不得因其自称逆党遽行开脱。迭与法使辩论,准照称,梁弁私罪在三年以前,此次因与逆乱串通,未便照交。惟私罪之犯,诡谋入于逆党,意图漏网,实有妨碍。业咨请本国政府酌核,应请电驻使转达法外部,等语。除俟粤督送到案据,另行咨达外,希切商法外部转电越督,照约交解,勿任狡脱,致贻边患。即电后。外务部。筱。

## 西江添设巡船一事覆外务部电

（光绪三十三年八月二十日）

外务部钧鉴:

洪。筱、洽两电,祗悉。西江添设巡船一事,既承税务处筹拨开办经费二十万两,自应遵照赶置坚快轮船四艘,妥筹办理。粤省盗风素炽，已非一日，非通盘算画，妥定章程，不足以资整顿。俟与秦署切商办法，再陈钧鉴。至现添各船，英使请归税司管辖一节，窒碍甚多。无论税司无缉捕之权，难任越分干涉；即谓分清权限，只以缉私之事隶之，惟海关缉私本有轮船足敷巡查，毋须添设。此次议添巡船，专为缉捕而设，实与缉私无涉。西江一带，上达浔、梧下江，均多盗匪出没之区。现添四船办理缉捕，尚虞不敷，断难兼任缉私之事。且缉捕系地方官专责，即使各轮兼办缉私，亦应由地方官管辖，方免侵越事权。此等内政，应用何员管理，非外人所得干预。拟请钧部照复英使，允由粤省购置快轮四艘，认真筹办缉捕，以靖盗风。惟各轮仍归水陆提督管辖，万难准由税司管理，庶免有碍主权，乞坚持驳复为荷。骏。号。

## 附：外务部以西江添造快巡轮事致两广总督张人骏电

（光绪三十三年八月十七日）

广东制台：

洪。西江添造快巡轮四只，英使请归税司管辖，本部迭与辩驳，英提督亦言粤省巡船无用，应自行赶办，免彼干预。现商税务处，可筹开办经费二十万两，即应制备巡轮，认真缉捕，免致有所借口。惟权限务宜分清，拟将捕匪责成官吏，缉私属之海关。希与该税司妥商办法，并酌筹常年经费，早日举办。英提督下月到粤，若提及此事，可将该巡轮马力、速率，乘便采访，以期接洽。即电复。外务部。筱。

## 附：外务部为英使偕英水提默尔来见事致两广总督张人骏电

（光绪三十三年八月十七日）

广东制台：

洪。英使偕英水提默尔来见，据称：西江英轮屡次被劫，于商务暨国旗体面，均有损碍。两月前，又出劫案，情形甚重。中国巡船腐败，办理不力，见贼不捕，以致盗氛日炽。我有保卫本国商务责任，如中国不速筹整顿，即应自为办理，等语。粤省盗风素盛，西江劫案，层见迭出，地方官缉捕不力，本足贻人口实，亟应迅筹整顿之法。一在责成各师船肃清江面，搜捕海盗；一在责成沿江牧令稽查陆路，严靖匪巢。并悬赏勒限，将历来抢劫各案匪徒，务获惩办。秦署提向能办事，可否移饬切实经理？俾中外商民各保无虞，以免外人借词干预。事关大局，务希严饬地方文武认真巡缉，不得稍涉大意。仍将筹办情形，随时电达。外务部。洽。

## 附：外务部为西江巡轮事致张人骏电

（光绪三十三年八月二十四日）

西江巡轮事，准号电称：现添各轮专为缉捕，与缉私无涉，仍应归提督管辖，万难由税司管理，免碍主权，等因。合此案上年十月间，英使以英轮屡次被劫，请饬税司设船巡查，经本部迭电周督，并驳复英使在案。嗣准该使面称，税司系中国所用，如能令提督与税司会同商办，亦于主权无碍。复由本部电准周督复称，内江船少，税司多备巡船，由彼拨费，自无不可。惟缉私船查有匪类，送地方官讯办，须妥订章程等因，周督旋因卸任未办。本年二、四月间，英使面催多次，本部复咨商税务处筹款添轮，而内外文电往还，迄无定议。五月间，英使来照暨面晤，情词均极迫切，势难再缓。因电商胡护督，业函知税务处。近接该处复称，据赫税司函称，新关凑集二十万，仅敷间办，若常年尚须另筹，方能经久。倘无法筹措，不可以有用之款，作此有始无终之举，云云。此事商办已近一年，现始准税司筹集开办经费，而仍以常年经费，须待另筹为言。若虑其侵越窒碍，不任税司与闻其事，外人必难答应。本部于主权所在，何尝不竭力维持？无如该处捕务废弛，盗氛猖獗，致令外人借口干预。此次英水提已有粤省若不能设法,我有此责任,即自为办理等语,是更将侵我主权矣。税司究属中国自用之员,止要划清权限,妥订章程,主权仍操自我,既与周督前电用意相符,亦可以杜外人之口实。否则,税司款既无着,设再出有事故,彼必派轮干涉,更难收束,贵省恐亦无策因应。事关切要,希照本部历次文电,迅速筹办电复。外务部。二十四日。

## 澳门地方界址久未划定事致外务部电

(光绪三十三年八月十九日)

澳门地方界址久未划定,葡人日思占越。历年以来,如附近之青洲水面,及大小横岛、洋船湾、十字门各处,私造兵房、灯塔,及编列门牌、勒缴地租等事不一而足。虽经各前督迭与争论,而葡人侵占狡谋,迄未稍息。本年五月间,葡兵忽至澳门对海之湾仔华界,迫令大小渔船改泊澳界,并用火轮强行拖去。皆由胡护督诘问葡领,并将办理情形录咨钧部在案。乃葡领不认违约,竟谓湾仔海面之权,全属澳门。其强辞夺理,有意侵占,已可概见。查公法,领海之权各有限制,断无全归一国之理。此次葡人越界强拖渔船,并谓海权全属葡园,实属蔑视邦交,无理取闹。若澳门界址不早划定,则葡人侵越之事更恐日多,将来交涉尤为棘手。拟请大部迅商葡使,彼此各派妥员来粤勘明澳门界址,早为划定,以杜侵占。一面先请葡使转电澳门总督,现未划界以前,不得稍有妄动,以符约章。实深盼祷。乞电复。骏。皓。

### 附:外务部为派员勘办澳门界务事致张人骏电文

(光绪三十三年九月初七日)

皓电悉。光绪十三年春间,税司金登干往葡国议立节略,有澳门属地字样。是年夏间订约,载明中国仍允无异。惟未定界以前,俱照现时情形,彼此不得增减改变。二十八年,葡白使来照,拟占对面山、大小横琴各岛,本部严词驳拒,始照旧约,暂搁不提。胡护督因湾仔、饷渡两案,电请派员勘界,本部查核两案情节,迭次照会葡使,力与争论,仍希饬属援案磋议,以期就范。至该处界务,历年轇轕甚多,必应将现在情形详加体察,将来开议时,方能确有把握。本部八月初九日函商,遴派司道大员前往查看,正是此意。是以派员会勘一节,迄未向葡使提及。尊处拟调高参议[①]到粤勘办,该员现因勘路前往汉口,即饬由汉赴粤,面与执事筹商一切,再行酌定办法。此时暂勿与葡领说明。即电复。外。阳。

## 放告条款牌示

（光绪三十三年八月二十七日）

（一）凡告状人不具保状开明保家姓名、住址及无地保截记者,虽有正呈而无副呈者,不准至地保截记。每呈词一件,准取钱一百文。如该地保敢于勒索,准具呈人指名控告,立予严惩。

（二）除控告官吏证据确凿,及地方有重要之事并条陈一切利弊,准径行赴辕递呈外,其寻常命盗词讼各案,本经在县府司道各衙门控告,辄行来辕越控者不准。如已在各衙门控告,必须录齐批语,总以有司批粘抄为凭,方能准理。

（三）抄录各衙门批语,必须写明年、月、日期及何人呈控。如将批语割截,胆敢捏造,除不准外,仍饬地方官严拿重办。

（四）旧案曾经来辕递过呈禀者,必须将前部堂及本部堂迭次批示,照依年、月、日期先后粘抄齐全。如不抄齐,希图蒙混者,亦驳斥不准。

（五）旧案呈首姓名仍须写明年岁、籍贯,不得混写年籍在卷字样,违者不准。

---

① 高而谦(1863—1918),字子益。宣统元年(1909)任澳门划界大臣。

（六）告贪官污吏、衙役欺诈等事，必须开明赃数、月日、过付见证。命盗等案，亦须开明赃证。凡非官绅、妇女例不准用抱告者，皆须亲身来辕投递。即照例准用抱告，亦须详知控告情节者，力准作抱，以凭委员收呈时得以查问。

（七）控匪、控凶，如有挟嫌诬捏、罗织多人、希图拖累者，除不准外，仍饬地方官查拘原告坐诬。

（八）户婚、田土、钱债、坟山等事，经地方首讯明断结，并不抄录判语，蒙混翻控者，不准。

（九）无故以妇女出名，及非奸拐命盗妄行牵连妇女者，不准。

（十）事不干己，摭拾许告者，不准。

（十一）隐匿自己姓名，冒写他人名字，或伪名控告者，除不准外，仍饬地方官严拿到案，照匿名揭帖例惩办。

（十二）用邮封寄递函呈，并非亲身来辕投递，亦无抱告保状勘以查讯者，一概立案不行。

## 为发给香山县民郭继赴檀香山游学护照事致外务部咨呈

（光绪三十三年八月二十七日）

陆军部尚书，都察院都御史，两广总督兼管广东巡抚，粤海、太平两关事务张，为咨呈事。

案照承准前总理各国事务衙门咨行出使美、日、秘国杨大臣与美国使署律师科士达拟定华人往美汉洋文护照程式，咨粤照办，嗣后人往美，一体仿照所拟程式，饬由粤海关衙门发给，等因。今本部堂兼管粤海关事务，据香山县民人郭继禀请给照前往檀香山学习英文。查无骗拐、假冒等项情弊，并有殷实铺保具结附缴存案，核与章程相符。除验填赴檀香山护照，并照章咨行出使美、秘、古、墨国大臣暨驻扎檀香山领事查照办理外，拟合咨呈。为此咨呈贵部，谨请察照备案施行。须至咨呈者。

右咨呈外务部。

光绪三十三年八月二十七日

(外务部档)

## 为香港政府颁行印刷品管理条款事及日本人西泽吉次盘踞东沙岛一事复外务部电

(光绪三十三年九月初七日)

初五日两电祗悉。香港颁行条款,禁止出版文件及报纸、书籍等项,耸动中国,纷扰各节。现查,此例已由香港议例局于中历九月初四日,宣布第三次无人议驳,应以是日实行。

至日本人西泽吉次盘踞香港附近海岛一事,现已派员会同巴税务司前往密察,俟得详细情形,再行电达。骏。阳。

### 附:外务部为香港政府颁行印刷品管理条款致张人骏电

(光绪三十三年九月初五日)

访闻,前香港政府接英使来文颁行修款,嗣后港地所有刷印出版文件有害治安者,或售卖散给报纸书籍等物,其内容足以耸动中国之纷扰,或耸动人在中国地方犯罪,或怂恿英民与中国政府为难者,其刊刻撰辑人,定监禁不过二年,有无苦工不等;或罚银五百元,或监禁、罚款并行。此例已在港宣布第一次,俟宣至三次无人议驳,即可定为通例,等情。该条款是否属实?已否宣布?希密饬查明,迅即电复。外务部。初五日。

### 附:外务部电张人骏查明东沙岛及日人侵占情况

(光绪三十三年九月初五日)

午[①]访闻,港澳附近与美属小吕宋群岛连界之间,有中国管

---

① 端方(1861—1911),字午桥,时称端午帅或端帅、午帅。

辖之荒岛一区，正当北纬线十四度四十二分二秒，东经线一百十六度四十二分十四秒，离香港一百零八里，该岛周围三十七八里，因岛之一端有大小暗礁起伏海中，约六十里。华人畏难苟安，人迹罕至，故毒蛇猛兽亦多。近被台湾基隆日本商西泽吉次[①]纠合百二十人，于六月三十日午后乘四国丸驶向该岛，七月初三日登岸，建筑密舍，竖立七十尺之长竿，高悬日旗，并竖高十五尺响标，详记发现该岛历史，名为西泽岛，暗礁名为西泽礁，西泽遂据为已有。该岛磷矿极多，树木亦复茂盛，有高四五十尺者。鳞介贝壳甚多，网采颇易，温度与台湾相仿佛。西泽已采水陆各种，装运至台，现在第二次运船将到。凡闽粤人之老于航海及深明舆地学者，皆知该岛为我属地。等情。中国沿海岛屿，尊处应有图籍可稽，该岛旧系何名，有无人民居住，日商西泽竖旗建屋装运货物，是否确有其事，希按照电开纬度迅饬详晰查明，以凭核办。即电复。外务部。初五日。

## 请派熟悉粤情谙练法文之员会勘澳门界务事致外务部电

（光绪三十三年九月初七日）

洪。澳门划界一事，八月皓日曾将详细情形电陈，邀鉴察。八月漾日奉钧函，澳门界务力与葡前使磋磨，始允暂不提议，应先由粤派员前往查看，如果拟勘界确有把握，再行照会葡使，派员会勘。等因。

查《中葡条约》，虽有未定界以前，俱照现时情形，彼此不得有增减改变之等语。惟葡人屡违此约，迭思侵越，不一而足，是界址一日未定，则葡人狡占日多。该处沿海岛屿均原香山县属境，驻兵有限，

① 又名西泽吉治。曾在中日甲午战争中充当物资供应商，随日军侵入中国，随后到台湾经商。1907 年率船侵占东沙岛。

势难处处设防，葡人既于附地方私设灯塔等物，即指为葡界之据，历年争辩，有案可稽。窃谓现时划界，能照原日界址勘定，固属甚善。即使葡人已占之处未能收回，而界址已定，亦永杜将来侵占之事。否则毫无限制，必致侵越日多，为患无已。现已由粤遴员往先行密查，可否仍恳钧部迅派熟悉粤情、谙练法文之员来粤，早定澳门界，以杜后患，实深盼祷。乞电复。人骏。阳。

## 为西泽发现海岛似非粤省辖地复外务部电

(光绪三十三年九月初八日)

日本人西泽发现海岛一事，据洋务委员会同税司按钧电所开经纬各度细加查考，该岛距琼州海口炮台四百八十六英海里零七十八分，距香港四百七十六英海里零九十四分，以华里伸算，已在一千四百余里之外。逞考舆图，似非粤省辖地。闻该处风浪最大，粤省无大兵轮，难往查探，可否请钧部转电南洋，酌派大轮往查。乞卓夺。人骏。庚。

## 为澳门勘界派高参议筹商未告知葡领事致外务部电文

(光绪三十三年九月初九日)

洪。阳电祇悉。澳门勘界事，承派高参议来粤筹商，荩筹至佩。此事原未告知葡领，俟高到后，酌定办法，再陈钧核。人骏。佳。

## 为香港颁行报律事致外务部电

(光绪三十三年九月十三日)

前奉初五日电询，香港新颁条款禁止报纸文件耸动中国纷扰之事。现查该例云：凡滋扰中国治安或鼓动人民在中国行恶之报纸、书籍等件，如有人在香港境内刊印或售卖或分派，一经讯确，即定以监禁，不逾两年；有无兼作苦工不等；或定以罚款不逾五百元；或监禁与罚款并施。凡犯此律之人,由臬司定罪。等语。此例系西历本年十月十号议定颁行。谨电闻。骏。元。

## 附:两广总督周馥所订报章行稿

为札饬传谕遵行事。

照得报馆之设,原以益民智、达民情,用意至善。惟泰西各国皆有报律为之范围,是以有益无损,经久不敝。中国向未定有报律,以致纯驳不一,其辩言乱政、淆混是非,深为识者所诟病。上年本部堂在两江总督任内,曾咨请外务部与各国商订报律,迄今尚未议定颁行。查广东省城内外,民立报馆颇多,欲正人心,须持公论,不得不先订章程暂行试办。兹将本部堂前在直隶、山东所定报馆章程,曾经与外国人互订允行者,分条开列于后,发交府县传谕各报馆一体遵照。如别有所见,准其呈明补入章程之内,倘藐抗不遵,本部堂照中国律例,有禁止封闭之权。合行札饬。札到该府县即便缮给谕单,传知各报馆遵照,并将某报馆遵办缘由呈明立案,或书明某人签字以为凭信,复呈本部堂核阅,准行府县巡警局一体立案保护。特札。

札广州府、南番二县。计抄单。

一、禁毁谤国家。如本国臣民不准毁谤皇太后、皇上及亲王事,即同是外国人,此国臣民亦不准毁谤彼国之君上。一体从同,以明秩叙。至论议政治得失事关公益者不在此例。

二、官绅军民贤否得失准其议论,但须叙明事迹,不可空言诽谤。其出资登报者,报馆须问明送报稿人姓名、住址及所认识保人,详记簿籍。除照登报纸外,应将原稿存留六个月。如六个月内有人究问,报馆可将原送报稿人住址、姓名及保人告知,听其自向理论。逾六个月无人来问,即将原稿销毁。若无人送稿,系报馆主笔人所为,应准受诬之人请公正人向主笔评论或控官审判。

三、凡激变生乱之语、鄙野秽亵之词,及涉讼未经判定之案,妄加是非毁誉者,皆在所必禁。若涉叛逆不道、有碍治安之事,即由官讯明拘究封闭。

以上三条暂时办法,系为取益防害起见,将来如开官报局,亦照此例遵行。俟外务部、法部、大理院订明报律通行,再行遵照办理。

## 为派兵剿办钦廉各股匪事致军机处电

(光绪三十三年九月十三日)

十一日钦奉电旨:钦州匪乱,自防城收复后,未接续报。现匪情如何,已否肃清?著张人骏确切查明,迅速电奏。钦此。

查防城收复后,股匪窜聚于钦西之禄马、奇灵、大菉各处,经郭人彰派营分投探剿,迭次击散,匪势稍衰。而廉州之久隆、那楼、那思、茅针各地方,复有股匪往来窜扰,经东军夏文炳在那思、西军杜育在那楼先后与匪接仗,斩获甚多。

迭据文武探报,匪由钦西而窜钦东,趋重灵山,意图西窜。大菉一股,被官军剿击,窜匿于西省交界之十万山。其著要匪首,探报为张德馨、黄世钦、梁建骙、梁少亭、刘庭耿、刘渊明、赖春元等。而广西漏网著名巨匪黄和顺、农廿四,逃弁梁秀春,阴谋勾结。并据密探,有革命党由越南私济军火情事。现派郭人彰督营游击钦西一带,宋安枢、夏文炳游击廉州之灵山县属一带。此外各营分扼要隘,以堵为剿,使匪势步步逼紧,冀图聚歼。惟钦灵边境与广西之上思、横州、果化等属犬牙相错,而十万山又连属两省,为匪徒窟穴,非东西联络防剿,势必此击彼窜。当与桂抚张鸣岐往复电商,议定东西合剿办法,令署广西提督丁槐、署北海镇李准各择适中之地驻扎调度,督率营队会合兜击,不得稍分畛域。一面悬赏出示严拿首要,解散胁从,以定人心而孤匪势。就目前情形而论,钦匪业已分窜,惟各股聚散无定,合之即成大股,且有乱党潜匿香港、越南煽感勾结,尤属可虑。已函致英、法各领事转致港、越总督严密查拿，或使出境，杜彼狡谋。一面于水陆要隘严缉私运军火，以断接济。并电催各军严搜痛剿，务期早就平静。其一切详细情形，已饬署廉钦道龚心湛驰往密查，并多委员分路侦探，俟详查明确另行具奏。

谨将到粤后筹办及近日匪情先行电陈。乞代奏。骏叩。元。

### 附：外务部为法使称闻梧州近有乱耗事致张人骏广西巡抚张鸣岐电

（光绪三十三年八月二十四日）

法使称，闻梧州近有乱耗。究竟有无其事？希饬查明电复。外务部。敬。

## 为英商渣甸行水靛一案复外务部电

（光绪三十三年九月十六日）

寒电祗悉。水靛案紧要关键在应赔与否。此事历年争论，原不在赔数多寡。英使强辩之词既难折服，自应遵照钧电照原价发给。现已饬由洋务委员送交英领，转给洋行收领。乞照复英使知照。骏。铣。

### 附：外务部为英商渣甸行水靛一案致张人骏电

（光绪三十三年九月十四日）

英商渣甸行水靛一案，经本部屡次电催，准胡护督电，均以派员磋商为复。现英使以新督抵任已久，照催结案。查此案悬宕太久，断难再以空言驳辩，希查照本部五月虞、删，六月东电，从速设法了结。并电复。外务部。寒。

## 德商元兴洋行欲在汕头置地建屋事复外务部电

（光绪三十三年九月二十日）

巧电祇悉。英人宝格、马廷，先在汕头租有坪地一段，曾经税契。德商元兴洋行现向该英人转租，昨接英、德两领来文，请免德商再行投税。当查民人租置产业，应赴地方官税契，方足为管业之据。该地由何人管业，自应由何人投税，断无执他国人工手旧契，遂可为管业凭据，此系各国通例。三十一年间，广州英领曾照会岑前督，声明英人产业转租与华人，即由领事将契在册内注销，仍由华人税契等语。华人转租英人之产既须税契，德人事同一律，自应税契可知。况汕头系通商口岸，与划分租界不同。洋人租地，仍应中国官主持，断无由德领给发新契，即可得管业之据。此端一开，实与中国主权有碍，应请大部坚持驳复，无任感盼。人骏。号。

### 附：外务部为德商元兴洋行欲在汕头置地建屋致张人骏电

（光绪三十三年九月十八日）

德使照称，德商元兴洋行在汕头与英人宝格、马廷两人订明，转租在英领事署注册之坪地一段，该管地方官不准填筑，迫令投税。不知英人原契可以过与德人，或将原契注销，再由德领另给德人新契，作为管业。请转饬该管地方官，迅速允准。等语。此事究竟情形如何？希饬查明电复。外务部。巧。

## 为添轮缉捕事复外务部电

（光绪三十三年九月二十一日）

添轮缉捕一事，迭奉钧电敬悉。粤省盗风素炽，东、西、北各江河面港叉[汊]纷歧，劫轮之案多由洋轮不服查验，不受保护，故匪得假扮搭客，在船中途猝发行劫。得脏后，仍复上岸而逸，与大帮海贼不同，非水陆兼筹不足以靖盗风。近来，水陆文武捕务日就废弛。骏抵粤后查悉情形,急求整顿。惟积玩已甚,骤难挽回。今英人以洋轮被劫屡有责言,目前似不能不先筹救急之法。惟有严定章程,搜查搭客,并将水陆缉捕一律认真办理,非仅添轮所能为功。且添置轮船有需时日,亦恐缓不济急。骏已与秦署提反复筹商,议定整顿缉捕办法,并将章程派干员与粤海关税司参酌,冀收集益之效。一俟税司议复,即行详细电咨。至将来缉捕常年经费,粤省自应设法担任。至英轮被劫各案,并已饬局勒限严缉。乞先复英使。骏。个。

### 附:外务部为英使来言桂州乡又出有劫案致张人骏电
（光绪三十三年九月十四日）

西江巡轮事,上月念四电达迅速筹办,迄今两旬未准电复。顷英使来言,桂州乡又出有劫案,催办益迫。地方如此不靖,倘再出重案,益滋口舌。亟应速定办法,以免外人干预,别生枝节,愈难措手。务希查照本部前电切实整顿,及与税司妥为商办。并将筹措常年经费添置快船各节,迅速详细电复,是为至要。外务部。寒。

### 附:外务部为惠州府复有英商小轮被盗事致张人骏电
（光绪三十三年九月二十日）

十四日电计达。顷又准英使照称,“驻粤总领电,初九日,广东惠州府,复有英商小轮被水盗攻击事,知尚未设法剿灭此项水寇。该处英轮屡被剽抢,而港督仍禁运私械,并送交逃犯,及襄办疑为会党之人,悉存平时睦谊。乃华政府不看重此等举动,犹肯令英商贸易再受盗害。以本国年来友谊竟获此等酬报,甚为苛虐。请再专电粤省,速筹海关所辖巡船办法,不再耽延。并饬缉捕此案盗匪,会同总领妥商赔补”等语。该处地方如此不靖,此次英使来照,词气比前犹激,必须在我定有办法方好答复。希查照前电,迅筹电复。外务部。号。

## 为雷伟南等拟办家族自治批藩司学使札

(光绪三十三年九月二十三日)

地方自治,固为预备立宪基础;而家族自治,更为地方自治之权舆。该举人等因族内烟户繁多,良莠不一,渐至习于强悍,窃盗成风,意欲力挽颓波。爰订自治规则,将从前族规细加厘定,察阅刊列各款,大都按切乡里情形,修明家族条教,足见该绅等革弊改良、约束族众之意。仰广东布政司会同学、按二司,即饬南海县详细核明,如果所订规则悉臻完善,即行准予立案,并给示晓谕,刊发钤记,俾资遵守。可也。

## 为化县盗案频闻致广东营务处臬司札

(光绪三十三年九月二十三日)

据禀,化县地方自纪牧到任以来,盗匪劫案频闻,殆无虚日,并有西省陆川土匪分道劫掠之谣。何以该州毫无防备,亦不禀请派兵剿办?高州黄镇现在举办清乡,如果该州盗焰如是披猖,亟应通筹兼顾,移缓就急,派拨兵队,督饬文武搜捕,以免蔓延扰害。仰广东营务处会同按察司,并即移行高州道、镇查探州属匪踪,速即酌拨营哨驰往围捕,切实搜擒。并严饬化州立速整顿捕务,会营悬赏购线,督饬兵勇暨会约陆川营县一体严缉匪首。黎朕恳请达廷等,务期获悉按办。一面联络绅耆查办团保,实行清乡,以辅官力而壮声援。如果该管文武不知振奋,应由该镇、道、府随时禀闻,勿相瞻询讳饰。

## 美国教会在南海等地传教事致外务部电

(光绪三十三年九月二十七日)

现据南海县禀称,美国耶稣教会近设小轮,时往南海、三水、花县等属沿途传教。本月廿二日,该轮在南海三水司洪山堂河面遇风,碰坏轮舵，不能开行。忽有花县文周村民钟惠章往附近各村声称，伊孙侄钟培均，聘定石阶乡谢赖氏次女为妻，尚未过门，被谢赖氏带落美国轮船进教，不甘受辱，沿速喊迫，以致各村乡民麇集多人，喧传该小轮诱骗妇女，必须索回，声势汹涛。当经三水司巡检、官窑汛弁督勇驰往弹压，见该轮有美国女教士二人、男教民吴姓数人，并谢赖氏母女二人。该巡检等即劝吴姓教民先将谢赖氏母女交地方官，乃该教民坚执不允。岸上村民聚集愈多，竟将瓦片等物向船掷击，幸未伤人。间有匪徒乘机上轮，窃取帆布等物。登即拿获四名，搜回原物。该教士等见众情愤怒，始允将谢赖氏等暂交巡检司署，村民随即陆续散去。该轮先因遭风碰坏，女教士等遂带细软物件，另搭别轮回省。教会小轮及船中各物，经饬兵勇保护，无甚损失。该县闻报，即会同广州协副将驰往查看，经将小轮拖回省河提讯，谢赖氏供，美国女教士姚姑娘到村讲道，劝将伊女带往省城河南福音堂读书，一时无识，未及告女夫家，以致村人疑为诱骗等情，禀报前来。经派洋务处委员温道宗尧会同广州美领前往该轮察看，只有百叶窗等被石掷破，余无损坏。其船中物件，亦无遗失。乃教民等忽称失去煤炭等件，约值二千余金，希图索诈。现由温道与美领切实磋商，妥为议结。查传教一事，虽系条约准行，惟只应在各地方设堂传教，并无准用轮船沿途传教之事。中国男女之防最严，妇女入教，本已易生谣诼，惟在本处教堂传习，则亲属等尚可随时查察，知其无他。若一经远离，乡愚无知，必致疑为诱骗。此次美国教会用小轮前往各属沿途传教，并将钟姓未婚妻私携赴省，乡民等见该船中男女杂处，以致激动众怒，几酿事端，尚幸弹压较早，不致殴击伤人，失毁船物，当尚不难议结。惟教会用轮传教，来往无定，实属难于保护。应请钧部照会美使，饬令该教会，嗣后不得用轮沿途劝人入教，以免再酿事端，至为切盼。乞电复。人骏。感。

## 附:外务部为美国教会在南海等地传教事复张人骏电

（光绪三十三年九月三十日）

感电悉。查此案虽关涉美国教会,而案中男女均系中国子民,应由地方官自行秉公办理,无须与外人商酌。至教会用轮传教,条约原无明文,所设小轮,似可查照内港行轮章程,设法阻止。外务部。卅。

## 粤省缉捕年来废弛已极复外务部电

（光绪三十三年九月二十九日）

敬电及廿五、六两电,均已祗悉。粤省缉捕年来废弛已极,骏抵粤后查悉情形,即经切筹整顿之法。此本地方要政,纵无外人责言,亦断不敢玩忽。惟粤地幅员甚广,西江一带,由浔、梧直达广省,已及千里。此外,东、北两江亦各数百里,其中港叉[汊]纷歧,四通八达。自经内港通商,洋轮时时可往,路路可通,各国商轮,往来如织。即添兵轮,势难逐船护送。非统筹全局,断难得扼要之法。匪徒行劫轮船,无不假扮搭客,私藏军火,行至中途,遽起肆劫,实与大帮海盗不同。往往被劫之时,商轮仍照常行驶。即遇兵轮驶过,商轮人等不敢声张,即无从知其失事。现凡粤中缉捕大小轮船,共有七十余号之多,为数实已不少。惟匪徒假扮搭客之弊,非严搇军火,及查缉陆路窝匪乡村,实难永绝匪患。日前个电,并非以添轮为缓图,惟仅拟添轮,若不统筹切实办法,必致仍难收效。现在章程业与税司商定,先就西江办起,东、北两江亦拟陆续推广。章程大略:

一、拟添置浅水快轮四艘,每钟须行十二英里。令二轮巡缉西江上游,二轮巡缉下游,不分昼夜,往来巡缉。

二、将原设西江小轮十九艘,以两轮为一队,划分小段,一体梭巡。

三、将大小各轮分配巡缉时刻,每段河道日须巡缉数次,并照会哨章程，责成各轮逐日会哨，登注日记，以期周密。

四、严定各轮、各弁勇功过，遇有劫匪登岸，即会同陆路巡勇兜拿追缉。

五、酌定商轮埠头，由税司酌量指定西江沿途若干处，以易商轮上落客货之埠。每处酌设扒船一艘，以资防护。

六、酌定商轮航路，由税司查明何处商务繁盛，酌定往来航路，以便巡船易于稽查。

七、商轮凡遇巡船驶过，均令驶近巡船，以便查询。

八、洋商轮船，一律照华轮办法，酌派数勇，常川驻轮保护。

九、拟在省河扼要之处，酌设厂卡。凡由省开行商轮，一律先赴该厂听候查验搭客有无私挟军火等物。其沿途上下客货埠头，亦令驻扎该段扒船，先在该艇搒查一次，方准登轮。仍令随到随验，不准遇延阻滞。

以上各章业经派员与粤关税司庆丕再三商定，该税司深以为然。拟即遴派得力大员切实开办，其添置快轮，昨由秦署提派员赴港议价，惟非数月之久不能造成。现正冬防吃紧，迭出劫轮之案，造轮缓不济急，应即责成原有各轮先行照章分段巡缉，以免疏虞。一面由粤与洋行商定快轮价值，赶紧购置。惟粤省切近港、澳，实为盗匪逋逃渊薮。港、澳军火，并未切实严禁，匪徒购枪既易，复有港、澳为藏身之固，粤中盗风之盛，实由于此。本年五月间，胡护督拟请严禁港、澳售卖手枪，本属扼要之论，俟与英、葡两领切实磋商，以资补救。至英使要求税司管辖巡船一节，无非欲缉捕办理认真，可弭盗患。现在所议章程系与税司商定，务在实行，断不容管带之员仍前玩忽。税司办理榷务，断难驻轮缉匪，即以管辖，亦属有名无实。惟庆税司在粤日久，情形尚熟，拟将整顿缉捕事宜随时派员与商，作为顾问之员，俾资臂助。仍另派大员认真督率，以专责成。

乞钧部详晰照复英使知照。其粤省添购各轮，开办及常年经费，均拟由粤自行设法筹措。税务处刻议拨银二十万，自可无庸拨解。

如果各关须添轮船专办缉私，请照周前督原议，由关另行筹办，以一事权。并候钧部核示。人骏。二十九日。

## 附：外务部为英轮“同丰”被水盗抢劫事致张人骏电
（光绪三十三年九月二十四日）

个电悉。顷又准英使照称，英轮“同丰”在距黄埠二十余里，被水盗抢劫。旬日内，两见此类案件，若剿灭水盗之举，任听粤省自办，永无成效。惟有添置巡船，归海关管辖一法，可免此害。中政府肯否导粤施行？如不能照行，事出无奈，或由本大臣咨本国水提，将属下之船自行巡缉等语。并经面晤，词气尤为激切。此事屡经本部切电，势在必办。来电所称各节，以添轮为缓图，本部万难据以答复。惟有查照各前电迅即添置四轮，与税司妥定管辖章程。倘若再有迁延，英水提必自行派船巡缉，又将何以应之？事关急要，断非空言所能搪塞。希即迅速办理，并电复。外务部。敬。

## 附：外务部为英轮“荣发”在马宁地方又被抢劫事致张人骏电
（光绪三十三年九月二十五日）

敬电计达。顷英使又照称，英轮“同丰”被劫，昨已照会在案。今事出无奈，英轮“荣发”复于二十日在马宁地方又被抢劫。昨在部会晤时已声明，粤省水盗事，十二个月内所论已尽，今无再论之责。嗣后每出一案，不过谨告存查而已。仍任听本国政府暨水师提督作如何办理，以便保护本国轮船在粤省内港获享平安，等语。事关切要，希照前电，迅速并复。外务部。二十五日。

## 附:外务部为英使来文词意决绝致张人骏电

（光绪三十三年九月二十六日）

西江迭出劫案,英使来文词意决绝,恐英师船生心干预,与国体主权关系甚重。必须肃清江面,方可免意外枝节。有人云,粤省、香港一带,商行小轮甚多,可价租改作巡船。祈即择租马力较大、行驶较速小商船数艘,配置弁兵、枪炮,遴委得力人员,管领巡缉。遇有商船往来,认真防护。并严定功过,切实责成,不得再生劫案。一面速照前电各节,迅即筹办。现值时艰方殷,万勿酿生事端,至难收束。立盼电复。外务部。二十六日。

## 附:外务部为从速与英水提会商西江章程事致张人骏电

（光绪三十三年十月初八日）

准九月二十九日电称,西江事非统筹全局,仍难收效,现与税司商定章程九条,等因。经即详叙节略致英使。顷准复称,此项章程,是否与本国总领商议?粤督既欲令洋轮遵照定章,莫如与最有关系之领事官先议。又英水提现既在港,亦应与之商议此事。非先得该水提及总领等之意见,未便率加可否。请电粤督从速会商,等语。查章程内自五条至九条,均有涉及洋轮之处,既与税司会同商订,自可就近知照英领。至此次章程,与英水提并无关涉,惟英轮叠次被劫,该使籍端一再哓渎,该水提并屡思干预,应由尊处妥筹因应,以免口实。仍将筹办情形迅即电复。再,同日,准英使照称,该省于保护洋轮贸易之责,有失其职,获斯效果,应请转粤督,速向本国总领议商此项赔补,勿再耽延。如该省不肯由本处认赔,须请中央政府担承,等因。希查照,并复。外务部。庚。

## 为遍考粤省志书舆图均无记载此岛致两江总督端方电

（光绪三十三年十月十三日）

艳电悉。日商西泽前据之岛，按驻宁日领所称经纬线度及里数，似即系蒲拉他士岛，惟遍考粤省志书舆图，均无记载此岛确据。该岛似在闽粤之间，闻风涛甚大，本拟由粤派人前往密探，惟粤无堪往大洋之船，应否由尊处派往，或电闽省细查有无证据，望酌裁。

### 附：两江总督端方为蒲拉他士岛事致张人骏电

（光绪三十三年九月二十九日）

日商西泽现据之岛，以外部前电经纬度计之，在一千四百余里之外，自非粤省所辖。现据驻宁日领谈及，实在台湾之西南、香港之东南，距香港一百七十余英海里，并举其经纬度及英名名称。按其所言考之，即系前准贵省咨送广雅书局所印《新译中国江海险要图说》内之蒲拉他士岛，一名蒲勒他士岛，为广东杂澳第十三，在北纬二十度四十二分、东经百十六度四十三分，距香港一百七十英海里。长一英海里半、阔半英海里、高四十英尺，沙质无泥，其形似马蹄，靠西边有一港口，约半海里深。上十年，中国渔船在此港避风，确系广东所辖。上年两江派员所绘海图，亦有此岛。英海部所刻海图，亦有此岛。与外部前电经纬度数，并云近于小吕宋群岛之说不符。而外部电内，又有距香港一百零八英海里之说，则颇相类。是外部所访闻度数误而里数无大误也。既是此岛，则确是中国之地，不可置之不问。但日人已踞其地，若贸然派船往查，中外言语不通，恐生枝节，不可不慎。应先将凭据考核切实，先由外部与其公使交涉，再行往勘。但现在所有凭据，仅只数种，均系新测新绘，尚觉未足，若再有早年图志案卷为凭，则尤为切实。乞公于广东省府县各志书、各舆图及公署案卷、私家著述内遍加搜讨，再能举出数证，为此案铁据，尤为周妥。诸希酌裁见复。

## 为西江巡轮不用洋员事致外务部电

（光绪三十三年十月十五日）

庚、寒电均悉。西江巡轮事，五月二十五日准钧电声明，不用洋员。现晤英水提暨总领，意欲以快轮四艘，由税司督缉，仍派洋员管驾，一切用人办事，统归掌握。每船限派华官一员，祇名代表。并称，粤省水道甚远，非水陆兼施不为功。即照现有各轮数目，再加三倍，亦仍难免盗患。此次请添四轮，只欲帮同缉捕，及前往各处查探消息等语。窥其意，似借整顿缉捕为名，另有别图。缉捕为内政，兵权所关系；税司虽属我用，而由彼国人迫我归管，借口保商，设心叵测。况正与税司议章力任巡缉，彼乃不待辞毕，操之愈蹇。一言之允，铁案难移，变本加厉，后患何堪设想！骏已面却其请，仍照知英领，由华官赶速置备巡轮，照前议章程办理，假税司以顾问协议之权。现粤中绅商士民，对于此事奔走骇汗。十四日开会，会议力图自治，辅官不及。速徇外意，恐激众怒。尚求钧部念国权民志所关，与英使切实磋商。“航富”劫案，已严饬限缉贼盗。索赔各节，本为约章所不许，尤望坚持。人骏。咸。

### 附：外务部为英轮“航富”在惠州附近被劫致张人骏电

（光绪三十三年十月十四日）

庚电计达。顷复准英使照称，本月初五日，英轮“航富”在惠州相近处被劫，华客二名遇害。除将各节电达本国政府外，粤省应赔之数，月有增加，请速清结等语。希查照前电，一并电复。外务部。寒。

## 王瑚[1]势难赴滇复云贵总督锡良电

（光绪三十三年十月十五日）

锡清帅鉴：

愿电祇悉。王守瑚交卸来省，即奏辞回籍，正欲起程，当示以尊电。据云：本应遵命，惟明春嫁女，必须在籍料理，一时势难赴滇，乞谅，等语。谨复。骏。咸。

### 附：锡良为王瑚调滇省差委致张人骏电

（光绪三十三年十月十四日）

广州张安帅鉴：

顷闻王守瑚已交卸回省，该守前经弟奏调滇省差委，相需甚殷，倘在粤无经手未完要件，敬祈饬令迅速来滇，实纫公谊。愿。

## 已转嘱王瑚复锡良电

（光绪三十三年十月十七日）

锡清帅鉴：

铣电祇悉。已转嘱王守矣。骏。筱。

### 附：锡良为嘱王瑚明春来滇致张人骏电

（光绪三十三年十月十六日）

广州张安帅鉴：

咸电祇悉。感甚。仍祈台端叮嘱王守，务于明春由籍来滇，以资臂助，一面亦已速电该守矣。铣。

---

① 王瑚(1864—1933)，字禹功，号铁珊。光绪三十年(1904)任柳州知府、廉钦道。民国以后曾任江苏省长等。

## 已照会英领速饬英轮驶回香港事复外务部电

（光绪三十三年十月十七日）

铣电敬悉。查惠属石牛海一带附近、香港之北，英兵轮“窝搭维治”往该处测海，于光绪三十一年二月、三十二年二月，本年正、二月，迭经英领照会，历前督复准，饬属保护在案。九月间，准英领照称，以“窝搭维治”拟由石牛海测量至北一带地方，沿途暂设旗帐、表志，声明饭罗地方至为紧要，系为便宜航务起见，请照案准断等语。当经复准保护。

旋据惠州府陈兆棠电禀，英轮停泊范和海面，洋兵百余名，在海洲地方测量，山顶竖有白旗标竿三面，请示遵办。当以英领照会所指饭罗地方，遍查图志，并无此名，是否即系范和冈译音之误，函致英领明白详告。迄今已阅两旬，尚未接复。正在查办间，承准钧电所云，竖旗划界，强行侵占，自属绅民误会。惟查范和冈为归善总辖，深入内港，英领来文以饭罗地方混指于石牛海沿海至北一带，函询是否误译，又不照复，颇觉迹近影射。向章，准外国兵轮测量港道，只得行之外海，不应闯入内海，且立标旗于山顶，难免士民惊疑，当即照请英领转致英水提，速饬该轮驶回香港，并将标旗携去。尚求钧部实力维持为祷。骏。筱。

### 附：外务部为据称惠州近海一带英兵轮竖旗划界强行侵占事致两广总督张人骏电

（光绪三十三年十月十六日）

十月十三日，据惠州学会李绶青等电禀，惠州近海一带，九月初，英人突派兵轮竖旗割界，强行侵占，等语。顷又据广东绅民丘逢甲等禀，同前因。究竟有无其事，希饬查电复。外务部。铣。

### 附:外务部为英船测量及葡界二事致张人骏电

(光绪三十三年十月十九日)

迭接粤省绅商电禀,以英船测量及葡界二事,啧有烦言。准筱电悉,测海事既经尊处复准有案,应出示晓谕,俾免绅民误会。至范罗是否即范和冈译音之误,该处既属内港,自非英轮所应拦入。尊处已照请英领撤轮去旗,现在已否照复?仍希切实诘阻。葡界事,近日商办情形,统望电复,并一面谕知乡民静候商办。外务部。十九日。

## 为广东法政学堂全体学生电禀抗议事复外务部电

(光绪三十三年十月二十二日)

号电祗悉。已转饬该学堂监督妥为劝谕,毋令误会。骏。养。

### 附:外务部为广东法政学堂全体学生电禀抗议事致张人骏电

(光绪三十三年十月二十日)

西江缉捕事,顷据广东法政学堂全体学生电称,英索西江捕权,士民同愤。以西江非公海,内匪非海贼,虽授权税司,究属外人,势必各国援例,大局何堪设想?乞电粤督会同绅商妥筹,推广水面警察,力任保护,免被借口。又,英舰在惠州、新安等处,借测海线,于航路必需外,立旗划界。葡人在澳门对岸香山县属,擅行拒官占地,逼民入籍。并乞电粤督,据理明定界限,以保主权,等语。该学生所称各部,未免误会,希查照本部前电妥筹办理,并电复。外务部。号。

## 为广东法政学堂全体学生电禀抗议事札广东提学司

(光绪三十三年十月二十二日)

此事前接外务部来电,业经本部堂函致法政学堂监督,传谕知照在案。该学生所陈各节，关系国权，本部堂无不力为维持。该学生等勿庸疑虑。仰广东提学司即饬知照。

## 批湖北补用知县陈继枢禀

（光绪三十三年十月二十二日）

查西江缉捕系属内政，固不能假权外人。税司责在缉私，亦难兼任捕务。昨据商董陈基建等来辕具禀，业经出示晓谕在案。此事关系主权，本部堂自当力任维持，咨商外务部妥筹办理。仰即知照。

## 昨接英水提照会事致外务部电

（光绪三十三年十月二十二日）

铣电及十九日电祗悉。西江缉捕事，昨接英水提照会，要求添设快轮，归海关管辖及赔偿“西南”轮船劫案两事。来文之意，重在“西南”赔款。具称，若允赔偿，则亦愿请本国政府将添置游弋兵轮之事延搁，惟须新章实行后，视成效为定夺。并以华轮冒挂英旗，现正筹议注册新章，以杜现实弊窦，等语。查近年英轮被劫各案，除“西南”轮船外，其余实均华轮冒挂洋旗，且时有串劫之事。前晤英提时，曾与切实辩论。闻彼已查悉实情，是以允为整顿。此次来文，只言“西南”一案，此外均未提及。职此之故，至前定缉捕新章九条，声明由地方官自办。英提既欲观我成效，是新章彼已承认。其税司管辖及英国添轮游弋两层，自可无庸置议。钧电议由海关添设两艘，应请专办缉私，以清界限。至“西南”劫案，照约本无赔偿，且办匪已十余名，枪毙医士卖道德正凶亦经缉获，获抵命，缉办实已尽力。惟英提文称，该医士在华行善廿余年，一旦惨毙，所遗妻子贫无所依。现拟略与通融，酌给该医士恤款，以便早日议结。此事粤省绅民，因洋员管辖缉捕，深虑扰害，众情惶恐，力图抵拒。连日迭接绅商来禀，均请坚持。骏已剀切晓谕，勿任滋事。一面与英提等再三磋磨，俟恤款议定，或冀可转圜。如英使提及税司管辖缉捕事，乞复令由粤商议。此案详细情形及澳门事,由高参议面陈钧鉴。

人骏　二十二日

### 附:外务部为西南案应由尊处酌量办结致张人骏电

(光绪三十三年十月二十三日)

二十二日电悉。添轮事,前因西江劫案一月多至数起,英使来照暨面晤,词均激切。本部为防英水提干预起见,不得已与商权宜办法,添轮数艘,由尊处与税司妥定权限,以杜借口。兹既准来电称,英水提来照,重在“西南”赔款,并有若允赔偿,亦愿请本属政府将添置游弋兵轮之事延搁,惟须新章实行后,视成效为定夺,等语。本部前将尊拟章程照知英使,彼亦并未置词,推归水提暨领事与尊处径议。是新章实行之后,如果江面静谧,不至再出劫案,该水提自无可干涉,英使亦无从责言。所有添轮巡缉一层,自可无庸议及。如英使来部提及,当覆令仍由粤商办。西南案,应由尊处酌量办结可也。外务部。二十三日。

## 为廉钦匪事致军机处电

(光绪三十三年十月二十三日)

廉钦匪事,业将剿办布置情形迭次电奏。嗣因匪势趋重,灵山县属之那楼一带,经署北海镇李准商令统带郭人漳督队往剿,复派管带马镛桂率亲军四哨同往,并电西军越境协助。郭人漳自九月二十二日由大寺沿途搜山,二十三日在板城遇匪接战,二十四日追至南乡,二十五日追至太平、那隆。匪股愈战愈多。匪首赖春元等正在那禄、那楼、屯良一带开台拜会,倡言革命,党众已集至数千。郭人漳等于二十六日追至那禄村,与匪大股相遇,奋勇猛战,自辰至酉,生擒匪目李特考、廖清江悍党五十一名,并斩首级、耳记二百六十四具,夺获枪械、旗帜、伪印、伪示、伪札、匪马、草粮、火药、通码无算。追剿七十余里，歼匪不下千数，内多首犯。据报，前在三那倡乱之黄世钦亦已歼毙，搜其尸身藏有金页，验系香港店铺字号，其为港澳会党勾通接济，似非无因。西军各营协力剿捕，同时亦有斩擒。郭人漳复乘胜会督东、西营队进攻江万、西牙各匪巢。十月初三、四等日连获大胜，生擒七十余匪，斩获首级、耳记二百数十具，击毙、焚死不可数计，夺获军械甚多。女匪韦十二嫂已擒，并阵毙匪首、伪统领黄道昌、黄启明等。营弁李光明、罗昆玉均力战阵亡，其余伤亡弁勇共仅十余名。此郭人彰等迭次获胜之情形也。

李准、龚心湛旋又派前河南补用参将王有宏督营围搜，管带孔繁琴在梁屋生擒匪首黄世明等数名，并搜获革命军旗帜、伪统领营哨关防及逆党伪书等件。管带黄秀瑀在青龙江击毙五六十名，其攻陷防城匪首农廿四，亦经营团续获解讯惩办。节据该统带镇道等先后电禀前来，又经钦州营团擒获匪首黄清舟、苏乃彪及助逆之局绅李翰才讯供相符，并称股匪枪码多由乡团接济，赖春元、梁建葵、潘二、易三、黄正海等均已阵毙，等情。查廉、钦土匪散则无踪，聚则成股，各营四出游击，迄未痛歼。此次经李准、龚心湛调营扼守广平、平吉、久隆、牛冈一带，钦西又经郭人彰布置周密，匪逆相率窜聚那楼附近并江万、西牙等处，仰托朝廷威福，将士用命，乃能连获大捷。

郭人漳自四月间赴钦剿匪，令攻破三那，收复防城，防剿钦西大菉、禄马、大灵各处，均能赴机奋迅，所向有功，现又全获大胜，论其战功，实为诸将之冠。此外，各营队亦有异常出力之员，容俟查明，先行择尤保奖，以励士气。李光明、罗昆玉力战阵亡，另行奏请优恤。匪首赖春元等是否均已击毙，现经再饬确查，以昭核实。当此军威大振，人心多已反正，仍责成各文武乘势搜捕，一面解散裹胁，招抚流亡；一面筹办乡团，清除余孽。

秦炳直取道西省横州，于十月初七日行抵灵山，李准即统回省，钦、廉各营交由秦炳直督办。骏当随时电商，妥筹剿抚，乘此声威，但能措置各宜，肃清之期当必不远。谨先电奏，仰慰宸廑。

再:以上数仗,皆系前署北海镇李准布置督剿,因恐各营禀报或有不实,电由秦炳直详查。顷据电复,各电所报尚非铺张,合并陈明,谨请代奏。人骏。漾。

## 钦防之乱实系革命党为之致张允言等函

(光绪三十三年十月二十四日)

允言等阅:

卅日、初七两禀均已披阅。来电言赴营口,不知已回都否?叶雨田产业在粤者,不过十余万元。香港虽已照会英领,尚未得复。其余则非权力所及。卢明之到粤,已令与府县商办,然恐将来结局不能甚好也。闻人言王伊在户部声名本劣,而某尚书信而任之,致有此失,殊与大局有碍。我意,王伊必与东盛和有连手之事(如买空盘之类),利令智昏,故敢以六十万巨款作孤注。若不根究,将来银行招牌谁复看得起?我从前曾告汝,用人一事最属为难,不幸言而多中。汝早晚若得外放,或调他缺,摆脱此事,则大幸矣。四叔保送军机,闻之甚喜。如能取列,则将来拟旨不致如今之南屋诸君也。

温、姚①实皆可用之才,故挈之来粤,不关于少甫之荐。温于应付外交、姚之办理文案,粤中官场尚无其敌。西林在粤终年托病,不常见人,而一切见客及接待洋人,皆委之于员。故粤人之怨西林者,皆归怨于二人。其实铁路初次之风潮,则朱祖荫②、冯嘉锡③二人为之。以后周、胡④任时纷纭不靖,则温、姚二人已离粤矣。我素不拒客,事皆亲裁,二人果非端士,当亦无所施矣。铁路事,自我到粤后持

---

① 温宗尧、姚绍书。

② 朱祖荫(1850—1934),光绪二十九年(1903)被岑春煊调往广东,任广州海关提调。民国后,任裕生公司董事长、江苏省导淮委员会副委员长等。

③ 冯嘉锡(1848—1932),慈善家。曾任中国银行行长、海关监督等。

④ 前任两广总督周馥、广东布政使胡湘林。

以镇定,故浮说无从而间,两月来绝无喧争之事。现镇东[①]已到,但能条理不紊,此后或可就绪矣。陈、杨断不可合,各股设法收入,陈、杨之股实不过数十万而已,两义已与震东言之。西林[②]之乱,尚胜于周[③]之糊涂。前日接见美领事,渠告人云,现在办事难,不如周时之容易,即此可见一斑。其余事甚多,不能悉写。承二人之后,凡事颇难着手。

钦防之乱,实系革命党为之。现已搜有实据,孙文党无疑。郭道[④]骁勇敢战,自是将才。近日三凝、西万两战,悍首歼毙不少。李准调度皆能听我约束,亦皆有法。乘此事机,若不易将,则肃清指日可期。而朝廷忽易秦子质[⑤]督办,此后军事顺否,我不能必矣。秦提专主招抚,上次接统钦军时,皆系土匪。又当郑润材[⑥]等剿办得手、匪势穷蹙之时,西林忽易秦统(郑因卸统,愤而自戕),故匪党乘机乞降,秦皆令其设誓免死,或收入军队,不劳而定,此是何等将略!然从此钦军遂成尾大不掉之势。近日,彼处人皆谓钦军无事时则兵强将弱,有事时则将强兵弱。人谓钦州之乱,实系秦所酿,实非刻论。当日,若将首要多办数人,当不至有此次之乱也。然仍狃于故智,自信甚深。濒行时再三告诫,责以散协歼渠。近复屡以电戒之,如能见从,则事不难了;若复自量,则钦事恐难了。即能了,恐不久必复乱。现在匪已穷蹙,招之亦必投降。盖此乱事,实有孙文之党煽惑,与寻

① 梁诚(1864—1917),原名丕旭,字义衷,号镇东。光绪元年(1875)考取第四批留美生,回国后在总理衙门任翻译、参赞等。光绪二十九年(1903)任驻美公使。

② 岑春煊。

③ 周馥。

④ 郭人彰。

⑤ 秦炳直。

⑥ 郑润材(? —1904),字惠霖。光绪二十九年署广西左江镇总兵,兼统领钦廉边防军务。

常之匪不同。如唐浦珠、赖春元、黄玉麟、李特、关仁浦等七八人，皆绅士也，练总也。广西漏网之匪首王和顺，实为渠魁。而农廿四、梁建葵等广西人居多，若敷衍了事，断无不死灰复燃之理，再乱恐较此更甚。前数年广西之乱，亦失于招抚，即其明证。此次钦防之乱，亦误于招抚也。

广东事繁，较南北洋为甚。到此两月余，几无一息之暇。最无谓而费手者，皆补救前任之阙失。我意甚不愿在此久任也。

地图已重印，不必再寄。家用日内即寄。

十月廿四日谕

## 英国游历护照违章擅填十八省字样请力拒事致外务部电

（光绪三十三年十月二十四日）

洋人内地游历，向不准填十八省字样。英现违定章，擅行填注，力阻不听。如来饶舌，请为力拒。乞垂察由。

## 为日僧传教事致外务部电

（光绪三十三年十月二十五日）

日僧传教事，前准大部来文：本部与日使磋商，尚未定议，凡有日僧来华，只应照游历洋人保护，等因。昨据广州日领照会，日僧安满了仙，欲往雷州传教，经即照案驳复。该领现谓奉日使来电，不允日僧传教断难承认，等语。除再驳复外，如日使向大部续请，务祈坚持驳拒为祷。人骏。有。

## 致张允言等函

（光绪三十三年十月二十六日）

允言等阅：

兹由协成乾汇去京平足纹叁千两。以一千捐顺直振，两千作家用。到即照办。

十月廿六日

## 再致张允言等函

（光绪三十三年十月二十六日）

允言等阅：

兹由协成乾汇去库平纹银伍千两，即存放户部银行生息。到即照办，并电复。

十月廿六日

## 为粤商关溢生请筑佛山致江门铁路致广东农工商局札

（光绪三十三年十月二十二日）

自佛山达江门河道淤浅，转运为艰。该商等拟集股修筑支路，实属知所先务。惟所定路线与粤汉铁路章程有无背触，该商等是否确系身家殷实、力谋公益之人，曾否集众商议，现拟招股四百万元是否确有把握，折开章程各条是否悉臻妥协。兹事重大，必须详细妥筹。仰广东农工商局即传该商等到局，详加查询核议，复候察夺。

## 为西江缉捕权事致外务部电

（光绪三十三年十月二十八日）

西江巡船由粤自行整顿，英水提来文愿观成效。现忽翻议，遽称不给"西南"赔款，即自派船巡逻。牵合前事，抵词恫喝。揣其用心，以迫令假权税司为外人入操兵柄之权，以索赔为嗣后盗案认赔之券。贼匪行劫，各国不免，按之条约公法，向不赔偿。此端一开，各国效尤，各省同累。况被戕医士，已允给恤银与以转圜，彼乃反复要挟，不恤食言，无非志在侵我国权。一经承认，患不忍言。骏已坚词驳拒，一面先租四轮往来梭巡，华船实新章办法。并电驻英李使向英外部力争。此事关系甚重,英人要求已非一次,屡经谭、鹿、德、岑各督抚坚持拒绝,并由前总署以有碍主权驳复英使奏明在案。务乞钧部迅电李使设法争拒,以维大局。英使如向钧部要求,并恳坚持为祷。人骏。俭。

## 为惠州英轮已回香港致戴鸿慈梁敦彦等电

(光绪三十三年十月二十八日)

戴尚书及梁侍郎及诸公鉴:

洪。来电祗悉。英轮在惠,系为测量海道,因恐商民误会生事,已照会英领令其退出。该轮当于廿五日回香港矣。人骏。俭。

## 为西江缉捕事复梁鼎芬等函

(光绪三十三年十一月初一日)

敬复者:

昨接大函,以西江缉捕轮船,部议由粤海关税务司协缉一事。诸君于谊关桑梓,熟察地方情形,虑及日后情节,所论颇是。此事在外务部以粤盗贻害商旅,牵动交涉,某使欲由彼国派兵轮巡缉,遂有拟饬税务司管理巡轮之说。敝处业经屡次电争,近又将此事办理各为难情形电咨外务部详察维持;一面于接晤某水师提督及领事时婉切驳拒,期此议就结。诸君子皆缙绅重望,为此邦人士趋向所归。尚祈随时劝诫,勿令稍涉嚣张。我国主权不容侵越本为各国所公认,持之有故,言之成理,不患无转圜处也。特此布复,顺请均安。惟祈佥照不庄。

### 附:梁鼎芬等致张人骏王秉恩易学清电

(光绪三十三年十月二十三日)

广州张督帅、王臬台、易兰池丈钧鉴:

英轮在西江缉捕,未知如何?敬祈赐示。梁鼎芬等。漾。

## 为遴选萨摩岛派驻人员事致外务部电

（光绪三十三年十一月初二日）

驻萨保护华工，原议闽、粤两省合派一员前往。嗣因勘胜此任者，两省均无其人，当电准闽督径电坡领，就近觅一熟悉情形之人先往确查，俟得实情，再请钧部与德使订章，委令常驻保护。现在曾否觅得有人，坡领如何电复，已电询闽省。俟得复，再达。人骏。冬。

## 与英提议订二事致外务部电

（光绪三十三年十一月初二日）

顷准驻英李使艳电，据英外部称，港提督电，极以在粤商议不能融洽，故电饬派兵轮，力与辩驳，始顿解。现议订两事：一、伊严禁冒挂英旗。二、暂缓数日，以便港提就粤议事。伊索两事：一、麦医生恤款速付。二、从速整顿水巡，保不再劫英轮，自不派兵船保护。外部人和平，难共事。伊索两事宜速办，等语。当复以前晤英提，所议整顿西江缉捕，酌给麦医恤款二事，是我处所认；禁止冒挂英旗，是英提所认。与英外部之议，似尚相合。而英提于恤款外另索赔偿，违背条约，断难曲许。东日，兵轮已迫西江，则与暂缓数日之议不符。请公商英外部，速饬将船退出，以便开议。恤款必酌给，赔偿不能认；捕务尽力整顿，英轮尽力保护，按约办理。至于劫案，各国皆有，伦敦、香港亦然，岂能责我保其必无？虽系空言，未便轻诺，为他日借口。现在民情愤激，迟恐肇祸。祈公力速磋商，等语。合录呈钧部，务祈实力维持驳拒为祷。人骏。冬。

### 附：外务部就英水提在粤磋商事覆两广总督张人骏电

（光绪三十三年十一月初二日）

俭电悉。巡轮事，英使以水提在粤，已推归外间就近商议，请尊处力与磋商。如彼使来署辩论,自当仍行驳拒。李使如何答复,并随时转电本部为要。外务部。冬。

### 附:外务部为英国兵轮搜查英旗商轮客装军火一节复张人骏电

(光绪三十三年十一月初三日)

东电悉。英领所称,英兵轮搜查英旗商轮客装军火一节,虽云余不干预,实属有碍主权。现由本部向英使商阻,并告以业由尊处实行新章,整饬捕务,但未知能否就范。现在措置伊始,总应从长计议。如彼果以兵轮在我境内搜查客装军火,以视中国海关自添轮船稽察分清缉私、缉捕权限办法,此中利害孰轻孰重,仍望尊处就近审度情形,妥筹电复。一面仍向英提、领切实商阻为要。外务部。初三日。

## 札饬外国人在中国通商口岸求租屋地应立契投税文

(光绪三十三年十一月初三日)

各国商民在中国通商口岸求租屋地,教士在内地置买教堂公产,照纳应立契投税,由地方官盖印收执,与中国人民无异。投税之始应调上手印契交,查明该地来历有无重典重卖等弊,坐落土名果否无误,四至丈尺果否相符,逐一查勘明确,方准查照约章妥填注税印交执,以昭慎重。各厅州县官幕经书均应受责其成,业经岑前部堂通饬遵办在案。查粤省买卖产业往往重契富,轇轕不清,甚至购讼,不胜冒印契纸,勾串外人,阳以送作教会公产为名,阴行其挟制争产之计。而真正之洋商与安分之教士,遂亦有受人蒙混。付价定契之后,或因土名更改,或因四至不明,或因另有业主,或因盗卖公产,横生枝节,讼讦繁兴,动滋交涉。地方官耳目难周,查察偶有不及,弊混即因之而生。因查民间产业凡为正经之交易,向有先期登报布告之办法,实足预防来历不明含混影射之弊。嗣后凡有华洋人买卖房屋地皮，亦应照此办理。其各国商民欲在口岸永租房屋，教士欲在内地置买教堂公产，务于付价定契之先期两个月，由卖主指定屋地前标贴声明确系己业，执有何字号印契或三联纸，并四至之所界、丈尺之宽广，现拟售与某洋商、某教士等字样，期满并无轇轕，方可互成交易。执契投税时，即因该管地方官查明其是否如期标贴登报在先，分别印税驳回。似此根据既明，调查自易，地方奸民既无以售其欺，而外人按约在中国置产乃可施正当之保护。除分行外，合就出示晓谕所属军民人等一体知悉。嗣后凡有华洋人买卖屋地业务，须按照民间交易通例，一律先期标贴登报布告，无得隐相授受，致干查究罚办。

## 批粤商自治会禀

（光绪三十三年十一月初四日）

据禀已悉。查西江一带，前因悬挂英旗商轮迭被匪劫，英国水师提督派拨小兵轮，前往西江游弋，只系稽查英旗商轮，并不扰及华商船只。迭经本部堂与英官再三辩论，令将兵轮退出，由本部堂自行认真整顿缉捕，并电请驻英钦差大使，切商英国外务部，迅电阻止在案。中英两国邦交最睦，英国系文明大国，断无强暴之举。现在与英官切实磋商，务令将船早日退出。商民人等，不必怀疑惊惧，更不得稍有暴动之事致碍邦交。除出示晓谕外，仰即分别劝谕，遵照此檄。

### 附：外务部为七十二行陈基建等电禀事致张人骏电

（光绪三十三年十月十六日）

顷据七十二行陈基建等电禀，西江缉捕事，本部径循英请，兵柄授人等语。查此案迭经该使以英轮屡被抢劫，坚请由英水提保护，本部严词驳拒，现正与尊处妥筹办法，由粤省添船巡缉，并由中国海关增船协巡，并未许英人着手。该商等不识此案原委，任意喧嚣，殊属冒昧。应由尊处剀切谕饬，勿得造谣生事。

即电复。外务部。铣。

### 附:粤商自治会致军机处外务部农工商部电
（光绪三十三年十月十四日）

北京分呈军机处、外务部、农工商部列宪钧鉴:

西江缉捕是我主权,他人因小轮被劫,越俎干预,钧部径徇其请,兵力所及,即国权所张,沿江商民诧为此风一长,各国援均沾之例,则扬子江非我有矣。华商多冒洋旗,咎在关卡司巡为丛驱雀,欲杜此弊,非整顿关卡、华洋一律不可;又非截留洋税百万,遍布水师不可。不此之务,而以兵柄授人,将来搜捕民船,剿洗乡村,等于昆冈之焚,甚于珠崖之弃。粤人自保其生命财产,特恳钧部始终拒绝,速电粤督严惩关卡、大治水师,五岭以南尚有天日。阖省商民陈章浦、陈基建等谨禀。

### 附:粤商自治会致外务部、税务处、度支部电
（光绪三十三年十月十八日）

外务部、税务处、度支部列宪钧鉴:

英人干预西江缉捕,匪踪所到,势必剿洗乡村。商民恐慌,决议死拒。粤素为盗薮,另以洋关抑勒航业尽挂洋旗,致令外人借口,酿成今日恶剧。朝廷如不弃粤,特恳以粤财救粤命,奏请截留洋税百万,交粤督大治水师,亡羊补牢犹为未晚。若主权已失,兵柄授人,丁税厘捐皆外人掌中物。望从大处着想,以固吾圉。广东七十二行商董陈基建、陈漳浦等谨禀。巧。

## 会同张鸣岐为越匪图扑南关事致军机处请代奏电
（光绪三十三年十一月初四日）

越匪图扑南关情形,业于朔日电奏。续据龙州道龙济光电禀,匪众围攻南关对汛石山顶炮台,当派李福南率队驰救。因守台兵少,被

匪将管员兵勇段亮杀毙，一拥而入，遂将在山顶南、北、中三炮台占据。二十八日，我军与匪鏖战，自辰至申，互有伤亡。经龙济光派出济军两营，左营取道连城、凭祥，援应南关；后营驰往大圹城、鸭水滩、岗龙院、座石关等处，以防另股窜入，等语。鸣岐接报后，当即电在越界难以合围，且股匪聚集越边，革党勾串煽惑、蓄谋已久。此次攻台匪党，查有剪发留学生多人，可为明证。中越沿边千九百里，本已防不胜防，我军又难越境剿拿办理，实形棘手。当由人骏派员面商广州法领切电越督，断匪接济；并照对汛章程，遇有败匪回军，即由法军接追；其在越境余党，不许再令窜入我境。法领虽允转电越督，惟匪党在越聚谋已非一日，夏间迭电外部商请法使驱逐，今该匪仍由越起，饬边防分统陆荣廷，督率各营在于龙州、容宁、连城三处扼要严堵。此外沿边要险，亦饬各营分布严防。并商由人骏会电广西提督丁槐，将驻防广东灵山之西军调回防堵，并思腾出荣、济各军援应前敌，以厚兵力。一面迭饬龙济光，将龙州、连城等处军械局认真防守，查明失守炮台弁兵，严加惩处，激励将士刻日将台夺回。惟查该炮台，山顶界连越边，有小路可通，匪即由此袭入。现我军齐集，攻其三面。一面系大股窜入，其为越督并未据实照办可知，应请饬下外部及驻法使臣，分别切商法使及法外部转致越督，按照对汛章程，饬令法军堵截缉拿，严断接济，以尽睦谊。除电饬龙济光等迅督各军认真防剿，并饬查明占据炮台匪首，及失事详细情形，另行奏报。如果事机紧急，鸣岐当亲赴南宁督师，以资策应。谨请代奏。人骏、鸣岐。支。

## 附：广西巡抚张鸣岐致军机处请代奏电

（光绪三十三年十一月初四日）

钦奉初三日电旨，指授周详，莫名感悚，遵即恭录，飞电龙济光钦遵办理。右辅山围攻三日未下，统核龙济光电报情形，我军仅注重左辅山正面，接济既难骤断；一面仰攻，无怪未能得手。昨已电饬龙济光加派两营，从间道绕出右辅山之西，以渠鏖岭为驻兵地攻其西;由后石山进兵攻其北;俟两路兵到,再由左辅山攻其东。同时并进,冀可一鼓而下。否则一面仰攻,徒损精锐,挫磨士气,长寇志,无益也。断接济,为围攻要着,惟权操自法人,实行难必,不如仍求在己。此电计本日可到,第兵皆分布四处,抽调恐非三五日内所能齐集。目前惟有责成严扼南关及左辅山,不使他窜;仍相机进攻,不使休息。广西提督,前督抚奏准移驻南宁。据探,匪党有谋据南宁之耗。钦乱尚未大定,南宁为龙州后路,其省中权,不能不留丁槐镇慑。丁槐所部十一营向防南宁、思恩各属,钦乱起后,多半抽赴东境助剿。岐现拟亲赴南宁督师,兼巡边境。已商令丁槐进驻忠州一带,调回赴东西军,兼顾上思;腾出驻防东路边军,策应中、西两路。惟道路险要,抽调布置亦非旬日所能集事。

岐更有请者,广西频年用兵,公私如洗。自钦乱飞警接续而来,购械添兵,增费巨万,临事极苦其少,主计每患费多。艰窘情形,莫可言罄。岐前请缓解新旧洋款一年,务恳天恩特准,俾得有所借手。无任悚切待命。岐部署略定,即赴南宁。如边事愈紧,并即驰赴前敌,力加督率,以仰副朝廷眷注南疆之意。乞代奏。鸣岐谨肃。支。

## 为英兵轮驶入西江致外务部电

(光绪三十三年十一月初五日)

冬电及初三日电祗悉。英兵轮驶入西江,昨将李使往来各电录陈鉴察。查西江自梧州以下,节节皆属通商口岸,洋兵轮来往游弋,匪自今始。近与英领辩论,彼谓保护英轮,不预别事。廿五年间,曾经谭前督认可,并据天津约五十二、三等款,不允退出。此事诚碍主权,既经钧部向英使商阻,骏自当再与英领力争。一面照议定新章,从严整顿缉捕。现据内河商船公会绅商集议调查,真正英商轮船实只“南宁”“西南”两艘,痛陈华商小轮历被税司查验抑制,与洋旗小轮显分轩轾，以致船商迫冒洋旗，驯至彼国兵轮横来干预，拟请饬除前例，务使华洋一律待遇，均愿仍挂龙旗，共保国权。缉捕假权税司，深拂舆情。诚恐愤激愈甚，易滋事端。至海关缉私，与缉捕本属两事，前月个电已复请钧部由关添船专办。骏审度情形，华洋商轮既经厘别，洋轮实仅两艘，保护尚属易周。通商口岸，向准外洋兵轮驶入，捕权既归税司，游弋恐亦难免。缉捕事宜，似以自办为是。此次英轮拦入，因争执捕权，相因而至人心疑惧，颇异寻常。经李使与英外部议定，暂缓派轮，应请钧部速商英使，先饬兵轮退出，以便商议。骏。歌。

## 批尚志学堂校长禀

（光绪三十三年十一月初五日）

查西江缉捕事，属内政主权所系，断无轻假与人之理。本部堂现正极力维持，切实整顿。该校长等幸勿轻听浮言，致滋疑虑。仰即知照粘抄。

## 日僧传教务乞始终坚拒致外务部电

（光绪三十三年十一月初六日）

前月有电谅邀察鉴。日僧传教事，迭经按约拒阻，日领来文坚称系奉驻京大臣电饬遵行，并以外间往来辩论徒费笔墨，如有不解可电询钧部，等语。查日僧传教，流弊甚大，务乞始终坚拒，并电复。切盼。人骏。鱼。

### 附：外务部为日僧传教事致张人骏电

（光绪三十三年十一月初八日）

有、鱼电均悉。日僧传教，林使现未提及。该使从前素引商约，屡经严词驳拒，绝无允准。案据只可照游历洋人一体保护。希查照上年冬间迭次部咨，妥为办理。彼如来部辩论，仍当内外坚持,以期就范。外务部。庚。

## 拟派林树棻去萨摩岛致外务部电

(光绪三十三年十一月初七日)

萨摩岛华工现与闽省会商,议由两省合派一员,先往查看情形,俟查后再行派员常驻保护。查有州同林树棻,曾在美国多年,拟即派往。乞由钧部电饬驻德吴参赞知照。人骏。阳。

### 附:闽浙总督松寿覆外务部电

(光绪三十三年十一月初八日)

感电敬悉。萨岛华工被虐,早筹保护。因前委员罗忠尧久病辞差,闽粤两省辗转咨商,现有闽人、州同林树棻,通英文,在美国有年,拟委赴该岛查看情形,往返约期四个月,川费薪水三千元,由闽、粤各半分给。即饬该委员起程驰往,确查后,再行咨明钧部,与驻德钦使商筹保护之法。寿。庚。

### 附:外务部为萨摩岛华工被苛虐事致两广总督张人骏闽浙总督松寿电

(光绪三十三年十月二十七日)

据驻德吴参赞禀,萨摩岛华工约千余,闽粤两省向未派员保护,致被苛虐,急盼拯援等语。希会商闽粤两省,速派谙通德文人员前往保护,藉慰侨氓。外务部。感。

## 为龙州匪党事致外务部电

(光绪三十三年十一月初八日)

龙州匪党,以越南为后路,必须有员在越密为查探,较易得手。中法边界章程,河内等处本可设立领事。现拟先派委员前往河内暂驻,随后再设领事。顷晤广州法领与之面商,该领已允电请政府酌办。拟由钧部照会法使，迅电彼政府允照办理，饬属接待。无任盼祷，乞电复。骏。庚。

## 为拿获廉钦革党首要刘渊明事致军机处电

（光绪三十三年十一月初八日）

窃廉、钦股匪，自郭人漳在那楼、江万、西牙等处连获大胜后，匪势顿衰。经骏迭电责成各营上紧搜剿余孽，一面拨款派员前往三那招抚赈恤。现在流亡安集，人心大定。各路余匪，经营队连日追搜，喘息不定，解散已多。又经秦炳直派营设法购线，令小头目擒斩渠魁，匪党已自相疑贰，分为小股，零星散匿。匪首刘渊明并经郭人漳、王有宏等拿获，准据秦炳直、龚心湛电报前来。

查刘渊明即士敬，系伪汉军民立大元帅，与伪汉军统领兵马黄世钦集党革命，为首倡乱。黄世钦据报已在屯良击毙，在尸身搜获金页、伪统领关防。今刘渊明复被郭军生擒，渠魁先后授首，余匪已多解散。目下大局粗安，肃清当不在远。

除电秦炳直赶紧督饬各营分路穷搜，务绝匪踪，并将刘渊明提省讯办外，乞代奏。人骏。庚。

（军机处收电档）

## 为英舰闯入西江搜查致外务部电

（光绪三十三年十一月初九日）

齐、庚电敬悉。英舰闯入西江搜查英商轮船，昨接英领来文，港提之言与英使照复钧部各节略同。现已严整缉捕，租添快轮，实行新章巡缉。西江案，已允麦医恤款。港提援辛丑年高云被伤一案为比例，原案亦系只恤其人之伤，并无赔偿之说。兹既允恤，即与前案相符，专候英领、港提前来定议。应请钧部再行商明英使，速饬兵轮退出，以安人心而重商务。至华轮不挂洋旗，已饬善后局会同总商会集商妥议，务使华洋一律看待。如应由税务处详订妥章，俟议复后，再当据情径咨办理。人骏。佳。

### 附:外务部为英舰倘搜查船只即属侵损主权致张人骏电

(光绪三十三年十一月初八日)

歌电悉。西江案,英轮仅止游弋,不预别事,尚可免其诘阻。倘搜查船只,即属侵损主权。华轮不挂洋旗,自甚妥善,如果税关有苛待情事,应由尊处饬属与税司持平办理,务期华洋一律。又,如税司意存歧视,可径咨税务处详订妥章,转饬遵办。此事总应整饬捕务,尽其在我,使彼无所借口。若徒恃空言争论,亦复无济于事。上月十九日电,于酌派协巡一节,分晰甚明。该船一切,悉请尊处指示办理,并未定令缉捕。本部现又函商英使,先饬兵轮退出,以便尊处与英领、港提妥为商议。得复再达。并希将实在情形,明白晓谕,俾释群疑。外务部。齐。

### 附:外务部为英水提派兵轮赴西江一带致张人骏电

(光绪三十三年十一月初八日)

齐电计达。顷准英使照复称,水提派兵轮赴西江一带保护英轮利益,此等办法为英政府莫可如何勉强之行。本国允俟"西南"案结,并由地方官实行妥善之策以靖盗风,自能停派巡查粤东水面之兵轮,等语。查此案虽经本部驳复商阻,终恐空言无济。仍希尊处速将"西南"案妥为议结,并实行妥善办法,以期相安而保主权。切盼电复。外务部。庚。

## 为奏请复设陆提事致军机处电

(光绪三十三年十一月初九日)

庚电敬悉。粤省营务、捕务,均极繁重,仅设水陆提督一员,难以兼顾。骏到任后,筹察情形,本拟奏请复设陆提,适于十月寒日奉到寄谕,复与各司熟商,意见相同,已奏请将水陆提督仍分两缺,于冬月歌日拜发，惟有缺尤赖得人。广东山海错杂，言语各异，港澳逼处，匪情变幻，与别省迥不相同。统军办匪，除确能熟悉情形、驾取有方者，无从措手。查高州镇总兵吴祥达，在惠年久，民服匪畏，故附片保举吴祥达堪胜陆提之任，仰恳特予简授。盖不得其人，重镇亦同虚设也。现因冬防吃紧，已将东路巡防队及东江水师，均委吴祥达统领，责令妥为筹办。刻下惠州全属虽有寻常抢劫之案，而地方实已较前安靖，堪慰钧廑。人骏。青。

### 附：军机处致两广总督张人骏电

（光绪三十三年十一月十一日）

青电悉。西江盗风素炽，英人近来干预，水师提督一缺，关系綦重，必须熟悉粤情，由水师出身人员，方可措置裕如。若能娴洋务，略通洋文，尤为妥善。请由尊处访择上项人才数人，电知本处，以备请旨简署。其陆提一缺，仍以秦炳直补署为宜。望速覆。枢。十一日。

## 会同广西巡抚张鸣岐报告镇南关军情电

（光绪三十三年十一月初九日）

右辅炮台克复日期，先经鸣岐电奏。兹据龙济光、陆荣廷先后电禀：初三夜二鼓，荣廷督全队，陈炳焜率先锋队，曾广义、黄瑞兴别领一队，周文献率亲兵乡勇，龙觐光率萧顺洪扼左辅山，梁正麟、林绍斌分扼摩沙渠历各隘，炮队营分扼马鞍、青山各炮台。布置周密后，陈、曾两路猛进，直扑北台，各路同时奋攻，炮队营用大炮向北台轰击，台上石垣立崩。先锋队已扑至台外石垒后闸，用火药焚炸，奈药力不足，匪徒抵死拒守，未能即拔。兵匪枪炮齐发，匪燃大电灯朗照如白日，黄瑞兴腰际受伤，弹子穿透下部而出。各队仍急攻不下，荣廷亲督全营大队，由是夜战至初四申刻，枪炮迄未稍停，愈战愈奋。曾广义、卓赢洲等先后抢占四方岭及小尖山。贼无险可凭，悉数退入垒中坚守。各队围益近,急登垒旁高埠,用枪密击,匪势不支,然仍死守。至二鼓,先锋各队跃登石垒,陈炳焜手斫中台匪纛,全军继登,匪队纷奔垒南逃溃。垒南即属越境,我军不能过界穷追,只得用枪遥击。虽毙无算,究惜未克尽歼。先是陈炳坤于初一日即会同炮队夺回北台后之土炮台,此次得手,全在夺土炮台及四方岭、小尖山三处。济光周历战地,慰劳前敌出力员弁、兵勇,见皆面目黝黑、形神惘散,几非人形。黄瑞兴、古景邦、王佩清、马朝辅受伤尤重。回思七昼夜血战,令人感泣。是役均肉搏相持,阵擒者均受重伤,不能讯供。据探报,著名匪首疤头梁之弟梁扒在北台击毙,此外伤毙著要,猝难查悉。获枪七十六枝,他项、军装甚多。两军现仍在各望口掺铺,尚未收队。谨遵旨开列出力文武衔名,禀请奏奖。并据龙济光、陆荣廷声叙,失守在前,不敢邀奖,各等情前来。人骏、鸣岐复查,此次匪党千余,入手即据炮台,其志实不在小。军用品又极精利周备,即电光灯可以概见。右辅山本极险峻,易守难攻。匪之陷台也,据龙济光查复,匪于先数月遣三人应募为守台兵夫,匪至内应;又值是夜大雾,逻卒先为匪戕散,失之甚易。加以山南出为越境,接济既无从断,边军地远备多,兵力又难骤增。炮利台坚,宜无速克之理。幸赖朝廷威福,仰承指授机宜,严申赏罚,将士俱能用命,竟于七日内克复,实非初意所及。鸣岐筹边无状,致劳宵旰,负罪至重。而前敌异常出力,自应遵旨请奖,以劝将来。龙济光、陆荣廷虽失守于前,能迅速督饬收复,其功亦不容没。(中略)以上二十七员,合无仰恳天恩,俯准照拟给奖,以示鼓励。其余战守出力各员弁及伤亡弁勇,统俟边防一律安谧,再行查明,分别汇请奖叙。乞代奏。十一月初九日。

## 责成司局筹拨广东士敏土厂经费札

(光绪三十三年十一月初九日)

据详已悉,士敏土厂工程经费年内拟拨三万两,分三个月解清,其余十二万两拟由该厂先向商号分借,准于明年由司拨还,应准照行。惟来年正、二月内所需之十五万两，据称筹款异常艰困，实属无款可挪，自是实在情形。惟土厂奏明开办，艰难缔造，业已经年，来岁需银十五万两，独力担任固虞不足，若分别筹划似尚非难，仰即会同广东布政使、善后局确实筹议，并移该厂将工程次第需款缓急，按照前批，再行详议分期、分批办法，移明该司局照数匀摊按解，以济要需。仍将会议办法，具报察核。

## 为匪首疤头梁在滇招佐致云贵总督锡良电

（光绪三十三年十一月初八日）

锡清帅鉴：

洪。现据钦州道电奏，匪首疤头梁在滇招佐，但为匪图扑东南等情，乞公饬属查奉拿完，并出示晓谕，勿为所患。骏。庚。

### 附：云贵总督锡良为已密饬蒙自关道遵办复张人骏电

（光绪三十三年十一月初九日）

张安帅鉴：

洪。庚电青到，已密饬蒙自关道遵办。钦匪近日情形，实盼便乞示悉。青。印。

## 张人骏为派员暂驻河内事复外务部电

（光绪三十三年十一月十一日）

初十电悉。委员名目权限较轻，自不若商设领事更为得力。惟此次派员驻越，专为稽查匪党接济起见，但得越督承认接待，则遇事可与直接交涉，并可随时报告，两粤边境皆得以预防。若商设领事，即使法政府允许，而奏请派员，一切布置，有需时日，恐于目前军事缓不济急。且领事须由驻使选派，情形或多隔阂。拟恳钧部，仍商法使迅电越督，请先由粤派员前往，专查边匪接济械饷等事，俟商派领事定议，届时或即以现派之员奏明改设，或由驻使另行选派，皆易商办，应不至有所耽延。骏与桂抚反复电商,意见相同,伏祈钧裁,并望示复。骏。真。

### 附:外务部为派员暂驻河内事复张人骏电

(光绪三十三年十一月初十日)

庚电悉。派员暂驻河内,原为查探起见。惟委员名目权限较轻,不若商设领事为宜。且河内设领,前曾照商法使,彼已允达政府,迄未得复。兹再照催,从速允认。并电刘大臣竭力向法政府磋商。得覆再达。外务部。初十日。

### 附:外务部为派员暂驻河内事致驻法大使刘式训电

(光绪三十三年十一月初十日)

西贡河内设领一事,前曾照会法使,彼已允达政府,迄来得复。昨准粤督来电,以龙州匪党滋事,拟派员暂驻河内,密为查探。惟委员名目,权限较轻,不若商设领事为宜。兹再催法使,速允河内等处设领。即希尊处与法政府竭力磋商,从速允认,并电复。外务部。初十日。

### 附:外务部为派委员暂驻越南一事致张人骏电

(光绪三十三年十一月十四日)

真电悉。派委员暂驻一事,已面告法使,允电越督。得复再达。外务部。寒。

### 附:驻法大使刘式训复外务部电

(光绪三十三年十一月二十四日)

晤法外部复与切商,据称,已电越督将三匪首强逐出境,且解散余党等语。乞并转枢。该部又称,前允将匪徒扣留、器械拘禁留养,徐商驱遣办法,而大部未肯酌偿费用,以致美意难行。

训向催询设领一事,知一时尚难解决,因与婉商先准设商务委员于河内,彼仍坚执不允,谓大部商设领事,而仍不许滇、桂设领,故难以通融云。训。二十四日。

### 附:外务部为越南派领事致张人骏电

（光绪三十三年十一月二十四日）

法使面称,前提粤省派员赴越南办理现在各事一节,本国政府难以应允。遣派委员,即与领事无异;设立领事,自可另商,等语。查派员一层既难办到,应仍旧向商设领。惟究未便与此事并论。希查照。外务部。敬。

## 批归善廪生李兆书札

（光绪三十三年十一月十一日）

查,此次英国“窝搭维治”兵轮在沿海至北一带测量,驶入范和冈内港,以致群情疑惑,先经本部堂照英总领事转致香港水师提督,饬该令兵轮刻日驶回在案。昨据惠州府县电禀,该兵轮已于十一月二十五日出境矣。仰即知照,粘单保领附。

## 乱党不除终为两粤之患致云贵总督锡良电

（光绪三十三年十一月十二日）

锡督帅鉴:

洪。青电悉。钦事自陷防城后,股匪同时蜂起,近犯钦州,围攻灵山,岌岌可危。经调提各军,分路防剿,钦、灵属之那楼及毛万、西牙等处,连获大胜。刻下,匪势穷蹙,已分股散匿。如搜捕得力,当不难于肃清。此次钦廉事乱,阳借抗捐为名,实看乱党隐相构煽。经搜获逆书,系孙汶[文]从中主谋,现尚遣党四出招人,希图再举。沿边一带防备严密,接济无从,志不得逞。惟此逆不除,终为两粤之患。承念,奉闻。骏。真。

## 为发给香山县学生梁晋梁威梁容赴檀香山游学护照事致外务部咨呈

(光绪三十三年十一月十三日)

陆军部尚书、都察院都御史、两广总督兼管广东巡抚、粤海太平两关事务张,为咨呈事。

案照承准前总理各国事务衙门咨行出使美、日、秘国杨大臣与美国使署律师科士达拟定华人往美汉洋文护照程式,咨粤照办,嗣后人往美,一体仿照所拟程式,饬由粤海关衙门发给,等因。今本部堂兼管粤海关事务,据香山县学生梁晋、梁威、梁容禀请给照前往檀香山美路学堂读书,查无骗拐、假冒等项情弊,并有殷实铺保具结附缴存案,核与章程相符。除验填赴檀香山护照,并照章咨行出使美、秘、古、墨国大臣暨驻檀香山领事查照办理外,拟合咨呈。为此咨呈贵部,谨请察照备案实行。须至咨呈者。

右咨呈外务部。

光绪三十三年十一月十三日。

(外务部档)

## 南澳镇总兵李准堪补水师提督一缺致军机处电

(光绪三十三年十一月十五日)

真电只悉。水师提督一缺,关系极重,承示举员备简,仰见廑注粤事,为国求才,曷胜感佩!

惟查粤省记名实缺提镇,由水师出身者,已难其人,而娴洋务、通洋文之员,尤不易得。广东虽有水师名目,然久无海警,外海拖、扒师船,只供缉捕之用,轮船之能出海者,亦属不多。未经战事,岂有将才?内河则轮船与舢板相辅,而行既河面辽阔、港汊纷岐,时有分布不敷之虑。近年西江商轮被劫,实由沿途停轮之处太多,匪徒假扮搭客上船,劫赃后仍由附近港汊登岸而逸。整顿之法,仍须水陆兼缉,与大帮海盗专恃水师之力者不同。是水提一缺，必得优于缉捕、熟情形、通粤语者方可胜任。

骏详加选择，惟实缺南澳镇总兵李准，久于粤省，平日谙习外交，而于水陆缉捕情形尤为熟悉，历充统巡各江水师、并兼理水陆提督，均能不避劳怨，迭获著名巨匪。岑前督素相倚重，英领及税司亦交称之。周前督信任失当，权限不清，不免致招怨谤，然其才实为可用。自七月间李镇交卸提篆，前赴钦廉、东西各江及广属一带，水陆劫案，遂乃层见迭出。

又，以前分统缉捕兵轮邱宝仁，昧于事机，所派轮船管带多用闽省学生，言语不通，情形不熟，盗风因之而炽。经骏将该分统撤换，各轮船只用学生驾驶，非有阅历者不授以缉捕之权，并将李镇由钦廉调省，委办保商缉捕，兼统巡各江水师，责成认真整顿。当此需才孔急，如能以该镇补署水提一缺，实觉相宜，其余竟无第二人可保。至英人干预西江捕权一事，访闻，实因前粤海关梅税务司与省河水巡警争权，其弟适在北京英国使馆运动公使，构成此衅，并非彼政府之意。即英议院及洋报所论，多不直之。但能内外坚持，终可就范。并以密陈。再，奏复陆提一折，二十前后约可到京。骏肃。咸。

## 英兵轮尚无检查华船之事复外务部电

（光绪三十三年十一月十六日）

寒电祗悉。英兵轮自入西江，只查英旗商轮，并无扰及华船之事。前有英旗“宜发”“安涛”等轮，因违关章，经英兵轮送交税司罚办。惟英商船实只“南宁”“西南”两艘，余均华轮冒挂洋旗。现虽搜查英轮，华商贸暗受其扰，故多张惶。连日船商集议，知冒洋旗之误，愿改龙旗，职此之故。惟昨闻有龙旗“会安”轮船，由港拖带浅水船前往河口，亦被英轮搜查，并取去船牌准单，拘留船主、水手之事。该轮闻系请领香港船牌，业札粤税关同查明实情，再与英领交涉。至缉捕新章，已委李镇准切实办理。西南案已允酌给麦医生恤款，即与英使之议相符,而英领及水提均未遵照来议,实系有意要挟。务乞钧部再催英使,迅饬各轮退出,并令英提来省,俾与妥商议结,至为盼祷。陈基建等已饬县查明究斥矣。人骏。铣。

## 附:外务部为陈基建等电禀事致张人骏电
(光绪三十三年十一月十四日)

佳电悉。西江兵轮事,顷又据七十二行商陈基建等电禀,英水师连旬大队搜查,商民哗愤,乞促令速退。如有祸变,大部实制造之,等语。此项兵轮近在该处究竟如何情形,是否果有搜查情事?尊处既经实行新章,捕务有无起色?西南案,英领提已否前来商结?均望迅行电复。此事由于粤省捕务废弛,致生扰攘。本部已迭向英使诘阻派船,彼以尚无妥善办法为借口。而该商等竟谓由本部制造之,殊属荒谬,希查明究办。外务部。寒。

## 附:外务部为劣绅黄景棠等借端煽惑事致张人骏电
(光绪三十三年十一月二十日)

西江缉捕一事,闻有劣绅黄景棠、江孔殷,倡率陈基建、陈彰浦等,借端煽惑,创设商业自治会,每人敛赀一元,以办匪为入手,设立侦探队,若非由地方官饬办,是则此等举动,目无官长,有害治安。闻黄景棠、江孔殷素行有亏,不安本分。陈基建致部电内有勿咎沿江商民为戎首之语,蓄心煽乱,肆意鼓簧。广东交涉正繁,棘手事件不止一端,若听其遇事生风,万一宵小乘机蠢动,酿成上海会审公堂重案,地方何以又安?此等造言生事之徒,空言查究,恐难安戢。希即严切查明究办,以遏乱萌。并电复。外务部。二十日。

## 政府近为梁心海所纠致张允言等函

（光绪三十三年十一月二十一日）

允言等阅：

前月由协成乾汇去京平足纹叁千两（一千捐直振，二千作家用）。本月初十前后可到，想已照收。另库平纹银伍千两，言腊月可到，届时可存户部银行生息。我在河南时寄京另存候拨之款，似尚有千余金，其数我记忆不清，下次可开一单来。兹再寄去京纹叁千两，以壹千两付年下用度，壹千两为开正以后家用，壹千两归入存拨之款，候信支用。寓中用度务极力撙节。粤省自岑、周二人后，现在事事棘手，恐难久处。但望稍有储蓄，可支三两年之用，我可进退绰然矣。

陈三舅、陆伯葵、刘博泉、葛振卿、张振卿、刘姻叔、继世兄上年似皆酬应，今年似须照送。各款及京东亲戚、本家之款，可在另款开支。如有须致信者，即由京缮写。其余应如何酌量，我不记得，汝等商办。张筱帆现在何处？山西恐未必再去矣。钟小舫[培]廉访已故，渠家在惜薪司石板房头条胡同。渠在豫时颇要好，顷有讣告，可由京寓致送幛席及香格等物，须稍丰。

闻都中已得雪三次，冬间时气必平安也。政府近为梁心海所纠，语颇拉杂，似以不应酬为是。况我实有退志乎！

十一月二十一日谕

## 致张允言等函

（光绪三十三年十一月二十二日）

允言等阅：

顷交日升昌寄去叁千金，大约年内可到。兹再汇去库平伍千两，可并前月所寄伍数凑成总数，存户部银行生息。收到可即照办。

十一月廿二日谕

## 为著匪周先生案致外务部电

(光绪三十三年十一月二十二日)

据东兴洋务委员朱丙炎电禀,防城著匪周先生、詹亚南、黄秀俊、孔文甫、吴福即吴有山、罗有贵六名,曾犯枪杀,经官缉拿,逃匿越南,电请提解等情。当经照会广州法领,电达越督,照约解交。兹据朱丙炎续禀,该犯等已由法官解河内监禁等语。查中法会议越南边界章程,中国人犯法逃往越南,由中国官照会法官,访查严拿交出。现周先生等匪,系犯劫杀重案,迭轻照会,尚未交解,拟请钧部照商法使转电越督,按约交出,俾免漏网,为叩。人骏。养。

### 附:外务部为著匪周先生案致张人骏电

(光绪三十三年十一月二十九日)

养电悉。著匪周先生等,非将私罪案据寄交法使核办,越督何肯交犯?希饬查各犯枪杀原案,就近照商法领。仍抄咨本部,以凭照诘。即电复。外务部。艳。

## 为发给香山县学生马九赴香山游学护照事致外务部咨呈

(光绪三十三年十一月二十八日)

陆军部尚书、都察院都御史、两广总督兼广东巡抚、粤海太平两关事务张,为咨呈事。

案照承准前总理各国事务衙门咨行出使美、日、秘国杨大臣与美国使署律师科士达拟定华人往美汉洋文护照程式,咨粤照办,嗣后人往美,一体仿照所拟程式,饬由粤海关衙门发给,等因。今本部堂兼管粤海关事务,据香山县学生马九禀请给照前往檀香山读书。查无骗拐、假冒等项情弊,并有殷实铺保具结附缴存案,核与章程相符。除验填赴檀香山护照,并照章咨行出使美、秘、古、墨国大臣暨驻檀香山领事查照办理外，拟合咨呈。为此咨呈贵部，谨请察照备案施行。须至咨呈者。

右咨呈外务部。

光绪三十三年十一月二十八日。

（外务部档）

## 滇越铁路关系至重致云贵总督锡良电

（光绪三十三年十二月初二日）

锡清帅鉴：

洪。廿九电祗悉。滇越铁路关系至重，该省绅商动于血诚，力图挽救，复得我公为倡率维持，裨益大局实非浅鲜。滇省官粤人数无多，现已行司查明，分别劝认矣。人骏。东。

### 附：云贵总督锡良为腾越铁路事致张人骏等督抚电

（光绪三十三年十一月二十九日）

天津杨莲帅、南京端午帅、奉天徐菊帅、武昌赵次帅、广州张安帅、福州松鹤帅、兰州升吉帅、成都赵季帅、奉天唐少帅、黑龙江程雪帅、济南吴梦帅、开封林赞帅、南昌瑞鼎帅、苏州陈伯帅、杭州冯星帅、安庆冯梦帅、桂林张坚帅、长沙岑尧帅、太原宝湘帅、西安恩艺帅、贵阳庞渠帅鉴：

辰。滇越铁路，瞬抵省垣，主权既失，危殆恐及全局，审明业经组织公司，誓将洗写腾越铁路赓续自修。惟据该公司呈称，非先赎回此路，必无以救急救亡，非先筹集现款一千万两，更无从议修议续。款巨时迫，急急，望众系云南同乡官箍仕各省者，原不乏人，屡经公司函劝认股，视同秦越，迄无回音。此项路款，在籍者现各毁家纾难，亦望出仕者好义急公，口若概诿诸。在籍之人，凡官他乡者，竟置父母之邦于度外，揆之事理，亦太不公。恳请电咨各省饬查督催，分别实缺、候补，从速认缴。等情。查滇事危急,比于救焚拯溺,非得大众齐力,不能初与有成。夙仰我公忧先天下,全局殷怅,谨此电求鼎力饬催认缴。如仍抗延,是全无爱国心者。此非特乡认议所难容,抑亦台端所不取。属在士久,当不至此。口电。无任盼祷。惟祈严饬,迅速力筹认解巨款,用挽危亡。并乞电覆是荷。艳。

## 军装不能免税复云贵总督锡良电

(光绪三十三年十二月初四日)

锡清帅鉴:

卅电敬悉。官用物料新章不能免税,先已办有成效。滇省云粤押办各件,应请转饬蔡委员[①]报完税项,以便发给护照起运。骏。支。

### 附:云贵总督锡良为滇省在粤购买军装致张人骏电

(光绪三十三年十二月三十日)

广州张安帅鉴:

滇省在粤购办军装外套、军衣等项,共装二千余件,由海道运送回滇,细数由委员蔡慎益就近呈报,恳请饬关查验给照,免税放行,实纫公谊。卅。

## 西江兵轮已允退出复外务部电

(光绪三十三年十二月初六日)

前月念七、八电,均祗悉。西江兵轮已允退出,现将本案议结情形另电呈请代奏。至缉捕事宜,前经奏派李镇准办理,该镇情形熟悉,捕务乃其所长,此次责成专办,外人并无异言。如将来办无成效,不能得力,再当商调北洋将领,以资臂助。人骏。鱼。

---

① 蔡慎益。

## 附:外务部为西江缉捕事实行新章致张人骏电

（光绪三十三年十一月二十七日）

西江缉捕事,尊处电称实行新章。业经照会朱使退出兵轮,尚无确复。本部默揣情形,若能选派北洋水师得力将领,素为彼族信服者统巡西江,兼选外洋留学水师学生,及熟悉地方缉捕干员,帮同办理,谅足以坚英人之信。税关添轮固可不提,亦可杜彼干预。希即迅选妥员,电知本部酌定,以便照催朱使,转饬兵轮速退。外务部。二十七日。

## 附:外务部为非先将西南案妥结难撤英舰事致张人骏电

（光绪三十三年十一月二十八日）

二十七日电计达。顷准英使照称,西江事,贵部欲将巡轮先须按照十一月初七日文内办法,切实施行。西南案与满领妥商,照数议结,并开办弭盗法,取信本国政府,方始有济。粤督称李镇切实办理,尚未大著成效。且据本国水提暨总领言,缉捕新章,颇有未妥之处。总之,非先将西南案如数妥结,并由中国自行切实筹画,决难允撤英轮。请电粤督速与总领妥商,以免水提重劳往返。希速见复,等语。希与英领磋议,并查照本部前电,一并核复。外务部。二十八日。

## 昨又交日升昌寄去两款致张允言等函

（光绪三十三年十二月初九日）

允言等阅:

五、六两号禀均已收到。昨又交日升昌寄去两款,一属年内寄到,一令明正送交,当不致误。前由协成乾所寄五数,因无汇费,故宽其期,令腊月初十前后寄到,西号向可靠也。

石叔野事，因南皮之属，过皖时冯梦华[①]来舱相视，即婉辞托之。渠笑而唯唯，当时心已疑之。及沈子培[②]、朱曼伯[③]来见，又谆托二人，而竟无以挽回。固由冯之阴辣，然亦此公平日声名有以致之。广东现无开复机会，来亦徒然。若止当差使，殊属无益，况系亲戚。粤省道班赋闲者多人，忽奏调一外省被议之人，来此徒招物议。现因钦廉军事开复郭人漳、王有宏，尚有南皮所托王雪岑及前敌之人须保开复者，若屡为之，自问亦无此理。万一为人指摘，我将何辞以解？张、鹿皆曾任封疆，岂不知为难之处，而强我为之，何也！

王会中交代查抄参案司详已到，暂与押住。电属王戴中转告，设法速缴。王会中来电，言一月内必设法交清，至今款仍未交，人亦不来，公事岂能久搁？汝可转告，令速筹措，迟恐无及矣。闻热河围场保案可望开复，若不将此案了清，保案必有碍。杨白明当为设法，惟人老无用，院署亦无差可委。仍须托司道，非我所愿为耳。

四叔未得军机取录，殊为可惜。学部无谓。昨见报似已派宪政处，确否？允方调部，将来改作何官，是否对品？王师愿来银行，自是好帮手。此番过皖，因轮船不能久停，竟未一晤。王有宏已保开复，不知能邀准否。惟一厢情愿之素性不改，将来恐不免再有风波。虽面加戒饬，而仍不能体会也。

粤汉铁路初到时呈禀不少，且有攻梁镇东者。我惟坚持镇定，其势渐解。及镇东来，而事遂大定，可望顺手。大股之观望，由于黄景棠为协理，众情不伏。现黄已辞退协理，再能将各善堂稽查名目撤去，大股即可开收。我初意，亦疑中有虚股。昨见震东问之，知实无此弊也。

钦州事正顺手，忽易秦提，致机局一松（秦误信廉人宋安枢、李怀

---

① 冯煦，字梦华。时任安徽巡抚。

② 沈曾植，字子培。曾任安徽布政使。

③ 朱寿镛。曾任广东按察使、安徽按察使、河南按察使、陕西布政使等职。

本，而忌李、郭。近似稍悟，仍不免护前。其实钦廉此次之乱，尚是秦从前所留遗，而朝廷且以为知兵，可叹），然大股已尽，零星之匪，似不能为大患，不久可望肃清。惟广西事实可虑，丁槐[1]骄蹇跋扈，张坚白[2]毫无胆识、专事张皇。我皆屡电讽之，恐未必能用。其实革命党似不足虑，所虑者，启法人干豫之渐耳。张欲倚法人为援，此恐误事，已电戒之。

西江捕权一事，我惟持以镇静，民情亦尚信服。故英舰游弋月余（梧州本通商口岸，照约可到。平日各国兵轮本往来不断），而地方未一滋事。英提督无可如何，仍由领事自来转圜，照我初定恤款议结。今日船已全行出江矣。兵轮测量惠州海面，系周玉山所允，商民颇有疑惧。当即照会英领，令其退出；一面出示晓谕，现亦安静矣。前日香港总督专诚来见，昨日其妻又谒见汝母。优礼待之，尽欢而去。以后交涉，或可稍易。据云，此为向所未有之事，可见我在粤声名甚不坏也。

白梨、葡萄，到此均不可食，以后此等物不必寄，亦惜物之一道。大媳生女，大小平安，甚慰。昨齐家坨[3]有张照远者（是否儒二爷子?）来信告帮，我不知其人，汝等访明，可酌量助之。我作外官多年，常在窘乡，族中人未能稍尽睦谊，常以为歉。现在此缺稍优，拟各门略加点缀，或寄千金，或五六百金，可在我另存款动用，稍多无妨。汝等酌量数目，令人（要可靠之人）前往分送，录单寄来。前信属送各处年敬，想已照办。刘博泉去年似送五十金，今年可送百金。

我到此四月，日无暇晷。所忙者，无非岑、周两任之未完，殊觉厌

---

① 丁槐，字衡三。1904年任广西提督。

② 张鸣岐（1875—1945），字坚白。1906年任广西巡抚。1910年署理两广总督。

③ 张人骏故里。

烦。现在外事大致已了,须忙内政矣。许先生并非从此不管他生计,不过念其年纪太高,课读事烦,不甚相宜。惟渠信如此,情亦可怜。好在所教皆小女子,稍缓再说。

昨日奉廷寄,系有人奏请起用广东废员,皆岑云阶所参者,诋岑颇甚,共将廿人。旨有毋存成见语,不知上意何在?汝可向政地一探,迅速密电来。费由存款内动用,以详为妙。

以后如有要电,务用密码。前日问协成乾款事,竟由银行发电,并不用密码,殊不可解。凡有紧要之事,岂能省啬电费,以致漏泄,为他人口实耶?捐振千金已交否?

十二月初九日谕

## 函陈地方自治之政见

(光绪三十三年十二月十四日)

粤省现办地方自治,拟先令设自治研究会及仿天津办法设自治期成会,以为实行自治之基。俟研求有得,晓然于自治之意义及方法,然后再令设议事参事会,以立言论执行之机关,庶循序而渐增完备。

## 英领偕英水师首领兵官来见致外务部电

(光绪三十三年十二月二十一日)

西江缉捕事,廿一日英领偕英水师首领兵官来见,据称各兵轮已一律退出,并言该兵官曾偕李镇准赴梧一次,沿途与李镇商议办法,尚甚惬意。请将缉捕事宜,此后责成李镇专办,俾可切实整顿。勿遽易生手,致难收效等。(骏)面允其请。此事办理情形,前于初六日电请代奏,想已呈进。骏叩。

## 义商摩素与罗姓互争屋店案复外务部电

（光绪三十三年十二月二十二日）

十八日电祗悉。义商摩素与罗姓互争屋店案，迭经照催领事，饬令该商到县会讯。乃义商匿延两年，既不赴审候断，一味强行盘踞。初在该店贴有宝丰银行招牌，租与举人黄昆甫开设牌馆聚赌。至本年九月间，该牌馆迁徙，摩素又托香港籍民爱得薪，将店租与奥医士刺士勒，并将店门墙壁拆去。罗姓因屋被踞已久，现复拆毁墙壁，恐其全店被毁，是以报知街众，报明巡警局及南海县，回店居住。当时奥医士尚未迁入店内。续闻该店纠葛情节，已不愿租，并无被罗姓硬行迁出。前据义领来署面称，罗姓驱逐洋人各情，经请义领会同县委前往查勘，义领因知所告不实，定期后又不往勘。嗣据县委复称，到该店时，尚有宝丰银行派往守门人在内，讯据供明，实无驱逐洋人之事，确凿可据。此案义商种种无理，借延宕为挟诈地步，已详筱电。先经骏照会义领转饬义商，限其本年十月内到案候讯，嗣又转限至十一月底，而该商迄未赴审。是其不敢到质，已可概见。昨已饬县将案注销，俾免华人久被拖累。除将全案录呈察核外，务乞钧部坚持驳复，请由义使严饬领事，不准再行妄渎，至为感祷。人骏。养。

### 附：外务部为摩素案致张人骏电

（光绪三十三年十二月十八日）

摩素案，义使来函饶舌。当查照上月筱电驳复。惟该使函中有罗姓于十月二十六日带领男女廿余人，往沙基大街押与摩素之店房，将摩素所租之住客爱得华硬行逐出。佛总领以罗姓行强，与地方官抗论。请饬令将该房先行退给摩素，再和平妥议完结，等语。究竟如何情形？希迅即查明电复。外务部。十八日。

## 军情电报概勿收费致云贵总督锡良电

（光绪三十三年十二月二十二日）

锡清帅鉴：

洪。接龙州龙道电称，匪有图窜蒙自消息，此间军情须与云南时相关照，请嗣后龙州与滇局来往各电，凡关于军情者，概勿收费。他项电报，仍照章收缴。实为公谊，等情。应请台端转饬电局遵照，并赐复。骏。个。

### 附：云贵总督锡良为军情电报免费当饬电局遵照复张人骏电

（光绪三十三年十二月二十二日）

广州张安帅鉴：

洪。顷奉个电，具纫公谊。当饬电局遵照矣。沿边已筹防备，嗣后匪情尊处如有所闻，务求密示为荷。养。

# 光绪三十四年戊申(1908)

## 王仁棠吴敬荣关于缉获第二辰丸之报告

（光绪三十四年正月初五日）

伏查外人私运军火，接济匪徒，破坏治安，向为公法所厉禁。此次"第二辰丸"军火偷泊我界，意欲潜行起卸，澳船政司明知该日船越我水界，仍敢派水巡轮二艘拖带盘艇，屡次强欲起货，实属违反公法，无理已极。倘稍侦缉不慎，早已过载矣。仁棠、敬荣等，当将全船军火并船押解来省，候大宪办理。须至节略者。

## 致外务部第二辰丸私运军火应按约充公电

（光绪三十四年正月初六日）

顷据水师巡弁李炎山等由澳门电禀，日商船"第二辰丸"装有枪二千余支、码四万，初四日巳刻到九洲洋中国海面卸货，经会商拱北关员见证上船查验，并无中国军火护照。该船主无可置辩，已将船械暂扣，请示办理前来。

查洋商私载军火及一切违禁货物，既经拿获，按约应将船货入官，系照通商条约第三款并统共章程办理，历经总署咨行有案，自应按照遵办。迭饬将船货一并带回黄埔，以凭照章充公按办（罚办充公）。谨先电闻，并请照知日使。正月初六日。

## 日商船第二辰丸私载军火事致外务部电

（光绪三十四年正月初七日）

歌电谅达。日商船“第二辰丸”私载军火，闯入华界海面卸货，由水师巡弁李炎山、王仁棠等在过路湾迤东华海，会同拱北关“龙晴”巡船管驾、洋巡员等，偕登该商船，询明船上共装快枪九十四箱，每箱二十四枝。当诘以私运军械，在中国海面起卸，有违约章。随由兵轮会同关船，将该商船押入虎门，于斜西河面寄泊。本日派魏道瀚、温道宗尧，与李镇准前往会查办理。据查，该日商船系株式会社资本所造，历往来于神户、香港。此次由神户装来军火，扬言仍往香港，乘新年封关之际驶入华界，雇船起货，尚欲影射澳门葡界，希图狡脱，实属显背约章。照中日通商行船条约，应将船货充公。现已查明，该船驳卸军火之处，确系华界，该船主等无可饰辩论。业将全船带回扣留，明日仍派原查委员魏道等，约同日领暨税司，再到该船彻讯。此案究应如何惩办，企望钧部迅速示遵。人骏。虞。

## 日商船私运军火事致外务部电

（光绪三十四年正月初八日）

虞电谅达。日商船私运军火，在华界海面起卸，将该船带回虎门内斜西河面扣留。查海关会办章程第二条，凡商船违约私运禁物被获，立宜禀明监督；监督听禀，以为罚办合宜，即委税务司函致该商所犯何法，是以扣留，限自接函之时，以五日为限，准商禀报领事官知悉。倘至第六日午刻，领事官尚未来文咨请公同查核，该船货即可入官，等语。现已札饬海关税司照章办理。人骏。齐。

### 附：外务部为日商船私运军火事致张人骏电

（光绪三十四年正月初九日）

歌、虞、齐电均悉。日商船私运军火，在华界海面起卸，既经尊处将船扣留，照章办理，本部毋庸照知日使。外务部。佳。

## 日领照称嗣后与中国公文用日本国文事致外务部电

（光绪三十四年正月初十日）

准广州日领照称，接外务大臣来文，嗣后与中国公文用日本国文等由。查两国照会，按照中日条约，并未声明须用日本文字之语。日领所云，钧部曾否接有该国驻使照会？乞电示。人骏。蒸。

### 附：外务部为已叠次照会日使公文须配汉文事复张人骏电

（光绪三十四年正月十三日）

蒸电悉。此事日使并未来照。前据江、鄂来电，本部已叠次照会日使转饬各领，公文仍须配汉。并函致驻日李使与外部商定，得复再达。外务部。十三日。

## 批赵子璧筹款兴办训盲学堂札

（光绪三十四年正月十三日）

查东西各国，均有盲哑学堂，教化宏溥。日本之高堡巳乙以一盲人而富有著述。此外，盲哑之人各执业，不终安于废弃，洵足补天地生成之缺憾。粤中瞽目院，收养盲人，岁糜巨款，专事于养，似犹未及于教。现禀以盲人请办训盲学堂，由邮寄禀其情形殊属可矜，其所呈训盲章程有无可采，仰广东提学司会同布政司，饬管理瞽目委员，体察情形，酌议办法，禀候核夺。

## 嗣后凡有关涉教民词讼立速持平札行各属地方官文

（光绪三十四年正月十三日）

各国教士来华传教，迭奉谕旨照约妥为保护，历经通饬遵照在案。兹查本省各属救民尚属相安，惟每遇教民词讼，往往乡愚无知，时生龃龉。匪徒煽惑，动起谣传。亟应预为防范，以免别生枝节。应出示分别张贴晓谕,并随时切实稽查严禁,以安教民。嗣后凡有关涉教民词讼,立速持平妥为断结,毋稍抑偏,宕延纠葛,是为至要。仍将张贴告示处所日期具报。

## 为筹办议事会通行各属

(光绪三十四年正月十五日)

地方议事会,原以代表国民商决地方上应办政务,责任重大。必须该地方绅民洞明法政学理,方能为地方谋公益。本省各地方风气通塞不同,绅民程度亦有高下,若骤行设立议事会,恐不能得多数合格议员。宜先将各该处政俗民事遍行调查,由各州县会同地方绅士赶办地方自治,研究各项学理法则,俟各地方自治办理稍有头绪,即行体察情形,次第筹办议事会,以与省会谘议局相联络。并着将筹办情形详细具报。

## 为禁止华工赴欧顺岛致农工商总局札

(光绪三十四年正月十六日)

据代理北海洋务委员程令福庆申请,光绪三十三年十月二十八日,准英国驻扎北海领事德函开:现准香港政府照会内开,奉藩政衙门来文,中国出洋工人,无论有无合同,不必附搭中国客船往欧顺岛等语。查欧顺岛或是太平洋居东经线一百七十度、近赤道下之南,相应函知查照。等由,到局。准此,除函复外,理合具文申报察核等因,到本部堂。据此合就札饬,札局速行示谕各工人,一体遵照毋违。

## 番禺卜参岗煤矿未借法款致外务部电

(光绪三十四年正月十七日)

十四日电祗悉。番禺卜参冈煤矿事,前据番禺县传讯承办商人余维增等供称,该商等并无招入洋股,及与法商辛贝罗合办,暨私借抵押情事,出具甘结缴案。是法商所称拨借用款,将煤斤、机器抵押各节，与余商所供不符，现已饬县检查究办。至该矿系诸商自集华股试办，曾由余维增等出具甘结，声明不招洋股，自应照案办理，并无违约。仍乞大部坚持驳拒，为感。人骏。筱。

### 附：外务部为番禺卜参冈煤矿事致张人骏电

（光绪三十四年正月十四日）

番禺卜参冈煤矿事，上年冬月法使来照，引商务专条附款第五条为据，谓粤省不应禁阻。当经本部据尊处十月阳电驳复，照称：该商所领凭照，并未着明限制。洋商、法商只将用款拨借，并非合股。作抵者只煤斤机器，并非矿地。仍以有背中法条款为言。希饬属妥速了结，并电复。外务部。十四日。

## 为日领照会二辰丸事致外务部电

（光绪三十四年正月十五日）

现据日领照称，日商船"第二辰丸"载运军火，有澳门葡官准照，并经该国神户税关水上警察所特许，其停泊中国领海，为一时风浪，或待潮，并无不合。索请将船释放，并欲处罚员弁，等语。查正月初四日，并无风波，该日船在中国水面停泊，自早十点至晚六点，经八点钟之久。是日下午二点，海潮最高，何不趁此时起碇赴澳，竟在该处预备起卸？并由关员及缉捕轮船巡弁上该日船询明船主，确运有军火，将行起卸，直认不讳，始将该船扣留。自应照关章会讯，分别办理。查同治十三年五月，虽有英轮由新加坡领有坡督准状，至海南洋面私贩，由本省巡船拿获，到省充公一案。事同一律，敝处以海关监督之权，饬税司照关章会讯，秉公分别查明办理，最为和平正当。总之，该船应否释放，或应充公，非会同查讯后，不能决断。应请钧部照请日使，转饬广州日领遵办。盼电复。人骏。咸。

## 附:日使林权助致外部辰丸被粤扣留奉令抗议希饬速放照会
## (光绪三十四年正月十三日)

为照会事。

据驻广东本国领事电称,本国商船第二辰丸装载货物,由本国开往澳门,于本月五日即华历正月初四日上午抵该口附近。适是日海面浪大,潮水不顺,未能进口,不得已在九洲洋面东经一百十三度三十八分二十秒、北纬二十二度九分四十五秒地点暂为下锚,等待潮水浪顺。至下午,忽见中国炮舰四只驶来近处,有广东水师吴参将及其余官员来船,告云此处系中国之领海,并禁止一切交通,上岸而去。讵至次日上午,吴参将等带领执军器之水兵二十多名复来该船,告示:奉广东总督之命,将船拖至黄埔等语。并不听船长陈辩,撤去船尾所挂之帝国旗,代以中国国旗,且由各舰添派水兵多名,纷入机器房,作为种种放纵行动。后该船受许多困难,仅至虎门之对岸斜西地方停泊,仍被华官拘留不放,等情。

又据该领事转据第二辰丸船长声称,该船并未在中国领水卸货,其所装载虽多为军械,而系运澳之物,曾经由该口葡官允准有案,驻广东该国总领事亦认此事,且所载之货运至何地预先表明,可知该船确非在中国领海走私者。

查第二辰丸下锚地点是否在中国领海内,如重行精测,自可显然。惟假定该处属中国领海,本国船只遇有风浪尽可躲避寄碇,不应阻碍。今贵国炮舰忽将商船第二辰丸拖去拘留,显系违约。若其撤去本国国旗,尤为狂暴。至执军械之水兵闯入船舱窃去货物一事,举动野蛮,令人骇异。兹本大臣基于本国政府之电训,对于贵国官宪之暴戾不法提出抗议,并望贵国政府迅即电饬该地方官,速放该船,交还国旗,严罚所有非法之官员,并陈谢此案办理不善之意,以儆效尤。是为切要!

须至照会者。正月十三日。

### 附:外务部致张人骏辰丸事日使提出抗议请由粤商结电

（光绪三十四年正月十四日）

真电悉。顷准日本林使照称:据驻广东领事电,日本国商船第二辰丸装载货物,由本国开往澳门,于华历正月初四日上午抵该口附近,被华官拘留等情。本大臣将本国政府电训,提出抗议,请即电饬该地方官速放该船,交还国旗,严罚非法之官员,并陈谢此案办理不善之意,等因。本部查该使所称经纬分秒,与来电不符。究竟尊处所测是否精确难移?并有何人见证?来电所称贿银百元及加贿千元,有无确实凭证,能使彼无可抵赖?果否撤其国旗?请迅饬确切查明,速行电复。此案既经日使交涉,本部又势难遥度,仍由尊处就近与该领事据理商结,较为周妥。并将办理情形电知本部为要。正月十四日。

## 二辰丸案应转饬日领照章会讯致外务部电

（光绪三十四年正月十六日）

十四日电敬悉。咸电谅达。查,据日商船第二辰丸在中国水面停泊,载有军火,预备起卸。当时由拱北关洋员会同缉捕轮船管驾、巡弁等测明,确在经东一百一十三度三十七分三十秒、纬北二十二度八分十秒,由吴游击敬荣援引国际公法,与该商船船主辩论,又指经纬线度证解系中国领海,该船主无词,始有邀该游击到船上卧房行贿请释之事。现有关员等在场见证,是巡弁、关员等所测定之经纬度数已为该船主承认无误,乃始则行贿,继以加贿,终且愿听将船货带入虎门斜西河面,不仅洋关员之证为可凭也。至该商船籍旗,因巡弁等在该船上与船主援约据理相辩论之际,忽有澳门派来葡国兵船,势将恃强干涉,不得已商之船主暂换龙旗,以免葡船干预,横生枝节。系为一时对待葡兵起见,并无别意。葡船驶去,立将龙旗收回。该商船现在斜西停泊,并无阻其不挂籍旗,前经札饬粤关税司按海关会讯章程办理。总之,该船应否充公或释放,非会同日领查讯不能决断。查同治十三年拿获英船在海南走私,中国"蓬洲"巡轮,曾发炮拿其舵桅,拘带到省会讯后,断令充公,英国并无异说。比较情节,此次对待日商船,实更和平,且不遽照条约即将船货充公,仍照关章会讯,分别判断,尤属正当办法,日人何能独异?本日派魏道瀚、温道宗尧往晤日领商办,据日领面称,此案如经会讯,即系欲将该船充公,渠奉彼政府命令索放该船,未饬准照关章会讯,无权另允办法,等语。查日领恐经讯明,该船不免充公,强词抵制,意图含混恫喝。似宜坚持会讯办法,免堕狡计。现在两粤盗匪充斥,接济匪械多由外洋转运。此案倘被狡脱,日后商船畅运军火,势必不敢查缉,为患无穷。除已电驻日李使与日外部据理交涉外,务请钧部妥商日使转饬日领,照章会讯。切盼电复。人骏。铣。

## "二辰丸"确在九洲洋被拘致外务部电

(光绪三十四年正月十八日)

十七日电祗悉。前获日商轮"二辰丸",据拱北关税务司及"宝璧"巡船管驾吴敬荣会同测量,确在中国九洲洋海面,距澳门甚远。该处为洋关缉私轮船巡缉界内,葡使称为葡领海面,实属强词。应请大部坚持驳拒,候讯明分别办理,是所至祷。人骏。巧。

### 附:外务部为葡使照称"辰丸"在葡领海被扣致张人骏电

(光绪三十四年正月十七日)

咸、铣两电悉。准大西洋柏使照称,中国海关兵船于本月初六日,在葡领海面喀罗湾捕获日本轮船"辰丸"号一艘,迫令同至广州口岸。查该船系装载枪枝运卸澳门。该船被拿,有背葡国所领沿海权,并有碍葡国主权,等语。查尊处来电,及日使来照均称,该轮在九洲洋被扣,柏使又称在喀罗湾,究竟系在何处扣住?希电复,以便照会西使。外务部。十七日。

### 附：署葡国公使柏德罗为中国兵船捕获赴澳日轮请饬释放事致总理外务部事务奕劻照会

（光绪三十四年正月十七日）

大西洋国署理钦差全权大臣柏，为照会事。

现知有中国海关兵船，于本月初六日在葡领海面喀罗湾捕获日本轮船辰丸号一艘，迫令同至广州口岸。查该船系装载枪枝运卸澳门。该船被拿，有背葡国所领沿海权，并有碍葡国主权，阻害澳门商务，本署大臣甚为驳斥。想此事仅系因中国兵船管带官才短，不明职守。因该轮船不应在葡国所领海面捕拿，本署大臣定想贵爵迅速转饬，即刻释放，以该船随便前往所拟之处。须至照会者。

右照会大清钦命总理外务部事务、和硕庆亲王。

光绪三十四年正月十七日。

## 日船在中国海面被获非葡领海致外务部电

（光绪三十四年正月十九日）

十七日电祗悉。前获日商轮“二辰丸”，据拱北关税司及“宝璧”巡船管驾吴敬荣会同测量，确在中国九州洋海面，距澳门甚远。该处为洋关缉私轮船巡缉界内，葡使称为葡领海面，实属强词，应请大部坚持驳拒，候讯明分别办理，是所至祷！正月十九日。

## 德商拟在汕头招工致外务部电

（光绪三十四年正月二十日）

啸电祗悉。德商拟在汕头招工赴萨摩岛事，拟照岑前督所定章程办理。已将章程交给德领查阅，俟与德领议定，再行奉闻。人骏。号二。

### 附:外务部为德商拟在汕头招工致张人骏电
（光绪三十四年正月十八日）

德使面称,德商拟在汕头招工五百名,赴萨摩岛种植烟叶,如有虐待情事,惟本大臣是问。现已派人赴该处守候,开耕在即,务请电达粤督,允准开招,等语。希即酌核电复,以凭转复该使。外务部。啸。

## 务恳钧部坚持驳令会讯致外务部电
（光绪三十四年正月二十日）

日轮“二辰丸”事,顷接驻日李使电称,奉元电,适林董病假,与其次官晤商,迄未就绪,大抵坚执日领与告之词,要求释放。嗣奉咸电,再往切商,彼力言无须会讯。再四辩论,彼谓林使已向我外务部交涉,未奉部复,此时不能由日政府训令广州日领照办,等语。骏察彼意,系将此案作为国际交涉,并坚执此案军火绝无私运性质。惟其不肯会讯,当系情虚,应请尊处电达外务部照复林使,仍以会讯为言,并声明此案应由地方官议结等语。查此案详断情形,迭经电陈,现日外部竟谓林使已向外部交涉,未奉部复,不能训令广州日领照办,显系互相推卸。此事无论孰曲孰直,非会讯不明。若会讯后,彼此意见不同,照章各将案情抄录,由钧部与驻京日使查核定夺,方能涉及国际。现会讯一层尚未办到,何能闯入国际交涉?拟请即再照会日本林使迅饬日领,赶紧照章定期会讯,以分曲直。至该商轮在中国海面,预备起卸军火,该船主早已认明,按之条约关章,既无中国护照,即系私运,均应拘拿。日外部强称绝无私运性质,实属遁词。此案若不照章会讯办理,则条约、关章均同虚设,日后各海关及地力官何能查缉走私接济等事?匪胆必致日炽,私运必致日多,实与外交、内政均有大碍。务恳钧部坚持驳令会讯为叩,并乞示复。人骏。号。

### 附:外务部为辰丸事应与日领和平商结致张人骏电

（光绪三十四年正月二十一日）

来电均悉。“大辰丸”装运军火事,据日使面称,该船在九洲洋停泊,实因候潮,并未私卸军火,不能按照海关会讯章程办理。且委员不应将日本国旗擅下,等语。本部查尊处致高参议十四日电称,安排卸货机器,用舰艇前诣驳运。又据拱北税司电称,尚未实行起卸,惟卸货机器业已预备云云。是虽已预备,究未实行,而设备卸货机器一层,彼亦不认。尊电历举各证据,非当面证明,无从取决。故答以此案应罚与否,一以当日情形为断,本部无从悬揣,应仍由尊处会同日领公平从速议结为妥等语。希将当日实在情形,与各项凭证,与日领三面证明,和平商结,并将商议情形随时电达为要。外务部。二十一日。

## 胡汉民兄弟由河内赴云南谋乱请先事严防致云贵总督锡良电

（光绪三十四年正月二十一日）

锡督帅鉴:

洪。据钦州来电,探报胡汉民召其弟胡毅于正月十三日,由河内赴云南运动留学生及矿工、估俚同谋起事。盖在外洋购开花炮八尊,已运赴云南边界,候胡到大举,刻因胡逆兄弟购买炮位赴滇谋乱,探报虽不书确,究不可不先事严防。乞密饬边界文武确探戒备,以遏乱萌。骏。号。

### 附:云贵总督锡良为已饬文武各员密探严防复张人骏电

（光绪三十四年正月二十一日）

广州张安帅鉴:

洪。号电祗悉,承注,感甚。已饬沿途文武各员密探严防,切实戒备矣。匪事如有续闻,仍乞详示。

## 辰丸事拟仍执会讯办法致外务部电

(光绪三十四年正月二十二日)

二十一日电祗悉。日轮“二辰丸”所载军火,现经查明系由匪党在港所购,共有快枪七千余枝。因港官禁运来粤及澳门等处,是以运至日本,后由日本转运至粤,意图潜运内地起事。“二辰丸”所载,尚系第一次。其余各军火,欲俟此次运妥,陆续接运。本案幸发觉尚早,若一经卸载,港浜纷岐,两河水浅,轮船不能追缉,必致无可究诘。粤省治安,将不可问。至日使所称,该轮在九洲洋停泊候潮,并未私卸军火等语。无论该轮船主早已证明,预备起卸军火确凿可据,且查澳门水面,潮水极长之时,亦不过深十六英尺,该轮“二辰丸”吃水至二十三英尺,所称候潮一语,尤可不辩自明。总之,此案一经会讯,虚实不难立辨,不必空言争论。广州日领现定二十三日来见,拟仍执会讯办法,与之磋磨。俟晤商后,再行电陈。人骏。养。

## 日商船私运军火一案致外务部电

(光绪三十四年正月二十四日)

养电谅达。日商船私运军火一案,本日日领来言,以奉彼政府训令,要求将该船释放,并欲惩办员弁,陈谢其非,且于违禁私运之军火,仍请由原船送交澳门,无非托词该船当日只系在中国海面候潮,并未起卸。查该船在中国水面起卸违禁私运之军火,确经巡弁等会同海关洋员见证,询明该船主承认不讳,始行按约拘捕。即正月十一日葡领来文,亦声明该船运来军火,由澳门船政厅派小轮两艘,带拖船前往起运枪码。是该船私运违禁物件,停泊中国水面,显犯约章,私图起卸,证佐确凿,铁案难移。况昨接钦州秦提炳直、龚道心湛警电:探报,边匪由日本购运枪械共有三船:一船八百余枝,已到浙江,未知匿处;一船千余枝,已由香港绕到海防;一船二千枝,即所现获,等语，似此盗匪充斥，专俟外来军火接济图逞，一旦事起，中国固多危害，各国在华商务，亦同受其害。凡在与国，似应相助为理，共保和平之福。商人重利，包运私物，必非出于日政府之本意。且此次对待该日船，拟照关章会讯，并不遽行按约充公，是非曲直自有公论，办理不为不平。现日领于会讯一条，避之惟恐不及，既已自护坚执要求，至谓其他办法，渠并未奉彼政府之命，无权商论，若予迁就，条约、关章一齐废弃，济匪军械通行无碍，恐不特粤省之害，沿海、沿江十余省，又将何以善其后？盱衡大局，实用寒心。日领一味强词夺理，在粤已然可商，究应如何办理之虞，仰惟钧部通筹全局，念此案为条约关章绝续之交，各省治内清匪安危所系，切商日使，并转李使与日外部磋磨，指示遵办。无任屏营，并望电复。人骏。漾。

### 附：外务部为辰丸案已照会日使致张人骏电

（光绪三十四年正月二十四日）

号、漾电均悉。“大辰丸”案，已照会日使转饬日领，按照海关会讯章程，持平商办，并将测勘确系中国领海各节，驳复日、葡两使。外务部。二十四日。

## 辰丸被捕之由致外务部电

（光绪三十四年正月二十五日）

十九日电敬悉。顷准日领照称，“辰丸”被捕之由，本官将非理之处，详细缕述。关于该船释放法，及其余要求，希望至急解决，谅邀洞鉴。其后未接何等之回答，故昨日本官请求会见时，亦缕述此次事件毕竟无照关章会讯之性质，贵国官宪拿捕我商船毫无理由，事已了然。今日照会与昨日晤谈，同意不得将该船延押，请从速筹划为幸，等语。查日领一意固执放船，惩办员弁，陈谢其非各节，凡舆论及当日系照约拘捕，应按关章讯办，以期彼此公平了结。彼即强词抵拒，不受商量。详据粤关税司以此案办理，实无不合，现在照章候其会讯之期已过,便可充公,兹尚迁就,催令会讯,已属格外通融。彼若再事延宕,应按章程办理。除再据理婉词驳复日领外,究应如何正办,专望钧部指示遵办。祈迅赐电复。人骏。二十五日。

## 二辰丸案日使借口改换籍旗致外务部电

(光绪三十四年正月二十六日)

二十四日电谅达。"二辰丸"案,日使借口改换籍旗。查据巡轮弁吴游击敬荣禀称,该商船于正月初四早十点余钟,在九洲洋面抛锚、吹汽笛,十一点五十五分,有葡兵轮名"塔白瑸澳"来附泊,该船即有日人四人、带工各一人,上该船起锚,迨至测明经纬度中国水面,该商船装好卸货机。十二点,澳门又到"马郊仔"兵轮一号,拖有驳船,靠近该商船。是时海关缉私"龙晴"轮船亦至,相候至下午六点钟时,将入黑,"马郊仔"及驳船等仍不离左右。因恐其乘夜私卸,始将"宝璧"巡船驶近日船看守。嗣经关轮"龙睛"、巡轮"安香"查得,驳船内藏有随带军装葡兵多人,正拟向查诘,"马郊仔"即带驳船驶去。员弁等随上该商船,询明船主确系运到军火,将图起卸,实见其货仓已开,船主尚谓此系葡界,运卸并无不合等语。当与辨明经纬度,并派守备会同马骝州关员二人,住该日船,以防弃货入海。该船主始邀该游击为初次贿嘱。初五九点十五分,"马郊仔"又近该商船,势将用强起货,当行阻止驱逐。而我国理船厅"景星"关船测量方向,认明中国水面亦到是处。二点三十分,又见葡兵轮拖一舢板来,多载澳兵,人尽严装,来势不同常式。因念该商船私运违禁物,诘证明确,已在我驻守之下,员弁等应负其责任。且船内搭客以及各项人等货物,尤当善为保护。葡兵船三次前来窥伺,逐去两次,末次来势较迫,设竟施其强暴行为,不能不为相当之对待,一有决裂,显犯国际公法本国兵士在他国旗下开仗之禁条,致损日本主权,起重大交涉。迫不得已,按公法所载,无论何国船只,均不得公然升旗装载违禁货物,擅入他国海界之条,一为存我国主权,二为尊彼主权,三为保存军火不被强起,四为保护该商轮客物起见，暂将该船悬挂龙旗，使葡兵见之，以该船在中国水面违禁，已归中国办理，可以速退。脱有[①]与葡兵决裂，各退船与之支持。原船任便驶回，不至显犯公法。迨葡船驶去，该船主复有愿交出军火、加贿千元之事。该游击不允，遂将原船连货带回。经将该游击此项举动质之粤海税务司，谓属应有办法，并不过当。特再陈明，请钧部酌核办理。祈电复。人骏。二十六日。

## 附：外务部为日使称辰丸决不能目为私运致张人骏电

（光绪三十四年正月二十八日）

漾电悉。此案日使屡照抗议，并面称该轮既有澳门政厅准单，日本税关亦给凭准，决不能目为私运。九洲洋即属中国领海，该轮开往澳门，在该处停泊，并未起卸，粤省用水师强拿、擅下日本国旗，竟似战时捕获举动，断不能照关章会讯。务请电致粤督，将该轮速行释放，并须要求陈谢擅下国旗一节。若扣留愈久，则将来赔偿愈多等语。当答以水师本有助关缉私之责，此事该省早得密报，恐有匪人混入该轮，故添派水师，以备不虞，不能以捕获之例附会。换下旗章一节，当将前次来电之语，剖晰告知。嗣据裴署总税务司称，当时由关员会同水师查询时，关员本拟俟军械起卸后，将驳船扣留。现既将该轮扣留，论理自当照关章会讯。惟当初办法未免稍骤，以致日人有所借口。若日使坚不肯会讯，或将日船先行释放，只将军火扣留商议，似易结束，等语。该税司所称办法，亦不为无见。日来，尊处与日领磋商，有无端倪？彼此各执一词，相持难下，如将日轮先行释放，只扣留军火，再议办法，似较易就范。尊意以为如何？希酌核电复。外务部。二十八日。

---

① 原文如此。

## 日领对“二辰丸”绝不通融致外务部电

（光绪三十四年正月二十九日）

廿六日电谅达。顷接日领来文，于“二辰丸”事，坚持前说，绝不通融。查此案关系两粤匪械之消长，巡弁、关员等责应查缉，既缉获而禀请示办，设竟然饬其委去，恐隳将士之心、长盗贼之气，且以贻笑海关洋员，粤地将不堪设想。明知国势强弱异形，故特饬照关章讯办，原期导入和平，易于转圜，但将该商船违章取具保结，原运军火起存屯栈，或将军火先请入官，均拟先将该船释放。即使换旗一节，彼必出以强词，亦可与私运军火作两事论，以换旗为巡弁认其误以私运，为该船负其咎，未尝不可迁就。现迭经饬粤关税司，皆以不必退缩、照章办理为言，日领则悍然不顾其他，惟以索放船、惩员弁、谢过、勿再迁延、应赔偿数节坚持。粤中前以各江多盗，动启西邻责言。龙、钦一带边事尚未肃清，省于接济军火有莫大之危害。东邻又欲以此案力破我巡缉军火之办法，左支右绌，因应俱穷，究竟惧其利害，应办应释，惟钧部通筹全局，指示遵办。在粤日领，已无可与商，切望电复。人骏。艳。

## 尊示拟将日轮先行释放致外务部电

（光绪三十四年正月二十九日）

二十八日电敬悉。日商所运军火，虽有澳政厅准照，日税关给凭，输出于日，输入于澳，对于彼不为私；在中国海面停泊起卸，对于我即为私，已将此说照驳日领在案。且前项枪枝，查明系澳门广和店华人谭璧理等购以济匪。葡领来文亦经声明，该枪并非澳官所购。况“辰丸”吃水深，不能到澳埠，约章、关章、经纬海界、通商各埠海线深浅，应该船主所稔知，是其由日起，已蓄意由中国海面卸货，图利济匪，毫无疑义。且汽笛鸣而葡军即出，盘艇旋来，非预备接卸，有意在中国水面运送违禁军火而何？当时将其原船连货带回，系由巡弁商允船主，曾经船上华日两国搭客哗责，该船主无词，始听九龙税司雇到引水英人，带入虎口内斜西河面，实与强拿有别。至暂易龙旗，系为抵制葡兵轮不测举动，前电已陈不赘。此案关系重要，全仗钧部维持。骏拟照关章会讯，原期导入和平，转圜较易。裴税司云云，骏原有此意。徒以日领一味坚持，无可通融，是以相持。至今尊示拟将日轮先行释放，只扣军火，再议办法，自应通融办理。请钧部照会日使，转饬日领遵照，并乞电复。但日人狡诈，不知大体，该船释后，恃无质证，又肆要求，亦恐意中之事，仍祈钧部预杜其谋。人骏。二十九日。

### 附：外务部为释船扣械事致张人骏电

（光绪三十四年二月初一日）

廿九电悉。释船扣械，尊意谓可通融办理，事后有无要求，亦难预计。惟扣留愈久，恐索赔愈巨，并虑肆其强权，别生枝节。究竟该轮曾否释放，希立即电复。切盼。外务部。初一日。

## “辰丸”案请商明日使转饬该领致外务部电文

（光绪三十四年二月初一日）

“辰丸”案遵钧部勘电，拟将日轮先行具保释放，只扣军火，再议办法。当即委魏道源、温道宗尧向驻粤日领商办，告以准部示云云。彼仍坚执奉伊外部训令只索放船，并所要求亦不通融，不特未允由船主结存海关待查，所运军火亦不允起存；且谓当日该船停泊之处，系属葡界。经魏道等面折，以当日“辰丸”停泊处所，我国海关缉私权所及；向来澳关贩运烟膏出口，在该处装载轮船，必须中国拱北关核给准单；关权所至，即我国领海铁证；况葡人驻澳本无领海，界址并未商定，何有葡界之说？日领虽无词，而仍持前说，似此实无可与商，全仗钧部维持，商明日使转饬该领，始能就范。是此案耽延时日，实彼无理坚持所致，不能以拖累该船久停咎我。此意应否向日使婉切声明，祈酌。

又本日魏道等晤英领，据询及该船所载太古煤斤如何着落，当告以部示办法，日领尚未首肯，太古煤斤应向日领交涉。英领深以此办法为和平对待，在我占理已足，日领不应再有违言，渠见日领当以为劝，等语。并以陈附本案曲直实已大白，尚求钧部切商日使，坚持为祷。

## 附：驻日大臣李家驹为二辰丸案日外务省不允会讯事致外务部电

（光绪三十四年正月二十九日）

二辰丸私运军火一案，迭准粤督电嘱，商请饬知日领照章会讯，当与外务官磋商两次，未肯照办。顷因林董销假，始得会晤。林出意见书相示，大致分别三款：一、该船所载军火，确系运往澳门，领有神户税关及澳门进口准单，决非私运。二、该船停泊之处，属葡国领海，经葡国声明。三、华官谓该船长承认起卸，并无凭据。末附案语，略谓清国主持之说，全属无理。乃妄用兵舰拘船，甚为不合，加之撤换船旗，尤属侮辱。惟从速将船释放，赔偿损失，惩办华官，否则迁延愈久，责任愈重，恐有意外之嫌。务请贵公使将此意见电达政府，顾念邦交，照此迅结。等语。驹当据粤电各节，逐层斥驳，并谓彼之意见，专持一面偏词，而置事实于不顾，甚至以我所举事实为无据，自非照章会讯不可。若不肯会讯，即系情虚。且此案本应就地讯结，不得遽涉国际。当将要领提出，依序说明：一、该船停处是否中国领海，自有中葡两国约章可据，不能由日本武断。二、该船长承认起卸，对证自明。三、既在中国海面卸货，而无承购凭照，即应照章扣留候讯。至彼谓决非私运各情，尽可申辩，然不得谓华官扣留之不法也。以上情节，一经证明，曲直自见。至撤换船旗是否侮辱，自有法律可援，现暂不必牵及。此驳斥之大略也。

驹查，彼国议院近以对清外交不振，攻诋当局甚力。彼等以不安于位为虑，故近来反竟用强硬手段，以谢国民。观于此必不肯会讯，径向北京交涉，并有遣舰赴粤夺还该船之说。其欲肆强权，已可概见。应如何应付之处，祈核夺示遵。正月二十九日。

## 二辰丸案粤关税司逐条签复赫税司所论各节事致外务部电文

（光绪三十四年二月初二日）

二十九日、初一日两电均悉。“辰丸”案照赫税司所论各节，当传粤关税司来署，询以何与前议坚持会讯办法迥不相侔。该税司详加参核。据称，此案原议办法并无不合，赫税司事出遥揣，于细情或未尽悉，随由该税司逐条签复。一、二、三、四等节，无关出入。五、“辰丸”向往来日本、香港，此次为英商太古行订运煤斤合同，载明非遇不得已危险，不得驶往别处。乃经过香港，并不入口，就该船吃水之深，断不能驶入澳门。以之互证，所称该船因候潮之故泊于澳门，仅限中国水面之说为不确。六、七无异。八、当巡弁、关员上“辰丸”查察，所认该船因运来军火，在其处私图起卸，为等候澳门派船来接，计枪支九十四箱，枪弹四万粒，与该船主所认许者相符。其停泊为有违条约。九、中国虽允与澳门划界，未允前列海面为公海，且与葡原订章程声明，未划界前，悉须仍旧，是澳门前列之海，定系中国水面，实为粤省辖权所及。十、当时因见中国水面所悬挂日旗之船，将次与华人驳船所接起军火之事，故行干预。查询凡由澳运出之熟烟膏，在澳门仅界外之水面运入美国邮船之时，必须先由葡官向拱北税关请给准照，是即运入澳门违禁军火，在澳门仅限外水面转驳，亦应请给关照方合。该船无中国护照，运送违禁军火，扣留似不为过。十一、所言澳门官员只准领所执照之商户贩运军火，此等办法系启军火易于输入中国辖境，伤害治安，香港政府有见及此，特禁军火入澳。日葡两国乃反其所为，天下文明之国，闻之当为痛骇。粤官欲照海关会讯章程办理，系为欲将现案之实情宣布寰球起见。十二、按中国律例,凡在本国水面起运军火,如无关照、护照,即属犯例,粤官理应当众查询。若不许中国在辖境内查缉军火,无异束缚中国不能尽其手足之烈,则禁止伤害仁慈之事,果而则无论何国皆可运入枪械济匪,两广地方尚未平靖,此等举动不特碍中国,并碍日、葡两国,且恐不久即将牵动天下各国和平之局。十三、该“辰丸”系因未领中国护照,欲在中国水面起卸违禁货物之故被拿,按照中日条约第五款,即系私贩,例应拿获,带到广州讯查。十四、已于八节言之。十五、会讯一节,非经两面允认不可,此说诚是。惟会讯章程有言,凡扣留船货,限自接函之时,以五日为期,倘至第六日领事官尚未来文,咨请公同查核,该船货即可入官。等语。且按照章程,如被告不遵船货入官,必须公同查核之后,方能辩驳。十六、参看第十五节之解说。十七、查会讯章程施行已久,本为公平,当众查核,以便结案。是以粤省于此案欲亦照办,日领若允照办,该船即使已应入官,而两国意见各异,亦可于六日限内具保释放,将全案移交北京交涉。由此言之,“辰丸”扣留日久,全因驻粤日领不肯照办之故,中国可不任咎。等语。拱北关税司亦以此案扣留“辰丸”并无不合,不应太为迁就。其它意见略与粤海关税司相同。释船扣械一节,昨派魏道等向日领商办,情形已详东电。现在该船究竟应否起出军火,或布令出具保结方能释放,抑无须取保先行释放,驻粤日领已无可言,全仗钧部酌核,明示遵办,切望电复。

## 附:外部致张人骏为税司赫德条议处置捕获日船办法电
### (光绪三十四年正月二十九日)

二十六日电谅已收悉。“二辰丸”案,顷准赫德总税务司节略内称:一、该船非海关所缉获;二、所有出入澳门洋旗船只,拱北关全无牵涉;三、该船系被地方官缉获;四、洋旗船只非遇灾险,不准驶往不通商口岸;五、洋旗船只必须经过中国海面,于经过时,因为候潮涨落及天气不和,以及另有他故,或须停泊;

六、无论何船，如此停泊，中国官员有权上船查系所为何事；七、惟如此上船详查，中国官员必须认明实在情形；八、即如澳门系属外国口岸，该处报进报出，各船往往在仅附澳门口外停泊，确系实情。所有如此停泊之船，无论何官上船，必须认该船有必须停泊之故，并系照例应停；九、澳门即居洋界地位，则澳门前列之海面，即为通行之海，并非是中国之水面；十、以"二辰丸"而论，有运往澳门之货，此货无论何物，及如何由船起运澳岸，所挂之日本国旗及指运之澳门洋界，均得保护。所运物品，拱北关于起运上岸时，丝毫不得干涉；十一、此次货物，系属军火，全无异言，已自承认。惟指明澳门官宪只准领有执照之商户贩运军火，以防弊端；十二、该船在口外停泊，并不足为启人疑惑、上船缉获之实据，且该船所装之军火，即属例应载运，中国官员亦无扣船动货之权。十三、此案所获之船货，即在仅附洋界口外，将次遵照此口之章，并奉有巡捕保护起货，则无论南洋澳门一带贩运军火，如何启人猜疑，总不足为缉获此船之实据；十四、日本官员视中国此举毫无根据，现所查悉之各情事皆足表明，日本未为失当；十五、至会审一节，非经两面允认不可，而日本已声明不允；十六、纵或会审，亦不能更动。现所知悉之情事，而此情事不足为应行缉获或扣留之佐证；十七、似此例章与情事，均足辅助彼面，谅日人自将要索放还扣留之船，且大约亦索扣留之赔偿费。况有撤旗之情事，更至不易了结之地位。并称此事最妙由外务部与日本大臣和洽商订一妥善办法。如果和平商办，并认此次误扣之咎，则释还船只，并鸣炮敬日旗或赔偿业主，亦非有伤体面。此事至易至省，则在立即，则如此办理为要。等语。查，此案业经本部与日使迭次辩驳，日使以该轮并未违章，坚持甚力。兹准赫总税务司所论各节，亦足为此案之参考。特以电达，希查照，一并电复。正月二十九日。

## 释放日船事关约章成废盼设法主持事致外务部电文

（光绪三十四年二月初二日）

正月初四日“辰丸”事，对付将穷，两粤治匪益难措手。自“西南”盗案，西邻责言，英舰横来，捕权几失。钦防匪炽，蔓草将兹[滋]，加以各属报劫殆无虚日。查，粤中匪盗专恃枪械，得械则张，失械则伏。寻常毛瑟、拗兰短枪值仅数元，购来资盗资匪，动值十余数十元不等，利市十倍。奸商设肆，依澳门以为薮。自改章整顿缉捕以来，特于私运贩军火一节，悬重赏、立严法，通饬文武，尽力查缉。前香港英督来粤晤谈，优礼敦言，与相晋接，幸得商允，由港严禁军火运澳。即法人于查匪搜械，亦竭力允助。即如驱逐孙逆[1]，按章交犯等事，是其明证。数月以来，各属各江劫掳之案虽未尽绝，已减少十之六七。钦、防一带，前经缉获军火两船以后，匪事渐就弭平。年内各处探报，遂有由东洋购济匪械之说。现在案经缉获，确系居澳华商私贩，征诸已事，证以探闻，显系遁饰。日本与我国，理应至公办理。乃出其强权，甘作野蛮举动，国势强弱异形。骏虽忧愤填膺，际此主忧臣辱之时，释彼船、惩员弁、鸣炮谢过各节，一纸文书均即办到，原非难事，但此案失败，则条约、关章均成废纸，查缉济匪军火之令立即收回，即不收回亦同虚设，粤事诚不知所以善其后。此案于无可设法之中，应如何维持转圜，全仗钧部主持，无任盼祷。人骏。冬二。

### 附：外务部辰丸案为拟请第三国人公断事致张人骏

（光绪三十四年二月初二日）

东电悉。顷日使来晤，当将迭次来电所据各节，力与辩驳。并以会讯会查，均未商允，拟请第三国人公断。彼谓请示政府，复电不能同意。现议先将日船释放，并扣存军火候查。各办法

---

① 孙逆：对孙中山的蔑称。

尚未就绪，先此电达。外务部。初二日。

## 二辰丸案事关大局请设法维持事外务部电
（光绪三十四年二月初三日）

初一日电敬悉。冬电两通谅达。“辰丸”案迭证，以华洋官商论列之言，皆无不合。赫税司所持异议，不知何见云。然日人强词夺理，直欲破坏我条约、关章，钳制我治内清匪之法。以利害所关，历上钧部电已按实情事痛切言之。迭据探报，孙逆本有五路起事之谣，惠、潮、肇庆、钦、廉，在东省实居其三。盖以港澳外附，政令不及，水陆交通匪党倚为购械运济之地。今英人已于香港严禁购济，避香港往达澳门，证以本案探报之言，实已信而有征。查，澳门水浅地僻，商务不旺，几同村落，恃娼寮赌馆为命脉，娼赌之薮，盗匪之窟，小者为劫贼之逋逃，大者为匪党之外府。该处除制熟烟膏出口外，别无出产。平时只有来往广州、香港轮渡数艘，及小轮出入捕鱼，拖船、小船麇集，附泊内地，良少莠多。向无外海大轮到澳，与香港情形迥不相同。即以澳门属葡领地而论，只指澳门方围数十里而言，四面原皆中国地界。先时每年尚须纳租于我，本属租界，后因粤官漫不经心，致被任意占据，俨然视为属地，然于领海权初无所有也。又误于金登干分界之说，彼始占及十字门水面。然界址究未划定，且经声明，未定界前，仍照旧址，广东官商士民仍不明认。即今澳门鸦片膏出口，盘上商轮，亦须拱北关核给凭照，况枪支、枪码进口乎？若因此案遂并九洲洋而认为彼界，将广州所属各口岸东扼香港、西扼澳门，中国反无领海矣。该处入急水门口将二百里，两岸多有沙田民业，实系内港，并非大海，何公海之可言？又查，澳门葡兵不及二百人，卖枪之店皆是华人，华官订购枪械向在香港，与澳门华商从无交易，此二千余枪、四万余码，非贩以济匪而何？查察两粤匪情，澳门接济匪械之路不断，盗匪必无清日。揭竿蜂起，仓促可成，虽有善者，不知其可。且本案失败，我国从此于各国商轮私运军火无敢过问，国权浸失，桀黠生心,滋蔓将及于沿海沿江各省,如大局何?忧虑所及,难容缄默,全仗钧部苦心毅力设法维持,两粤幸甚,各省幸甚。人骏。江。

### 附:外部致张人骏李家驹辰丸停泊之所系中国领海电
（光绪三十四年二月初三日）

初二、二十九日电计达悉。辰丸案,葡使照称喀罗湾岛海面系属葡领等语,粤督东电谓该船停泊之所,为中国海关缉私船所及,日领无词以对。查喀罗湾即过路湾之转音,本系中国土地。道光季年,葡人私占西隅之地,中国迄未认为葡属。按照粤省来图,绘入葡占界内者,地段其小;即以十三年约文言之,其所称现时情形不得改变一节,亦仅指过路湾西角隅而言。日船系在过路湾迤东扣住,据海关洋图,距葡占迤西之地相隔太远,其为中国领海无疑。除照驳葡使外,希查照。二月初三日。

### 附:外务部为将办事失当员弁量为惩戒致张人骏电文
（光绪三十四年二月初三日）

辰丸船案,东电所拟,将船释放,仍扣存军火各节,现正与日使竭力磋议。至换旗一事,准艳电称,以此举为巡弁认其误,未尝不可,等语。日使亦以换旗为耻辱,词意坚韧,必应分作两截办理,方少纠缠。本部院现将此事剔出,备文道歉。文如下云云,并希尊处将办事失当员弁,量为惩戒,冀可先了此节。希查照办理。即电复。二月初三日。

### 附:外部致日使道歉换旗照会

第二辰丸撤换国旗一事,迭准贵大臣来照抗议。此事据粤督来电,该巡弁等因日船所运军火未有中国护照,停泊中国海面预备起卸,以致生出误会,致将旗章暂时改换。本爵大臣殊为可惜,深抱不安,业经电致粤督,即将办事失当之员弁加以惩戒,以表歉忱。除私运军火一案另行照复外，相应先行照会贵大臣查照，转达贵国政府可也。

## 派管带吴敬荣等带具过路湾海图赴部事致外务部电

（光绪三十四年二月初四日）

初三日又电敬悉。辰丸案，日葡协以谋我。日既想废我条约、关章，葡即因未定之澳界图占我领海。隐忧曷既？钧部据驳葡使等因，词严义正。现即派吴管带敬荣、西江缉捕稽查员王倅仁棠，并拱北关“龙睛”缉私轮管驾、英人葑礼，北上赴部，听候查询辰丸当时办理详情，并令带具过路湾等处海图，以便指证，用备钧部筹对外人之具。事关重大，全仗主持。人骏。豪。

### 附：外务部为吴敬荣等来京无甚用处致张人骏电

（光绪三十四年二月初五日）

支、豪电均悉。澳界历年未定，葡使照会，先由本部驳复，自与辰丸无涉，应分别办理，以免纠葛。至辰丸案详细情形，来电概已备悉。日使如允会查，亦应在粤齐集证据，就近察核，方有办法。吴弁等来京无甚用处，本部亦无面询之事，应勿饬令北上，徒劳往返。海图希咨寄。外务部。初五日。

## 日兵舰来粤致外务部电

（光绪三十四年二月初四日）

初三日电敬悉。撤换辰丸籍旗一节，亦即由粤照会日领，同表歉忱。私运军火，关系重要，迭电陈明。现既分两截，过误自应各认。切望钧部设法维持，无任盼祷。日兵舰来粤，现已通饬口岸司炮台以礼相待。彼如强将辰丸逼释，亦拟不加阻挠、听其野蛮举动时候再与质证公论。究竟彼意欲何为？钧部有闻，并乞迅赐电示。人骏。支。

## 附:军机处外务部为日使昨递四点声明致张人骏电

(光绪三十四年二月初五日)

初三电计达。日使昨递声明书,要求四事:一、将船货一并即行释放;二、侮辱国旗,应以相当之法表明谢意;三、拘船失当,官吏应严罚;四、该船损失应赔偿。并屡称该轮拟赴澳门,白昼鸣哨停泊,且经日葡两国允许,并无私运行迹。广东水师不理船主分辩,遽行撤旗拘船,种种横暴,俨如战时捕获办法,实属无理,不法已极。等语。查,擅换国旗,究违公法。来电所称各节,不足以钳彼口,且此节尊处艳电亦云,以此举为巡弁认其误以私运为该船负其咎。本部现将此节先行照复了结,再议船械办法,用意亦正相同。仍希查照初三电酌量办理,其一、四两端尚在驳辩,俟稍就绪,再当奉闻。

冬、江电所陈各节,本部亦已电及。时局艰难,外交棘手,政府与疆臣共负责任。国权所在,本部无不力争。惟此案在事员弁不免失之操切,致辩论益形为难,现只可设法磋商,以期结束。至私运接匪,实为巨患,案结后自当内外统筹,以善其后。日兵舰曾否抵粤,宜处以镇定,有无举动,希密探电部,并望将往来各电格外慎密,以防外泄。外务部。初五日。

## 会同张鸣岐为广西提督着龙济光署理致军机处请代奏电

(光绪三十四年二月初四日)

恭读电传上谕:"丁槐着开缺来京,另候简用。广西提督着龙济光署理。钦此。"自应遵旨饬令龙济光前赴署任。丁槐所部各营,拟即一并委交龙济光接统。现驻边关各军,仍归该署提总统,责成兼顾边防事宜。惟丁军颇多降人,更易统将,难保不生疑虑。现拟令龙济光不动声色,迅速驰赴南宁接统,加意羁磨,相机应付。龙济光勇略素优，当能善为操纵。第左江为根本重地，龙济光须兼顺边防，恐难专驻南宁。现在边关一带，布置亦已略有头绪。骏等往返电商，岐拟赶紧回邕驻扎，以资镇慑，边防各军亦可居中调度，似较周妥。岐前因法人邀赴河内，奏奉谕旨准其前往，以资联络。适值越督新旧交替，未能前往。现新督尚在西贡，邕事关系紧要，似难久待，应否免其前往河内？奉旨在前，未敢擅便，乞代奏请旨遵行。骏、岐谨肃。支。

### 附：军机处为张鸣岐先行回邕驻扎致张人骏张鸣岐电

（光绪三十四年二月初五日）

奉旨：张人骏、张鸣岐电奏。该抚曾与法督相约赴河内接晤，自未可因其新旧交替遽为中止。张鸣岐准其先行回邕驻扎，俟法新督抵任后，再与该法督商定行止，请旨遵行。钦此。枢。歌。

## 为录呈受雇驳运二辰丸船军火之船户供词事致外务部电

（光绪三十四年二月初七日）

昨据水师巡弁等觅出，当日在澳门受雇，由葡巡船拖起过路湾迤东，向二辰丸驳载军火之盘艇名“梁就利”，送由粤海关庆税司取供。兹由该税司取具“梁就利”盘艇船户梁亚池、冯亚一等摹印供词，并由该税司签押录呈前来。

据梁亚池供称，小的艇名“梁就利”，正月初四日有不知姓名葡人七名雇往之澳洲附近沙滩，土名沙利，该葡人身穿号衣，与巡兵相同。小的之艇系用葡国小轮船迤往，附泊于该处停泊之日本轮船。约有半点钟之久，闻系雇来驳运军火往澳门，尚未接载，旋由葡轮拖开。据冯亚一供称，系梁亚池伙伴，当该艇附泊于辰丸，辰丸船上起货机器即挂起一箱，正拟卸至该艇，旋因该艇系于辰丸之缆绾忽断，该艇即流至辰丸船尾，致未接载。余供与梁亚池略同。又据复讯梁亚池等同供，该艇此次受葡人雇往接载军火，未领有拱北关准单，曾向葡人问明，葡人说无须请领。驳艇雇向该处接载货物，不领拱北关照是乃第一次，各等语。现在该驳艇暨船户人等仍留粤关，以备质证。用特录陈钧部察核。人骏。初七日

## 为抄呈华洋报所载日轮船主报告书事致外务部电

(光绪三十四年二月初八日)

二辰丸案，据华洋各报所载，该轮船主报告神户辰马商会书，略云：本船于正月初四午前十一时到该处，鸣汽笛数次。午后二时半，始有从澳门来之广和店伙，即收货之主人，乘小汽船并带驳船来。正将驶近本船停泊，忽有中国炮舰四只围绕本船，仅许该店伙得上本船，此外即不许近。是时，中国炮舰管带来船云，此船虽有澳门葡官执照，若系停泊澳门领海，当无异言，今既停泊中国领海，则不可不服从中国政府之命令云。但本船以澳门领海区域极狭小，且水线太浅，其深处不过二寻，故本船应照海关上停泊于澳门投锚地，而澳门货主来函，则言明当在中国海面。本船满载，吃水当在二十三尺以上。现在投锚地方吃水四寻，自此处可接近于陆地，若必使本船投锚于水深二寻之澳门领海，万办不到，等语。

查，该船主报告书，华洋各报均多登载，大致相同。现就报告各节而论，则此项军火确系澳门华商广和店所购，该店伙用轮拖带驳船驶附辰丸，实为驳卸军火确据，且声明货主函致该轮，言明当在中国海面，尤为欲在华界起卸军火铁证。至二辰丸，查系十二月二十七日由神户开行，计程不过五日应可抵香港，且经太古洋行与该船订有合同，运煤赴港卸载。乃该轮历七日之久，路经香港，并不入口卸煤，而绕出澳门外之中国海面逗留，足见该轮徘徊觅地，欲在沿海私卸军火，毫无疑义。

此事关系甚重，华洋报所载船主报告书，特录呈钧核，乞参酌维持为叩。人骏。庚。

## 转饬省农工商局整顿茶木办法札

（光绪三十四年二月初八日）

据农工商务议员、山西补用道刘×瑞申称，奉农工商部札开，案据福建商务议员吕道渭英申称，闽省地居温度宜于种植出口植物，以茶为大宗，而木次之。十数年来，茶、木出口价值其率锐减，全省商业受其影响。欲维商业，不得不先就茶、木二项详细调查。谨将近三年属茶木产数、运销情形比较列表，并筹拟整顿办法，呈请察核示遵，等情前来。查茶、木为出口土货大宗，该议员以年来销路渐形短绌，详细调查比较列表，具见究心本务，诚堪嘉尚。所拟整顿办法，亦属探源之论。除咨出使各国大臣转饬商务随员劝导各商外，合行具禀札饬，札到，该议员即便遵照，一体劝办。仍将办明情形，随时禀复本部，等因。奉此，除申复农工商部，并呈移商务大臣、农工商局、商会外，理合申报察核，俯赐转饬农工商局、商会遵照劝办等由，到本部堂。据此，合就札饬札局即便遵照，转饬所属各厅州县及商会一体妥为劝办。

## 日方恐吓我应暂示镇定致外务部电

（光绪三十四年二月初十日）

初九日电敬悉。辰丸案，照会讯办法，或由第三国公断，始终皆据理据约，商酌公允之结束。既可存我主权，于彼亦无所损。改换该船籍旗，已向道歉。升炮一节，亦应俟案结后照办。彼果妄用强力，揣我国势固难与较，惟慑彼虚声，不待会讯、公断，不复取结留械，速释该船，是条约关章我甘自弃，益恐无以自解。索赔索办，后患甚多。倘以强逼开释，我以不得已欲保和平，听彼野蛮举动，是非曲直，尚可宣布各国公评。两害相权，鄙意幸暂示镇定为主。是否？伏候钧部主持。人骏。蒸。

### 附:外务部为辰丸案日本将用强力未知确否致张人骏电
（光绪三十四年二月初九日）

据南洋大臣电称,闻日本以粤捕二辰丸船事将用强力,未知确否。顷见初六日《时报》云:日本南清舰队所属之第一舰队,奉命派“三岛”“吾妻”“明石”“千早”四军舰,今夜即初五日,在澎湖岛准备出航,听候电命一至,即行启轮赴粤,为第二辰丸被捕一案,等语。证以所闻,似不为无因。既有所闻,不敢不告。应如何相机因应,期有结束之处,出自荩筹云。外务部。初九日。

## 为详驳日使节略各款事致外务部电
（光绪三十四年二月十一日）

初八日电敬悉。查,中国于澳门地界既未划定,按千八八七年合约第二款声明,仍须照旧不改。澳门本系租界,葡人即欲视为属地,当以两国派员划定界限,立约签押之日,才足为据。自千八八七年以后及界未划定之前,葡国擅自占居之处,均不能作准,中国海关更无可任意将中国领海让送之权。所称海关声言,葡国拿获沙船之处,系葡领水之说,其不足为据,不辩自明。是葡国岂能在中国并未让与之领水界内认有主权,与他国私相授受,违碍中国条约禁令?日使既称辰九停泊私图起卸军火之水面管辖权,不作为此案主脑,与之多论,固属无谓,但中国实已认定该处为我之领水,而行其巡缉私运军火之办法,故辰丸运送之军火,输出于日,输入于澳,日葡两国或可视为公,而中国证以在澳门泊船港外,凡起卸货物,必须知照拱北关核给准单。此次辰丸运送军火,将于中国领水起卸,驳船已到,并未报关请照,又无中国护照,岂能不谓之私?至以辰丸预备起卸,为预备至澳起卸,何以该船在该处货仓已开,驳船已至?现在已将梁就利驳船觅到,由粤海关讯取供词,确系雇往接运军火。且其不确之理由,尚有二端:一、辰丸吃水太深,不能到澳门水浅,载明航路海图,在船主所应稔知。二、辰丸为太古订运煤斤，所订合同，有非遇危险、不得驶往他处之约，违即例应赔偿。东京李公使来文附册，查在船所载华商之货四千余件皆运香港，无一运澳。该船过港，何不入港起货，以冀该船轻载可入澳埠浅水？乃以满载不能进澳之船，泊中国领水？为先卸军火计，显系有意私运。既难直到澳门，即不得谓之公。况寓居澳门不安分之华商，专以私济匪械为事，尽人皆知。日本同盟之英国知之，故香港英政府始有禁止军火运澳之令，日人独反其所为。在日政府亦明知澳门购贩军火之华商，粤官从来不与交易，其销路只有济匪资盗一项。中国乃因清理内匪及海盗之故，实力严禁军火进口，日商何故为此等人供给军火，尤不解其命意所在。兹事关系重要，全仗钧部主持。无任盼祷。人骏。真。

## 附：外务部为请详查二辰丸案案据以备驳辩事致张人骏电

（光绪三十四年二月初八日）

辰丸案迭次与日使辩论，并将来电及拱北关所引证据择要驳复。顷又据日使面递节略内称，二辰丸停泊之处属中属葡相争未定，按中葡约，自局外观之，该处属葡领水，业经照会在案。贵政府谓过路湾一带中国海关巡缉所及，葡无异言，为中国领水之证。葡官则谓拱北关原为查缉鸦片而设，经澳门政厅承诺，在凼仔岛西名加勃利太葩脱附近，即葡领水内检查，该岛附近处应认为葡领，有千八九九年三月澳政厅在该处扣留沙船一案、千九九一年十二月拱北税司报告有该船在葡领水加勃利太葩脱岛被扣之语，均足为证。该岛附近处即过路湾之东，为此次辰丸停泊处，葡官虽允中国海关在该处巡缉，不能即目为中国领水。至所称千八九九年中国海关曾经布告往来船货，如在该处起卸，即可拘获一节，甚为可疑。以葡官所称及该关之权力言之，该关未必能擅专发如此布告。该辰丸停泊处为中为葡，日本亦不作为此案之主脑，所论据者，辰丸既得澳政厅准单及日官凭单，公载军火赴澳，因当时潮势,于近澳吃水相宜之处,在过路湾东约二迈余停泊,白昼鸣汽,报知澳门,即由该处港务局派小轮及领水人前往,是该轮所装之军火运澳,交纳买主,并未在中国领水起卸。既有预备起卸情节,是为预备至澳后起卸,并非在中国领内私运私贩。该船船主业声明,该项军火系向澳运送,证以前项证据实无可疑。广东水师不顾该声明及证据,逞威强行,将该轮拖去,且将日本国旗卸下,似此举动,殊属无可回护。该船及货,中国终无可以扣留之权力。故日本政府前已向贵政府要求四端最为妥当办法,并声明不会会讯,等因,经本大臣详述在案。无论中如何辩论,终不足以辩护,所以请贵政府速允照办要求之四端也。至卸旗一节,粤督称系出巡弁等之误会,贵部仅电粤,将办事失当之员弁惩戒。如此办法,日本亦不能满意。侮辱国旗,自有常例陈谢,应请将辰丸释放后,中国兵舰对于该轮所升之日本国旗鸣炮若干响,以表谢意。至下旗及当时拘获辰丸之指挥官最担责任,应将各官加以相当处分,并通知日方为要。等语。该使此次节略所引葡官前案,税司报告情事是否相符?彼所论据各节,若仍以前言相诘难,终不足以借其口,尊处有无切实案据,足资驳辩之处,希再详细查考,妥筹速复,以备因应。至鱼电称,英提所议,足证公论。惟会讯、公断两节,屡商林使,均未照允,现要求益力,未知能容局外调停否?仍应内外合商办法,以免久延。外务部。初八日。

### 附:外务部为与日使磋商所扣军火由中国备价购回不许运澳事致张人骏电

(光绪三十四年二月十一日)

连日与日使磋商,迄无退让。曾托英使两次赴日馆劝解,亦始终坚持。日使总谓未经实行卸货,遽为拘留,究属不合。英使亦谓拘留太骤,即援引法律,义亦未足。是英人调停已不可恃。现惟有商令承认将来查禁私运军火办法,并将现扣军火由中国备价购回,不许其运往澳门。未知能否妥结,俟商定再达。外务部。十一日。

### 附:日本公使林权助为扣留二辰丸船提议赔偿损害请照允事致外务部照会
### (光绪三十四年二月十一日)

中国扣留"第二辰丸"一案,帝国政府因顾念两国友谊,酌量中国政府困难实情,兹提议条件如左。如中国政府即时照允,帝国政府可允将此案和平结议:

一、中国政府对撤换国旗一事,应该派兵舰升炮,以表歉忱。乃解放"第二辰丸"时,令其兵舰近现在该轮停泊之处升炮,并先期知照日本国领事阅视实行。撤换国旗一事,帝国政府必要求中国,将此案应担其责之兵舰管驾官等从严加罚。其办法,帝国政府应任中国政府自行秉公办理。

二、中国政府应即时将"第二辰丸"放行,不得立有条件。

三、"第二辰丸"拟运澳门之军火,知为中国官宪所挂念,帝国政府可竭力不令其再运往该埠。惟中国政府应备价收买此项军火,订价日本金二万一千四百元。

四、中国政府应声明,俟查核扣留"第二辰丸"实情,将应担其责之官员自行处置。

五、中国政府应将此案为扣留"第二辰丸"所生之损害赔偿给帝国政府,俟查明后即行告知,其数应核实算定。此外,帝国政府将下开一事,告明中国政府,乃日本政府对中国政府私运军火办法,将来可不辞取相当协助,与此案不相牵连矣。只望中国政府速允上开条件照搬,俾得早日和平完结,是为切盼。明治四十一年三月十二日[①]。

---

① 即光绪三十四年(1908)二月十一日。

## 辰丸案自非会讯不能分别是非致外务部电

（光绪三十四年二月十一日）

辰丸案下旗一节，此时业已道歉，将来结案仍可声炮致礼，应另为结束，提出不计外。现在专办者，乃扣船一事。彼此各有凭证，各执一理，自非会讯不能分别是非，非第三国公断，不能判定曲直。我请会讯、请公断，原为彼此争执，必求一是起见。讯断后，曲在我、曲在彼，当未可知，并非强以所难，先以日人为不合。日如理直证确，何惮而不会讯？何惮而不公断？乃日人不肯会讯，不允公断，即具结释船，留械候查亦不允许，其恃强无理，实属环球所罕见。报载兵舰来华之说，难保必无。兵舰果来，我仍以礼接待。广州为各国通商口岸，彼未得各国允许，谅亦不能遽起兵端。揣其伎俩，不过以兵力胁我释放船械而已。论者谓，兵至释船，有辱国体，不如先自释船，可全邦交，此未之深思也。盖兵至而释，与先自释放，其伤国体一也，而利害得失大有区别。未会讯、未公断、未具结，徒以慑彼恫喝之虚声，遽将船械先释，则此事之错，我先自认，各国必从而非笑，日人必益肆要求索赔偿、索惩弁，得步进步，我不能再置一词；英之煤、他国之货，皆将责偿于我。窃恐释船之后，要索愈多，决非一释所能了事。至于以后，军火无权再缉，领海且属之葡人，后患之大，尤不可思议。此先自释船之说也。中日强弱悬殊人所共知，若彼以兵舰之力恃强要挟，我允释船，是出于不得已，并非情愿，亦非理亏，不过强弱不敌，迫于压力，各国固能谅我，或且代抱不平。释船之后，在我仍可不作为结案，将此事曲直，布告各国，一评公理，以后亦不能援此案为成例，指为我国所认可。除释船外，此外各节，以及预防后患之虞，我仍有权力争。此兵至释船之说也。总之，由前之说，系我先认错；由后之说，系我出于不得已。先自认错，则一败而无可再言；出于不得已，则各国尚有公论。二说之利害得失，孰轻孰重，何去何从，蒸电恐未详尽，用再缕陈，敬求钧部指示为叩。人骏。真。

## 附:外务部为二辰丸案与日使业已议定事致张人骏电
（光绪三十四年二月十二日）

十一电谅悉。辰丸案迭与日使磋商,业已商定,无可再议。条列于左,一、误换国旗一节,业于光绪三十四年二月初四日照会道歉,并电粤督,将办理失常之员惩戒在案,自当由粤督酌予应得之处分。至贵大臣内称,释放辰丸时,令兵舰近现在该轮停泊之处升炮,业先知照日本领事阅看等因,既系通例,中国政府自可照允。二、中国政府允将辰丸即行释放。三、粤省此次扣留辰丸,原为防止军火运入内地起见,日本政府既知此事为中国官宪所挂念,允将该项军火不令再运往澳门,愿以日银贰万壹千四百元,由中国自行收买。自当电知粤督,先将军火起卸,按照此价购买。四、中国官吏为自保治安起见,致生此次交涉,应由本政府查明此案实在情形,倘有误会失当之官吏,由中国政府酌量核办。五、第二辰丸损失之处,亦可酌给少数,以示体恤。惟贵国政府既未查明,应由粤督酌核情形,与驻粤日领事另行商议。查,中国近来匪徒不靖,实有私行接济军火情事,迭经本部照商各国,严禁入口。治安所关,各国均表同意。贵国与中国密迩邻交,关系尤切,禁止私运军火,贵政府既允设法协助,即须妥商派员严禁,以保公安而昭睦谊,用特切实声明,等语。希查照办理,免致夜长梦多,另生枝节。外务部。十二日。

## 附:外务部为全面接受日方提出的五项条件照会
（光绪三十四年二月十一日）

光绪三十四年二月十一日,准贵大臣面交节略,本部已经阅悉。“辰丸”一案,贵国政府愿和平办结,与本部意见相同,并允此办结后,俟后中国严禁私运军火办法,贵国政府亦当设法相助,等因。足证贵国政府顾念邦交,实深感纫。兹将答复各节,开列于左:一、误换国旗一节,业于光绪三十四年二月初四日照令道歉;并电粤督,将办理失当之员惩戒在案,自当由粤督酌予以应得之处分。至贵大臣内称释放"辰丸"时,令兵轮近现在该轮停泊之处升炮,并先知照日本领事阅看等语,即系通例,中国政府自可照允。二、中国政府允将"辰丸"即行释放。三、粤省此次扣留,原为防止军火运入内地起见。日本政府既知此事为中国官宪所挂念,允将该项军火不令再运往澳门,愿以日银二万一千四百元由中国自行收买。自当电知粤督,先将军火起卸,按照此价购买。四、中国官吏为保治安起见,致在本国领海内致生此次交涉,应由本政府查明此案实在情形。如有误会失当之官吏,由中国政府酌量核办。五、"第二辰丸"损失之处,亦可允给实数,不得逾多。惟贵国政府既未查明,应由粤督酌核情形,与驻粤日本领事另行商定。

## 为请与日使明立专条严禁私运军火事致外务部电

(光绪三十四年二月十二日)

十一日电敬悉,尊处现与日使商议将来查禁私运军火办法,并将现扣军火由中国备价购回,自系万不得已之事。但必先与订明,此系中国笃念邦交、格外通融办法,不能因此认作误拿,解脱私运之罪;不能另索赔偿,不能惩处扣船员弁。以后日本不得再运军火私往澳门。凡军火由日输入中国境内,必有驻日钦差或中国官许可之凭据方准运入起卸。如再违禁私运,仍照约章缉拿,充公罚办,明立专条,永远遵守。如彼允一一照行,始可许以价买。否则仍与坚持,未可迁就。至英人调停,虽未可尽恃,然广东商务英为最盛,如果匪械不绝,匪党横行,于英人商务实大有妨碍,我虽欲尽保护之力而不可得。此意似不妨明示英使,俾知此事利害,与彼实有关系。

又,英使谓拘留太骤一节,既云太骤,即非不应拘留可知。查辰丸系于正月初四日驶至九洲洋中国内港，停泊八点钟之久，葡船拖带驳艇已来两次，时将昏暮，深恐其乘夜深私卸，中国员弁并不能再候，势不得不上日船。次日，葡船复来，执持军械，势将强夺，故不得不下旗抵御，将日船扣留，似不得谓之太骤，若再迁延，即缓不及事。英使未明此中底细，故有是言，请再详晰转告为叩。人骏。文。

## 为查禁烟膏入港事致外务部电

（光绪三十四年二月十二日）

敬、佳两电敬悉。华烟入港贸易一事，昨经札行九龙关税司确查。兹据申复，香港熟膏系归商人承办转卖，向禁他处烟膏入口，搜查极严，并无明贩赴港贸易之事。惟港膏每两售价三元以上，较之内地膏价贵至两倍。走私之人贪利暗运，在所不免。且多由上海、潮州、西江附大小轮船帆船而往，船泊英界，无从搜查。现已檄饬关厘各卡及税务司暨各地方官设法严禁，并出示剀切晓谕，以杜私运。谨此电复。人骏。文。

### 附：外务部为香港烟膏禁止运入华境致张人骏电

（光绪三十四年正月二十四日）

禁烟事，香港烟膏禁止运入华境，曾向英政府筹商。得复，彼此当互相应允，各行设法自防在本境私入之弊。于上年十月间照会英使，复允在案。兹英使照称，准港督咨，此事俟华政府将所许办法妥为实行之文到后，方行拟备禁止烟膏出口入华之法规等语。应请于此办法加意斟酌，如何禁止烟膏由华入港之贸易并示，等语。查香港熟膏运入华境销售，为数极巨，彼允设法禁止，是于禁烟之举，实见赞成。惟烟膏由华入港之贸易，未知向来情形若何，倘非实力稽查，严行禁止，则彼即有所借口。务希迅速设法筹禁，切实施行，并一面出示晓谕商民，是为至要。

并即电复。外务部。敬。

### 附:外务部为查禁烟膏入港事致张人骏电

(光绪三十四年二月初九日)

查禁烟膏入港事,正月敬电计达。此事急需照复英使,以期实行。前电各节,已否办理?希速电复。外务部。佳。

## 为转陈粤绅邓华熙等办理二辰丸案管见事致外务部电

(光绪三十四年二月十二日)

顷接粤绅邓华熙、梁诚、杨晟、易学清、吴应扬、关以镛、钟锡璜、卢维庆、张璧封、黎国廉、苏元瑞、许应鎔等壹百八十九人联函,以辰丸案,日人并不遵关章会讯,惟索释船谢过。虽属国际交涉,绅等未敢妄干,惟念此事关重。循日,则各国效尤,我国禁令不行于境内,将来与葡人办澳门划界事,葡以此为领海之案证,侵我国权。绅等近顾身家,远维全局,不能缄默。查日人所持,不外一谓领有日葡执照;二谓该船非海关缉获;三谓候潮入口,并未起卸;四谓擅下国旗。数端握要,则在不肯明认缉获地为中国领海。海国自有定界,据公法家言,海权不一其说,然必于领海尽限外若干里,始有公海。该处为珠江西口,属香山县,是内港,非外洋,业经测明经纬。凡各国商船在该处上落货物,必须先向拱北关请给准单,在中国海关缉私范围之内。故当葡舰带驳艇前往起卸,巡轮弁等有权驱逐,葡人不能异说;指明经纬度与辰丸船主查看,该船主亦不能狡辩,称系候潮入澳,是以默认该处为中国领海,不应运送违禁之军火,故以候潮抵塞。即有日、葡执照,无中国护照,我国自应由海关行其缉私之权。且辰丸吃水深,澳门口当潮涨时,亦不能驶入,岂非有意在该处中国海面运送军火?况该船往来香港、日本,此次乃英商太古行订运煤斤,合同注明非遇不得已之危险,不得他往。乃不入港起货,先行弋往九洲洋面,尤不得谓非私运。澳门葡兵不过二百人,澳商所运军火如是之多,非以销流内地，接济匪盗而何？至擅下日旗，亦不得不尔。当日“马咬仔”所拖驳船，载有兵士，均带军装，志在挑衅，日船改悬龙旗，始不敢逞。是此举系属保护，并非侮辱。所陈各节，但执定领海主义，其余不难解决。若虑日逞强权，请将本案提出由各国公断，不宜迁就，各等语。似持论颇具条理，特据转陈，以备钧部采择。人骏。文。

## 英兵轮拟再往大鹏东海湾附近测量一事致外务部电

（光绪三十四年二月十二日）

顷接英领来文，以“窝搭维治”兵轮拟于西历三月杪，再往大鹏东海湾附近一带并汕头、南澳各处测量，或须登岸暂立旗帜，请通饬遵照，等语。查去冬该船往各该处测量，因援照周前督准案，复准通饬照办。嗣以闯入范和冈内港，竖标旗测量，以致绅民疑惧，颇涉鼓噪。当经与英领妥商，并电陈钧部照知英使，转饬该船退出。凡内港航路，应由海关派船测量，不应他国兵船干预。此次来文，仍有附近一带登岸竖旗等字样，恐仍蹈前辙。现在辰丸案未了，西江英舰退出不久，粤中人心未定，似未便遽准。究竟应准应驳，请钧部指示，晤及英使，可否将为难情形商请阻止？候电复。人骏。文。

### 附：外务部为英兵轮再往大鹏东海湾附近测量一事致张人骏电

（光绪三十四年二月十六日）

文电悉。英兵轮再往大鹏东海湾附近各处测量一事，前虽经尊处援案照准，刻值辰丸船案将次议结，粤省人心已多不靖，诚如来电未便遽准，致令商民益滋疑惑。应由尊处向英领商缓，俟辰丸案结，地方静谧，再行照案办理。惟须预先声明，仍不得闯入内港，以符条约而免误会。英使如来部提及，自当照来电商阻。外务部。十六日。

## 日人屈于公论渐就和平乞始终坚持事致外务部电

(光绪三十四年二月十三日)

昨电谅达,顷接东洋密电云,船主报告,仅云澳门水浅,不能前驶,并无中领及公海之说。前开阁议未发表,报论分三问题,即领海、私运、国旗三项,初甚重领海,因葡认公海,遂专重国旗,而引澳门免状神户证书,以证非私运。各报初极威迫,谓要求不遂继以战,后见我坚持,西报亦多公允,暴论渐平。《朝日》《国民》二报谓两国关系甚大,未可以此失和,大隈亦以林董各报为非。总之,我有真实证据,即可据理力争,而私运最重,尤不能放松理直,即公海亦无妨。国旗乃照例,问题请西人调停亦妙,等语。就其所言,是日人屈于公论,已渐就和平。谨以密陈,用备参考。仍乞始终坚持,大局幸甚。骏。元。

## 辰丸案已经钧部与日使商定办法自应照办致外务部电

(光绪三十四年二月十三日)

十一日电敬悉。辰丸案,已经钧部与日使商定办法,自应照办。惟本案因查缉私运军火,原为保两粤治安,清盗匪之原,保护各江华洋贸易商务,严断钦、龙边匪送济枪械之路,关系重要。嗣后,如有商船违约在中国领海运送单火,应仍由巡船、关船从严查缉,按照条约关章查讯、拘究,惟不得动换船上籍旗,以区别于国际,而重礼让。我国条约、关章,庶不至因而废堕。惟请钧部念外交全局攸关,与日使切实声明,为善后补苴之计。忧虑所至,尚祈钧裁。人骏。元。

## 吴敬荣等即量加惩戒致外务部电

(光绪三十四年二月十四日)

十三日电敬悉。自应参合前电,分别照办。惟查议定第五款,酌给损失一节，该船此次与英商太古订运煤斤合同内明，非遇不得已危险，不得他驶，并内有华商附载运赴香港货物四千余件。该船乃越过香港，到九洲洋私运军火，照合同必应议罚，订运之煤及货物逾期损失，华英各商亦已受累。我于本案据约坚持，华英各商必向日商交涉。现我既节节退让，通自认误，将来华英商人向日商索取此项赔偿，日人必转向我诘难，则所称酌给少数之语，恐系日使用以诱我入彀之计，此端万不可开。尚求钧部设法补救。办理此案员弁，系游击吴敬荣、都司李炎山、通判王仁棠，应即遵照量加惩戒。并陈。人骏。盐。

### 附：外务部为辰丸案须惩戒下旗员弁事致张人骏电
（光绪三十四年二月十三日）

十二电计达。鸣炮致谢一节，据日使称，须于辰丸释放后，由中国兵舰悬挂日本国旗升炮等语，希饬查照常例，知会日领办理。至惩戒下旗员弁，日使已声明，并无要求严罚之意。希酌量将统带、管带等分别记过、摘顶，以戒撤旗之误。其条列第四项，业已参以活笔，由尊处酌核办理，并将惩戒员弁衔名即电知。外务部。十三日。

### 附：外务部为与日使商定办法内文字略有修改致张人骏电
（光绪三十四年二月十四日）

此次与日使商定办法第四节，“中国官吏为自保治安起见”，下加入“致在中国领海内”七字。第五节“酌给少数以示体恤”句，改“允给实数，不得逾多”八字。希查照。外务部。十四日。

## 附:外务部为二辰丸案已商定解决办法望即行照办事致张人骏电

(光绪二十四年二月十四日)

文、元、覃等电均悉。辰丸案,本部与日使商定办法,尊处即行照办,自可和平完结。查辰丸停泊之处,确系中国领海,已于致日使条件内声明,自与葡界并无牵涉,断不虑其借口侵占。至事后查禁私运军火,日使既允设法协助,正与商定章程,认真严禁,亦不虑再生后患。尊处迭次来电,所虑以上两层,现在均可办到,足宽荩念而免群疑。至此案发自粤省,能否妥结,原非本部专负责任,何难照尊议坚持拖延? 惟各处消息紧迫,系因内外推宕,另生意外枝节,恐将牵动全局。近日迭接驻德、法、俄、比、荷各使电称,博采外间议论,体察此事情形,皆以和平速结为请。南洋大臣一再函电,亦同此意。本部审度时势,不得不赶紧商结。大局所关,想执事自能稔悉也。外务部。十四日。

## 批道员陆敬科条陈整顿海军事呈

(光绪三十四年二月十四日)

该道迭上条陈,具见关心时局,意良可嘉。兴复海军,本属自强要策。然需款孔巨,尚待妥筹。假贷民债,外国固多行之。中国风气未开,欲令人人担任债项,凡岁以及丁者按各出银二元,恐非易易。诸四民就业各别,贫富难齐,席中履厚之家,固不在此区区之数;而瓮牖绳枢之户,欲其出毫厘以助公帑,亦属甚难。倘责令绅耆按乡包缴,诚恐抑勒扰累,流弊滋多,未见其利。所咨呈资政院之处,应从缓议。

## 粤省筹办印花税札

（光绪三十四年二月十四日）

准陆军部火票递到度支部，奏准酌议税则章程一折咨行到粤。准此。查印花税为筹饷善法，亟应钦遵试办。惟各处风俗习尚不同，究竟部定税则章程各条，按诸粤省地方情势有无应行变通之处？管理印花税处应于藩署或何局附设开办？应由藩司会同各司体察情形，妥筹办理。合行札饬藩司会同学、按、运三司、农工商局、善后局、厘务局、关务处克日妥覆。

## 请与日使定章严禁私运军火事致外务部电

（光绪三十四年二月十六日）

十四日电谅达。辰丸一案，钧部顾全邦交，以速结为准，自是正办。辰丸泊处，既认明系我国领海，嗣后再有此等运载军火之船，在该处暨附近一切中国领海私图起卸违禁物件，自可照约切实办理，毋庸再生枝节。惟中日条约所订，本不应运送军火妨我治安，关章会讯行之数十年，各国已经公认，日本恃其强权，均遭废堕。其事后查禁军火设法协助一节，以前事推求，后事似尚在可恃不可恃之间，拟请由钧部与日使明定专章通行遵守，则此案失败，尚可谓补牢未晚之计。全仗钧部主持。人骏。铣。

### 附：外务部为香港禁运军火有无专章致张人骏电

（光绪三十四年二月十七日）

两铣电悉。私运军火禁止办法，现正与日、葡使商议。香港禁运军火，并不准运往澳门，办法系何时所定？有无专章？即希详细电覆。外务部。十七日。

## 为粤中绅商士民万余人来辕恳求电陈钧部事致外务部电

（光绪三十四年二月十六日）

顷据粤中绅商士民万有余人来辕恳求电陈钧部，设法将辰丸一案申明公理，措词甚为激烈，有罢市、暴动之说。于赔偿损失一层，尤为鼓噪。骏当传明理商民数人接见，妥为劝导，俾如我国外交限于国势，钧部议结，迫于万不得已之苦衷。并谕以公禀之意允为转达，饬将大众解散。除随时防维劝谕外，合电陈。人骏。铣。

## 港督送来由港出口军火准单致外务部电

（光绪三十四年二月十六日）

顷据关员密禀，以奸商私运军火，向由港澳居多。此次辰丸被获，当少敛迹。惟查港督送来由港出口军火准单，九龙关向系立即函报所往地方关卡侦查，视其回信曾否到埠，数目是否相符，即知有无影射私售。倘多少不符，抑或未到，即请香港辅政司查究历次函信，各处皆有答复，惟有陈元培常由香港运往广州湾之硝磺，独无回信。查广州湾弹丸之地，并非繁盛，焉用月运数万斤硝磺？嗣询法国驻港领事，据称彼处无人管理，是以无人复信云云。若以后奸商由广州湾输运军火，无人过问，转较易于港澳。应请商明法使，通知安南法督派人稽查，严禁私运军火。一面请饬该处文武截缉，等语。除严饬该处文武设法查缉外，务求钧部照会法使转越督一律查禁，共保治安。人骏。铣。

### 附：外务部为陈元培常运硝磺请将单扣住致张人骏电

（光绪三十四年二月十八日）

铣电悉。广州湾无人稽查，已照会法使转饬该处法员，严禁私运军火，得复再达。陈元培常运硝磺，独无回信，该商再请准单，似应转商港督，将该单扣住，查明办理。并希酌夺为要。外务部。十八日。

### 附：外务部为奸商陈元培事致张人骏电

（光绪三十四年四月初八日）

准铣电。奸商陈元培由香港私运往广湾硝磺，请商查禁事，当经照会法使。准复咨：据越督复称，已将所指陈元培之事，札知驻广湾法官，督饬遵守约第十五条办理，等语。希查照。外务部。初八日。

## 札饬广东水师提督李准释放“二辰丸”文

（光绪三十四年二月十六日）

为札遵事：光绪三十四年二月十三日承准外务部电开，“辰丸”案迭与日使磋商，业已协定，无可再议。条列于左：一、误换国旗一节，业于光绪三十四年二月初四日照令道歉；并电粤督将办理失当之员惩戒在案，自当由粤督酌予以应得之处分。至贵大臣内称释放“辰丸”时，令兵轮近现在该轮停泊之处升炮，并先知照日本领事阅看等语，即系通例，中国政府自可照允。二、中国政府允将“辰丸”即行释放。三、粤省此次扣留，原为防止军火运入内地起见。日本政府既知此事为中国官宪所挂念，允将该项军火不令再运往澳门，愿以日银二万一千四百元由中国自行收买。自当电知粤督，先将军火起卸，按照此价购买。四、中国官吏为保治安起见，致在本国领海内致生此次交涉，应由本政府查明此案实在情形。如有误会失当之官吏，由中国政府酌量核办。五、“第二辰丸”损失之处，亦可允给实数，不得逾多。惟贵国政府既未查明，应由粤督酌核情形，与驻粤日本领事另行商定。

……札到该镇即便遵照，于本月十七号上午九点钟，由该镇会同日本领事前往该轮，查点所运枪码，照数起运来省。此项军火起出后,即由该镇饬令兵船悬挂日本国旗,升炮二十一响。以符外口。

## 刘玉麟廿六满百日孝致外务部电

(光绪三十四年二月十七日)

现据前山同知电禀,刘道玉麟[①]廿六满百日服,约月初动身,有定期再禀,等语。谨电闻。人骏。筱。

### 附:外务部为刘玉麟百日孝满即饬来京致张人骏电

(光绪三十四年二月初八日)

刘道玉麟现丁忧在籍,希饬俟百日孝满,即行来京,并将北上日期电复。外务部。齐。

## 酌拟禁止私运军火办法事致外务部电

(光绪三十四年二月十九日)

十七日电祗悉。香港禁运军火一事,查系光绪十年间,因惠州归善县属土匪滋事,查得匪徒所用军火均由香港运去,经张振帅照会英领转致港督,谕禁港商店户,勿将军装火药贩运出口;并派拨洋兵,随时严密稽查,不准匪党至港私贩。随接英领照复,港督已出示晓谕,限六个月,不准港内商民店户将军火贩运内地,及札属一体查禁,等语。自此以后,历年均请展限禁运,至今未弛禁。其运至澳门一节,只有上年葡官运过一次,曾接英领照知。其澳门商民,则向不得赴港购买军火出境。

现钧部既与日、葡两使议禁私运军火办法,兹酌拟数款,乞转商该使等照办:一、请日本政府照香港办法,严禁日本商船,不得将一

---

① 刘玉麟(1863—1942),字葆林。1874年留美,1881年回国,入天津电报学堂和医学堂,并被李鸿章聘为家庭教师。1884年任驻美使馆翻译。后历任驻新加坡总领事、驻澳洲总领事、出使英国大臣。民国成立后,继续任驻英公使。

切军火运至澳门。二、日本商船，非有中国大员准单、护照，不得载运一切军火驶入中国各处。三、日本商船如无中国官准单、护照，载运军火至中国领海停泊，一经查出，即将船货充公。四、中国商民，或向居住口岸日商订购军火，或至日本各属地购买，如无中国官准单、护照，即系匪徒私购，应请日本政府照香港办法，严谕日商店户，一律不准卖给，并随时严密稽查，以免匪徒狡串日商私贩。以上各款，乞察酌商办。人骏。效。

## 为粤民倡言抵制日货致外务部电

（光绪三十四年二月二十日）

十八日电敬悉。国势强弱翼形，钧部办结此案苦心，骏所深悉。特以粤省绅商士民等，为恳切之请求，无知愚民，众情汹汹，激则致变，不能不以善言慰抚。大众陈情已允代达，自未便失信国人。此骏因此案结后，应付士民不得已之办法也。当日慰谕之言如左：此次辰丸案，当时日领若肯照关章会讯，不难即了。乃日领坚执成见，日久相持。钧部如此议结，亦以事甚微细，不值较量，致扰东亚和平，其中具有苦衷。现日人已知该停泊处为我国领海，此批军火不落匪手。将来查禁办法，部中亦与日领订明允为协助，当不至再贻后患。即使日后仍有外洋轮船私运军火来粤，仍必设法严拿，决不因此稍存退缩。尔等为桑梓安危，感动公愤，陈词迫切，自当据情转达政府。切勿逞一时血气，轻举妄动。发电立言，尤宜得体，切戒激烈偾事。望将此意转告商民，各等语。各代表退向大众宣布后，随即各散。日来仍闻有集议愤激之谈，倡言抵制日货，经已密饬府县严为防范，一面仍设法劝谕解散矣。合并陈明，人骏。号。

## 附:军机处外务部为粤商陈基建等贸然纷电枢部事致张人骏电

(光绪三十四年二月初九日)

上年十一月二十日钦奉谕旨,严饬京外各衙门:如有好事之徒,借端干预,纠集煽惑,必宜从严禁办。等因。想已通行晓谕。乃此次辰丸案出,复有粤商陈基建等,贸然纷电枢部,并有“大部不明海线,遽徇其请,海权领土断送外人,本会自保财命,合筹对付”等语。一味喧嚣,全无法纪。查该商屡次来电,均系任意谤讪,若不严加惩儆,不特该商气焰益张,商民滋惑,并恐外人因其恣扰,枝节更多。务希饬属切实查办为要。枢。外。

## 附:外务部为商业自治会陈基建等以抵制日货为由遍贴告条希饬属严查致张人骏电

(光绪三十四年二月十八日)

扣留“二辰丸”一案,迭经本部将商办完结缘由,详晰电达。并以商会陈基建等借故嚣张,电致尊处切实查办,各在案。顷据粤省官员接到该省正绅公函称,商业自治会陈基建即陈惠普,陈章普、李戒欺、罗少翔等恣意狂吠,形同化外。二月十六日,陈惠普等纠集千余人,内多易服剪辫者,手持大旗三面,大书“挽回国权”等字样,并在督署演说,愈聚愈众,道途为塞。十七日,又在自治会招白,复沿街遍贴不买日货等条,且动言罢市,以挟官长。粤省匪徒较多,恐有借端煽诱情事。陈基建前因西江巡轮一事,极口谩骂,晏然无事,遂又借“辰丸”为名,倡言抵制。该商向往银行倒盆,并有邮船会社,自揣毫无资望,特借“辰丸”题目,遍电外埠华侨,丑诋枢府。闻者不察,信其热心公益,因而纷纷附服。陈章甫系供黄召平奔走之人。李、罗乃属寒儒,均未便任其狂悖等语。查地方自治,应由公正员绅妥为筹办,未便准令无籍之徒，妄行开会。该商陈基建等以抵制日货为由，遍贴告条，大书扬旗，殊属狂谬。如果任其妄为，实于国际交涉、地方治安均有关碍。该商等聚众演说，近在督署，执事曾否知有此事？尚希饬属严查，分别究办，并晓谕商民人等立即解散，切勿受其煽惑，以靖人心，而弭隐患。

## 请通咨各省设法统筹查缉私运军火事致外务部电

（光绪三十四年三月初一日）

查内地盗匪，专恃外匪私济军火，以图大举粤中。辰丸一案甫经议结，近据各属探报，复有外来私济军火运入内地之信。随据拱北关税务司缉获从澳门运来大批毛瑟枪码一起，又在廉州府城缉获私运无烟火药三百余斤一起。前仆后继，间道运济，匪械之源不清，匪患曷已？现已严定赏罚，责成地方文武、水陆营队加意防范，认真巡缉。现在各省地面时闻匪警，接济匪械所在多有，似宜通咨各省，设法统筹查缉，方免此拿彼窜。伏候钧裁。人骏。东。

### 附：外务部为请各省设法严禁私运军火事致沿江沿海各省督抚等电

（光绪三十四年三月初三日）

发沿江各省、东三省督抚，江北、长江水师提督：

准粤督东电开，辰丸案甫结，据各属探报，复有外来私济军火运入内地之信。随据拱北关税司缉获从澳门运来大批毛瑟枪码一起，又在廉州府城缉获私运无烟火药三百余斤一起。匪械之源不清，匪患曷已？现各省时闻匪警，接济匪械，所在多有，似宜通告各省设法统筹查缉，方免此拿彼窜，等语。内地盗匪专恃外匪私济军火，扰乱地方。该督所称此拿彼窜，诚属可虑。亟应通筹查缉，以清匪械接济之源，庶匪徒可渐期敛迹。希切饬各关隘处所设法严查，毋任偷漏夹带为要。近日各处情形如何？希并电复。外务部。江。

## 为广东自治会抵制日货事致外务部电

（光绪三十四年三月初三日）

初二日电祗悉。抵制日货之事，前月十五、六间，因“辰丸”案，及日本东文各报极力辱我政府，粤民颇多愤激，经骏通饬各属实力解散，并经出示劝谕严禁，复又传到商会人等，面为开导，现时省会等处已无集众聚会演说等事。惟闻南洋华侨及住居香港、日本各华人有提倡不买日货之说，亦经饬令商会和平答覆，俾免滋事。至粤省商民现议倡兴工艺，实与抵制日货无涉，官无禁止之理。除由骏随时察觉，倘再有聚会演说强人不买日货之事，自当设法禁止，以免外人借口。三月初四日。

### 附：外务部为日使阿部面称广东自治会抵制日货事致张人骏张鸣岐电

（光绪三十四年三月初二日）

前日，日本阿部到署面称，广东自治会抵制日货，近益加势，速请电粤严为弹压，以防意外，等语。顷复准林使函开，驻粤日领来电，适闻梧州及南宁地方亦有抵制日货之举，系自治会先派人至各该地方劝诱之故。若置不问，必生意外。希速电该省弹压，并禁止集会演说，等因。该会有无前项情事，各处情形如何？希饬严查解散，免启事端，并电复。外务部。初二日。

### 附：外务部为毋庸倡言抵制致滋口实致张人骏电

（光绪三十四年三月初四日）

江电悉。振兴工艺，本为自强切要之图。惟毋庸倡言抵制，致滋口实。至《有乐画报》业经本部严词诘责，并嘱日使转达日政府，按律严办。准该使函称，滑稽画报，因属荒唐无稽，乃不料对于友邦任恣诽毁,不顾善邻睦谊,甚为痛恨。已照来示各节,电达日政府核办,等语。仍希剀切说谕,切勿有开会演说等项情事,是为至要。外务部。初四日。

## 为照会法使如有假冒清军窜入越境者即行拿解事致外务部电

(光绪三十四年三月初四日)

初三电祇悉。廉、钦匪事,自去冬迭获胜仗,将大股次第扑灭,著要先后授首,内地已一律平定。据秦提电咨,业将大概情形电达枢府。惟西省边氛未靖,越南特有匪谣言,我军未能越剿。惟有认真筹防,俟其出而痛击。乃前月廿七、八等日,有匪数百人,先由越境窜入河洲,随由钦州之大菉进窜那勒一带。郭军迎剿于小峰山开仗,毙匪数十,股匪大吹洋号,持郭字旗帜,第二十营哨长疑为郭道,上前迎接被掳。匪计狡谲,冒用官军旗帜,既乱我军心,且败窜回越,恐法人疑为我军过界,易启交涉。已飞饬东西统将,订定旗令、口号,以分真伪。并戒营队追匪,勿得稍过越边。一面函请法领转电越督饬属堵截,勿任匪窜回越境。并请法官,凡越境有假冒官兵旗号者,即作匪徒拿办,以免法人误会,别生枝节。越中革党日久图逞,此次窜入内境,据报,首要多在此股,弹子已将用罄,正是聚歼机会。已屡电责成东西各统将,合围兜剿,以期悉数歼除,一劳永逸。乞钧部照会法使,饬法领转致越督,饬属切实捕逐堵御,勿任窜回。如有假冒官军旗号窜入越境者,即行拿解讯究。人骏。支。

### 附:外务部为越境有无匪党冒官军旗帜袭围官军致张人骏电

(光绪三十四年三月初三日)

法馆函称,据广州领事电,准粤督文,有匪党股众,冒官军旗帜、号衣,在钦属袭围官军营队掳俘。特询有无此事等电音,等语。查上月廿三,准尊处漾电,有钦廉内地以平定之语。该函所称,匪党冒官军旗帜袭围官军,有无其事?并尊处近日有无此项文件?希查明电复。外务部。初三日。

## 为遵将吴敬荣记过两次致外务部电

(光绪三十四年三月初四日)

二辰丸,查前奉钧电,饬将误行撤旗管带等员分别记过、摘顶等因。遵将管带吴敬荣记过二次,通判王仁棠记过一次,都司李炎山摘顶。谨电闻。如日使询及,乞告知为叩。骏。支。

## 为美商三达火油公司应逢关纳税札

(光绪三十四年三月初四日)

查洋货运入内地,须在通商口岸完纳内地子口厘税。若未经领有内地税单,无论所到之处有无厘卡,沿途均应逢关纳税、遇卡抽厘,系属一定办法。此次金蔑小轮载运火水等物,前往德庆、都城内地销售,既未领有半税单,而沿途经过河口、后沥各厂又不报厘,实属有违条约。照章本应究罚,以示惩警,今仅饬令补完河口、后沥厘金,已属通融办理。现文所称肇庆、都城二处并无厘厂,无庸完厘等语,殊属误会。请饬令该洋行迅将前运火水等物之厘金,克日前赶河口、后沥两厘厂,分别补缴。

## 为禁止私运军火事札文

(光绪三十四年三月初八日)

照得"辰丸"一案,甫经外务部议结,现复由拱北关税务司缉获从澳门运入内地大批枪码一帮,全数充公在案。查粤中盗匪充斥,贻害商旅,滋扰闾阎,无非恃械而逞。钦、龙一带边匪,尤非严断接济军火,难望肃清。现既与英、日两国议允协查,澳门实为私运军火奸商所巢窟,亟应重申禁令,从严查缉。凡有华、洋轮船船只驶入广东、广西所辖海港、河道等处,务须遵照约章,恪守例禁,毋得将枪械军火违禁输送。如有此情,一经查悉,即行将船货拘究充公。本部堂为地方清盗源、谋治安,即为各国在粤贸易商人实行保护起见,万不能因噎废食,稍涉松懈宽纵。除通饬所属文武遵照办理外,合行牌示晓谕。为此示仰诸色人等,一体知照。

## 越南革党窜入东西两省交界致云贵总督锡良电

(光绪三十四年三月十七日)

锡督帅鉴:

洪。越南革党窜入东西两省交界,屏、饶营队严行合剿。现据匪首韦二供称,黄和顺即张德黧,率匪数千,图犯滇边。犯供虽难尽信,究不可不先事防范。乞密饬沿边文武,妥筹戒备。骏。铣。

## 为查禁私运烟膏入港札行司道文

(光绪三十四年三月十七日)

日前准外务部敬电内开,禁烟事,香港烟膏禁止运入华境,曾向英政府筹商,得复彼此互相应允,各行设法自防在本境私入之弊,于上年十月间照会英使复允在案。兹英使照称,准港督咨此事俟华政府将所许办法妥为实行之,文到后方能拟备禁止港膏出口入华之法规等语。应请于此办法加意斟酌,如何禁止烟膏由华入港之贸易,并示复,等因。查香港熟膏运入华境销售为数极巨,彼允设法禁止,是于禁烟之举实见造成。独烟膏由华入港之贸易,未知将来情形若何,务希迅速设法筹禁,切实施行,并一面出示晓谕商民,是为至要。并即电复,等因。到本部堂。准此,当经札行九龙关巴税务司,详细查明有无烟膏由华人入港贸易,将来如何情形,申复核办,并分行各司、局、处查照在案。兹据巴税务司申复,香港熟膏系归商人承饷专卖,向禁他处烟膏入口,搜查极严,并无明贩赴港贸易之事。惟港膏每两售价三元以上,较之内地膏价贵至两倍。走私之人贪利,暗运在所不免。且多由上海、潮州,西江附大小轮船帆船而往,等由前来。查香港熟膏既据查明归商承馆专卖,向来搜查严紧,并无内地烟膏明贩入港贸易。惟彼此烟价贵贱悬殊,走私之人贪利,暗运在所不免,应即通饬各地方官随时密查,务于起运之先严行禁止,并责成关厘各卡及税司,于一切往港船只实行查搜,毋任再行私运。如走私之人不服查验,即行扣留罚办,并将缉获烟膏全数变价充赏。此举于禁烟一事关系甚大,必须实行禁绝,断不容再行暗运。除出示晓谕并分行各地方官一体遵照认真办理外,合就札饬到该司,即便遵照办理。

## 美国瑞丹会教船在南海官窑地方被石击一案复外务部电

(光绪三十四年三月十九日)

十五日电敬悉。美瑞丹会教船,在南海属官窑酿事一案,因该女教士私带妇女进教,并不告知该妇女家长、亲属,以致乡人鼓噪。尔时岸上哄动多人,声势汹涌。三江司巡检等即时驰往弹压解散,并将该女教士等亲送至别轮回省,是以教士等得无损伤。何能转谓纵匪?未免以怨报德。匪徒张贴告白,亦无为"妓艇"字样,早经严饬揭尽,且查张贴之人惩究。惟无主名,岂能妄拿无辜?至谓教士轮船失物一节,据南海县前接申报,当乡人聚集岸上时,间有下船窃取帆布等物之匪,立即拿获,搒回原赃,交还轮船,并将窃匪四名,押县究办。其轮船窗扇,稍有毁坏,亦经饬县代为修理,将船中一切物件交教士收领。乃该教士等忽谓船内另有机器一副被窃,并失煤斤等物,共值二千余元等语。无论此等小轮,无一船两机之事,且船中所存洋琴等贵重轻便之物,尚无人取,而谓取去机器、煤斤重笨物件,恐亦无此情理。此案查系教民吴硕卿播弄索讹,广州美领事麦贺劳近多无理要求之事屡不得逞,竟将此案瞒耸美使,希图赔偿,殊出情理之外。应请钧部据理驳复,并请美使严饬该领事,嗣后交涉事件,勿得无理要求,有伤中美睦谊,是所切祷。人骏。皓。

### 附：外务部为美国瑞丹会教船在南海官窑地方被石击一案致张人骏电

（光绪三十四年三月十五日）

美瑞丹会教船在南海官窑地方被石击损一案，上月准美使照称，乡民贴污蔑告白，污为妓艇。谢巡检不将告白撕去，反纵匪滋事等因。经本部照尊处上年九月感电，逐条驳复，并将来往照会钞咨冰案。兹复准该使照称，告白内并有拟十月廿八杀死温、姚二姑娘之语。两人乘小船躲避，该巡检丝毫不肯保护，一差一役亦未派往。若不按照保护教士之谕旨加以惩处，各省教士均有危险。请将该巡检即行斥革，仍赔偿失物，估银二千二百余元，并开送清单前来。除再将来照钞咨外，此案究系如何情形？希迅即详复。外务部。十五日。

## 广东未派林格存赴爪哇致外务部电

（光绪三十四年三月二十五日）

漾电悉。广东并无候补道林格存派往爪哇游历。骏。有。

### 附：外务部为华人林格存是否由贵督遣派致张人骏电

（光绪三十四年三月二十三日）

和使照称，华人林格存系广东候补道，去岁来爪哇游历，据称由政府派伊考察学务、商务等事。请将该员出身、官阶照复，等因。当经咨准学部查复，并未派往该员。是否由贵督遣派？希查明电复。外务部。漾。

## 为抵制日货晓谕事

（光绪三十四年三月二十六日）

案准日本国领事函称，以省内外各大街角有张贴《国耻纪念歌》

并抵制日货字样,近日本国商业已有损失,若不即行禁止,实有伤本国在粤商业。请饬严禁,各等因。准此。查我国与日本邦交素称辑睦,彼此通商,各商人均挟有自由贸易之利权,买卖应听各便,毋得舍己从人,亦不得强人就己。前年抵制美货,业经禁办有案。此次"辰丸"事结,即访闻有希图造谣生事之辈,当即示令商场毋听蛊惑,一律相安。并饬广州府督同南、番两县前往告诫商董,广为劝导,各在案。诚恐或未周知,因商场中现正调查各国洋货,议集设工厂,讲求推广制造实业,以致无知之徒误会其说,亟应划清界限,分别劝禁。如有倡言抵制,侵犯自由贸易权限,是为理法所不许,即属显干禁令,定即严行查究,绝不姑宽。合就晓谕出示,为此示仰所属人等,一体知照。其各凛遵毋违。

## 为核实云南河口战事致云贵总督锡良电

(光绪三十四年四月初三日)

锡督帅鉴:

洪。顷接钦州来电,据东兴朱县丞东春电:接法使函称,接北圻统使电,革党前晓在云南河口鏖战,已占河口地方等语。是否确实,究竟是何情形,防剿能否得手,应请饬查覆示。骏。冬。

### 附:云贵总督锡良为革匪攻犯河口事致张人骏张鸣岐电

(光绪三十四年四月初三日)

广州张安帅、广西张坚帅鉴:

午电示感悉。顷据蒙自增道电称,河口电阻,两日无来电,今晨接该处副督办王令由香港转来东电,廿九日夜有匪来攻,经官军奋击,毙匪十余名,匪始暂退,我军亦有阵亡。现在军情万紧,乞援等语。除已飞调各军分道驰援外,先此电闻,容再探报。初三日。

## 为饬查拱北驻兵情形致前山同知庄允懿[1]电

（光绪三十四年四月初四日）

澳门送前山庄丞甲：

准外部电云，葡森使面称，粤督在拱北关设立一营，驻兵百名，请撤回，以符条约，等语。查，《中葡条约》有一切事宜彼此不得增减改变一节，虽为界务而设，而语意包含甚广。拱北关设立营兵，是否该丞派往驻扎？光绪十三年以前，该处有无驻兵，人数若干？续于何时裁去，现在是否照旧派往？抑如何情形？驻兵之处是何地名，与拱北关相聚几许？即详晰查明，速电复。督。支。

### 附：署前山同知庄允懿为拱北关并未派兵事致张人骏电文

（光绪三十四年四月初四日）

（澳门来电）广东督宪钧鉴：

拱北关即马骝洲，并未派兵。惟横琴派兵两棚，系照旧添派，距拱北约二十余里。日来葡人常派兵来，意欲设兵房。余如湾仔、银坑、关闸已照旧驻兵。一切细情，拟来省面禀。懿。歌。

（三十四年四月初四日未发，初六日午到）

## 为王委员力战身殉致云贵总督锡良电

（光绪三十四年四月初六日）

锡督帅鉴：

午。江、歌电悉。匪踞河口，王委员力战身殉，殊堪矜愤。既调大军前进，当不难刻日剿平。以后军情匪势，乞随时电示。东省各电局已遵嘱通饬矣。骏。鱼。

---

① 庄允懿，字心嘉。曾任香山县知县，对澳门事务十分熟悉。

## 附:云贵总督锡良为革匪攻犯河口事致张人骏张鸣岐电

(光绪三十四年四月初五日)

张安帅、张坚帅鉴:

午。河口电阻,现据迭次探报,革匪攻犯河口,我军鏖战一昼两夜,河口竟被匪踞。委员王令镇邦力战身殉,前敌万分吃紧。援军分路追剿,并由省添调新军前往南防策应。续有探报再行奏开,再现值军情紧急,全在电报灵通。除已严饬滇黔各局迅速转递,不得片刻迟延外,恳祈转饬各局,遇有滇省来往官电,速为递发以免贻误,是所切祷。歌。

## 为陈明中国在拱北驻兵护关之权请驳复葡人事致外务部电

(光绪三十四年四月初八日)

初二日电悉。查,澳门葡国租界,原址俱在,并无领海,何能越海问及马骝洲中国设关之地?比因整顿捕务,且澳境尤多私运济匪军火奸贩,水陆防缉,自不能不加意严密。前经札饬前山同知,规复光绪十三年以前旧有之外防营,按原址分别驻缉,以扼盗源而重商务。马骝洲即拱北关,亦原有驻营之地。因该处实处虎跳门、涯门、泥湾门等口入港之途,盗匪出没,济运匪械,叉[汊]港纷歧。现在该处关员缉私查拿军火尚属认真,与各江缉捕巡轮交相为助,足资策应,故目下实未特派勇营驻扎拱北,葡使之言殊无根据。然查看此情形,拱北一区俟后亦应在派营填扎之列。总之,该处为我设关之地,即有驻兵护关之权,为捕务起见,于葡人何所不利,而必以撤退为请借词占界,悍然不顾公理,似未便稍涉迁就,致堕术中。务祈钧部主持驳复,无复盼祷。人骏。庚。

## 外务部为希电复拱北关驻兵原因事致张人骏电

（光绪三十四年四月初二日）

葡森使面称，粤督在拱北关设立一营，驻兵百名，请撤回，以符条约，等语。尊处曾否派兵在拱北驻扎，是何缘因？希电复，以便转复该使。外务部。初二日。

## 法领事送来越督电报查明云南河口军情事致外务部电

（光绪三十四年四月初八日）

前闻云南河口被革党攻踞，经嘱广州法领转电越督详查情形。顷由法领送来越督鱼日电云：河口于西历四月三十为革党攻踞，事后有官兵与接仗约一小时。革党分为三队：一队向蛮耗进发，一队往蒙自进发，电线均为所断。留一队在守河口。法兵谨守境界。革党八名在老街地方拿获，经驱逐，等语。除再随时查探外，谨电闻。人骏。阳。

## 广州法领送来越督鱼电致云贵总督锡良电

（光绪三十四年四月初九日）

锡清帅鉴：

午。顷由广州法领送来越督鱼电云：河口于西历四月卅日为革党攻踞，事后有官兵稍与接仗约一小时，革党分为三队，一队由蛮耗进发，一队往蒙自进发，电线均为所断。留一队守河口。法兵仅守境界，有革党八名在法老街拿覆，经驱逐等语。特电闻。骏。庚。

### 附：云贵总督锡良致张人骏张鸣岐赵尔丰电

（光绪三十四年四月初九日）

广东张安帅、广西张坚帅、成都赵次帅鉴：

顷据前敌电报，由东路上窜之匪，经营官姜会奏，由开化、古林等地方率队迎击获胜,匪已失险,现在白镇、金柱、胡兴等营,亦已到古林等八寨等处稳扎会击。其西路上窜之匪,竟敢大股直扑蛮耗,幸先已布置,经原扎该处之营官曾国桢、柯树勋及续派驻守马廷芳一营奋力堵剿。初八日午刻,正在鏖战,适由蒙自派援之新军营官周国祥率队驰到会合,过河痛击,得获大胜,擒悍匪十余名,枪毙者不计其数,夺获枪械多件,现正追击,等情。查该逆匪,党众械精,势极猖獗,经此次我军奋勇御敌,力挫凶锋,以后军事当可渐期得手。知关殷注,特此奏闻。青。

## 贵省防剿各军需用军械自当输济致云贵总督锡良电

(光绪三十四年四月初九日)

锡清帅鉴:

洪。本日奉电传谕旨,贵省防剿各军需用军械,自当输济。然此间枪械因廉钦等处用兵,应付几尽,新式枪炮更少购买。又限于部章,辗转电商,甚觉为难。惟尊处军事吃紧,如有所需,当就其所有,设法筹拨。近日军情匪势如何?乞将详情随时电示。骏。佳。

### 附:云贵总督锡良复张人骏电

(光绪三十四年四月初九日)

广东张安帅鉴:

午。庚电感悉。河乱匪与粮械皆来自越境,人言啧啧,然越督恐未必知。现匪分股上犯,官军已于古林箐、蛮耗两处挫其凶锋。贫瘠之邦,平时以饷绌兵单,仓卒又征调难集。尊处法领送呈越督电,尚有相关之意,能仗大力磋商法领事,转请越督于海防、老街两处切实稽查日行火车,禁运匪党及其粮械,断其接济,匪自易平。与国敦睦之谊,仁邻协助之雅,感戴无穷矣。佳。

## 附：云贵总督锡良致两广总督张人骏电

（光绪三十四年四月初十日）

张安帅鉴：

洪。佳电承注，并允济枪，甚感。匪事据昨报，开道扼守古林箐，官兵见匪由南溪上犯，出队横截战胜，匪稍停。旁顾侧后，其犯蛮耗一股，旧营、新军连日斩获搴旗，匪亦稍钝。滇越紧联，兵势宜由开边横截兜击，始能痛予惩创。开镇奉旨募足五千人，兵尚易集，苦于无械。近来新式枪出，行间均不愿领旧，倘得曼利夏无烟枪三千支，边军欢跃。如无此种，或请饬拨九响毛瑟三千支，每支配码五百出，飞速运由滇道剥隘登陆，以济前敌，亦即解虑无涯。仍希复示，下慰悬仰。蒸。

## 各营奋勇堵剿得获大胜致云贵总督锡良电

（光绪三十四年四月初十日）

锡督帅鉴：

青电悉。各营奋勇堵剿，得获大胜，具见我公调度神速，欣慰无已。从此得胜之师，节节扫荡，不难刻日廓清，再盼捷音。乞速赐示。骏。蒸。

## 拟先解九响毛瑟二千枝致云贵总督锡良电

（光绪三十四年四月十一日）

锡清帅鉴：

洪、蒸电悉。曼利夏无烟枪此间无存，只有九响毛瑟为数亦不甚多。惟尊处需用甚急，应即设法腾挪。拟先解二千枝，每枝配码二百出，派勇搭轮运至西省梧州，商由贵抚派勇接运，直到送剥隘，后定期起解，再续闻。骏。真。

## 附:云贵总督锡良复张人骏电

(光绪三十四年四月十二日)

张安帅鉴:

洪。真电感悉。事迫、增兵、械窘,焦灼万分,蒙慨允拨九响毛瑟配码,并筹速运,佩慰无已。惟白镇募队及各边增备仍不敷发,若叨厚惠,添提千枝,并解,尤纫公谊。文。

## 连日兵匪开仗未闻胜负致锡良电

(光绪三十四年四月十一日)

锡督帅鉴:

洪。顷接东兴来电,接河口探员缄报,匪攻蒙自,官军坚守临安、开化、大理等处,均陆续派大兵前来会剿。连日兵匪开仗,未闻胜负。革党初攻河口,仅二百余人枪,聂支现合叛勇,共只数百人。查河口失守时,匪徒枪数百枝,逼码数万粒。惟粮饷不足敷,匪党日向防各商家勒借,前后三次,约得三四千金。近日,亡命之徒麇聚该处,各叛勇索讨红,革党无银应给,婉辞待河内军饷解到,然后给赏未晚。河内革党日盼外埠汇银,连日不见影响。前数日新嘉坡汇到五千元,顷刻支清关仁甫升为河口总统,接统河关防,法员过界达贺。现法官虽借匪乱过界保护铁路,闻已电外部,等语。昨接尊电,官军于初八日已获大胜,匪攻蒙自未蒙提及探报,似不可尽碍。营防通匪,无非志在得财。现叛勇索取花红,革党无银应给,匪情当可涣散,似可乘此进兵收复河口。一面设法断其接济。否则,则占踞愈甚。且一得饷械,复张凶焰。是否,乞裁夺。骏。真。

## 附:云贵总督锡良为河口战事复张人骏电
（光绪三十四年四月十三日）

张安帅鉴:

洪。真电悉。匪陷河口,复分三路上犯:一由古林箐铁路;一由金耗,意在扰蒙自;一由古林箐,可扰安平、开化。古林箐地在南溪之上,俯瞰铁路,闻警后飞饬严拒。古、金两处,嗣该两营路均获胜仗,匪锋稍敛,铁路匪游上下,殆亦惧瞰。其后,距蒙自当各三四程。东兴电言,攻蒙自属传讹,目下分三路迎剿,征调渐集,三五日内能痛剿数次,局势益稳。承念布覆,余俟续陈。尊处若有探闻,仍祈指示为祷。元。

## 附:云贵总督锡良致张人骏电
（光绪三十四年四月十四日）

张安帅鉴:

辰。密。昨于途次奉真电,感承询示一切。当先将调度军事及我军获胜,蒙自安谧各情电复大概。兹已行抵通海,敢再将匪情陈之。前据从河口退回之电局委员等以其目击情形奏报,二十九夜,匪大股攻河口时,并分股由牛角湾渡河。是夜,经王令镇邦奋击,毙匪十余,天明匪退,亦稍退。次晨,复悉众来攻。当时,王营与岑得贵一营接战甚力。无如匪愈众,王殁、岑伤,黄体良营遂溃而降匪。是该匪到河口时,当已不止数百人。嗣又有自越之接济,随地之裹挟党羽,因以日繁。迭据奏报,西路沿蛮河上下,皆有匪踪。甚至最西山僻之王布田等处,亦复告警。东路则匪分两股犯古林箐及大吉廠等处,中路匪踪出没靡定。昨据探称,上段路工千余,又沿路南下,投入匪党。似此股数众人多,人数自亦可想,若不及早扑灭,即该匪资助无人,必将又袭游点之故智,滋蔓难图。况有不可言语形容者。顷接龙军门来电,转据海防探报,亦大致相同。尊意重在速剿,洵为卓见。现幸前敌俱当得手,白镇金柱①已由开化率同新募各营进拔,俟由古林箐横截而出,与中路之军会合。西路一军再扫荡而东,得能痛剿,恶战数次,当可蹇匪归河口,以期聚而歼旃。又承密示一节,外部已先向交涉,但不知效果何如。知注再及。愿。

## 为商法领转请越督禁运匪党及粮械事致云贵总督锡良电

(光绪三十四年四月十三日)

督帅行营,锡清帅鉴:

午前奉佳电,嘱商法领,转请越督饬稽查海防、老街两处火车禁运匪党及粮械,经派员切商广州法领,据称法有驻滇领事,彼难越俎办理。嗣由委员再三与商,法领始言,闻滇越电线已断作废。敝处托其代达,尚无不可。随即照尊电各节电达越督,惟现数日越督尚无复电。匪用越境火车载运粮械入滇,扰我治安,似可请外部切商法使严禁,较为得力。是否,希酌裁。骏。元。

## 为河口失守系匪徒勾结官兵事致云贵总督锡良电

(光绪三十四年四月十三日)

锡清帅鉴:

午。密。顷接钦州探报电云,河口失守,闻系匪徒勾通官兵,匪约二百余,官兵叛变七八人,枪共约有千枝,每支均有华码一百,尚有余码约二万颗。现闻匪徒分路攻蒙自,匪首孔姓、黄姓,不知名。此次系哥老会西贡人出饷。初九解二万、米二十万斤,到车路接济,等语。未悉确否。特电闻。骏。元。

---

① 白金柱。时任云南开广镇总兵。

## 为再凑军械致云贵总督锡良电

（光绪三十四年四月十三日）

锡督帅鉴：

文电悉，容再设法腾措，俟凑集即续解。骏。元。

### 附：云贵总督锡良为再凑军械复张人骏电

（光绪三十四年四月十五日）

广州张安帅鉴：

午。密。顷奉元日三电敬悉。备承饬探匪情，续济军械，并为设法商诸法领转电越督，挚谊忠忱，感佩实难言喻。昨已将匪情详陈左右。交涉一节，前经外部诘问法使，暨弟函诘法领，皆复称并无济匪情事。顷据世臬匀自河内电称，诘之越督亦诿谓无有，并允匪如入境越境，收械拘留。观此情形，以后或不致公然助匪。然外情叵测，滇况关涉路工，惟有随时与外部密商应付。知在殷注，谨以密闻。咸。

## 为陈明澳门附近各岛驻营填扎原因事致外务部电

（光绪三十四年四月十四日）

十二日电敬悉。葡人狡诈，以禁运军火要我撤兵，允撤即实为彼界，所关甚大。钧部远见，钦佩之至。查，老望河山即横琴岛，面积约二三十里，居十字门西南隅，东隅海峡为九澳，山北隔海为瓦岗岭，再北越瓦岗隅海，始为马骝洲。该洲分大小两岛，大岛在西，围圆不足一里，东为小岛，拱北关设焉。拱北之称，因该岛适居拱北湾之南，故以为名。再东隔海程三里左右，正对澳门马角，为葡租界。该处各岛均隶香山县管辖，向章由前山同知领防营分扎，办理缉捕，嗣因兵额无多，致有名无实，议裁，事在十三年以后。自撤营以后，该处各岛地方几于无人过问，十余年来，居然瓯脱。彼乃日侵月进，兵房、炮台散布于十字门洋面四围各岛。现因整顿捕务,特饬前山同知查明当年驻营旧址,分别填扎,以符光绪十三年《中葡条约》第二款"未经会订界址特立专约以前,俱照旧时情形,不得增减改变"之条。况查澳门葡界原址,东北界止于水坑尾、三巴门、白鸽巢等处。其北至关闸以北,望厦七村已属续占。照金登干与葡外部所订第十条,虽有准葡国永驻管理澳门以及属澳之地等语,并未允葡人有该处领海,若隔海并不连属澳门各岛,岂能借口为属澳之地。除饬前山同知将现经查明驻营旧址分别填扎地段详复,合行电陈外,先此电复,伏乞主持。人骏。盐。

## 附:广州督署洋务处温道甲为查明拱北附近各岛驻兵情形事信函

(光绪三十四年四月十四日)

径密启者:

顷奉帅谕,准外务部十二日电开,以葡政府现饬澳督禁运军火,要我撤兵。若遽许以撤退,即属认为彼界,所关甚大,亟应于该地界址考查详确,免堕术中。等因。现在执事,所有查悉该处各岛原日驻营之处,并现实已派填扎、拟派未行各段,均应详慎分别查明,绘图列表,禀陈帅宪,核明复部办理,停案以待,万勿稍延为荷。

专此,敬请升安,惟祈惠照鹄望。覆音不备。

名正具。

温观察片。

四月十四日

## 附:署前山同知庄允懿为澳门附近驻兵情形事信函

(光绪三十四年四月十四日)

敬肃者:

十六早接奉钧谕,敬悉一切。查,澳门自光绪十三年因洋药缉私一案,我所得之利益极少,所失之主权甚多。今若再以禁运军火为名,要我撤兵,则是全局拱手退让。况现在所驻兵之处,均是光绪十三年以前旧址,并非新设。现在已填扎者,关闸以内三厂、吉大一厂、湾仔两厂、银坑一厂、横琴两厂,其拟派未扎各段,马骝洲一段、青角一段、马料河一段,因旧厂已毁,尚须建造,此三段系必须重建复回者。马料河尤为重要,与横琴相连、过路环对海,近常有葡兵在此窥探。惟此处旧无勇厂,拟借乡庙暂驻。以上各处,均与葡人无涉,万不能再行退让。他如过路环、湾仔、九澳、鸡头,此四段则我国早已无兵驻扎,久为所侵占矣。所有已未扎勇各段,理合详晰开列,呈候察核,并乞转禀帅座是祷。肃此,敬请钧安,诸为台照。名正肃,庄允懿。

## 附:署前山同知庄允懿为澳门附近海道渐被葡人占领须谈判争回事信函
（光绪三十四年四月十四日）

查,光绪十三年条约,其未经定界以前,彼此均不得有增减改变之事。乃在我则有减而无增,在彼则有增而无减。查,光绪二十三年以前,所有旺厦各村钱粮尚在香山县完纳,二十三年以后,则归澳督收租矣。湾仔河道从前任由我国渔船停泊,惟不得在澳门一岸,自上年七月以后,如至湾仔一岸,均须请葡人之人情纸,否则重罚十余元不等。银坑河道向系我国兵轮停泊之所,至近来,则常有查河艇稽查矣。日前并有在银坑拘禁蚝艇之事,现已释放,谓其未请人情纸,须罚款也。又九澳地方,葡人在彼新搭棚厂,闻须添建兵房;旧日澳门所设水泡系在河心,近已改移至湾仔岸边矣,自二辰丸案以后,鸡头山外之海道又添设一水泡矣。此皆葡人光绪十三年以后增变之事。

前日允懿乘坐克虏兵轮至澳门附近各岛环历一周,所有周围五六十里之海道,近年逐渐为葡人占据,此皆须与葡开谈判者。现若再以禁运军火要我撤兵,非特海道无从争回,即附近澳门之陆路,不啻默许全认为彼界。况军火本系私运,查禁徒属具文。洋药缉私已堕其术中,一之已甚,万不可再。因再缕晰陈之,伏乞察鉴。

允懿再肃:

现广元兵轮已于前日来,饬其在银坑停泊。惟该处必须常有我兵船只游弋,尤必须有长泊之船。拟请转禀大帅咨行水师提督李军门,转饬广元兵轮,常川在彼停泊,以固藩篱,实为至要。庄允懿片。

## 河内至蒙自电线已断致云贵总督锡良电

(光绪三十四年四月十五日)

锡督帅鉴:

洪。据龙州来电,法领言河内至蒙自电线已断,匪势趋重,蒙自并无蛮耗失守之信,等语。是否确,乞速查示。骏。删。

### 附:云贵总督锡良为河内至蒙自电线已断复张人骏电

(光绪三十四年四月十六日)

张安帅鉴:

删电悉。河内至蒙自电线,河口陷时已阻。近日三路进剿之兵迭获胜仗,中路追匪远至七十余里,夺还要隘。现约三路协力痛剿。龙电法言不确,特覆释念。铣。印。

## 越督调集法兵千余赴蒙自保护铁路致云贵总督锡良电

(光绪三十四年四月十六日)

锡清帅鉴:

午。密。顷接钦州秦军门、龙道来电,据河内探报云,越督近日在河内调集法兵千余,声言日间由火车赴蒙自保护铁路。蛮河、蒙自连日兵匪相战，未闻胜负，惟滇境会匪遍地，恐再勾结营勇，殊为可虑。匪党饷械现仍缺乏，始向河内富商借款，暂且帮助军资。后竟在捐某名若干、某号若干立即缴纳，不准片延。现商家怨声载道，谓文明何以野蛮手段，劝捐情如星火，等语。特电闻。骏。铣。

## 查明澳门华界各岛扎营地并非新设事致外务部电

（光绪三十四年四月十七日）

盐电谅达。饬前山同知查明近澳门华界各岛驻营原址，分别填扎一案。查光绪十三年条约，声明未划界以前，俱照旧时情形，不得增减。在我则有减无增，在彼则有增无减。当光绪二十三年以前，界接澳门水坑尾、三巴门之旺厦七村尚在香山县完粮，嗣后，澳门葡官竟强向收租，久假不归，视若已有。湾仔河道从前任令渔船停泊，近年凡在湾仔泊船，葡人均勒令领照，否则扣罚。银坑河道系我国历泊兵轮之处，近更以巡船闯入稽查。四月初，有东莞县属出港之艇三艘驶到该处，勒令交费领照，该艇以向章所无未允葡人，遽将该艇扣留，且捕其人。种种举动，实属显违条约。现在九澳地方彼又搭厂添建兵房，用心尤为叵测。旧日澳门与湾仔对岸之河心设有浮标，二辰丸案出以后，彼竟将浮标潜移湾仔岸，并于鸡头山外海道添设浮标，狡焉思逞。自九龙属英租界，东道已梗。澳门葡若再任侵占，西路又格，粤中领海势将尽失主权，事机紧迫，似非速筹对付，无以固此藩篱。兹据前山同知具报，按原址规复驻营之处，已填扎者，望厦村北关闸以内吉舍一厂、湾仔两厂，又银坑一厂、横琴两厂。拟派未扎者，马骝洲一段、马料一段，又与横琴相连过路湾对海一段。以上已扎未扎各处，均系十三年前旧日扎营地址，并非新设，照约葡人不得过问。其老望河山即大小横琴岛，并非马骝洲。除饬属谨守条约，慎筹因应，勿为所持外，所有现办情形，特电陈钧部。葡使来言，全仗主持。人骏。筱。

## 澳外各岛驻营填扎均系御守原界事致外务部电

（光绪三十四年四月十九日）

筱电谅达。葡人争界，关系海权。彼日进，则我日退。察其自光绪十三年立约以后背约妄为之举，一见于将廿三年前向在香山完粮之望厦七村强占收租；再见于勒令向在湾仔河停泊之华民渔船领照，否则扣罚；三见于以巡船闯入我国向泊兵船之银坑河面稽查骚扰。我置不理，彼认默许，至欲据为占地之证。若本月初擅拘华民蚝艇，勒费捕人；并于九滨地方搭厂，添建兵房，俨然以属地管理权自居，如将澳门湾仔对岸河中心之浮标移至湾仔岸边，并于鸡头山外海道添一浮标，皆其阴贼手段之尤著者。二辰丸案出，更欲借日人狡卸私运军火、争执泊界之便，实行其侵占中国领海之志。近因经纬俱在，约指甚明，公论究不可诬。修兵房、拘蚝艇，悍然为之，英外务又为致辞矣。不得助于甲，又求助于乙，履霜坚冰已及，众阴将沍之时，失此不争，粤中门户尽去，势将无以立省。骏夙夜焦思，不寒而栗。现饬照旧址填扎之处，均系御守原界，不越雷池，还我自主，葡人无应过问之权。总之，约章只许澳门有属地，未许澳门有属海。彼岂能觊觎华海环澳之湾仔、青角、横琴、过路岗、鸡头山各岛地及其水面？除已将此情电驻英李使、向英外部辩明外，葡使来言务求钧部实力坚持。此项驻营旧址一律填扎，定当日后派员划界，庶不至多所损失，似所关甚为重要也。候钧裁复示为祷。人骏。效。

## 法言不确自系讹传致云贵总督锡良电

（光绪三十四年四月十九日）

锡清帅鉴：

洪。得铣电，慰甚。龙电法言不确，自系讹传。近来匪党到处造谣，希图摇惑人心。河内至蒙自电线阻断，西省沿途消息不灵。以后军情匪势，仍乞随时详电东西两省，以免隔阂而息讹言。骏。皓。

## 革党拒毙越兵事致云贵总督锡良广西巡抚张鸣岐电

（光绪三十四年四月二十日）

云南锡清帅、广西张坚帅鉴：

午。顷据广州法领函称，现接越督电云，据东京交界附近，龙州之浙歧江右边，本国所驻之平而汛管带奏称，法国兵官带领越南巡兵在中法交界之处缉捕革党一股，被革党发枪拒毙越兵一名，即将该党杀毙一人，擒获两人，内一伤者，余党悉逃。将首告伊党于法管带之女人等及小孩二名杀害。至于云南省，似与日前无异，惟革党仍驻南溪河南边一带，现闻分党一股往占蛮耗扰巡警局。访得在河内有数华人与革党有信息往来，已将该数人立刻驱逐，亦经法兵及越兵到云南及东京交界之处，协助巡警兵，等语。特电闻。骏。号。

## 查明湾仔河心浮标情形并拟派轮巡查事致外务部电

（光绪三十四年四月二十一日）

茼电敬悉。查，葡人借租驻澳门，意欲占领水界，并觊觎环澳岛地，纯用阴险影射手段，以无据为有据。光绪二十八年正月十四葡使照会钧部之文，种种强词夺理已可概见。潜移河心浮标及添设之标，原为系船之用，并非界标。惟平行船经该港道，中国民船每依湾仔岸循标左而行，葡船则依澳岸循标右而行，彼即视若界标，移标以占界，置标以益界，狡计因而层出。该项浮标原有两处，现添一处，但设于何时，先固未有愿问者。现经饬查，据复再达。葡租澳不应有领海，自以议令撤去，由中国海关另设浮标，以便航路为正办。至派轮查核一节，现已派有巡轮前往，拟于银坑海面复回停泊兵轮之向章，循序渐进，用固吾圉。务祈不贻借口节节，以复我旧址为宗旨。基础即定，始议划界，庶缜妥慎。除饬详绘该处海图，注说咨呈，用备查核外，先此电复。人骏。马。

## 附:外务部为希查办葡人于湾仔潜移添设浮标事致张人骏电

(光绪三十四年四月二十日)

筱电悉。拱北附近驻营,系规复旧制,未便撤退,业已照会葡使声明,尚未准复。来电所称葡人潜移湾仔河心浮标及添设浮标一节,该项浮标究于何时设立,是否作为界标?抑为行船等别项标识?原有几处,曾否商立有案?中葡既来定界,不应立有界标,此项浮标究应商令移置原处,并阻其添设,抑当令其全行撤去,即希确切查明,一面照诘澳督,一面电部核办。此事关系重大,应否派令兵轮前往查办之处,并由尊应审度情形,妥为办理,即电复。外务部。啃。

## 遵旨输济云南防剿各军致军机处请代奏电

(光绪三十四年四月二十一日)

本月初八日,钦奉上谕:云南防剿各军应用军械,着人骏迅速设法源源输济,自应钦遵办理。当即电商锡督,嘱解九响毛瑟枪三千枝,每枝配码二百出。桂省调营赴援,须另招新营填防,需用枪枝亦由人骏拨解九响毛瑟一千枝,每枝配码一百出,饬局妥为装储,即于日内派拨浅水兵轮,拖送广西南宁,再由西省直送至滇境剥隘交付。

粤省军械,自岑前督两次带往西征廉钦、黄冈等处,复频年用兵,已形缺乏。今正与陆军部往返电商,幸购备九响毛瑟万枝,否则实无以应急。即临时订购,而限于部章,辗转议商,亦恐迟缓失机。现在前项枪枝,本省取给于此。协济邻省亦在于此,已将罄尽,倘滇、桂两省再请输济,势将无以应付。现拟择其需用各项,再行酌购,俟与洋行磋商价值,即电请陆军部从速核准照购,以免临时竭蹶。乞代奏。人骏。个。

## 枪码已饬赶装致云贵总督锡良电

（光绪三十四年四月二十二日）

行辕锡督帅鉴：

号电详示捷音，慰甚颂甚。从此再激再励，廓清当在目前。此间枪码已饬赶装，日内当可起解，俟定期再电闻。骏。养。

## 解滇毛瑟枪一千枝码子十万粒致云贵总督锡良广西巡抚张鸣岐电

（光绪三十四年四月二十三日）

云南锡督帅、广西张坚帅鉴：

武昌张道、李守解滇八响毛瑟枪三千枝、码子六十万粒，解桂八响毛瑟枪一千枝、码子十万粒，已于养日起解。先派“广利”运至梧州，由梧上至南宁，派“江南”“西顺”“西会”浅水三轮前往接拖，并委游击庄毅押解至梧，县丞孙士雄、千总杨变押解至邕，点清交替，张道即饬带水上船拨勇护送；一面遵抚帅个电和唐守尔锟一同押解前往自邕。以上，即请抚帅派员雇船拨勇，直运剥隘。希将到境日期电示。骏。漾。

### 附：云贵总督锡良为我军夺复田房复张人骏电

（光绪三十四年四月二十四日）

广东张安帅鉴：

昨读通电，赐拨枪码，筹画精详，感佩无似。近日蛮河一路官兵进剿，收复新街、龙膊。廿三日进攻田房，匪首黄八纠悍党数百合坝洒踞匪拒战死抗，我军四路登山瞰击，节节抢险，鏖战四时之久，毙匪甚众，始败奔溃。我军夺复田房。该处坝洒三十五里，坝又距河口四五十里，攻克坝洒后，即可进收河口矣。谨附慰念。敬。

## 转饬梁澜勋遵照复外务部电

(光绪三十四年四月二十四日)

漾电敬悉。当即转饬梁道遵照,并另行委员接办汕头洋务差,以便该道迅赴美埠领事任。人骏。敬。

### 附:外务部为奏派梁澜勋为驻美总领事致张人骏电

(光绪三十四年四月二十三日)

本部奏派候补道梁澜勋充驻美利滨管理澳洲各埠总领事,奉旨允准。该员现在粤供差,希即转饬遵照。外务部。漾。

## 北海领事署枪支被扣已经放行致外务部电

(光绪三十四年四月二十四日)

二十三日电敬悉。北海英领事署用枪十二支,照案应查验免税放行,已给运送护照。现经电饬北海税司,可不俟护照寄到,先准放行矣。人骏。敬。

### 附:外务部为北海领事署枪支被扣特准放行致张人骏电

(光绪三十四年四月二十三日)

英使函称,香港军械局运送北海领事署新式枪十二支,为保护领署之用,被海关扣留,请转饬免税放行,等语。查此项保护领署枪支,历经特准放行。东海、浙海、宜昌各关办理有案。希转饬查验,免税放行。外务部。二十三日。

### 外务部为葡人潜移浮标等节已照会葡使事致张人骏电

(光绪三十四年四月二十五日)

马电悉。前辩驳拱北附近撤兵,并催禁运军火事,本欲因英外部曾经问及,致于照会葡使及电刘大臣时节,一面电李大臣向英外部声明在案。此次葡人潜移浮标等节，自应先向葡国照约禁阻，方为正当交涉。尊处电李大臣之举，只可留备因应，本部业据来电照会葡使，并电刘大臣照会葡外部。除俟得复再达外，希接洽，业将办理情形随时电知为要。外务部。

## 为滇军屡战屡胜致云贵总督锡良电

（光绪三十四年四月二十六日）

锡督帅鉴：

洪。敬电悉。滇军屡战屡胜，夺复要隘，慰甚。现接龙州来电，匪闻白军、西军将至，且因粮食不足，已陆续退回河口，等语。是匪穷蹇已甚，退回河口，正是聚歼之机。我军利在速，我收复坝洒、河口当势如破竹耳。骏。有。

## 为澳门船政厅莎暂署澳督事致外务部咨呈

（光绪三十四年四月二十八日）

陆军部尚书、都察院都御史、两广总督兼管广东巡抚、粤海太平两关事务张，为咨呈事。

光绪三十四年四月十七日，接广州口西洋总领事照称：照得澳门高总督奏奉谕旨，准予开缺，旋简派澳门船政厅莎暂行署理澳门总督事务。现准署理澳门总督莎文称，已于西历本年五月十四日接印，请为转致贵部堂，甚望两国交好、日益亲密。等因。相应照会查照等由前来，除照复咨行外，相应咨呈。

为此合咨贵部，谨请察照施行。须至咨呈者。

右咨呈外务部。

光绪三十四年四月二十八日

（外务部档）

## 为新会县官员擅请葡国助缉已饬撤任事致葡国穆总领事官照会

(光绪三十四年四月二十八日)

为照复事。

顷接贵总领事官来文,以新会县官员因往过路湾查起被匪掳去之王炳帘,请贵国驻澳门总督咨会贵总领事官文,以匪徒拘捕被逸,且致毙暗查一名,致伤印兵二名各等由,本部堂均已阅毕。

查,过路湾并非连属澳门之地,该管带等畏葸无能,擅向贵国驻澳门总督请为派兵助缉,实属办事荒谬。惟查,兵船并无广捕之名,只有广保巡轮系区其焕管带,江门千总系伦国瑞,并不姓蓝,来文当系译音之误。与崖门千总邝瑞星等经已饬查,一律撤差、撤任示惩。至被伤毙之印兵暗查殊甚悯恻,本部堂于此节实深抱歉,应请贵总领事官转致贵国驻澳门总督查照。

为此照覆,顺颂时祉。须至照会者。

——照会西洋总领事官穆。

### 附:葡国领事官为新会官员函请澳门总督派兵缉匪事致张人骏照会

(光绪三十四年四月二十四日)

为照会事。

现接署理澳门总督沙咨开,因新会县官员函称,有匪将江门掳去之王炳帘藏在西洋属过路湾地方,请派兵查起。兹将派兵查起及缉匪各情形,咨请转达两广总督查照。等因。兹将原文及附来之译函全译,照送咨部堂查核,当知具详,并足见澳门总督极愿友邦交谊日加亲密、悉心关切之一斑也。

为此照会,即希查照。顺颂日祺。须至照会者。

右照会两广总督部堂张。

## 附:葡国领事为辩明过路湾为葡国属地事致张人骏照会
（光绪三十四年五月初三日）

为照会事。

照得署理澳门总督昨接将贵国官员到澳,请派兵勇缉匪起人,致毙暗查一名及伤印兵二名,等情。咨请转致,等因。已由本总领事将本国用心帮助贵国办事情形,照会贵部堂在案。旋接贵部堂光绪三十四年四月二十八日照复内称,查过路湾并非连属澳门之地,该管带等畏葸无能,擅向贵国总督请为派兵助缉,实属办事荒谬。经已饬查,该管带与崖门千总等一律撤差撤任示惩,应请转致澳门总督查照,等因。

查,过路湾一地于西历1887年立和约之前35年,即1852年时,已是本西洋国人居住,条约亦有承认。似此足见贵属下有以过路湾为非本国属地禀报者,均属虚缪。本总领事于光绪三十四年二月十六日致贵部堂之文,已将认得过路湾为本国属地之确据,粘抄送阅,而贵部堂并无复文辩驳本总领事所抄送之凭证,何以现又来说已经本总领事抄送凭据之事为不是?请问贵部堂有无看见该文否?若有看见,断不能又说过路湾并非连属澳门之地。至贵部堂撤惩属员,无论公道与否,与本总领事无涉。但来文特谓因彼等到澳求派兵勇缉匪而致撤惩,实使本总领事于心不乐。若为此故应将该管带等撤惩,则西历1870年时之香山县令及贵前部堂岑宫保诸位均公认该处是澳门属地者,亦有一体之处分。贵部堂请将来文之语转致澳门总督,惟贵部堂将认真办事之管带等撤惩,而不致谢本国出力相帮查缉之劳,殊为诧异。盖向来遇有此等举动,均有文来道谢,所以本总领事不能不告明不服,以为有疏两国密谊故也。

为此照会贵部堂,即希查照,顺颂日祺。须至照会者。

右照会两广总督部堂张。

## 为收复河口大功告竣致云贵总督锡良电

（光绪三十四年四月二十九日）

锡督帅鉴：

沁电悉。收复河口，大功告竣，欣慰同深。此役毙匪若干，生擒若干，匪首黄八等曾否斩获？有无余匪？现窜何处？乞再将详情见示。骏。勘。

## 嗣后交涉事宜不准擅自致书洋官事致广东水师提督李准咨会稿

（光绪三十四年五月初一日）

为咨会事。

现准西洋总领事官照会，以广捕兵轮管带区继芬、江门千总蓝国瑞、崖门千总邝瑞星到过路湾缉匪，查起被掳事主王炳帘，请澳门葡督派兵助缉，函内并有葡国所管过路湾界内，等语。查，过路湾与澳门并不连属，该管带等似此畏葸无能，擅向葡督请派兵协缉，究被匪等拒逃，被掳王炳帘亦已他徙无获，实属谬妄可恨！应即一律撤差撤任，以示惩儆。惟查，兵轮并无广捕名目，只有广保，系区其焕管带，江门千总系伦国瑞，并不姓蓝，谅均系译音之误，伦弁已准咨撤换在案，并邝瑞星等均应查明撤换，另行分别选弁接差接署。

交涉事宜动关国际，缉捕盗匪，其有避匿洋界，函请洋官查缉，稍一不慎，动失主权，并兹借口。嗣后，巡轮防营员弁人等各与洋官有交涉事件，均应先行禀明本部堂，听候核示，不准擅自致书洋官，致生枝节。亟应通饬遵照，以昭慎重。

除照覆葡领事官，并札行广东营务处遵照外，拟合咨会。为此咨请贵提督查照施行。须至咨者。

一咨广东水师提督。

为札饬事。

现唯云云。伦弁已准水师提督咨明撤换在案云云，以昭慎重。除照复及咨行外，合就札饬。为此札仰该处，即便分别移行遵照毋违。此札。

## 为遵示办理澳门葡界事复外务部电

（光绪三十四年五月初三日）

午。密。二十五日电敬悉。澳门葡界事，蒙钧部维持指示，无任感佩。此间办理情形，着着务求妥慎，宗旨在未被占者益固其防，将被占者苦为分明。循序渐进，绝不稍涉操切，致生枝节。良以澳门仅为葡驻，较愈于为他强所据也。除仍遵示随时电闻外，先此奉复。人骏。江。

## 为筹拨旗丁官地致藩司札

（光绪三十四年五月初四日）

据广州驻防崔绅镇来函，已裁旗归农，民田难买，请给堤岸官地俾作恒产、资而营生等情，并将所作条陈问答附呈前来，再三陈说，言之极详。究竟堤岸地段能否拨给旗丁？与谕旨计口授地、自食其力之意是否相符？应由广东藩司会同善后局、堤工局、农工商悉心筹议，详复察夺。

## 为制造樟脑致农工商局札

（光绪三十四年五月初四日）

照得樟脑为振兴实业之一，事关军火，为用尤宏。粤省风气未开，亟须提倡。兹查有叶道堪以委派试办，除札委遵照，将制造樟脑一事悉心研究，并会同该局司道筹酌办理外，札局遵照。

## 附:粤省农工商局开办官脑总局晓谕

(光绪三十四年五月初四日)

禀奉督宪札开,照得樟脑为振兴实业之一事,物关军火,为用尤宏。粤省风气未开,亟须提倡。兹查有叶道堪以派令试办,除札委遵照,将制造樟脑一事悉心研究、并会同该局司道筹酌办理外,札局遵照,等因。奉此。当经通行各属查明有无出产樟木,取样缴验,并派委试用知县汤令之铭带同技师前往查勘,禀办存案。兹据汤令会同曲江县查明,县属出产樟木,堪以熬脑者共一千六百余株等情,列折禀复前来。查各属查报出产樟木,以曲江县为最多。现在熬脑工匠,已派技师赴闽招雇百名来粤,不日可到。应即派员驰往西江设立分局,先行试办,并在本农工商局内附设官脑总局以总其成。查汤令情形熟悉,堪以派委前往,会同地方官妥为筹议开办,除节委并分别移行详报外,合行出示晓谕。为此示仰诸色人等知悉,尔等须知,樟脑一项为用甚大,迭奉宪札行筹议试办,系为振兴实业、开辟利源起见。现拟先从查报樟木最多之曲江县先行办起,其余各属接续开办。尔等无业贫民,正可籍此脑厂充作工役以赡身家,兼可习熬脑之方法。至民间所种樟树,不许私卖别人,专归官局购买。官局购买民山樟树,随遣派技师察看树质优劣,公平给价,绝不抑勒。该树主亦不得居奇违抗,致干查究。

## 华兵杀害越南巡兵事致云贵总督锡良电

(光绪三十四年五月初九日)

锡清帅鉴:

午。现接广州法领照称:接越督电云,据老街东蚊之化龙汛管带电奏,本月初五日,法国韦员弁到边界巡查,拿获革党,即将军械收去。当时被华官兵杀害,致越南巡兵亦有数名受伤、被杀者。此事并非由误会所致，因此队官兵有二千余名，扬言欲灭化龙汛等语。闻此事之后，立派弁前往查看，见华官兵仍发枪向法弁攻击。本领事暨越督因此残杀之事，极为怨恨，已经电致驻京公使索偿，等语。法领来文，语意甚为激切，未悉是否实有此事。由尊处查明酌办，并乞示复。人骏。庚。

## 附：云贵总督锡良为华兵杀害越南巡兵事复张人骏电

（光绪三十四年五月初九日）

张安帅鉴：

午。密。庚电奉悉。查越地巴龙，与滇境老卡汛对，距河两站半。官军收复河口后，败匪依滇越边界犯新店对汛，横窜老卡对汛。官军追击，收回其新店。窜老卡匪经越界路捷，官军绕内站余，始获邀击。以不准官军越界，历经通饬；及收河后，复经通饬也。乃初六日，忽准法领照会，称初五日有华兵越界枪毙法二圈一员、伤越兵四名之事。老卡与腹地向不通电，莫测因由，比允查明办理。初七，接安平电报，收老卡有匪窜越界伤毙法兵官之说。现又委员与法员会查，并加委高道而谦督府厅覆查。路途迂远，必旬日方得确复。而越督已电外部，遽有责言。总之，无论兵毙匪毙，须查明始能核办。合先致惋惜之忱，未便以一面之言，据为事实也。本来如此，借慰垂廑。青。

## 出示晓谕《宪兵出巡简章》

（光绪三十四年五月初十日）

（一）宪兵分队直接隶属兵备二处，即以兵备处为司令处。

（二）宪兵转掌军事警察，凡军人军属出外行为、军民交涉事件皆归其监察，至行政警察、司法警察亦有辅助之义务。

（三）关于行政警察司、司法警察宪兵，宜协商巡警局及地方官办理。

(四) 宪兵视察军队、社会、个人之动静行为,苟有害于军队之安宁、秩序、风俗者,均应实力从事警防保护。

(五) 宪兵对于人民之举动、地方之情况,如有关系,即随时申报宪兵长,通知该地方官、巡警局互相维持。

(六) 宪兵携带军刀及手枪子弹,非遇紧急时机、捕拿看管重犯时,不得乱用。

(七) 宪兵军队对于各目兵当稽查其仪容,纠正其误失。如有犯不法之行为,得直接干涉、镇压,查明罪犯轻重,按照服务细则分别办理。如犯重罪可当场捕拿,将罪犯证据报告司令处听候核办。

(八) 陆军学堂学员、学生如有犯罪,其处分与军队同。

(九) 宪兵对于民兵互斗之事,应从速制止,秉公理处。如兵士理曲,宜带同见本管上官,再行送交该管官长执行惩罚;如人民理曲,即交当地之巡警官告以始末,听其自行处分。

(十) 对于兵民争执事项,得据理解散之。如遇互斗,即行制止。

(十一) 宪兵非受上官命令,及地方官、巡警局之委札,不得拘捕人民。

(十二) 水陆防营人等,其章制与陆军有殊,非与陆军军纪、风纪有所妨碍,宪兵可不干涉。

(十三) 宪兵职务上应行之事,遇有酬赠金钱品物者,概不准收受。倘有索取等情,查出按例加等惩罚。

(十四) 宪兵帽章有黄铜宪兵二字,袖徽均镶红布一条,以为识别。

## 为悬赏缉拿黄兴胡汉民六匪致秦炳直龚心湛电

(光绪三十四年五月十二日)

黄轸[①]准悬红五千两,胡汉民悬红四千元,汪、田、刘、谭四匪各

① 黄兴,原名黄轸。

悬红二千元，刊发赏格移行两省文武一体购缉。如能按名弋获，即照数给赏，并予破格给奖。

### 附：秦炳直龚心湛出示悬拿赏格

（光绪三十四年五月十二日）

案准郭统领电开，据禀报，孙文去后，将军事交伪都督黄和顺、伪总司令黄轸、伪总参谋胡汉民、汪精卫、田相、刘霖生、谭人凤等，请悬赏分别购缉。旋准两广总督部堂张电开：黄轸准悬红五千元，胡汉民悬红四千元，汪、田、刘、谭四匪各悬红二千元，刊发赏格移行两省文武一体购缉。如能按名弋获，即照数给赏，并予破格给奖等因。除黄和顺先已悬赏购缉外，准电前因，合行悬赏。为此示仰军民诸色人等一体知悉。如能拿获后开各匪解案讯明，即照格给赏，并请破格保奖。指引官兵拿获，或格杀后验明确系正身，亦即减半给赏，酌予奖励，决不食言。现闻越南窜回各匪，后开之匪亦多在内，携带赀财颇多，如有拿获，一并悉数充赏。

## 为辩明过路湾地方并非澳属事复葡国穆领事照会

（光绪三十四年五月十四日）

为照会事。

顷接贵总领事官五月初三日来文，以本部堂四月二十八日照会贵总领事官，文内声明过路湾并非连属澳门之地一节有所争论，并以不致谢相帮查缉之劳，告明不服，本部堂均以阅悉。查，前因帮缉匪徒致被伤毙之印兵，暗查业已表明歉忱，即系感谢之意。至过路湾之与澳门不相连属，天然海界，极是分明。即如该处之潭仔、鸡头山、九澳、大小横琴、马骝洲、石角嘴、湾仔、银坑各海面一切大小岛地，实无一处可指为属于澳门之地。约载第二款承认贵国永居管理澳门，允照在理斯波阿订立节略内所定，只准贵国永驻管理澳门以及属地之地。凡澳门地段以外,即不得称为属澳之地。至于海面、河道,既不能名之曰地,自非贵国驻澳管理权所及。若隔海环列各岛地,贵国更不应越海界而过问。两国交涉,以条约为凭,似此解释明晰,想贵总领事官当可晓然无疑矣。至前香山县致澳门理事官之照会,岑前部堂因请协缉著匪照会贵总领事官之文,均系另案办理之事,不能援为界务之证据。且岑前部堂照会贵总领事官文内,因据访著匪林瓜四或在澳门、或在过路湾,故照请协缉,以便两处兜拿。并非认过路湾为属于澳门之地也。为此复请贵总领事官查照。顺颂日祉。须至照会者。

——照会西洋国总领事官穆。

## 附:葡国穆领事为广元兵轮到澳停泊该管带不肯照法签字事致张人骏照会

（光绪三十四年五月十三日）

为照会事。

接署理澳门总督来文,得悉本月十一日下午一点半钟,有贵国“广元”号兵船到澳门,在西洋兵船停泊之处,该“广元”兵船管带谅系守备林守启也。按寻常办法,俱将册簿送到兵船管带签字,所有各国兵轮到澳,均是一体。即该兵船管带本年到澳,亦曾经签字,独此次不允。于是坚请签字。据说系奉两广总督吩示,该处是中国之水面,不好签字,等语。澳门官员见其如此离奇之举动,故给限一点半钟出澳,并不准复回澳门。迨未满限,而该轮已开往马骝洲去矣。惟澳门总督与本总领事实不能信,贵部堂有吩示该管带如此举动。所以不能信者,一则,明知贵部堂名望素著,不致不知此等好之重大举动,有伤本国管辖之权。二则,澳门总督及本总领事向与贵部堂交好亲密,而贵部堂断不如此特意开端,惹出相争之事。况此等相争之重要,正在乎不可测量之间。有此二因,是以本总领事独可信该管带是个很不明白事理之人,意味不遵签字,足为当行出等之人,并欲私占体面,故妄用贵部堂吩示之名，以成其不好之举动。第不论其果是不明事理，抑明白事理，或是霸道恶人，均应严行责罚，以免日后再生此等之事。署理澳门总督实因贵国兵船欺藐难忍，故告知本总领事，谓已吩示属下，该兵轮若仍系其人管带，以后不准其进澳门，并吩示遇有如何行为，若看出有伤本督权限，应即拒绝。等语。所以本总领事应代澳门总督照会，告明不服。并请贵部堂从严责罚该管带，若是之妄举，及吩示属下，以后未便如此，庶几永敦睦谊焉。为此照会贵部堂，请烦查照，并希见复。

顺颂日祉。须至照会者。

右照会两广总督部堂张。

## 为兴办全省自治研究所札

（光绪三十四年五月十五日）

地方自治实为立宪基础。前据广州府具禀，拟借法政学堂，设立广州府属自治研究所。定于一百二十人为额，分别大、中、小县，按属选派入所肄习，并选法政优等毕业生充当教员。以六个月毕业，俟旧班卒业续招新班。延法政夏监督为名誉长，该府兼充该所所长，南、番两县兼充参议员。经费一项，即在承售海幢寺田公司人等加缴报效款内提拨充支。当经拟准。续据该府申覆，已与夏监督商妥，腾出法政讲堂，暂借为研究所之用，在案。兹准前因，查部咨饬立自治研究所后，核与广州府办法大致相同。惟饬各府厅州县选送士绅入所肄业，系指省州县而言，能否即将广州府拟设之所扩充改为广东全省自治研究所，其所借之法政讲堂能否容多数学生，抑或校地不敷，必须另行择地设立，将广州府所设归并办理外，道府所属每厅、每州、每县应选送士绅若干人，所长及参议员能否仍令广州府及南、番二县兼充？抑应加派？如果另行设所，夏监督能否兼顾？需支经费如何筹拨？应由藩、学、臬三司，督同广州府悉心筹议，并与夏监督妥商，拟具章程，由司详复，以凭核饬开办。并咨报大部考核，勿稍稽延。除分行外,合就札饬札司。便遵照办理,并通饬各属一体遵照。

## 广元兵轮停泊银坑华界河面葡人稽察实碍我主权事致外务部电

(光绪三十四年五月十七日)

午。密。十五日电祗悉。查,中国兵轮历年停泊澳门附近中国水面,葡人向不干涉。本月十一日,"广元"兵轮在对岸银坑华界河面停泊,忽有葡轮驶来,持单一纸,勒令"广元"照填。查,单内所开系列何处兵轮、管带何人、马力若干、载重若干、载兵若干、枪支弹子若干、驶来何事等语。该轮管带因银坑系中国河面,未便任令葡人稽查,致失主权,不允填单,随因有事驶赴马骝洲巡缉。此当时情形也。

查,澳门本系租地,未经划界之前,本难承认葡人管有水界。即以澳门系葡属地,按照公法,亦应以河心为界。今银坑河面向系中国管辖,距澳已远,乃葡人竟欲在华界稽查,中国兵轮且须照彼单式填注,实属碍我主权。中国兵轮历赴香港停泊,均无填单之事,即各国兵轮驶来广东各口,亦无交单令其填注。此等单式,闻系葡人特设,居心难测。从前华轮至澳,遇有提犯或别事泊近澳门岸旁,间有填单,本属不合。然尚系泊近澳岸,乃近年竟推及湾仔河面,凡系华轮停泊,即来干涉。现且侵及银坑,得步进步。葡使照会钧部,文内不列地名,竟称为澳门内口,所包甚广。将来不难又指某处为澳门外口,愈推愈远。若一退让,即系承认之据。除将详细情形及地图等件另文咨呈外,拟请钧部坚持驳复,无任感祷。人骏。洽。

### 附:外务部为请查复中国官船如何进澳内口拒不画押事致张人骏电

(光绪三十四年五月十五日)

午准葡森使照称,接本国政府电,近有中国官船一只,驶进澳门内口,船长于该口所立进口册不画押,告以与向章不合。据言奉有粤督之命,故不画押。是以令其出口而去。本国政府训条,嘱将此事告知贵部,并将该船长所为辩驳。嗣后贵国船长免再如此不合,以敦睦谊,等语。究系如何情形,希即查明电复。外。

## 为法员所称爱店华兵越界抢掠伤人一案致外务部电

（光绪三十四年五月十七日）

十五日电祗悉。法员所称爱店华兵越界抢掠伤人一案,前据龙州姚道禀报,即经电饬飞速派具彻查,究竟是匪是兵,务得实情禀报在案。现尚未据查复。至越南派站公司,现查系属赌馆,此次起衅,难保非聚赌滋事致酿命案。惟是兵是匪尚无确证。现再电由桂抚及姚道等迅速确查,不得稍有隐饰。如果此事系华兵私行过境与越兵聚赌,因而斗殴伤人,似应照平人打毙办理,不能作为国际交涉。除俟查明情形,另行电达外,谨先电陈。人骏。洽。

### 附:军机处外务部为华汛官兵越界抢劫事致张人骏电

（光绪三十四年五月十五日）

文电悉。初十日,准法使照称,西六月初四日,驻守海洄华汛之官兵,越界来圻,抢掠峙马,等语。本部已电桂抚,尚未准复。来电所称爱店,系海洄译音之讹,是谅山公使所云。官军滋扰,与法使来照所称自系一事,殊与法员警告有匪蠢动一语不符。且驻爱店之何管带,既云匪枪如雨,率勇还枪,何以各勇毫未损伤,而弹毙派站公司一人,又伤越民一人?究竟伤毙人命,是匪是兵?亟应严饬派查之员确切查明,从实禀报,无任各该管带饰词卸责。现滇边亦出有枪毙法员兵一案,法政府正在要求严办。沿边交涉,一律重要。匪警固宜严防,而汛地弁兵尤不可不慎加约束,免致动出巨案,牵及大局。除再电桂抚外,希将查明确情,迅即电达为要。外务部。十五日。

## 会同闽浙总督松寿为萨摩岛华工被虐事致外务部电

(光绪三十四年五月十八日)

上年奉大部电开,驻德吴参赞函称,德属萨摩岛华工,德人违背合同,种种虐待,于华人民命生计大有妨害,应速派通晓德文人员前往保护等语。华民被害,断难膜视,应由闽、粤两省会同酌派委员前往,借资保护。至该员往返川资暨驻扎经费,均须由该公司筹给等语。当经寿等会同派委州同林树棻前往查察,俟查复再议派员常驻,电后钧部在案。现据该州同回粤禀称,调查萨摩岛华工共一千三百六十六名,除回国及病故外,实存一千零三十八名,散处二十五处。一日分往巡查,各工哭诉被虐情形,不忍卒听。详加考察,证以闻见,均属实情。

查公司招工告白声明:工人月薪一十五元,驻闽领事与洋务局所订章程,亦谓工人薪金每月至少七元。今各华工月得银一十二马克,该岛仅付华银六元,不特与告白不符,即与官定章程之数亦不能足。虐待者一。

公司招工告白:工人伙食、衣服、医药等费,均由国家供给。驻闽德领与洋务局所订章程亦称,住屋、饭食、医药各费,由公司供给。今该岛华工遇有疾病不能工作,每天尚须扣银一马克;若病十二日以外,非特无工资可领,且须将下月工金扣补。虐待者二。

招工告白及官订章程:逢礼拜日均准停工。该岛洋东每月仅许华工停工两礼拜,余两礼拜亦须作工。虐待者三。

洋东虐待华工,例准出埠控诉。惟该岛章程,工人离场,均须向洋东领牌,否则以逃工论。该处洋东遇有此等事件,概不给牌。各华工愤无可伸,因勉强赴诉者,该岛有司以无牌离场,作为逃工鞭责,多不准理,发交洋东任情苛刻愈加凌虐。虐待者四。

至私诱招工之术,尤为狡诈。各国招工均须将招待及工作事由详告工人,愿意签字,始能前往。乃温德司在汕招工,薪金则曰十五元，行船则曰八九天。迨工人抵汕，又不即立合同，明白宣示。俟轮船启行时，始以一纸洋文，勒令工人印具指摹。工人不识洋字，听其所为。及抵工时，减少工金，频遭苛刻，纵欲控诉，皆以具有指摹，难于得直。

查各国招工地面，均设有保工衙门。即同属一国招工，亦必商允彼与政府订立合同，复在有司官署签字备案，始能开招。闽、粤出洋工人最多，似宜择一适中之地，设立保卫衙门。工人所驻地方，我国派员前往保护，并于工人到埠后，由我国驻扎领事会同该处地方官点名存记。工期限满，如欲续订合同，即赴领事署签字换约，庶于保工之中，隐寓收回主权之意。等情前来。

查萨摩岛华工被虐，驻德吴参赞迭陈钧部有案。该委员林树棻现查各节，尚系实情。从前该岛招工章程，虽间有疏略之处，然于工资、医药重要各节亦已再三磋磨。乃工人到岛后，该洋东并不照章办理，是章程纵极周密，亦恐仍同具文，难获实益。

本年该岛续赴汕头招工四百名，曾据德使面向大部声明，如有苛虐，惟本大臣是问等语。经寿等与驻粤德领将工章细加妥订，并派员护送各工前往。惟到工后洋东是否遵办，无从考查。工人不得擅离工场，即有被虐，亦无从控诉。

此事关系华民生命，诚如钧部来电，断难膜视。惟由闽、粤两省委员前往，权力有限，且非先由德政府认可，则保护华工之事，亦无权与之交涉。寿等再四筹商，如由钧部奏设领事一员前往驻扎，自可保护华工，不致复有被虐之事。倘因议设领事恐需时日，可否先与驻京德使磋商，即由新派澳洲总领事梁澜勋就近兼摄照料，按年饬由领事前往萨摩各岛巡阅数次，如有华工被虐之事，随时与岛官交涉，以重民命。梁道现在粤省汕头办理招工，于奉工出洋之事颇能考究，似较另派委员更为得力。是否有当，统乞裁示。寿、人骏。巧。

## 为中国兵轮停泊华界河面葡人不得干涉事复葡国领事照会

(光绪三十四年五月十九日)

为照复事。接贵总领事官来文,言广元兵轮之事,本部堂均已阅悉。查,此事现经饬属查明,广元兵轮本月十一日系在华界银坑河面停泊,乃忽有贵国兵轮驶来,强令填单签字,广元兵轮管带因该处系中国河面,无由贵国稽查之理,不允填单,随因有事驶赴马骝洲巡缉,等情。禀复前来。

澳门地方未经划界以前,按照条约,本无承认贵国管有水界。即谓澳门已归贵国管理,按照公法,亦应以河心为界。今银坑河面系澳门对面,相距甚远,向系中国管辖,澳门兵轮竟在华界稽查中国兵轮,殊属碍我主权,有伤睦谊。本部堂万难承认。至本省兵轮将来仍须随时前往各处华界河面巡缉停泊,应请贵总领事官转致澳门总督,严饬贵国兵轮人等不得再有干涉,是为至要。为此照覆,顺候时祺。须至照会者。

——照复西洋总领事。

### 附:葡国穆领事官为辩驳过路湾地方系澳门属地事致张人骏照会

(光绪三十四年五月二十六日)

为照会事。

照得本总领事于本年五月初三日照会,告明不服贵部堂四月二十八日照会之事。旋接贵部堂五月十四日复文,谓过路湾之与澳门不相连属,天然海界,极是分明,等因。均经阅悉。

查,本年二月十六日本总领事照会贵部堂,曾经呈出凭据,以驳贵部堂前所执实之语,而贵部堂并无辩驳本总领事所呈出之凭据。现又再以为然之道理置词,定是听属下错禀所致,实属无裨于事。我两国有经二十一年之久所商议之话，兹尚堂然挺立，理应遵守。贵部堂遽说异词，自不能行。贵国承认在理斯波阿西历一八八七年三月二十六日订立之节略第二款所载，本国永驻管理澳门之属地，是年十二月初一日订立条约第二款载明，仍允无异，以固节略之言。迨一九零二年四月初一日，更有贵国庆亲王致本国驻北京钦差大臣照会，说明所有订立和约以前，澳门人居住管理之地，均算是澳门属地。云云。何以贵部堂现在犹能言不为是。似以过路湾有水相隔，便是为凭，惟该地乃一岛洲，应当四围有水，若是无水，则不成岛洲。本总领事以为最要紧者，是请贵部堂于此事，凡遇属下禀报，宜择其真实的确之言。并请饬属遵照我两国所订立之条约各款，以免常有不服之告，庶几睦谊永敦也。为此照会贵部堂，希为查照。顺颂日祺。须至照会者。

右照会大清两广总督部堂张。

## 附：葡国穆领事为请饬兵轮停泊澳门内河照章填单签字事致张人骏照会
（光绪三十四年五月二十八日）

为照会事。

照得本总领事前将贵国广元兵轮管带不循规章之举动，告明不服。旋接贵部堂五月十九日复文，因该管带禀复，是以贵部堂仍谓该兵轮停泊之处并非西洋水面，请转致澳门总督，饬令查巡兵轮，不好干涉贵国兵船到澳门内河停泊。等因。均竟阅悉。该“广元”兵轮管带竟忘却真事，故说该轮停泊之处是西洋管辖水面之外。何以谓其忘却，盖该广元兵轮是日系在西洋向来划定停泊之处停泊。经澳门官员勒令该兵轮开行后，有贵国别号兵轮到去停泊，亦即乐为填单签字，该广元兵轮管带太不恭敬，而来文未有道及照本领事之请将该管带责罚，实属于心无安。

所谓该管带太不恭敬者,因其从前屡次到澳,均有签字,断不能谓不知填单为何物。

查,澳门内河水面自有西洋管理以来,均系由西洋管辖,不论贵国与别国之兵轮,常到澳门,俱遵照章程,恭敬本国管国之权,人所共知,亦有凭可据。因尚未定澳门之属地界址,贵国与本国均应遵守西历1887年所立和约,彼此不能更改之语。今贵部堂愿将意更改,似乎有意破坏和约所订之语。本总领事为该管带之妄举告明不服。贵部堂不特毫无安慰之词,且又未照本总领事之请将该管带责罚,似亦倍加缺礼,尤示不愿保存我两国交好之意。澳门总督虽极欲与贵部堂和平办事,但系本国家简派之总督,凡遇有人侵夺管国权,应守官箴不允,以保本国管国之权。故请本总领事转致贵部堂,要紧饬令本国大小兵轮,有到澳门内河停泊,定要遵守章程,进口时填单签字,以免后来有意外之事。且难料此等意外之事如何重大,如何要紧,兹特声明,以卸责成。倘日后有意外之事,与本总督无干。等语。本总领事日前照会言明,广元兵轮若未更人管带,不准进澳门,合再声明。为此照会贵部堂,即希查照。顺颂日祺。须至照会者。

右照会两广总督部堂张。

## 粤省寻医迄未得人致军机处电

(光绪三十四年五月十九日)

齐电敬悉。命选名医赴京恭候传诊,遵即博加延访。惟粤省本少名医,近年西医盛行,医学尤杂,求其素有根底、稳练精详者,实难其选,迄未得人。且粤处海疆,气候异宜,方药各别,亦恐迁地弗良。江浙名医较多,当易物色。谨复。人骏。效。

### 附:军机处为皇上圣躬欠安希精选名医致张人骏杨士骧端方张之洞及鲁晋督抚电

（光绪三十四年五月初八日）

入春以来,皇上圣躬时有欠安,在京各医诊治无效,希尊处精选名医,资送迅速来京,恭候传诊。此系遵旨电达。枢。齐。

## 中方勘界之员应否由钧部奏派致外务部电

（光绪三十四年五月二十一日）

十九日电祗悉。葡政府派员勘划澳门界务,自应遵照选员与之会勘。惟葡国所派之员,未悉系何职位,有无全权商议界务,约于何时来粤。现粤选派会勘之员应否由钧部奏派？统乞赐示。人骏。二十一日。

### 附:外务部为请派员与葡委员会勘澳门界务事致张人骏电

（光绪三十四年五月十九日）

午。葡使面称,政府已专派勘划澳门界务一人来华,请速派委员,以便该委员到时商量会勘,等语。希即拣派熟悉情形之员,以便与葡委员会勘。并电复。外务部。十九日。

## 法派魏武达由粤起程来滇致云贵总督锡良广西巡抚张鸣岐电

（光绪三十四年五月二十二日）

锡督帅、广西张抚帅鉴:

午。密。准外部电,顷准法使照称,本国政府派驻粤领事魏武达,与高道将巴龙、崎马案确切会查,等因。现查法领魏武达已于本月二十日由粤起程。特电闻,并希转饬高道知照。人骏。个。

### 附:外务部为滇边案致张人骏电

(光绪三十四年五月十八日)

洽电悉。滇边案,现法使要求甚巨,并峙马案亦为借口。本部已照法使,将滇、桂两案,统归高道与法员会查。除分饬滇督、桂抚外,希查照。外务部。十八日。

### 附:外务部为中法派员会查界案致张人骏张鸣岐电

(光绪三十四年五月十九日)

十七、十八两电计达。顷准法使照称,本国政府派驻粤领事魏武达,与高道将芭龙、峙马两案,确切会查,等语。除电滇督转知高道外,希查照。外务部。十九日。

## 札行营务处小心利用棺木私运军火之文

(光绪三十四年五月二十四日)

据拱北关税务司威礼士申称,案奉札开,嗣后凡有包件、行李箱笼、棺木之运自外洋者,进口时务须严加搜查有无夹带军火枪械。至棺木进口,须先存货栈,俟取有本口殷实商人保结,方准搬运,以防舞混。该税务司一面钞结知会地方官,一面报院备查,等因。奉此。查本关所属各处,或凭岛设厂,或驾舟办公,并无货栈,亦无人觅保。再四思维,拟凡有棺木来自外洋者,如由香港进口,须先将英官所给准单持赴关厂呈验,方准放行。除随时分别照会各地方官查照外,合行申覆察核等由到本部堂。据此,合就札饬。札处,即便会同按察司分饬各厅州县遵照办理。

## 粤省五月中旬涝灾致军机处请代奏电

(光绪三十四年五月二十七日)

粤省五月中旬连日大雨,东、西、北三江潦水同时涨发,深恐冲决围堤，损伤民业。经骏饬令司局派员会同各该地方官巡视防护，奈水势过猛，人力难施。陆续据报，南海、三水、高要、高明等县，决围或十余处，或数处及一二处，其决口或数十丈，或十余丈及数丈不等。附近乡村，田庐多被淹浸，屋宇间有坍塌，被水乡民无算，或逃避山岭高阜，露宿风餐，遍野哀鸿，深堪矜恻。此外，顺德、清远、英德、花县、四会等属，或有冲决围基，尚未查明数目，或并无围堤处所呈报被淹。访察此次水患情形实为十余年来所未有，迭经拨款，派员乘轮携带银米、麻包等物，分投查勘抚恤，并救护险要各围，一面飞饬各县先办急赈。省会绅商，亦议集资济助。惟灾区甚广，非动拨巨款，未能遍赈穷黎。日来天色渐已放晴，惟冀潦水速退，迅将各围修筑，庶可安奠民居。容俟印委勘复，分别各属灾情轻重，另行酌核办理，详细奏报。谨先电陈。乞代奏。人骏。感。

## 日僧违约传教致粤藩胡湘林札

（光绪三十四年六月初一日）

查日本僧人安满了仙，借游历为名，前赴雷州府属地方违约私行设堂传教一事，前次迭经照会日本领事官查禁。旋据海康县秦令广绶电禀称，日僧安满了仙，奉给护照来雷游历，私串棍徒吴家齐、林妃坤、尼姑修明、梁文彩、官世珍、秦胜明等，造谣惑众，强占职员颜学之承子颜元祐房屋等情。查核日僧来雷数月，闻宿娼、饮酒、赌荡共费不下三千余元，全系尼姑修明等供给。该尼姑等产业有限，难遂无厌之求，以致日僧和盘托出，禀明系借名游历，私行来雷传教。惟该日僧在雷敛钱不少，现复禀请追偿各责，显系讹索，拟请宪台照会日本领事，迅饬该日僧回省，追缴游历执照，驱逐回国，以免滋事，等情。并据秦令将民人刘海章、梁文彩、尼姑、秦胜明供词及人数、章程、证书、徽章等件禀缴前来，当查该日僧安满了仙借游历为名，前赴雷州私行传教，以属大违约章，乃竟串同棍徒吴家齐等强占颜元祐房屋物件，并据梁文彩供称，该民花了百余元，日僧派充副董事，给有金牌徽章一个,文凭一纸。又据秦胜明供称,该僧勒人入教,索银不遂,动以洋枪吓喝,或用枪打人等语。是该日僧惑众敛钱,强横勒诈,凿凿有据。且查该僧章程内称,本教信徒当共结团体,如有横逆之施欺凌之事,必当力为护卫,免碍进化,设护卫部等语,竟与匪徒聚众拜会之语无异。似此违约煽惑、种种不法,非特扰害中国治安,且于中日两国感情尤为大碍,断难稍容。照请日本领事立即电饬该僧回省严讯究办,追缴前给游历护照,注销驱逐回国,嗣后不准该僧来华游历,以免滋事。并批饬海康县严拘棍徒吴家齐等,务获解省惩办,以昭炯戒。至该日僧既控吴家齐等欠交费用,所有女尼秦胜明等供开,该僧勒诈各节,难保日僧回省后不饰词狡赖,并饬该县迅将秦胜明、梁文彩、刘海章三犯刻日解省,以凭指证各在案。兹据署海原县秦令将梁文彩、刘海章、秦胜明及续获之秦李氏、尼姑李修能、陈程玉、陈宝光等七名各口押解来省,听候质证前来,除照催日本领事电饬日僧回省惩究,并先将该犯等票发南海县查收。一俟日本领事照复,再行札饬该县提犯讯明,分别办理外,合就札饬。札到,该司即便遵照办理。

## 廉钦匪乱戡平致军机处请代奏电

(光绪三十四年六月初一日)

廉钦匪事,上年在屯良、西牙等处报捷后,复经各军分搜合剿,大小数十战,叠次获俘。匪党猜疑,互相戕捕。首要先后就擒,大股次第扑灭,获办盗匪总计已逾千数。二月间,曾将戡定情形电商钧处代奏,准覆饬再考察。时值越匪内窜,复饬东西各军分段彻底清搜,已无踪迹。现在道路畅行,民安耕凿,内地实已安靖。惟匪巢在越,为我权力所不及,善后之策,当注重于防边。匪即伺隙而动,我必有备而始无患。从前边道兼统廉钦各营,原期事权专一。今昔情形不同,须将内地、边防划分两节。道员郭人漳,能谋善战,威名远著,应令驻扎东兴,统带新练军一营,并钦军巡防队七营,督办边防,兼充对汛大员。委知府夏文炳分统巡防队六管，专顾中路。委署北海镇莫善积带统巡防队三营，专顾廉东。新军第二标第一营，上年派往廉钦，防剿得力，本应调省，仍隶协标，惟该营系武建、武匡等军改编，兵士以外籍人为多，与新军定章不符。廉钦各营均系土著，不得不间用客军。拟照新练军营制饷章编为一营，归参将王有宏兼统，并分统廉军巡防队五营，专顾廉、防后路。并设边防廉钦各营营务处，委廉钦道龚心湛总理各军，均听节制调遣。令其照新练军章制，募卫队亲兵一队。俾得借手，其余客军酌量调回，以后边事则责成郭人漳，内匪则责成各统带分统，交涉事件责成龚心湛、郭人漳会商妥办。似此布置严密，内地当不致再有他虞。惟越匪一日不除，边备一日难弛，求正本清源之策，应请敕下外务部切商法使，转饬法官，覆其巢穴，擒其渠魁，庶能永保治安。至陆路提督秦炳直，督率调度均合机宜，现既戡平匪乱，毋庸在钦久驻。且据报旧患腹疾复发，边地医药不便，相应仰恳天恩，准饬赴惠供职。先就省城医调，以期速痊。除肃清详细情形，俟秦炳直咨报到日核明另奏，并查明在事出力文武员弁及伤亡将士，酌请奖恤外，乞代奏。人骏。东。

### 附：军机处为秦炳直准其回省就医致张人骏电

（光绪三十四年六月初五日）

奉旨：张人骏电奏悉。防范外匪，惟在扼要屯扎，广布侦探，随时相机剿堵，未可株守一隅。清理内匪，要在慎选守令，勤求缉捕，勿任勾结纠合。又未可专恃兵力。着该督妥筹布置，以靖地方。秦炳直准其回省就医，病痊后即赴惠州供职。余着外务部知道。钦此。枢。歌。

### 附：外务部为派员勘界业经照询尚未准复事致张人骏电

（光绪三十四年六月初四日）

驻法刘使电称，葡建兵房、设浮标各节，遵向葡外部切商，彼云查无其事，惟拘蚝艇系在澳门界内。总之，应派员会查，将所有纠葛及界址妥为商定，等语。派员事，本部业经照询，尚未准复，得复再达。外。支。

## 为赈济水灾复广州自治研究社函

（光绪三十四年六月初四日）

顷奉大函，祗悉种切，近日东、西、北三江潦水同时涨发，广、肇各属围基间被冲决，近水村乡多遭淹漫，小民荡析流离，深堪怜悯。骏迭经饬局派员携带米石、银两、麻包、火枝等物，乘轮前往，分别赈抚救护。昨接郭主事诸公函，请提惠济仓款办未散放，亦经札行司局，督向广州府会商仓绅，妥为办理在案。今诸公联合省绅捐资拯济，具见惠周桑梓，钦佩良深。骏念切恫深，自当力为筹助。现已札饬局酌拨官款，或派员会同前往放赈，或交诸公采办粮食、药物，一并散给之处，刻日筹商妥办，以副诸君子拯溺救饥之雅意。

### 附：广州自治研究社为水灾赈济呈张人骏禀

（光绪三十四年六月初四日）

窃两粤频年荒乱，元气已伤。现正凶年，忽遭惨祸。自本月十七、十八、十九连日淫雨，讵西省府河及左右两江，东省东、西、北江水同将暴涨、水势急激，民居猝不及防，各属基围突被冲缺，淹没乡庄，溺毙民命，不可胜计。灾民百万，流离失所，惨不忍言。暂虽纷纷设法筹赈，奈基围冲缺，农民失业，将何所归？转徙无依，恐流为盗。粤匪遍地，稍或抢乱，其何以存良善而保治安？董等目击时艰，杞忧弥切，用敢联恳帅宪迅赐据情电奏，请旨赏颁帑款数十万，分给被灾各属，责成修复基围以安农业，并将两广被灾各州县蠲免地丁钱粮，以广皇仁而培元气，实为德便。

## 秦炳直是否应收受法国“宝星”勋章致外务部电

（光绪三十四年六月初四日）

据署广东陆路提督秦炳直电称，该提督前署高廉钦道任内，准广州湾法使称，因交界缉捕得力，拟请法国国家赠直勋章。兹由广州湾法使派员赍二等“宝星”凭照一纸，交吴川县厉令转送前来，并称“宝星”已交广州泉领事，等语。应否收受，拟请电达外务部代为奏明，请旨遵行。并应否由外务部致谢法政府，抑应如何办理方为妥洽，统乞赐示，等语。查法国赠给秦署提“宝星”，应否由钧部奏明请旨及致谢法政府之处，乞核明电示，以便转电该提督遵照。骏。支。

### 附：军机处外务部为法赠秦炳直宝星应由尊处奏明致张人骏电

（光绪三十四年六月初六日）

支电悉。法赠秦署提宝星，应由尊处奏明，俟奉旨后，即电致秦署提，向广湾法员致谢。外务部。鱼。

### 附：军机处为着准秦炳直收受法国宝星致张人骏电

（光绪三十四年六月初十日）

奉旨：张人骏电奏悉。法国赠秦炳直宝星，着准其收受。钦此。枢。蒸。

### 附：外务部为葡政府颁行澳门禁运军火新章事致张人骏电

（光绪三十四年六月初六日）

准税务大臣咨，据拱北税司申，澳督现奉葡政府谕，四月十六日颁行新章，各项军火嗣后在澳门地方一概不准出口，等语。并附澳督札谕前来。此事上月迭准刘使函称，葡外部业与澳政厅禁止军火贸易，等语。兹准前因，除并案钞咨外，特先电闻。外。

## 河口败匪在越境劫掠事致外务部电

（光绪三十四年六月初九日）

河口败匪因乏粮，图在越境劫掠，艳、阳各电经详陈在案。昨据钦州秦提等电称，已饬北海洋务委员详告法领转达越督，饬属查缉。顷据复称，法领云，革党在越滋事，彼已早得信息，允即转告越督照办。并一面告知芒街法官，以后探得匪踪，各对汛应即彼此知照。法领又云，现有越南人多名，代匪侦探钦廉及西省边界防务，乞饬各营严密访查，等语。经饬东、西沿边各营照对汛章程，切实查探堵截，并饬密查奸细究办。顷又据秦提等电称，东兴洋务委员准法员函称，奉北圻统使电奉越督示，接驻京法使电告，有大股革党，因乏粮饷，图窜北圻劫掠，应即将会巡章程实行，希会商中国边防督办，及沿边各官按照会巡章程，如有股匪协力协剿，等因。请转禀贵国边防，饬令沿边对营各汛，一体照办，等语。又探闻，越南船头有法屯两个，前月勘夜被匪攻破，毙法兵数名，劫去洋银一万有奇。又闻，板哥、北圻、隆平、三翁各匪，比仍匿该处，匪党传说，俟八月效可起事，等语。已饬东兴委员转请法员遵章剿办，并先知会我军堵截。等由前来。

查，匪在沿边各处，均不得逞，近因乏粮，屡在越境劫掠，迭经电陈钧鉴。匪势以蹇，若法能切实剿办，不难克期扑灭。昨已电饬龙州姚道与法员切商会剿办法，并饬两省沿边各军加意防守。谨先电闻。人骏。佳。

## 越南奸细事致军机处外务部电

（光绪三十四年六月十一日）

北海法领称，有越南人多名，为匪侦探一事，佳日电在案。现据秦署提、龚道等电称，法领先将越人逾界不法情形告知越督，惟不允我国视作奸细，并声明只有按照奸犯送交法领办理，等语。查，匪徒扰害边境，乱我治安，凡与匪同谋之人，均系匪党。我军在华界剿匪，系中国主权。此等乱匪,与寻常抢劫盗贼不同,应照军律办理。泰西各国兵事时,惩办奸细最严。为匪侦探,即系奸细,如在华境捕获,查有实据,自应由我惩办。且越南人体格一切均与华民无异,近此匪党多冒外籍,倘获匪后,动须送交法领,实于防务大碍。现已电饬龚道,再与法领磋商声明,廉、钦及西省边界拿获匪党及奸细人等,查有切实证据,无论是否越人,一律按军律办理。倘仅形迹可疑,尚无为匪确证,临时再行酌办。至越人过我边境,照会巡章程,须由两国对汛员弁给发准单,方能过界。嗣后,如有并无准单之人在华拿获,即照华民办理,以符约章。除饬两省沿边各营妥慎办理外,谨电闻。应否由钧部转商法使电饬越督遵照,并候卓查示复。人骏。真。

## 为派遣记名道魏瀚往查温宗尧代办广九铁路事宜复外务部电

(光绪三十四年六月十四日)

十三日电祗悉。峙马案,高道因病未能离蒙,饬选妥员往查,自应遵照。查有二品顶戴、前四品卿衔、记名关道魏瀚,老成练达,精熟外交,堪以派往。该员现充广九铁路局总办,如蒙钧部电委赴越,所有铁路事宜,拟由粤省派洋务委员、分省补用道温宗尧代办,以免路工延宕。是否有当,乞示复。并请咨明邮传部查照。人骏。盐。

### 附:外务部为高道患病请另派他员致张人骏张鸣岐电

(光绪三十四年六月十二日)

初八日电计达。顷法使照称,高道患病,未便离蒙,请另委他员,饬将峙马案查晰,等语。除电滇督、高道外,希迅速就近选派妥员,即行电复,以便由部电委,并照知法使。外务部。十二日。

### 附:军机处外务部为准派魏瀚查办峙马案致张人骏电

(光绪三十四年六月十七日)

盐电悉。峙马案即派魏道瀚前往查办。除咨邮传部外,希转饬遵照。外务部。十七日。

## 为越人谋毒法兵事复外务部电

(光绪三十四年六月十四日)

十二日电祗悉。越人谋毒法兵事,昨接秦提等电,已于文电密陈。法人添兵,虽除越乱,惟与我界切近,深虑滋事。现已电饬沿边各军认真防守,不准一兵私过越境,以杜借口。并饬龚、姚两道密探情形,随时电达。拟请钧部电知刘大臣,查察法人举动,密为电告,以便易于防范。人骏。盐二。

### 附:外务部为越南内乱希查照防范致张人骏等电

(光绪三十四年六月十三日)

准驻法刘大臣电称,河内士兵谋毒害法军,未致命,酿成大狱,士商震恐。闻法将调兵赴越除乱。滇案未结,添兵亦有关系,等语。希查照防范密探,随时电部。外务部。十三日。

## 为革党八百余人窜入越境事复外务部电

(光绪三十四年六月十四日)

据龙州姚道绍书、陆镇荣廷电文曰:据督带纳顺洪禀称,接平歌法员函告,前月革党八百余人窜入陌苛等处,法弁带队堵截,竟被围困,伤毙法官弁兵二十余名,该匪并有窜犯粤边等语。又据派出各侦探报,同前情。查该匪等自河口败后,窜匿越境,粮饷垂缺,尚复施其狡谋,以为声东击西之计,连日探有窜犯平宛、陌南各隘消息,已飞饬沿边各队,一体戒备;一面勤加哨探,总期不令该匪窜入等语。除再分饬各营认真防守外，谨电闻。人骏。盐三。

## 为越境匪情致云贵总督锡良电

（光绪三十四年六月十五日）

锡督帅鉴：

午。连接两粤边防探报，河口败匪逃往陆安州地方，迭遣人向河内索饷，声称粮缺，惟有劫掠。但中国边界营多难入，若在越行劫，法人知之，恐诸君岔安居河内，革党竟无以应。又，黄和顺、黄八、关仁甫等匪均回河内，声称有党数百人枪七八百，枪交何十二管带，仍在陆安州地方。惟粮食甚难，别当指户借赈，总以勒缴亦所得无多，聊敷五月食用，来月亦罄，不得不劫掠边境。革党因匿常败逃，仍分文不给，等语。昨又接钦州秦提督电云，匪党在越境图劫，已饬员详告法领转达越督查缉。顷据复称法领云，革党在越滋事，彼已早得信息，允即转告越督照办，并一面告知芒街法官，以后探得匪踪，各对汛即彼此知照。法领又云，现有越南人多名，代匪侦探，请饬各营汛严密稽查，等语。又电称，河内云，在前晓二鼓，越督忽叙令传集武员，迅速携械到营点名，迟者重罚。适武员多在酒店饮酒，闻令急即到营，听从越督饬令，率领法兵分往各署及电灯电报局防守，自后每晚派遣员兵巡防，凡要地均不准土人近。诸法署办事员称云，探有土人欲图革党，等语。越境北下地方，五月廿有革党经过，不遵缴枪，将法兵弁击毙，并劫掠枪炮，聚匿左近深山云。本日又接秦提督阳电称，据东兴县丞麻电，法员函称，奉北圻统使电奏越督示接，据驻京法使电，现有大股革党因乏粮饷，图窜北圻劫掠，应即将会巡章程实行，希会商中国边防督办及沿边各官，按照会巡章程，如有股匪协力会剿。又探闻，越南船港有法官两个，前月勘夜，被匪攻破，毙法兵数名，劫去洋银一万有奇。又称，板哥北扼隘平三省，各匪比仍匿该处，匪党传说古斋月效可起事，各等语。查匪在三省边境均不得逞，现因乏粮，在越劫掠，势所必然。迭已电饬入粤边军，节节严防。并饬姚、龚两道,照会巡章程,与法员切商会剿办法。应请尊处饬令滇边各军,一律严行堵截,以免内窜。骏。佳。

### 附:云贵总督锡良为详示匪情复张人骏电

(光绪三十四年六月十六日)

张安帅鉴:

午。密。佳电咸奉承详示匪情,至感。滇省所闻略同。麻栗坡界外之河阳等处,田蓬界外之董斋等处,仍时有匪踪出没,边防各营业经一再布置,白领金柱因病出缺,将才难得。现委王道正雅接统是军。顷又录示尊电,饬令沿途一体加意严防矣。铣。

## 为越匪情形致云贵总督锡良电

(光绪三十四年六月十七日)

锡督帅鉴:

午。匪扰越境事,据钦州秦提督续电,东兴县丞朱丙官电称,法员面称,三旗地方有匪党,因抗缴军械,击毙法二画一员,单画二员。越督派兵往陆安州一带搜剿,今后凡彼此探得匪踪,务须随时互相知会,等语。又闻,逆党欧吉平、龙生、张先生、陈宗兴、杨谢彩五名,勾结广南苏姓舆人煽惑越南兵民遽谋革命,并许以由日本运给饷械。卑职已面告法员,嘱其衅之河内法官,未先监禁。又接河内初六函称,匪党在三旗北下地方击毙法弁后,藏匿附近崇山峻岭之所,越督已派兵往剿,惟各处道崎岖林深箐密甚难追剿。河内革党现惊忧异常,惟越督见越南兵民近日有思乱之意,故暂置之不理,然将来必逐却拿究。法员向雇越人庖丁,近日或有施放毒药,多防不救。现法员弁概将越人庖丁驱逐,雇用法人。而越地兵民土匪四处声扬谋主革命,现河内各署均派法兵守护,防范甚严,等情,少逆已获。又接河内函,初八日,河内法人男妇,每于夜间异常不敢出游,因恐越兵勾结叛匪。夜间均扣留营兵，不准擅出。陆安州之匪及各处亡命之徒，现均聚匿三旗北下地方，约有千人。现潦水泛涨，道路繁阻，法虽进兵，亦属无益。想须秋后方行进剿，各等语。查匪在三旗地方击毙法弁，自系六月初三之事。前接秦提等电报，已于佳日电陈，其党煽惑越民革命，现据查探甚详，似非谣传。除饬沿边各营随时严堵外，特电闻。人骏。文。

### 附：云贵总督锡良为承示探报各情复张人骏电

（光绪三十四年六月十七日）

广州张安帅鉴：

午。密。盐日三电均敬悉。峙马案，尊处委魏道会查，已转饬高道知照。承示探报各情，亦已密饬边军加意防范。昨外部来电，想经密览。匪情如此，外情又如此，奈何！十七日。

## 为广肇水灾致邮传部右侍郎盛宣怀电

（光绪三十四年六月十七日）

粤省五月中旬东、西、北三江潦水同时涨发，广肇各属围堤冲决百余处，南韶等属亦被水淹统计二十余处，纵横千数百里，尽成泽国，遍野哀鸿，实为数十年所未有。虽经弟迭饬司局，遴派多员携带银米，分投散放急振；并两次电奏，蒙恩拨帑十万两；复捐廉提倡，省港绅商亦各购粮食济助。惟灾重地广，来日方长，非得百数十万巨款，断难稍苏民困。粤省财力久形艰窘，今更悉索无遗。前承歌电廑念粤灾，当经电请劝谕在沪绅商济助，现在需款尤亟，不得不为灾民请命。如捐款集有成数，可否先解一批，以济急需？倘需振捐实收，当饬司局寄上。感纫何极！盼复。

## 附:盛宣怀为义振数端复张人骏电

(光绪三十四年六月二十八日)

粤灾甚重,荩筹深念。承属劝捐一节,前已约同蔡道邀集绅商会议,皆以鄂皖江浙同被水灾,在商会设五省劝振公所,先行垫款,酌量轻重分拨。惟有数端先须请示:

一、三江水势来去皆速,现已消退,晚禾能否补种?粮食能否接济?

二、九善堂、七十二行以及南洋各埠,闻集款尚多,官振之外是否另办义振?

三、上海集捐,向来专办义振,公举董事赴灾地查户,只放极贫,与官振造册普放不同。如捐款无多,只可择最重州县,由义董加放一次。大约极贫,每口放钱千文。而官振仍不可停,以免遗漏。

四、近来市面极坏,探囊而予者甚少。现拟借垫分拨,须照减成请奖,仿照滇振,由敝处径行造册,按批咨部。

五、实在收捐若干,实在放振若干,由义振公所禀报尊处。应如何咨销各省,皆有外办章程,义振公所概不过问。

以上各节,请速电复,以便与公所妥筹垫解。

## 广东法政学堂创办《法政丛志》请予立案事致民政部咨文

(光绪三十四年六月二十日)

陆军部尚书、都察院都御史、两广总督兼管广东巡抚、粤海太平两关事务张,为咨送事。

光绪三十四年六月初九日,准广东法政学堂监督夏咨开,窃照本学堂自去年八月附设印刷所,印刷本堂各科讲义,并于去年十月创办《法政丛志》,月出一册,专从学理上研究法律、政治、理财各种科学,绝不涉及时政得失。上以阐明立宪之旨，下以提倡自治之风。于开通民智一端，不无裨益。去年发行第一期丛志时，经开办情形咨呈在案。兹据印刷所所长古应芬[①]、《法政丛志》编辑员张树枬呈称，奉到广东全省巡警总局谕知，钦遵奏定报律办理。等因。伏查丛志体例，并无违反报律之处。惟查报律第四十四条云，本律施行前发行之报，均应于二个月内遵照补报。第四条第二项云，其专载学术之汇报，免缴保纳费。本丛志应适用此二条。等情到本监督。

据此，查《法政丛志》由本学堂出版，系专载学术之汇报，应照律免缴保押金。但须遵照第四十四条补报，并按照第一条应列各款开具清单，并检同以前所出丛志四册咨送，转咨民政部以备档案，而符报律，为此，咨呈察照。计咨送《法政丛志》第一、二、三、四期共四册，遵照报律第一条，开具清单一纸，等因到本部堂。准此，所有《法政丛志》册四本，相应咨送。

为此，合咨贵部，请烦察照施行。

须至咨者，右咨民政部。

计抄粘单一纸，并送《法政丛志》册四本。

## 附：民政部为《法政丛志》须删载时事各条方可免缴保费事致张人骏咨文

（光绪三十四年七月）

为咨行事。

准两广总督咨送法政学堂创办《法政丛志》，并援照报律，免缴保押费等因到部。查报律第四条内开：专刊学术艺事章程、图表及物价、报告等项之汇报，免缴保押费，等语。该丛志若系专讲学术，自应遵律准免缴费。惟书末记及时事，是其体例并非纯粹之学术汇报可比，核与报律第四条尚有未符。相应咨行贵督

① 古应芬（1873—1931），字勷勤，亦作湘芹。国民党元老。

转饬法政学堂,删去记载时事各条,方可免缴保押费。希即饬遵可也。

咨两广总督。

## 越人为匪侦探一事复外务部电

(光绪三十四年六月二十日)

十六日电敬悉。越人为匪侦探一事,昨经电饬龚道与法领磋商声明,钦、廉及西省边界,如在华境捕获匪党奸细,查有实据,不论是否越人,一律照军法办理,并分饬遵办。去后,兹据龚道电称,据洋务委员程令福庆复称,遵向法领切实声明,并将电文照会请其存案。法领坚执获有治外法权,不能与他国相比,仍应照约,不论如何罪犯交彼办理为言。福庆答以此本特别办法,不在平日条约限内。即使列强立约与我不同,亦断无明载彼此允以军律惩办奸细专条。且若以治外法权而论,则固有不可侵犯之治外法权,现莫如各国公使。然有时待于救危,亦有可侵犯之时。各该公使在所驻国,与乱匪结党,谋害所驻国君主或治安,按照公法,皆得以强力镇压之。在昔英国爱利萨倍司女主时,法公使则结乱党欲倾覆之下代以苏格兰旧女主田利,英外部大臣当即发与护照,令其即行离英,否则将围其使署而加以罪。公使如此,常人可知,何况奸细?又近事如日俄战争,我华人在本国满洲地方,以代日俄侦探,被日俄处以缳首、枪毙各刑,不一而足,又何况他国人以匪入我境内奸细者乎?应请照两广督部堂电开存案。法领词穷,乃云,此事重大,彼实无权,只有将照会原文抄送驻京大臣请示。如驻京大臣以为可,则彼亦愿云。福庆愚见,以军律处证据凿确之奸细,本为天下所公认,但似应请外部先行照会驻京各使,宣布钦、廉及西省边界一带,允为施行军律处所,以后获有奸细,不论何国人,援照军律惩办,以免外人借口未先宣布。至越人入我边境,应照会讯章程,请领准照一层,法领昨已转告越督,并请越督出示严禁越人私入我国境内为匪侦探等语,电请核办前来。查程委员所陈各节，似属可采。应否由钧部照会驻京各使，将两粤沿边一带拿获奸细，援照军律惩办，先行宣布之处，伏候卓裁示复。人骏。号。

### 附：外务部为越人过界不持准单自属违章复张人骏电

（光绪三十四年六月十六日）

佳、真电均悉。代匪侦探之越人，既由尊处分饬严查，查获即可先行拘押。如法领索交，请一面饬令坚持驳斥，一面电由本部斟酌向法使驳论。至越人过界不持准单，自属违章。惟会讯章程，并无作何罚办明文。但应告法领转电越督，晓谕该越人等，嗣后过界应持准单，毋得私行，致干查究可也。外务部。十六日。

### 附：外务部为越人充当奸细事致张人骏电

（光绪三十四年六月二十六日）

号电悉。越人充当奸细，虽应照军律严惩，但若预行遵照各使广为宣布，转恐辩论滋多，以后捕获此项奸匪更难办理。且钦、廉及西省各界现未用兵，尤未便指为施行军律之地。仍应查照本部十六日电，查获拘押，有索交者，再由内外电商驳斥，较合办法。希随时详核妥办。外务部。廿六日。

## 为粤东水灾劝捐致锡良庞鸿书等电

（光绪三十四年六月二十四日）

锡制台、沈藩台，贵阳庞抚台、松藩台鉴：

粤省五月中旬，东、西、北三江潦水同时涨发，广肇各属围基冲决百余处，南韶等处属亦被水淹统计二十余处，纵横千数百里，田庐尽成泽国，财物悉付东流，遍野哀鸿，呼号惨切，实为数十年所未有。虽经弟迭饬司局，遴派多员携带银米，分投散放急振；并两次电奏，蒙恩发帑十万两；复捐廉提倡，省港绅商亦各购粮食济助。惟灾重地广，来日方长,非得百数十万巨款,断难稍苏民困。粤省财力久形艰窘,今更悉索无遗,焦灼彷徨,莫能言状。当此罗掘既尽,不得不为灾民请命,作将伯之呼。诸公谊重恤邻,情殷拯扼,敢乞筹垫赈款巨款,从速拨解。容将赈捐实收,寄请代办归还,并请董劝僚属绅商及粤人之在贵省服官者,广为筹捐,源源接济,救此灾黎。感纫何极！盼复。骏。养。

### 附:云贵总督云南布政使沈秉堃为粤东筹赈一万两复张人骏电
（光绪三十四年六月二十五日）

广州张制帅鉴:

顷奉养电,贵省广、肇等属因三江并涨,猝被水灾,遍野哀鸿,灾重地广,嘱速垫解赈款等因,闻之焦悯同深,亟应速筹巨款协济。惟以滇省瘠区,又值灾赈甫停,边事未竣之际,实苦力不从心。兹先免筹银一万两,由个旧公司电汇寄粤,以应急需,到日尚乞饬收赐复。良、堃[1]。有。

## 感纫赈银致云贵总督锡良电
（光绪三十四年六月二十七日）

锡制台、沈藩台鉴:

有电敬悉。蒙念粤灾,慨汇赈银一万两,感纫何极！当率灾黎百姓以谢。俟款到,即饬司局散放。骏。沁。

## 为赈灾修围事复自治研究社函
（光绪三十四年七月初三日）

接台函,祗聆一是。现在各江水退,居民业已回乡,自以修筑围基、工赈兼施为要策。骏因此次灾重地广,不得不告助邻疆,先经电

---

① 沈秉堃(1862—1913),字幼岚。1910年任广西巡抚。

请各省协赈，今已陆续接准电复，或允垫汇、或允拨助，已有十余万两。其余未复者，亦必尚有拨解。此事宜由官与绅商合办，以归划一。贵社拟与救灾公所联合，实与鄙意相同。既在广仁善堂会商，谅已定议。现经敝处札饬善后局，先行垫银十万两，发交救灾公所，会同贵社查明各属决围较多、被灾较重、民情艰苦者，分别择要拨发；饬令各围绅董招集灾民兴筑、以工代赈，俾灾黎得资养赡、围工早日告成。余俟续收有款，再行拨给。承示筹办大纲，先标长红，令各灾区将决围处所丈尺。乡村孰贫孰富，似亦宜访查明确，以求办理之得宜。至若清沙、开河以为治本之计，似须俟图工告竣，再行商议派员测量。办理此事，造端宏大，款巨费繁。诚如来函，必须官与绅商通力合作，方能有济也。专复。祗请台安。

## 粤省外交需员拟调郎中严璩来粤致外务部宪政编查馆电

（光绪三十四年七月初四日）

粤省外交需员，前月经电拟调郎中严璩来粤，谅邀察鉴。兹查粤省办理洋务，温道宗尧已奉旨派充驻藏帮办大臣，即须前往。粤东近年交涉繁重，几为各省之冠，向赖温道等襄助办理。现温道奉派驻藏，外交尤为乏员。窃念贵部、贵馆为人才渊薮，贤员众多，粤省此时需才孔亟，务乞俯念广东外交重要，准予奏调严郎中来粤，以资臂助。无任感盼。乞迅赐覆。人骏。支。

### 附：外务部同意严璩调粤致张人骏电

（光绪三十四年七月初六日）

两电悉。郎中严璩，供差本处，深资得力。惟贵处交涉事重，需才孔殷。如承奏调，可饬前往，以副雅意。宪政编查馆、外务部。鱼。

## 为严郎中蒙准调粤致宪政编查馆外务部电

（光绪三十四年七月初八日）

鱼电祗悉。严郎中蒙准调粤，纫感实深。已另电请由钧部代奏，俟奉旨后，乞饬该郎中从速启程。无任感盼。骏。庚。

### 附：军机处奉旨严璩着准其调往差遣致张人骏电

（光绪三十四年七月初十日）

奉旨：张人骏电奏悉。严璩著准其调往差遣，并免扣资俸。钦此。枢。蒸。

## 为广东省城陡发飓风致军机处电

（光绪三十四年七月初九日）

七月初一日，广东省城陡发飓风，自东南洋面而来，拔木震屋，势极猛烈，自丑刻起至午刻止。当经飞饬各属查勘，并饬司局派员乘轮救护赈拨。旋据禀报，省河大小商民船只覆没八百余号，缉捕扒船一号一沉没，损坏商轮三十艘、盐务缉私轮船四艘、扒船快艇十一艘。内轮船管带、都司何玉顺被淹身死，溺毙水勇三十余名，其余商民船户淹毙约数百人，救回四百余名。省城吹坍民房一百余间，损坏祠宇房屋三百余处，压毙三人，伤四十余人。察看情形，以河面为最重，陆路次之，实属非常巨灾，深堪悯恻。即经饬局拨款，率同办赈绅商，分段搭厂，施放急赈，安置灾民。一面沿河打捞浮尸，妥为棺殓，传属领埋。又，南海、番禺各乡及顺德、香山、三水等县，或沉覆船只，或坍屋毙命，轻重不等，亦已饬令勘查拨恤，毋任灾黎失所。此外，各属有无被风，容俟查报到齐，分别办理，另行奏报。谨先电陈，乞先奏。人骏。佳。

### 附:军机处致两广总督张人骏电

（光绪三十四年七月十一日）

奉旨:张人骏电奏悉。广东飓风为灾,覆没船只,吹坍民居,并伤毙人口多名。该省大水之后,继以风灾,深堪悯恻。着该督分饬官绅协力拯救,妥为赈抚,毋得稍存膜视。并将续查情形,汇齐奏报。钦此。枢。真。

## 已遵旨采购御用广陈皮复军机处电

（光绪三十四年七月十六日）

咸电悉。御用广陈皮,现已遵速采购极品,派员解进。嗣后,按年遵办。人骏。铣。

### 附:军机处为上交御用上品药材单致张人骏等督抚电

（光绪三十四年七月十五日）

上交御用上品药材单一件,应由各省采办解京。单开:广东所产之广陈皮,四川所产之续断,云南所产之茯苓,甘肃所产之甘枸杞,山东所产之丹皮,浙江所产之野於术、杭白菊,广西所产之桑寄生,河南所产之丹皮。希贵督抚迅速采购极品,派员解交内务府。嗣后,每年进呈二三次,每次进数斤,以备御用。枢。咸。

## 会同广西巡抚张鸣岐为大潢江巡勇叛变事致军机处请代奏电

（光绪三十四年七月十六日）

顷据梧州道府、浔州府县电禀,驻大潢江巡防二十八队勇丁,因赌被统领张守查办,该勇丁遂纠党百余人枪毙统领,随劫城铺逃逸。该道府县闻报,登即各派兵轮、兵队,扼要防剿,等语。查大潢江距浔州府城约五十里,为水陆衢道,距梧亦近。梧州为两粤咽喉,恐该叛勇窜扰。人骏闻报,立商派水师提督李准亲率两营乘轮前往,驻扎镇抚。一面派轮堵截水路,以杜窜逸。鸣岐查浔属猺[瑶]匪近来迭歼首要,渐形得手,此股叛勇难免不与之勾结,死灰复燃,自应速派大员驰往督办。按察使王芝祥威望素著,当即札委抽调省防精锐营队,星夜驰赴浔州,查明此股叛勇踪迹,搒捕净尽。并将猺[瑶]山匿匪督饬浔、柳两属营县,早日歼除,以清余孽。所有梧、浔、柳三属,本省水陆营队统归节制调遣,以一事权。除饬将肇事详细情形及该叛勇等窜匿何处,查明另行具奏,及饬将被害商民妥为抚恤外,所有两省调派兵队办理情形,乞代奏。再,正译发间,接据柳州镇探称,此股叛勇已窜匿猺[瑶]山一带。合并陈明。人骏、鸣岐谨肃。谏。

### 附:军机处为大潢江巡勇叛变事致两广总督张人骏广西巡抚张鸣岐电

(光绪三十四年七月二十日)

奉旨:张人骏、张鸣岐电奏悉。大潢江巡勇叛变,戕害统将,实属异常凶悍,必须迅图扑灭。着该督抚饬文武各员,水陆兼防,协力剿捕,务将在事各犯,悉数殄除,勿留余孽。所有被害商民,妥为抚恤。仍将续探情形,随时奏报。钦此。枢。号。

## 前解子弹请核实数目致云贵总督锡良电

(光绪三十四年七月十八日)

锡清帅鉴:

卦电删奉到,协济公所应尔,承谢滋愧。惟前解子弹系六十万颗,现电称六千颗,数目未符,乞饬查电示。骏。巧。

## 附:云贵总督锡良为粤省协滇九响毛瑟枪三千杆事致张人骏电

（光绪三十四年七月初十日）

广州张安帅鉴:

粤省协滇九响毛瑟枪三千杆,子弹六千颗,据剥隘接运委员江州同有文电奏,业经照数收清。诸承协助,感纫实深。谨谢!卦。

## 附:云贵总督锡良为前电子弹数目有误复张人骏电

（光绪三十四年七月二十三日）

广州张安帅鉴:

巧电漾到,承协子弹六十万颗,已由滇员在剥隘照数接收。前电有误,请更正。漾。

## 法使面称闻报革党入境立即严剿致外务部电

（光绪三十四年七月十九日）

现据钦州龚道电禀:据东兴朱县丞感电,据芒街法使面称,现奉北圻统使训示,凡闻报革党入境,立即严剿,擒获即行正法。如有土人斩获革党首级一颗,赏银八元;夺枪一支,赏银六元,等语。谨电闻。人骏。巧。

## 温宗尧须待严璩到粤方能起程致外务部电

（光绪三十四年七月二十三日）

养电敬悉。广东交涉繁多,洋务人员魏道赴峙马案,严郎中尚未抵粤,温升道以一人独任,诸务急切,未便遽离,应俟严郎中到粤接洽,方能定期起程。人骏。漾。

## 附:外务部为温宗尧何日起程致张人骏电

(光绪三十四年七月二十二日)

七月十一日奉旨:着温宗尧改由海道迅即赴藏。钦此。该大臣何日起程,务先电达本部,以便托英人照料。外务部。养。

## 札行广州府禁止省河花艇文

(光绪三十四年七月二十三日)

照得本月初一日风灾,省河花艇沉没最多,业已十去八九。当其随波漂流之际,下游小艇被其冲撞,覆没者亦属不少。缘此等花艇连樯结缆,一被飓风吹击,辄致全帮覆沉,不独本艇无可救援,即他船亦多被牵累。查置办此等船艇所费不赀,而聚集土娼招人饮博,本属有干例禁。今既遭风覆没,存者已属寥寥,与其再费巨资重行购置,何若改营正业,另行谋生。且若辈既能厚集资本,则营业甚多,又何必作此卑贱之事? 趁此除旧更新之际,正可为改弦更张之图。应由巡警局督同府县及水巡局委员,剀切劝谕。向开花艇人等一律别谋生计,不得覆操旧业。至流娼土妓,原不许容留在境,只以相沿日久,所在多有,若竟行驱逐,令其无地栖业,亦非矜恤之道。唯只准其在岸上赁屋居住,不得再行寄居舟中,以免结队连帮,致遭倾覆之患。除分行遵照外,札饬南番县遵照办理,具报毋违。此札。

## 粤省水灾风灾请办理代收捐及常捐开办一年致军机处乞代奏电

(光绪三十四年七月二十七日)

粤省水灾,蒙恩发帑赈恤,业经派员按属散放,一体设法宽筹接济。惟灾重地广,来日方长,决堤甚多,修费尤巨,已集之款仍恐不敷。加以七月朔日,又遭飓风,失业灾民数亦不少。迭筹赈拨,罗掘俱穷。查江南、直隶两省因灾奏准开收赈捐,并代收免保举及留省银两。粤省赈捐现在祇收衔封贡监，值此灾浸屡告，捐务弩末之时，不得不设法推广。合无仰恳天恩，俯准援照江、直两省成案，代收捐免保举及留省银两，兼收七项常捐，仍以一年为期，俾捐输借广招徕，工赈无虞竭蹶。出自逾格鸿慈，乞代奏请旨。人骏叩。感。

#### 附：军机处致张人骏电

（光绪三十四年七月二十九日）

奉旨：张人骏电奏悉。所请援照江、直两省成案，办理代收捐及常捐各项，着准其开办一年，期满后即行停止。度支部知道。钦此。枢。艳。

### 为派兵轮炮船营队接运济滇军械致锡良张鸣岐电

（光绪三十四年八月初五日）

锡督帅、桂林张抚帅鉴：

洪。锡督帅卅电悉，江南协济军械，拟俟“宝璧”“响涛”两轮回东，即饬装轮赴梧交替，自梧以上，应请张抚帅派定兵轮、炮船、营队接运。骏。冬。

#### 附：云贵总督锡良为请派兵沿途护送军火致张人骏张鸣岐电

（光绪三十四年七月三十日）

广州张安帅、桂林张坚帅鉴：

洪。江南济滇军械，前经电恳派兵护送蒙允照办，甚感。近闻浔州、南宁、百色等属，河道尚未安静。军火重要，务乞拨派兵轮、炮船、勇丁沿途护送至色，俾免疏虞。无任盼祷。卅。

## 附:广西巡抚张鸣岐为派兵轮炮船营队接运济滇军械复张人骏锡良等电

(光绪三十四年八月初三日)

锡督帅、广东张督帅钧鉴,虎门杜军门,梧州张道台、李守,浔州王臬台、褚守,南宁龙军门、纪道台:

洪。锡督帅、张督帅卅电均悉,敬悉。杜军门来电读悉。江南解滇军械,张督帅派轮载运至梧州,饬由梧备轮船接运、拖运。解此项军械自以轮船为便,惟西省仅有"定西""靖西"两轮,现因浔江防务正殷,业难抽调,应由张道、李守妥酌雇船载运由梧起解,浔、邕沿途,并须兵勇护送,应由李、褚两守拨派。并电饬地方官妥慎照料,俟抵邕时,即请龙军门拨兵径送剥隘,以免疏虞。岐。江。

## 葡国勘界委员当系狡悍之辈致外务部电

(光绪三十四年八月初六日)

顷据探闻,澳门划界,新任澳督假有葡政府全权,于勘界事,拟派洋员三人,未识作何举动。查该洋员为葡武职,秩视我国都司,曾立功非洲,加总兵衔,当系狡悍之辈。未审近日葡使曾否向钧署提议,谨据所闻电陈,以备预筹因应。乞察夺。人骏。鱼。

## 附:外务部为请将派出澳门勘界之员衔名电部致张人骏电

(光绪三十四年九月初十日)

澳门划界事,八月鱼电悉。顷准葡使照称,所有澳门属地及互相争执之处,应交两国委员会订,刻亦暂不再请撤去驻扎之兵。今有必须声明者,在西一八八七年订约后派兵驻扎之所,即认为该国属地之证,本政府断不谓然。兹本国已派定澳门船政厅方济格沙、工程司美兰达吉第、正翻译官宋次生三员,为本国会订澳门并澳门属地委员。现欲会订事宜早日议定，应请将所派委员衔名速复。其委员权限，应于勘明会订后，将如何办理之意，各禀政府，俟批准时方能定夺。等语。该使照内三员，是否即鱼电澳督报派之三人？应由尊处酌派相当委员，会同查勘。即将派出各员衔名电部，以便照知该使。外务部。初十日。

## 越界黑河以内匪党麇集致云贵总督锡良电

（光绪三十四年八月十一日）

锡督帅鉴：

洪。顷据探报，越界箐门、黑河以内，匪党麇集得有数千，黄树皮地方已被匪烧去，箐门驻禁之法兵亦未抵御，退往清水河一带。近则匪甚猖獗，开广边防均极戒严。并闻郊兵大有反戈腹地意，等语。越匪披猖，难保不乘势内窜。除饬东西沿边各营严加防守外，请饬属一体严防。开广边防如何情形，并乞查示。骏。青。

### 附：云贵总督锡良为法界黄树皮地方被匪徒占领复张人骏电

（光绪三十四年八月十一日）

广州张安帅鉴：

洪。青电敬悉。据探报，法界黄树皮地方确为匪占，匪众约千余人。法兵到者约一千二三名，法三圈官包乃与革党交战三日之久，法兵死二伤二，革党死伤不知其数。又，四圈官娄克尔杀毙逃匪四十人。初三初四等日，越兵进攻黄树皮，游匪目蔡云标及邓姓者被法人枪毙。又闻枪毙张姓匪目一名。现在法人援兵大集，其锋甚锐，匪等退渡爪南河一带驻扎。又探报，现在革匪已离黄树皮，往集老寨左近之新树坪，等语。查黄树皮、老寨，均与蒙界保良相近，在开化之东南。法人兵力已厚，匪势逐渐东趋，窜桂窜滇，狡谋殊难测度。除电达坚帅，并饬滇边将士勤探严防外,特此电复。真。

## 澳门界务钩部钞案一宗致外务部电

（光绪三十四年八月十二日）

澳门界务,钧部钞案一宗,前由高参议带粤。查,内有廿八年正月十四日葡使照会一件,未见钧部驳复。当系检寄未齐?乞赐饬查示复为祷。骏。文。

### 附:外务部为钞寄驳复葡使照稿事致张人骏电

（光绪三十四年八月十四日）

文电悉。前驳复葡使照稿,即钞寄。外务部。十四日。

## 为法国领事伯威夺走著名劫匪罗亚狗等致外务部电

（光绪三十四年八月十九日）

粤省多盗,以港、澳为逋薮。自上年西江缉捕案后,迭饬各属认真购缉。凡非由港、澳逃回省城,匿在洋商轮船,向系随时知会该国领事,即派员赴商轮查拿,历办在案。本月十八日,查在香山、顺德等县著名劫匪罗亚狗等五名,十八夜,由香港乘法商"播宝"夜轮来省,经管带、沙面缉捕营员吕镇铠查照向办,先于十八夜十点钟,饬派哨弁知会法领事伯威,告知十九早,赴商轮捕匪。乃是日辰刻"播宝"夜轮驶抵省河,该营员即会同船主将各匪五名悉获,已押至驳艇,法领事伯威忽派副领事登我驳艇,其势汹汹,几欲用武,强将各匪夺回至轮船上,悉行纵去。查《中法条约》第三十二款内载,中国人负罪逃入大法国寓所或商船隐匿,地方官照会领事官,查明罪由,即设法拘送,中国官不得稍为庇匿等语。此等逃回匪犯,洋轮一经到埠,少纵即逝,是以历年均由缉捕员弁知照该国领事,即可会同船主拘拿。法国各前领事,如甘司东、巍武建等,一经中国官告知,无不照约相助。即别国领事,向亦一律照办。此次法领伯威,竟将中国拿获著名劫匪,强在驳船夺去，实属大违约章，有意为难。查该领事前因骏撤换沙面缉捕营黄副将杨洪标，曾有函为之说情，当以杨副将因案违犯营规，照章应撤，用人系中国主权，函复不允，故领因而挟嫌出此无理举动，实出情理之外。本日该领来文，竟谓因撤杨洪标所致，是其挟嫌确凿有据。应请钧部迅为照会法使，严饬该领，立将各犯交回，并声明该领无理至此，粤省此后断难承认与之交涉，请其另选妥员接办，以重邦交。实深切祷。并乞电复。人骏。效。

## 为拟与法领停止交涉要彼撤换致外务部电

（光绪三十四年八月二十一日）

效电谅达。法领事违约纵匪一案，兹据管带防营驻扎沙面缉捕武员、都司吕镇铠等禀称，本月十八晚，接到港、澳侦探电知，有著名劫匪麦毛爪珠、何五劲即亚添、罗亚九即大头九、刘高大老、陈亚芹、邓亚祥等六名，于是晚附搭"播宝"轮船来省，即于是晚十点钟，专派第八营哨官麦春荣知会法国领事，允属转致"播宝"轮船公司总办即沙面工部董事哑路啤。该哨官回营禀复后，当夜旋由哑路啤缮函，亲交帮管带、守备陈秀斌，嘱于十九早面致"播宝"船主。入夜，非洋人照常办事之时，自系法领念缉匪事要，乘夜通知该董事照办。帮带陈秀斌即于十九早该轮到省，尚未泊定时，先行上船向船主投函。该船主在舵楼当面拆阅后，随偕同该帮带下舱搜拿。是时，该帮带因饬令同来弁勇暨证人等，分别向搭客中详慎省识，指获五人，何五仔即亚添被匿未获，随将五犯捆上驳船。正拟开船起解，忽见法副领事到轮船咆哮，亲下驳艇，将该帮带推开，手举鞭竿，势将用武，立将获匪带回"播宝"船内，未知作何处置，等语。核与十九晚法领来文，以昨夜十点钟沙面吕管带着仆人到本署称，有匪十人搭"播宝"法轮，今早六点钟到埠，请允其登船查拿。该法领复称，未准粤督部堂照会，未便照办。吕管带不听，竟带同兵勇到船捕来。是以派副领将已获之匪解释等语不符。当复传询该管带、帮带等，据称，当十九晚派麦春荣到领事署通知之时，法领事确无不允上船捕匪之语，况哑路啤致船主之函，已交由陈秀斌面交船主阅后，随偕陈秀斌下舱，显系承认在船查拿。诚以如此办法，在历前法领事任内，有多次成例可循，船主亦视为固然。法领忽派副领事到船咆哮，已属违章翻异。至于竟到中国驳艇，擅将已获著匪解释，更系不顾条约，有意庇纵匪类，大碍中国治安。粤省盗贼充斥，粤官整顿缉捕，所以尽保护各国商务之责，法领似此居心，破坏捕权，桀黠生心，贻患将伊胡底。拟与停止交涉，要彼撤换，以维粤省大局。特将本案切实查明始末情形，详陈钧部主持。应如何与法使开谈，统候钧裁示办。粤中现对法领，仅于十九日以本案所获盗匪叙明各犯被害事主人证，齐候讯办，照请如约将人犯拘送，尚未得复。合并陈明，祈电复。人骏。个。

### 附：外务部为法使照会广东巡警擅登法商船拿人致张人骏电

（光绪三十四年八月二十一日）

效电悉。法使已有来照，谓中国巡警未先请准领事，擅登法商船，欲将指拿华人捕虏，似此行为，有违定约，且与侵犯疆域相类，特为诘问，并俟本国政府酌定如何索偿，再行知照，等因。本部拟即照来电酌核驳复。至来电称，十八夜，饬弁知会法领，是否取有法领回据？希查明电复。外务部。二十一日。

## 致外务部蒲拉他岛系中国地拟立标志电

（光绪三十四年八月二十一日）

据洋务委员转接广州英领函称，中国海内距香港东南一百七十英里，有一小岛或群小岛，名蒲拉他士，该岛并无居民，显系无所统属之地。但每年之中，间有中国渔船驶到该岛。英政府前曾提议，应否于该岛建立灯塔，后以不能决断该岛属于何国，应由何人设灯，遂作罢议。现奉本国外部谕饬，将该岛情形及属于何国详细查覆，等因。函请确查案卷，该岛是否中国属岛，政府有无宣布明文等情，转禀前来。查上年九月曾奉大部电查日本人西泽占踞海岛一事，嗣接午帅九月艳电，据驻宁日本领事称，该岛实在台湾之西南、香港之东南，距香港一百七十余英海里，即新译《中国江海险要图说》内之蒲拉他士岛，又名蒲冕他士岛。上年，两江派员所绘海图，亦有此岛。等因。经电商午帅，派员往探在案。英领现函，明知系我属地，竟称欲在该岛设灯，似系意存尝试，应否由钧部布告英、日两使，声明蒲拉他士岛系中国属岛，一面请午帅派员前往探明，酌立标志，以杜外人觊觎，乞卓裁示复。骏。个。

## 附：外务部为西泽登岛案俟探明后电部办理致张人骏电
（光绪三十四年八月二十六日）

个电悉。该岛自上年九月，探有日商西泽，纠人建屋竖指［旗］等情，即已内外电商，觅查证据。嗣准江督复电，亦称其地距中国海岸千里而遥，是否中国属地，非先自考出确切凭据，无从着手。俟查确后，派轮前往酌办，等语。江省因查无确证，船亦未派，并不知西泽在该岛究竟如何施设。此次英领复来函询，仍应分饬详查。现尊处既电商午帅派员前往，一俟探明，电部酌核办理。此时未便先行布告英、日两使。外务部。宥。

## 附：外务部为西泽发见荒岛事致端方电
（光绪三十四年八月二十七日）

日商西泽发见荒岛事，上年九月准尊处元电，俟查确，再派轮前往酌办等因。兹准粤督电称，英领亦来函询明，知系我属地，竟欲设立灯塔，意图尝试。可否由部先告英、日两使，声明岛属中国，并请南洋派船往探、立标等语。当复以地未查明，未便先告英、日两使。惟粤督既认为中属，自因该岛与中国海线相近，应由尊处派员往探。按照上年电开纬度，是否确在我海线之内，并西泽在该岛究竟如何施设，一并转饬详查分晰，电复，以凭核办。外务部。二十七日。

## 附:江督端方致外部请宣布蒲拉他岛为中国属岛电
（光绪三十四年八月二十九日）

安帅个电、大部二十七日电均悉。查此事自上年九月奉大部饬查复，当以宜先查明确据，再与日人交涉，方昭慎重。嗣据驻宁日领所言经纬度考之，知即是碧列他岛。因此，查出粤刻新译之《中国江海险要图志》及英国洋文海图，并南洋派员所绘海图，均有此岛。所谓蒲拉他士岛，即碧列他岛音转字也。当将查出各图，于十月二十一日，由文报局函送钧部核办。一面电询粤闽两省，有无他种图志及官中文卷、私家著述有涉及此岛，足资证据者。旋得两省复电，佥谓别无图籍可考。窃拟广加检讨，冀为交涉辩论之资，苦无所得。兹据广州英领函文，首言中国海内，继言每年中间有中国渔船驶到，隐示此岛明属中国。后乃以英政府拟设灯塔为词，属询问中国此岛是否中国属岛，是盖明知该岛为日人占据，见中国并未诘问，故为此旁敲侧击之词，暗为提醒，催我宣布。详加筹度，此岛之属中国，虽无旧籍可证，好在广雅书局译刻之《中国江海险要图志》，即系英国海图官局原本，彼既列诸中国海内，其非我之私言可知。似可即由大部据此图志，照会英、日两国，宣布此岛为中国属岛。或先派员持图面晤英使，质证明白，再晤日使与之质证，看彼如何答复，再商办法。彼果皆无异词，然后再与日本交涉，请其将踞岛之日商撤回。此时未与说明，遽派员往查，恐别生枝节。俟西泽撤回后，如果该岛应设灯塔，自当由总税务司转饬粤海关税务司勘明建设。若欲于收回后加以布置，为善后之防，应请安帅就近体察情形酌办。届时需用南洋大号兵舰，一俟接待美兵队事毕，当电萨军门派舰赴粤应用。统祈钧部酌夺示遵。方。感。

## 为法领破坏治权妨我治安致外务部电

（光绪三十四年八月二十三日）

二十一日电敬悉。向“播宝”法轮捕匪一案始末情由，已详续陈个电。查港、澳逋盗，潜回省城，凭线证报，确在某国商船，即由驻沙面缉捕员弁，知会某国领事后，经沙面工部局员转致该船主，即可上船查拿。成例如此，向不取领事官回据，各国皆然。法国历任领事，亦均照此办法。伯威十九晚来文，以前撤之杨副将洪标办理多年，均各相安，归罪于都司吕镇铠不谙办法。实则杨洪标在事之时，此等照章捕匪之事，皆帮带陈秀斌一人经手，此次仍属陈秀斌照常办理，何竟昨是今非？法领逞其私见，有意为难，破坏治权，妨我治安，即于保护各国在粤商务有碍。即使伯威以历前法领向章办法为不然，亦应先期照会敝处，以便另议饬遵。陡然翻异，故纵盗匪，实出情理之外。切请钧部主持驳复，粤事幸甚。现据法领二十日照复，以未知罗阿狗即阿九混号大头九等劫匪五人罪由，故未能将该犯等交回。不言已纵，当亦自知理短。兹已备叙各该犯罪由，照请法领交犯。理直在我，拟终用和平对待；遁词易穷，必有水落石出之候。至法使照称，中国巡警系属蒙混。沙面缉捕防营，已设数十年，系特设以保护沙面洋人者，与城乡巡警有别。再近年以来，沙面各国洋行，迭有著匪陆兰清等打单索赃，迭准各领事函请缉拿。此帮盗匪，即系陆匪等同伙。合并陈明。仍乞电复。人骏。二十三日。

### 附：外务部为撤回法领事俟此案辨明后再酌致张人骏电

（光绪三十四年八月二十五日）

二十三电悉。“播宝”捕匪事，业已据效、个两电先后照会法使，请交犯归案候讯。得复再达。至撤领一节，拟俟此案情节辨明后再酌。外务部。二十五日。

## 外务部为汕头海关所拟三联报单章程事致张人骏电

（光绪三十四年八月二十六日）

英使面交节略称，汕头海关所拟三联报单章程，有应行变改之处，经各国领事与税司商议，税司请粤督查核。粤督复以章程由税务处议定，经外务部转发，未便更改等语。查此章程欲令英商遵守，莫若和平商议，请电粤督照办，等因。此项章程，各领欲如何更改？希详细咨部，以便转行税务处酌核。外务部。宥。

## 为法领照会“播宝”事致外务部电

（光绪三十四年八月二十七日）

二十五日电敬悉。顷据法领照称，一、哨官麦春荣未闻领事切勿登船之语，系属未明。二、吕管带不能谓哑路卑之信为饬船主帮拿之据，实系饬其阻止缉捕员上船。三、吕管带不能谓船主帮同查捕。现已据船主禀报，抄寄法使察阅。四、历办成例，前领事魏武达现来粤，亦不以此说为然，并请将此事寝议。犯无下落，不能交回。嗣后均须粤督照会，方能向商轮捕犯。更须先凭该领讯明解交，各等语。

当复以：一、麦哨官未闻切勿登船一语，自系该领所派传语之人未经照述，证以领事初次来文，误以麦哨官属吕管带之仆，续文始行更正，可见传言之人一误何难再误。二、哑路卑之信，如为阻止中国缉捕官上船，何以反交由缉捕官陈秀斌嘱其上船交信？船主阅信后，又何以不行阻止，转任陈秀斌拿匪带至驳艇？三、船主在船楼阅信后，偕陈帮带下舱，始呼勇丁上船查捕，显系帮缉。事后变易其言，所禀恐不合当时情节。四、历举“播宝”原船曾于去年十月、本年正月，两次捕获拐匪多人，均魏领任内。本日魏领来见，迄未提及本案一语，可知亦无不认此说为差之意。因缉盗为保护各国商务要着，此事颇难寝议。仍请按约交犯，并以后仍照向章办理，以存历前领允办之体面，而敦睦谊云云。去后。合将来往文词，摘录大要，电陈钧部，乞主持。人骏。二十七日。

## 粤省应解滇省练兵费复云贵总督锡良电

（光绪三十四年八月二十八日）

锡清帅鉴：

洪。有电祗悉。滇省练兵经费，准度支部电拨粤省京饷二十六万两，内有先已解支不敷划拨者，电部核准复饬拨关饷补足，已于八月初六、十三等日交商号汇解盐课五万、地丁五万、筹备饷需一万共十一万两。尚未解筹备饷银五万五千、固本饷银五万、粤海饷银四万五千，共十五万两，承嘱暂留十万两俟尊处派员来粤领购军装，自当饬司照办。尚余五万两，仍交商号汇解。惟相距道远，势难省费速到耳。骏。感。

### 附：云贵总督锡良为粤省应解滇省练兵费致张人骏电

（光绪三十四年八月二十六日）

广州张安帅鉴：

洪。顷准陆部电，滇省练兵经费，已由度支部在于各省应解部款项内划拨，其开办经费电拨广东省地丁京饷银五万两、厘金京饷银五万两、盐课京饷银十万两、筹备饷需银六万两，等因。查部拨滇饷二十六万两，拟暂留十万两存粤，由滇派员承领在粤购备军装，其余银十六万两或由尊处派员解滇，或交商号领汇，总期费省而速。恳请酌示，以便照办。有。

## 峙马案所索恤款为数无多似可通融议结致外务部电

（光绪三十四年八月二十八日）

二十七日电祗悉。峙马案，前据魏道禀称，在分别是兵是匪。然我欲定为是匪行劫，非多方检索证据，不足以借其口。从前姚道绍书派查各员,非不详慎,惟均得诸道路传闻,非取有确切凭证。若欲调集证人,不独地属彼界,越民皆在其势力范围之内,无肯出头;即或有一二可出为证,而事非目击,被其反诘,转恐蹈虚。岥马赌场被劫之夜,邻右均无损伤,法人指为因赌起衅,事非无因。再四筹思,空与辩论,徒滋争端,不如以彼据未足谈之,较为直截了当。相识数日,法领始请由中国恤死者二人共一千元,赔赌场赃银二百二十八元,一面解犯严办,以了此案。瀚但许其解犯,若恤赔银两,须实有汛兵行劫确据方给。至炮台施放枪炮一节,彼有姚道绍书照复,何管带秀清所言,及开花炮弹一颗为据,自难抹煞。但汛兵行劫,我未承认,只系不明事理,防匪来攻,孟浪开炮。瀚在河内采访,彼中议论,亦以此节若由政府致函道歉,惩弁兵,事亦可已等语。该道已于本月十六日将查复详细情形,径禀钧部,计日内当可达鉴。查岥马赌馆,据魏道称,爱店汛兵平日过界聚赌,及哨弁李以详以赌场口角被人控告,均实有其事,此时我无匪劫确证,难以折服,自不若以彼证据未足,彼转无可借口。法领议给恤款,似系意图转圜,惟魏道恐一经认给恤赔等费,转为承认我兵行劫之据,且恐法使得步追步,另生要挟,是以复其须有汛兵行劫实据,方允给法。窃思此案辩论数月,彼指我兵行劫,会查亦无实据,似不妨再与磋磨。惟所索恤款为数无多,倘法使允即就此完案,并无要求别事,似亦可通融议结。应候钧部卓裁。人骏。俭。

## 附:军机处外务部为法使照称岥马案致张人骏张鸣岐电
（光绪三十四年八月二十七日）

法使照称,岥马案,据本国委员详报,与本大臣前照相符。爱店炮台向越境击放数炮,中国有司应担之重责。魏委员核拟,因此案被害之二人应赔恤款一千元,所失洋银二百二十八元,亦当如数赔补。请转行桂省速将此款兑交,使此可惜之案不日了结,等语。前据魏道电禀,彼所指汛兵行劫各节,均取有证人,以实其说。汛兵向彼界放炮，何管带亦经承认云云。桂抚、尊处六月宥电，业将该管带撤差参办，自可将此节照知法使。惟汛兵是否行劫，总以取有确据为断。现魏道所查全案，尚未达部，该使索偿各款，究竟应否给付？希饬魏道斟酌情节，由尊处核明电部，以凭办理。外务部。二十七日。

## 附：军机处外务部为峙马案赔偿款早日了结致张人骏张鸣岐电

（光绪三十四年九月初一日）

俭、二十八日电悉。此案尊处、粤督来电，既云恤款无多，法使如无别项要求，可通融议结，等语。本部亦以彼此相持，纠缠无谓。该使尚无别项要索，拟即按其照开之款如数给付，以便结案。现已照复法使略云：据魏道禀，峙马被劫，是兵是匪并未查出实据，不愿承认赔偿。惟此次来照，欲将此可惜之案早日了结，意甚可感。本部亦不愿因此区区之数致烦辩论，有碍两国友谊。已电桂省，按照来照所开之一千二百二十八元，如数速行付给完案。应请查照销案等因。除电桂抚、粤督外，希查照。外务部。初一日。

即饬将此款如数交给法官，并取收据。何管带昏聩孟浪，仍照六月宥电，查案参办，以免借口。并电复。外务部。初一日。

## 附：广西巡抚张鸣岐致军机处外务部电

（光绪三十四年九月初二日）

初一日电敬悉。法使既无别项要求，就此早日议结，具仰荩筹。赔恤各款一千二百廿八元，遵饬边道如数付给谅山法员，取回收据，咨呈备案。何管带秀清、李哨弁仁祥，前已饬黄镇撤差看管，俟案结后参办。兹遵将何管带奏参，李哨弁越界赌博，虽未酿事，已违军律，并饬正法示儆。至沿边游民甚众，赌厂最易藏奸,可否另商法使转电越督,将沿边赌厂一律禁止,以清边患。仰候钧裁。岐叩。初二日。

## 为马亲说案复外务部电

(光绪三十四年九月初六日)

初五日电祗悉。马亲说案,前据惠潮道及潮阳县电禀,该民系潮阳县和平乡人,家在内地居住,置有田产,在潮阳洋三一都马守户纳粮,享受举人权利。此案系据郑晋镛等指控马亲说毁坟劫骸,经马亲说等到案,具限请公亲调处,设法缉交棺骸,等语。核与英使所称,内地并无产业各节两歧。现因再饬该道等彻查,分别办理。人骏。麻。

### 附:外务部为马亲说案情形如何致张人骏电

(光绪三十四年九月初五日)

顷准英使面递节略,内称据本国驻汕头领事电称,本国国民马亲说生于香港,有照可凭,被华官以其在内地作践坟墓,拿获押禁。据该民禀,内地确无产业,请电粤督将该民交由本国领事查明确情,公平审断。等语。此案情形如何,希饬查电复。外务部。初五日。

## 为粤省专卖官膏章程复外务部电

(光绪三十四年九月初六日)

初五日电敬悉。查粤省洋药熟膏牌费,由善后局核定章程,归膏卫敬信堂承办,已历有年。其章程内经声明,吸户买土自煮,领照熬膏数目报明,按纳牌费方能开煮等语。去年,奉政务处颁发奏定禁烟章程第五条,凡城镇乡村售卖烟膏、烟土等店,应由地方官逐一查明共有若干家,注册存案,官给凭照为营业之据,以后不准再有增开。该店遇有往购土膏,须验明所持凭照,方准出售,否则不得擅卖。等因。据善后局议,以土店、膏店及购土自煮之户,均应凭照买卖,定为土店、膏店执照，吸户购土执照两种。土店、膏店执照同式，颁领不收照费，购土用三联执照，存根在局备查，留根执照两联并发，凭吸户再填购土数目，按纳牌费，其照限用一次。土店验明填数照卖，留根截存该店，由官按月派查，执照交还买主，按土店给照，系遵奏案。吸户买土执照，系仍照粤省办理膏牌向章。事若相因，实不相犯。盖费系抽诸吸膏之人，限制仅及于吸户与土店交易之时。土店与洋商交易购土，仍听自便，与专卖官膏章程有别。兹准英领照称，以土店膏查明注册后，不得增开，于印度生土进口之香港美商有碍，自属专揽之举，请饬停办。当详核局议章程，究嫌土店给照一事，与膏牌费相提并论，稍涉含混，易启外人误会，饬局缓办复议禀核。钧电准英使所称，指专卖官膏为不合。粤省并非举办专卖，尚易分辨。广州英领直以土店、膏店注册为窒碍关系，政务处奏颁禁烟章程，干涉各省禁烟全体事宜，似难遽予撤销。乞钧部会商政务处核示遵办。祈电复。人骏。鱼。

## 附：外务部为粤省是否专卖官膏致张人骏电

（光绪三十四年九月初五日）

顷英使面称，据驻广州领事电，粤省拟有专卖官膏章程，不日举办，实属不合，请电阻等语。本部上年以禁烟一事英允赞成，未可遽行专卖，致彼借口，曾电南洋大臣、东三省总督转饬停办有案。现在尊处是否专举办专卖？希查核电复。外务部。初五日。

## 附：外务部为奏定章程并非官膏已函告英使致张人骏电

（光绪三十四年九月初九日）

鱼电悉。限制土店、膏店，不准增开，既系遵照政务处奏定章程，并非专卖官膏。本部即据此函告英使辨明，无庸会商政务处另核办法。外务部。初九日。

## 粤督牌示谒圣典礼

(光绪三十四年九月初六日)

案查奏定学堂章程，恭逢圣诞，例准在堂行礼放假。近闻各学堂学生间有诣学恭祝，借表瞻仰宫墙之意，本无不可。惟往往以衣冠未具，率行三鞠躬礼。伊川野祭，其礼先亡，殊嫌亵渎，合行牌示申禁。以后凡有学生诣学谒圣，均应按照定章行三跪叩首礼，以昭隆重。倘有仍前三鞠躬者，一经查出，定行严加惩罚，并将该学堂管理各员酌记大过，以示惩戒。为此牌仰各学员生，一体遵照，勿违。

## 已将军械款拨解桂省复云贵总督锡良电

(光绪三十四年九月初七日)

锡清帅鉴：

洪。歌电敬悉。粤省京饷拨滇练军经费，前接来电，已饬司暂留十万两，俟尊处委员到日给办军装。兹复行司在前项存款内，划出洋银六千七百七十八两三毫六仙另八百一十九两二钱，拨解桂省，代还留滇两营军械价银。解款仍俟派员来粤领办。骏。鱼。

### 附：云贵总督锡良为桂省援军两营军械款由粤如数划扣拨交桂省致张人骏电

(光绪三十四年九月初六日)

广州张安帅鉴：

洪。桂省援军两营留滇改编，所携军械已与张坚帅商定，由滇照价缴还，共计滇省应缴洋六千七百七十八元三毫六仙，银八百一十九两二钱，恳请饬局司在滇省存粤购买军装项内如数划扣，拨交桂省归款。专恳仍祈示复。歌。

## 请暂留温宗尧在粤省会勘澳界事致外务部电

（光绪三十四年九月十一日）

初十日钧电祗悉。澳门划界，葡使既请派员，自应遵电选派与之会勘。细译葡使照会，虽寥寥数语，而言中有物，狡谋跃然纸上。事关国土，委员责任匪轻，自非得人不可。上年骏未抵粤之先，即闻澳界屡有相争之事，两粤中洋务委员，熟悉港澳情形，办事干练者，向推温道宗尧、高道而谦二人，是以特调温道来粤差遣。到任后，以勘界事体重要，仅温一人犹以为未足，故复有请派高道之举。今高已赴澳，温又有西藏之行。此外如魏道瀚，虽谙外交，而素少出省，于澳门地势民情，未能熟谙，且有别项要差，精力难于专注。严郎中初到广东，情形未熟，与各国洋官亦骤难浃洽。此次葡使所派三员，均生长澳门，狡黠精悍，历年越界侵权之事，皆其所为。彼不从国中选派，而专取澳地之材，其意可知，对付极为不易。我所派之员，若情形不如彼熟，一为所欺，全局即因之失败。粤省民情浮动，葡人衰弱，粤人素轻视之，划界之事，最足激民公愤，骤起风潮。去冬因捕船之案，绅民合众来省，力争澳界，其势汹汹，骏设法开导，允为保护，其怒始息。此次会勘，稍一不慎，窃恐外侮内讧，重启衅端。

骏筹画再四，温道现未起程，藏途转瞬冰雪封山，往来不便，目前西藏尚无急不及待之事，而粤中澳门界务，即在目前。温道稍缓西行，于藏事初无所损，而于粤事实大有禆益。可否暂留温道在粤会勘澳界，事竣再令赴藏？伏候钧裁。温已奏起程，如蒙俯允，并乞代奏。若温道不能留，则此间实无相当胜任之员，或请钧部另派妥员来粤，尤为感幸。骏为界务重要，得人极难起见，统乞卓夺示遵，无任盼祷。

再，鱼电所云，澳督拟派之三人，系得自传闻，是否即葡使现派之方清格沙等三员，无从查悉。人骏叩。真。

### 附:外务部为温宗尧留粤事致张人骏电

(光绪三十四年九月十三日)

真电悉。应由尊处电奏请旨。外务部。元。

## 拟请午帅派兵轮前往蒲拉他士岛查勘致外务部电

(光绪三十四年九月十四日)

大部十三日电祗悉。蒲拉他士岛事,先已由粤函复英领,声明该岛系中国土地,英领并无异言。惟派轮往查一节,粤无大轮可往,拟请由午帅酌派兵轮前往查明酌办。人骏。盐。

### 附:外务部以先查得日人设置再据以照诘日使事致端方张人骏电

(光绪三十四年九月十三日)

蒲拉他士岛事,午帅感电悉。该岛既系我地,如无端向人声明,先自示弱。英领既来询问,应由粤据查出图志,告以是中国土地。应否安设灯塔,俟派船前往查明再复云云。一面派船往查,如船到彼,查得日人设置,再据以照诘日使办理,较有头绪。除电粤督、南洋外,希查照。

外务部。十三日。

## 请照商葡使改派名誉素好之员任勘界委员事致外务部电

(光绪三十四年九月十五日)

删电敬悉。顷据前山同知庄允懿禀称,葡派勘界委员方济格沙等三人,率皆澳门无赖,平日遇事多与华人为难,等语。骏思此次勘界,事关国土,关系至重,深恐彼等素有仇华之心,日后会勘更形棘手。可否由钧部照商葡使,改派彼国名誉素好之员。乞钧裁电示。

奏留温升道一节，可暂缓办。人骏叩。删。

### 附：外务部为请求葡方调换勘界委员甚难着手复张人骏电
（光绪三十四年九月十九日）

删电悉。当即面告葡布代使，以方济格沙等三人，不洽华情，请其转达政府，改派他员。布云，此事甚难着手，如果不愿该三人，须照会声明所以不得广澳百姓佩服之故，方可转报本国政府。三人品学极好，方济格沙曾任澳抚美兰达吉第，系著名工程司，皆到澳未久，不知何以百姓不佩服？告以粤督就近访闻，有百姓不甚佩服之语，断非无因。如为公事及将来成功起见，必将此节报知贵国政府。布云，此三人已经我国降谕派定，登载官报，不能更改，本代使实不便将此转达云云。查此事，葡使必欲我声明方济格沙等所以不得华民佩服之故，方为转报葡政府。来电所称，三人皆澳门无赖，遇事与华人为难等情，希饬查明切实凭据，详晰电复，以凭核办。外务部。十九日。

## 马亲说案已电饬潮阳县查明后酌办致外务部电
（光绪三十四年九月二十四日）

漾电祗悉。马亲说案，该民赴县所具之呈，自认内地有产，并声明户口、粮籍即系华人之据。此案缠讼数年，迭经地方官拘传，英领向未干预。迨将马亲说获案，始以英籍为言，其中显有别故。昨已电饬潮阳县录案禀缴，拟俟查明实情后，再行分别酌办。骏。敬。

### 附：外务部为马亲说案请迅查办结致张人骏电
（光绪三十四年九月二十三日）

马亲说案，已据尊处麻电照复英使。现据英使面称，此人既持有足证确系英人之凭据，在华被捕于英国面子太不好看。此事本大臣甚愿在本地了结,请电粤督转饬地方官,速将此人释放,等语。希即转饬迅查办结。外务部。漾电。

## 被水田亩设法疏消补种修复围堤事致军机处请代奏电

(光绪三十四年九月三十日)

粤省九月中旬飓风大作,潮水暴涨,广州府属之南海、香山、新会、新宁,肇庆府属之高要、高明、新兴、开平、鹤山、德庆,罗定州及所属之东安、西宁,阳江州属之恩平,潮州府属之海阳、澄海,高州府属之电白,雷州府属之海康、遂溪、徐闻,琼州府属之琼山、临高,廉州府属之合浦,钦州及所属之防城等州县,或倒塌房屋、伤毙之口,或损沉船只,或冲决围堤,或坍塌城垣,或淹浸田亩,灾情轻重不等。小民荡析离居,深堪悯恻。据该管道、府及地方官先后禀报,迭经骏饬行司、局拨款派员分投勘赈,并照会办赈绅董购运干粮、米石,驰往散放。各属因遭风电断,禀报稍迟,且仅得大略情形,未能详尽。此外或尚有未报之虞,应俟各印委一律勘复,分别重轻,再行酌核办理,详晰奏报。伏思今岁夏秋之际,粤省三次被灾,物力凋残,民生重困,骏弥灾乏术,倍切惭惶。惟有督率官绅力筹赈抚,并饬详查被水田亩,设法疏消、补种,一面赶紧修复围堤,以资捍御而重农业。谨先电达,乞代奏。人骏。卅。

### 附:军机处为广州肇庆等府各属九月中旬风灾雨灾致张人骏电

(光绪三十四年十月初二日)

奉旨:张人骏电奏,粤省九月中旬飓风复作,潮水暴涨,广州、肇庆等府各属,致倒塌房屋、伤毙之口,并有沉船、决围、坍城、淹田等事。本年广东境内三次被灾,小民荡析,实堪悯恻。着张人骏督率在事官绅,分投查勘,赶放急赈;一面仍筹集厚资,实力赈抚。其被水地方，迅即设法疏消、补种，并修复围堤，以惠民生，免致失所。钦此。枢。冬。

## 广州盐务溢收银十万两解滇致云贵总督锡良电

（光绪三十四年九月三十日）

锡清帅鉴：

洪。部拨广州盐务溢出收银十万两，自应迅速解滇。惟各商号以滇省银根紧短异常，须由重庆运解现银前往，路远费繁，所索甚巨，且虑有移时日，致误要需。拟由尊处查明滇省有无应拨上海或另拨别处款项，以便就近汇解，似属两有裨益。乞电复。骏。卅。

### 附：云贵总督锡良为部拨滇饷十万两已商允由粤汇渝复张人骏电

（光绪三十四年十月初三日）

广州张安帅鉴：

洪。卅电敬悉。部拨滇饷十万两已商允由驻粤大清银行领汇至渝，滇省派员解回应用，请饬司局发交该行承领为叩。江。

## 《自由新报》已饬严禁入口致军机处电

（光绪三十四年十月初一日）

艳电祇悉。檀香山所出《自由新报》，现查粤省尚无此报行销。兹已札饬各关税司，严禁入口。并行巡警道，分饬稽查，不准内地铺户人等代为派送，以杜煽惑。骏。东。

### 附:军机处为《新世纪报语》多悖逆致沿海各督抚电

（光绪三十四年十月初一日）

现在乱党张继[①]、吴敬恒[②]等,出有《新世纪报》一种,语多悖逆,昌言革命。若令转相煽动,隐患何穷?所有沿海、沿江各处,务将该报严禁行销。其津、沪一带,尤为入口要路,并饬各海关严加搜禁,勿任传播。枢。东。

## 葡派勘界官员不洽华情致外务部电

（光绪三十四年十月初八日）

前接九月十九日电,敬悉。方济格沙等三人不洽华情,葡使请声明所以然之故,方为转报政府。兹饬据前山同知查后,以案接香山县局绅,前山恭都局绅,尤山乡绅黄桂丹、屠鼎元、黄福元、杨应麟等佥禀称,传闻会同勘界之洋员,即现任澳门船政厅方济格沙、工程司美兰达吉第、翻译官宋次生。查,该船政厅到澳年余,凌虐华民,较前尤甚,湾仔一带华界渔船均被无端干涉,议罚拘押;工程司动因修理街道,擅拆民房,占筑马路,业任意毁坟,并多方勒索商民;宋次生以翻译官遇事唆耸葡官,为虎作伥,舆情极所不服。查,北山乡在澳门之北,一水相隔;恭都各乡均依前山附近,于澳门之事见闻最确。澳门本隶香山,该县局绅实为全邑代表。似此聚论反对,方济格沙等三人之不洽华情,已属真确,应请钧部酌据照会葡使转达该政府,改派闻望素孚之员,以便会勘界务。如何?乞电示。人骏。齐。

---

① 张继(1882—1947),字溥泉。国民党元老。

② 吴稚晖(1865—1953),名敬恒,字稚晖。国民党元老。

## 请法使饬令驻粤法领一切均照向办致外务部电

（光绪三十四年十月初八日）

"播宝"轮船捕匪一案，迭经照会法领，声叙各盗犯罪由要，令按约交回，并约以后有匪匿迹商轮，仍照向办章程，由缉捕营员探悉，随时告知领事上船捕拿。该法领自知纵匪不合，一味支吾其词，不能将犯交出，特请派洋务委员带同沙面缉捕员役往署商订嗣后办法，顾任协助，措词恳切。当以获盗已被纵远飙，该领实已欲交无从，现既渐就范围，不妨就此结束。随派魏道往与法领晤商。据称，日后凡有案犯附搭商轮，均可随时通告，按向章搜捕。惟捕后须暂押沙面法捕房，候督署照会提交。魏道答以此等案犯，经缉捕员侦知，通告领事到船捕获，均系随即解回讯办，历年如此，各国皆然，向来并无暂押捕房候提之办法。该领遂委之请示法使定夺，等语。查粤省盗匪充斥，不尽贫民。河海纷歧，查缉不严，于商轮则来往便利，窃发时虞，倚港澳为逋薮，伙授甚多。押捕候提，转辗之间，难保不唆耸外人，避就图脱，诚恐多生枝节。应否商明法使，饬令驻粤法领一切均照向办，勿持异议，捕务幸甚。即于保护各国商务，诸多裨益。候钧裁示复为祷。人骏。齐。

### 附：外务部为已照会法使请其严饬领事复张人骏电

（光绪三十四年十月十一日）

"播宝"轮船捕匪事，齐电悉。本部前据来电照会法使，请其严饬领事，迅将各匪交回。倘不能照办，亦应予以相当处分。该使尚未照复。兹该领自愿协商办法，所争仅暂押候提一节，应仍由尊处派员磋商，以期结束。至外间现既不能交匪，本部自可从缓催询法使。彼如有异议，再与辩论。此时未便先行照会。希查照。外务部。十一日。

## 粤省九月中旬飓风复作致法务部尚书戴鸿慈[1]电

(光绪三十四年十月十一日)

粤省九月中旬,飓风复作,潦水暴涨,南海、香山、新会、新宁、高要、高明、新兴、开平、鹤山、德庆、罗定、永安、西宁、思平、海扬、澄海、电白、海康、遂溪、徐闻、琼山、临高、合浦、钦州、防城等属,或倒塌房屋伤毙人命,或损沉船只,或冲决围基,或坍塌城垣,或淹没田亩,灾情轻重不等。各道府州县所报,均系大略情形,未能详尽。迭经饬令司局拨款派员,分投勘赈。并知会办赈绅商,购运干粮石驰往散放。此次之灾,西潦与山水并发,加以烈风暴雨,沿海多被波及,故灾区较广。闻以思、开、新等属为最重,须俟印委勘,复方得详确。弟弭灾乏术,焦灼实深,自当饬官绅力筹赈抚,已先行电奏。此复,骏。世。印。

## 特拟限制华民托籍章程五款致外务部电

(光绪三十四年十月十二日)

两广地方,接壤法属安南广州湾,英属香港、九龙,葡属澳门。外洋粤侨,诸洲各国所在多有,其中富而好义、诚心内向,大不乏人。既首当优加爱护,以广招徕而宏帝德。无如不逞之徒,每多冒托外籍,干犯科条,内载户婚田土诉讼民刑等事,往往以华人赴诉,理屈不胜,即怂出各国领事干涉避就,诪张为幻,莫可究诘。查条约,传教有专章,籍民无办法。而籍民究与真正洋人跨籍欺蒙,出彼入此,听其自择,首鼠两端,几穷应付。盖其曾入异籍之据,匿不以告,华官不知,领事亦不知,出其据则领事势必干预。粤省交涉繁难,此为最甚。闻驻粤英领本以此事宜有限制,电商英使议订解法。兹特拟限制章程五款。

---

[1] 戴鸿慈(1853—1910),字光孺,号少怀,晚号毅庵。清末出国考察五大臣之一。官至礼部尚书、法部尚书、军机大臣、协办大学士。

一、华侨回国，其在外经商之埠，设有中国领事署者，由领事官发给护照。未设中国领事之处，饬取该埠殷实华商保结，呈明中国口岸地方印官验明，切实保护，移送该管州县一体优待，并责成该管官将华侨回国几人、籍贯财产如何保护情形，按户造报督抚衙门，以凭抽查，分别劝惩。

二、华侨已入异籍，应于回国第一口岸呈明该管国领事官照会华官，将该华侨注销华籍，方能认为籍民，在内地无论何项产业均不得过问，并限令只准在通商口岸居住，不得私入内地，以杜纠葛。

三、华侨生长外洋各埠，已注册曾入外籍，回华后向地方官呈明已注销外籍，愿仍归华籍者，地方官一律照华民待遇。

四、华侨非生长外洋，因久居遂入外籍，回华即以华人论，不能作为籍民看待。未入外籍之先，在华曾犯罪案，一经回华，即行追论，按中律办理。

五、籍民并未预先呈明该管国领事官照会华官核准，将该籍民华籍注销，自向中国地方官呈诉事件，即由中国地方官一律照华民办理。事后始由该籍民认为某国籍，或由某国领事官指为籍民，华官均不承认。

似此界说，既明保护，稽查较易为力。钧部如以为然，可否据以商明各国公使通行遵办？请核示为祷。人骏。文。

## 附：外务部为限制华民托籍事致张人骏电

（光绪三十四年十月十四日）

文电悉。限制华民托籍事，尊拟五条，甚为周密。现本部正派员会同法律馆商订国籍法，已将来电钞咨该馆查核办理。外务部。十四日。

## 美国炮舰二艘至南沙海面欲操演打靶事致外务部电

（光绪三十四年十月十三日）

据拱北兰税务司函称:据东澳税厂洋员禀,十月初五日,有美国炮舰二艘,来至东澳后山南沙海面停泊,有水手四名登岸开道,即经厂员向之询问,据云来此避风,当告以不应携带军械上岸。该水手等答称,不过登岸游历,如遇天气晴和,即打靶操练。嗣又有兵官一人登岸,复经厂员向询情由。该兵官云炮舰来此,约须停一月之期,因候本国运船载来火食、军械、炮码等物,俟运到时,在此操练,仍放大炮打靶,炮火系由舰内放出,并不携带上岸,等语。现该二舰仍在南沙海面停泊,禀请核办,等由。查洋轮避风停泊中国海面,本为条约准行。惟美兵轮二舰在中国南沙海面停泊,竟欲施放大炮操演打靶,并有水手持械登岸情事,殊属有碍国权。且该处乡民无知,忽睹洋兵登岸,又在舰内施放炮,必致惊疑滋事。应请钧部照会美使,迅为电饬该兵轮武员,只可在该处停泊避风,切勿操演放炮;并不准水手人等携械登岸,免酿事端。实深盼祷,乞电复。人骏。元。

### 附:外务部为是否美舰致张人骏电

（光绪三十四年十月十六日）

元电悉。经派员往询美馆,据云并未闻有此事,恐有误会。容再电饬美领查复,等语。究竟是否美舰,系何船名,希饬确查电复。外务部。铣。

## 遵饬查复美舰共四艘并照会美领事复外务部电

（光绪三十四年十月十九日）

铣电敬悉。遵饬拱北关税司查复称,美舰共四艘,一运船三小炮船,名“彭派”(音译)、“微利老白”(音译)、“喀娄”(音译)。炮船时常来往省河、江门等处,现在博沙空阔海面演炮等语。此事亦经照会广州美领，尚未得复。并陈。骏。效。

## 为钦防建筑炮台事复外务部电

（光绪三十四年十月二十日）

十三日电敬悉。钦防建筑炮台，系去年冬间，据李镇、龚道因股匪出没，相度形势，禀请择地建设炮楼，当遵钧电饬查。现据郭道准海宁法使函称，以滩潘屯法官报告，中国在距滩潘屯约六百密达，新造炮台一座，凌驾屯上。敝使据报越督，特电公使，切望中国恪守约章，对汛如有更易，须两国政府先期商定。近来本国将平辽屯移驻横模，亦照此办理等语。当以滩潘屯汛，原与我貂鼠岭为对汛，营垒倒塌，故未驻兵。将来厘复旧制，自应预先知照。若饭河离貂鼠岭十余里，与越境竹持山、马头山、滩潘屯遥遥相对，旧有营垒年久倒塌，今春匪从窜入，因在该处修建炮楼、营垒。按会巡章程十一节原开，各对汛准由两国先期知照，会同商酌增减、挪移。明指增减、挪移已设对汛者而言。饭河原非对汛之建，修建炮楼，吾固吾围，近虽请增为对汛，尚未奉两国明文，越境沿边法人筑炮楼营房十余处，随时修葺，因彼非对汛地段，即增减、挪移，我自不能过问。我之饭河事同一律，原为防盗保边境治安起见，于法毫无损害。至平辽移屯横模，本属对汛地段，例应先期知会，未便以律饭河。芒街法使来营，已据理议驳云云。电禀前来。查沿边各守各界，界内布置防剿盗匪事宜，系我固有之权。对汛有专章，彼此遵守，其它似非法人所应干预。滩棚当系滩潘译音之异。密达即闵当。请钧裁驳复。如何，乞电示。人骏。哿。

### 附：外务部为粤省现筑炮台距法属滩棚构成钳制事致张人骏电

（光绪三十四年十月十三日）

法使照称，粤省统兵大员现建筑炮台一座，距法属滩棚营汛仅六百迈当，而在上风有制该营之势，实系有违中法对汛章程内载“嗣后如有添裁移挪对汛，必须两国政府预先商定”之语，请饬将此炮台工程停止等语。此项炮台因何建筑？建在何处？是否有添挪对汛情事？希饬详查速复。外务部。十三日。

## 法人在芒街最高处掘一暗炮台请与法使驳论事致外务部电

（光绪三十四年十月二十一日）

胥电谅达。顷据钦防郭道电禀，越边法人近在芒街最高之处掘一暗炮台，安放大炮，汲汲经营，举动非常秘密。我修饭河炮楼，彼则借口阻挠，用心诚不可测等语。合据电陈，请钧部相机与法使驳论边务，幸甚。人骏。个。

## 闻皇上圣躬不豫复云贵总督锡良电

（光绪三十四年十月二十三日）

锡督帅鉴：

申。密电示敬悉。闻皇上圣躬不豫，豫瞰尊电枢代叩圣安。谨复。骏。廿三日。

### 附：云贵总督锡良为帝后是否痊愈致张人骏电

（光绪三十四年十月二十二日）

广州张安帅鉴：

申。密。恭读廿日双上谕，是何原因？双圣躬已否痊愈？各督抚应否电叩圣安？尊处如何办理？敬祈速示。良。廿二日。

## 为光绪皇帝驾崩宣统皇帝即位贺礼丧礼孰先孰后致军机处电

（光绪三十四年十月二十三日）

接京电，惊悉大行皇帝龙驭上宾，地坼天崩，臣民哀痛。广东向以部咨到日举行，今电报四达，与昔不同。闻香港洋官已下旗志哀，但未便拘泥向办。惟系京局来电，应否即举行成服？其皇上御极应贺，并大丧应慰，孰先孰后，是否均系先电后表？粤口各领事应如何知会、接洽？统乞详示为叩。人骏。漾。

### 附：军机处为皇上病体增剧请尊处镇静抚辑以保治安致各省督抚电
（光绪三十四年十月二十一日）

皇上圣躬欠安，虽较前增剧，现经秉承慈圣训示，筹备周密，宫府朝野均极安帖翕服，毫无惊虑。祈尊处镇静抚辑，以保治安。倘有不逞之徒造谣生事，应即严拿惩办，勿稍疏忽为要。枢。个。

### 附：礼部为大行太皇太后遗诏致各省将军都统督抚电
（光绪三十四年十月二十二日）

本月二十一日，奉大行皇帝遗诏一道。二十二日，奉大行太皇太后遗诏一道。接电后，即率属遵例举哀成服，并转行副都统、提镇、各府州县遵办。礼部。漾。

### 附：外务部为大行皇帝太皇太后遗诏谕旨十八道致各督抚将军都统办事大臣电
（光绪三十四年十月二十四日）

本月二十一日大行皇帝龙驭上宾，二十二日大行太皇太后仙驭升遐。自二十一至二十三日，恭奉诏诰谕旨共十八道。准理藩部文称请电尊处转行等语。希接电传后，转饬回部、所属、土司遵照。外务部。敬。

### 附:军机处为即日举行成服致张人骏电
（光绪三十四年十月二十五日）

漾电悉。部电到日,应即举行成服,勿候部咨。大丧,应先奏慰。枢。径直。

### 附:外务部为准领衔日使来照各馆悬半旗二十七日致各省督抚电
（光绪三十四年十月二十六日）

准领衔日使来照,各馆悬半旗二十七日。希饬知各关。如有各领来问,即照此答。外务部。宥。

### 附:外务部为皇上登极礼仪致张人骏电
（光绪三十四年十一月初四日）

上月艳电悉。当经咨询礼部,据复称,皇上登极,直省并无例定典礼。今本部酌议,是日届吉时,各直省督抚率所属官员,更换朝服,并传知该地方绅耆、军民人等咸集,照各省拜牌,例行三跪九叩礼。礼毕,仍更素服等语。至外人来贺,届时应以吉服接待,礼毕仍换素服。如有升旗、鸣炮之事,可查照向章答谢。外务部。支。

### 附:外务部为皇上登极礼仪致各省督抚电
（光绪三十四年十一月初五日）

初九日,皇上登极。是日届时外人来贺,应以吉服接待。礼毕,仍换素服。如有升旗、鸣炮之事,照章答谢。并转饬各关道,一体遵办。外务部。微。

## 香港抵制日货与广东绅商无涉复外务部电

（光绪三十四年十月二十五日）

二十四日电敬悉。粤省自春间示禁以后，并无抵制日货之举，一切相安无事。香港于月初闻有联成死党抵制日货，甚至毁物伤人。当经饬属侦查防禁，访明实与广东省中绅商士民无涉。前接英领文询，即已明晰照复，并仍出示通饬保护在案。国家遭故，益加严密，现均安谧，请纾荩虑。再，传闻此次香港激成抵制暴动，因华商向日本定货，日人以有头无尾鱼兽各灯点缀会景，借示嘲笑所致。并以奉闻。人骏。有。

### 附：外务部为日领电称广东自治会李戒欺在香港煽动抵制日货事致张人骏电

（光绪三十四年十月二十四日）

准日使面称，准广东日领电称，顷闻广东自治会长李戒欺在香港频煽动抵制日货之事，并屡将书函送致各海味店，以勒令该商等实行抵制日货。又伊现拟派遣敢死会员至广东省城及各地方，煽众制止买卖日货，请电粤查禁。如无其事，亦请预为防范等语。香港抵制日货是何情形？所称派员至省及各地方煽众云云，果否有无其事？现值国家多故，尚希格外防范，免生意外。希电复。外务部。二十四日。

## 梁侍郎病势复剧待愈后北上致外务部电

（光绪三十四年十月二十六日）

马电敬悉，当即转电。咨准梁侍郎复：彦在厦感受暑浸，泻痢发热，到家后病势复剧。稍可支持，即当力疾北上。祈转复等因。合转电陈。骏。宥。

### 附:外务部为请饬梁澜勋迅即来京致张人骏电

(光绪三十四年七月初四日)

准驻英李使电称,外部文允接待梁澜勋[1],请饬速来等语。希转饬该员迅即来京,再行赴英。外务部。支。

## 威礼士调补厦门关税务司贺智兰代理拱北关税务司事致外务部咨呈

(光绪三十四年十月二十九日)

陆军部尚书、都察院都御史、两广总督兼管广东巡抚、粤海太平四关事务张,为咨呈事。

现据拱北关税司威礼士电称,窃本税务司奉署总税务司裴札饬,调补厦门关税务司。所遗拱北关税务司一缺,即委二等帮办贺智兰代理等因。奉此,遵将一切关务交代清楚,即于本年十月二十日卸事驰赴调任。除分别照会外,相应申呈察核。又据代理拱北关税务司贺智兰申报,业于是日接印任事各等由前来。除咨行查照外,相应咨呈。为此合咨贵部,谨请察照施行。须至咨呈者。

右咨呈外务部。

光绪三十四年十月二十九日

## 日领送达"辰丸"损失调查书致外务部函

(光绪三十四年十月二十九日)

为咨呈事。

光绪三十四年九月初八日,接广州口日本领事照会,将"辰丸"损失应行赔款数目,开列调查书送请核办前来。本部堂当以粤省商民

---

① 梁澜勋(1880—?),1908 年 5 月任清政府驻澳洲总领事。民国初年任粤海关监督兼外交部广东交涉员。

因此案交涉，致生种种恶感，迭经剀切劝谕，近始稍觉消融。今若复提及赔款，深恐民情忿激，再有抗议，滋生事端，于两国商务均有妨碍。应请撤销赔款，以敦睦谊等由。照覆去后，合将日领来文及本部堂照覆稿一件抄录咨呈，以备酌核办理。为此咨呈贵部，谨请察核施行。须致咨呈者。

光绪三十四年十月二十九日

## 附：日本驻广州总领事为“辰丸”之损失开列调查书以期妥结本案致张人骏照会

（光绪三十四年九月初八日）

敬启者：

前因扣留我国轮船“二辰丸”所生损失之实数，本领事与贵部堂商定之后，由贵国赔偿，协定在案。即在我国政府查定“辰丸”事件损失之实数，载明调查书，饬令本领事准据该查定之额，与贵部堂商议，以期妥结本案。该调查书内第一项至第九项之额，在我国政府精密调查，按照北京协定计算损失之实数。而至于第十项及第十一项均系清国商民对辰马商会、安宅商会要求之损失全额，该两项之额，即照清国商民为直接之损失陈说者计算索取。而该第十项及第十一项于辰马商会、安宅商会由贵国政府领取损款，即将其全额转交贵国，该商民于该两商会一无所利者也。贵部堂若对该两项清国商民之损失另与华商协议，如伊等对辰马商会、安宅商会撤回要求，则我亦撤回该两项矣。所有本案调查书关系书单都存在本领事处，倘有对于该调查书意义不解者，即可对贵部堂详细说明，以便准据该调查书内速为商定，而妥结此案可也。

## 康逆到港尚无所闻复外务部电

（光绪三十四年十一月初一日）

东电敬悉。康逆[1]到港，尚无所闻，惟其女新自美回。此次谣言，闻即其女及该逆所开之商报馆中人所为，幸港中商家均未为其所惑。孙逆[2]亦未潜回。敝处均当随时密侦。再，王和顺近已在钦边击毙。去此悍酋，粤边或不至再有扰乱。谨以附闻。骏肃。东。

### 附：外务部为康逆由新加坡潜行到港希随时严密侦探防范致张人骏电

（光绪三十四年十一月初一日）

闻此次谣言均系康党羽所造，并闻康逆于二十六日由新加坡潜行到港，踪迹诡秘，希随时严密侦探防范为要。外务部。初一日。

### 附：外务部为闻广州英法领事预防万一有变组织义勇兵一事致张人骏电

（光绪三十四年十一月初一日）

日本使面递节略称，接在粤日领事电称，闻本埠英、法两国领事与英、法军舰舰长商议，万一有变，应如何保护外国人之办法。又闻各外国人有会同组织义勇兵之议等语。此事尊处有所闻否？希留意侦察，随时电知为要。外务部。东。

---

① 指康有为，此为清廷蔑称。

② 指孙中山，此为清廷蔑称。

## 自治会强迫解散恐激生事致外务部电

（光绪三十四年十一月初二日）

三十日电敬悉。日使以香港自治会联党抵制，请中国禁止解散。香港久归英属，日使岂尚未知？粤中自春间示禁后，并无抵制日货之举，数月以来，相安无事，是我已尽保护之责。日使舍香港英政府不问，而要之华官，不解何意！应请钧部明切驳复。至革命党之逋逃薮，非在东洋，即在南洋各岛，未闻在粤主谋，不知日使何见云。然粤中绅商士民，闻宫中大事，哀感缟素。知今上嗣统，无不喁喁向治。目下均各静谧，若以惝恍无凭之词，骤施强迫压制之力，转恐激变生事，有碍治安。大局所关，不敢不慎。并闻。人骏。冬。

### 附：外务部为希将广东自治会设法解散致张人骏电

（光绪三十四年十月三十日）

抵制日货事，有电，已据覆日使。顷准该使面递节略称：接香港日领电称，本埠自治会与预备立宪之自治研究会大异，遇事反抗地方官宪，或敌视外国商民。现遇中国皇室大事，仍在革命党主谋地之广东提倡抵制日货，煽动人心，诚恐有匪党乘机串通，扰乱地面之虞。本埠华商皆称，该会实与政界、商界均有大害，毫无裨益，或由北京政府严饬禁止解散为妙等语。查香港自治会借自治为名，提倡抵制外货。前准来电，即有联为死党之语。现在人心不定，倘任其结连煽惑，难保不串通匪党，扰乱治安。希即设法将该会禁止解散为要。并电复。外务部。三十日。

### 附：外务部为饬令解散自治会致张人骏电

（光绪三十四年十一月初三日）

自治会抵制日货事，冬电悉。顷又接英使照称：准港督咨称，上月初八、初九两日，有匪徒在本处大肆骚扰，意将华人所设东洋铺货击毁，系自广州国耻会唆耸而起。该会于是月初七日，派党二十余名赴港，专为散布唆耸之语。本督无已，只可派兵弹压等语。查华人由广州前往英属唆耸，以为抵制日本之举，于与国睦谊大有妨碍。请将该会有责之人严行惩办，并力催粤督设法消弭，以免嗣后再有此等举动等因。查此事，本部前电原恐死党结连，借端煽乱，匪特有伤邻谊，甚至扰害治安。且擅行立会，本干例禁。故请尊处禁止解散，并非强令凭空压制。兹又准英使照称前因，是在港匪徒，港督已派兵弹压。彼谓抵制日本，皆由于华人唆耸。究竟广州除照章设立之自治研究会外，现在有无别立自治、国耻等会名目？并有无派党赴港唆耸之事？希即查明实在情形，设法消弭，以免外人借口，并即电复。国家新遭大事，内外生心，在在堪虞。务请统筹全局，绥靖地方。至切盼祷。外务部。初三日。

## 为注意冬防大局札饬各属文武

（光绪三十四年十一月初一日）

粤省盗风素炽，捕务实为要图。本年各属灾歉频仍，民生困苦，业经督饬司局力筹赈抚。现当冬防吃紧，各属文武、巡警防营及清乡员弁，凡有缉捕责任者，均宜振刷精神，认真从事，庶期盗戢民安。乃迩来访闻，省河瑶头乡一带，及大北门外之沙梨园等处，会盗猖獗，劫掳公行；西关光雅里繁盛之区，白昼亦有匪徒因骗行劫情事；南海黄鼎乡冼姓绅家被匪劫掳，不获生还。省会如此，外府可知。富绅巨室然且不免，则商民之受害更可知。自非通饬文武员弁整顿捕务、严密巡防，不足以保治安而除巨患。用特严行告诫，申明赏罚。此后务各督饬兵勇、联络绅团，将防务两事，各自体察情形，切实整顿。如属内有在逃著匪，务即加悬重赏，购线侦擒。一有匪警，立即亲督追捕，不准稍涉松懈，致有疏虞。果能歼擒首要，获盗有功，不论文武绅团，均准破格奖励。倘或不知操作，捕务废弛，以致地方屡出重案，应由该管道、府、直州及统带各将官，随时稽查，分别禀请撤参，勿自贻误。

## 拱北关税务司威礼士现调厦门所遗之缺即饬该关二等帮办贺智兰代理事致外务部咨呈

（光绪三十四年十一月初二日）

陆军部尚书、都察院都御史、两广总督兼管广东巡抚、粤海太平两关事务张，为咨呈事。

光绪三十四年十月二十一日，据署总税务司裴式楷申称：窃查拱北关税务司威礼士现经调补厦门关税务司之任，所遗拱北关税务司之缺，即饬该关二等帮办贺智兰（英国人）暂行代理，俟拣选税务司有人再行充补。除札饬该员等遵照并分别申报外，理合备文申请钧鉴等由前来。除札复及咨行外，拟合咨呈。为此合咨贵部，谨请察照施行。

须致咨呈者。

右咨呈外务部。

光绪三十四年十一月初二日

## 美领请准观审黄秋籍民一案致外务部电

（光绪三十四年十一月初二日）

美领认黄秋籍民一案办理情形，历经电陈在案。八、九月间，与美领商明，由广州府提讯速结，无庸观审。美领亦愿将本案由中国官公办，并无异言。续奉大咨，以美使仍请准美领观审。现该领面称，近奉公使谕令观审，云已得钧部允许，必须照办，并非食言等语。粤境东南接洋界，逼近南洋各岛，籍民案件交涉麇集。黄秋一案，通融开始，纷起援案，对付几穷。如何办法，乞主持示遵。人骏。冬。

### 附:外务部为黄秋案致张人骏电

(光绪三十四年十一月初三日)

冬电悉。黄秋案,我未有国籍法明文,碍难不认美籍。既认美籍,自应照约准该国领事观审。惟判断之权仍在我,希查照前咨扼定。黄秋既系入籍美国,自无承受中国人遗产之权利,此层自应无庸置议。至借款抵押之产,查明如果属实,应秉公断结,变价偿还。自此分清界限,嗣后遇国籍案件,亦不至另生枝节。外务部。初三日。

## 为赴芜湖运米四十万石札平粜局文

(光绪三十四年十一月初三日)

粤省各属本年三次遭水遭风,收成歉薄。民食维艰,拟赴芜湖运米四十万石,陆续运粤,专为平粜之用,当经奏准免纳税厘。拟分别电咨两江督部堂、安徽抚部院转饬关厘各卡遵照外,合就札饬。札到该局,即便会同布政使钦遵查照,速即由局妥办。执照缘定每张购米若干石,印发救灾公所绅董,饬选妥实绅商前赴芜湖采购米石,陆续载运回粤举办平粜。沿途关卡验收放行,以运足四十万石为度,不得逾额多运。其米本即在前发该公所存储之官款及绅商募集各项支发,仍会商绅董妥订平粜章程,连护照式样先行列折,详候核明饬遵。

### 附:军机处准由芜湖运米平粜免纳税厘致张人骏电

(光绪三十四年十月二十一日)

又谕,电寄张人骏。据电奏,请将由芜湖运米平粜,免纳税厘各节。着照所请。电寄。

## 日本既示善意香港抵制日货之党或可借此解散致外务部电

（光绪三十四年十一月初四日）

东电敬悉。小村电称，通饬彼国，严防中国革命党并串通党羽之日本人，阻其前往中国私还军火等语。难保非革党乘机思逞，意图内窜。现拟通饬粤海各关一体严查，预为防范。至辰丸之案，原因日船私运军火济匪，妨害治安，致动粤民公愤。今日政府既有复阻私运之举，拟摘叙电语，出示晓谕开导，俾知日人于辰丸案已有悔志。风声所播，香港抵制日货之党或可借此解散。可否据电出示，不虞漏泄？乞示遵。人骏。支。

## 黄秋并非美籍应按中法提讯速结致外务部电

（光绪三十四年十一月初五日）

初三日电敬悉。黄秋案特一籍民事，原不必坚与争持，徒以粤省情形与他省异，跨籍诪张，一与通融，效尤纷起。粤民狠猛之风甲于各省，迁就则众怒集矢于籍民，于保护出洋华商横生阻挠。且粤人侨寓外洋各埠，以及港、澳、广州湾等处，何啻六七百万。狡黠之徒，二三其籍贯，地方词讼势将无可审理。本案情事，在华人视之，不过兄弟争产，即有债款及田亩纠葛未清，按律应以亲谊为重，财物为轻，集讯曲直，谕劝交施，不难了结。若徇美使认为籍民，则照前美领波贺劳迭次来文索办，同胞昆弟，以掳劫之罪责亲属邻人，将黄秋所承遗产，按足时价发沽偿还，皆为中律所未有。认为籍民，其案更无了期。假外势以横行，忿激之机如箭在弩，失内治权莫此为甚。且查美律，必生于美国及美属地始作美民，亦只许自由白种人及斐州土人暨其子孙入美籍。光绪二十年中美会订美工条约第四款内载，在美华工或别项华人，无论常居暂驻，不准入美国籍等语。我虽未有国籍明文，条约岂能不算？即照光绪二十三年六月檀香山隶美版图续添之新例,将檀人一律改为美民而论,例在中美订约之后,亦不足以赅及在檀之华商。况黄秋十七岁始出洋,当光绪二十三年之间,正黄秋回香山县在黄梁都纲夏堡赤江沙自行置产之时,至廿四年,尚在华赴县印税。尔时黄秋并不在檀,其不应为美籍益明矣。可否仍请钧部婉商美使,原照粤官与美领商定之办法,饬速由广州府按中法提讯速结。该领无庸观审,以归简当之处。候裁示。人骏。歌。

### 附:外务部为黄秋如在华置产自可作为复回华籍致张人骏电

(光绪三十四年十一月初七日)

歌电悉。黄秋案,美约所指在美华人不准入籍一层,订约后隶美之檀岛华人自不在内,碍难据此与争。惟所称黄秋三十三年回香山,在黄梁都纲夏堡赤江沙自行置产;廿四年赴县印税。如果查有确据,自可作为复回华籍、自弃美籍之证,与美使争辩。希查复。外务部。初七日。

## 致外务部香港排斥日货无关内地未便归咎粤省商会电

(光绪三十四年十月初五日)

初三日电敬悉。香港抵制日货,毁物伤人,查系由南洋各埠、各场发端。近日西报载有日本因华人渐有与之定货者,彼国商人志气骄满,糊成无尾之禽兽各灯,嘲华人办事有头无尾;灯上之字,并有"制服中国"字样,而中字无下半截。又日本报中画有一太阳,三面画犬无数,向之而吠,犬身写"香港"二字。香港各商见之大愤,致有敢死会之举。当九月底,港中已有殴人、割耳宣布抵制之举。时在十月初七日之先,港督何以不加禁压?初七日如有到港散布唆耸之人,何以又不查禁拿究?阅十月十五日日本《朝日新闻》纸,载有"辰丸"事起,英德商人乘机渔利,故清国人虽有中止抵制之心,而泰西商人从中运动,力极猛烈等语。是日人明知此事之底蕴,何不问之香港政府，而转问之华官？况香港警察密布，一隅之地，四面临海，稽捕易周，迥非广州八达四通可比。省城内外，日货各店，所在多有，该会党如欲发难，何不在省而在港？殊不近理。粤中于本年春间，各商虽因“辰丸”案不无愤激之谈，一经示禁，至今一律相安。广州自治研究会以外，尚有商务自治会，为全省商会中人研究商业而设，禀明有案。商会自治，功令所许，非等违禁私集。主持之人均系殷实正商，本年风水告灾，劝募赈济，籴米平粜，俱归经理。春间解散商场，抵制谣言，深为有力。若将首会之人惩办，在日人为以怨报德，在我为加罪无辜。至国耻会，粤中并无此项名目。查日领曾于前月十四日来见，询及香港抵制暴动，英领照会请办之人如何处置。越日，而英领照会始到。日领何竟预知？其为协以谋我，抑英人自愧港地保护偶疏，特向日人设辞，委之粤人分谤，皆未可知。夫滋事在港，彼且设辞诿卸。内地平静，我岂可无端自承？若徇外人无据之言，归咎地方正当商首，适堕彼等计中。诚如钧电，国遭大事，内外生心，倘因激动众怒，内讧猝起，外匪勾结，关系甚大。除仍随时防范、尽我保护各国商务之责外，区区苦衷，尚祈察照。人骏。歌。

### 附：外务部为解散抵制日货之党宜稍加斟酌致张人骏电

（光绪三十四年十一月初六日）

支电悉。日政府通饬严防逆党，并禁运军火一节，尊意拟摘叙电语出示晓谕，原为风声所播，借可解散抵制日货之党，事属可行。惟措词似宜稍加斟酌，尤以勿牵及“辰丸”船案为宜。希妥核办理。外务部。初六日。

## 日政府美意可嘉致外务部电

（光绪三十四年十一月初七日）

初六日电敬悉。遵即晓谕通知，大致以日政府美意可嘉，所属人等皆当共喻此意。两国人民交易往来，无相虞诈，邦交益睦，商务益振等语。并陈察照。人骏。阳。

## 香港抵制日货死党现已被港驱逐出境致外务部电

(光绪三十四年十一月初七日)

香港抵制日货死党,现由香港英官查明潘兰喻、赵少朴、陈雪泉、陈杏桥、孟恩哲、聂冠云、伍宪子、徐勤等八人,驱逐出境。若辈非报馆主笔,即行店商伙,皆久居香港之人,与粤省商务中人渺不相涉。且闻尚有查出多人,将行续驱。英人诿过于粤,日人因以借口,证此谅均可无辞。特电陈钧部,以为反诘英、日使之具。人骏。阳。

### 附:外务部为香港死党既与粤渺不相涉致张人骏电

(光绪三十四年十一月初八日)

歌、阳电均悉。抵制日货事,本部初三日电,原恐匪党借端生事,以致外人借口,并无强令惩办正当商会之意。兹既查明粤中无国耻会名目,香港死党与粤渺不相涉,自可摘复英、日两使。希仍随时加意防范为要。外务部。初八日。

## 为发给香山县文童郑社尧彭连胜赴檀香山游学护照事致外务部咨呈

(光绪三十四年十一月初七日)

陆军部尚书、都察院都御史、两广总督兼广东巡抚、粤海太平两关事务张,为咨呈事。

案照承准前总理各国事务衙门咨行出使美、日、秘国杨大臣与美国使署律师科士达拟定华人往美汉洋文护照程式,咨粤照办,嗣后人往美,一体仿照所拟程式,饬由粤海关衙门发给等因。本部堂兼管粤海关事务,据香山县文童郑社尧、彭连胜禀请给照前往檀香山读书,查无骗拐、假冒等项情弊,并有铺保具结附缴存案,核与章程相符。

除验填赴檀香山护照，并照章咨行出使美、秘、古、墨国大臣暨驻檀香山领事查照办理外，拟合咨呈。为此咨呈贵部，谨请察照备案施行。须至咨呈者。

右咨呈外务部。

光绪三十四年十一月初七日

（外务部档）

## 为黄秋即开洪致外务部电

（光绪三十四年十一月初八日）

初七日电敬悉。遵查黄秋即开洪，自置园田四十亩，坐落香山县黄梁都纲夏堡赤江沙。系光绪二十三年买受，二十四年投税，机字八十八号，印契收入第二五黄安素户纳粮，显属华籍确据。且经调验黄秋与伊兄弟开惠、开思等分产证书，计分福、禄、寿三号，系光绪二十三年四月初九日所定。书内载明，次男名秋，字开洪，拈执寿字号，尤可为黄秋于光绪二十三年确在香山县华籍，并非美籍铁证。乞据复美使为祷。人骏。齐。

## 请将限制华民托籍五条提前与葡等各国商定遵行事致外务部电

（光绪三十四年十一月初八日）

前准十月十三日电，敬悉。所拟限制华民托籍五条，已蒙抄咨法律馆为编订《国籍法》之助。惟编定颁行尚须时日，而籍民纠葛案件近已层出不穷。黄秋案之后，复有马亲说一案。近又有叶秀林因欠债逃走，被债主扭控番禺县，初无籍民之据，事后查出英领认作英籍，强索开释之事。传教有专约，饬谕各属按约持平办理。粤中民教相习已久，近年以来，尚无疑难难办之教案。而狡黠莠民，自以入教不足恃，乃群趋于冒托外籍之一途。洋界迫近，出此入彼，真入籍者实繁有徒，冒托亦易，与他省情形迥殊。不设范围，将无办法。平民被抑莫伸，或致激出事端，颇难逆料。人骏为思患预防起见，可否将前拟五条提前妥商英美法日葡各国公使，更订通行遵办，国人相安，邦交益睦，不特粤省独受其益也。务祈核示。至祷。人骏。齐。

### 附：外务部为法律馆正在议定国籍法事致张人骏电

（光绪三十四年十一月十一日）

齐电悉。《国籍法》本系内政，必须本国先有出入国籍定律，然后对待外人方有依据。我国因向无此项法律，故所有纠葛案件，无从折衷，亦不独粤东一省为然。现在法律馆正在议订《国籍法》，期于早日告成，即为统筹全局一劳永逸起见。尊拟五条，诚极周密，既经咨送该馆一并筹议，未便于未定之先，遽向各使提议，反生枝节。外务部。真。

## 为广九铁路接轨事致外务部电

（光绪三十四年十一月初十日）

初八日电敬悉。广九接轨事，前准九月沁电，当札行善后局会同广九铁路局核议办法详复。去后，兹据禀称，查九龙租地边界勘定已久，载明图约路线，系循租界而定，租界不能因路线而改。前经会同善后局派员会勘本路起点之处，查与租地旧图载界址尚无出入，河道已归英辖，现当筹商接轨。开议之初，如能设法使该处界务略事变通，俾下游数十里水利不至尽失，未始非挽回之一道也。鄙见此事界系两国勘画而定，如须变通，似非由钧部照会英使重行派员会勘磋磨不可。成说在先，似难措手。究应如何办理之处，应请核示饬遵。再据魏道禀称，本路总工程司送到深圳河面建桥图式，声称港督急于兴建此桥。查阅该图桥栏，系属向下于桥底伸出十数英尺，迫近水面，稍大民船往来阻碍，此节亟应力争云云。案已批，令饬总工程司切实商办，将桥栏改为向上，免碍河道。尚祈咨商邮传部，饬与英公司商妥照办为荷。除咨呈外，先此电复。人骏。初十日。

### 附：外务部为广九铁路接轨事致张人骏电

（光绪三十四年九月二十七日）

广九接轨事，七月廿四咨文计达。顷准邮传部咨，据广九路局申呈，深圳河桥力持两国合筑之议。嗣以总工程司与英界九龙二次商办，坚以照租地定约，以水为彼界，河桥由彼兴造。独北岸桥墩归本路建筑，或桥头一短节，亦归本路建筑，须俟桥图定后，方有成见。当派虞令汝钧按租地划界卷图会勘，当时系定以海潮所到之处为英租地界址，该处河道似难与争，并蒙督派委员傅令祖培，移会本局续派冯直牧镜芳复勘，得原定租地界址系跨河而过，以沿湾水尽见岸之处为界，本路界线系以河之北岸为起点。应如何办理，希核复等情。事关界务，尊处既经派员会勘，究应如何定议，希查核电复。外务部。沁。

### 附：外务部为九广铁路接轨事关界务致张人骏电

（光绪三十四年十一月初七日）

广九接轨事，九月沁电尚未接复。兹复准邮传部咨催，从速决定。事关界务，非本部所能悬断，希查照前电核定，速电复。外务部。初八日。

## 沈阳马兴顺由逻回汕运动革党起事祈严拿事致云贵总督锡良电

（光绪三十四年十一月十一日）

锡督帅：

洪。密。顷接驻新加坡德领事官左佳电开，沈阳马兴顺由逻回汕运动革党起事，祈严拿。又闻革党将犯桂、滇，宜急戒严等语。不逞匪徒，假外埠为逋薮，布散谣言，希图摇动人心，亟应加意防察，似不应稍涉张皇,致滋纷扰。特据电闻。骏。蒸。

### 附:云贵总督锡良为严密防范复张人骏电

(光绪三十四年十一月十一日)

广州张安帅鉴:

洪。蒸电敬悉。国家新遭大故,逆党捏造谣言,乘隙思逞。迭准部电,当即转饬沿边文武严密防范。兹准电示,诸承关切,至为感佩。已电饬滇边各营加意戒备,不准稍涉张皇,致滋纷扰累之。尊处如有续闻,仍祈随示。再,滇边均尚安谧,附慰廑系。真。

## 为上具贺表致各省督抚电

(光绪三十四年十一月十四日)

午帅东、阳两电敬悉。恭慰圣孝,电奏是否仍须再递慰折,诸公是否发递,又登极盛典除遵具贺表外,似宜另具贺折,折内是否写“跪贺登极天禧”字样?各省办法似应一律,统乞电示为荷。骏。元。

### 附:江督端方为直督已具慰折致各省督抚帅电

(光绪三十四年十一月初二日)

昨准莲帅复电,京津相距较近,未用电奏,已具慰折一份,亦不另具安折。公如谓然,希即电复。方。东。

### 附:江督端方为光绪慈禧崩逝后檄文事件致张人骏等各省督抚电

(光绪三十四年十一月初七日)

杨制台、徐制台、陈制台、松制台、张制台、赵制台、吴抚台、袁抚台、陈抚台、朱抚台、冯抚台、岑抚台、张抚台、增抚台、陈抚台、周抚台、王提台①鉴：

辰。密。上年[午]接由东京寄来公启二纸，一署“东京宪政会会员启”，一未署名。其中语多狂悖，意在煽动内地人心，潜谋变乱。满纸逆词，不可殚述。尊处不知曾否得见？现在伏莽甚多，人心浮动，此等悖逆之词，尤应严密查禁。除电达外部并电请胡钦使②查核办理外，合亟电闻。方。阳。

## 附：江督端方为皇上初九日登极致张人骏等各省督抚电

（光绪三十四年十一月初八日）

皇上初九登极，敝处会同将军、都统、苏皖赣三省巡抚提镇三司，联衔先行电奏，以伸贺悃，并候部颁表式到后，再具贺表，无须另具贺折。尊处拟如何办理？希酌定再电复。方。阳。

## 附：云贵总督锡良为上具贺表复张人骏电

（光绪三十四年十一月十四日）

广州张安帅鉴：

洪。元电祗悉。恭慰圣孝，敝处电奏外，又总具具慰折一份，系会提镇各司复衔，于月初发递。皇上登极，亦会提镇各司电奏恭贺，并未另具贺折。拟俟奏到表式再具贺表。谨。良。盐。

---

① 分别指直隶总督杨士骧、东三省总督徐世昌、湖广总督陈夔龙、闽浙总督松寿、两广总督张人骏、四川总督赵尔巽、河南巡抚吴重熹、山东巡抚袁树勋、江苏巡抚陈启泰、安徽巡抚朱家宝、江西巡抚冯汝骙、湖南巡抚岑春煊、广西巡抚张鸣岐、浙江巡抚增韫、吉林巡抚陈昭常、黑龙江巡抚周树模、江北提督王士珍。

② 驻日公使胡惟德。

## 为孙康两逆近况致外务部电

(光绪三十四年十一月十五日)

粤中安谧,谣言皆不足信。孙、康两逆无非借端愚弄侨民,为敛钱计,无庸深虑。外洋各埠华商等稍明理者近已多知其诈,节经派员察查,大致相同。康逆染病,在庇能近被闽人某所骗亏折十余万,正为账务所羁,殊行竭蹶。其诋毁政府,云向他邦乞师图逞等语,虚声恫吓,无非其党所为,狂言可哂。谓有康妾寓沪,行踪颇秘,遍访毫无举动,细弱更不足言耳。孙逆居心以致乱为乐,较为叵测,香港《中国报》是其机关报。该逆现实在南洋,报纸已称其回长江并有入都之说,皆故作张皇,逆词逆票不择人而投,近年人多视破伎俩,亦无能为。方今朝廷敬天法祖,明我政刑,鼠辈何忧?迭准钧部电示防查,除仍饬密查严防外,合将所查情形电陈续闻。人骏。咸。

### 附:外务部为孙汶[①]在新安分居住致张人骏电

(光绪三十四年正月十九日)

巧电悉。英使复称,准坡督电,孙汶在新安分居住,碍难驱逐,惟须由本处警兵不时监查。并谕令,如孙汶有自行扰害中国及唆使他人倡乱之举,定即驱逐等语。本部复函致英使,并引英颁香港条例,该逆如再有聚众演说,及售票敛财情事,即先饬拿监禁,再加驱逐,将来永不准再在南洋各埠逗留生事等因。得复即达。外务部。十九日。

### 附:外务部为坡督已向孙汶儆戒致张人骏电

(光绪三十四年正月二十三日)

十九日电计达。顷准英使复称,准坡督复电,现已向孙汶儆

① 即孙文。

戒，并经本处警察随时考查，如在坡有违犯本督所发禁令之处，定即拿办等语。特闻。外务部。二十三日。

## 为佛山轮船华人毙命事复外务部电

（光绪三十四年十一月十七日）

十七日电敬悉。佛山英布轮船命案，初六日早该船到埠时，众论颇嚣，立饬印委、防营、巡警各员弁，驰往理论弹压，幸获无事。姑将尸身起岸，当即照会英领，以据报华人搭客，被洋人踢毙一案，请将凶手拘拿候讯。旋准英领查有葡人奴路夏投案，系属被告，自称无罪，实则报案并无人指奴，照会英领文内，更未指奴也。奴即投案，情节不无可疑。初八日、初九日两日，印委会同赴领署观审。十一日，英领送来洋文供词，转译三日。十四日，察阅众供，据同船华客作证，有二人目见奴曾因死者睡熟，收票迟延，加以踢打。本船大伙水手，凡与奴同行收票者，于死者之醒，或言用推，或言用叫，供颇参差，而不肯言奴踢打。据南海县验报，确指有致命左额角受手背伤，斜长八分、宽三分一处，不致命左肋受鞋头踢伤，湾长一寸二分、宽七分一处。决为生前患病，委系被殴身死等语。英领则专凭德医生指为因病身故，讯时英领始终未问及被告一语，遽断被告无罪，将奴释交太古洋行保领。德医生又系佛山船公司所延，因此人多不满。死者亲故不免愤言，报纸录登，英领从而借口。实无甚事，决不至于暴动。十七日，英领来署，颇有愤色，迨骏喻以实情，彼亦喟然，特声明此案被告系属葡人，非渠管辖人民，不应审理，前讯系通融办法，只作询问看，非正式裁判可比，请归葡领办理。至渠权限内所可为者，无不协助云云。本日来文，亦仍此说。现已允该领之情，将案情出示晓谕，禁止各报馆提论此事。一面照会葡领，开正式会讯议结。但能秉公裁判，不难速了。骏揣英领遂以此小事电驻使，向钧部哓舌，殆因港督为抵制日货事驱逐华商侨民，华商起而为难，控告港官，迁怒所至，否则中情怯耳。除将续办情形另达外，统乞主持。人骏。筱。

## 附:外务部为佛山轮船华人毙命事致张人骏电

(光绪三十四年十一月十七日)

英使照称:接广州英总领电,西十一月二十九号夜,英国佛山轮船有中国一搭客身故,该处自治会与各华报因造言蛊惑,谓此客系该船守役一葡籍人所害,曾于西十二月一号、二号在英领署讯验,当时南海令、督署文案,并葡领与华报访员均在座。英领查明,所控葡人各节不足为凭,不便将其归案查讯。西医验此客实系病故,英领当将验单钞送粤督,并请照单出示晓谕,以遏浮言。否则请葡领覆验。乃粤督至今未覆,讵该处报馆竟以强暴之词登录英官办理此案,实属乖张。自治会更日聚演说,鼓动居民,并有抵制英船之说。英领四次文辨,粤督似无约束各报与自治会之力,致此等暴动日益猖獗。该领拟即往见粤督,面陈危险等情。查此反对英人举动,请电粤将此排外之举设法消弭。如该领所查各情,粤督有不以为然之处,该领自愿襄助详查。惟抵制英船之说,并报纸煽惑论说,亟宜速禁勿缓等因。此案未准尊处电咨到部,究竟实情若何?现与英如何商办?人命固宜,而浮言徒惑听闻。可否出示晚谕禁息之处,希酌核办理,并电复。外务部。十七日。

## 拟请即派郑豪参加那威国白尔根城万国消除麻疯病会议复外务部电

(光绪三十四年十一月十七日)

查麻疯一症,粤省最盛,不特患之者终身废弃,即未患者亦传染堪虞,固由地土之使然,亦属医治之未善。前此官设疯院居住病人,原期渐绝根株,防间蔓衍。今该会博采众说,专门研究,倘能考得新法,痼疾消除,于慎重民命、讲求卫生,似不为无补,自应派员赴会,以资参考。惟医界人才选择匪易,当经详加物色。查有美国医科大学毕业、医科举人、内阁中书郑豪，通晓医学，熟谙英、法国文，去岁菲律宾满呢拉城开办医学会，曾经学部派往赴会，现充广东军医学堂总教习，拟请即派该员前往，以资熟手。

## 附：外务部和会司致张人骏咨文

（光绪三十四年十一月十七日）

和会司呈，为咨行事。

本年十一月十三日，准英国驻京朱使照称，明年七月初一至初四日，在那威国白尔根城开有万国消除麻疯病之第二会，该国君主亦允协助此会。现准那威政府来咨，嘱本大臣转请中国政府派员前赴该会等因。

查该会所开之草节目，系为调查近年各国医学家调治此症之法，及各国政府所颁办理消除此症之效验，并将其法详细研究，以为他日关于此症者借资参观，已在白尔根城设立管理处，其总办为那威国调治麻疯症之总医士名阿摩尔汉尼森者。该管理处既拟开具详细章程，则愿于西历一千九百九年正月杪以前，得悉中国政府是否派员与会，如果派员，请将或派一员或数员之衔名示知，并请所派之员能否开具节略，由一千八百九十七年在德京第一次之会以后，中国政府办理消除此症之成效相告。又因欲得知该赴会委员提议之件，即请由该委员径行告知管理处等因，并附译法文草节略前来。

查麻疯之病，粤省传染颇多，现那威政府拟于西历一千九百九年八月在白尔根城开万国消除麻疯之第二会，系为研究医学起见，粤省有无熟精英、法文之医生堪膺选派，即由贵督选定给费，届期赴会，以资研究。相应咨行贵督查照核办，并希迅速见复，以便转复英朱使可也。须至咨者（附抄件）两广总督。光绪三十四年十一月。

## 附:英国驻华公使朱尔典致庆亲王奕劻照会
（光绪三十四年十一月十日）

大英钦差驻扎中华便宜行事全权大臣朱,为照会事。明年七月初一至初四日,在那威国白尔根城开有万国消除麻疯病之第二会议,该国君主亦允协助此会。现准那威国政府来咨,嘱本大臣转请中国政府派员前赴该会等因前来。查按该会所开之草节目,系为调查近年各国医学家调治此症之法,及各国政府所颁办理消除此症之效验,并将其法详细研究,以为他日考查关于此症者借资参观。兹该会已在白尔根城设立管理处,其总办为那威国调治麻风病症之总医士名阿摩尔汉尼森者。该管理处既拟开具详细章程,则愿于西历一千九百九年正月杪以前,得悉中国政府是否派员与会,如果派员,请将或派一员或数员之衔名示知该管处,并请中国将所派之员能否开具节略,由一千八百九十七年在德京第一次之会以后,中国政府办理消除此症之成效相告。又因欲早得知赴会委员提议之件,即请由该委员径行告知管理处为妙。相应备文照会,即希贵部查照,并祈见复为盼。须至照会者,右照会大清钦命全权大臣便宜行事,军机大臣、总理外务部事务、和硕庆亲王。一千九百八年十二月初三日,庚申年十一月初十日。

## 附:英国驻华公使朱尔典致庆亲王奕劻照会
（宣统元年正月十二日）

大英钦差驻扎中华便宜行事全权大臣朱,为照会事。本年七月初一日至初四日,在那威国白尔根城开有万国消除麻疯之第二会,曾于上年十一月初十日照会在案。现据那威国外部大臣知会,办理该会会首详请本国邮传部,所有各国赴会人员,于本国铁路买票时酌量减价,现订明如买去票定为半价,如买来回票定为单价。该会员若愿照减价买票，应先向住白尔根城督办处利君声明，以便发给执照等情。本大臣准此合即照会贵部查照可也。须至照会者，右照会大清钦命全权大臣便宜行事，军机大臣、总理外务部事务、和硕庆亲王。一千九百九年二月初二日，己酉年正月十二日。

### 附：外务部为内阁中书郑豪堪以派往与会致英国驻华公使朱尔典照会

（宣统元年闰二月二十九日）

和会司呈，为照复事。案查那威国白尔根城开设万国消除麻疯会一事，准两广总督咨称，查有留学美国医科大学毕业、医科举人、内阁中书郑豪堪以派往与会等语前来，相应照复贵大臣查照，转复那威政府可也。须至照复者，英朱使。宣统元年闰二月。

## 信函名片是否复旧用红致外务部电

（光绪三十四年十一月十八日）

国制二十七日后，公牍、印、笔咸用朱。惟信函、名刺等件如何办法，例无明文，官员彼此往来尚可斟酌办理，惟中外交涉事件，与洋官书函往来，每日不绝，函内夹附名片，应否于二十七日后照常用红，期与公牍一律，抑俟百日后再换？事关外交，京外似宜划一。敬乞电示为盼。骏。啸。

## 逆首王和顺被其党枪毙斩首致云贵总督锡良电

（光绪三十四年十一月十八日）

锡清帅鉴：

洪。逆首王和顺扰乱沿边，滇粤桂同受其害。现于九月初二日被其党在东省交界之米宽地方枪毙，斩首来献，经龚、郭两道再三查验,确系正身。东西两省悬赏二万元,已照格提给。据龚、郭奏,贵省亦悬赏三千元购缉,请饬照数解钦,一并充赏。盼覆。骏。筱。

## 已拨款奖励龚郭致云贵总督锡良电

(光绪三十四年十一月十九日)

锡督帅:

洪。巧电悉。当饬司照拨,并电龚、郭知照。骏。皓。

### 附:云贵总督锡良为王匪被毙奖赏官兵复张人骏电

(光绪三十四年十一月十八日)

广州张安帅鉴:

洪。王匪枪毙,沿边除一巨害,嘱解滇省赏银。恳请饬司在拨滇练兵经费存粤购买军装项下照提三千元,解钦充赏。盼覆。巧。

## 戒烟药掺有吗啡即从严惩处复外务部电

(光绪三十四年十一月二十二日)

效电悉。戒烟丸掺用吗啡,何至如港督所闻大吏竟允许售卖?惟奸商射利,种种弊混,不可不防。现已饬藩司、巡道,妥定查验各法,分别认真研究。如有前项情事,应即从严核办,以儆其余。骏。

### 附:外务部为广州戒烟药均掺吗啡致张人骏电

(光绪三十四年十一月十九日)

准英使节略称:接驻广州英领禀,广州售卖各种戒烟药,均掺吗啡。查售卖各铺,多有张贴告白,声明所卖戒烟丸药,经官医局查验许可。该领由各铺购丸药六种,送港督饬香港官医生查验,查出各丸药无不掺用吗啡,每丸所掺自一格雷音三十七分之一至七分之一不等。港督谓,如此等丸药奉官许卖,则中国政府所谓禁烟者，不过允令人民改换吸食之方而已。该督愿闻，此等丸药是否经该省大吏允许售卖，官医局曾以何法考验云。查戒烟丸药，各省应选派医生研究，不得掺入鸦片烟灰与吗啡，载在政务处奏准章程第六条。惟各铺呈请官医局查验之药，未必即其出售之药。须密派人向各铺购买，交局查验，方能得其实情。现禁烟之举，为各国所注重，自营认真查究。如查出有以上情事，即严惩示儆为要。并希电复。外务部。效。

## 信函名片是否复旧用红再致外务部电

（光绪三十四年十一月二十一日）

啸电想达钧鉴。二十七日后，信函、名片是否复旧用红，敬求速示。骏。个。

### 附：外务部为二十七日后信函名刺可照常使用致两广总督张人骏电

（光绪三十四年十一月二十二日）

啸、个电均悉。二十七日后，信函、名刺可照常。外务部。养。

## 马亲说照华民办法交保领释致外务部电

（光绪三十四年十一月二十四日）

二十二日电祗悉。马亲说案，前据惠潮道转据汕头洋务委员会同潮阳县禀，该民赴县具呈，自认潮阳和平乡人，及提讯时，该民非特不通英语，即询以西历，亦所不知。其香港商务，查明亦只其弟朔叫，并无马亲说名字。惟郑姓原控马亲说毁坟之案，该县查复尚无确据。昨已电饬潮阳县，将马亲说交保领释，以免久押。此案始末情节，马亲说实系华民，业经省释，未便交与领事，请向英使声明。人骏。敬。

## 附:外务部为马亲说应如何处置希即电复致张人骏电

(光绪三十四年十一月二十二日)

马亲说案,顷英使面称,现闻该民仍在监禁,尚无释放消息。该民确系英籍,有执照及别项凭据,英国不能不任保护,望速交英领拘禁候审。本部告以据粤督称,该民确有华籍凭据,不必强认为贵国人民。英使又称,无论如何,请电粤督查问,现将该民如何处置见示等情。前接执事九月敬电,已饬查酌办,现计已查明,希即电复。外务部。

## 德人于萨摩岛外又拟招工去巴劳岛应先严订保工章程始准开招致外务部电

(光绪三十四年十一月二十六日)

德属萨埠虐待华工,据委员查复惨状,九月初二日已将禀图清折咨呈钧部,请妥商德使,因其先有如再虐待华工,惟本大臣是问之言,冀能转向萨摩总督商改章程,保华工财命,尚未奉复。兹据汕头洋务局禀称,现准德领照会,拟招工匠壹百伍拾名前赴巴劳岛建造局厂,请示准驳前来。

查外国每有新辟境地,当草莽瘴厉之时,类招华工为徒役,虐驱惨死,非复人理。商埠既成,则挥之使去,禁之使来。吾民何辜,为人牛马?当经电饬该局,先将保护章程议呈候核订,该章未定之先,毋得准招,并令向德领声明,未经准招之先,如有专雇载工轮船到埠,耽搁回空,不能向我哓舌。鄙意彼族豺狼,即使妥定保护章程,徒法不能自行,阳奉阴违,于工无补。现拟执定禁工,如万不获已,尤须要彼允我在招工岛设官保管,或择就近家国设有领事兼理,严定两国保工专章,由政府承认,如不照章,有责罚工主及要令特雇专轮送工人回籍之条,保护方略有把握,尔时始准开招。国体、民命攸关,务乞钧部坚持,早赐酌定示复至祷。人骏。径。

### 附:外务部为巴劳岛招工未可轻允复张人骏电
（光绪三十四年十一月二十八日）

径电悉。萨埠华工被虐,业于十月间准来咨,照会德使革除苛例,并派驻澳总领兼摄保护,迄今未复。巴劳招工未可轻允,尊虑极是,如德使来言,自当力阻。外务部。勘。

## 越南拘匪费用粤省自应一律办理致外务部电
（光绪三十四年十一月二十六日）

钧部二十二日电敬悉。越南拘匪费用三省匀摊一节,准清帅二十四日电允照办,粤省自应一体办理。连同钦防在越南拘匪之费,并案统算可也。人骏。宥。

### 附:外务部为法使催交越南拘匪费用致张人骏电
（光绪三十四年十一月二十二日）

越南拘匪费用,法使屡照催缴。上月经本部将该使原送账目、簿单咨寄桂抚详核拨用。顷准复称,单内匪党姓名、人数及拘管起迄日期均未列明。惟此事本我要求,势难认真究诘。现已照单开一万六千一百六十九元一角二分之数,先行挪交法员。惟桂省财力支绌,此次边界三省皆有关系,越督单内所列各费,仍以毗连滇、粤之保胜、泉防两处为多,以后为日方长,若一概由桂独任,实无此力。除前交各款业由桂筹给,毋庸置议外,此次应交之一万六千余元及以后续有应交费用,拟由滇、粤、桂三省均匀摊派,仍由桂先行筹垫,以免贻误。恳分电滇、粤两省。至此项费用嗣后如何明定章程,方不至漫无限制,请主持定议,等语。查本年正月间,本部曾与法使商有禁匪章程五条,内有一条即声明拘匪如何缴费之事。嗣辗转商改,迄未定议。现拟再向法使催复。此次桂省挪交之款,据称单开费用,仍以保胜、泉防为多,则三省分摊,亦足稍纾桂省之力。除电商滇督,并复桂抚外,希酌核办理,并电复。外务部。二十二日。

## 为三省匀摊越南拘匪费用致外务部锡良张鸣岐电

(光绪三十四年十一月二十七日)

外务部钧鉴,锡清帅、张坚帅鉴:

午。密。钧部廿二日电敬悉。越南拘匪费用三省匀摊一节,准清帅廿四电允照办,粤省应一律办理,连同钦防在越南拘匪之费并案统算可也。人骏。有。

### 附:云贵总督锡良为滇省匀摊越南拘匪费用致张人骏张鸣岐电

(光绪三十四年十一月二十四日)

广州张安帅、桂林张坚帅鉴:

午。密。外务部廿二日电,拟将越南拘匪一切费用三省匀摊,滇省自应照办,理合布闻。叩。廿四日。

## 法领欲借龙河运盐致外务部电

(光绪三十四年十一月二十八日)

九月间据龙州道电禀,法领欲借龙河运盐。该道当查,食盐不准进口,载在中法合约第十五款,立有专条,驳复不允。嗣有越商运进食盐一百零四包,经该道函请税司,将盐提出充公,余货放行,并照会法领饬禁。顷又据龙州道电称,法领以该盐经追系照一千八百八十七年约章第六节办理,因辩驳其事。顷奉文称,中国政府承认按照此章之利益,嗣后运盐过关,惟如何设法缉私,乐与道台商办等因。请贵部将办理详细行文知照。至前此充公之盐,应由敝领事照数议价,随时奉达等语。查食盐不准入口,各国向均遵办,光绪十三年间,中法续议商务专条,第六款亦无运盐明文,至前充公之盐,法领竟欲索赔，尤为无理。迎隆逼近我水口越盐价贱，若任绕运，势难禁其私售，大碍内地盐政。刻已电饬该道，仍照约章驳拒，如法使向大部哓渎，乞坚持为叩。人骏。俭。

### 附：外务部为法船运盐事复张人骏电

（光绪三十四年十二月初二日）

俭电悉。法船运盐事，前准法使来照，当经本部以并非在中国境内贩卖，不过假道经由龙州，照约应准。惟奸民借此贩私，不可不防。法使愿商酌严禁办法，应饬龙关监督妥拟，与法领商定咨部核复等语。于冬月初二日咨桂抚在案。惟法使来照，只言去年九月间龙关曾查拿法船盐斤，经法领驳允放行，未言及有充公索偿事。咨桂抚文即抄达。希查核。外务部。冬。

## 为抵制日货晓谕告示

（光绪三十四年十一月）

两广总督张为晓谕告示：

思广东通商，进步领先，民智久开，商业市场中与各国贸易频繁，昌盛有年，平素以洽洽融合著称。唯以地势与海滨相接，匪党素不为少，常有奸商从海外走私军器火药，诱导匪徒妨碍治安，以为贸易市场之害。又民间匪党依恃外来军器，愈加猖獗，屡逞祸害，终至遭人嫌忌。本部堂就任后锐意戒饬，查察拿捕匪党极严，且严禁援助匪党之事，以利于维持和平。现在民情静谧，地方安泰。兹据外务部电训：日本小村外务大臣发电于全国地方官及台湾各处、各地海关等，谓清国之匪党及日本人之同情匪党者，暗中向清国走私军器火药等，当极力镇压。日本政府与我国毕竟交谊极睦，而此等走私之事，乃一二与匪党情通者为之，所以日本政府深表遗憾，现当极力镇压以禁绝之，由此自无再犯之虞。今后匪党失其所恃，必得安宁，中外咸受其益。合当为此告谕，使民间亦喻此意，望众人皆能知悉。尔等今后宜务生业,排除恶感,使两国人广做交易,十分确信,勿抱猜疑。今值世界交通之际,专以商务为重,且工艺制造等,我当进而求之,宜使守旧人士明之。如此则商业有骎骎日升之观,本部堂有厚望焉。各自凛遵勿违。特示。

## 官窑美教士无礼已极复外务部电

(光绪三十四年十二月初三日)

冬电敬悉。官窑美教士无理已极,前领事有意取闹,迭电钧部情形,实已作结,无可再与美领商办。乞主持。骏。江。

### 附:外务部为美船在官窑酿事案致张人骏电

(光绪三十四年十二月初二日)

美船在官窑酿事案,来函以美领并未提及本部,亦遂置而不论。顷美使谈次复云,此案贵部曾云已电粤督派员与美领妥商了结,顷该领来电,粤督并未派员与商。此等小事,尽可彼此让步速结,不宜久延。请电粤速办等语。该使所称,系为结案起见,似可派员与该领和平商结。希酌核办理,并电复。外务部。冬。

## 黄秋案若迁就美领恐枝节丛生致外务部电

(光绪三十四年十二月初六日)

黄秋案关于兄弟争财,讯明断折,应按服制引律。若迁就美领观审,即认为籍民。彼律专重财利,不顾伦常。案内黄秋被伊兄弟挽留在官,责令偿债一节,美领坚持欲照原控,按掳人勒赎治其胞兄弟罪。异议各执,此案更无了期,恐枝节因此丛生。若徇彼究断,于中律名义难圆,伦理攸关,决无办法。鄙意因美使之言,为顾存前彼领体面起见,拟照本年七月间香山县民李湘(即宝鉴)、李林(即宝镛)与其兄李铭恩禀争产案,李湘、李林嗣由英领认为籍民,遂将二人送交英领,按约不准管内地产业，享受华民权利，并不再干涉争产案，英领亦不预闻华官，谨就李铭恩两造，另传人证卢瑞英等询明，将所争产业断归李铭恩管业完案，一律办理，永断葛藤。即无庸传讯黄秋，美领亦不必观审。请钧部据情酌复美使查照为祷。人骏。鱼。

## 附：外务部为黄秋案宜速予了结免伤中美感情致张人骏电

（光绪三十四年十二月初三日）

黄秋案，本部前月初十、念五，迭将久住内地、自置田亩，并此案赴县递禀各情，证为享受华民利益，自弃美籍确据照会美使。兹准照复谓，黄秋曾言未在中国置产买地，系因借钱与人，借主以地作质，嗣该地方归于名下。无论诚伪，仅关违约，非为弃籍。旅居广东，则曾禀明美领。至赴县递禀，亦声明美籍，故不认黄秋有自弃美籍之事。本大臣不愿将此细事详报美政府，因中美素敦睦谊，此等小案，理应办结等因。惟据美使私谈云：如黄秋置产印契果确，不但应照外人违约置产办理，并应照骑籍例处罚，取消美籍。但该民现在籍贯未经分明，应由地方官邀同美领审讯商定办法云云。总之，置产税契各证果足为凭，既认享受华民利益，即可取消美籍。应由尊处派员，邀同美领会讯定案。此等细事，自宜速予结，免伤中美感情。至会讯一节，尽可声明，他案不得援以为例，缘《国籍法》已将议订，将来自有办法。希查照施行，并复。外务部。

## 附：外务部为黄秋案照约办理折服两造致两广总督张人骏电

（光绪三十四年十二月初九日）

鱼电悉。黄秋案，系财产问题，不必拘定是否籍民。但问黄秋有罪无罪，并有无应分产业，及应令伊兄弟偿还款项之处。既认美籍，则不得享内地人民利益；既享内地人民利益，则不得复认美籍。二者必居其一。果有确凿证据，不难公平断结。美使来照,虽偏重美籍,并无成见,但求公允。所请派员审讯,并邀美领观审,亦系照约办理,借以证明案情,折服两造。希即查照施行,并将讯定情形电复。外务部。初九日。

## 官窑案俟美领来言即派员议结复外务部电

（光绪三十四年十二月初七日）

初六日电敬悉。官窑案俟英领来言,遵即派员与商议结。人骏。虞。

### 附:外务部为官窑案美使又来饶舌致张人骏电

（光绪三十四年十二月初六日）

江电悉。官窑案,本部前经迭据咨电驳复,美使终以粤省偏袒为言,必欲来部商结,本部不允。彼此往返照会,词均激切,几至决裂。迨后将照会互相退还,始以由粤派员商结为转圜之地。兹来电云,业经作结,无可再商。查交涉事件,总以两面商妥方为了结。今美使复来饶舌,其为不认结案可知。既云由粤派员,若尊处置之不理,彼必不甘。此事甚小,现该使既有彼此让步之语,则如何办结之处,尽可与美领磋磨,务须查照历次函电派员商结,以免久延,致伤交谊。即电复。外务部。初六日。

## 滇省余款已发交蔡委员领用致锡良电

（光绪三十四年十二月初七日）

锡清帅鉴:

鱼电祗悉。存留贵省练军经费,承支拨各款外,尚存三万二千余两,现已饬司发交蔡委员领用。骏。虞。

## 附：云贵总督锡良为滇省剩余练兵费请发交蔡委员领用致张人骏电

（光绪三十四年十二月初六日）

广州张安帅鉴：

洪。尊处拨滇练兵经费，前请暂留银十万两，以备派员领购军装之用。除咨请饬发云南委员蔡令慎益银六万两，又划拨桂省枪价银元六千七百七十八圆三毫六仙，另银八百一十九两二钱。又电请拨发拿获王逆和顺赏银三千元。约尚余银三万，银两恳请饬司尽数发交蔡委员慎益领用。仍祈示复。鱼。

## 粤省商轮冒挂洋旗致外务部电

（光绪三十四年十二月初七日）

鱼电谅达。粤省商轮冒挂洋旗，去年经与英领商定罚章，互相查禁。“泰安”轮船七月间碰沉戏船，伤命甚多。与英领照会往来，耽搁数月，以致冤沉日久。十一月二十三日，英领来文，以查之署中，询之香港，均无此船。香港理船厅为专司轮船之官，亦既查无该号“泰安”轮船名目。英领复称，该船不应悬挂英旗，是其冒挂无疑。碰船命案，即不应与英领会讯，自不能不问之该船，此拘留“泰安”轮船所由来也。该船拘后，士商欢动，交赞英领之秉公。乃遽接初六日英领来文，以该轮被华官拿获，谓未能明拘拿之故，当日被华人戏船禀控，碰船伤人之“泰安”船，先疑所指系该省河行驶悬挂华旗之小轮，现拘之“泰安”轮船，转称系属英船，曾经在港注册，请与释放。查碰船一案来往公文，与戏船事主向英领具控，均与小轮字样，英领所借以诿卸之“泰安”小轮，系属华旗，岂有中国商轮碰船词讼、照会领事讯辨之理？且所谓华旗“泰安”小轮，即系李水提部下缉捕官轮，无据遁词，莫此为甚。查与国交涉，最重然诺，英领于“泰安”轮船冒挂英旗一案，前后照会反复其辞，信义全失，以后与该领傅夏礼如何办理交涉？

应恳钧部特告英使,请其照复,并乞电示。人骏。虞。

## 本日巳刻英领来署认错致外务部电

(光绪三十四年十二月初八日)

"泰安"轮船一案,本日巳刻英领来署认错,云先未查明,以致有误。"泰安"实系英船,请与释放。碰船命案,俟驻沪英按察来粤办理等语。词气颇为切,并由该领请将初六日来文收回。现拟不为已甚,当已饬将"泰安"船释放。合电陈。人骏。庚。

### 附:外务部为"泰安"轮船英领前系误会致张人骏电

(光绪三十四年十二月初八日)

鱼、虞、庚电均悉。英使亦称,被拘之"泰安"轮船,与去年冒挂洋旗之"泰安"小轮,截然不同。英领前系误会,致粤督有误拘之举,请声明释放,以全英旗名誉等语。现尊处既饬将该船释放,本部即可据复英使。至碰船命案,仍希确查证据,以备质讯。外务部。初八日。

## 请仍将梁诚留粤办理铁路致军机处电

(光绪三十四年十二月初九日)

致军机处电。

窃维粤汉铁路为干路两轨交通要区,粤路集股银数已达四千万元,款巨工大,人多瞩目。开办以至去年夏秋之间,谤议交讧,几难终日。自梁诚总理路事以来,独具毅力,措置有方,现粤路之已筑沙上者数十里,通工车者三十余里,通客车者一百三十余里,统计二百余里,已得粤省全路四分之一。二期股银已收者将及千万元,资本甚充,工程就绪,成效实已卓著。中间虽尚不无诽语,罔非因争揽路权不得,或求索不遂等人造谣布散。查梁诚前由驻美使臣,以礼去官,解任旋里。扣至宣统元年二月间服满,届时自应入都觐圣。惟粤路正当吃紧，一时难得替人。良以位望足孚，而路事又非熟悉；习于路事，位望或未尽孚。访之各大股东舆论，皆以梁诚卸办总理，引为深虑。伏惟朝廷特设专部振兴路政，于粤汉铁路复简派大臣督办，慎重维持，莫名钦佩。兹因梁诚去留关系粤路全局，可否请旨饬将粤路事宜责成梁诚一手办理，免其扣资，以俯众望而重要政。是否有当，伏候圣裁。乞代奏。

## 德属巴劳招用华匠现有十六人赴局喊称在港被拐致外务部电

（光绪三十四年十二月十三日）

德属巴劳招用华匠，云系由香港招齐一百五十名，到汕头附搭司马炎轮船出洋。现因工约尚未议妥，该华匠既系转由汕行，自应查禁。已饬汕洋务局照办。

本日德领来署请予放行，当告以查明萨摩苛待华工情形，并示以前由委员在阿丕亚岛取回该处所用以鞭责华工之牛筋鞭，申言此种惨状，殆非德政府及贵领所曾知，敝处有鉴于此，实不忍再准华人出洋佣工等语。德领亦觉怃然，请将各项查知苛例条示，以凭转告萨摩总督，设法办理。其此次招赴巴劳匠人，谓已发给工资，意在先请放行，再行续订合同，务令匠工不至被虐云云。

兹经电令汕头巡警局会同洋务局，传集由港被招到汕各匠工，查明或被诱、或愿去、或始愿而终悔各等实情，分别电禀核办。查此事昨已据驻汕洋务委员禀，现有华匠十六人赴局喊称在港被拐。用特电陈，如何请电示办法。人骏。文。

## 葡萄牙人奴路夏踢毙华人案致葡萄牙驻广州总领事照会

（光绪三十四年十二月十四日）

查此案，佛山轮船收票之人不止一奴路夏，被控踢毙华人并未指出姓名,奴路夏何以即自首为被告？英领署会议时,录送供词内,各证人供指被告甚确,奴路夏无一语置辩,已可为默认有罪之证据。大副、水手人等供词甚多不符,至德医生检验一节,中国官不能承认。查同治四年,英人炉礼士在汉口枪伤华人彭尚令身死一案;又同治八年,英人卓立哲枪毙华匠王阿然,并伤陈唔叨一案。系凭汉阳县、上海县所验尸伤定案。此次葡人奴路夏踢毙华人,经南海县验明尸伤属实,自应照本国法律交涉成案,以该县所验尸格伤痕为据,按办凶手以应得之罪。现在本案尸亲、证人均已齐集控告,应照约章第五十一款,即由中国地方官与领事官会同审办,公平讯断办理。按约文既有会同字样,即应由两国官员公同审理,一律皆有查询证人、原被告之权。且断讯必须见其公平,公堂自应准人观审,以期公诸众论。本部堂照请贵总领事官,将本案开正式裁判,饬地方官并派委员到贵署会讯,系按照约章暨办过通行之成案而行。请贵领事即速定期会审,原告、证人之口供,贵领事官指为贿嘱,究竟何人行贿,何人得贿,有何证据,并未确实指明,以凭查究,未便空言污蔑。若报馆有闻必录,本许言论自由。至关本案未结之先,道听途说之言,业已禁登载在案,此系另案办理之事,不得牵合而言。贵总领事惟宜持以平允,无论何人,自无所用其苛责也。

## 附:葡萄牙国驻广州总领事致张人骏照会
(光绪三十四年十二月)

此事系一年仅十五岁之童子起意造谣,假爱国之人,遂言为眼见,同不合例之名为自治会。遂将此并无过犯且是寻常有见之事变作重大之案,以致省城百姓愤恨洋人及华官矣。原告之证人口供,有明明见得系自治会贿买,或私嘱其如此说法者,省城日报于未开堂讯问之先,即已将此供词一句一句刊发报上,可以证据,是则各证人理应答辩,省城日报亦应严办。而自治会于此等只系本总领事与贵部堂可以办理之案件亦妄为干预,并鼓动民间愤恨洋人及官长，又开罪于损体面于各领事官及各友邦，皆属理应究责者。原告证人口供明系假语，观船上所有同奴路夏一齐收票各人之供词，更显出其假矣。假供状无庸置论，只论检验尸身，当日已经英国医生两次检验，贵部堂同是请该医以验之，今该医验单，明明报出佛山船上毙命之华人死于自然，毫无打伤痕迹，医生验单如此，是此案早已完结。奴路夏实系无罪。此案既由英总领事查无凭证，质实被告，则本领事不应再审。若贵部堂欲本领事再审讯，必须另找切实慎重证人，由本总领事查问，果于被告有罪，再订期开正式公堂审讯。至初时查问，尚非会审，地方官无庸到座，报馆访事与夫一切外人均不能到听。但为查问中国人命之事，欲杜众人借口议论，可由贵部堂委派司道班人员，能通法国文语者到座观听，惟只可抄录口供，不得查问一切证人。独本总领事有如按察之权，查询一切证人，如果查出证人有诬告情事，应请从重责罚。倘各报馆议论多端，致使百姓鼓噪，及用言语开罪于本总领事，亦应责罚。以上各节，如承贵部堂概行允诺，则请早日照复，俾便订定时日，饬知被告之各证人，及请贵部堂饬由地方官，将原告之证人，开单送过本总领事署，以凭查询云云。

## 查明大庾起事原委事致两江总督端方电

（光绪三十四年十二月十五日）

粤省北路多年未遣散营队，亦无遗失枪械。此次匪起五洞，系大庾所管，恐系上年滋事拳匪余党窜伏山林，并未剿尽之匪。

## 另 电

据韶州道府转据仁化县禀：查悉此次匪徒，即上年漏网拳匪，勾结三点会匪，约二百余人。初在大庾属之五洞，现窜踞行洞，并非散勇，亦不在冷饭坑，不知南安营县何以误报，现会同防营驻长江防剿。又据南雄文武电：庾匪窜聂都，勾结神拳，有四五百人，防勇迎剿失利,教堂、巡署被焚。匪称由聂都直攻郡城,复退廖洞、尧湖各等语。此股匪徒俞道指为粤东散勇,现查系漏网拳匪,是不出骏所料。骏非讳言粤匪,第恐彼此推诿,最足误事。刻下匪势鸱张,吴镇已于十三率队往剿,南雄一带,并已调勇防堵。除再电饬会合赣湘各军迅速歼除,如敢推诿玩误,定予撤参外,祈转饬赣省在事文武,合衷剿办,力图扑灭,勿得稍存诿卸等因。

## 为近来惠属匪风复炽允拨款建筑东江炮台事致提督秦炳直电

(光绪三十四年十二月十五日)

近来惠属匪风复炽,水路受害更甚。惠安三营汛段绵长,防缉难周,首尾不能衔接,每为匪乘。上游港多水浅,舢板更难得力。前与吴镇面商,只扼要改建碉楼,每设后膛抬枪数杆,得居高以临下,自能击远而胜众,于士卒卫生亦颇有益,即守御亦胜于舟居。吴镇在博罗望江建造,虽若炮台,其实仿碉楼办法。尊意拟由博罗白沙至河源,计二百六十里,添筑廿五座,需款八千余金。为保全地方计,局款虽甚支绌,亦当设法勉筹,如数应付。惟将来需勇防守,只可酌调现有水陆营队,不便另招。如果实有成效,更可将舢板裁撤,每台给一长龙,以备下水捕匪之用,更能水陆联贯,事半功倍。请派员核实覆估,一面妥定章程,咨送核办。

## 德国所招赴巴劳之华工系揽招拐骗拟全部扣留致外务部电

(光绪三十四年十二月十九日)

洽电祗悉。巴劳招工事,据汕头洋务局电禀,在港招来工匠一百五十七名,先后附搭别项商船到汕,内有喊禀骗诱者十六名,自称不愿去者四十五名,求官担保不至苛待者七十名,另有二十六名尚匿未到验。该工人等均称,闻在香港预发工资,被客头经手人扣去,多未领到，亦不知其数。又称，此次在香港招工，英官不知，皆系被诱，冒充搭客来汕，伊等实不知外情等语。

是此次巴劳招工，显系揽招客头拐骗而来。拟将各工全数扣留，以重民命。昨经函致广州德领，饬德公司自向经手客头追回冒领工资完案。拟请钧部照知德使，转饬德领遵办为叩。

人骏。巧。

### 附：外务部为巴劳招工事德使函请先放行复张人骏电

（光绪三十四年十二月十七日）

巴劳招工事，德使函请先放行，续议合同，已经本部照尊处文电，切实驳复矣。希查照。外务部。洽。

## 为度支部议办预算决算表一事致各省督抚电

（光绪三十四年十二月二十一日）

度支部议办预算决算表一事，前经电商各省，皆因造报为难，迄未定议。现在筹备立宪既有年限，明年即须调查岁出入总数，部中又以举办统计迭催造报，此事似难再缓。查各省款目，除止部款收支向有定额外，其余杂项无定数，亦无定期，且有融销者，即如赈捐一项，报部作收四成外，省只收一成一二，实须融销二成八九，本属无关弊祛，而与本款之实收实支便不相符，其他似此者计不止一端，想各省亦所在多有。今若仍照融销之法，似非实事求是之道。若据实开报，又与从前销案两歧，此节最费斟酌。至外销之款和盘托出，恐将来或有棘手；如不实报，又无以照核实而免窒碍。公智珠在握，必有良策。现拟如何办法，乞详细电示。鄙意或将为难情形联合数省据实入告，请将以前轇轕之款不定出数概免计议，果或现年实收实支数目据实查开，庶几或易下手。可否之处，亦乞赐教。再，宪政编查馆咨行筹备立宪案内，查开岁出入数目，系包行政、地方两费而言，且须将地方费交谘议局议决。此项地方费，是否专指各属绅民自行筹办为保卫乡里之用,如善堂、公局等款。粤省似此者甚多,其进支款项,官中向不预闻,贵省情形如何,现拟如何查开,并祈示及为感。

## 为龙门同善堂勇棚抢枪毙勇案札饬各属

(光绪三十四年十二月二十一日)

营勇为捕匪而设,乃勇棚被攻,抢枪毙勇,实骇听闻。龙门北门外同善堂扎勇棚,人亦属不少,如果弁勇并不私离,照章派勇在厂外站立瞭望,何至匪徒如入无人之境?案核情形,恐系弁勇半多外出闲游,反留现被伤毙之勇夫在厂看守。哨弁符云衢带勇赴路溪,已形空虚,何以哨长罗贵麟又复到县署点勇?显系事后卸饰,以为诿过地步。营队损威召侮,莫此为甚,该管各官均难辞咎。应将统带康参将记大过二次;管带王开桂、哨弁符云衢均摘去顶戴,各记大过三次;哨长罗贵麟即行撤革,重责军棍,将所失枪枝子码照价分赔。一面将此股匪徒赶紧搜剿净尽。倘敢迁延玩误,定即一并撤参。至队营裁减后,各属均有巡勇,以为巡缉弹压城市看守之用。该县防勇四棚,竟以二棚分扎文武衙署,任令城外空虚,实属误事。县署分扎防营,可见巡勇并来募足。武衙亦扎防营,更属拥兵自卫,言之可恨!潘令并应记大过二次,刻日将文武两署所扎哨勇悉数调出城外,择要扼扎,认真巡缉。潘令应将巡勇照额募足,缺额缺饷,军法具在,勿谓言之不预!查各属巡勇,以县分之大小定名数之多寡,昨准李提督来咨,访有一二县只招募一名,饷项全行侵蚀,请以后由文武互相钳制,以杜弊端。当经照准移行遵照。现证以龙门之事,所言益觉不虚,更恐各牧令之蹈此弊者不一而足。此项薪饷为岁支一大宗,如令各县侵吞入己,不如将巡勇概行裁撤,腾出饷项添募防营较为有济,应由该处会同善后局体察情形,全盘筹划核议详办。巡防勇厂应派在外站立瞭望,前经订定章程通饬遵照,该处应再移行各营,严予责成。并通饬各属,以后不准在城内驻扎防营及看守衙署监羁等事。一面派干员驰往龙门确查，此次失事究系何情形，现匪势趋重何处，康参将到县剿办能否得手，并将该县巡勇切实点报，究竟缺少几名，是否全不招募，据实禀复核办。

## 准广西巡抚咨称桂矿免税五年札

（光绪三十四年十二月二十二日）

窃照广西矿产前经本部院奏准，免征出并出口税五年，光绪三十四年七月初十日奉旨之日起，扣足五年期满再行征收。除本省商民开采矿产应给免税执照、由统税总局颁发外，所有富贺官矿局所出矿产，应由本部院衙门特发免税专照，以便运销而杜影射。除制就三联免专照，盖用关防札发该局随时填用，合将照样咨送查照。

## 为查覆广东制造军械厂所造轻机炮事致陆军部电

（光绪三十四年十二月二十二日）

陆军部：

洪。奉筱电，当饬厂查复。此项轻机炮系试仿丹国八米里口径，每尊大小机件一百四十九件，演放灵捷，与丹国所出不相上下。因厂中无制造此炮专门机器，全用手工仿造，是以每月只能造二尊。如添购机器，即能多造。计每尊连架工料银四百十二两，另配装弹机一付、装弹盒十个，工料银九十两，共计工料银五百零二两。子弹每千个工料银五十七两六钱。谨复。骏。养。印。

## 巴劳招工难准出口事致外务部电

（光绪三十四年十二月二十三日）

巴劳招工事，巧电谅达。现据汕头洋务委员电禀，在汕各工，近有被人诱骗签名愿往等语。

查此次温德司在港招工，系分帮搭船至汕，始行转运出口，实与在汕开招无异。核阅所拟工约，多未允协，且事前未与中国官商定，复查有影射诱骗之事,实难准予出口。拟饬汕头委员与德领磋商,饬温德司先将各工资遣回港,俟合同商定,另议办理,乞主持为叩。骏。养。

## 巴劳招工已饬与德领商订保工办法发外务部电

(光绪三十四年十二月二十六日)

华工事,昨按德领照会,以钧部坚持奉彼政府命请与敝处妥议章程,愿将虐待工人之事一体革除,其愿往巴劳工匠,请通融放行等语。当饬魏、严两道晤商德领:一、饬具保费二万元,存粤银行备质,以后如有被虐华工,一经控诉有据,或经查悉,即按名扣款,抚恤本人或其家属;二、此次在港招雇华工,乃前并未商明,且查有诱拐弊证,应查明承揽招工头人惩罚;三、如经妥议章程,准招工人到埠佣工,每日定以八点钟做工,时刻过时,应听自由,不得限制行动。德领尚无异言。经电饬汕头洋务委员与驻汕德领妥议禀办,如何情形,再行电达。并经与德领言,此事原非有意留难招工,徒以被虐不忍,于公理说不去耳。

再,萨摩设我国驻领,亦与德领论及,据称,已由政府许可,拟请钧部即尚德使办理。均乞迅赐电复。

人骏,有。

### 附:外务部为葡国有彼此妥协办法致张人骏电

(光绪三十四年十二月二十六日)

昨电计达。顷英使送阅英外部电称,葡使交来葡政府电称,澳官并未侵占争地,而华官在该处新派兵队驻扎,葡外部拟有下开彼此相让调停办法,庶全彼此体面。若中国允将驻扎兵队撤退,葡政府亦愿简派一极大之文官或武官,以代派定之三员。以上办法,是否妥协。等语。葡争澳界,借英为助,其告英政府,隐彼欺地之谋,而有要我撤兵之语。即使易员,岂真相让?除由本部驳复英使，并电驻英李使向外部声明外，查华兵驻扎之处，英使称系拱北关横琴岛，究竟现驻之兵何时派往，所派地段从前曾否驻过中国兵队，希即查明电复，以凭辩论。外。

## 附：外务部为与葡国交涉之事致刘式训电

（光绪三十四年十二月二十五日）

号电悉。顷复接粤督电称，驻澳葡人已在南环测量河道，为开浚计。所派兵轮已到一艘，泊银坑湾之间。该处本系华兵轮所驻泊。闻明正尚有两兵轮前来，探知将于过路湾、横琴两处分泊。现自十佛门以至七姐妹石所有海道，彼肆意占据。等语。查，葡人于澳门附近直欲用强占手段，现在执事计已抵葡两日，务向葡外部切实诘问，催令撤回兵轮，易员勘界。并将所商情形，迅即电复为盼。外。

## 附：外务部为巴劳招工章程应声明派员保护发粤督张人骏电

（光绪三十四年十二月二十七日）

有电悉。巴劳招工，彼既允出具保费，革除虐待，自可饬与妥订章程。该章程内，仍应声明派员管辖，借资稽查保护。昨德使照称，萨摩设领，德政府可允准，惟不能由驻澳总领兼摄等语。

萨岛华工现已无多，特设驻领经费颇巨，若照槟廊屿例由商董派充，援照他处工章，由公司酌筹津贴，较为妥便。萨与巴劳相距远近？在萨设领，凡德属华工能否兼顾？统希妥筹见复。外务部。沁。

中国近现代稀见史料丛刊【第九辑】

张剑 徐雁平 彭国忠 主编

# 张人骏往来函电集（下）

（清）张人骏 著
刘天昌 整理

本辑执行主编 彭国忠

凤凰出版社

# 宣统元年己酉(1909)

## 请加派勘界员并届时酌派兵轮以防劫盟之举复外务部电文

（宣统元年正月初七日）

初六日电悉。刘使与葡外部所商五条，按删改各节，深仰荩筹。勘界大员以高而谦当之，甚妥。鄙意拟于梁阁读学诚、杨参议枢[1]三人内奏请加派一员，会同办理，以期详慎参酌，呈候政府裁决。是否，仍望钧定。

惟查光绪二十四年间，因广州湾与法人划界事，雷琼道周炳勋致为法人拘往兵船抵押，经苏提督元春与法提督反复争论，始行释放。并闻苏提督彼时被法船载至广州湾，尔时因我国未派兵船，生此枝节。前车鉴在，届时拟请酌派南北洋相当兵轮三四艘来粤，借资震慑，以防有劫盟之举。如既派定员后，彼果践言撤舰，我之兵轮驻泊虎门内港，务须毫无痕迹。如何？请裁示。人骏。虞。

### 附：外务部准刘使电与葡外部磋商澳门勘界办法致张人骏电

（宣统元年正月初六日）

准刘使支电称，遵二十七日电，迭与葡外部往返磋商，彼允如下：

---

① 杨枢。1903—1907 年曾出任清政府驻日公使。

一、争论地方由勘界员会查核断，目前中国撤退兵队，不得视为放弃权利。

二、两国遴派位分相当之员为勘界员。

三、勘界员应查照丁亥葡京节略，及中葡条约第二款会订界址，呈候政府裁决。

四、如两国有意见不合、不能裁决之处，应届时察度是否可交公断。

五、葡允撤回巡舰，调开炮舰，并暂时停收地钞，罢浚河道。

以上葡外部所允五条，于大端均已就范。又称勘界员各派若干，并拟派何员，葡外部愿彼此先将姓氏开示，然后派定，以免纠葛。至调开炮舰，彼云须在派定勘界员之后，俾免舆论诘责，各等语。查所商各条，我酌撤兵队，彼调开炮舰，均应在派员之后，俾免舆论诘责。各等语。

查所商各条，我酌撤兵队，彼调开炮舰，均应在派员之后，且有“不得视为放弃权利”一语，可杜将来借口。公断只可姑存其说，不必预先声明。“暂时”二字应删去。至派员一节，我既不愿彼派在澳葡员，彼亦坚请我派别省大员。本部详加遴选，查有云南交涉司高而谦，情形熟悉，位分相当，拟即奏派该司为勘界专员，令其由滇到粤，禀承尊处指示办理。特先电商，希即酌核电复，以便电知刘使与葡外部定议。外。初六日。

## 附：外务部为不另加派勘界员及派兵轮事复张人骏电
（宣统元年正月初十日）

虞电悉。加派勘界员一节，前与葡使说明，我既不愿彼派在澳葡员，彼亦坚请我不派籍隶粤省之员。来电所举梁、杨二人，均隶粤籍，倘彼借词拒驳，转失体面，自以不另加派为妥。高交涉司已特赏头品顶戴，位分较崇，事权宜一，拟商妥后，即由本部奏派。其随同襄勘之员，应由尊处与高司妥商办理。至派轮一节,现在葡廷已有和平解决之言,并允派员后调开彼舰,且有英人居间与闻,劫盟一着,必可无虑。若我于此时派轮赴粤,万不能毫无痕迹,恐授人口实,徒碍大局,此节应毋庸置议。除电刘使与葡外部定议后再电达外,统希查照。外。初十日。

## 札饬筹备新军成镇经费

(宣统元年正月初九日)

粤省新军,先当续编炮工、辎重各营之际,所有军具枪炮等需用尤多,而营舍、服装等件亦须先行准备,以免新兵征到,临时棘手。其花生寮等处营房工程,及应行添置各项军具,当饬督练公所讯行酌核,开单列呈,并以款为数既巨,尤须速行筹备,随时支发,方免贻误。当饬司局将此项开办经费四十万两筹备,以凭饷械所分批具领。

## 滇省散勇裁撤回籍请派兵押送致云贵总督锡良电

(宣统元年正月十二日)

锡督帅鉴:

洪。据百色同知电奏,阳到散勇一百一十名,据称由滇河口铁路巡防第三队裁销散回,均籍隶两广边地,未准滇省文移。当经逐一查点,开具名籍、箕年,及裁销营哨、日期,分别填表遣送,陆行共七十七、舟行共三十七名,并分派弁勇,于佳日押同起程,转知前途照派弁勇递送,以防借端生事,散窜勾结等情。前项勇丁,是否系河口铁路所散,何以并未派员押送,亦未知照经过地方。乞饬查电示,并请属以后遣散勇丁务派拨弁勇管押回籍,移知所过地方,加派弁勇递送,以免滋事。骏。真。

## 附:云贵总督锡良为铁路巡防第三营遣散回籍复张人骏电

（宣统元年正月十二日）

广东张安帅鉴:

洪。真电祗悉。此项散勇,系滇省裁撤河口铁路巡防第三营遣散回籍。前据营员报称,各勇虽有粤籍,均近滇边,故由滇拨派员勇,并饬沿途地方官加派兵差押至剥隘,给饷遣回。蒙示,业由百色派勇押送,甚感。遵已电饬滇边文武,嗣后如再有遣散粤勇,务须回籍,移知所过地方,加派弁勇递送,以免滋事。敬覆。文。

## 会同张鸣岐为法盐假道龙河事致外务部电

（宣统元年正月十八日）

初八日电谨悉。法盐假道龙河事,法使一味坚执,未免有意背约。法盐过境龙关,迭次充公有案。前经查明电陈,法使谓该馆旧案,借道运盐已非一次,何以龙关独无案据,所言实不足征信。且查中法续约系光绪十三年所订,龙关于光绪十八年及二十四年将法盐充公,三案均在续约之后,当时法人并无异言。可见,龙河不能假运盐斤,法人早已承认,何得凭空翻案?总税司谓续约第六条未经声明不准载盐一节,盐斤系禁运之物,约内既无准运字样,即不在弛禁之列。各国条约类似此者甚多,如以未经声明不准载盐即系准运凭证,将来解释条约,均以此类推,则各国可以要求之事,正复无限后患,何堪设想?此事一经通融,各国必纷纷效尤,势将不可收拾。即如粤省,广州湾产盐甚多,自租与法人后,该处盐斤屡欲运往港澳等洋界,以图转入内地私销。光绪三十一年,岑前督任内,缉获悬挂葡、法两国旗私盐一艘,计三十余万斤,其时,葡人亦请与我严定缉私之法,迨与葡领切实磋商,则又饰词延宕,可见所言防私办法,大都饵我之词。两粤地方,无论水路,皆属路径纷歧,一准假道过境,缉私即同虚设。

盐政即不堪问，必致牵及全局，非仅一隅之害。惟有仍肯钧部，仍予切实维持，按约与法驳拒；一面电令驻法刘使，向法外部辩论，协力坚持。无任叩祷。人骏、鸣岐。叩。筱。

## 为届时酌将关闸内附近茶亭驻营相机暂撤事致前山同知庄允懿电

（宣统元年正月二十一日）

澳门转送前山厅庄丞：

前。密。顷接外务部电，刘使效电称澳门界务，昨诣葡外部互换文件讫，所有我撤兵队一处，彼撤炮舰、停收地钞、罢浚海各端，订定西本月十号同时实行。又电称，现又与订明以上各端，均定西十二就即中历正月二十二日彼此实行，听候两国派员合订，本部已允认。二十二日为期已近，应由尊处酌撤兵队一处，并即知照葡官将撤舰各节同时办理，仍将情形电复。等因。

现拟撤兵一节，以关闸内附近茶亭所驻防营一处当之，此外各处驻营毋庸更动。因该处有关闸为限，界址尚属分明，暂将防营撤退，为和平勘办允议之凭证，尚不致堕彼狡谋。现已照会葡领，要其将撤舰各节同时实行。该丞立即亲往澳门附近处觇彼如何举动，届时酌将关闸内驻茶亭勇营相机暂撤，并将临时情形详晰电禀严办，毋稍大意，是为至要。督。个。

（正月二十一戍发）

### 附：外务部为转告不列牍四端及葡派马沙铎为勘界专员事致张人骏电

（宣统元年正月十七日）

迭准刘使电称，续与葡外部磋商，彼允公断作罢，撤兵、撤舰均在派员后。惟停止收钞、浚海，不言暂时，则须申明以勘界时期为限。迨各节允洽，商换文件，彼以撤舰有关主权，不肯形诸文牍，当以撤兵亦不列牍为抵制。昨准拟送文稿，所叙浚海一层，浑言缪镐海道内不兴工程。缪镐二字，虑贻日后争索海权之口实，商令删去，彼坚不允，遂将撤兵、撤舰、收钞、浚海四端概不列牍。现拟仅一条，云两国立即各派一大员，查照丁亥葡京节略及中葡条约第二款，将澳门及其附属地之界址会勘订定，呈候政府裁决。可否照此备文互换？又称，葡政府拟派工程提督马沙铎为勘界专员，外部谓该员现在葡京，曾充东斐洲属地巡抚，与英属两次勘界均能和衷妥办，拟约华员在香港会齐。等语。

除彼以四端虽不列赎，仍愿由葡外部当面切实声明，必照各节办到，断不翻悔，则与立文稿无异。所拟一条，即可备文互换外，特先电闻，希查照。外。十七日。

## 附：外务部为请酌撤兵队一处并知照葡官将撤舰各节于二十二日同时办理事致张人骏电

（宣统元年正月二十日）

准刘使效电称，昨诣葡外部，互换文件讫。所有我撤兵队一处，彼撤炮舰、停收钞、罢浚海各端，订定西本月十八号同时实行。又电称，现又与订明，以上各端，均定西十二号即二十二日彼此实行。马沙铎系告退提督，现作为文员，人极和平。各等语。本部已复以照此定议。马沙铎既作文员，亦可允认。

除奏请派定专员再行电达外，二十二日为期已近，应由尊处酌撤兵队一处，并即知照葡官将撤舰各节同时办理。仍将办理情形，即行电复。外。二十日。

## 附：军机大臣奕劻等为派高而谦办理澳门勘界事致外务部电旨

（宣统元年正月二十一日）

奉旨：头品顶戴、云南交涉使高而谦，着派办澳门勘界事宜，前往广东,会同葡国所派之员详细履勘,妥议办理,并商承两广总督张人骏酌核,随时电由外务部请旨遵行。钦此。

军机大臣署名:臣奕劻、臣世续、臣张之洞、臣鹿传霖、臣那桐。

## 请速电澳督将撤舰各端与前山撤兵一同进行事致葡国总领事穆礼时电文

(宣统元年正月二十一日)

沙面大西洋总领事穆鉴:

顷准外务部电,准刘钦差电,澳门勘界事订议条款,昨诣葡外部互换文件讫,贵国应撤去寄泊该处炮舰、停收地钞、罢浚海之议,我国应撤原驻防营一处,以示两国和平办理澳门界务之意。均定于西历本月十二号即中历正月二十二日彼此实行。等因。

本部堂已电饬前山厅遵照,将原驻关闸内防营一处议撤,应请贵总领事官迅电澳督,将撤炮舰、停收钞、罢议浚海各端,届时与前山厅撤兵队一处并行照办,以符定议。即请示复为荷。

粤督张,正月二十一日。

正月二十一日下午五点三十分发。

### 附:葡国总领事官穆礼时为尚未接到本国指示致张人骏照会

(宣统元年正月二十二日)

广东两广总督部堂张鉴:

顷接来电,所论重要之事,闻之诧异。惟本总领事未接钦差示知,其中或有未清楚之事。贵部堂现接外部主意之电,请将电文照会本总领事,以便办理也。

西洋总领事穆。

元年正月二十二日

## 为将外务部电文复转贵总领事以便办理致穆礼时照会

（宣统元年正月二十二日）

为照复事。

顷接贵总领事官来电，以所论重要之事，未接贵国公使示知，闻之诧异，请将外务部电文照会，等由。本部堂均已阅悉。

查宣统元年正月二十一日接外务部电文云，准刘钦差电称，澳门勘界事订议条款，昨诣葡外部互换文件讫，葡国应撤去寄泊该处海面炮舰、停收地钞、罢议浚海。我国应撤驻兵一处，以示两国和平办理澳门界务之意。均定于中历正月二十二日即西历本月十二号彼此实行。等语。即由本部堂酌定，以原驻关闸内防营议撤，与贵国驻澳总督应办之撤炮舰、停收钞、罢浚海各端，届时并行照办，以符外务部电准两国议案。因为期已近，特先电知贵总领事官转电澳督，以免延误。

兹准电前因，合再具文照请贵总领事官查照。顺颂时祉。须至照会者。

照会大西洋领事官。

宣统元年正月二十二日行

## 为澳葡总领事穆礼时未接到本国指示致外务部电

（宣统元年正月二十二日）

昨午接二十日电敬悉。因期迫，遵即电知葡领云：顷准钧部电，据刘钦差电称，澳门勘界事订议条款，昨诣葡外部互换文件讫。贵国应撤去寄泊该处海面炮舰、停收地钞、罢浚海之议，我国应撤原驻防营一处，以示两国和平办理澳门界务之意，均定于西历本月十二号即中历正月二十二日同时彼此实行，等因。现已电饬前山厅遵照，将原驻关闸内防营一处议撤，应请贵总领事官迅电澳督，将撤炮舰、停收钞、罢议浚海各端，届时与前山厅撤兵队一处并行照办，以符定议。等语。

盖撤兵一处,自应以关闸内为最当,因该处有关闸为限,驻兵虽撤,界址仍可不淆。而该处即彼所谓猎巴,该驻兵亦在前年规复之列,于撤兵之议相符。

兹准该领复电云“顷接来电,所论重要之事,闻之诧异。惟本总领事未接钦差示知,其中或有未清楚之事。贵部堂既接外务部主意之电,请将电文照会本总领事,以便办理”等语。

当仍照前电语意具文照复。合先电陈,俟办理如何情形再达。惟应否请钧部照询葡使,赶令电饬葡领澳督遵照之处,候裁。人骏。养。

### 附:外务部为希详查澳督已否实行撤舰各端事复张人骏电

(宣统元年正月二十三日)

养电悉。刘使与葡外部所换文件,谨派员勘界一条。因撤舰各端,该外部以为有碍主权,经本部电令切实声明,始定实行日期。葡领于此事未经接洽,致涉误会。昨又准刘使电,葡外部已详电澳督查照。究竟该督已否实行?仍希详细查明,彼此同时举办。即电复。外。二十三日。

## 为曾否往察撤兵各节事致庄允懿电

(宣统元年正月二十二日)

澳门转送前山厅庄丞:

前。密。昨电谅达。葡撤炮舰、停收地钞、罢议浚海,我示撤关闸驻兵一处,统候两国派员会勘澳界一案。现据葡领称,渠尚在奉葡使电示。本日该丞曾否前往察看?如何情形?即电复毋延。督。养。

正月二十二日酉发

## 为葡领以未接公使电为辞延误日期其可虑有三事致前山同知庄允懿函[①]

（宣统元年正月二十二日）

敬启者：澳门界务，已由刘钦差与葡外部互换文件，葡人应将澳门前面海中寄泊炮舰撤退，并停收地钞、罢浚海之议。我亦撤去驻兵一处，以示两国公认和平办理界务之意。昨奉大帅[②]示，定以关闸内驻兵一处为议撤之所，当经电饬尊处遵照在案，并须执事亲往该处查看情形，相机妥办。本日葡领以未奉彼国公使电示为辞，是以误二十二日之期，不知从中又作何狡诡，极应留心访察，随时电禀帅核。

总之，可虑者应有三端。我撤兵而彼日后即借口于撤兵之地系属让地为彼，添一无中生有之证据，一也。彼撤舰而由此移泊彼处，我不跟踪理论，彼以前泊处撤还中国，转可以反证移泊处为其领海，又为彼添一占领水面无中生有之证据，二也。彼政府允同时并行，彼故托于不闻不知，内外异向，我实行而彼不实行，利我退步而彼之进步，三也。省中耳目较远，揣测殊难周密，自非由执事设法侦求，少有可疑，即行密陈帅座指授机宜办理，不可或应先行电部抉破，或应就粤设法对待。澳门界务，彼族所极注意之事，现当待勘未勘之际，彼求占地之据，我求保地之据，关键最为重要，前不可一着落人后也。谨遵帅谕，密以奉闻。

专此，即请升安，准照不备。

名正具，处片。

一函致前山厅庄。

正月二十二行

---

① 此函及后面几件信函均为张人骏重要幕僚蔡钧为其代写，行文以蔡钧语气。蔡钧，曾任上海道台、驻日本公使。

② 张人骏。

## 附:高而谦为旬日内必能成行致张人骏电

(宣统元年正月二十三日)

广东督宪钧鉴:

广。密。而谦恭奉寄谕派办澳门勘界事宜,自顾庸愚,万难胜任,谨当钦遵谕旨,禀承钧训,俾有遵循。明后日当可交卸,旬日内必能成行。容行期确定,再行禀闻。而谦谨禀。漾。印。元年正月二十三己戌。

## 禁止恢复妓艇营业批劳守慎札

(宣统元年正月二十三日)

查上年花艇遭风沉没,即经本部堂札饬巡警局劝谕改业,并以流娼、土妓本干禁例,惟相沿日久,势难全行驱逐,只准在岸上居住,不得再行寄居舟中。嗣据巡警局具禀,以若辈河面谋生已成习惯,一旦舍舟登陆,经营不易,是以姑所请,以顺舆情。乃本月初九夜又酿火灾,伤残多命,实属异常惨烈,此皆若辈狃于积习所致,亟应饬属出示严禁复业,俾杜灾害。仰广东巡警道督饬广州府及南、番二县水巡局委员遵照办理。

## 严惩兴宁县冈背村钟宝煜包粮抗官札

(宣统元年正月二十三日)

钱粮为国家正供,不容包收抗缴。钟宝煜身列缙绅,乃敢包抗族内钱粮,并于县官亲往催收,纠众掳殴差勇,实属目无法纪。应如禀,将其附生衣顶斥革,由县勒传讯究。并将该革生所开星聚当店查封,俟将该族欠户钱粮完清,并将滋事匪徒交出惩办,再行揭封给还,以为恃符藐法者戒。仰广东布政司转饬遵照。

## 为广州省河大沙头一带妓艇初九日夜火灾札

（宣统元年正月二十四日）

照得广州省河大沙头一带妓艇，于本月初九日夜失慎，延烧船艇多艘，烧毙、溺毙男女数百名，实属异常惨烈。当此创巨痛深之际，亟应为惩前毖后之谋。访闻该处妓艇除被焚外，尚存数艘，应由巡警道督同广州府南、番二县，查明艇只数目及开艇之人姓名，一律勒令改营正业。凡已焚者，不准再行装修；未焚者，不准复载妓女。嗣后，河面不准再有一名娼妓寄居舟中，亦不准游人在舟招妓、侑酒，俾清河道而杜灾害。至花捐一项本为巡警入款之一宗，惟由商人包承，难免不实不尽，今河面既无花艇，此辈悉在陆地赁居，似可由道饬令分局巡官稽查，按户给牌造册，以杜诱拐妇女卖良为娼之弊。花捐即改为牌费，酌仿房捐办法，责成巡官按月核实收缴，毋庸再令商人承办，庶可剔除中饱，悉数归公，当于警费不无裨益。

## 为希详查澳督是否同时举办事致庄允懿电

（宣统元年正月二十四日）

香山急送前山厅庄丞：

前。密。历次电函谅达。澳情如何，速复。顷接外务部二十三日电，刘使与葡外务互换文件，撤舰各端经切实声明，始定实行日期。葡领于此事未经接洽，致涉误会。昨又准刘使电，葡外部已详电澳督查照。究竟已否实行，祈希详细查明，彼此同时举办。即电复。等因。仰即遵照。督。敬。

正月二十四行

## 附:庄允懿为葡舰已于十八日开行复张人骏电
（宣统元年正月二十五日）

急。广东督宪鉴:

前。密。敬电悉。葡舰已于十八日开行,详查始知赴港修理,并见港报,似非撤回。彼无证实撤舰明文,我未便因其现不在澳即行撤兵。且茶亭一带彼早有作为公地一说,若遽行撤兵,是显有让地之证。查闸关本驻兵三处,如议撤兵,拟撤第二第三两卡,其紧接关闸之第一卡仍留。是否有当,请示遵。澳门现别无举动。懿禀。有。

（正月二十五未到）

## 附:庄允懿为拟将距关闸稍远之第二、第三卡撤退事致蔡钧转张人骏函
（宣统元年正月二十五日）

和甫仁兄大人阁下:

迭奉督宪电谕并洋务处来函,均已敬悉。所虑三端,极为周密,曷胜钦佩。

查互换文件所称各节,如停收地钞、罢议浚海两端,均属空谈。地钞每年只收一次,近有迫令居民签字,并搜去身带银毫留抵地钞,岂能又复来收取？此停收之说直是骗局。至浚海事,本是光议并未实行,亦是虚作人情耳。惟撤舰、撤兵彼此实行,皆是实事。现查澳舰已于十八日开行,细为访查,迄未知其何往。及查阅香港报,始知其赴港入坞修理,似不得以其现不在澳即作为其已撤。我之撤兵,当专视其撤舰与否为定。惟关闸虽有界址,但荣高一带葡人早有将此为公地之说,今若撤兵,难保其不借此为滚地之暗证。现关闸至前山中设勇厂三卡,相距里余,如议撤兵,拟将相距关闸最近之第一卡仍留,将稍远之第二、第三

卡撤退。我所撤者仍是关闸之勇，彼亦不能指我为反复。如或万不得已，再将湾仔、银坑之间者名下沙，尚有勇一棚可以暂撤。现湾仔有勇两棚，银坑一棚，撤去此勇，绝无干碍也。

昨经电奉督帅，此再详达一切，如何之处，希即示复为荷。专此，布达。敬请台安。

弟懿禀　二十五日手

再，弟拟日内往拜澳督，已致函与之相约矣。

## 为各国领事近颇恭顺致张允言等函

（宣统元年正月二十四日）

允言等阅：

廿三、除日、初八三禀均已接到，知都寓均好，甚慰。此间一切照常，正月以来诸事略简，各国领事近颇恭顺，无非礼之举动。去冬抢案甚少，年底城乡窃案皆不多。而香港屡出巨案，澳门年内外两劫当铺，故香港西报载有省城防堵严密，盗匪皆遁至香港，西人均有戒心，归咎于港督之办理不善等语，此等议论大约自有香港以来所无。新正港中华商，家家皆悬挂龙旗，近日各侨商均有迁居省城之意，托人来求保护，似人心渐有返本之思，此后国运或有转机乎？

鞠人于东三省不能胜任，我早已见及之，然锡亦未必贤于徐也。粤省现时景象尚算平靖，然久处实非所愿。即无外患，而新政亟行，不体民情，财政日竭，用项日增。谘议局、自治会如果成立，官无治民之权，恐不免日趋于乱（岂能不乱？况广东之民情乎）。设有变动，必较庚子为尤甚！思之可为寒心，故日望引去也。

银行余利颇厚，亦可喜事。调沪既系长局，自以挈眷为宜。惟四、五二人于处家待人之事能否妥帖？我甚念之。两媳亦然。允恺不留差，四五月间当可回国矣。华璧臣节敬可照送。鞠人调京，六弟与大叔在彼似甚无谓，不知渠二人作何打算也。

项城回籍后如何情形？前信当已寄去。云台尚在京否？见时可略询问,家信中详述为要。允靖愿入贵胄学堂而不愿习财政,如有考期即速电告。

清胃丸等物均收到。此次所带松花、花生均好,可见事无大小,非考较不可,靠人不足恃也。拟购药丸数种,有便即寄来。

正月廿四日谕

紫金锭廿方,万应锭二十包,一笔句四十定(近患耳肿,搽此甚效),蟾酥锭二十粒,梅花点舌丹数包,坎宫锭、离官锭均酌带。同仁堂似胜于体仁堂。

## 为葡舰于十八日已开行赴港修理致外务部电

(宣统元年正月二十六日)

顷据前山电禀,葡舰在未奉饬之前,于十八日已开行赴港,查系前往修理,非应议撤退。检阅香港报载,葡国战舰“巴地利亚”管驾员十九日登岸,拜谒驻港葡领后,偕该领往谒港督及将军。下午,该领又亲往战舰,与该员面叙良久。闻此舰二十日将入九龙澳修葺。等语。似此,自与同时举行撤舰、撤兵之议不尽符合。究应如何办理,请钧酌示遵。

再,葡收地钞,向系每年一次,现在本非收钞之时。至浚河一事,本只有此议,尚未实行。三端中可凭者,惟撤舰一节,似宜于此加意。是否,仍候尊裁。人骏。宥。

### 附:外务部为葡舰先期离开澳门即是实行撤去致张人骏电

(宣统元年正月二十九日)

宥电悉。葡舰即先期离开澳门,且系前赴英界,即是实行撤去,无从责以与议不符。至收钞、浚河两端,客腊各电明谓葡人押人勒收地钞,直逼内地,并订造浚河机器、测量河道、电招工师。此次乃谓现非收钞之时,浚河只有此议,前后语义轻重悬殊。本部前因来电,有葡人占领海权强夺民地,葡舰来澳事极危急等语。词气迫切，故特令刘使赴葡交涉，葡廷始谓粤督语多失实，本部仍据尊处报告与之力争，并托英人居间再四磋磨，始允限期我撤兵队一处，彼即实行三端。揆诸现在情形，葡舰未来者停派，已来者引去。收钞、浚河亦无行迹，且认我撤兵为非放弃权利，于勘界以前之事，似可作为结束。原议撤舰、撤兵不形文牍，互尊主权，本部前电极明，彼我业经实行无异，自应无庸置疑。

总之，界务早定，方免种种轇轕。本部已电令高司迅速启程赴粤，先与尊处商酌一切。将来勘界关系重要，允宜内外协筹，彼此同在局中，成败利钝，自必周计无遗。执事公忠体国，务祈按切事情，随时与该司酌电部，是所殷盼。外。二十九日。

## 札饬巡警道查复水巡警人员阻止救火行为

（宣统元年正月二十六日）

本月初九夜，省河大沙头妓艇失慎，各报登载起火之际，各船赶往救护，被水巡警兵拔枪禁阻，甚有击破赴救之舟人头颅者。救灾公绅董前往，水巡兵亦不准拢近，虽有公所灯笼、名刺，均不见许。并有水巡第三号船放枪二声，以致众人不敢救援。核与访闻情形大略相同。查水巡警局委员周维屏具禀，但言勇弁救护得力，不言巡兵救阻之非，未免有心回护。查巡兵拦阻赴救船艇，虽为严防掠火匪徒起见，究属不知轻重缓急，应由该道详细访查，究竟当日禁阻之巡兵是何人、系何弁，督率有无放枪恐吓及击破舟人头颅情事，务将实情秉公惩处，勿任该局员等再事徇饰，致为绅民所诟骂。

## 为改良币制批候补知州赵鹤清札

（宣统元年正月二十六日）

上年奉旨饬议币制，本部堂原主用元，然系以元易两，非以元折两也。该员特纾所见，谓宜定五钱为成元，欲以两计则倍共数，再铸一钱及五分之币,以资辅助。盖有鉴于币厘重民奢之语,立意未为不是。然五钱乃一两之半,现在新定币制,创尝不以五钱及一钱,五发分币相辅而行,不过以一两为本位。今欲折其半以定单位 则与用两并无出入,似于民用奢俭无与也。至论成色主币,则成色较高,辅币则成色较低,此亦轻重使然,势难强为一致。此非关系极系,非有至精之义、至当之理,未便入告。

### 附:庄允懿为昨往拜澳督未提界事致张人骏电

(宣统元年正月二十七日)

广东督宪鉴:

前。密。宥电获悉。澳督昨经往拜,因初次晤面,仅只寒暄,未提界事。当告以以后有事可随时会商。伊问高①何时可到,答以未得确信。并问伊国已否派人,伊言已派姓马者。谨禀陈。

撤舰事,当随时留意。

再,撤兵、撤舰同时举行,可否商之澳督?乞示。

懿禀。感。

正月二十七未酉。

## 札饬各报馆凡关系邦交之事登载务宜审慎文

(宣统元年正月二十七日)

接广州口日本领事函称,客岁,本省流行抵制风潮,至今大有减退,统由阁下尽力维持所致,本领事不胜感激。然近闻南洋及美国各埠华侨依然抵制,与日商不稍融和,实为恨事。回忆抵制之事,初由广东省城始延海外,故省城源泉而海外各埠其流域也。源泉一清,流域何有不清澄之理?如今省城各报均不命载日船出入,又闻有揭又

---

① 高而谦。

载与两国交情相背之记事者。本领事阅及,良用殷忧。盖抵制以来,中日两国商民均受其害,倘使风潮弥久不息,受害愈大。况报纸即社会之耳目,刻下自当设法研究,一清其源泉而澄其流哉为要也。阁下夙敦友爱,顾念两国交情,以致日益亲睦。仍望妥为设法澄清源流,使中日两国商民均沾其泽,诚两国之福,等由前来。合就札饬,札到该口,即便遵照。谕全省各报馆,凡关系邦交之事登载,务宜审慎,免惑观听而滋口实,是为切要。

## 为将关闸内驻营将勇棚前旗帜暂收一处致庄允懿电

(宣统元年正月二十八日)

香山急转前山厅庄丞:

前。感电悉。澳督于该丞告以有事随商两语之后,接问高之到时,已寓俟高到再商之意。现该丞不必数与相见,渠或来约,即不妨去,亦毋与多言。撤兵、撤舰一节,彼舰已先期赴修,同时举行,自无可商。在彼殆以不撤示撤,何修舰适逢其巧?我可于关闸内驻营将勇棚前旗帜暂收一处,勇暂不动,以示应议之意。仍随时侦查禀闻。督。勘。

正月二十八日酉行。

### 附:庄允懿为暂将关闸第二第三两卡旗帜收回复张人骏电

(宣统元年正月二十九日)

省城督宪钧鉴:

前。密。勘电获悉。葡舰修理,据澳门人言早有此说,惟彼无撤舰明文,我兵亦只又暂时不动,当遵谕暂将关闸第二、第三两卡旗帜收回。因第一卡悬有龙旗,故不收。澳督前言递日当来答拜,俟来拜,如何情形,再电禀。如不来,亦不再往。懿禀。艳。正月二十九日戌发,二月初一酉到。

### 附:庄允懿为本日澳督派华政厅及其伏军官来拜复张人骏电
（宣统元年二月初二日）

省城督宪钧鉴:

前。密。本日澳督派华政厅及其伏军官来拜,均未提他事。言澳督令意深愿彼此往来,如有事,可往澳面谈,较之写信为详,并可同游各处。答以此间亦有花园游处,他日彼此亦可同往一游。各等语。合禀闻。懿禀。冬。

二月初二酉刻至。

## 为郑观应请禁赌书札广东善后局及布按二司
（宣统元年正月）

甫准军机大臣字寄,钦奉上谕:有人奏广东开赌,贻害甚大,请严禁以挽浇风。着按照所陈各节,体察情形,切实整顿等因。钦此。当即转行司局钦遵在案。前阅该道来禀,核与钞发原奏大致相同,究应如何办理,仰广东善后局会同布、按二司,遵照发札事理,体察情形,妥为筹议。详复核办。

### 附:郑观应上张人骏请禁赌书
（宣统元年正月十八日）

窃广东盗风甲天下,近日白昼掳人之案层见叠出,如三水邓姓、西樵冼姓,幽禁惨毙有不忍言,以致富裕之民多就居洋界或入西籍,借人自保,外洋华侨更不敢遄返乡里,民去国贫较货物漏卮尤大。朝廷锐行新政,摄政王日望维新保商保民,迭见频年谕旨,恭读皇上登极恩诏,谆饬各省颁布宪法,则凡图治必先除害,是以大人亟设谘议局,务欲通下情集广益也。

查中国大害,不外鸦片、赌博二事,而广东受赌博之害为独深,破民人之家,杀民人之命,以民人杀民人,皆出赌博也。何以言之？自前督宪李文忠公召商承充各赌，名曰截缉小闱姓，又曰海防缉捕经费，群目为国课重地。赌馆可以抗官长播绅，赌具大张，日夜搜剔，赌败者流为盗贼，截缉外洋，已乱在中国。纵民为盗，乃思从而缉捕之，各国无此政体，古今无此计画也。今鸦片一害，已奉明谕，分年递禁，计岁得三千余万，亦经筹款弥补，中外翕然，英庭亦不能不允。岂赌饷一百余万，独遗害粤省而补救无从？溯前督宪谭制军覆奏有言：官为民之父母，断无父兄开赌，令其子弟受愚之理，复自愿筹款以弥此项等语。至今粤民称道勿衰。前督宪岑宫保深知赌害，禁绝小闱姓，亟欲严禁番摊，适调任期速，时未得另筹巨款，遂以中止，至为可惜。

伏念大人节旄重莅，粤民有重睹天日之谣。而仁政所施，如西江争捕权、中日争抵制各节，爱民善政，久已印脑铭心。矧大人为国宣猷，功业过前贤而忠诚自励，又草野同深感戴也。特求实行禁赌，所有筹补饷项即恳批行谘议局、官绅，会同七十二行、九善堂商董磋议，如房捐、铺捐、沙捐、船捐、屠捐、酒捐、纸烟捐、戏捐等项，苟经理得人，余款未尝不可以弥补。诚以赌为人人之所最恶，盗为家家所最防，在上行之，在下斯应耳。官应为痛陈利弊起见，罔计愚昧，伏乞俯准施行，则广东百万生灵乐业安居，千万世犹沐大人教养，而宪政基础，天下赖以安康。铜像贞珉，记德无极。

## 官军追拿匪党切戒进入越境以免酿事致锡良张鸣岐电

（宣统元年二月初二日）

锡清帅、张坚帅鉴：

现接广州法领照称，准越督电，据边迅委员报告，有革党千人在广东聚合，现已窜入广西，在南宁左右前进。云南请飞电边境，严饬官军禁阻匪党入越南境地。现法军严守越边，请饬中国官军如追拿逃党，切戒进入越境，以免酿事等语。合电闻，并请分电沿边各营，严行防查缉办。骏。冬。

### 附:卸任云贵总督锡良为已严饬追拿匪党不准进入越境复张人骏电

(宣统元年二月初三日)

广州张安帅鉴:

冬电敬悉。蒙承关照,感谢!遵已转致沈护院飞电沿途各军,严饬官兵加紧密防,禁阻匪党窜入越境,并严饬如追拿匪党不准进入越境,以免酿事。良已于上月廿六日交卸,定于本月初六起程,取道黔湘。知念,并闻。江。

## 为葡国以骏所言失实特施种种离间手段致外务部电

(宣统元年二月初四日)

正月二十九日电敬悉。撤舰、撤兵,遵正月二十三日钧电,应详查澳督已否实行,彼此同时举办。正月十八日,葡舰已赴港修理。二十一日,葡领于此议尚无所闻。是葡舰之去计,似无与于三端之议参。观去年四月间迭准钧电,葡使请撤拱北、老望等处驻兵。又刘使电称,葡外部请中国勿置兵澳境。又李使电称,英外部据葡使诉告华兵入澳各节。并承钧部电示,遽许撤退即属认为彼界,所关尤大,等因。宥电所陈,特就收地钞、罢浚海、撤炮舰三端,照现办情形而论,可实见诸行事者惟撤舰一节。葡舰以修理为名先去,即无从与我之撤兵同时举办。两国界务交涉,凡先撤兵者,例视为退让示弱。事关极要,理合据实商请裁示。至于收钞则捕人押勒,浚河则测量南环,并开订购机船,招延工司,皆去冬之事,历经电达在案,诚见葡人举动亟亟不遑。其先由澳门围径三数里租地,近已据有全澳,浸淫逮于滨九洲洋之东南各岛;丙午夏秋,潜移水标贴近湾仔;去冬且派舰驻银坑。十二月十五日准钧电,彼政府竟谓常派兵轮前往本国属地,直将认银坑为其所属,欲举澳门四面环岛海面而有之。事势实已日逼,前后语意原无轻重于其间。

总之，界务一日未定，轇轕一日不清，卓见无遗。鄙意默察葡人已渐易狡悍为阴柔力抵，粤官屏不与议，于内外协筹周计，最非彼愿。今故议地必择香港，勘员不取粤官。此次复谓骏所言失实，特施种种离间手段。然其术甚浅，钧部谅已烛其狡谋也。高司到粤后，应即从长妥酌办理。际此将勘未勘之时，狡诡举动，有所闻见，仍当随时电陈，诸乞钧察主持为祷。人骏。支。

## 为清厘财政问题致各省抚台电

（宣统元年二月初五日）

各省抚台鉴：

洪。度支部议办预算、决算表一事，前经电商各省，皆因造报为难，迄未定议。现在筹备立宪既有年限，明年即须调查岁出入总数，部中又以举办统计迭催造报，此事似难再缓。查各省款目，除正项部款收支向有定额外，其余杂项无定数，亦无定款，且有融支融销者。即如赈捐一项，报部作收四成外省抵收一成一二，实须融销二成八九，本属无关弊端，而与本款之实收实支便不相符。其他似此者不止一端。想各省亦所在多有。今若仍照融销之法，似非实事求是之道。若据实开报，又与从前销案两歧，此节最费斟酌。至外销之款和盘托出，恐将来或有棘手。如不实报，又无以昭核实而免窒碍。公智珠在握，必有良策理，拟如何办法，乞详细电示，鄙意或将为难情形，联合数省据实入告，请将以前纠葛之款不定之数，概免计议，就现年实收实支数目，据实查开，庶几或易下手。可否之处，亦乞赐教。

再。宪政编查馆咨行筹备立宪案内，查岁出入数目，系包行政、地方两费而言，且须将地方费交谘议局议定。此项地方费是否专指各属绅民自行筹办，为保卫乡里之用？如善堂、公局等款，粤省似此者甚多，其进支款项，官中向不预闻，贵省情形若何？现拟如何查开？并祈示及为感。骏。文。印。

## 附:浙江巡抚增韫为清厘财政问题复张人骏电

(宣统元年二月初五日)

广东张制台鉴:

洪、文电悉。此间丁漕盐厘关税各项,已饬司道局所各设计处逐款钩稽,惟正项易于造报,外款诸多纠葛,其融支融销有类赈捐情形者甚多,诚如尊谕,最费斟酌。时间极迫,恐难依限臧事。示及联合入告,如各省意见相同,愿得附骥,地方费一项拟就禀详有案者查明列表。然或官中有此名目、款项,由绅主持,亦猝难清理尽筹。所及仍祈赐教。寒。印。

## 附:端方为清厘财政问题致各省督抚电

(宣统元年二月初五日)

各省抚台鉴:

洪。接陈筱帅漾电咨,前接安帅文电,荩屡周详,无任佩仰。查度支部奏设统计处,饬送各省收支款项表册,自三十三年为始,以为现在编纂统计年鉴之用。宪政编查馆奏定编年筹备事宜,饬将各省岁出入总数详细调查,自明年为始,以为将来编定预算之用。鄙意以谓编纂年鉴,皆指已经支销者而言,自可查照该年销案分晰造报;若为编定预算案,实于办事前途极有关系,亟宜分别国家行政、地方行政,实事求是,内外通筹。拟自宣统元年起,所有一切行政费用,逐项调查,厘定收款,既须实报,支款应准实销,整饬方新,不咎既往。应于核定全国预算案较有把握,而免纠葛。禀请午帅主稿,连合东南数省,剀切入告。即祈酌定示复施行为盼。而地方办事费用,如学堂、警察等事,皆隶之绅民自筹之公益善举,似不能牵连在内并以附闻。等因。敝处复电文云:安帅鉴,部催各省办理统计,其为难斟酌之处,情形大略相同,诚如尊处外销之款托出,恐将来棘手;不报,又无以昭核实。但江南财政，自铁大臣清查后，各局收放款目，均已照数开报外，无外销遗漏之款，是以年来办事更较他省为难，情形亦较他省稍异。尊意拟将以前纠葛不实之数奏请免报，自是一定不易之办法。惟度支部前次通行之信，本有不以成例相绳之语，近闻部议奏设各省清厘财政处，凡历年来未经报部或报部未经准销之案，业由各衙门局所报由督抚核准，及督抚历年因公动用有案可稽者，无论有无奏咨原案，无论于奏咨原案是否相符，均可开单咨部销结。是从前纠葛不清之处，部议本亦剔除。鄙意宪政分立章程，亦已宣布，如自宣统元年起，以前概行免报，自可照办。否则，再行申请。尊意以为如何？至地方费，系指地方行政经费，如教育、警察、农工商各项而言，当与绅民自行捐办善举等项不同。此次部议清理章程，闻亦分别详晰。尊处拟如何筹办，仍祈随时电示至感云云。此后，未得安帅续电。公意拟自宣统元年起，所有一切行政费用逐项核实厘定，收款既须实报之款应准实销，整饬方新，不咎既往，极为扼要之论。惟各省款目或有不同情形，即难免互异，如由敝处主稿联合各省剀切入告，必须各省先将款目不同之处及有特别为难情形详细示知，庶可着笔。除录公电转电北洋、四川、闽浙、东、豫、苏各帅外，先此奉复云云。特此电达。尊处如何办理，乞即电复为荷。方。勘。印。

## 为查明被拘马料河之华民等情复葡领事穆礼时照会

（宣统元年二月初六日）

为照复事。现接贵总领事官来文，以澳门葡官至马料河勒令华民纳钞，更于身畔搜抢银元，并勒令华民在单据上签名各节，请分别查明，责罚造谤之人，并言匪类假扮洋人最易分辨，等语。本部堂均已阅悉。

此事先经饬据查明，被拘马料河之华民，有谢华、黎锦、林有、林元、林生、黎生等六人，留押于过路湾勒缴公钞，嗣由永兆昌杂货店担保,始行释放。于该民等身上搜获银毫共二圆,系交在该处有两条金线之葡兵官。至于勒令于洋文单据上签名之华人,系据华民谢华、黎锦等等报知该处营官,系于去冬十二月十四日早葡官着人传往过路湾出纸一张,内有许多洋文,逼令各签姓名。各等语。

现在贵总领事官以接澳督复文,谓贵国官兵不肯妄作此事,本部堂亦表同情。现已严饬该处文武官弁切实查拿,如再遇有匪徒冒为此事,即行拿究,以安居民。至贵总领事官之原意,实深感荷。相应照请查照。顺颂日祺。须至照会者。

照会大西洋总领事。

宣统元年二月初六日行。

## 附:葡国总领事穆礼时为请饬指证马料河收钞被掳人姓名等事复张人骏照会

(宣统元年二月初三日)

大西洋总领事穆,为照复事。

接贵部堂光绪三十四年十二月十九日来文内称,迭据前山同知禀称,十一月二十三日驻澳门葡官至马料河勒令华民纳钞,并掳拘华民关禁;十二月初七日复有葡兵驾艇到马料河掳去华民,于华民身畔搜抢银圆;十四日又有葡官驾船到该处掳去华人,勒令在洋文单据上签书姓名,该华人等不识洋文,被胁无奈只得签名,为脱身之计。各等事。本部堂阅禀之下,以为贵国驻澳葡官必不应有此野蛮举动。惟据禀称系葡官,本部堂应请贵总领事函致澳门政府一为查问,傥系葡官,即是无意识妄作之人。等因。本总领事均经阅悉,当即转致澳门总督在案。

现接澳督查实复文,谓前山前同知所禀概属虚词,驻澳本国官兵断不肯妄作此事,以玷名誉。各官兵素来罕到马料河,并无在该处收钞拿人情节。等因。贵部堂所谓葡官必不应有此野蛮举动,本总领事实深钦佩。但此禀词从何而起,自应根究明确,庶免伤损两国睦情。据前山同知禀称,葡国官兵掳去华人,于华人身畔抢银圆,究竟抢去银圆若干?掳去华人系何姓名?关禁何处?在洋文单据上签名之洋人又何姓名?均无声叙。如此诽谤,原属最易,惟不合理。此等诽谤,必有递禀之人,于前山同知当时应令指证明确。若不能指证明确,便是无端造谤,宜即加予责罚。若该同知当时不将造谤之人责罚,便是不守本分。

兹特照请贵部堂,饬令前山同知指明以上所谓之华人系何姓名、关禁何处,及被搜去银圆若干,勒令于洋文单据上签名之华人系何姓名,仍希照复前来。果有其事,当申澳门严追究办。特澳门向无西人做贼,若系中国匪类,甚难扮作洋人,而海面之中或贼匪与外国贼匪则最易分辨,况葡国官兵亦一概不通华语耳。

为此照会,即希照复。顺颂日祺。须至照会者。

右照会。

宣统元年二月初三日

## 明定华人将产业押与洋人办法事札行藩司胡湘林

(宣统元年二月初十日)

照得华人将产业抵押洋人款项一事,应以担保单呈请地方官立案,不得以契典交易,以示洋商在口岸永租地段与教会在内地置买房产有别。查现在华人将产业向洋商抵押银两,仍有以典契交易,查约章并无准华洋人典质地段房产明文,自非明定限制、诚恐横生枝节。光绪二十四年十二月二十二日,以英商的见洋行与梁慎思堂内受省城沙基大街铺屋一案,业经照知英领事官,应改作担保单,由县立案,并声明凡华人将产业抵押英商银两,如果押期已满,华人无银取赎,应由洋商请官将所押之铺变价归还押款。惟所押之铺,洋商只能照旧收租抵息,不得有管业易租之权,亦不能由洋商自行变卖。该铺押与洋商之后,业主亦不得再行典与别人。如有抵欠别家款项,亦不准复将该铺作押,以免有重押、重卖等弊。如该铺押后,犯有违例应封及一切不法情事,仍应照例充公。倘因别人控追欠债被封,则将来变价银两,自可先尽归还抵押担保单洋商之款。余数仍发原主给领,俾限公允等语。嗣后凡有此项华人以地段、房产、铺屋向洋商抵押银款,自应一律照办,以免分歧而杜纠葛。其担保单并须酌定款式,刊刻通行各属,俾资遵照。

## 批准香山商人开辟香洲商埠檄

(宣统元年二月初十日)

据禀及图折均悉,香山县职商王诜等于县属沙滩环地方集资开辟商埠,此实兴商殖民之著策,所呈核正该厅县议定章程尚属妥协,仰即转饬遵照开办,并命名香洲商埠①。仍俟开办后再行酌议细章,详情咨部注册立案,此檄。图折存。

### 附:广东劝业道陈望曾拟准香山商人开辟香洲商埠禀

(宣统元年二月初十日)

案据香山县花翎知府衔附贡生王诜、花翎道衔伍于政、花翎知府衔戴国安、花翎运同衔冯宪章等,请在香山县属山场、吉大两乡交界处开辟商埠,划界、签约、绘图、议章呈请察核批示祗遵等情到道。据此,应由香山县会同前山厅刻日前往勘明,禀复核夺。即经分别批示札遵去后。兹据署前山同知庄丞允懿、署香山县凌令以坛会同禀称,勘得该处地势宽广,土质坚洁,自南至北六七里,自东至西四五里,一片平原,与居民坟墓并无干碍。外滨大洋,以野狸山为之屏障,香港大轮可以行驶;内有汶河,渔船、商艇可以停泊。洵为天然绝妙商场。现查该职商伍于政为新宁公益埠发起人,办理已有成效,绅商亦均信服,所拟章程大

① 张人骏命名并组织创建。

致均尚妥协。并据称所有工程师、测量、建筑等事，均雇用华人，尤不致有利权外溢之虞。似可准予开办，出示晓谕，以昭大信。并查明开埠经费约略核计须银一百七十八万元，询据该职员等折称，由王诜、伍于政、戴国安、冯宪章等四人自备开办经费十万元，另由外埠承认、已有名有数者四十八万元，其余俟发布后再行报认等语。又查明此处距澳门三十余里，省港往来甚为便捷，并至香山各内地稍有周折，如将来广前铁路造成，只须添造支路十余里，则水陆皆交通利便等由，附呈核议章程清折一扣前来。查阅，亦尚周密，似可准予开办。该职商等现拟开设商埠，则巡警亦宜筹及，拟饬于该环内酌留荒地三四十亩，以便将来建设巡警及各公所，俾臻完备而保治安。所有该职商等议设商埠，饬属查议、核办缘由，是否有当，理合将核正章程、连同合约、列折、绘图，请宪台察核批示祗遵，以便转饬开办。再，查该商埠现由职道酌核，拟请命名香洲商埠，并候宪台核示遵照。

## 为蒙恩赏给《大清会典》一部致张允言等函

（宣统元年二月二十日）

允言等阅：

昨接外务部来电，蒙恩赏给《大清会典》一部，刻已具折谢恩。其书汝等可即托人领出，装订制箱，敬谨收存，不必带来。

粤事繁难，新政络绎，无才无款，事事荆棘，而都下连官半多余气，无一事不掣手，真非一言可尽。交涉之案，一波未平，一波又起，皆数十年中诸名臣所酝酿，而留以相遗者。言之愤恨！但求早日离粤，否则终有蹉跌之一日。如何！如何！

二月二十日谕

# 札饬粤省厘务总局添设德庆等四处厘卡文

（宣统元年二月二十一日）

粤省西江甘竹、白土口、肇庆、罗定口、德庆、教城六埠，中英续约订明，作为暂行上下客货停泊之处，按照长江停泊章程办理。查照长江六处停泊章程，凡有领报税单洋货，并领有报单运照土货，验明单货相符，洋货即准其装船或起岸放行。土货亦准装船，前赴所报出口海关六处，均不另征厘税；其无单照各货，如只完正税，报发轮船运赴某处，应于起岸处照完该处厘金，并由该局核明所经末尾关以后，共有厘卡几所，即照所完厘数合共再完几倍，以补应完之厘。倘六处装船之货到关及起岸之处，该商竟无完厘完税各单呈验者，该货入官，各等语。是洋货在停泊各埠上下货物，如未完纳内地半税，应在土货装船处、洋货起岸处补完中途所经各卡厘金，办法极为严密。兹查西江白土、肇庆、罗定、德庆四处，均未设有厘卡，洋商所运洋、土各货，非但漏完装船起岸及中途等卡厘金，且因该处无卡查验，即内地半税亦均取巧不完，本属疏漏。现在既准税务处先后电称，迭经美使前向外务部催问，自应照章赶紧补设厘卡，由该局会同关务处，按照长江办法妥议章程，刻日详请奏咨。一面先行设法开办，以符条约。至开设此等厘卡，本系稽查洋商在各该处装船起岸各货有无完纳半税而设，在该局开销似属耗费，而洋、土各货凡在该处起运卸载，可无漏完半税之弊，公家仍属有益。设立以后，如果洋商之货均经领有半税单，该卡无厘可征，则常年经费应否由关务处酌量补拨，俟开办后由该局察看情形，详候酌夺。其单行轮船经过厘卡，照章均应停轮候验，并无专归洋关查验、厘厂不能过问之章。现应如何严定章程，责令各轮一律报厂查验，并由该局照内港行轮之章，另案详办。仰即遵照。

## 查明蒲拉他士即东沙岛情形致外务部及两江总督端方电

（宣统元年二月二十三日）

顷据查明蒲拉他士即东沙岛情形，由香港轮行十六点钟可到。岛之东面沙碛因抱作半月形，产玳瑁，多磷质。日人自丁未秋，到该处经营。岛南有木码头，岛上设小铁轨、德律风吸水管等物。初，水咸不可饮，经已安有制淡水机厂，近系凿池蓄雨水为用，该厂已废。日本式房屋约二三十座，皆草率成工者。日人竖旗并立木桩一柱，书“明治四十年八月”，背面书“西泽岛”字样。办公所一区，事务人名浅沼彦之亟，暨两医生、员弁等。与之问答，据称系受台湾西泽吉治委任在此经商，并非公司，系个人生理，亦未知日政府曾否与闻。惟去年夏台督曾派官吏六人至此。现在计有日本男女大小一百零一人，又由台招来工人三十三名住此。日本商轮约每月一至或二三至不等，并不识此岛应属何国。等语。又查香港华字报，载有“十九日印登日人在惠州插旗传闻一段，谓敝国人百余名，在惠州东沙地方插旗，并驱土人渔船。敝领事查无此等情事，亦未知此说何来，烦为更正。香港日本领事署上”一节，可见该岛日人只系经商私往，政府或未闻知。其驱逐渔船，已据渔民具控有案。证以两次往查情形，该日商西泽频年所为，殊属不合，自须商令撤回。应否由钧部与日使交涉，或先由粤向日领询问，俟复答后再作计较，均酌示办。人骏。漾。

### 附：二探东沙岛委员林国祥等人致张人骏报告书

（宣统元年二月二十二日左右）

本月十三晚，国祥、敬荣、仁棠、田维勋等遵谕同往东沙查勘情形，当即乘“江大”兵船到港，因连日风雾，又因“飞鹰”修机，待至十八日晚六句钟，分坐“飞鹰”“开办”两轮开行，于十九午前十一句钟到。其岛之形势、海道之深浅，另绘图说。“飞鹰”在该岛之南、距岸约四海里左右抛锚,“开办”在该岛之北、约二海里左右抛锚。时即远见岸边有人聚观我船,少顷,即见岸上桅杆升方旗两面,上面旗白地而中镶红日,如图□□□□,下面旗白地中镶一红色之工字,如图□□□□。约半句钟时,分乘小火轮,由南北两岸登陆。近岸处,水清见底,作湖水色,危石分布海底,掩映可见,处处防触船。南岸旁,有日本旧小渔船数只,正在修理。右侧有小码头一座,全用废木烂板架成,即由此登岸。码头之外,两旁高堆雀粪(即磷质),中间一路,设移动小铁轨、德律风、吸水管,均沿路通内岛。日人瞥见我等之来也,早有人在码头等候,引路至办公所。沿途见野生桑树甚多,已为取去,现尚在砍伐。行至三四百步,有方块旧石两三堆,尚有灰泥铁炮等故迹,疑系旧庙之物,即询日人何处得此石?则以由台湾运来、将以盖屋为答。并有泥砖两堆,鼋壳、海螺、海菜等散布地下。此处有屋二十余座,均日本式,系草率新造者。有制淡水废厂一间,据日人云,改食雨水,此厂已不用。厂之对面即为办公所。□□□□椰树三株,高约丈五六。一池养大鼋数首,有小水道通海。树之后、池之旁,旧有大王庙一座,中藏杂粮,为中国历来渔船所崇拜凭依之处,藏杂粮,所以备不时之需也。查之渔船,言之凿凿,并云,于光绪三十三年,日人到此,为其毁灭。北岸则无码头,亦有雀粪两堆,且近岸处尚有五寸径上下之铲一排,约百余株。稍入,则有一尺丁方之木桩一柱,向南一面,书明治四十年八月;北一面,书西泽岛字样,盖私易东沙为西泽,以为影射也。彼时,同至办公所,在座有事务人,名浅沼彦之亟,并两医生。入时,让座送烟酒,礼似厚而词则巧。今将与事务人问答之词依次列左:

彼问君等何人,来此何干?

我答敝国两广总督部堂,闻有贵国在此岛树旗捕鱼等事,派我等委员前来视察。

我问头人在乎？

彼答现不在此。

我问现管事人为谁？

彼答即事务人。

我问君等何日至此？

彼答到此经营事业，始于日本明治四十年八月，但以前之原委，则不知其详。

我问君等至此，系奉何人之命而来？

彼答受台湾西泽吉次之委任，在此经商。

我问西泽吉次系何等人？

彼答系日本商人，在台湾、基隆、神户、长崎、东京，俱有商店。

我问其商店何名？

彼答名西泽商店。

我问在此岛经营，即分店欤？

彼答非分店，乃该商店之办事处。

我问该商店是否公司？

彼答该商店系个人所作之生意，非公司。

我问至此岛经商，曾否禀知贵国政府？

彼答想系当然，因去年夏间，台湾总督府曾派官吏六名至此视察，可想而知。

我问君等在此经何商业？

彼答采取磷矿。

我问在此作事者，共有若干人？

彼答有日本人百零一名，男女大小在内。又有台湾招来工人三十三名。

我问日本商船每月几至？彼答每月一至二三至不等。

我问此岛知否是何国的？

彼答不知其详。总之,明治四十年八月以来,受西泽吉次委任,在此商之事,则得而知。至此岛详细确实之原委,则不得而知。

十九日,“开办”抛锚时,曾见中国渔船一只,在距离约有十二三海里处停泊,故二十日特坐小火轮往询。及到渔船,又见离二三海里外,一华船破沉于彼。查得渔船名“新泗和”,船伙二十三人,载重可一千五百担。渔扒本有多只,皆为日人占去,现仅存四。当时,新泗和渔船船主具禀称,兹我“新泗和”渔船历年往来东沙,捕鱼为生。东主在香港机利文街兴利悦盛咸鱼栏。船主梁带、舵公业广,因光绪言三十三年,日本人到东沙,将大王庙一间撤了,并有许多伙食在内。此伙食乃系饥寒所用。又撤了我“新泗和”鱼板六只、洋板二只。于宣统元年正月初十日,复往东沙。不料他日本人二月十九到我大船斥逐我船离岛。但鱼板每只长二丈、阔三尺六,每只该银五十元。洋板每只长丈八、阔五尺,每只该银七十元。等因,理合声叙陈明。

### 附:渔商梁应元禀词

禀为日人凌逼,骤失常业,恳恩切实设法,借资保护事。窃商等向在香港机利文街开张兴利煤厂,并悦隆渔栏,历年均有渔船来往广东惠州属岛之东沙地方,捕鱼为业。于光绪三十三年,忽有日人多数到岛,将大王庙一间毁拆。查该庙系该处渔户公立之所,坐西北,向东南。庙后有椰树三株,现下日人公然在此开挖一池,专养玳瑁。前时该庙之旁,囤有粮草伙食等物,以备船只到此之所需,今已荡然无存。又撤去本号新泗和带记渔船之附属渔板六只,计每只长二丈、阔三尺,价值银五十元。洋板二只,每只长一 丈八、阔五尺,价值二百元。本年正月初十日,新泗和带记渔船再到该岛,亦为日人所逼,不得已开往西北湾驻抛捕鱼。不料二月十九日,日人复来干涉,并斥驱我船离岛。商等因念此岛向隶我版图，渔民等均历代在此捕鱼为业，安常习故，数百余年。今日人反客为主，商等骤失常业，血本无归，固难隐忍，而海权失落，国体攸关，以故未肯轻意离去。本月二十日，适遇我国飞鹰兵轮并海关开办巡轮两只前来查勘该岛，商等即将一切情形缮禀，恳请代为转详各大宪，力求保护，俾万众渔民不至全行失业。不胜感戴之至。

## 附：飞鹰号舰长黄钟瑛报告

二月十二日奉谕后，即于十八日晚由香港开行，次午行抵蒲岛，在岛北抛锚，即日下午，会同督宪所派委员登岸。飞鹰船上各员，业已先在岸上。该船先到，在岛之南向抛锚。岛北有日本村落一处，已安有便于搬运之铁道，由北而南直至码头，与渔船相接。该日本人在彼有居住该处之意，已建有坚固木屋多座，并安有机器。日本人及其妇稚外，尚有华人多人，闻系由基隆前来。日本商旗悬于高竿之上，其旗式如下，前有之庙已不知所在，日本人立木牌一杆，写有日本字于下（西泽岛）、（明治四十年八月）。即该岛所居地势言之，原宜建造灯塔，但船过此者，本来无多，均偏于南向行驶。似此言之，灯塔固在可有可无之列也。此岛距香港、汕头二埠，远近相若，如在该岛设立无线电报房一所，遇风警时大有俾益。二十晨，同各委员乘小火轮至沙滩之东北，见有新泗和渔船一艘，挂明一百二十七号，载重千五百担。该船属于香港兴利号，船主名梁带。渠往来东沙近四十年，向在该处捕鱼，然日本人已饬令开驶他往。各委员告以置之于不理。当经开办船借与旗帜一面，该船上人即行悬挂。渠辈亦作有一禀，请督宪保护。各委员以许为代呈矣。午后回船，三钟起锚回港。二十一早八钟半抵港。为此呈报。

### 附：外务部为东沙岛事复张人骏端方电

（宣统元年二月二十四日）

胥、漾电悉。日人前年即在该岛纠人建屋，极力经营。现又添设铁路、电话、码头等项，是其布置业已大备。我于此时始经查系我属，本已后口，现只好照漾电所称，先由尊处询问日领，看其如何答复，再行核办。并转江督。外务部。二十四日。

### 附：端方为粤先与日领交涉事致张人骏电

（宣统元年二月二十五日）

尊处派查蒲岛情形，甚为详细，实深佩仰。如能由粤先与日领交涉，尤妥。请俟奉部复电，酌办为荷。

## 就东沙岛事照会日本驻广东领事赖川浅之进

（宣统元年二月二十六日）

现查惠州海面，有东沙一岛，向为闽粤各港渔民前往捕鱼时聚泊所在，系隶属广东之地。近有贵国商人，在该处雇工采磷，擅自经营，系属不合。应请贵领事官谕令该商即行撤退，查明办理，至纫睦谊。为此照请查照，并祈见复为荷。顺颂时祺。须至照会者。

### 附：日本驻广州总领事为东沙岛未曾认为帝国领土之一部事致张人骏照会

（宣统元年闰二月初一日）

为照会事。照得贵历宣统元年二月二十六日来文，内言布拉达斯岛一事，均已阅悉。查此事本领事本月二十一日会晤贵部堂，业经备陈帝国政府之所见，即虽日本政府视布拉达斯为无所属之岛屿，未曾认为帝国领土之一部。倘清国有该岛实属清国之确证，则日本政府必须承认其领土权，固无俟论矣。惟于此时，布拉达斯岛为从来放弃无所属之状体，即我国人善意开办之事业，则清国政府亦当妥为保护。为此照会贵部堂查照可也。

## 拟勘界随员以五人为额复外务部电

（宣统元年二月二十七日）

二十二日电悉。拟随员以五人为额，已电商高司。俟后其由沪来粤酌派。人骏。感。

### 附：外务部为希与高而谦酌定勘界随员事致张人骏电

（宣统元年二月二十二日）

刘使电称，葡外部询勘界专员带随员若干，以便照派，等语。希与高司酌定电复。外。二十二日。

## 东沙岛事已照会日领请饬西泽撤退致外务部电

（宣统元年二月二十八日）

东沙岛事，已照会日领，请饬西泽撤退。昨该领来署面称，此事彼毫无所闻。已电彼外部，得覆再达，等语。顷准胡大臣来电，谓东京报章登载此事，询问情形，已复电详达。应否由钧部电饬胡大臣向日外部交涉，一面仍由粤与日领竭力磋商之处，候卓夺。人骏。俭。

## 为东沙岛事复驻日公使胡惟德电

（宣统元年二月二十八日）

感电悉。东沙岛居惠州海丰县东南海面，约距一百二十迈，系粤辖境，为闽粤各港渔船捕鱼聚集处。英海部图译名蒲拉他士岛。上年闻有日人在该岛经营，随商南洋派轮往查，旋接驻粤英领函询该岛何属，当复系中国土地，英领并无异言。本月南洋派飞鹰巡舰偕粤关轮往查,据称已在该岛竖立国旗。岛之东面,沙迹围抱作半月形,产玳瑁,多磷质。日商西泽丁未秋到该处,将中国渔船逐去,并将渔户公建大王庙拆毁。日人设有木码头、小铁轨、电话、吸水管等物,盖日本式屋二三十间,立一木桩,书"明治四十年八月、西泽岛"字样。内有办公所一区,事务人名浅沼彦之亟,暨两医生,询系受台湾西泽吉次委任,系个人生理,并非公司。惟闻去年夏台督曾派官吏至此。现有日本男女大小一百零一名,由台招来工人三十三名,日商轮约每月一至或二三至不等。西泽现不在岛。其驱逐渔船已据渔民具控,证以查勘情形。并昨驻粤日领来言未知此事,允电彼外部,尽力办理各节。西泽私往营业,殊属不合。彼政府且未与闻,日外部未向尊处道及,请暂缓提。倘以为言,乞据情商请撤退日商,将岛交还,并将渔业被损,要以相当办法。至感。

### 附:驻日公使胡惟德为东沙岛事致张人骏电

(宣统元年二月二十七日)

此间报纸载有日本渔人在惠潮交界之东沙岛上岸,悬日本旗,请派员确查,详情电复,为祷。

## 粤属东沙岛事嘱将情形具复致驻日公使胡惟德函

(宣统元年二月二十八日左右)

馨吾尊兄大人阁下:

顷接电示,以东京报章论及粤属东沙岛事,嘱将情形具复,案已详电,谅已达览。查该岛属于惠州海面,地段不大,其东面沙迹环抱,可避风飓。闽粤各港渔船出海捕鱼倚为中途寄泊所在,并由船户鸠资建有大王庙一区,为储糇粮避风不时之需。查该处风浪颇恶,礁石甚多,正拟筹设灯塔为航路瞭望。嗣复访有渔船被逐情事,二月间始准南洋派到飞鹰轮船,由粤选派东文译员并水师员弁,借用关轮,会同前往勘查。岛上磷质甚富,水产玳瑁珊瑚。日商西泽派事务人浅沼彦之亟，带同医生两人，并日本男女一百零一人，又招来台湾工人三十余人，擅往营业，安设铁路、木码头、德律风、吸水管等件，工物苟简，似非长久之计。经派洋务处员询之驻粤日领，答称未知。是此事既非彼国领事所知，必非彼国政府所与闻。该岛系属粤辖，并有华人所建庙宇、渔民会集之地，西泽竟悍然肆其拆庙逐人，意图妄占。此等举动，谅非彼国政府所许。现据渔行商民梁应元等禀称，以历来渔船来往广州惠州属岛之东沙地方，捕鱼为业，已阅数百年，鸠资公立大王庙一间，屯有粮草火食等物，日人公然在此开池建屋，庙宇被毁，粮物无存，又撤去本号新泗和带记渔船之附属渔舨六只、洋式舢舨二只，所值不赀。渔业尽被驱逐，生计顿失，龥求保护复业等情。兹已商明驻粤日领，允为即达彼政府，尽力办理。日本外部如有论及此节，尚祈按据情形，婉切与言。是案甚为粤省绅商士民所注目。华日商务，经弟迭次设法调护，近来渐见协和，尚望彼政府于本案力持公理，则彼此商界感情自可愈见美满。此中机括，应否于便中微露此意，统候卓裁示复为荷。

## 香山县绅商伍于政等择地自开香洲商埠情形抄稿致外务部咨呈

（宣统元年二月二十九日）

陆军部尚书、都察院都御使、两广总督兼管广东巡抚、粤海太平两关事务臣张，为咨明事为照。

本部堂于宣统元年二月初十日恭折具奏香山县绅商伍于政等，自辟香洲商埠办理情形缘由一折，相应抄录折稿咨明，为此合咨贵部，请烦察照施行。须至咨者。

计抄折稿一纸。

右咨外务部。

宣统元年二月二十九日

附件：

奏为香山县绅商择地自开商埠以兴商务而裕民生，谨陈明大概情形，恭折仰祈圣鉴事。

窃维兴商殖民，为今日之要政。粤东交通较早，商务已渐行发达，而户口殷繁，向有人满之患。其久居海外之华侨盈千累万，欲归则无产可置，无地可栖。偶有挟资而归者，土人或反鱼肉之。是为保招徕计，则创兴廛市，度地居民，在粤省固尤要也。兹有香山县绅商道衔伍于政，知府衔王诜、戴国安，运同衔冯宪章等，探得县属沙滩环地方，内河外海，背倚群山，地势宽平，土质坚洁，东西约四五里，南北约六七里，北而省门，南而港澳，轮艘均可直达，渔船、商艇则有汊河为停泊之区。该绅等谓是天然商场，因即划定地段，与该绅耆立约订租，辟为商埠，名其埠曰香洲，已由该绅等四人自备经费，并召集外埠各商分别认助，以资开办。禀经劝业道饬据前山厅同知会同香山县勘明禀复，该道复核无异，呈请具奏前来。臣查，泰西首重商务，每不惜广开口岸，以收足国足民之效。中国则限于财力，经始为难。自中外通商以来，各省官辟之埠，如武昌、济南、南宁等处，始稍自占先着，勉挽利权。而绅民之自立者，尚未一见。今伍于政等倡为此举，其热心公益固属根本之谋，而于归国侨民尤为利便，诚能厚集资本、固结众情，他日斯埠之振兴，当可预决。当此试办之初，又为向来未有之创举，似宜宽以文法，以期乐兴图成。除俟该绅等将开埠细则章程呈缴，到日再行核定咨部外，所有香山县绅商择地自开商埠缘由，理合将办理大概情形，恭折具陈，伏乞皇上圣鉴训示。谨奏。

**附：农工商部为香山县自开商埠事致外务部咨呈**

（宣统元年四月十三日）

农工商部为咨呈事。

准军机处抄交两广总督奏香山县绅择地自开商埠谨陈大概

情形一折。宣统元年四月初六日奉旨:该部知道。钦此。钦遵抄交到部。原奏内称,粤东商务发达,户口殷繁,向有人满之患。海外华侨盈千累万,欲归则无产可置,无地可栖。创兴廛市,度地居民在粤省固为尤要。兹香山县绅商探得县属沙滩环地方为天然商场,因即划定地段,与该处绅耆立约订租,辟为商埠,名曰香洲。由该绅等自备经费,并招集外埠各商分别认助,以资开办。禀经劝业道饬查无异,呈请具奏开埠细则章程,呈缴到日再行核定咨部等语。查香山绅商在该县属境择地请辟商埠,系为振兴商业、利便侨民起见,唯事关自开商埠,交涉各事均由贵部主持,是否先行核复,抑俟细则章程咨送到日再行会同议奏。相应咨呈贵部查照见复可也。须至咨呈者。

右咨呈外务部。

宣统元年四月十三日

## 附:农工商部为香洲开埠及暂行办法如何电复事致外务部函（宣统元年四月十八日）

敬启者:

准两广总督电开:粤商集资筹开香洲商埠,为招回华侨、广兴商业起见,已议有端绪,奏明在案。查该绅颇得地利,粤省侨商称盛,每挟巨资、倾心内向,习于外洋风土,不耐居住城厢乡镇。闻开埠之议,多喜色相告;若成,来归必众,实可为地方培元气。唯商埠既开,必利交通乃能发达,以开无税口岸为无上政策,南洋各埠以至香港皆用此法,商业最旺。我国商务从无无税口岸,甚为缺憾。意欲于此埠小试其端,现已由该商等分为免税界限、管理规则、理船章程、保护办法四项,思想酌采香港向行办法,参合我国法律,再行咨明核示等因。查香山绅商择地自开商埠,意在振兴商业、利便侨民,至请作为无税口岸一层,亦以是处密迩香港澳门,借此招徕,为挽回利权之计。唯事关商埠税务,应由贵部主持。现拟如何电复,尚祈示悉,以免两歧。专此布达,祗请勋安。

熙彦[1]、溥颋[2]、杨士琦同顿首

再,复准粤督咸电开:近据九、拱两关税司先后申称,华洋各轮请由香港、澳门赴香洲行驶,请示核办前来。兹拟一暂行办法,准华洋轮船前往,只载搭客及载运该埠所需材料,不准装载别货。各轮仍应赴经过关厂报查其材料等物,照章完税。俟该埠章程核定,即将此项暂行办法取消等语。贵部现拟如何电复,望一并见示为盼。再请勋安。

熙彦、溥颋、杨士琦再顿

## 附:外务部为香洲免税及行轮事致税务处咨稿(附堂批咨稿一件)

(宣统元年四月二十日)

宣统元年四月初七日,准军机处抄交两广总督奏香山县绅商择地自开商埠一折。初六日奉朱批:该部知道。钦此。又十四、十六等日接准两广总督文、咸两电,均为自开商埠事.已分电贵处暨农工商部。查香山县绅商拟自备经费开辟香洲商埠,以期振兴商务、利便侨民,自属美举。唯粤督来电所请作为无税口岸,事属创行。及暂准华洋轮船前往该埠,亦有关于征税事宜应如何核复之处,相应抄录原奏,咨行贵大臣查照酌核。拟就电稿知照农工商部暨本部,会同电复粤督,可也。

须至咨者。

(粘抄)税务处。

宣统元年四月

---

① 熙彦,字隽甫。曾任商部右参议,农工商部左参议、左侍郎。

② 溥颋,字仲潞,清宗室。历任礼部右侍郎、度支部尚书、农工商部尚书。

附抄件：

（堂批：）阅。

四月十八日

为咨行事。

宣统元年四月初七日，准军机处抄交两广总督奏香山县绅商择地自开商埠一折。初六日奉朱批：该埠知道。钦此。又十四、十六等日接准两广总督文、咸两电，均为自开商埠事，已分电贵处暨农工商部。查香山县绅商拟自备经费开辟香洲商埠，以期振兴商务、利便侨民，自属美举。唯粤督来电所请作为无税口岸，事属创行；及暂准华洋轮船前往该埠，亦有关于征税事宜。应如何核复之处，相应抄录原奏，咨行贵大臣查照酌核、拟就电稿，知照农工商部暨本部，会同电复粤督可也。须至咨者（粘抄）。

咨税务处，粤省自开香洲商埠，粤督来电所请免税及行轮两节，咨请酌核，会同电复由。

## 附：外务部为香洲开埠事致农工商部咨稿（附堂批咨稿一件）

（宣统元年四月二十日）

榷算司呈为咨复事。

宣统元年四月十三日，准咨称两广总督奏香山县绅择地自开商埠谨陈大概情形一折。奉旨：该部知道。钦此。钦遵抄交到部。是否先行核复，抑俟细则章程咨送到日，再行会同议奏，咨呈查照见复，等因。本部查香山县绅商拟自备经费开辟香洲商埠，以期振兴商业、利便侨民，自属美举。唯开埠办法如何，原奏未详，应俟细则章程咨送到部，再行会同议复。又本月十四、十六日接准粤督文、咸两电，一拟准该埠为无税口岸，一拟暂准华洋轮船前往该埠，均已分电贵部与税务处。事关征免税项，本部已咨请税务处酌核、拟就电稿,知照贵部暨本部会同电复粤督。相应咨复贵部查照可也。

须至咨者。

农工商部。

宣统元年四月

附抄件:

(堂批:)阅。

为咨复事。

宣统元年四月十三日,准咨称两广总督奏香山县绅择地自开商埠谨陈大概情形一折。奉旨:该部知道。钦此。钦遵抄交到部。是否先行核复,抑俟细则章程咨送到日,再行会同议奏,咨呈查照见复,等因。本部查香山县绅商拟自备经费开辟香洲商埠,以期振兴商业、利便侨民,自属美举。唯开埠办法如何,原奏未详,应俟细则章程咨送到部,再行会同议复。又本月十四、十六日接准粤督文、咸两电,一拟准该埠为无税口岸,一拟暂准华洋轮船前往该埠,均已分电贵部与税务处。事关征免税项,本部已咨请税务处酌核拟就电稿,知照贵部暨本部,会同电复粤督。相应咨复贵部查照可也。须至咨者。

咨复农工商部,粤省自开香洲商埠应俟细则章程送到再议,复粤督两电已咨请税务处酌核会复由。

四月十六日

## 附:督理税务处为抄送香洲开埠电报事致外务部片呈(附抄电一份)

(宣统元年四月三十日)

督理税务处为片呈事。

宣统元年四月二十日,准咨称军机处抄交两广总督奏香山县绅商择地自开商埠一折。奉朱批:该部知道,钦此。又准两广总督文、咸两电，均为自开商埠事。查香山县绅商拟自备经费开辟香洲商埠，以期振兴商务、利便侨民，确属美举。唯粤督来电所请作为无税口岸，事属创行；及暂准华洋轮船前往该埠，亦有关于征税事宜，应如何核复之处，咨行查照酌核拟就电稿，知照农工商部暨本部，会同电复粤督，等因。兹本处已拟就复电，相应抄稿片呈贵部酌核，如以为妥，即声复本处，以便照发可也。须至片呈者。（粘抄）

右片呈外务部。

宣统元年四月三十日

监印委员会省候补知县白玉良

附件：

寄两广总督电：

辰。文、咸电均悉。香洲开埠，拟作为无税口岸，固可以利交通而期发达。惟事属创行，是否合宜，须如何办理方无碍当地税厘，足防流弊，亟应预为筹度。拟由税务处札饬总税司，于粤关税司内选派干员前往查勘，并禀承尊处所拟办法，俟详细章程咨到再行核定。至暂准华洋各轮由港澳赴香洲一节，所拟只准搭客，运材料仍赴关报验完税，办法固属周妥，惟应酌定必赴□□□□报验，并声明如有擅载别货不遵报关绕越漏税情事，查出即照沿海私自贸易例严办。此节虽系暂行办法，亦应饬税司将如何防弊之处妥为拟议，俟核准后执行。外务部、农工商部、税务处。

## 日领来署谓东沙岛原不属日致外务部及两江总督端方电

（宣统元年二月三十日）

东沙岛事，顷日领来署，谓该岛原不属日，彼政府亦无占领之意。惟当认为无主荒岛，倘中国认该岛为辖境，须有地方志书，及该岛应归何官何营管辖确据,以便将此等证据,电彼外部办理。至西泽经营该岛,本系商人合例营业,已费甚巨。日政府亦曾预闻,应有保护之责等语。当答以东沙系粤辖境,闽粤渔船前往捕鱼停泊,历有年所。岛内建有海神庙一座,为渔户屯粮聚集之所。西泽到后,将庙拆毁,基石虽被挪移,而挪去石块及庙宇原地尚可指出。该岛应属粤辖,此为最确证据,岂能谓为无主荒境。且各国境地,如山场、田亩,非必有人居,方有辖权。与之反复辩论,彼始终执一索据之说,议无归着。查该岛情形,历久隶粤,已无疑义。乃西泽毁我庙宇、逐我渔民,在岛年余,获利甚厚。揣彼用心,以为神庙已毁,无可作证。又知中国志书,只详陆地之事,而海中各岛素多疏略。故坚以志书有载方能作据为言,其用意狡赖,情见乎词。前准午帅九月艳电,称两江派员所绘海图,亦有此岛。拟请午帅迅将前图饬绘数张寄粤,一面由粤设法详考证据,再与日领驳论。应否由钧部电商驻日胡使与日外交部交涉,统乞酌示遵办。祈电复。按此电并分致胡大臣,请相度维持,兹不重录。

### 附:驻日公使胡惟德为东沙岛向日领要求赔偿事致张人骏电

(宣统元年闰二月初一日)

两电均悉。尊拟办法,作为损害个人营业问题,由我先发,向日领要求赔偿,以杜领土轇轕,荩筹敬佩。海图及证据,请赐寄一分,敝处暂不向日外部提及。仍求随时密电。

### 附:端方为敝处所绘海图无印本复外务部张人骏电

(宣统元年闰二月初三日)

安帅三十日电悉。敝处所绘海图,无印本,上年已照绘一分寄呈钧部。今承安帅电取,容即照绘,另行寄粤,以备考证。查此岛,日领既谓原不属日,而广雅书局所刻《中国江海险要图志》,以及英国所刊洋文海图,又均有此岛,按其经纬度数,确为中国辖境。以上各图,上年均曾送京,可否请钧部先据此以与日使交涉,一面由安帅再设法详考证据,以资驳辩。伏希裁行为幸。端方。江。

### 附:外务部致张人骏东沙岛经纬度请觅确据复部电

(宣统元年闰二月初三日到)

东沙岛事,上月二十四、三十日两电均悉。旋准胡使电述日小村外部口气与日领所称亦略同。本部查历次江督来电,内列经纬度数各不相符,当向税司取图详查。图内有碧列他岛,按其度数与江督电称该岛在北纬线二十度四十二分、东经线一百十六度四十三分之语颇相符合,而又与各电内日人现据之岛在北纬十四度一节相背,究竟东沙岛是否即碧列他岛,在我总须考明度数,多搜证据,方好与人交涉。且日人意在索据,仅执神庙旧址及渔船停泊各说不足以资应付。希将上开度数再加详考,并设法觅查确证电部核办。外务部。初三日。

## 东沙岛事日领与小村语意微有不同致驻日公使胡惟德电

(宣统元年闰二月初三日)

冬电悉。据日领文称,以该岛无属,彼国并未认为领土。中国倘有领该岛确证,彼政府必当承认。惟西泽因其放弃无主,以美意经营,要请妥为保护等语。与小村语意,微有不同。已电外部示办。并闻。

### 驻日公使胡惟德为东沙岛日本政府未允收入版图致张人骏电

(宣统元年闰二月初二日)

昨小村在使馆晚餐,彼先称东沙岛于两年前有日商因此岛向无所属,请收入版图,政府未允。现中国如有确实凭证,自当认为中国领土。此岛日人应由中国保护。倘无确证,足见此岛本无所属。等语。务请搜觅舆图,汇集证据。除电外部外……

## 为东沙岛事应否电胡大臣与日外部交涉致外务部电

(宣统元年闰二月初三日)

顷据驻粤日领照复,日政府视蒲岛为无所属之岛,未认为日领土,中国如有已领该岛确证,日政府必当承认。惟日商因该岛久经放弃,以美意开办事业,中政府当妥为保护。等语。查该岛向名东沙,与附近琼岛之西沙对举。沿海渔户,倚为屯粮寄泊。海神庙建设多年,实为华民渔业扼要之区。香港有华商行店转输该处渔业,商民具控以日人强暴为词,志书虽漏载,而遍查海图及舆地各书,列有此岛,均指粤辖,证据已足。西泽擅自经营,毁庙驱船,种种不合,实系日人侵夺,并非华人放弃,似未便予以保护。粤无出海大船,稽察亦恐难周,拟仍饬商令撤退之说,并要以毁庙损失,渔业及私运磷质各项之赔偿。应否电胡大臣与日外部交涉,并乞卓夺。祈电复。人骏。江。

### 附:外务部复胡惟德日政府未认东沙岛为日属希酌核提议电

(宣统元年闰二月初五日)

东沙岛事,感、冬电均悉。此事本见前年时报,本部据江、粤详查,辗转迟延,近始迭准粤督电称,该岛距汕头百五十英海里,向名东沙,与琼岛西沙对举。现有日商西泽私带日人,盖房升旗,并设铁路、电话、轮船、码头。该岛旧建有神庙,西泽毁基移石,兼逐渔户。当以岛为粤辖,照会日领撤回。准复,日政府未认为日属,如有确证,日必承认。惟日商营业,中当保护。详查海图地志列有此岛,粤证据已足,请电胡使商日外部撤退日商,并要以毁庙损失、渔业及私运磷质各项之赔偿。等语。除电该督详考经纬度数，俟复到，再由部照会日驻使，并续电外，希酌核与日外部提议，并电复为要。外务部。

## 为葡人现有一艘兵舰近日在华界鸡颈外洋面停泊致外务部电

（宣统元年闰二月初四日）

顷据前山同知电禀称，闻葡人现有兵舰一艘，近日泊华界鸡颈外洋面。该处向无兵舰停泊，当即派轮查探属实。该舰食水十八英尺，载长二百四十英尺，有葡兵二百数十名。闻尚有两舰下月可到。理合禀闻。等语。

查鸡颈与澳门马二石对峙，为九洲洋进磨刀门第一重门户。葡人本有撤舰待勘之议，乃复添舰驻泊我界，除饬随时查探举动外，应否向葡使诘问，候钧酌，并乞电示。人骏。豪。

### 附：庄允懿为葡国现有一艘兵舰近日在华界鸡颈外洋面停泊致张人骏电

（宣统元年闰二月初三日）

省城督宪钧鉴：

前。密。闻葡国现有兵舰一艘，近日在华界鸡颈外洋面。该处向无兵舰停泊，当即派轮查探属实。该舰食水十八英尺，载长二百四十英尺，有葡兵二百数十名。闻尚有两舰下月可到。鸡颈洋面系属华界，应请电达外部知照葡使速退舰。理合禀闻。懿禀。江。闰二月初三申。

### 附：外务部称葡有换防兵二百余人搭坐荷兰商船到澳并非兵舰致张人骏电

（宣统元年闰二月初五日）

豪电悉。当即面诘葡使，据称并无所闻。惟澳门报载葡有换防兵二百余人，系属向例，现搭坐荷兰商船到澳，旋即开去，并非兵舰，恐粤省误会。等语。该同知电禀是否探确，希再饬详查，电部核办。外。初五日。

## 为东沙岛本系我国旧名致外务部电

（宣统元年闰二月初五日）

初三日电敬悉，江电谅达。按东沙岛本系我国旧名，沿海渔民称谓相同，其名其地载在《柔远记》海图，甚非无据。建庙、屯粮、渔业，尤公法所特认。庙本完善，且有存粮，为西泽所毁拆，并(有)旧址。据九龙税司报告，见有华民“新泗和”渔船，尚在该处驻泊，控诉被逐情形。该船系属于该处开设兴利字号之华店，渔船往来该处，可知者近四十年，何得谓华人放弃？丁未九月初六日，准钧部电指有辖岛一区，当北纬十四度四十二分二秒，东经一百十六度四十二分十四秒。查之英国海图，该处汪洋一片，并无岛屿，离粤太远，自难引为粤辖。而粤中又无可用以远行探海之大轮，不免望洋而叹。嗣接午帅电，该岛英名蒲勒他士，即粤辖东沙岛，敝处并无指称日人现踞之岛在北纬十四度之说。现既查明距粤海界甚近，且有琼海西沙岛对举之称，西沙岛现已派员，仍借用海关轮船往查。加以各项证据，新译《中国江海险要图》明指该岛为粤，离澳十三里，可决为粤辖，据以与争。钧部查图后有碧列他岛之名，当系蒲勒他士译音之转。日人近且易名西泽矣。鄙意拟执我国向有东沙之名为断。我国舆地学详于陆而略于海，偏于考据方向远近，向少实在测量，记载多涉疏漏。沿海岛屿，往往只有土名，而(未)详记图志。欲指天度与言，旧书无考。所持者，仍是英国海图。其他确据，现正刻意探求，要不外于渔业所在，《柔远记》《江海险要图说》所载各端，持此与争，不为无故。统乞主持，无任盼祷。人骏。歌。

## 为东沙岛载在《柔远记》旧书中致外务部函

（宣统元年闰二月初六日）

敬肃者：

二月间，曾上一函，论东沙岛事，谅经登鉴。此事日人要索证据，必欲舍现有渔业所在，而求之我国旧有图籍。海中岛屿，当时舟楫，未便风涛，探考多疏。日人知之，故特以此相难。其心颇狡。夫日商西泽，不过以个人营业，其情只等于我粤渔民前往建庙屯粮之举。岂该岛先已发见于我华人者不足据，数百十年后一日本商人以无理侵夺，驱华民而据之。彼政府未前知，彼领事未前知，转可认为发现该岛之哥伦布，欲取我国归辖之境，列之无属荒区乎？其岛名东沙，固尝载在《柔远记》旧书，按图内列该岛于甲子遮浪之间，证之英国海图，部位相当。惟方向远近，未能如该图之准确。我国舆图，旧时刊刻各本，向例如此，不足为怪。海图所载蒲拉他士岛以外，其在惠潮一带海面，亦别无另岛可当《柔远记》内之东沙。是蒲拉他士岛之即东沙岛，已无可疑。兹特将《柔远记》一部，并于第六册图志第二十二页签明，呈请察核备案。

### 附：外务部为粤督续称东沙本我旧名致胡惟德电

（宣统元年闰二月初六日）

初五日电计达。粤督续称东沙本我旧名，渔民称谓相同，其名其地载在《柔远记》海图。上年午帅电该岛在北纬二十度四十二分三秒，东经一百六十度四十三分，英国海图称为pratas，即《江海险要图》内之蒲勒他士，粤土人向称为东沙。现正搜求他证，然要不外渔业。以上各端，希持此与争。等语。除照会日使外，并闻。外务部。初六日。

### 附:外务部为已电胡使与日外部交涉致张人骏电

（宣统元年闰二月初六日）

歌电悉。本部已据历次来电酌照日使,并电胡使与日外部交涉。得复电再达。外务部。初六日。

## 葡船是否兵舰悬何国旗速即查复致庄允懿电

（宣统元年闰二月初六日）

香山速转前山庄丞:

前。密。顷接外务部电开,诘据葡使答称,派舰一节并无所闻。惟澳门报载葡督换防兵二百余人,现搭荷兰商船到澳,旋即开去,并非兵舰,恐粤省误会,等语。该同知是否探确,希查电核办。等因。究竟该船是否兵舰,悬何国旗,速即查复,以凭电部。督。鱼。

又二月初六未。

### 附:庄允懿为据禀葡舰停泊鸡颈洋面船名“域士啰甘嘛”复张人骏电

（宣统元年闰二月初七日）

省城督宪钧鉴:

前。密。鱼电获悉。前迭据广元管带周炳鉴、克虏管带户朝燕、前山防营管带鲍玫骏先后禀报,有葡舰停泊鸡颈洋面,并即派广元来往查探,知船名“域士啰甘嘛”,隶译名,载名设用,等语。现该船已他往,悬何国旗,是否兵舰,容再详查电禀。懿禀。阳。

又月初七酉八未。

## 附：庄允懿为葡使所称换防兵一节系正月之事复张人骏电

（宣统元年闰二月初九日）

督宪钧鉴：

前。密。葡舰一事，同知亲往澳详查。据澳门人言，日前确有葡舰在鸡颈外停泊，因该舰伙食赴澳采办，由小轮送往，故各人皆知。闻舰系双烟筒，译名“域士啰甘嘛”，粤音。葡使所称载兵一节，系正月之事，与此次无涉，更换葡兵九十余名。惟葡使现不肯承认，则尚非欲强占海界，似可将此事暂缓置议。闻该舰已赴港，现派人往港确查再禀。传闻葡人此次所以派舰前来，实恐临时土人暴动，故各炮台现有整备枪炮之说。至其内情如何，实难探悉，或云葡舰现拟暂不来澳，须俟划界葡使到后始行聚集。合禀闻。懿禀。佳。

又月初九未申。

## 引姑喜期已届致张允言等函

（宣统元年闰二月初七日）

允言等阅：

折弁回，接十八日来禀，知寓中均好，甚慰。引姑喜期已届，言与大媳想即赴津办理蚕桑事，信、电均系滋老与范孙[①]出名，来电谓非同乡公举，殊不可解。如此情形，应酬三二百金送去足矣。滋在枢府，而人人以其名在外省募捐，似亦非所宜。魏梯云何处人？何名现作何官？果系同乡，公事尚可，否则迹近招摇矣。那相[②]处可照送。

---

① 严修（1860—1929），字范孙，号梦扶，张佩纶门生。1919 年创办南开大学，被称为“南开校父”。

② 军机大臣那桐。

汝何时赴沪？临行即来电。能抽空至南京一省六叔祖母[①]最好，或来粤后再去亦可。

闰月初七日谕

## 为日领来署晤谈东沙岛事致外务部电

（宣统元年闰二月初八日）

顷日领来署，晤谈东沙岛事，以该岛属中国之证据，虽未齐备，重以粤督之言，似未尝不可承认，惟须妥为保护，否则恐政府仍作无主之岛看待。等语。当询以保护是何意义，日领答称：如何保护，政府并无训示明文，以该领揣测之意，约为西泽经营颇费工本，一旦撤退必多损失，亦殊可怜，政府势难办到。似应予限数年、或数月，从长计议。撤退后，其所营房屋、机件、铁路等物，必有相当之办法。随诘以我国渔业无端被逐，伤损甚巨，应作何办法？日领并无决实之对答词。观其意，无非为索利张本。岛已属华，彼已在可认之列。日领托为揣词，彼政府似已略授其意，颇可就此转圜，但一经松劲，婪索可虑。彼持商业应保，我据渔业被毁，坚忍和平，力与磋磨，以冀酌中议结，务以收回该岛为宗旨。当求钧部坚持指示。应否电知胡大臣，此案现先由粤与日领磋商，暂缓向日外部商办，以免措词倘有互歧之处。并乞钧裁。人骏。齐。

### 附：外务部为东沙岛事由粤与日领磋商致张人骏电

（宣统元年闰二月初九日）

齐电悉。此案业照日使并电胡大臣。既据称先由粤与日领磋商，除将此节补照日使并再电胡使外，希查照。外务部。初九日。

---

① 张佩纶夫人李菊藕。

### 附:外务部为顷又准粤督电致出使日本大臣胡惟德电

(宣统元年闰二月初九日)

初六日电计达。顷又准粤督电,东沙事日领晤谈,窥其意可认为华属。惟称须妥为保护,否则政府仍作为无主之岛看待。又以西泽经营费工本,应予限议撤退后,其所营房屋、机件、铁路等物,必有相当办法。彼持商业应保,我持渔业被毁,力与磋磨,冀酌中议结,务以收回该岛为宗旨。现先由粤与日领事商办,应否电胡使暂缓提,以免互歧。等语,现已将此节补照日使,并电复粤督。外务部。初九日。

### 附:外务部致张人骏东沙岛事如商有了结办法希电复电

(宣统元年闰二月十七日)

东沙岛事,准日使复称,由粤督与日领和平商结,本国政府甚以为然。政府早将办法饬知日领,兹当再行电示。惟有应请留意者,西泽到该岛创始营业,全系善意,此事结局纵定为中国领地,而对于该商平善事业,应加相当之保护。请电粤商善后办法,以昭和睦。等语。尊处既与日领开议,如商有了结办法,希随时电复。外务部。十七日。

## 为初七日驻港葳领邀请葡战舰官弁在署午膳致外务部电

(宣统元年闰二月十一日)

初五日电敬悉,当饬该同知查复。据称,该葡舰现已开行赴港,初七日驻港葳领邀请葡战舰官弁在署午膳,登载初八日港报。至载兵换防一节,系正月间事,与此次无涉。等语。现葡使既不承认,船又开驶,似可暂缓提议。除仍随时饬侦察举动据闻查办外,合据电复。人骏。真。

## 附:庄允懿为初八港报称港领事邀请葡国两战舰之官弁午膳事复张人骏电

（宣统元年闰二月初十日）

督宪钧鉴:

前。密。佳电想呈鉴。初八港报,本港葡领事邀请葡国战舰二艘中之官弁,拟日昨致领事午膳。是葡确有派舰前来,葡使不肯承认,殊不解其用意。懿禀。蒸。

又月初十未酉。

## 为香港停泊两艘悬葡国旗兵舰致外务部电

（宣统元年闰二月十二日）

昨电谅达。葡兵舰前泊鸡颈外洋面,名“域士啰甘嘛”,系挂葡旗,并非和兰商船。现尚与“巷厄利亚”葡舰同在香港停泊。据“广元”官轮管带周炳鉴查报前来,合电陈。人骏。文。

## 附:庄允懿为香港停泊两艘悬葡国旗兵舰复张人骏电

（宣统元年闰二月十一日）

督宪钧鉴:

前。密。昨派广元管带周炳鉴赴港查探,见有悬葡国旗兵舰,一名“巴地利亚”,即前来澳往港修理之舰。一名“华士啰甘嘛”,即此次在鸡颈外停泊之舰。均系铁甲。等语。理合禀闻。懿禀。真。

又月十一申。

## 为日已经承认东沙岛属我且布袋岛系在鲤鱼门事致端方电

（宣统元年闰二月十四日）

文电敬悉。东沙岛系属华辖。经与日领考论，彼意已承认。现正议及办法。闻该领以纳租于我国而准令日商在该岛营业，或请将岛上机件房舍，由我国给值收回两端。请示于彼政府复议。我当拒请撤退，拟再相机办理。至布袋澳，按查《广东通志》，系在鲤鱼门内海，与东沙似不相合。

### 附：端方为核查东沙岛是否为布袋岛蒲拉他士岛事致张人骏电

（宣统元年闰二月十二日）

东沙岛，前按驻宁日领所指之经纬度及英文名称考之，即系新译《中国江海险要图说》内之蒲拉他士岛，一名蒲勒他士岛，为广东杂澳第十三，一作扑勒特司岛，一作拔达司岛。两江派员所绘及英海部所刻各海图，亦均有此岛。近复考之广东通志，见是书卷百二十四海防图内，当香港之东，有澳名布袋。按布袋二字之音，与西图之蒲他、若扑特、若拔达等字之音均相近似。西图之名，皆布袋二字之译音，且图内于澳南之岛上，注有天后宫大王庙六字。今日商毁庙，与此正合。第是图过于粗疏无经纬线度，不能实指其地，且与前次尊电谓在汕头正南百五十英海里之说亦不相合。不知布袋澳是否另是一处。乞再详加考定，见复为幸。

## 为东沙岛属于中国事照会日本领事文

（宣统元年闰二月二十一日）

为照会事。案照惠州府属东沙岛一事，前经照请贵领事官谕令该日商即行撤退，并经面商办理在案。兹本部堂接准北京外务部电开,准贵国钦差大臣复称,由粤督与日领和平商结,本国政府甚以为然。政府早将办法饬知日领,兹当再行电示。等语。此事贵领事官既经奉到训条,希将办法详晰照知,以便妥商从速办结。幸勿有迟为要。为此照会,顺候时祺。须至照会者。

### 附:日本驻广州总领事为东沙岛办法致张人骏照会

(宣统元年闰二月下旬)

为照会事。接贵部堂闰二月二十一日来文,询布拉达斯岛之办法等由,均已阅悉。旋接本国政府电开,经传西泽来京调查情形,已函寄粤矣,等因。本领事奉此,合先照复,一俟接到,再行赴辕面商可也。为此照会,须至照会者。

## 致日本领事之东沙岛解决办法单

(宣统元年闰二月下旬)

先将东沙岛交还中国,岛上西泽安设各物业,应由两国派员详细公平估值,由中国收买。岛上庙宇被毁及沿海渔户被驱逐、历年损失利益,亦由两国委员详细公平估值,由西泽赔偿。所采岛产海产,应纳中国正半各税,应令西泽加一倍补完。

### 附:日领致张人骏东沙岛解决办法条款

(宣统元年闰二月下旬)

西泽因经营该岛事业,投出资本,拟立永久基础,已费计五十一万元。西泽在该岛计划事业,即一采磷矿鸟粪,二采海产,三开牧场。该岛归中国 领土,则关税之外,变永久之计划,不可不为限期之事业。其影响即:一磷矿及肥料需要者,不欲为特约;二中止新规制造事业;三是中止牧场计划。三十年间,欲收回五十一万之额,一年须得二十万元之利益。

## 在香洲商埠开工典礼上的训词

（宣统元年三月初三日）

宣统元年三月三日，为香山县香洲商埠开埠之期，本部堂亲临观礼，是日商民云集，欢忭同声，甚盛事也。爰进在事诸君而言曰：粤东为滨海奥区，民殷物阜，商务之发达，较他省为尤先。近月萃群力以谋公益者，比比然矣。夫益有广狭之不同。竞已然之利，其益狭；开未然之利，其益广。斯埠也，地势开拓，外滨大洋，内依山岭，轮舟便于停泊，阛阓易于经营，洵天造之商场也。今诸君筹集厚赀，就其地创立商埠，所谓开未然之利，当合群力以谋者。异日交通之利便，商务之振兴，百物云屯，梯航骈集，固可翘足而待。而于归国之华侨，亦得以受廛居肆，咸乐聚处于斯。其为裨益民生，扩充利源，岂不大且溥哉。方今处商战之世，波谲云诡，亟宜各谋自立，恐后争先。今日新埠之辟，诸君既能倡之于前，仍望有以善成于后。大抵维持保护，应由官吏任之。至一切经营缔造，俾他日香洲一埠日新月盛，蔚然为吾粤生色，则在事者之责也，亦在事者之荣也。诸君其勉之哉。

## 为边军剿匪互不相知照致龚心湛电

（宣统元年三月初八日）

两省交界地方，剿匪须彼此知会，迭经严饬，不啻三令五申。此次郁林开到两营搜剿，何以并不知照东军？六万大山，系十五营防地，该营官长漫无防备，致被窜入，实属疏忽，应由龚道查取职名，禀候议惩。仍责令赶紧缉搜，悉数歼除，不得以击散了事。以后东西各营如在毗连交界各处剿匪，务各先期知会，协力堵截。毋得以邻为壑，致干查办。

## 为拟由粤省刊刻勘界关防事致外务部电

（宣统元年三月初十日）

高司而谦已抵粤，葡员尚未到。现拟由粤刊一关防，文曰：钦派办理澳门勘界事宜关防，以资信守。应否奏明给发，乞钧核示复。骏。蒸。

### 附：外务部为关防一节可就粤刊用事复张人骏电

（宣统元年三月十一日）

蒸电悉。前准葡使照称，葡主给马沙铎敕书载明办事权限，中国请亦照办，开端时各将敕书互相校阅，等语。本部拟明日奏颁高司敕书，用宝后即寄，到时希转该司只领。关防一节，可就粤刊用，由本部一并奏明，并转高司。外。十一日。

## 为粤人集会既无干犯法律万难强施禁令复外务部电文

（宣统元年三月十一日）

初十日电祗悉。粤人集会，研究澳门界务，只系考查地方历史，并无鼓惑耸动之事。诚如钧电，于和商界务有益无碍。大部照复葡使各节，实属至当不易之论。至粤报所登，仅只搜罗记载，采录舆论，亦无鼓惑之意，地方官岂能无故施禁？近日葡文各报，于澳门界事常有攻击华人之语，葡政府何以并不禁止？转谓粤报反对攻击，殊非平情之论。葡人居澳以来，其虐待华人之事，不一而足，粤民素多恶感。即如光绪三十三年间，澳官强将华人坟墓挖掘烧毁，众情愤激，几至生变。此次一闻勘界，粤人咸望界务早定，庶免葡人侵越凌虐，乃系实情。但所论之事，既无干犯法律，万难强施禁令，转致民情愈激，别生事故。除饬属随时防范劝谕外，谨电复。骏。真。

## 附:葡国公使柏德罗为饬令粤督不得任令广东人民集会刊文攻击葡人致外务部照会

（宣统元年三月初九日）

查近来广东地方,粤督任令人民时有集会,鼓惑百姓与澳门葡人反对情事,实堪诧异。今我两国已将此事商定妥协,是以令人更为骇然。本国政府现闻有此等之事,甚为奇异不悦,深望贵国政府速为饬令粤督,不得任令人民在所属地方集会与澳门葡人反对之事,以免蛊惑百姓,耸动贵国勘界大臣,妨碍两国和衷商办界务之意;并请设法禁止中国报纸登载一切攻击葡人之事。相应照会贵王大臣查照可也。

## 为韩国钧遽行他往接替乏人事致东三省总督锡良电

（宣统元年三月二十五日）

清帅鉴:

洪、养电敬悉。公调员赴东,具见整顿庶政至意,佩甚。弟历任各省,皆就地取材,向不调员差遣。前岁奉命来粤,因知此邦无能办新军之才,云帅、玉帅两任不能成混成一协,不得已奏调韩道国钧前来,派充督练公所参议,兼兵备处总办。去岁,复奉特旨,发往广东遣用,仍供先差。该道悉心整备,新军业已成协,现在正由协成镇,万分吃紧之时,皆该道一人经理。若遽行他往,接替乏人,诚恐九仞之功亏于一篑。方命之处,尚冀鉴原。至刘直牧庆镗[①],州署阳江,遴员接替,俟其卸任回省交代清楚,即当遵命饬令赴东,听候委用。骏。敬。

---

① 刘庆镗。光绪三十四年(1908)任番禺县知县。

## 附:东三省总督锡良为韩国钧仍祈见让事致张人骏电

(宣统元年三月二十九日)

广州张安帅鉴:

洪、密、敬电祗悉。韩道经公倚任,自应勉如尊意。惟东省逼处两强,事迫才难,倍蓰于粤。韩道将来经手事竣,仍祈见让。无任盼祷。沁。

## 为粤人并无预谋袭击澳门复外务部电

(宣统元年三月十六日)

十五日电敬悉。自治会均系良善民人,岂有袭击澳门预备?绅商人等因界务讨论则有之,近已示谕静候和商办理,人情均极静谧。澳门葡人日来集众谘议,仇华之说颇炽。揣葡使之意,特欲借端调回兵舰。两国撤舰、撤兵候勘,人已共知,一旦调舰回澳,特恐自此疑虑益深。为和商界务计,葡人此举,似属非宜。如何之处,乞钧裁酌复葡使,并乞电示。再,葡人调舰回澳,不知有何狡谋,粤无相当出海兵舰,合陈明。人骏。铣。

### 附:1909年5月4日《羊城日报》刊登的《张督因澳门勘界事之示谕》一文

督院张,为出示晓谕事。

照得澳门勘界事宜,奉旨特派云南交涉使司高来粤,商承本部堂办理,一俟葡员到境,即与开议。闻粤中绅商士庶,于此事颇形注意,近澳居民开会研究,自为查考地方历史及内地与澳门往来公益起见,果能持之有故,言之成理,于和商界务之意不特无碍,且复有益;倘有鼓惑攻击举动,则为法所必禁。现当两国各派大员和商界务之时,凡我绅商士庶自应共明此意,静候勘办,勿滋疑虑。合就晓谕。为此,示仰所属诸色人等,一体遵照勿违。特示。

## 附:外务部为粤民是否有对葡人攻击事希随时查禁以杜口实事致张人骏电

（宣统元年三月初十日）

葡使照称,粤民集会与葡人反对,我两国已将此事商妥,今政府闻有此等事,甚为不悦,望速电粤督,不得任民集合,以免鼓惑百姓,耸动勘界大臣,妨碍两国和商界务之意,并设法禁止报纸登载一切攻击葡人之事。等语。除由本部复以粤人反对鼓惑各情均无所闻,惟近澳居民设有澳界研究会,该会既名研究,不过为考查地方历史暨内地与澳门往来公益起见,并无反对煽惑情事,粤督未便禁阻,且于和商界务之意不特无碍,亦复有益。仍由本部电粤查察外,各该会及报纸近日是否有鼓惑攻击等事,希随时派员查禁,以杜口实。外。初十日。

## 附:外务部为葡照称自治会预备暗袭澳门望查察事致张人骏电

（宣统元年三月十五日）

葡使照称,本国政府近接澳督报,闻自治会预备要暗袭澳门,是以本国水师大宪欲饬“巴的利亚”号兵船回澳,本国外务大臣暂未允准。但望中政府迅设善法,免其决无试为暗袭澳门情事,并切戒生事及与本国为仇之徒不得任意妄为。等语。该使所称究系如何情形,近日自治会是否安静,切望随时密加查察,毋任滋事,致生枝节。即电复。外务部。十五日。

### 附:外务部为已照会葡使饬葡报不得再登攻击华人之语致张人骏电

(宣统元年三月十八日)

真、铣电均悉。当即据电照复葡使,并商令电澳督,饬葡报不得再登攻击华人之语,在澳葡人不得集议仇华,以免激动舆情,致于彼此界务有碍。调舰回澳一节,葡外部未予允准,本国政府甚为纫佩。等语。得复再达。

## 高而谦现暂驻省俟葡员一有到期随时赴港事复外务部电

(宣统元年三月二十三日)

外务部钧鉴:

申。密。二十一日电敬悉,遵转高司。该司现暂驻省,葡员一有到期,随时即可赴港。人骏。漾。

### 附:外务部为葡谓置换文件措词是否相同及询高而谦何时抵港事致张人骏电

(宣统元年三月二十一日)

高司敕谕即日寄出。顷刘使函称,葡外部照谓互换文件内载明派员勘定澳门及其附属地之界址,现葡派马沙铎照此措词,中国派员措词是否相同?并何时在香港会齐?请预示。当将谕旨译示,告以条约、文件均须遵守。至附属地字样,在彼此讲解,不在字面,亦不在谕旨内曾否兼叙,等语。高司约何时可抵港?即电后,并转高司。外。二十一日。

## 附:外务部为请将敕谕转交高而谦致张人骏函
（宣统元年三月二十二日）

本年三月十二日本部具奏,请旨颁给办理澳门勘界事宜大员敕谕,并请刊给关防一折,即日奉朱批:依议。钦此。遵即缮就敕谕一道,片行军机处请用敕命之宝,呈览后送还本部。相应恭录谕旨,钞录原奏,业将敕谕一道咨行贵督钦遵转交该大员祇领可也。

## 附:外务部为俟澳门勘界事毕即饬高而谦回本任事致张人骏电旨
（宣统元年三月二十八日）

奉旨:云南交涉使高而谦,俟澳门勘界事毕,着张人骏迅即饬回本任,以重边务。钦此。枢。勘。

## 附:外务部为葡勘界员马沙铎已起程赴香港请转告高而谦事致张人骏电文
（宣统元年四月初六日）

葡使照称,马沙铎已于西历五月二十一日,由理斯波河(阿)起程,前赴香港。等语。希转高司。外。初六日。

## 附:外务部为葡勘界员马沙铎已抵香港请转高而谦事致张人骏电
（宣统元年五月初九日）

葡使面称,葡勘界员马沙铎已抵香港,希转知高司查照。外。

## 附:香山县九澳黑沙两乡耆民张有谅等为九澳黑沙为澳门出海口请钦使据约力争事致张人骏禀文
（宣统元年三月）

具禀:香山县九澳黑沙两乡耆民张有谅六十八岁,廖中显、钟量开、傅维广、骆庆开六十四岁,张仟佑、何日盛、叶敬璋禀,为越界侵占,望切挽维,叩恳通详,照请据约力争,以保海隅而安生殖事。

窃惟黑沙、九澳两处地方,为澳门附近群岛,向隶香山县管辖。第该处民入渔业营生,九澳住户三十余家,黑沙住户二十余家,虽非繁盛之区,然司隶帡幪,亦不甘沦于异族。讵料葡人窥伺日久,于光绪二十一年在两处编钉门牌,筑马路;三十二年复钉门牌,并征业钞;三十四年又在九澳山盖搭兵厂,设兵驻守,又复丈量地亩,以图管辖。第思该处与潭仔、路环群岛毗连,为澳门出海要道,倘任其混占,将海界公然属葡,以后水陆巡防均多梗阻。主权一替,门户尽失,于大局关系实非浅鲜。且葡政苛赋繁,该处人民不堪钤缚,难免不激成事端,后患更不堪设想。今幸勘界有期,本处居民思图挽救。

为此,沥情叩请崇辕,伏恳通详大宪转请钦使据约力争,庶海隅永保生殖以安,实叨恩便。切赴大老爷忧前察核施行。

宣统元年三月　日禀

## 附:望厦村绅士职员何广成等为久被侵占请钦使据约勘明以复故壤而保生业事致张人骏禀文
（宣统元年三月）

具禀:旺厦村绅士职员何广成、杨德盛、黄让礼、陈连泰、苏廷珍、沈雄文等,地保黄槐禀,为久被侵占,望切保全,联乞通详大宪照请钦使坚持力争,以复故壤而保生业事。

窃职等世居旺厦村，与龙田、龙环、叠石、沙岗、新桥、沙梨头毗连，邻近澳门陆地相接，实居澳门界外，户籍民田悉隶香山县管辖。且该处旧有大旺厦角炮台，足为中国领土之证。讵葡人狡然思启前之攻炮台、毁关闸，侵越窥占日甚一日，于光绪十一年遍钉门牌，勒收业钞，前经职等历禀在案。蒙前抚宪吴清帅莅澳，面谕居民将所钉门牌撤去，葡知震慑，尚不敢逞。迨光绪二十四年又复威迫居民，声言如不遵纳，立将屋宇拆毁充公，复经职等禀请两广督宪照会葡官据约力争，讵葡人诬以所禀为捏造饰词照复，大吏不再驳诘，葡遂得逞其欲。于是年始征业钞，增辟马路，不数年竟墟叠石烬，龙田、庐墓、民居破灭殆尽。曩之称旺厦七村者，如剥果之仅存。虽曰托庇帡幪，而课税、讼狱诸大端竟为葡人所束缚，凡属附近，谁不寒心？今闻使轺将莅，都人士喁喁望风，亟思挽救。职等祸在切近，尤不得不就管蠡所及，沥陈于仁宪之前者。

查澳门系属租借，原以围墙为界，界外尺寸不得有逾。且查光绪十三年因办征税订立草约，有准葡驻澳，惟不得转让其地于他国一语，可见主权仍是中国所有。又据条约所载，声明未定界以前一切事宜悉仍其旧，彼此不得有增减改变等语，可见葡人驻澳，只能照旧管理澳门，不得于澳之外更张变动，搀越增占，其意深切著明。讵葡人违背约章，借称约内订有管理澳门及澳门属地字样，直指侵占界外之地为伊所占领。故自十三年订约以后，种种狡混窥占，变态百出，防不胜防。近则野心愈炽，威力愈张。本年正、二月间，由大西洋工务司谕镜湖医院升红据称，本司将旺厦口、金谷山脚至先锋庙一带掘平，整筑□□□，坟墓限三个月一律迁徙。似此逼勒苛虐，受害胡底？若不坚持旧址据约力争，势将由陆越海、得陇望蜀，侵占无有已期，后患不堪设想。

为此，沥情联叩崇辕，伏乞通详大宪转请钦使据约勘明，返已沦之故壤,保孳生之民业,阖乡永戴鸿施矣。切赴大老爷大人台前恩准施行。

宣统元年三月　日禀

## 附:香山县过路环绅士五品把总冼茂棠等为葡攘踞日久苛勒难堪乞转钦使据约力争事致张人骏禀文
(宣统元年三月)

具禀:香山县过路环绅士、五品把总冼茂棠、五品千总冼茂宽,商民冼镇剑、布正怀、何皆洪、何皆福、陈协和、陈协顺、林见远、梁启礼、林旺远,沙主李集怀堂、徐静安堂等禀,为攘踞日久,苛勒难堪,叩乞通详大宪转请钦使据约力争,以保边隅而安民业事。

窃惟过路环一岛,土名盐灶湾,在澳之南,距离约十余里,向归香山县治管辖。前有邑人徐、李两姓报垦沙坦炳(柄)据。又有道光年间示禁兵丁骚扰宪谕可考。乃葡人越海占据,筑炮台,钉门牌,村民被勒,屡与抵抗;近又抽及丧葬报费,甚至盐油宰猪酒甑均逐渐勒收,种种苛虐情形,难以缕述。至光绪十七、八年,又建市亭一所,修筑遂隆厂大路直至观音庙后止。三十四年二月间再筑马路一道,以为通往竹湾、黑沙,直达大九澳等处。近则拨有火轮船二艘,洋兵三十名驻守,硬以军事相钤辖。又丈量铺户地段、山埔田园,勒收地钞,已视该岛为其所固有。第占踞日甚,抽剥愈繁,居民愤其苛待,曾经联恳旺厦村董代为具禀呈控,此可见居民钉恨不愿服从之明证也。兹闻勘界有期,本处人民不甘沦于异族。窃以为澳属租借只有陆界,并无水界;葡人踞澳,借口于光绪十三年所订约章有附近属岛字样,遂图影射,希占一二海岛,不思约章内有声明未经定界以前悉仍其旧等语,则葡人不得于租界之外占及陆外之海、海中之岛。事理至明,倘不乘此力争,任其攘窃,将海界公然属葡,彼必多设禁制,梗我海道，以后水陆防堵均形窒碍，隐患何可胜言！

绅等痛甚切肤，迫得将历年被占情形匍叩崇辕，伏乞通详大宪转请钦使详查勘驳，据约争回，庶边隅可保，民业赖安，阖岛沾恩靡浅矣。切赴大人台前恩准施行。

宣统元年三月　日禀

## 日本认东沙岛为我属现正磋磨致外务部电

（宣统元年三月二十五日）

东沙岛事，据日领面交条款，以西泽因经营该岛，拟作永图，费资五十一万元：一采磷磺鸟粪，二采海产，三开牧场。归中国领土，则关口税之外，变永图为限期之事业。其影响即：一、磷磺及肥料需要者不欲为特约；二、中止新规制造事业；三、中止牧场计划。三十年间欲收回五十一万额，一年须得二十万之利益。等语。当列单要以先将东沙岛交还中国，岛上西泽安设各物业，应由两国派员详细公平估值，由中国收买。岛上庙宇被毁及沿海渔户被驱逐，历年损失利益，交由两国派员详细公平估值，由西泽赔偿。所采岛产，应纳中国正半各税，应令西泽加一倍补完。本日复据该领面商洋务处魏道、伍道开送草单，内载交还布拉达斯岛之事情，非清国收买该岛物业之价额确定，则不能办理。故先要商定左开各项：一、清国收买西泽物业一事并无异议。二、西泽绝无驱逐渔民之事，而西泽到该岛之时，庙宇无存。三、该岛放弃无所属之状体，西泽深信该岛为全然无所属之地。投巨资创始永年经营之计，尚未得毫厘之利。而因为认过损失更大，实不得纳税再重损失云云。此岛为我属，彼已承认，特为西泽要索厚利，自难轻许。现正设法磋磨。合先电陈。人骏。有。

## 致外务部请查钧署旧案有无各公使请设灯塔之件电

（宣统元年四月初三日）

东沙岛事，闻壬午、癸未间帆艇航路尚多驶经该岛，各国公使早有会衔公文致赫总税司及总理衙门,请在东沙岛添设灯塔,当时香港各报纸颇有持论此事。惟闻海关文卷经拳匪烧毁无存,未悉钧署旧案有无各公使请设灯塔之件,乞详查赐示为叩。人骏。江。

## 附:外务部电张人骏称总税司曾订于1874年在东沙岛设灯塔

(宣统元年四月十九日)

东沙岛设灯塔事,江电悉。当历查壬癸间旧档,并无公使会衔公文。因函询裴税司,据复庚子后档案不全,无从检查。惟同治七年五月初三日即西一千八百六十八年六月二十二日,总税司通饬各关札文,有择定中国沿海险要二十处,亟须妥设灯塔,逐年兴建。其洋文内有千八七四年内应筑成东沙岛灯塔,至今仍未安设,该税务司亦未明何故等情。除将原函并洋汉文钞咨外,希查照。外。

## 札劝业道购回沙头开辟新市文

(宣统元年四月初七日)

近来有人条陈,广州省城内外商店鳞次栉比,从前将川龙口以东至猎德一带另开新市,业已设局开办,徒以工巨费大,缔造维艰,非刻期所能成立。兹查附近川龙沙面有大沙头地段,宽广七百余亩,为番禺县册金局公产,可以开拓。如就其地建造市场、铺屋、公园,并开辟马路、筑桥,与川龙口是岸相接,四通八达,直与沙面东西对峙,蔚为大观,等情。本部堂查,所陈辟地殖民办法,不为无见。大沙头近在省会,以之展拓廛市,筹办非难,应即速为规划。该处既系番禺县册金局公产,现将所得租价改充学堂经费,可由公家筹款厚给其值,将地购回,为商民奠厥攸居。在学费既可以取盈,而省地且日增繁盛。该局绅深明公益,当必乐于赞成。合就札行,札到该道即便遵照督同府县,邀集册金局绅士,妥定在沙头地价,禀候发价收回,以便筹划兴办。

## 为已饬撤关闸内第二卡松林厂驻营并据禀葡舰仍游弋事复外务部电

（宣统元年四月十一日）

初九日电敬悉。撤兵、撤舰原议彼此同时举行，乃彼舰先期托言修理赴港，我兵已饬前山营将关闸内第二卡松林厂驻营撤去，特闻。再，近日据前山同知禀称，葡舰仍复游弋来往，合并陈明。

### 附：外务部为前议撤关闸内防兵已否照撤事致张人骏电

（宣统元年四月初九日）

刘使电称，葡外部询前允酌撤兵队已否实行，所撤何处。等语。查尊处正月养电，有议撤关闸内防营一处之语，此系照原议应办之事，究竟已否照撤，并是否关闸？希即复。

### 附：外务部致电张人骏请详查具报粤省各处租界界线

（宣统元年四月初九日）

各省租界交界地址，关系至重，易起交涉，业经本部外议清厘。惟事端重大，尚须酌核筹商。查粤省港澳、广州湾、越南等，均与香新高雷廉钦毗连，所有四至界线及地方民情，与夫界外一切情形，亟应详查具报。一面饬行各该地方，遇事按约和衷妥办，以杜交涉而重界务。用特咨行来粤，一体查照。

## 札行洋人来华招工新章

（宣统元年四月十四日）

外人来粤招工，每俟接到领事照会，始行与之磋订工章。临时商议，诸费周折，且往复辩驳，难以就范。往往洋商先派工头前往各处私招，以致拐骗诱卖之事，情弊百出。亟应预筹防范，以杜流弊。兹特议订简明章程，悬为定则。凡各国商人来粤招工，必须先令遵照此项章程,方准开议。其应定招工合同细则,仍俟随时体察办理,以期周密。除将章程咨呈外务部察照外,合就抄录札行,即便会同布政司善后局移行各属及通商口岸,各地方官遵照。嗣后遇有招工事宜,应即遵照现定新章办理。

一、无论何国商人,欲在中国口岸招工出洋,须先禀明该管领事官,将招工往何处、作何工、须用若干人详细开列,照会各该处口岸之管辖地方官,或设有保工局之委员,禀明督宪批准,方能照章办理。如奉批不准,即作罢论。

二、如奉批准招,即由该管华官照会该管领事,将工人未离中国之先,工人在中途船、车之时,工人业抵外国工厂以后,各项待遇、规则、办法分别订议,禀候督宪核准给凭,承招洋商签允,该管领事担保,方能开招。

三、如奉准招,该承商须到该管华官订议雇工合同,有一定之条款。该承商不得与工人私立合同,以免分歧。

四、如奉准开招,该管华官即当出示晓谕,应招华工人数足额,由华官延医验明各工体格,造具姓名单簿,并由承商出资,将各华工每人拍半身四寸相片粘于雇工合同上,盖印、签字为据。遵章在华官给照准设之招工客店住宿,以便查考。

五、招工合同应签三份,一份存该管华官备查,一由该洋商禀存领事署,一由该商自存。

六、奉准开招之华工,或彼口岸须转由此口岸出洋,应听本口岸该管华官,检查是否遵照定章准招之工分别办理。如有不合章程之处,即行扣留查究。

七、奉准开招各华工,未登船之前五日,该商须引各华工到局备查。如均愿意前往,则将该人相片粘贴雇工合同上,编列华洋人图章为据。各给准单一纸,以示限制。

八、开船日期,须由该商于未开行之二十四点钟前禀报,以便局监登船点验。若人单不符,仍即扣留,不准放行。查有影射情弊,每名科承招洋商罚金五十大元。

九、此项雇工合同，每张由承招洋商缴公费三大元，纳款后方给准单。

十、如各该华工讯有被掳诱情事，除将该商罚银五百元外，仍将华工扣送回籍。

十一、该承招洋商，如因工人自来应招为时延缓，欲分派揽招之人，应将该揽招之人姓名、照片、若干人数、分赴何处揽招，呈明该管领事照会该管华官，验明填给执照，方准分往揽招，否则以诱拐论罪。惟该揽招之人，只准在口岸附近一百里内招雇，不得深入内地招工。该项照费每张应纳洋银五元，并具五百元切实保结殷实铺户担承。揽招人如有违章查出，责令担保铺户如数另缴充公。

十二、招工洋商不能遵照以上章程所请招工之事，应毋庸议。

## 为高而谦赁港洋房办公事札广东善后局

（宣统元年四月十六日）

据详已悉。高交涉司此次在香港租定德领事旧居一间，为办公之用，所有每月租银，自应照数移送，俾得支用，仰即遵照。此檄。

### 附：广东善后局为高而谦赁港洋房办公每月租银由局移送事致张人骏详文

（宣统元年四月十六日）

为详报事。

现准高交涉司移开：照得本司钦奉谕旨，来粤办理澳门界务。旋奉外务部电饬，在香港与葡国所派之员约齐开议，将来与各国交际往来会议、筵宴以及随员办公等事，非租赁洋房既不足以壮观瞻，尤不足以昭慎重，当经云云。相应移局查照核发。等由。

准此。查高交涉司此次来粤勘界，住在港租定德领事旧居空房二所,为办公之用,每月租银壹佰捌拾元,自肆月初壹日起支,由局按月移送。此外如有需用器具,或租或借,临时再行酌量办理,似应一并照准,俾资办公。除移复高交涉司按月备文来局请领,以凭核洽外,理合具文详报宪台察核。为此,备由具呈,伏乞照详施行。须至堂册者。

## 附:小吕宋广东会馆陈钦文为香港不宜为中葡划界交涉会所乞另择妥区事致张人骏等电

(宣统元年四月二十一日)

广东张督帅、高钦使鉴:

阅报中葡划界借香港为交涉会所。窃港属外土,虑不相宜,乞收回成命,另择妥区,免滋外预。小吕宋广东会报陈钦文叩。四月廿一日到。

## 致司道会商筹助香港大学校经费函

(宣统元年四月十七日)

前接香港卢嘉总督来函,议在香港设立大学校,注重实业,俾我内地人士便于就学。以所需经费较多,商请设法筹助,并附送章程等由。又据侨港华商何启、韦玉等联名具禀,请予维持,情词甚为恳切。经将港中所译章程再三批阅,其宗旨以养成我国工商实用人才为主,其学科如工程、机器、电气、测量等类,均为我国目前所急需,医科尤为卫生之要着,文科仍不废我国文学,其入学试验,至毕业学位以及管理诸法,悉与英国各大学无少区别,章程尚属完善。然鄙意之所喜者更有数便:我国实业亟需振兴,此种完全学堂现时尚未成立,世家富室子弟志在功名,且畏劳苦,多趋重于法政一途;孤寒之士愿习实业者,又苦于力有不及,就学无所。今香港既设此大学,路近费省,华人子弟均可入学,其便一。内地既无完全之实业学堂,势不能不遣派学生赴欧美留学,惟相去祖国动逾数万里,官长之检察难周,父兄之约束不及，少年血气未定，或怠惰荒嬉，致力不勤；或放荡不羁，流于邪僻。此近日留学生最可悲者。香港近在咫尺，子弟就学其间，官长父兄耳目易及，其便二。我国现无深知实业科学之人，所聘外洋教习大都采取虚声，不能真知优劣。而彼中品学兼优之士，以中西居处饮食异宜，多不愿远道来华就吾征聘。今香港大学校系由英人自延教习，访求较易，真赝共知，决不致以下乘滥竽，自玷名誉。而所谓名师者，以香港为英国属地，习惯相同，当亦乐于趋赴教习，既能得人，学生成就必有可观，其便三。我国遣派学生出洋，留东洋者一人岁需学费数百元，留西洋者一人岁需学费数千元，加以往返川费，为数尤属不赀。各省财力同此支绌，深恐难乎为继。若改留学香港，所省何啻倍蓰？其便四。则香港所设之大学校，窃以为与中国实业前途颇有关系，况印人摩地概念同洲，犹独捐巨款以为建筑之费，其志可敬可嘉。我国官商岂可不合力赞成，为之协助？究应如何筹劝集款，助成美举，并应否奏明或先就本省绅商劝捐之处，尚望各君子会商妥议，速赐示复。

## 限破刘士骥被刺案札

（宣统元年四月二十日）

据巡警道及中军副将先后禀报，在籍广西候补道刘道士骥[1]，于本月初九日七点半钟，在城外永安里寓所被匪徒刺伤身死。省城重地，胆敢凶谋戕毙在籍大员，该管地方文武、巡警兵弁临时不能保护，事后又未能缉获一匪，捕务巡警均属废弛已极，殊堪痛恨！查该员系赴外洋招股创办西省实业，闻已招集巨款并携带矿师回粤。其所招集款项究有若干？该道已死，现存何处？应即先行查明。限电达西抚院并委员彻查外，合就札饬该司、道、处，并分饬南海、番禺二县及

① 刘士骥，字铭伯，号鸣博。光绪三十四年（1908）六月，刘士骥以广西补用道的身份，赴美洲向华侨招股。第二年成功招股回到广州。

文武，选勇派差，悬赏购缉，限十日内务将本案凶匪缉获，讯明因何事故戕毙实情，录供详办。如逾限期，定干获咎。

## 为东沙岛事论议粗定正待勘估月初派勘西沙各岛致军机处外务部电

（宣统元年四月二十五日）

窃查粤辖东南海面第十三杂澳，英海部图载、译称蒲拉他士，原名东沙岛，闽粤渔户倚为避风屯泊之所，建有庙宇，积有糇粮。丙午秋，被占于日本商人西泽吉次，经营逾年。改名西泽岛，采磷捕鱼，视为己有。华民渔船多遭驱逐。丁未，人骏抵任，准外务部电询饬查。节经考核图籍，询访渔民，会商外务部、两江督臣，搜求我辖实证。该岛孤立大洋，风涛极恶，粤无出海坚固火轮，商由南洋派到飞鹰猎舰，委员会往勘明被占属实，遂向驻粤日本领事交涉。该领初以无主荒岛为言，迭与指证折辨，乃认为我国领土。而又以西泽经营该岛，费资甚巨，欲求收回本息，意在久假不归。当列单要以先将东沙交还我国，岛上西泽安设各物业，应由两国派员公平估值，由我国政府收买。岛上庙宇被毁及沿海渔民被逐，历年损失利益，亦由两国派员公平估值，由西泽赔偿。所采岛产海产，应补纳我国正半各税。随据该领复以交还该岛，非中国收买该岛物业之价额确定，不能办理。其余赔偿损失、补纳税项各节多不认允。经人骏面与反复磋磨，兹于本月二十四接该领文开，以奉彼政府命令，谓此案中国亦有和平办理之意，今考出妥结办法。两国派员到岛，一估值西泽事业，以估收买之值；二查核庙宇存在之事、渔户被西泽驱逐之事。实有其事，则须令调查西泽赔偿额。一二两项协定后，所余出口税一事，并允存其名义，由收买价额内，割一小额支出。如此互相妥协结案，实合事实。相应照请查照来文存据在案。

伏念该岛虽属弹丸，而界居潮州、惠州外海，于辖土海权不无关系，始而考求图志经纬，继而访察查勘，在我证据既足，乃与日本领事开议。彼坚执无属荒岛以相抗，几经辨难，甫认我辖，而借口保商，思索重利，持之又久。幸托朝廷威信，渐就范围。现在论议粗定，正待勘估，以为结束。该处海面时有飓风，著名险恶，粤舰万难前往。月初派勘榆林港外西沙各岛，系用“伏波”“琛航”驶赴。该两船年久朽窳，机器陈旧不灵，遇风几遭覆没。此外更无可派之船。现在东沙定由两国派员往勘，势既难缓，又非急促可了，可否请旨饬下北洋大臣，于“海容”“海筹”“通济”三船中酌派一号，克日来粤应用。以三个月为期，事竣即行遣回。是否有当，乞圣鉴训示。请代奏。人骏。有。

按：此电并经分电北洋大臣、直隶总督杨士骧及端督查照。

## 附：筹办西沙岛事务处《复勘西沙岛入手办法大纲十条》禀文

（宣统元年三月下旬）

（一）测绘各岛。详测各岛经纬线度、地势高低、广袤若干、面积大小、内外沙线、水泥深浅、附近明暗礁石多寡、大小、形式、潮汐涨落、距水面若干尺、四时潮汐大小尺寸以及每季风候大小，何向为多。各岛出入所经航路，某岛至某岛距离若干，某处系花石底、或砂底。由西沙至三亚、榆林、崖州，轮行往来速率晷刻。以上各节，函商测绘学堂，遴送学生六名，带同前往，逐一详细履勘实测，各绘一图。另绘一总图，并详考注说，以资参考。

（二）勘定各岛。择其相宜，修造厂屋，并筑马路，安活铁轨，以资利运。并以榆林港最近各岛，水土亦好，如果采取肥料磷质甚多。拟在该港建造厂屋，存储化验，运赴香港售卖，较之运回省城化验后，又复赴港，可省往来运费。至晒盐捆包，或运省城，或赴南洋，亦必须有屯储之所，方便分地运售。且该港山中，出产佳木极多。另有各种名目表附呈。此事拟另派专员经理采办运售，是该港可为各事根据之地。且该港门窄、内堂宽，又为轮船渔船停泊避风港。煤水食物各项，多在该处取资应用。此次拟另派学生二人，专测该港水陆形势，实力经营，逐渐开路通道。安设无线电报、活铁轨,添办轮船,往来琼岛东西各口,庶期消息灵通。以次开办东西两道十字大路,要当以该港为转输机关总会之所。

(三) 采取分化研究。查该处各岛鸟粪,堪以化验磷质肥料。现有安设无线电洋人布朗士,向曾办过鸟粪磷质之事,拟即带往采取,就地先行化验研究,约鸟粪若干重,分化磷质肥料各得若干成。一面多多采取,并带麻袋三千枚,分别各岛所出肥料标贴字号,附轮回省,再行详细分岛化验,以定优劣美楛。此外尚有海底珊瑚、各种海石及玳瑁、龟蚌、鱼翅、盐鱼各海味,均可采取带回,分别列册,考查详细,再定办法。

(四) 修筑盐墙试晒。闻各岛潮汐涨落,每遇风日晴朗,成盐较易。良以大海巨浸之中,近岸黄水已净,每遇潮落,水存沙上,一经风日,即可成盐。且鸟粪多在高埠丛树之间,不在平沙浅滩之上,以意揣之,所产之盐色净味重,可以操券。现由丁运使司派委盐务郝继业、陈晋庆两员,并熟悉修墙工匠数人同去查考,就其地势相宜,暂修盐墙一区,蓄水试为晒晾,视其出盐多寡、色质若何,带省呈验,再行推广兴办。

(五) 察验土性以备种植。各岛沙土性质未知所宜,拟带熟谙农学种植之人,察验某岛土性宜种某物,或桑棉,或五谷、番薯、苡米、各项杂粮蔬果,以及椰树、加非[①]、八角、甘蔗、檬果、菠萝等类,随其所宜,以备试种。

(六) 同往查勘员役工匠各项人等,另列清折。

(七) 制办目前应用各项器物,另列清册。

(八) 同行人员。连同仆从工匠等,共约一百余人。在路伙食,即由轮船供给。照章委员上人,每日四角。随从人等,每日二角。到岛以后,如何办法,到地再定。

① 咖啡。

（九）酌带木泥工匠。勘定厂屋地址，某处宜建某项房屋，约须工料若干，俟到榆林港及各岛之后，再行勘估禀候兴建。

（十）现拟请伏波、琛航、广金兵轮，一同前去，并借海关小火轮，悬挂兵轮，以便岛内往便捷。

## 附：复勘西沙岛应带各物应用各项器具清折

探地钻一具（农工路矿公司借用）

红毛泥十三桶（无烟叶局借用，以为储水柜之用）

长柄洋式大铲一百把　十字锹一百把　洋式锄头一百柄（宽窄各五十把）

夹帐棚二十架（以上五种军械局领用）

白洋布一匹（备写条标各种肥料磷质之用）

针线　麻包三千个

五幅七纱大龙旗二十面（均昌隆买）

臭水臭丸（香港买）

绘图腊纸布（香港买）

罐头食物（香港买）

外洋装红酒木桶（香港买。运淡水之用）

安乐水二百打（香港买）

大号用手抽沙土漏一个（香港买）

瓦茶壶三十把　粗茶盅二百件

挑水木桶二十副

粗细麻绳索二百条

洋洗衣木桶四只　洋肥皂一小箱（香港买）

铁锅六十个（大二十、小四十）　粗细碗筷子二百副　大小沙煲一百件　大小碟子四百件　大小碗二百个　厨刀十把

锯子四把　窝泽线一百斤

竹竿(二丈长)一百枝(三亚买)

五色旗纱五匹

日记簿(连铅笔)二十本

葵叶雨衣六十副　大小竹雨帽各一百顶　草鞋二百副(水师行台领)

大茶桶四个

铁钉(大小)一百斤

杉木板无百块(省城买)长一丈宽六寸厚五分,长一丈宽五分厚五分

铁锤(大小共十把)十把

玻璃手灯四十盏　四方灯二十盏　生油三百斤　纸灯笼四十个

草席一百床

大小剪刀各五把

小杉木一百五十条　四寸径一百条、五寸径五十条。各长一丈二尺

小果刀五把

大洋三千元　铜仙十包

西沙岛总分图各二张

毫子一千圆

洗身盆四只　洗面木盆五十个

竹箩边挑绳索一百具

粗细茶叶粗五十斤、细二十斤

有盖木饭桶二十只

牛烛一百斤

洗碗桶十只

砧板十块

棉绳五斤灯心用

## 附：筹办西沙岛事务处关于《开辟西沙岛八条大纲》之禀文

（宣统元年四月下旬）

（一）查西沙各岛，分列十五处。大小远近不一，居琼崖之东南，适当欧洲来华之要冲，为中国南洋第一重要门户。如不及时经营，适足启外人之觊觎，损失海权，酿成交涉。东沙之事，前车可鉴。今绘成总分各图，谨呈帅鉴，应请宪台进呈，并将各岛一一命名，书立碑记，以保海权而重领土。将来东沙岛收回，也请一律办理。

（二）西沙岛产有矿砂，为千百年来动物质所积成，西人名为“爪挪”，一作“阿鲁”，可作肥料。用西法化验，内含各种磷质肥料，外洋销用颇广。日人在东沙岛采取，获利甚丰。拟即招工采取，以收天然之利。一面养畜牧，兴树艺，以为久远之谋。

（三）西沙各岛孤悬海外，既无淡水，又无粮食，轮船并无避风之所，必须择一妥近之地，借资接应。窃尝勘查地势，惟榆林、三亚两港，相距仅一百五十余海里，旦暮可达，应即开辟两港，为西沙之接应。查榆林港口宽约半里，港内直长二十余里，横宽八里，水深处二三丈不等，约可泊中号轮船十余艘。旁通三亚港，四面丛山环抱，土地肥沃，林深箐密，海水斥卤，产盐甚富。实因榛莽未辟，道路不通，任其放弃。前督宪张曾开辟十字路，因无继其事者，功遂中辍，良可惜也！今拟启其山林，广筑盐田，以兴地利；平治道路，开辟商埠，以资交通。一面设立西沙分厂，派员驻扎，经营各事，并筹备西沙应用物料招工等事，源源接济。是西沙各岛，应以榆林、三亚两港为根据地也。

（四）专派轮船，以资转运。西沙开辟后，工役众多，拟于岛上搭盖篷厂，以便工人住宿；并筑蓄水池，用蒸水机制造淡水。至粮食等项，每月分两次就近由榆林港用轮船转输。将来采存磷质肥料，亦随时由轮船运回，招商承购。拟请派“广海”（兵轮）

为西沙各岛运船,并请添拨兵轮,巡阅各岛。

(五)安设无线电,以通消息。各岛皆相离窎远,一切公牍风信非电不能迅传。拟请在西沙岛,设无线电一具,榆林港设无线电一具,东沙岛设无线电一具,省城设无线电一具,轮船上设无线电一具,以求呼应灵通。

(六)派员分办,以专责成。拟分东沙岛为一股,西沙岛为一股,榆林、三亚等处为一股,每股以事之繁简,定用人之多寡。惟事属创始,跋涉风涛,侵冒瘴疠,辛苦异常,应请量材器使,不拘常格。俟有成效,再请宪台择尤保奖,以示鼓励。

(七)辨别磷质,必先化验。拟用外洋高等化验师,将所采得肥料矿砂随时化验,以便评定价值,则本利既可预算,款项不至虚糜。

(八)酌拨经费,以资开办。现在榆林、三亚两港购民地、筑盐田,岛上搭盖篷厂,以及员司工役薪资,在在需款,一时未能预算,拟先由善后局拨款十万两,本署运司拨款十万两,作为开办经费。一俟磷质肥料出售,即行拨还。

以上八条,均开办大纲,是否有当,伏候钧裁,并请先行奏咨立案,以昭郑重。本司道等更有请者:在海南一带,四至八月飓风无定,西沙各岛礁石如环,溜急如箭,轮船未便前往。现在尚未修建厂房以资栖止,拟请俟八月后再往开办。今拟先行派员到榆林、三亚两港经营一切。东沙岛蒙宪台据理力争,外人心折,就我范围,俟收回之日,即可续行开办。此外应行事宜,随时禀请训示遵行。

## 附:广东盐运使官员郝继业等为西沙岛考察详情禀文
(宣统元年四月下旬)

卑职等遵于四月初一日,附随军门道宪李乘坐琛航轮船,由省动身,至香港、琼州海口,均稍有耽延。初七日抵距琼州海口六百余里崖州属之榆林港,随即上岸,调查该处产盐情事,得悉大略。后因在该处避风十日,逐日带同由高州调来塌户人等周历该港,详细讯问。查得港内水面长二十余里、宽八里余,水深二三丈不等。四面高山,民黎杂处;地皆平坡,均以捕鱼种椰树为业,烟户寥寥。尝试水味,卤质浓厚。履勘地址沿岸各处,据塌工人等报称,可筑盐塌四五百工。港西平波六里余,度一小岭,名三亚港,居民二三百家,均属篷茅庐舍,有崖州巡勇驻扎。此港绕山沿海,有已成盐田约百余工。询之土人盐户耙晒之法,与西场同,色味亦相仿,天晴晒水三四日成盐。计该港盐田每年约产盐三万余包,运销钦州一带。该处二十两为一斤,每斤现价八九文之间。惟民贫地僻,所筑盐田皆由高州及外来商户资本,雇募土人耙晒。询及筑价,须视地之高下。如基少田多,工价较省,约计每工盐田需洋六七百元之谱。并云该处非遇洪水飓风,甚少淹灌。此顺道查勘榆林港之情形也。十七日由榆林港展轮,十八日抵西沙,即《西沙志》所云罗拔岛。十九日,至大登近岛。二十日至地利岛,均从各岛近处泊船。随同各宪涉洧冒砂,巉岩垒石,势颇险峻。登岛周览,海道环迴,沿岛探测,暗礁甚多,洋潮湍急,异常汹涌。岛内满生栲树,矮小成林,既无烟户,又少产物。惟其中海环岛宇,天然形胜,至于开筑盐塌,似需该岛开港兴盛,筑堤平石,垒土淘沙,庶可相机措置,礁石既平,盐舶乃能便运,将来一经成埠,盐利想亦甚薄,盖其水味卤质,与榆林港相同,只湾泊运道稍逊耳。卑职等愚意,以榆林港已有盐塌,但需宽筹资本,将未开之地,接续兴筑,其利较近。西沙岛如开辟商场,经划得宜,详审有方,收成须俟日后。至应如何展拓兴修,或发帑项,或招商承,或由官督办,愚昧之见,未敢妄拟。

## 附:筹办西沙岛事务处《经营榆林港应行筹办事宜十一条》禀文

(宣统元年四月下旬)

一、开辟西沙各岛,以崖州属之榆林港为根据地。港离各岛,远则一二百海里,近则数十海里,服食器用在在取给于斯。盖此港为琼崖全岛第一安平境地,峰峦环绕,海岸平铺,苟立商埠有自然基址,无穿凿艰难,且泉甘易取。港内可停大号商轮十余艘,寻常海艇渔舟可泊千百号。脱有风涛,无虞激荡,人货上落仍可自如。且此港开埠殊易,昔年有崖州已革举人林缵统出洋提议招致公司,闻赞成者甚众。(谨案:林革举颇为乡里所信服,惜其人近于疯疾,往往与地方官相持,致遭挫折。然钱塘汪督学宪激赏之。今老废矣。)缘琼州属之文昌、乐会、会同以及琼、陵民人之在南洋各岛谋生者多至十余万,一闻故乡有此美埠,营运居奇实为便利,招徕绥辑效可立征。商市既成,人民既聚,然后就地招工经营各岛,措施自易。否则荒凉瘴疠,从事似难应手也。

二、开埠可筹巨款。榆林海岸甚广,且甚平正。未发表前,委熟悉情形人员,会同崖州牧清丈地亩。官荒本公家自有,民荒即照市价赎买。约沿海边一二千亩,一律编号立契,由官立案收执。俟开埠时,发售商人盖造房屋,价可增至十百千倍。设嫌于民争利而弃之,适以资奸商之垄断耳!

三、开埠后可设伐木局以收大利。琼崖全岛古木甚多,大可数十围,所在多有,然以琼、陵两属所产为最美。惟沿海处采伐已尽,亟宜督饬补种,以修森林之业;内山路甚崎岖,木既多而运极难,拟办活动小铁路一二十里,以利运输。彼处木类甚繁,价值甚贱,若到江南,利益倍蓰。

四、开埠亟须修路。榆林西至崖州一百一十里,东至陵水县一百八十里，再东至琼州府城五百余里，即所谓东路是也。此路本不十分艰险，惟一听其草木丛秽，桥梁腐败，于是登山涉水，跬步惊心。其实略加休整，便成孔道，所费当不甚巨。若开筑三数丈阔之马路，自非巨款不为功，然果善用黎人之力，亦可减费十之成五。路政关于交通，固不当视为缓图也。（谨案：光绪二十九年，岑督宪莅粤，奏立黎人学额二名，是年取入陵水县黎生员一人。一名口义，系县属宝停司人，颇为明干，闻数百里生黎俱遵约束。有用才也！）

五、开埠后亟须整顿盐法。查彼统筑盐田，出盐甚美、价值甚平。全岛盐课不过三千余金，并无盐官管理，向由地方官带课。近受奸商之愚，听其运盐纳课，不与民间食盐相争。试问其开办以来，新筑盐田若干亩，另出新盐若干包，运销外处若干处，缴过盐课若干两，有无禀报在案？如其并无禀报，则篡取民间食盐，任意私售，其情立见。彼处市价，向来熟盐每斤十文左右，生盐每斤七八文。近闻价已涨近一倍，蠹国病民，莫此为甚！非亟令撤去，由官设立督销局收买发卖，酌量加价以裕税源，不足以握利权而纾民食也。

六、开埠后大可广开牧场，以利军用。崖陵向亦产马，惟无处销售，以致牧事不修。然牛猪之属，每年出口多至无算。马与同类，孳生之易确有明证。现在新军至黔滇等处采办，舍近就远，费繁而缓不济急，何如自起有功，讲求畜牧，以资军用之为得也。

七、开埠后与南洋各岛侨民声气相通。彼族久居外洋，深知矿利，且多娴于矿术之人。海南矿产之饶，据土人所能言者，如崖州永宁司属榔温峒之铁矿，回风岭一带之金银矿，乐道岭之铁煤矿，红岭之铁铅矿，乐安司属抱铁岭之铜铁矿，儋州属那大之锡矿，临高县属南丰之金矿，安定县属五坡之银矿，是皆历历可数。将来纠合公司，或官或商通力合作，获利可操左券也。

八、开埠后当规复旧时电局。查琼崖原有电局五处,光绪十六年始将内地各局裁撤,留海口通商埠一局并道署内一报房。现在时局日新,须消息通灵,办事方能应手,似亦当务之急也。

九、开埠后必须禁赌。此时赌既承饷,当官出入忌惮毫无。无论乡镇村落,只须有户口三数十家,则必有赌台一二张,伺其陷溺。彼处本是穷乡,再经此多方搜括,往往丧其一饱,于是有勾串生黎出外抢劫之患。此时海南盗风实甚,率皆壅于上闻。养痈一溃,嫁祸愚黎,多杀无辜,奇冤莫诉,所得甚少,所伤实多。妨害治安莫此为甚,是不能不为蚩蚩者呼号请命耳。(谨按:海南赌饷七万五千元,筹补似甚有法。)

十、经营开埠必先开官银钱分局。崖、陵市风最坏,平日通用法兰西银元,近则参用日元,中国银元转须抑价,甚至小银元不用。若官银钱局成立,于官用既资接济,又可以齐圜法而挽浇风,上以尊主权,下以系民志,于治化所关非细也。(谨按:开官银钱分局,只须成本数千金为开张时之应付,其实以销通钞票为主义,所以抵制利权外溢也。)

十一、开埠后经营各岛,必须有一专轮输运。现在法人在海口地方开一小轮公司,专行琼崖西路,绕到榆林港为止。托名传递书信,其实琼州内地洋人无多,并无书信可传。且闻法国政府每年贴该轮经费巨万,其命意所在已可概见。如果执约章与之理论,原可令其停止。然与其多费唇舌而旷日相持,孰若乘此时机设一专轮,暗为抵制。且接济各岛食用服物,亦为必不可少之需。虽不免津贴经费,然所关甚大,不容惜此区区也。

## 会同胡湘林为甘省旱灾拨银二万两致陕甘总督升允布政使毛庆蕃电

（宣统元年四月二十七日）

兰州升制台、毛藩台鉴：

襟电敬悉。甘省旱灾，重劳荩画，至为系念。本应宽筹协济，因粤省财政艰窘，今年复遇水涨决围，赈需浩繁，殊愧心余力绌。兹饬善后局设法筹拨银二万两，交商汇解。到日，祈查收充赈。人骏、湘林。敬。印。

## 为新军纵勇扰民案致吴宗禹电

（宣统元年四月二十八日）

感电悉。此案伤毙人命，焚烧良民房屋，宰食耕牛，均有其事实，属任意扰害。应即遵照前批，勒交各弁勇到案讯明，按照军法禀请惩办，毋稍徇纵。督。勘。

## 为日本人野口佐一郎被砍身死已缉获二凶并委员审讯事致外务部电

（宣统元年五月初三日）

顷据增城县参将庄毅、知县胡光镛电禀，该属麻车村有日本人野口佐一郎，不知因何事故在新桥地方，被人砍伤身死落水，行李散失，挑夫一人同遇害。现已缉获凶犯黎桃炽、刘万举二名，讯供另行详办，等语。经即派委员驰诣，会同营、县查明起衅缘由，提犯讯究是仇是盗，分别严办。并照会日领具道悯恻外，合电陈。人骏。江。

### 附：外务部以日本人野口佐一郎被砍身死一案致张人骏电

（宣统元年五月初四日）

江电悉。日本人野口佐一郎被砍身死一案，当即据电函达日使,先道悯恻。希将讯办情形电复外务部。支。

## 为筹助香港大学经费致港督卢押电

(宣统元年五月初三日)

香港筹设大学,经贵总督美意提倡,闻近来捐款甚形踊跃,成事可望,本部堂殊为欣慰。现已饬筹定项有二十万元之数,此款备足,可随时汇交,或候贵处应用,函取悉听尊便。此外尚在宽筹,总期为该学堂多集经费,用副雅嘱。

### 附:港督卢押为捐助本港办理大学堂致谢张人骏电

(宣统元年五月初四日)

昨接贵部堂来函,谓已筹定款项二十万元,捐助本港办理大学堂,并谓此外尚在宽筹,以为该学堂多集经费,仰见贵部堂热心教育,踊跃提倡,殊深感激。至于程度、学级一节,拟与英国头等大学堂如贝明恩等大学相比,不分高下。惟详细章程,尚需时日方能妥定。

## 为刘士骥被刺旬日未破致广东按察司巡警道札

(宣统元年五月初五日)

该生[1]父刘道士骥被匪仇杀,业经勒限悬赏购缉。时逾半月,尚未获凶,捕务实属废弛。查此案匪徒赚门而入,室内并无失物,其为仇杀无疑。究竟该生父因何结仇,匪仇必须置之死地,该生现随侍在侧,平日当有闻。何以现呈概未声叙?案情虽极重大,而匪徒姓名、踪迹茫然无知,查缉自较他案为难。昨经西抚院来电,业已加赏五千元严限勒缉在案,仰广东按察司会同巡警道,遵照迭次檄、批,饬催番禺县文武,务于限内将本案破获,毋再逾延,致干重咎。

---

① 刘士骥之子刘作楫。

### 附:张鸣岐为缉拿行刺刘士骥凶手复张人骏电
（宣统元年五月十九日）

振华事,前承均示,无失华侨内向之心,预杜奸党狯狡之计,荩筹至当。惟刘道此次被刺,再三密查,佥谓党人主使,似此明目张胆、阴险凶狠,若不设法将此凶拿获,不惟以后办事之人皆有自危之心,且恐匪势因而愈炽,华侨因而裹足,于大局颇有影响。拟恳钧座严饬警道及地方文武,勒限将本案正凶务获惩办。并乞悬重赏以资激劝,赏款数目即请钧座酌定,破案后由桂发给。是否可行,亦乞复。

## 为北德轮船公司马超轮船拯救中国船户七名请奖宝星事致外务部咨呈
（宣统元年五月初六日）

陆军部尚书、都察院都御史、两广总督兼管广东巡抚、粤海太平两关事务张,为咨复事。宣统元年四月初十日,承准贵部咨开,现准德国雷使来部面递节略,内称光绪三十四年十月二十四日,由北德轮船公司马超轮船将遭难之中国船户七名救出,请将该轮船船主策略纳及二副斯法特奖给宝星等因。并附呈被救人原禀一件前来。查外国轮船在洋面遇有华船失事拯救出险,著有劳绩,向有该省督抚查核,分别船主、大副等酌予奏奖宝星,历经办理在案。此次德国轮船船主策略纳等于上年十月在南洋拯救被难华□□□□□七人□□□□□□,相应抄录雷使所递禀呈,一并咨行贵督查明核办,并先声复本部附钞,等因。到本部堂,承准此。查,德国北德轮船公司马超轮船此次在南洋海面救护被难华民七名一事,未据地方官禀报有案。承准前因,除行琼崖道遵照现檄事理,迅饬所属查明情形具复核办,及札琼海关税务司一体查报外,相应咨复。为此咨呈贵部,谨请察照施行。须至咨呈者。

右咨呈外务部。

宣统元年五月初六日

## 为申明葡无管海权其请另派员提犯应俟勘界如何再作计较事复外务部电

（宣统元年五月初九日）

初七日电敬悉。葡人借稽查轮帆各船，迫签入口纸，为影射辖海之计。李炎山不以庄语驳拒，出此游词。前准葡领来文，已将该员记过，照复该领，并申明葡无管海权，中国兵船在中国海面来往，无应向葡官填写入口纸之理，等语。现拟不向提犯，若遵允改派另员，恐适坠彼狡计。俟勘界如何，再作计较。仍候卓裁。人骏。佳。

### 附：外务部为葡请改派妥员并允将至澳门逃犯交还事致张人骏电

（宣统元年五月初七日）

葡使称，有一中国人犯罪逃至澳门，经尊处照会领事商澳督索交，澳督允俟派员前往即交出。现所派之员李炎山，曾于两月前乘兵船赴澳，所书入口纸有打水围字样，该员品行如此，未便再令到澳。应请电粤督改派妥员，定将该犯交还，等语。希即查明核办电复。外。初七日。

### 附：外务部为希转高而谦已收到界密电本事致张人骏电

（宣统元年五月十五日）

高交涉使函送界密电本，已收到。希转该司。外。

## 为香洲埠特试无税之埠致外务部农工商部和税务处电

（宣统元年五月十二日）

现据粤商集资开辟香洲商埠，为招回华侨、振兴商业起见，已经议有端绪，奏明在案。查该埠在虎门内外伶仃洋迤西南、野狐狸山屏其外，九洲洋居其前，系香山县属。北据澳门上游，东与香港斜对，山势包抄，近岸处潮退时水深八九尺乃至十一二尺不等，可容寻常轮船。内地由吉大汛至前山，水陆均可通香山城，颇得地利。粤省侨商称盛，每挟巨资，倾心内向，惟习于外洋习气，不耐居住城厢乡镇，闻开埠之议，多喜色相告。开埠若成，来归必众。实可为地方培元气。惟商埠既开，必利交通，乃能发达。西人商战之局，以开无税口岸为上策，南洋各埠以及香港，皆用此法，商务最旺。良以商场事业，不病在输纳，而病在留难阻滞；亦痛于贷之脱卸无期，税之征求难缓，资本愈重，息率愈高，类因致败。无税则既免留滞，税不预纳，所益斯大。故如香港市场贸易必贴士担①，收印花税而商不病，取之于货已出售之时，所征在买客，见其易也。我国商务，向少无税口岸，甚为缺憾，意欲于此埠特试其端。况有此无税之埠，商利其便，百货云集，相机内运，既不资仓租保险费，于外埠商运多，则内地税厘亦旺，公家不间接之利。现已由该商等分为免税界限、管理规则、理船章程、保护办法四项，酌采香港向行办法别类，拟议呈核，以凭参合我国法律条例，分别准驳，再行咨明钧部贵处核示。惟现准该商经营开埠，并拟通商免税，事关创办，特将该埠地段情形，先行电请会核示遵，无任盼祷。

## 附：广东劝业道陈望曾批复香洲商埠作为无税口岸禀

（宣统元年五月十三日）

现禀拟将商埠仿照济南成案订立自由港市府之例，凡埠之全部，与街市之全部，皆为无税地域。查昨奉督宪批行，议将该埠作为无税口岸，电准外务部、农工商部、税务处核覆，拟由税务处札饬总税司于粤海关税司内选员前往查勘，酌拟办法，俟详细

① 邮票。

章程咨到再行核定,等因。此节应俟勘覆再行核办。又该埠盐务请归官办,如渔船到买与外地同价以期奖励渔业。查盐法关系国家主权,贪残买私本干例禁,内地盐价涨落有定,似不能执外地之价,概以从同。惟港澳私盐无可究诘,现在开辟商埠,意在招徕,该职商等所请自为通融办理起见,应由厅、县察核禀候移商运司核办饬遵。此外各条果否悉属可行,应与前章并由该厅、县汇案详细核覆,以凭汇核详咨。仰前山厅会同香山县遵照。

## 请暂准华洋轮行驶香洲商埠致外部商部税务处电

（宣统元年五月十五日）

外部、商部、税务处钧鉴:

香洲开辟商埠,十三日电谅邀青鉴。近据九、拱两关税司先后申称,华洋各轮多请由香港、澳门赴香洲行驶,请示核办前来。查香洲开埠章程现未议定,本难遽准洋轮前往,惟兹缔造伊始,各商人欲往该埠游历考查者甚多,该埠建造工程需用材料亦夥,均非由轮载运不可。若概不准往,似于商情不无阻碍。兹拟一暂行办法,准华洋轮船前往,只准搭客及载运该埠所需材料,不准装载别货。各轮仍应赴经过关厂报查其材料等物照章完税,俟该埠章程核定,即将此项暂行办法取消。此系特别通融之举,目前不得视为定章,以后亦不得援以为例,可否照此办理?乞核明迅赐电示。

## 为速派“海筹”舰赴东沙岛致外务部及萨镇冰电

（宣统元年五月十九日）

东沙岛事,日人已派船,闻二十一日可到,由驻粤日领会同粤员前往勘估,迭电萨军门催“海筹”速来。昨询据烟台道电复,该船须俟派验火药洋员到验后,尽本月内开粤等语。此事系两国商定派员会勘,日舰越国前来,我船转致后期,按之交际交涉,均非其道,关系邦交。现无战事,其重要似非验火药可比,请钧部迅催萨军门立电"海筹",即刻起碇,兼程来粤,毋令外人违言,牵动东沙议案全局。切盼电复。骏。效。

## 为粤方决定派魏瀚为勘估委员致日本总领事照会

(宣统元年五月二十二日)

为照会事。接贵领事官四月二十四日来文,以东沙岛事,考出妥结办法。两国同拟派员往该岛勘估,互相妥协议结各等由,本部堂均已阅悉,兹经派定魏道前往查办,惟贵国政府拟派何员会同往办,应请将员名查示为荷。相应照请贵领事官查照,并祈见复。顺颂时祉。须至照会者。

### 附:日本驻广州总领事为同意两国派员到东沙岛评估事致张人骏照会

(宣统元年四月二十四日)

为照会事。照得前于三月二十七日与贵部堂晤商布拉达斯岛颠末,本领事当经禀报本国政府去后,兹奉复称,帝国政府知悉本案,清国亦有和平办理之意,已于中日两国,同其希望,则于今两国须取之事,唯在考出妥结本案之办法耳。即以政府之所见,两国派员到岛,第一估值西泽事业,以估收买之值。第二查核庙宇存在之事、渔户被西泽驱逐之事。倘实有其事,则须令之调查西泽赔偿之额。右第一第二两项协定之后,所余有出口税一事耳。按西泽在委弃之无人岛经营事业,而于帝国政府未认他国之领土主权之时,采取之产物,固无纳税之义务明也。惟念贵部堂统御广东民人之深意,由收买价额内,割一小额,附之出口税名义支出。即因如此办法,两国互相妥协,以结束本案,则实属适合事实。等因。奉此。本领事业经今早面陈一切。相应照会贵部堂查照。须至照会者。

## 附:日本领事为自任东沙岛勘估委员致张人骏照会

（宣统元年五月底）

为照会事。照得妥协议结蒲拉打士岛办法一事。本月十一日帝国政府之提案及照会,贵总督已有同意,决定以魏道为委员,派往该岛,各等语,于本月二十二日均已阅悉,并即时将贵照会之意电禀政府。兹接帝国政府通知,以本官为委员。相应照会。须至照会者。

## 广东劝业道魏瀚为赴东沙岛勘估详情禀张人骏文(节略)

（宣统元年六月上旬）

窃瀚奉宪台照会,会同日领莅岛勘估。瀚于初一日早十点钟,督同委员王仁棠、廖维勋,并随带总管轮张斌元、船局监工潘俊华,乘“江巩”到香港,换座“海筹”,于是晚六点钟展轮,翌早八点到东沙,离岸十四五里下锚,即同该员等坐小轮上岸。天气尚佳,波涌甚大,非惯于海上者,难免张惶也。到岸时九点钟,即到各处勘估。日领同西泽约十二点钟始到。于是开库门房屋,察验存储料件,又从之复察一周。是晚五点钟会“海筹”,六点钟开回。初三下午五点钟到黄埔。兹谨将所估各价列单呈电。是否有当,伏乞察夺施行。

再。当瀚等到该岛察看时,日人仍将其本国旗徽高悬不撤,殊属未是。盖该岛既经日政府承认为中国版内之地,渠等应立下其旗为是也。瀚等本拟即与交涉,因虑不济,势必回船请命,不能会同勘估,转失时日。故一时暂不计较。敬请宪台即行照会日领,饬令西泽即日撤下该国旗徽。苟渠一日稽延不下,即一日不与交涉此案,以存国体。

**附具勘估价目清单**

现存磷矿采掘实费:日人索价日金六万五百元。勘估约毫子二万二千元。敷设轨道并凿井费：日人索价日金一万五千元，勘估约毫子二千八百元。房屋工场埠头建筑费：日人索价日金十七万五千五百元，勘估约毫子四万四千元。小轮船一只：日人索价日金一万元，勘估约毫子六千六百元。货船七只：日人索价日金二万一千元，勘估约毫子四千九百元。圆木船十只：日人索价日金一千五百元，勘估约毫子八百元。渔船及舢舨五只：日人索价日金二千五百元，勘估约毫子五百元。铁路轨钢：日人索价日金六千九百元，勘估约毫子四千元。枕木一万八千个：日人索价日金七千二百元，勘估约毫子二千四百元。汽罐及附属品：日人索价日金六千元，勘估约毫子二千元。铁管：日人索价日金一千元，勘估约毫子五百元。电话诸具：日人索价日金八百元，勘估约毫子三百元。船舶附属品一切：口人索价日金五千元，勘估约毫子一千二百元。车辆：日人索价日金二千五百元，勘估约毫子一千五百元。采矿诸具：日人索价日金三千元，勘估约毫子六百元。屋内诸什物：日人索价日金二万元，勘估约毫子四千元。库中存储器具：日人索价日金五千元，勘估约毫子一千元。贮水池：日人索价日金七千五百元，勘估约毫子一千五百元。以上十八款，日人索价日金三十五万九百元，勘估约毫子十万六百元。

查日人所索修路费并垫平房屋诸费，日金二万元。开拓荒岛诸费，日金六万元。调查费，日金三万元。遭难品，日金五万元。无从稽核，难以勘估，不能记数。再信号旗杆日金一千元，系强占岛屿，不罚已优，何得再索。

又。日人索息款日金十万四千六百四十一八元一节，日人于此岛经营约二十个月，所得已多，不与索价，亦已从优，勿庸议及。遣散日工人回国，索资日金六万元。查该岛仅余工人百人上下，即蒙宪恩，稍给资斧，每人二三十元，共计亦不过二三千元，何得索至六万元之多也？唯东沙岛空悬海中，转运极难，瀚勘估十万六百元，系酌照内地情形勘估。倘日领求增无已，情不可却,即多给二三成,以补水脚,亦属在理。

再。回复日领照会,似不必给与细单,详及价目内容,但言总目,免其吹毛求疵。是否有当,伏乞裁夺。

## 为支持南洋劝业会事致端方电

(宣统元年五月二十四日)

端午帅鉴:

洪、个电悉。前承电贺,敬谢。我公奏办南洋劝业会,为全国树厥风声,将来实业之振兴,即兆于此。远谟荩画,佩慰良深。骏移督是邦,忝承公后,既得预兹盛会,遵当始终提挈,以期相与有成。至陶主政尚未抵粤,俟接晤后留可询悉一切。粤省出品协会,已屡次转行劝业道饬属筹办矣。骏。敬。

### 附:江督端方为南洋劝业会筹建省馆致张人骏等各省督抚电

(宣统元年五月十三日)

各省制台抚台鉴:

敝处筹办南洋劝业会,请贵处协助并设别馆,业经函达在案。现会场建立,工程限腊月一律告竣,如尊处来建别馆,请谨六月内派员来宁接洽,预备建设,迟恐不及。如何?望赐复。方。蒸。

### 附:两江总督端方为南洋劝业会事复张人骏电

(光绪元年五月二十五日)

广东张制台鉴:

洪、敬电悉。南洋劝业会,得公鼎力赞助,始终提挈,俾底于成。当将尊电传知该会,此间商民同声欣幸。方。有。

### 附:南洋劝业会董事会致新任江督张人骏电

（宣统元年五月二十九日）

广州,两江制台张督帅钧鉴:

移节江南,众情欣戴,不胜忭贺。南洋第一次劝业会,端帅勇于创始,专恃我公集其大成。该会事体既大,期限甚促,催督主持,为事尚繁。商等虽举任董事,殊少经历,惟有肃听指挥,俾免贻误。敬颂崇禧。上海南洋劝业会董事会同叩。艳。

## 为粤省三大要政复自治研究社函

（宣统元年六月初九日）

昨接台函,备悉一切。承示应办粤省三事,系为兴学育才、利用厚生起见,足征诸君关怀桑梓,各具挚诚,佩慰无似。弟行将他适,未及一一筹办,抱歉良深,已据情为之入告,俟钦奉谕旨后,再由新任袁海帅会同诸君商办理。

## 为新颁澳门交犯章程窒碍甚多请照会仍按旧章办理事致外务部咨呈

（宣统元年六月十四日）

案准出使法、日、葡国大臣刘咨开,葡政府新颁澳门交犯章程二十四条,经本大臣饬译法文、汉文,相应录送贵督部堂备查。章程内所译澳官名目,系就法文悬拟,应请就地核明更正,等因。到本部堂。准此。

查澳门地方切近香山等县内地,向属盗匪逋逃渊薮,历年赴澳提犯均只派员到澳,证明该犯罪状,即由葡官解交,向办无异。中葡条约第四十五款内载:中国犯罪人民有逃至澳门地方潜匿者,由两广总督照会澳门总督,即由澳门总督仍照向来办法查获交出,等语。是澳门交犯一事,条约定有专款,自应照约办理,未便遽议更张。现查葡政府所议章程,窒碍甚多,若经允照办理,则将来澳门逃犯必至无可提解，殊与地方治安有碍。且两国交送逃犯应由两国会商妥订，亦不能由葡国自定章程，强我遵守。除将所议新章按款签驳录呈察核外，拟合咨呈。为此，咨呈贵部，谨请察照，迅咨刘大臣照复葡外部，即将新章取消，所有澳门提犯，仍照旧章办理，以免窒碍，望切施行。

## 为顺德县桂州乡里村劫匪残毙七尸八命案批示

（宣统元年六月十四日）

盗匪肆劫，放火烧毙事主七尸八命，并拒伤巡勇，实属凶残不法。该管营、县所司何事，任令匪徒披猖至此，殊堪痛恨！仰广东按察司会同营务处兼缉捕局，移行遵照，会同悬赏购线，督率兵役，勒限一月严缉。并移会邻封营县，一体协拿，务将本案凶盗速获究报，勿稍懈纵干咎。限满不获，由司详请惩处。

### 附：顺德县沈令为劫匪残毙七尸八命案详禀

（宣统元年五月二十六日）

县属桂洲乡里村大澳坊事主陈渐鸿家，本年五月初十夜二更时候，被贼百余人用竹梯逾墙落下天阶入室，械禁声张，随用铁斧打穿第二层楼墙角，入内搜劫银物。陈渐鸿在第三层楼上惊起，即将各楼门关闭紧密。贼匪因见楼门均用铁板不能打破，遂放火焚烧，将陈渐鸿妾朱氏身已怀孕及子桂荣、锡×、孙女业兴、婢女阿银、阿好烧毙。乡练巡勇闻警齐出救护，登即将火扑灭，并未延烧。分归追捕，众寡不敌，贼拒伤巡勇徐锦右手腕，携赃而逸，追捕不及。该处地保病故未充，由事主陈龚氏禀乞勘验缉究等情。当即勘明该事主住屋楼房一所，前进俱已被焚，后进尚存，其门楼地板均系用铁铺盖，焚烧处所地面只有被焚骨殖灰烬痕迹，无凭相验。并验明巡勇徐锦伤痕，当场绘图填单取具，估贼列册附卷，并将各骨殖给尸亲领埋。除再催营勒差悬赏购线，会移邻封营县一体严缉本案凶匪，务获究报，并将勘验缘由另文通详外，合将勘认大概情形，先行禀报察核。

## 为调员前往两江差遣致藩司胡湘林札

（宣统元年六月）

本部堂钦奉上谕，调补南江总督，需员臂助，应即调员前往差遣。兹查有广东候补道李哲濬，候补直隶州知州郑瑞骏、吴曾源，分省补用直隶州知州刘兆榕，广东大挑知县虞汝钧，试用知县李崇儒，拣选知县吴房龄，均应调往差遣。

## 致旅沪顺直商界同乡答谢词

（宣统元年六月十八日）

余自服官外省，居里闾之日恒少，每念敬恭桑梓之义，固多阙矣。今者奉命移督两江，乃辱诸君子欢迎沪上，益用惭感。值此朝廷振兴百度，锐意图强，通商惠工，无远弗届，而诸君子讲求实业，展拓商务，日进无已，将见富国裕民，其利赖岂有涯量。鄙人忝膺疆寄，自惭德薄能鲜，无补时艰。惟愿与诸君子共矢匡济之怀，力图百益之举，不论朝野，无间遐迩，各致其诚，各尽其分，于以报国恩而敦乡谊，是则所当共勉者也。

### 附：旅沪顺直商界同乡欢迎张安帅祝词①

（宣统元年六月十八日）

时维龙飞宣统元年六月十八日，我安帅乡先生恭膺简命，移节南洋。一路福星，莅临沪上。凡我旅沪同乡，得以重亲颜色，借抒敬慕，幸如之。伏维我公，早登翰院，乡望夙隆。迨至出筦榷政，陈□开藩，擢晋封疆，历任齐豫粤晋各省，无不政声洋溢，

① 载《申报》1909年8月4日，第13110号，第4页。

有口皆碑。盖公清俭宽仁,尤持大体,民生国计,昕夕勤劳,固数十年如一日也。曩者总制两粤,历办外交,迭筹灾振,赖以争回国权,活全民命者,固彰彰在人耳目,无待缕述。至筹办新政,仿行宪法,尤能先其所急,次第敷布。其它流风善政,更不胜胪举。彼都人人士,莫不攀辕卧辙,如失慈母。公之德意及民,盖可知矣。尤可敬者,我公数十年来,扬历封圻,不忘桑梓,凡遇故乡偏灾公益等事,无不拯救提倡,余力不遗。而哲嗣伯讷京卿,监督大清银行,本中央维持之意,商界靡不沾其德泽。盖其仰承严训,好义急公,酌盈剂虚,官民获益。我父老常指谓明德之后,必有达人,乡里播为美谈,德门称为盛事。今者移节两江,道经沪渎,凡我旅沪商界同乡,开会欢迎,以伸景仰。所有南洋各省绅民,企望于公者,至为宏大。我同乡实深知公之造福于南洋者,较之齐豫晋粤更有进焉,岂惟我旅沪商界同乡感受德宪哉。特举一觞,为安帅乡先生祝,愿公政猷开济,福寿绵长,赞宪政之成立,进国势于富强。国家之福,亦乡里之光也。率进祝词,用摅乡捆。旅沪顺直商界董立善、贾文富、陈家麟、边云禧、张恩桐、范安荣、陈钰金、李恩元、王永清、张国琳、李永吉、常秉礼、王涛、程相福公颂。

## 附:苏省绅商学界欢迎宪节祝词

(宣统元年六月十八日)

宣统纪元己酉仲夏,欣逢我督宪张制军恭膺简命,荣任南洋,凡我江苏全省绅商学界,恭举代表敬备,欢迎于沪江之滨。瞻一路之福星,拜万家之生佛,仁帡幸隶,慈范欣承,固莫不额手交庆,欢欣鼓舞者也夫。以我督宪疆圻扬历,垂数十年,自督漕、抚鲁、抚汴、抚粤、抚晋,以至总制两广,勤政爱民,实心实力,中外同仰,有口皆碑。江苏人士辄私相愿望,冀或来督是邦者,已非一日。盖苏省虽号开通,宪政方待筹备,实业尚俟振兴,学堂尚未普及，今何幸得依仁宇，永戴恩施，欣慰之私，有非笔墨言语可以形容者。伏愿我督宪动爵崇晋，德政长敷，庆江海之安澜，作东南之保障。是我江苏绅商学界之幸福，亦即我江苏绅商学界欢迎之意也。恭进俚词，代表衔祝。

## 致沪上绅商学界欢迎宴会答谢词(沈观察代答)

（宣统元年六月二十二日）

人骏敬聆名言，无任欣佩。在粤虚誉猥荷，道及汉黄。次公之言曰：盛名之下，其实难副。鄙人盖惧之、深愧之甚也。承教四节，时世所趋，职分所在，敢不勉力为之？诸君子以是相勖，责备周期，望切状进，而与之言乎？鄙人自服官以来，深维德薄能鲜，不敢存喜功好大之心，时怀乎先行后言之戒。今日，对于诸君子，尤不容侈为虚夸赠答之文，贻笔诚者。要当服膺教言，俟任事后，参酌情形，衡量缓急，以期切实研求，分别张弛，惟力是视兴。朝野共矢此心，相与有成，凡臣民皆当其责。诸君子既进而与之言，则谋所以助我、教我者，知必有加无已也。企予望之矣。

### 附：沪上绅商学界欢迎张人骏颂词(李平书君代读)

（宣统元年六月二十二日）

今日，为我沪上绅商学界欢迎新任两江制宪张公之日，我同人等，例得进一言以为颂，志有之君子之立言也。颂少而规多，盖颂则扬其已往之荣誉，规则赍其未来之希望也。我公督粤之政绩，口碑载道，妇孺皆知，异日必有清秘之史官，濡染大笔，表彰丰功，无待我同人等之私诵。顾有不能已于方者，天子既以两江之重任贻我公矣，度我公必有硕画荩谋、足以福我两江之士庶者在。然刍荛之言，圣人不废。不揣梼昧，敢贡热忱，幸垂察焉。窃维两江夙称财赋之区，故丁赋最重，而赔款、新政之担负亦独多显，东南民力竭矣。地不加辟，丁日以孳，特产虽丰，恒有供过于求之势。近者劝业会之设,足征提倡实业之至意。然于实业界前途,终觉有一重障碍。我公其酌剂而疏导之乎?铜币充斥,官与民交困,倡言减折,朝廷无此政体,循是不变。州县几有廉吏,可为而不可为之。汉而商民,实受其损害。画一币制,则又非旦夕可以从事,诚欲标本并治,非我公莫属。我公其主持而整理之乎?朝廷既废科举,以谋教育之普及。今又考试优拔举贡,以网罗莘莘之学子。我同人等窃窃私议,诚不自知其愚,而为教育之前途计,进取纷歧,经济困难。我公其规画而整齐之乎?谘议局之成立,为立宪之预备也。前无国会以为灌输,后无地方自治以为基础,独一谘议局虚悬于其间,诚不得不急筹地方自治以为预备。然而,新旧之争,互讦之事,此亦必不可避之阶级。我公其督责而调和之乎?其它地方上一切应兴应革事宜,有赖我公之督促进行者,尚不可偻计。我同人等望公之来,如农夫之望岁,亦既望而及之矣。欢欣歌舞,诚不敢以虚词相贡献。窃附于君子立言之雅意,谨抒愚臆,并志欢忱,是为颂。

## 致沪上商界欢迎宴会答谢词(祁冕庭君代答)

(宣统元年六月二十二日)

窃维人骏奉命移督两江,德薄能鲜,深惧不胜重荷。诸君子不以为陋,从而奖誉之。敬聆德音,弥增惭恧。人骏自幼随侍先大夫宦游吴会郡国,利病闲尝于定省之余,窃闻之矣。迄今垂数十年,山川犹昔,生息滋繁,时局之变迁,日新月异,人文之发越,抗古振今。凡夫工商之业,学校之兴,经营缔造,皆能为各直省先。而宪政公会,又已于沪上总汇之区众,一时贤俊研究,不遗余力,人骏何幸,得闻是邦之政,与诸君子共图,所以为邦之道。人骏不佞,尝衡览今世之大局,立国之要,必在图强。图强之本,必先致富。致富之法,必求实业。顾实业何以能兴,则人材为不可少,教育所贵于普及。而实际上之进行,究不外合官绅商庶,开诚心,布公道,相与以有成也。吴中先贤子游子之言曰：学道，爱人。学道，易使其尽之矣。大江南北，物阜民智，提倡维持，事半功倍。区区之愚，未知所是，诸君子皆积学明通之彦，或经验有得之人，尚望有以教我、助我焉。

## 附：沪上商界欢迎张安帅颂词（周金箴君代读）

（宣统元年六月二十二日）

岁在己酉季夏之吉，维安甫张制军由两粤移节两江，道出沪上，职商等设宴于味莼园，以志欢迎。旌旗既临，觥爵初献，同人等谋贡一言，以光盛会，亦借伸负曝献芹之微意。因思公扬历中外数十年，其勋伐则旗常书之，其德泽则口碑载之，其清风亮节则当世士大夫咸相与动色而语簪笔而纪之，更有何词足以动公之听乎？虽然有之昔成周之隆，周召分陕，一主东诸侯，一主西诸侯，俾列侯各有取法以治其民。于是，王化大行，亘古称盛。今虽非封建之世，然疆吏之尊，俨然侯伯。南北洋大臣之制，又隐寓公陕之规默。考近来各省政治之设施，大抵扬子江以北，视北洋大臣为转移；扬予江以南，奉南洋大臣为圭臬。则南洋一席，虽曰仅领三江，实不啻川滇黔粤桂湘鄂闽赣浙皖吴十二大都会之领袖也。是故昔之公一省戴之，今之公十二省仰之。则知公之荩筹硕尽，必更将大异于往日；而禄位名寿，亦必日进而未有已也。且尤有进者，海通以来，各国以商业为富强之本，而我华商战之竞争，尚在幼稚时代，实赖官力为之提倡而维护之。陶斋尚书有见于此，是以有劝业会之创始。今者，扩充而张大之繄，维我公是赖。而征诸我公平日保商之心，知必得良美之效果，踵前休而辉东亚，此则尤为职商等所馨香祷祝者。敢晋一觞，祝公福寿永永无极，东南郅治永永无极。

## 为甘省赈款事致护理陕甘总督毛庆蕃电

（宣统元年七月初二日）

兰州毛护院鉴：

洪电悉。查甘省赈款，盛宫保助规平银五千两，折合库平银四千五百六十余两。又，苏、宁共筹一万两，据宁藩司呈报，已于五月十八日交裕宁官银钱局领汇，限六月二十到甘兑收。业经樊护院咨报。此复。骏。冬，印。

### 附：护理陕甘总督毛庆蕃为协甘赈款事致张人骏等电

（宣统元年七月二十二日）

张督帅、樊方伯[①]鉴：

协甘赈款，承宁苏台筹库平银一万两暨盛宫保转汇五千两，合库平四千五百六十二两零，均于本月廿日收到。惠济边氓，曷胜感谢！蕃[②]叩。祃。印。

## 为催办欧洲游学生监督费致东督锡良电

（宣统元年七月初五日）

盛京锡制台鉴：

顷据欧洲游学生监督刁生作谦[③]电称，“监督处费，整祈电催速汇下半年费”等语。望查案人数，汇宁汇寄。尤盼电复。人骏。歌。

---

① 樊增祥，原名樊嘉、又名樊增，字嘉父，别字樊山，号云门，晚号天琴老人。历任陕西布政使、江宁布政使、护理两江总督。

② 毛庆蕃，字伯宣，一字德华，号实君。曾任甘肃布政使、护理陕甘总督。

③ 刁作谦，英国剑桥大学毕业。1908年受学部委派任欧洲留学生总监。

## 附:东督锡良为西洋游学监督经费复张人骏电

(宣统元年七月初九日)

南京张制台鉴:

歌电敬悉。西洋游学监督经费已饬司速汇,不日可到。良,全。佳。

## 附:云贵总督锡良致贺张人骏升任两江总督函

(宣统元年七月初七日)

致贺两江总督张任:

兼秋凉飔乍动,采萧结念于三秋;福曜新移,戬谷载赓乎百禄。恭维安帅仁兄大人百粤去思,三吴来暮。地揽关山名胜,被流风于上下两江;天生砥柱雄才,挽狂澜于东南半壁。当露湛九重深处,正月明三五良宵。黄图之气象澄清,白下之江山生色。翘詹启戟,曷罄轩鼓。弟佳节虚抛,逢箫英展。抚边局交通欧亚,极风云变幻之奇;喜江左再见夷吾,上日月升恒之路。恭贺任喜,并叩秋祺,敬请勋安!

愚弟 七月初七日

# 为海州赈灾致盛宣怀电

(宣统元年七月初九日)

据海州许绅鼎霖[①]电称,海属此次水灾,实为百余年所无。值此财政奇绌,官振恐难普及。丙午平粜,实惠及民,系盛宫保主持,仍乞电商盛宫保,向银行借三十万两,遴选朴诚官绅,赴奉购运高粱、包谷,轮办平粜。限来夏截止,以七折归还款息,亏由发起担任,劝捐归

① 许鼎霖,字九香。光绪二十九年(1903)调浙江省任洋务局总办。后历任本溪湖煤铁公司督办、盐政正监督、奉天交涉使。

还。霖力薄,愿任一万,余请盛宫保约同志诸公均担,以拯灾黎。是否有当,祗俟钧裁,等情。查海属此次被水,情形颇重。江南财政艰窘,官振实难多筹。所请向银行借款购米平粜,能否照办,或可借若干,祈核酌赐示,以便转复,为祷。

## 为饬宁藩司向银行借款平粜致盛宣怀电

(宣统元年七月初十日)

海属灾重,筹款购粮、举办平粜自不可缓。承代策画,甚感。惟被灾不止海属,需款较巨,现饬宁藩司向银行订借六十万两,为平粜用,将来亏折之款,当由本省设法筹补。知念,谨闻。

### 附:盛宣怀致张人骏樊恭煦电

(宣统元年七月十三日)

安帅蒸电,被灾不止海属,现向银行订借六十万两,为平粜亏折,由本省筹补。莫名铭佩。弟奉庚电,即托营口银行总办罗道饴查询粮价,顷罗道复称,据营口银行回电,高粱行情近日营口较他处便宜,天平秤每百斤合银元两元三角,运至轮船交货。倘需办若干,营行愿尽义务实力帮忙。倘另派人往营采办,亦可垫款、招待。等语。查营口与苏属之青口,一海可通,若派员赴奉采办,大张旗鼓,粮必飞涨。可否仿照丙午办法,不动声色,即由尊处电饬罗道先垫款代购高粱一起,弟当属招商局派一浅水海轮如期往运,其粮数须配准轮船吨位,以后仿照转运,随购随运,奉粮不致涨价,而灾区见有粮到,价亦自平。此外,灾区或须由镇江分运,前年皆有成案。能觅熟手人员更好。诸祈酌夺。

## 为派员赴奉天一带购运杂粮致东督锡良直督杨士骧等电

（宣统元年七月十五日）

盛京锡制台鉴：

海州之属被水成灾，扬州属之兴化县亦遭水患。民食缺乏，由宁借银六十万两，以卅万派员赴奉天一带购运杂粮，济海州之民。以卅万派员赴芜湖一带购运谷米，济扬州之民。均由宁藩司给照。又，两淮运司借拨公款银二万两，发交扬郡绅商赴蓟购米回扬，由淮运司给照。均为平粜之用。经骏等奏免税厘，元日奉双旨，着照所请等因，钦此。祈通饬沿途关厘各卡，遇有前项平粜粮米过境，验明放行为祷。骏、澄、珍。盐。

## 札饬宁藩司道认筹海军经费

（宣统元年七月二十五日）

准度支部歌电，内开六月二十八日，筹办海军大臣奏遵拨海军基础办法一折，奉朱批：依议。钦此。原奏内称，统计入手用款，约需开办经费一千八百万两，常年经费二百万两，请饬下度支部迅速设法筹拨，并饬各省督抚协同筹拨。又预算清单内称开办经费内拟拨辟建军港等费，共需银一百五十万两，请先拨给五十万两，余一百万两，俟明年再拨。兼购船经费共需银一千六百五十万两，请分四年匀拨，各等语。查海军开办经费共需一千八百万两，内辟港经费本年即须筹拨五十万两，明年再筹一百万两。购船经费一千六百五十万两，分四年匀拨，每年应筹四百十余万两。其余常年经费，自本年起，岁须筹拨二百万两。为数甚巨，自应内外协力，以济要需。明知各省财力同一艰窘，惟海军为自强大计，此项经费业经奏奉谕允，无论如何为难，总须竭力设法。除由本部于万分竭蹶之中，认筹开办经费五百万两之外，其余应归各省分筹协济。贵省能分年认筹开办经费若干，按年认筹常年经费若干,希通盘筹画认定确数,迅速电复,以便入奏。度支部。歌。等因。准此。查海军为自强大计,开办及常年经费,用所必需,宁苏财政虽极困难,敢不勉力筹措? 除电商苏抚部院,暨分饬司道局各库公同酌议、妥筹定确数、电达并先行电复外,合行饬札到该司,即便遵照,咨移送苏司道局各库统认分筹。将分年认筹开办经费若干、按年认筹常年经费若干、宁苏各认若干、各库又各认若干,分晰指定确认,迅速详复,以凭电达度支部查照入奏。

## 为丹阳柜书抑勒浮收激变事致军机处电

(宣统元年七月二十七日)

丹阳乡民,因柜书征收银米,抑勒浮收,该县知县罗良鉴提该柜书追罚,将款拨充学堂及农会经费,民初不知,群情不服,欲与官书为难。该县西南乡有棍徒二三人,向众煽诱,谓闹成事端,归其担当。于是乡民鸣锣聚众,本月初六、初七等日,先毁该柜书家,继至县城。罗良鉴恐变闭城,乡民汹涌异常,扬言放火。城内人惧开城,乡民拥至县署毁闹,并毁盐栈及绅屋数家。该县电请派兵弹压。瑞澂电商人骏,派拨驻苏之四十五标步兵三队、飞划水师二十艘,并由常镇道刘燕翼派镇江府承璋驰往查办弹压,人骏亦派员前往密查。迨承璋及营队到县,城内虽已安靖,各乡尚纷纷毁闹。盖该邑濒临长江,本为帮会各匪出没之区,其中已有匪徒混入,乘机滋扰,以致延陵、珥村、段家桥、导墅桥等处盐栈相继被毁,乡董房屋、店铺,亦被毁坏多家。此初八日以后事也。

瑞澂因承璋弹压不下,复饬刘燕翼亲往查察,分别民匪,解散拿办。该道于十三日到县,适合城盐栈及董事贺绍章家房屋被毁。该道饬派军队往拿,由贺董指获在场打毁之帮匪黄竹舟一名。其叔黄定叙,亦系帮匪,遂率匪党并胁逼乡众,欲向贺董索人。经军队拦阻,匪党抗拒,先伤军队六人,军队始犹向空开枪虚吓,匪仍不退,不得已,格毙六人,伤一人,匪众始散。并据乡众捆送毛仁一名,由该道讯供电禀，先派道员汪瑞闿前往会审。人骏等为慎重起见，复饬将犯解苏，由瑞澂亲提连日研审。黄竹舟供认：与格毙之黄金叙、黄须茂，格伤之黄金连，均系帮匪，匪首景文胜在逃未获。伊此次随同黄金叙等，打毁合城盐栈及贺董家。毛仁亦认随众进城毁闹，并毁延陵盐栈各不讳核其供情，均非滋事首要，黄竹舟虽属帮匪，并非头目，平时亦无犯事案据，自应就案论案，与毛仁一并发司，归案审办。惟景文胜实属匪首，及倡言煽诱之棍徒、纠党抗拒官军之帮匪黄金叙，必须获案严惩。现在乡民一律解散，匪已慑伏，人心大定，可纾圣廑。

人骏等查此次滋事，在乡民因柜书浮收，致动众怒，与官书为难，事虽蛮横，情尚可原。而匪徒借端煽惑，乘机滋扰，法无可恕。惟有抚民锄匪，严治首要，不咎胁从，办法方得其平。罗良鉴已先撤任，再行查办，其浮收承柜书照例严究。仍饬刘燕翼及接署县，将地方善后事宜妥筹办理，统俟案结奏报外，谨先电陈。

再：该处铁路、教堂，均经营队保护弹压，并未波及。正在译发间，据丹阳县电，知匪首景文胜已获，俟提省讯供核办，合并陈明。乞代奏。

## 为订购新式枪炮复东督锡良电

（宣统元年八月初一日）

锡清帅鉴：

艳电敬悉。已饬局查，俟看到，即电达。骏。艳。

### 附：东督锡良为订购新式枪炮致张人骏电

（宣统元年七月二十九日）

江宁张安帅鉴：

请饬上海制造局确查练兵处奏定新式六密里八口径马步枪暨尖式镍铜无烟药弹，每杆每子粒价银各若干。七生特五十五倍身长过山管退炮，每尊暨各色炮弹、每百粒价银各若干。其样式均与呈部查验式同。通祈电复。良。艳。

## 为订购新式枪炮复东督锡良电

（宣统元年八月初四日）

锡清帅鉴：

艳电计达。顷据上海制造局张道士珩电称，查练兵处奏定六密里八步枪，局中承造，呈验合式。奉饬续造百杆，随配门式尖弹五万解部。惟各项工作均无专机，用旧机参以手工，繁疑较费，故未定价。今春，部饬添机，本厂现正赶办，明岁设齐，方可开造七升五管过山炮，定身长十四倍，每尊连驮鞍价银四千四百四十两零。双尾分圈开花弹药彀火金，每万颗价库银五万两零。单尾开花弹彀药火金，库银五百廿两零。炮与弹尚有存，均与呈部查验式同，等语。特闻。骏。冬。

## 为安徽蒙城等地帮会起事致军机处电

（宣统元年八月初八日）

安徽蒙城、凤台二县交界双涧集，有帮匪张学谦、李大志等为首，纠党放火起事，向怀远、凤阳等处分窜。所过仅索取军械、马匹，并不杀掠，故随从者众，已聚至二三千人。据各该管文武电禀前来，皖省兵力较单，虽经家宝饬调马、步各队前往，深恐地广匪多，不敷剿办。查沿江防军由浦进兵皖北，较为迅捷，已由人骏饬该军总统程允和，调步队二营、马队一营，星夜驰往寿、凤；并饬徐防统领胡令宣，亲率得力马步，由涡、蒙前进，会商道府，实力拿办。并咨长江水师提督，速派师船驶赴淮河堵截，以杜南窜。该匪初起，想枪械无多，随从多系裹胁，并非悍党，既经官兵分路往办，当不难于扑灭。

除督饬各文武妥筹剿抚，并查明起事实情另行电陈外，谨请代奏。

## 批宁藩司会同财政局详复海属水患已经借款籴粮平粜由

（宣统元年八月初十日）

详悉。海州三属此次被灾颇重，该司局先行电汇赈银一万两，并向度支部借银三十万两，赴奉购粮平粜，以资接济灾民，谅可不致失所。惟灾区甚广，来日方长，官力势有难支，必赖绅商义赈。仰即饬该管州县，会商绅董妥筹办理。仍将平粜事宜酌定章程，禀报查核。此檄。

## 为欧洲留学监督费再致东督锡良电

（宣统元年八月初十日）

锡制台鉴：

据欧洲留学生监督刁作谦电称，监督处费久歉，乞再催，等语。请速查案，如数汇宁汇寄为盼。骏。庚。

### 附：东督锡良巡抚程德全为欧洲留学生监督费复张人骏电

（宣统元年八月十二日）

江宁张制台鉴：

庚电悉。欧洲留学生监督处第二年下半年经费，已拨提学司汇宁。乞查照。良、全。印。

## 为会剿皖北会党事致军机处电

（宣统元年八月十一日）

初八日，钦奉谕旨，当即钦遵，转行严饬派出并原驻各军，会同地方官，上紧扑灭解散。一面密派该管道府，查明该匪起事及一切情形；并撰拟简明告示，大致严拿匪徒，抚恤饥民，由电飞饬缮贴，以孤匪党各在案。

是日，据蒙城县电禀：初三日夜间，匪众窜至凤台之罗家集，人数甚多，分攻蒙境之枣木桥、凤境之苗家寨。经巡防营马步兵勇会合各乡团协力痛击，将罗家集、枣木桥两处匪徒立经击散，格杀多名，拿获匪目五名，匪党四名，胁从十三名，骡马百余匹，刀械无算。跟踪追至苗家寨，匪已四散。验明匪首李大志业经击毙，匪徒讯明后正法，胁从保释。旋据皖北道电，据凤台县禀报，迎击接仗毙匪各节，大致相同。续于初九日，据宿州电称：项桥、陈集地方，经蒙匪窜扰，人数尚众。怀远县河溜镇地方，亦闻有窜匪焚掠等事。

查此次蒙、凤匪警，人数虽多，半系因饥附和。现据各属禀报，经官兵剿击后，匪势已挫，惟裹胁既众，饥民又复载途，各军未集之先，诚不免此拿彼逃，聚散无常，乘虚肆扰。刻节经分饬在事各军并各牧令，务须跟踪追剿，合力兜拿，不准稍分畛域，致使匪党稽诛，坐贻他日隐患。一面饬皖北赈抚局筹力息赈，以靖人心。

至张学谦、李大志起事缘由，有云系春间拿获正法怀远县李欢孜即李振玉之余党，挟仇纠众，乘机报复。然亦未得确据。且各营县禀报军情，均由电报，不甚详细，时有参差各情。应并俟该道府将获匪供词录报，查明一切详情后，即据实缕陈。

再：人骏派出之江防马步三营，系由铁路料车驰往，初九日晚间，可抵临淮。家宝派出之巡防营管带郑瑞昭，初十日由定远拔队，前赴凤阳会剿，协力兜拿，窜匪应可逐渐肃清。余情应续电陈。谨请代奏。

## 电邀劝业会职员赴宁

（宣统元年八月十六日）

郑京卿、席部郎，虞、周、严、朱、祝、苏六观察，丁太守、陈直刺、陈大令钧鉴：

南洋奏办劝业会，深赖诸君赞助。现值期迫事繁，未可稍涉松懈。鄙人奉命以来，督饬办事各员按期急进，惟事关官商公益，待商之件正多，务希诸君准十七日联袂莅宁，公同面议，以匡不逮。无任企祷,盼覆。

## 为今后督抚不得称帅致瑞澂电

(宣统元年八月十七日)

准陆军部咨,“奉朱谕:即依《宪法大纲》内所载,朕为大清帝国统率陆海军大元帅等因。查军兴以来,督抚往往称帅,并无典礼明文。今既钦奉当今皇上为统率陆海军大元帅,尊号已定,凡在臣下,称谓自应敬谨回避。嗣后,一切公牍、电报以本部堂,不再用帅字,以昭诚敬。希即移行所属文武,一体遵照。合先电达,专此谨闻”等因,到本部院。准此,自应一体敬避,合行示谕,仰阖属文武官员一体遵照。铣电。

## 批高邮州职贡生董念诒禀俯念下情补考送由

(宣统元年八月)

据禀已悉。该生来宁投考,已逾试期,实属自误,无可怨尤。现在取额已满,断无论显违部章,亦安得人人而济?所请碍难准行,仰宁学司转饬遵照。此批。

## 批江西臬司呈报抚批清理讼狱由

(宣统元年八月)

据呈已悉。仰再通饬各属,务将未结各案勒限,文到一月内,一律办结。如有瘝旎者,即由司从严详请参处,以为懒于审断及玩视民命者儆。

## 为孝钦显皇后梓宫奉移恭慰圣怀事致各省督抚电

(宣统元年九月十三日)

各省将军、制台、抚台鉴:

洪。孝钦显皇后梓宫奉移,各省应有电奏恭慰圣孝。现拟由敝处撰稿,以奉天制台兼将军领衔,会同各省将军、都统、督抚、提督电奏,一并撰就,即行电达,谨先奉闻。凡同省有副都统、提督者,请速将衔名电示,务于廿日以前到齐,以便汇列为祷。骏。文。

### 附:东督锡良为恭慰圣怀事致张人骏电

(宣统元年九月十二日)

南京张安帅鉴:

恭慰圣怀事,准午帅复电,以现在京,未可列衔,已电请尊处拟办,等因。敬祈台端偏劳主稿,挈衔电奏。良。文。

### 附:东督锡良巡抚程德全等为副都统多文列衔复张人骏电

(宣统元年九月十三日)

南京张安帅鉴:

洪、文电敬悉。承示,甚感。祈尊处编号挈衔会奏。再,盛京副都统系宗室多文,乞汇列。良、全、文同叩。元。

## 为恭慰圣怀奏稿致各省督抚电

(宣统元年九月十四日)

各省将军、制台、抚台鉴:

洪。文电计达。兹拟就电奏,文曰:九月廿七日为孝钦显皇后梓宫奉移之期,补娲皇五色之天,寰宇丕冑;敖虞帝九嶷之土,坤德并隆。我皇上大统,钦承孝思维则。冲龄雨泣,恐非父母之心;骏烈续典,始继武王之志。某等忝列星文之分野,仰月驭之移纶。鸾绋未持,龙輀将发。玉鱼金盘,永安寝殿于万年;乌弋黄支,共仰起居于九陛。所有慰安圣孝下忱,谨合词电请代奏,等语。如有未委,尚祈削正速复。凡同省有副都统、提督者,并祈迅将衔名电示,以便列入为祷。骏。元。

### 附：东督锡良巡抚程德全为请挈衔会奏致张人骏电

（宣统元年九月十四日）

江宁张安帅鉴：

洪。大稿读悉，甚感。请挈衔会奏。良、全。文。

## 为恭慰圣怀奏稿已发致各省督抚电

（宣统元年九月二十八日）

各省将军、都统、制台、抚台鉴：

洪。恭慰双圣孝电奏，已会列台衔并各省将军、都统、督抚、提督、副都统暨川、滇边务大臣，于敬日译发。谨闻。骏。宥。

## 为购品征免厘税事致各省督抚电

（宣统元年十月初八日）

各省制台抚台鉴：

前准税务处咨，购品征免厘税章内有责令运商出里保结一处，商民不便，当经本大臣电请删除。兹准复电，内开运购物品，尊处以觅保里结存不便，拟由各会监督发单担保，系为便商起见，自可通融照办。惟须声明各会监督既认担保，如中途有私运私售夹带抽卸，均应照前定联单办法，就出口经过第一关所核应纳税厘若干，由该会监督代缴两倍银数，递入关册，以符定章。除分咨外，希查照饬遵，等因。准此除分咨外，希即查照转饬一体遵办。至望。骏。阳。

### 附：东督锡良巡抚程德全为购品征免厘税事致张人骏电

（宣统元年十月十一日）

南京张安帅鉴：

阳电敬悉。昨准税务处咨同前因，已转饬所属各关卡一体遵办矣。此复。良、全。庚。

## 为职商姚文佺禀组织华通有限公司致苏商总会札

（宣统元年十一月十六日）

职商姚文佺等组织华通公司，贩运内地及南洋物产，贸迁有无，系为振兴商业、挽回利权起见，自应准办。惟所拟公司章程，是否悉臻妥协，仰苏州农工商务局核明，饬遵具复。并行该商会知照，禀折均抄发。等因到局。奉此，查该职商姚文佺等禀设华通公司，营业正当，察核所拟简章仅具大略，尚无不妥之处，似可暂准立案。应饬该职商等俟公司成立后再进行妥议详章，禀候核示。除详复外，合就照会。为此照会贵总会，请烦查照，饬遵施行。须至照会者。

右照会苏州商务总会。

### 附：苏商总会为呈请鉴批公司事致张人骏呈

（宣统元年九月二十三日）

为呈请事：

窃职会本年闰二月十七日，据职商姚文佺等禀称组织华通有限公司一案，当经职会连同原案呈请前督宪端鉴核批示在案。兹据姚文佺等到会声称，此案迄今半载未奉批示，恳为呈请批示等情前来。理合备由，呈请宪台察核前案，迅赐批示祗遵，伏乞照验施行。须至呈者。

右呈两江总督部堂张。

### 附：姚文佺等恳请苏商总会代呈禀帖简章

（宣统元年闰二月十七日）

敬禀者：

职商姚文佺等拟创办华通有限公司，运办土货前往南洋荷属之爪哇消[销]售。缮具禀帖，并附简章，呈请南洋通商大臣、两江督宪立案札饬保护。恳请转为代递，俾得早日开办。事关公益，利国便民。贵会素以提倡商务为主,定可俯如所请,伏维钧鉴。

职商、候选训导姚文佺上。

县丞许孝先。

计附呈禀一件、简章一件。

## 附:苏商总会为华通立案事再致两江总督呈

(宣统元年十月初九日)

为代呈事。

窃职会本年十月初五日奉钧部批开:据呈已悉。查姚文佺禀请组织华通公司一禀,本衙门检查档案,未据呈送前来。或系中途遗失。仰即转饬补录前禀呈送,再行听候核示等因。职会当即饬知该职商姚文佺等补禀送会。去后,兹据该职商等补具禀词,并抄录章程,恳为转呈等情前来。理合连同原禀及章程清折一扣,呈请约部俯赐鉴核,批示祗遵。为此备由具呈,伏乞照验施行。

须至呈者。

计呈原禀一件,章程清折一扣。

右呈两江总督部堂张。

## 附:姚文佺原禀

职商、候选训导姚文佺、县丞许孝先具禀,为贩运土货出洋,呈请立案保护由。宣统元年闰二月十六日抄禀为贩运土货出洋、组织华通有限公司,呈请立案保护事。

窃职商姚文佺等前于丙午冬间,偕福建奏派总视学员陈,前赴南洋群岛荷属之爪哇、婆罗洲等埠襄办学务,始于今春回国。曾目击该华侨等爱国之心日见发达,会馆学堂已办有四十余处,而商会亦渐次成立。惟外人商律苛严、侨风智识未开,以故商家营运,无非以洋货代销,吸取同胞脂膏而已。近来华侨渐受教育,饶有土物心臧之意。惜以重洋阻隔,内地商人从未贩货出洋，外埠侨民又因未谙祖国情形，不敢轻于从事。于是乎航路几绝，而数百万侨民之日用所需，遂事事仰给于外人。此际日本人反乘隙而来，遽肆其殖民政策。年来居然在商业上极占势力，凡大小各埠莫不有日本之制作品。

以群岛人数而论，我华侨首占多数，而土货竟绝无仅有。当此商业竞争时代，自居于嗒然若丧，可乎？职商姚文佺等每于接见侨民之时，都以身处异邦，未睹本国土货为憾，谆谆嘱以办货出洋，开通商业。其一片热忱，几乎声泪俱下。如上年八月间，南洋八达维亚华商总会发起中国货物陈列所，即由姚文佺、许孝先等介绍苏商会寄往折扇、绣花拖鞋、各种罐装食品陈列，大受华侨欢迎，咸得善价售出。于是姚文佺、许孝先等复于课余之暇，悉心调查两载有余，于输出、入品中略知梗概。用敢不揣棉薄，发起华通有限公司，先集得资本一万元，专以我国各省改良货物运往销售，以创辟南洋之商业。将来办有头绪，再行设法扩充。

兹先摹定简章，以为日后推广地步。但本国土货出口，道经新架[加]坡而抵荷属之爪哇，彼处税则，于对待华人一切，素称留难苛虐。此次职等组织公司，运货前往南洋群岛，事属创举，仰求札饬本国关道暨驻新架[加]坡总领事等，照会英、荷所属各官，遵照条约妥为保护，迅赐批准立案，俾职商等一面招股，一面开办，准于四月间赶速起程，庶几于振兴商务之中，寓饷饫同胞之意。利国便民，全赖制宪大人提倡扶持之力焉。专诚上禀。

计呈华通有限公司简章一件。

## 附件二：华通有限公司招股简章

谨将华通有限公司招股简章开呈宪鉴。

计开：

一、命名华通有限公司，拟贩运内地各物为输出品，而输入南洋所产以为商换之资。似此往返周转，商业既兴，商情又达，可收一举两得之效。

二、拟招股本四千股，每股墨银十元，合成资本银四万元。由发起人先认一千股，每股先收五元，即缮就收条给与股人执持。余俟公司成立后办有头绪，再行缴足资本。

三、合计资本金四万元，以一万元留沪，以购输出品；又以一万元存荷属爪哇岛之泗水埠，以购输入品，余二万则留为两处公司之后盾等。

四、输出品今调查得有绸匹、顾绣等件，以及紫沙[砂]器等物，曾为岛人所深喜，一经输出，必可利市三倍。

五、输入品有金刚钻石、燕窝、犀角、鹿茸。或为药饵，或为珍饰，列之市肆，必为中、西人士所宝贵，可无疑义。

六、就上海及荷属之泗水两埠各设一陈列所，以为招徕之计，务使中、西人士易于购求，则商务必蒸蒸日上也。

七、按股发给股票据一份，官利周年一分，以收到之日起息，每年凭票向本公司收取。惟股份只招华股，不招洋股，俾免利权外溢。

八、本公司帐目每年造一总册，结除应付股息暨一切开支外，获有盈余，以十四成开派，八成归股东，两成为公积，两成为发起人、总协理之酬劳，两成为办事人之酬劳。

九、公司成立后，拟再呈请商部注册，暨上海及南洋两埠之总商会立案，仍谨遵奏定商律办理，一切以昭公允。

十、公司成立后，公举名望素孚、熟悉情形之股东为公司总、协理，则担荷虽重，不致贻陨越之差。

十一、各股票有被损、污秽等情，准即报明本公司存案，并称原票缴销，以凭更换。

十二、各股票有遗失、火毁等事，准即报明本公司存案，并登报声明，俟三个月后觅具妥保，另给新票。

十三、各股票更换户名及补换新票，每股均加缴费银一成，以资办公。

十四、本公司附股之人,均有权向本公司查帐,惟须照商律定章办理。

十五、凡出售股票,售股人与购股人均须向本公司预先声明,更换户名。

十六、本公司系草定简章,一俟股份招齐,再由股东公订章程,以臻尽善。

运出货品:纺绸、熟罗、拷纱、拷香云纱、各种绣货、本厂柳条斜纹各种甬布、桌帏、柏摊[毯]、门帘、帐沿、堂彩、女裳、磁器、染料、玩件、龙旗、丝线、各种银器、汗彩[衫]、洋袜、宜兴磁沙、竹刻牙刻玩件、各种折玩扇、各种绣花拖鞋、草履、翠石、罐头食物、火腿。

输入各品:钻石、燕窝、茄楠香、犀角、鹿茸、猴枣、熊胆、麝香。

## 批提学使樊恭煦遵饬拟议苏省征集教育品办法九条札

(宣统元年十月十七日)

详折均悉。仰候抚部院批示缴,并先奉抚宪批。

### 附:苏省征集教育品办法九条

(宣统元年十月)

谨将酌拟苏省征集教育品办法九条缮折呈请宪鉴。

计开:

一、就司署暂行专设苏省征集教育品协会事务所一所,即由学司监督之,为交通各府州教育出品研究会之总机关。遇有与各府州教育出品研究会应行商榷接洽事件,即由事务所员禀承学司办理。应于十月十一日以前成立,至会毕报部后裁撤。该所应设庶务兼会计一员、调查员五员、书记生二人,以资办公。

由司陆续札派，以专责成。其经费即在学务经费内撙节开支，核实汇报。其进行方法，另文详请示遵。

二、各府州应暂行分设教育出品研究会，将来教育品陈列所即附设其中。由府州召集所属教育会正副会长、劝学所总董、各学堂监督堂长组织之，即由各该府州为之监督。各府州征集教育出品事宜，其应如何调取，如何别择，如何汇送经理之处，即由该会研究进行方法。其大略如左：

（甲）此项教育出品研究会，苏州府应限十月十五日成立，松常镇太四府州应限十月二十五日成立。

（乙）各研究会研究进行方法，苏州府应限十月底详报到司，松常镇太四府州应限十一月初十日详报到司。

（丙）各府州研究会会场，即由各府州择宜布置。

（丁）研究会职员应设干事长一人，庶务兼会计一人，书记干事一人，调查干事暂不定额，均以名誉职为宜。调查干事酌给川资，另设书记生一名，应给薪资。

（戊）研究会开会期以星期日为宜，以期于教育事宜各无妨碍。

（己）成立研究会之前一星期日，各宜先开一预备会，公举职员，筹备经费，以免临时周章。

（庚）前项研究会各于会毕之后，出品运回之时裁撤。

三、各府州研究会一律成立之后，既各将进行方法于十月底、十一月初十日先后详报到司。苏州府研究会应于十一月十五日，召集外府州研究会干事长到会，会议时间进行画一方法（有应与司署事务所接洽事宜即于此数日内来所会商）。所有各府州教育出品如何出具愿书、填写出品目录及说明书，于十二月初一日以前依限送司，以凭司署事务所限于十二月二一日以前报部之处，即于会议时议决，报告司署事务所（其已报之后，各属如有新出之品，应准随时续报，司署亦即补报学部）。

四、各府州研究会实践征集进行方法,即于十一月十五日议定愿书目录等项,亦于十二月初一日以前报司,学司即于十二月初十日以前分饬调查员前往逐一调查,以昭核实而凭报部。

五、各研究会须遵照部定办法,将教育部内最初教育、学校教育、社会教育三门按照门类分别征集。此外如图书、科学、学艺、器械、经济、交通、采矿、冶金、化学、工业、土木建筑、染织工业、制作工业、机械、电气、农业、蚕业、水产业、美术、卫生、医学之属,此类事目如有为已设专门学堂或实业学堂所应肄业者,亦应一律征集。倘各府州开物产会之时教育品有并入别部者,应由各府州会商绅商划归教育出品,以清界限。

六、各府州教育出品既齐集于府城或州城之研究会中,所有出品,除苏府外,若悉令遵照部饬汇送司署,再由司署送会,路远费巨,物品又易损坏,未免窒碍。外府州出品应否听候调查,仍令径运江宁,以省周折而归简易之处,应由研究会会员从长会议,呈由各府州禀司察办。

七、部颁征集教育品办法大要及此项苏省办法,应由司各印数千张,发由各府州发会遍布各学堂,以期周知。

八、苏省征集教育品协会事务所公牍即用学司印信,各府州研究会公牍即用各该府州印信,毋庸另刊图记。

九、此项苏省征集教育品办法如须增删修改,应随时由司核明,详定遵行。

## 为孝钦显皇后升祔联衔电贺事致各省将军督抚电

（宣统元年十月初九日）

各省将军、督抚台鉴:

洪。本月初九日,孝钦显皇后升祔;初十日颁诏,当经会列台衔,并各省将军、都统、提督、副都统,暨川、滇边务大臣电奏庆贺,仍以锡制台领衔,文曰:恭闻孝钦显皇后于十月初九日升祔,初十日布告天下。镐京崇太姒，实赖达孝之武周；宗庙祔宣仁，永载中宫之尧舜。我皇上荐馨九陛，锡颡八埏。回銮驭于三宵，特隆世世不祧之典；颁凤纶于十月，仍用年年万寿之期。锡良等未助精礼，弥钦圣孝。四十载艰难宵旰，人间无不覆之慈云；亿万年临照山河，太上有常明之宝月。所有忻贺下忱，谨合词电请代奏，等语。已于斋日译发。谨闻。骏。佳。

### 附：东三省总督锡良谢佳电偏劳复张人骏电

（宣统元年十月十一日）

南京张安帅鉴：

佳电敬悉。迭荷偏劳。良。全。卦。

### 附：东三省总督锡良再复张人骏电

（宣统元年十月十一日）

南京张安帅鉴：

阳电敬悉。昨准税务处咨同前因，已转饬所属各关卡一体遵办矣。此复。良、全。庚。

## 为江北赈灾致各省督抚藩台电

（宣统元年十月十九日）

各省制台、抚台、藩台鉴：

江北自丙午巨灾后，民力凋残，元气未复。本年六月，又遭大水，海、赣、永三属冲塌民房数万间，淹毙人口多命，数百乡尽成泽国，财物半付东流，遍野哀鸿，凄苦万状。且扬属之高、宝，与淮属之安、阜、桃等州县，亦有偏灾。其他各属并皆歉收，粮价奇昂，民生极窘。迭经鄙人饬司属局拨款举办急赈，并向度支部、银行借款，购粮平粜；一面奏请截留京充赈。惟车薪杯水，尚多不敷，缘此次灾区虽不及丙午之广，而水势既骤且猛，淹田、塌屋为多，灾民困苦情形，实与丙午无异。本拟自筹赈抚,不敢告助邻疆,无如财政万难,库帑奇绌,赈捐久成弩末,义赈亦已力疲。现已交冬,严寒在即,灾黎衣食两缺,必致死亡。矜悯之余,倍深焦灼,思维再四,不得不为民请命,作将伯之呼。诸公义重恤邻,情殷拯死,仁声义闻,遐迩同钦。尚祈俯念江北频年告荒,民穷财尽,慨筹赈款,早赐汇助,并劝谕苏省在贵省服官之员,量力捐解,以期苏此汎灾,感纫何极。盼切示复。骏。筱。

### 附:东督锡良巡抚程德全为江北灾况复张人骏电

(宣统元年十月二十一日)

江宁张制台鉴:

筱电敬悉。江北灾况,闻之同深悯恻,奈奉省拮据万分,筹款维艰。兹饬司库勉凑规平银五千两,交大德恒号商电汇,聊济急需,祈兑收赐复。至苏籍在奉各员,正饬量力捐助,俟集有成数,再行续汇。良、全。号。

## 为转发民政部疆理司清查户籍表式札

(宣统元年十月二十日)

宣统元年九月初六日,准民政部咨疆理司案呈,现在清查户籍,所有公私营业工场、盐务、矿产、茶丝等项,及土木、砖石一切工作等类处所,或设于城厢,或设于山野,人类繁杂,良莠不齐,若漫无稽查,善良无由而乐业,宵小亦易于潜纵,殊非所以维秩序而保治安。本部业将奏定调查户口章程颁行各省,其施行细则仍令各该监督因地制宜,斟酌妥订。至于本章程中未尽事宜,如以上各项工场,该监督等亦当酌量地方情形,载入细则,一并调查,以期完密而便稽核。兹特绘具调查各类工厂表式,分咨各省一律通行,照式核实填注,每年于十月前报部。至调查样细册籍,仍留存各该省备案,无庸送部,以省繁牍。相应咨行贵督查照办理可也,等因,并表式到本部堂。准此,合行照录表式,札司遵照办理。

## 为进贺隆裕皇太后徽号致各省制抚台提督电

（宣统元年十月二十日）

各省制、抚、提台鉴：

辰。十一月初三日恭上隆裕皇太后徽号，各省应具贺表，已准礼部颁发表式。查折谱，内开恭上皇太后徽号，应递贺表折写皇太后天喜字样，又进祝皇太后万寿。皇上前递红裹请安折，等语。今恭上隆裕皇太后徽号，似可仿照皇太后万寿颁发，除递贺表外，另递贺折，写跪贺隆裕皇太后天喜字样，并具红裹请安折。至皇上前则专具红裹请安折，不另具贺折。尊处是否如此办理，祈速电示，以免参差。并请转致将军、都统、提镇，俾归一律。为祷。骏。皓。

### 附：东督锡良巡抚程德全为进贺皇太后徽号复张人骏电

（宣统元年十月二十一日）

江宁张安帅鉴：

洪。顷准崔护院[①]电开，奉枢府复电，恭上徽号应进贺表者进贺表，应进贺本者进贺本，其余贺折、安折均可不用，等因。鄙意直省既奉枢电，似可照办。谨复。良、全。个。

## 为进贺皇太后徽号只发贺电致各省制抚提台电

（宣统元年十月二十二日）

各省制台、抚台、提台鉴：

洪。现接山东孙抚台艳电开，顷准京电，那相谕：恭上徽号应进贺表者进贺表，毋庸另具贺折，亦毋庸电贺，乞转电各省以归一律，等语。尚祈照办。敝处前发皓电，应毋庸议，并希转致将军、都统、提镇

---

① 崔永安，字磐石，号书孙。宣统元年（1909）十月，直督端方被撤职后，崔永安以直隶布政使护理直督。

一体查照。仍电复为祷。骏。个。

### 附:护理直督崔为进贺徽号着平日朝服致张人骏等各省制台抚台电

(宣统元年十月二十六日)

各省制台抚台鉴:

顷奉枢府复电,崇上皇太后徽号,是日朝贺系朝服,长至如停止升殿,仍平日朝色。元旦如停止升殿,服补。于二十七日内,恭逢万寿,元旦应毋庸递呈贺折,等因,特此奉闻,并希转饬将军、都统、提镇一体遵照。仍祈望电复。承安叩。宥。

### 附:护理直督崔为进贺徽号着青褂蓝袍致张人骏等各省制台抚台电

(宣统元年十一月初七日)

各省制台抚台鉴:

洪。顷奉枢府复电,二十七日内冬至,不行朝贺礼。平日服色系青褂蓝袍,等因。特奉闻,并祈转致将军、都统、提镇一体遵照为祷。永安。鱼。

## 为收到赈灾银五千两致锡良程德全电

(宣统元年十月二十四日)

锡制台、程抚台鉴:

号电敬悉。承拨助江北赈灾银五千两,曷胜感谢。俟款到,当饬藩司转发灾区散放。骏。漾。

## 照得江南实业学堂毕业生吴克颐应予优等毕业凭照文

(宣统元年十一月初九日)

钦差南洋大臣、陆军部尚书、两江总督部堂张,为发给凭照事。

照得江南实业学堂矿学专科第一班学生，系光绪三十二年五月在矿学普通科毕业。遵照奏定学堂章程，于是年八月升入矿学专科。肄业期满，于宣统元年五月毕业。当由前部堂端，饬江宁提学司并委员会同该学堂监督同教务长、斋务长、监学教员认真考试。现经本部堂亲加查核，该生吴克颐年二十二岁，系安徽省泗州府盱眙县童生肄业。该堂各学科计得平均分数八十六分厘，应予优等毕业凭照。兹将应得凭照当堂发交该生承领，以为执据。须至凭照者。

本学生三代：曾祖桐，祖炳麟，父裕昆。

学科分数：人伦道德九十二分厘，机械制图九十二分厘，经学八十四分厘，测量及矿山测量学九十分厘，史学九十分厘，冶金学七十八分厘，中国文学六十六分厘，矿物及名石识别六十四分厘，中国文学第二题四十四分厘，地质学（名石学）八十一分厘，矿物学九十分厘，矿学八十六分厘，试金术九十六分厘，试金实习九十七分厘，力学及发动机学八十分厘，计划聚图八十七分厘，铸铁学六十八分厘。

历期历年考试平均分数九十分三厘，毕业考试总平均分数八十一分五厘，平均得毕业分数八十六分厘。

二品衔署理江宁提学使司提学使陈伯陶，会同考试官候补道于德楙，江南实业学堂监督知州用候补知县王宗炎，监学兼教务长夏铭璞，监学兼斋务长马鸣谦，矿学正教员温秉仁，人伦道德经史国文教员晏孝纪。

右凭照给吴克颐收执。

宣统元年十一月初九日给凭。

总督部堂。

## 为倡办国民捐致护苏抚电

（宣统元年十一月二十三日）

苏州陆护院[①]鉴：

洪。直隶陈制台养电想已内到。天津商务总会倡办国民捐，期以三年偿还甲午、庚子两案赔款，愿力宏大，深可感佩。南洋商务繁盛，中外交通，与他处稍有不同。固应设法提倡，尤贵重、慎得宜。尊意如何办法，尚祈见示。现已分函宁藩司、商务局，并电沪道，一体移行商办矣。骏。漾。印。

### 附：陆钟琦为筹还国债复张人骏电

（宣统元年十一月二十四日）

南京督堂钧鉴：

洪。漾电敬悉。此次筹还国债，遐迩响应，出自商民爱国热诚，固宜因势利导，然提倡之中尤贵在审慎得宜，荩筹划之，曷胜钦仰。顷已分行司、道，传知各商会斟酌劝导。至天津商会所拟简章十九条，已电请陈督堂录示，此后一切布置，仍候钧酌随时训示遵行。钟琦叩。迥。印。

### 附：直督陈夔龙为创办国债致张人骏等督抚电

（宣统元年十一月二十二日）

南京、福州、杭州、荆州、成都、广东、太原转绥远城、西安、宁夏、伊犁各将军，盛京、南京、武昌、成都、福州、广东、云南各制台，盛京、吉林、黑龙江、苏州、安庆、济南、太原、开封、西安、迪化、杭州、南昌、长沙、桂林、贵阳各抚台鉴：

洪。承准军机处号电开：昨接崔藩司电，悉商务总会拟创办

① 陆钟琦。

国债，筹还赔款，并该藩司先捐廉三万两，各等因。足见我朝深仁厚泽，舆情爱戴，出于至诚。薄海闻风，皆当兴起。此电业经进呈。第思皇上轸念民艰，勤勤在抱，恐不忍以重大债款遍累商民。所请特颁谕旨之处，来便率请。惟是忠爱之谊，固由商民之感发，亦赖官吏之提倡，应由贵总督会商各直省将军、督抚详细斟酌，妥为劝导，但不得稍涉苛勒，致滋纷扰。俟办有头绪，再行请旨宣布，分别奖励等因。

直此案系由崔藩司在护督任内据天津商会之期，电达枢府，其文曰：据天津商务总会禀称，近来财政日见支绌，实缘赔款过巨，年限过长，利息过重，杂捐日出，流弊日滋，国计民生所关匪浅，亟应从速筹还。职会公同议决，拟合举国人民组织筹还国货会。以甲午、庚子两次赔款为定额，还期以三年为限制。各省闻风兴起，函电交驰，异常激励，争思早日观成。惟劝导之费，虽在国民，而提倡之方，尤赖政府。拟画奏请特颁谕旨，饬令各省将军、督抚分别提倡，等因。足见忠君爱国，万众一心。再四吁恳，据情上达。永安窃思此举于全国财政极有关系，特先捐廉三万两，借资提倡，群情更为踊跃。兹事体大，注重偿清赔款，关系尤非寻常，总期必成，方免过虑。可否据情代奏，应如何提倡，以底于成，理合陈请，伏候钧裁示遵云。现既承准前因，自应遵照办理。我朝恩泽之厚，薄海同钦，想一经提倡劝导，凡属践土食毛，自必闻风兴起。惟兹事体大，必须体察情形，审慎从事，以免官吏奉行不善之弊，而副朝廷宽大恤下之仁。素仰公忠在抱，筹画精详，希即查照枢电，详酌妥办。如有卓见，并恳先赐电示为祷。

至天津商会拟有简章十九条，据称各省已函电索取，容再钞咨冰案，以备查核。龙。养。印。

## 附:直督陈夔龙为筹办国债致张人骏等各省将军制台抚台电
(宣统元年十一月二十八日)

各省将军、制台、抚台鉴:

辰。筹办国债会一事,前已电达。计均邀览。连日准各省来电,催索简章。查此项简章,乃天津商会草案,并非定本。昨已咨送,兹先摘要电阅:一、组织。此会筹还赔款为宗旨;二、以甲午、庚子两次赔款为限;三、各省摊数以政府原定各省摊还之数为准;四、筹定后分三年归还;五、将三年分还本利数目详细列表,以便筹摊;六、由谘议局查照地方肥瘠情形分等均数列表,发交各属照摊;七、每人应摊若干以谘议局核定担任数目与地方人口数目比较,作为定位;八、贫民摊数自认,富民照本位数目摊认。贫民不足之数查明富民财产公酌筹补,不得逾财产百分之一;九、由会员中多举志士分路劝导;十、各项官、幕、弁、司摊数,由谘议局请督抚核定。十一、各埠华侨由各省公举代表前往报告,听便补助;十二、筹摊不足,请皇族贵胄分别筹补。十三、颁发徽章;十四、特别认摊,奏请优奖;十五、每人应摊本位自认,定日起三个月交款。富民财产公抽集各项补助,分三年交清。一起纳足者奖;十六、各属公推代表为会员,经理摊款,并由谘议局监收,办交省会银行;十七、省会全数认定后,呈请政府与各国商定归还;十八、会员不限额数;十九、会中经费由会员担任不动摊款,往返会议轮车、邮电等费请免。以上各节,该商会声明,谨举大略,请全国各省代表各抒所见,以便随时改定,等语。前咨到后,务祈尊处体察情形,妥为集议,如有异同之处,随时详细示知,以便公同商酌,再议实行。窃谓此举有关大局,最宜审慎,稍一操切疏忽,流弊不可胜言。枢电有未便率请谕旨之处,语间为老成远见,疆吏公应提倡,尤以遵照枢电,勿任稍涉纷扰为要。管见如斯,请勿宣布。仍乞赐教。龙。咸。

## 昨奉惠函并大著八种致缪荃荪函

（宣统元年十一月十六日）

筱山[①]老兄大人阁下：

昨奉惠函，并大著八种，领谢。暇当盥手雒诵，借增学识。韩生昨来见，朴实老成，无时辈叫嚣恣睢之气，自是绩学之士，将来志局大可借重也。另笺亦读悉，已严嘱巡警查察矣。肃此奉复，敬颂著安。

愚弟张人骏顿首。十一月十六日

## 为南洋劝业会陈列品送展致各省督抚电

（宣统元年十二月初五日）

各省制台、抚台鉴：

南洋劝业会，定期明年四月开幕，贵省出品，务于二月初十前运到，以便分配陈列，迟则赶办不及。祈转饬协会监督遵照，仍盼复。骏。微。

### 附：东督锡良为东三省送展品复张人骏电

（宣统元年十二月初八日）

江宁张制军鉴：

微电悉。承示。东三省出品，务于二月初十前运到南洋，以便分配。已分别咨饬一体遵照办理。良。庚。

---

① 缪荃荪（1844—1919），字炎之，又字筱珊或筱山。著名藏书家，目录学家。1903年奉张之洞之命赴日考察，1906年在南京主持江南图书馆建设，1907年任湖北存古学堂教务长，1909年任京师图书馆正监督，1914年任清史馆总纂。著有《艺风堂文集》。

## 为筹办上海自来水公司抄送片稿及合同事致农工商部咨文

（宣统元年十二月十二日）

钦差大臣、办理南洋通商事务、陆军部尚书、两江总督部堂张，为抄稿咨送事。

窃照上海北埠筹设自来水公司，以保主权而利民食一片，当经本大臣于宣统元年十一月二十二日专差附奏，相应抄稿并合同咨送，为此合咨贵部，请烦查照施行。须至咨者。右咨农工商部。

计咨送片稿一本、合同一扣、附件一。

### 附：两江总督张人骏为在上海闸北筹办自来水接管再筹设公司事片

（宣统元年十一月）

再，上海通商日久，华洋辐辏。北市地方自开商埠，以便华商兴业。该处三面紧与公共租界毗连，外人久欲侵占。近年市面日渐繁盛，汲水不便，租界内英商自来水公司餂诱居民，竟将水管接装华界。若不设法自办，无论已装之水管难以撤回，更恐愈推愈广，水管接到之区，即启外人干涉之渐。现值驻沪各国领事要求推广租界之际，方借口于闸北一带浊水积秽有碍卫生，当经饬令江海关道蔡乃煌设法通筹估办。随据该道会同上海巡警总局及绅董等查明，该处居民共七千二十五户，已接有英厂水管者计二千五百户。现拟先设水公司，一面集股筹办厂机，一面先与英商水公司订立合同接管购水。约需工料银十万两。请在商部存款项下拨银五万两，常年六厘计息；另由道担借商款五万两，由公司一并具领，作为借款先办接管。仍由绅董等设法劝集股分，为设厂购机自立地步，其借款约以半年内外在商股项下筹还。设招股未能足数，即以所收余利分作十年归清，详请奏咨前来。

臣查上海北市前因外人展筑马路，稍事通融，已萌觊觎。乃华界居户向英厂私接水管，频年以来，亦竟莫为觉察，事后补苴，原非易易。为今之计，惟有先将接管一事改由官办，仍饬沪道，务将前已接用英厂水管各户一律设法收回，徐图设厂自办。至所请拨借商部存款并利息，可否援照自来水公司常年六厘计算，合无仰恳天恩，敕部通融照准，俾得及早兴工，以保主权而利民食。除将该公司与英公司议订《接管合同》抄录咨明外务部、农工商部、度支部查照立案外，谨附片具陈，伏乞圣鉴训示。谨奏。

宣统元年十二月十四日奉朱批：该部议奏。钦此。

## 附：接管合同

第一条、华公司系商人集股兴办，为完全商办性质，与官府无涉。

第二条、从苏州河新闸桥北首上海、宝山两县地界，凡中国巡警局所辖之地，除以前已由英公司装管售水者暂行不计外，其余大小马路、街巷概由华公司自设水管，在于新闸桥接通英公司水管，装设水表，查照用水数目给价。以后英公司不得在华界添装大小各种水管。

第三条、新闸桥上所用接通之熟铁管，系用十六寸英尺口径，其工料俱由华分司自备。

第四条、总水表两个，安设在新闸桥北及横浜桥口，由英公司置备，须经华公司所聘之工程师考验准后，一无弊病方可设用。以后按月查验用水数目，须两公司工程师共同量验，两公司签字为凭。

第五条、华公司购用英公司之水，按月量表结算，每千加伦付水价　角。

第六条、英公司所设之总水表，经华公司工程师验准后，如逐月两公司工程师量表时,或有多少不合之处,应由两公司各举公正一人评议,务期平允。

第七条、华公司在闸北巡警局所辖之地,自备大小水管、龙头,逐段安设,系华公司完全主权,英公司不得干涉。

第八条、华公司在自设水管之处售水,所有售水章程及收入水价,亦系华公司完全主权,英公司不得干涉。

第九条、华公司应付英公司水价,按照西历月底结清,不得拖欠。

第十条、开办之初,每月用水若干尚无把握,如以后每月水价增至三千元以上,公议酌减。

第十一条、此合同从宣统　年　月　日,西历一九零九年　月　号起,订定三年为期。合同期内除第九条外,余俱不得更改。

第十二条、自订合同之后,如英公司无故停止华界用水一日,应照华公司每月应付英公司水价加十倍赔罚。如因水厂有事,是租界亦无水用,不在此条之内。

第十三条、两公司订立合同,原系商务,如有地方交涉或国际交涉,英公司照常与租界一律出水,不得听西官之命停止出水。如违此条章程,即照第十二条中一律赔贷。

第十四条、此项合同请担文律师作公正人,华洋各一,仍以华文为凭,两公司各执一份。

## 为纳税多额议员选举事札藩司樊增祥

(宣统元年十二月二十二日)

宣统元年十月初三日,承准资政院咨,本院会奏资政院议员选举章程一折,奉旨:着依议,钦此。业经印刷原奏清单,咨行在案。查章程内开:纳税多额议员每届互选由资政院于前一年九月内行知各省督抚,查照本章程举行互选事宜,等因。查宣统二年系属互选年份,兹届行知之期，相应咨行札司，移行查照办理，毋违。又奉督部堂张函开：资政院饬各省选举纳税多额之议员，早经据咨并印发原章行知冰案。院章以宣统二年二月初一日为省城举行互选之期，执事为互选监督，照章会同商务总会办理，应请查照迅即遴选管理员详院加札，克日开办。以商务局为办事处，此事尚有紧要情节，必须宁、苏协商定议。刻已电致，抄奉察览候复外，抄电一件。

## 又　札

照得各省互选纳税多额之资政院议员事宜，准抚部院电商会衔电请资政院核示。当经本部堂主稿会衔电咨，已准资政院电复，应将往来电文抄发遵办。计抄往来电文，各等因。奉此，先经分移商务局、商务总会查照。兹奉商定宁、苏合选，届期由两藩司会同商务总会，齐集江宁，监督互选，亟应移行遵办。查中国税法尚未普遍划一，自应酌造办理。现拟田赋等项正杂税以申契册籍为断，货物厘税等捐以本省人纳于本省为断，地方公益捐以在官有案、常年捐纳者为断。应即抄录章程及来往电文，通饬各府厅州县，各将本属富户择其税额较多之人，查照资政院章程合格者，每州县举报三人，将姓名、年岁、籍贯、纳税类别及年额暨住址，分为五项，逐一注明，造具清册，限以宣统二年正月初五日以前，专差赍送本办事处，以凭汇核会商。贵司比较税额最多者，选取二十人电调赴省监督互选，并先行详晰电饬遵办。查有候补直隶州陈彭瑞、在籍绅士自治局课员候选县丞卢重庆，堪以派充管理员，应请两院加札派委。其苏属应否再派管理员一同办理，应由贵司遵选详派。除详报移行外，合就移会贵司，请烦查照施行。计移章程、电文共一纸。

## 汇文书院毕业典礼致词

（宣统元年）

今日为汇文书院肄业诸生毕业之期，本大臣以院长包文之请，来此观礼。维包院长以宗教劝人为善之心,实行其讲学育才之愿。诸生之形式秩序亦即彬雅可观,是知平日所授各科学必非无据。日后各依程度再能企及于专门,自当蔚为国器。至励品敦行有以增名誉,为书院光,则尤本大臣所厚望焉!

# 宣统二年庚戌(1910)

## 为提倡保国会筹还赔款事致各省督抚电

（宣统二年正月十二日）

各省制台、抚台鉴：

申。提倡保国会筹还赔款一案，东南各省同是尊亲，踵起相属。窃有应筹计者数端：

一、新旧赔款，原订期限诚苦长而息重。今欲以缩短为减轻，各国执原约为言，能否俞允尚不可知。在我一国之财政，亦低此数，缓之亦以纾民，力赶于三年内偿清，以日本两共八万八千余万计，加三年息约十万万，以上每年应摊三万三千四万，较现时每年额摊本系四千五万几增十倍。查各省余款赴沪，因限于现银无多，皆由商号以一纸汇划上海。就现时摊数，每届赔款提银，市面已为吃紧，即如汉口、天津、广州等著名商埠，偶值商号倒出数百万，商界即形震动。循此类推，他埠可知，内地市镇更可想见。财政困难之实骇如是，又重益之全国同受未缚财权尽归外人掌握，恐势有必至耳！

二、此项赔款，原派十九省分筹，今将十万万三年内亦照原派省分匀摊，东南财赋之区，挖肉补疮，已难着手。西北各省，地处穷瘠，筹措更属万难。盖递年物产所出，既非骤增，而欲并数十年之用，取给于三年，此必不及之数也。

三、当兹纸币通行，纯视银铸为根据。辇输外邦，则信用全无，农工商业之机关，必因以俱敝，通市不能无款。尔时洋行之财权全重，华商之资本愈短。两项国债年息不过四厘五毫，若银行承息按年计算,多五六七八厘不等,罄财以偿轻息之债,翻令商民息借重利之款,一转移间,所损实多。万一彼族以乘虚为制我,为患更将不堪设想。查普法之役,法人一鼓偿清赔款,环球震惊。厥后欧洲金融恐慌,普受挤而法安然,尤为世界艳称。其办理全恃七年不换纸币。是在币制画一、本位坚牢之国,尚可侥幸成功,究属行险之举。我朝深仁厚泽,比者国债之议,发之自下,民先之机,千载一时之会。

鄙意宜因之为振兴实业、整顿国币之要用,不宜举作清偿外债之名义。良以款巨任重,列强环伺,脱竟集无成效,尤虑收束为难。除复请北洋核办外,合电达查照。人骏。真。

## 附:直督陈夔龙为国债事致张人骏等各省督抚电
（宣统元年十二月二十八日）

将军、制台、抚台鉴:

洪。筹还国债一事,前经分饬司道谕知,天津商务总会妥为集议,兹据该会总理王贤宾等禀称,窃惟津埠前拟简章,不过为此事小引,声明由国民各抒所见。现接到意见书甚多,均经保存,俟开大会之时如数印出,以便研究。惟津埠一隅之地,机关未备,呼应不灵,已商同东约同乡、京官刘丞彭年,刘太史嘉琛,华太史俊声,李太史士铃诸公,到会商办进行办法,拟由刘右丞等赴京邀集直隶同乡,分途联络各省京官,在京组织筹还国债总会,各行省均设支会,各省京官即各省巨绅,人望既重,呼应自灵。京师总会既开,再由支会各举代表赴京开全体大会,然后讨论章程,期能推行等情。查筹还国债,普救国民,本不专属商界。一方面该总会所禀改由各省京官组织筹办,较有秩序,自应准行。所有该会前呈草案,统应俟各省京官核议妥洽,再行从长计议,以昭慎重。除电达枢府外,特以奉闻。龙。沁。

### 附：锡良程德全为筹还国债事复张人骏电

（宣统二年正月十二日）

江宁张安帅鉴：

洪。真电敬悉。筹还国债，言易行难。卓论鸿议，钦佩无已。良、全。文。

## 会同朱家宝为收回铜官山矿质应与收回东沙岛一案事同一律致外务部电

（宣统二年正月十四日）

申。密。十三日电敬悉。奉微电后，赶即督同速筹押款，一面遵向大清银行息借四十万，以应急需，刻尚未接电复。后悉银行张监督[1]由沪赴苏，本日又续电催商，一俟成议，应即驰电肃闻。惟此次款巨期迫，而皖库又属困难万状，壹是敬恳垂谅，并希俯赐维持，是所至祷。

再，昨奉钧咨奏稿，内开铜官山矿地及一切机器房屋，均交还中国等语，是上年十月英使照会所称矿质二万吨，自一并在应交之列。粤省前向日商伊[西]泽收回东沙岛一案，其中矿质查系备交。皖案既属购回，事同一律，可否先向英使将此节声明，以昭平允。敬候酌裁。人骏、家宝同肃。寒。

## 为上年江北水灾由盐商捐款拨钱事致盛宣怀电

（宣统二年正月十六日）

扬属沙洲振款，前拟由盐商捐款拨钱二万串，现尚未拨解交。已饬淮运司转催，俟解到即饬局拨发。至上年江北水灾由官借款购米平粜，奏准免纳税厘；若绅民自办粜米，尚无准予概免厘税。且该绅李培桢等请由何处给照，亦未声明，所拟购五万石能否免纳，容饬各

---

① 即大清银行监督、张人骏长子张允言。

关道厘局议复,再行酌夺知照。

又,扬属沙洲既拨平粜钱二万串,镇属沙洲亦拨振银一千二百两,似足以示体恤。现在海属春振孔亟,需款浩繁,实无余款可以拨济洲民。查王道庆甲、徐大使家树,捐款系专振扬、镇、沙洲贫民之用,敝处已为之奏奖。应请尊处将前项捐款,酌拨济助为祷。

### 附:盛宣怀为留养急振款不足致张人骏电

(宣统二年正月十五日)

顷接扬州绅董李培桢、萧之华电称,去岁底接奉电咨,藩宪转札准运司就近拨盐商捐款二万串开办平粜,现在洲民待哺嗷嗷,运款未发,乞速电催。刻下米价腾贵,请电咨督宪札饬各关卡,凡平粜之米经过,一概免税,验照放行。购米之区,如芜湖及杨属里下河等处,择廉而办约五万石;徒江两邑,共设平粜九局,合并声明。客冬,洲振查毕,共放四万五千串,尚有江邑十数洲未放,因款绌中止。仍恳格外垂怜,筹拨万串补放为感。华刻往海州查振,惟留养、急振款尚不足,恳恩筹助,等语。乞卓裁示复。

## 为南洋劝业会省馆陈列事致各省督抚电

(宣统二年正月二十四日)

制台、抚台鉴:

南洋奏办劝业会,实系仿照各国国内博览会办法,会场虽设南洋,全赖贵省倡持之力,始克进行。务祈鼎力饬催,并速派贵处协会熟络陈列人员,与出品委员克日来宁筹办别馆内陈列入事宜,并制备厨架等件安置出品,以期安洽,而免迟误。除分电闻,谨电奏闻。骏。敬。

## 为海州赈银事致盛宣怀电

（宣统二年正月二十四日）

据海州官绅电禀称，海属春振将查毕，粜粮亦发售，饥民可免饿殍。最苦者下等农户，振粜所不及，人无食粮、牛无食草，卖田无受主，卖牛无可耕，困厄情形，等于灾黎。查丙午盛宫保创办当地法，保全甚众。由下农户邀乡董担保，以田房契存局抵押息，借钱若干，期至麦熟、稻熟后，本息归还。桃源等县办有成效，还本息时分文不欠。拟请电咨盛宫保，官、义合振，筹银二十万两，义绅任放借款，印官任收还款。仿淮北当铺，利二分半起息，如得息轻，中户争借，俟还款时能依限归偿，再让利一分半，以实收一分作局用开支。此举于公款毫无所损，于下农受惠无穷，等情。查所陈下农贫苦情形，深堪矜悯，当押地契贷给资本，询属济贫善策。惟江南财政支绌，此次办理振粜，已形竭蹶，恐一时难筹巨款。拟请尊处会商义绅，如能筹足二十万两最善，否则约可筹集若干，再凑官款若干，尚乞赐示，以便商同司道酌办饬遵，为祷。

### 附：盛宣怀为海州请办当地局事复张人骏电

（宣统二年正月二十六日）

海州请办当地局，系救贫良策，前年桃源试办，居然全数归还。此皆典史黄国梓之功，现已保升知县。尊意拟筹款二十万，如果得人，不致亏短。最好移办工之款先行借贷，于公无损，于民有益。如欲上海垫款，请电饬沪道、商会会同筹办。因此未经劝办义赈，第一人殊难提倡。

## 为刘承干捐振银事复盛宣怀电

（宣统二年正月二十八日）

刘承干前捐海州工振银一万八千两，未缴官绅收绅用，难昭核实,是以敝处未允奏奖。此款既不由官收放,似亦难汇案奏销。

## 将通志局并入图书馆札

(宣统二年正月二十八日)

现由会议厅公同议决,将通志局并入图书馆,即以该馆归其兼管,一面裁汰冗员,即可通融办理,又可节省杂费。应委通志局总办张道彬兼管图书馆事,所有局管大小事,均归该总办一人主持,以专则责长,但不再加薪水,以节公款。

### 附:柳诒征等禀图书馆碍难改并通志局详江督文

(宣统二年二月)

本年正月二十八日,奉饬并局所,并摘发册议通饬遵办一案,内开江楚编译局再经奏明改为江苏通志局,俟奉旨后另行议办图书馆,专为庋藏书籍而设,别无他事,似可附属通志局兼管,以免岐立,应由司会商书局另议复夺。伏思图书馆永久建立之馆也,与通志局为修志而暂设之局,其性质各殊。通志告成,即无所事;志局一撤,馆又谁归?就两事以推求其建立之本意,既久、暂不同;论办理之方针,自功能各别。管理群书与撰述一书,组织员司,辨别职掌,宜令分功而治,使各得其所安。学部固有编书之专局,而此次经营图书一馆,即不以之附入,亦以事体互殊耳。此所馆碍难改并志局之情形也。

## 会同朱家宝为铜官山矿案津贴贷款难复外务部电

(宣统二年正月二十九日)

申。二十七日电敬悉。矿案津贴,前遵电向银行监督张京卿息借,嗣接复电,嘱由芜湖分行接洽。随据芜行称,该行局面较紧,仅允借二十万两,限一年归还。当与沈藩司熟商,贴款约四十万,刻只得半数,下余二十万。皖库奇绌,委实无从筹措,且还期过促,亦难设法周转。拟仍由总行全贷,分期归还。已续电张京卿商借,尚未得复,务恳大部鼎力维持为祷。人骏、家宝同肃。艳。

### 附:外务部为铜官山矿案津贴事致张人骏朱家宝电

(宣统二年正月二十七日)

申。矿案津贴事,寒电悉。此事又愈两星期矣,英使屡经催问,万难再延。现张监督已回沪,尊处筹备此款,应有成议。希速电复为盼。

### 附:圣谕张人骏朱家宝应照数筹拨铜官山矿案津贴以免外人借口

(宣统二年二月二十一日)

谕军机大臣等:电寄张人骏等,外务部代奏张人骏、朱家宝电,筹还铜官山矿案津贴,数日内恐未能筹清等语。此事前经外务部奏准,系属应由该省筹还之款。张人骏等身任地方,责无旁贷,即应照数筹拨,以免外人借口。所有议定矿案津贴银五万二千磅,着于本月二十五日以前,即按照所拟,于司库内先行垫借汇沪,由沪大清银行交麦加利银行电汇英伦,毋稍稽迟。倘再借词推诿,有误期限,致于交涉有碍,即惟张人骏等是问。至收回矿产各节,著外务部知照英使,迅速收回,以清积案。钦此。

## 宁属二十州县本年即可开办选举事致民政部电

(宣统二年二月初一日)

民政部钧鉴:两艳电敬悉。核定地方自治区域一事,前准大咨,业经通行遵办,先以设立筹备公所为提纲挈领之地。截至上年十二月底止,宁属禀报设立者,已及二十州县。其办理较速之处,本年即可开办选举。仍当随时饬属切实进行,以期无误定限。谨复。人骏。东。

## 为海州救灾事宜致东督锡良巡抚程德全电

(宣统二年二月初四日)

制台、抚台鉴:

海州上年被灾甚重,今春粮草缺乏,民情异常艰苦,虽办理赈粜,但官运之粮究属无多,不足以资周转,惟有广招商贩,源源运往,庶可接济。尚祈电饬奉天、营口、牛庄,及沿江、沿海各州县,晓谕各粮行、商贩,赶紧多运粮草,前赴海州售卖,以救荒歉。如能速到,当饬本地行、店少取行用。在商人既可获利,而海属得济民仓,一举两便,无任感祷。盼复。骏。支。

### 附:东督锡良巡抚程德全为海州赈灾复张人骏电

(宣统二年二月初八日)

江宁张制台鉴:

支电敬悉。海州因灾缺粮,已饬各属出示,广招商贩,多运粮石前往售卖矣。良、全。庚。

## 为日领意在借口展拓芜湖租界事致外务部电

(宣统二年二月初五日)

冬电敬悉。查长江各口岸,芜湖租界定章最为周密。本案日领意在借口展拓,即以弋矶山之地论,英商既以可用而议租,何独不合于日商?允和记,则日商起而坚要,芜埠租地范围,势必因之而溃,鄙意所以坚持者在此。准电前因,应即会商皖抚妥筹对付,尚求俯赐主持为祷。如何之处,尤盼示遵。人骏。支。

### 附:外部致张人骏朱家宝芜湖租界事可由芜道答复日领电

(宣统二年二月十八日)

阳电悉。芜湖租界事,日使并未来言。以与英商交涉之件转借以限制日商，该日商既不愿于界内承租，由日领函请另择形胜之地，正可由芜道以界内别无形胜，界外断难允租之词，径行切实答复日领，无庸由本部往告日使。希饬速筹办结电复。外务部。

## 在香港大学建校奠基礼上的训词（魏瀚代）

（宣统二年二月初六日）

江、粤两督极喜值理诸君与两粤人合力创设一大学堂，在中国南之香港。今日如新播一种子，翌日萌芽、成树、开花结果，有善无恶，香港与中国咸受其益。观地图形势，香港乃中国之一段，然一段既佳，自能遍及全体。……因此之故，是以香港之有大学堂，为中国人所喜也。如此一益智之树，可以采取其叶，互相递传，遍及中国南省，使有志无力之少年，有地求学。便未开通之人，知学问为强国之要端，亦为人生进境之第一着力之处也。香港之设大学堂，愿其规模日增，他日造福于香港及中国。

## 为南洋劝业会陈列事致各省督抚电

（宣统二年二月初八日）

制台、抚台鉴：

南洋劝业会开幕限期已迫，陈列装饰极速，非四旬不办。贵省购品祈转饬早运，将前送之出品目录书，即速填就先寄，并速派出品委员三四人来宁，会同筹备厨架陈列等事。至运办所用印花如未寄到，即希饬用协会封条亦可，起运确期，祈先电示，以便转饬招待。盼复。骏。阳。

### 附：东督锡良为南洋劝业会陈列事复张人骏电

（宣统二年二月初九日）

张制台鉴：

阳电敬悉。东三省业经派员二人驻宁，监修别馆，筹备一切。拟于展览闭会后,陆续派员起运品物。惟舟车运费减半办法,请先示覆,以便饬遵办理。盼复。良。佳。

## 为南洋劝业会赛品运费事致东督锡良电

(宣统二年二月十四日)

锡制台鉴:

佳电敬悉。各省赛品轮路运费减半办法,已电请邮传部核定,通俾资遵守。谨覆。骏。元。

### 附:东督锡良为三省出品运费减半致张人骏电

(宣统二年三月二十一日)

南京张安帅鉴:

洪。三省出品,专口起运,惟轮船铁路运费减半章程未悉,曾否由邮部核定宣布?据沿途各站均称,未奉部章,碍难遵办。祈由尊处迅电邮部分饬各站埠查照办理,以利遄遄,并祈示复。良。廿一。

## 批上海城根房产业户禀

(宣统二年二月初九日)

此案现准江南提督来咨,业经札司,会同上海道并案核明,妥议详夺在案。据禀前情,仰苏藩司遵照,另檄办理。禀抄发。二月初九日。

## 为上海城根房产业户禀札苏州藩司文

(宣统二年二月初九日)

为札饬事。

准江南提督军门刘咨(中略)。等因到本部堂。准此,查此案前据上海县具禀,当以该县自大东门至老北门一带坍塌房屋,现拟纠集公司，改建新式楼房，并修路、浚河，系为振兴市面、求合卫生起见，所订章程是否妥协，批饬苏藩司移会上海道，查明妥议，详复饬遵。在案，兹准前因，究竟上海县前禀绅商设立公司之事，应否作废？租户何琛等所称组织公会自行改良，是否可行？应由苏州藩司会同上海道并案核明，妥议详夺。除咨复外，合就札饬，札到该司，即使遵照办理。

## 附：上海城根房产业户为奸商攘夺租产公叩恩赐维持保全血本事禀

（宣统二年二月二十一日）

各业户上各宪禀。

上海城根房产业户，职商何琛、邵仁恭、邵炎之、李万甫、陈林、陈凤翔，长生善会徐敬熙、陆连生、卫三余、陈如林、高德宝、陈基昌、陆连贵、周鹤林、张洪槐等禀。

为奸商攘夺租产，公叩恩赐维持，保全血本事。

窃上海沿城护河之内，自驳岸以达城根四周之地，向系提右营主政。昔以芜秽不治，往往任流丐、游民杂居。其地自咸、同以来，法国辟租界于东北城之外，市面日盛，巡警日多，益将宵小驱而至此。盖该华洋之界，仅一衣带水耳，雷池一步越之甚易。曩为地方治安计，乃将其地招租建屋，借以兴市面而除匪类。于是闻风响应，相率偕来。或为慈善计，建屋设赊材会者有之；或为公益计，建屋立公所者有之；或以栖身无地，盖矮屋以避风霜者亦有之。舍此之外，大半挟巨资而来，建屋招租，以权子母。其中，在一二年内承租者，十居七八。但当时格于禁例，不准建高大楼房，故外观不甚壮丽。近幸稍稍变通，各业户已渐改建，借与租界抗衡，惟不能一律同时并建耳。溯自各业户承租以来，历年凭串缴租，相安无事。讵获利尚未可必，而攘夺者已踵其后。风闻有奸商勾串洋人，暗中入款，借河身淤塞、道路污秽、为外人讪笑为词，蒙禀各宪，借设公司之名目，作一网打尽之计。若不据实揭陈，何以保营中主权，而全职商血本？爰集承租各业户组织公会，名曰“上海城根保产公会”，公举正绅为会董，总理会务。营中与业户自当仍循向章办理，毋存异见，亟应互相规画，以期改良，而保权利。至道路之崎岖、城河之污秽，虽系地方行政上之事业，然与该处房屋亦关厉害，业户等有应尽之义务。拟由公会酌提房租，专款存储，以备浚河、修路经费之补助，庶几公私两无遗憾。除俟公会拟章呈请备案外，曾将报办情形暨奸商攘夺狡谋，已于上年十二月二十四日会禀右营易署备[1]，未蒙转禀批示。合亟抄录全案，联名禀陈，环求大宪大人用赐保全，迅予咨请督抚宪，并照会上海道饬县遵照，毋须另立公司以免骚扰而顺舆情。伏乞批示。曷胜迫切待命之至。

## 附：江南提督刘华轩批

（宣统二年正月二十一日）

该职商何琛等禀，系属顾全大局起见，应准所请。除转咨督抚院，并照会上海道檄县外，仰即遵照。此批。正月二十一日。

## 附：上海道蔡乃煌批

（宣统二年二月十一日）

查县呈简章，拟招股设立公司，改建城根房屋及筑岸、铺路、浚河、造桥，无非为振兴市面、求合卫生起见。兹各租户组织保产公会，愿提房租储备浚河、修路之补助。一因一创，尚无不合。所禀有无别情，候照会总工程局会同自治各董，秉公妥议，禀复察夺。二月十一日。

---

① 即提标右营守备易素。

## 会同锡良陈夔龙等为盐政改革联衔致各省督抚电

（宣统二年二月二十四日）

各省制台、抚台鉴：

辰。昨会列台衔，电请军机处代奏。文曰：窃查督办盐务大臣奏定章程第十条，关、栈、局、所总办，由督办盐政大臣遴选京外合格人员分别奏咨派充；又，第十九条，运司、盐道未经到任，或本任运司、盐道调异地他缺，应行派员署理者，由盐政大臣会咨该省督抚奏明派署。又，二十一条，运司、盐道以下分发到省各项班次人员，由该管运司、盐道加具切实考语，择尤预保。偶有缺出，由督办盐政大臣分别奏咨，酌量补用。第二十四条，凡运司、盐道年终密考，应由该省督抚先期密咨督办盐政大臣核定，由督办盐政大臣会该督抚衔具奏。运司、盐道大计及盐务各员大计，甄别应举、应劾，由该省督抚咨明督办盐政大臣核定，由督办盐政大臣会该督抚具奏。第三十九条，各省盐务，无论新旧、正杂一切款项，应由运司、盐道及经管盐务之各总局，详请督办盐政大臣核明咨报度支部准拨，外省不得擅动，等因。遵查，运司、盐道，及盐局总办，既有事故需员署理拨充，势必不容延缓。如由督办盐政大臣奏咨派署委充，邻近各省已难朝发夕至。其在边远省份，履任尤必需时，窃恐旷日持久贻误滋多。盐属各员，向系按班序补录，最为公允，会以预保之员，酌量补用，其未经列保者，终身无补、署之望，未免向隅。至如云南提举一官，由知州、通判升补，寻常委署，尤不拘盐职，由经司道就通省各员反复精选，尚难称职。兹仅责盐道，就到省盐职，加考补用，更难收因地择人之效。其各省司道等官，年终密考系由督抚亲奏缮呈，何等慎重。若专将运司、盐道咨由督办盐政大臣核定会奏，既不足以昭划一，且所谓密考者，专备恭呈御览，如彼此事先商酌，再行核定，尚复何密之有？运司、盐道大计，及盐务各官大计甄别，原与年终密考情事相类似，应仍由督抚一并就近考察举劾，较为核实。至盐务新旧正杂款项，当此清理财政之时,外省自不得擅动,然遇有紧急之需,亦不得不先行酌拨,俾免贻误。其在受协省份接济未到往挪,东补西边,倘需要,无论何款,先行凑拨,止能于年终奏销划清。若非特别动支,亦难随时咨报。良等但期盐纲有盈,决不敢稍参私意于其间。惟详查情形,于用人、行政诸端不无窒碍,难行之处,督办大臣公忠体国,中外交推,当议章之时,因期认真整顿,兴利除弊,第于各省情形,或未深悉,良等忝膺疆寄,既有见及此,若竟缄默不言,特恐将来弗利推行,诸多贻误,未免失内外相维之意。兹经往返电商,意见相同,所有督办盐政大臣原奏章程,宜如何酌量变通,以资遵守之处,应请旨敕下会议政务处详察核议施行。再,盐务纠纷,各省情形不一。兹谨略举大纲,其余详情应由各省随时分析具奏,合并参酌。谨请代奏。锡良、陈夔龙、张人骏、赵尔巽、袁树勋、李经羲、程德全、孙宝琦、丁宝铨、增韫同叩。养。等语。龙。养。漾。

## 附:直督陈夔龙就盐政改革致张人骏等各省督抚电

（宣统二年二月二十五日）

各制台、抚台鉴:

洪。联衔电奏,昨钦奉谕旨,由军机处分电饬遵,计已达览。各省情形不同,希随时与督办大臣商酌办理可也。龙。有。

## 附:川督赵尔巽为盐政改革致张人骏等各省督抚电

（宣统二年三月初六日）

各制台鉴:

督办盐政处来电,尊处如何办法,祈示。巽。豪。

## 附:东督锡良为新定盐务章程窒碍甚多致张人骏等各省督抚电

（宣统二年三月初十日）

各省制台、抚台鉴:

辰。新定盐务章程,窒碍甚多,关系甚大,先后准次帅、仲帅、筱帅电商,鄙意仍以联衔为妥。兹拟电奏稿一件,文曰:窃良等(录京电奏)。谨请代奏。等语。尊见如以为然,请即电复,以便会奏。如有谬误,及应行增改之处,诸乞裁示遵办,并祈速复。良、全。卦。

## 为欧洲游学生监督经费事致各省督抚电

（宣统二年二月二十九日）

各省制台、抚台鉴:

欧洲游学生监督经费,贵省认筹之款,向系汇宁汇寄。嗣准学部咨开,奏定分派五处监督,自应匀均拨给,每处每年计银七千六百两,仍由原认省份按照原解数目分为五份,径汇欧洲,以省周转而应急需,等语。自应遵办。所有本年上学期欧洲监督处经费,请由尊处分别径汇,以免周折。盼复。骏。艳。

## 为实无余款可拨致盛宣怀电

（宣统二年三月初五日）

海州当地事,承公与蔡道筹垫约有八万五千金,良深感荷,请饬解司财政局,转解海州开办。沪道既系挪借库款,容饬财政局移复声明,将来事竣照本归还。并饬派黄令国梓前往,会同州绅黄道传等妥为办理。实短一万五千两,仍请催令商会赶紧劝集续解。许绅本请再借公款十万,惟库帑奇绌,迭办振粜,已形竭蹶。此时实无余款可拨,只可先尽已集之款举办,随时酌度再议。并闻。

## 为长沙民乱致军机处请代奏电

(宣统二年三月初七日)

顷接鄂来电,长沙饥民因米贵滋扰,痞徒从中煽惑,焚署辱官,大清银行及学堂、警局、教堂均遭波及;今日午后,长沙电复不通,谣言蜂起,亟应密加防御等语。查湘省饥民滋事,人骏先有所闻,正在查访筹备。现电情形,更为危迫。长江一带,向多伏莽,商埠林立,尤恐外人轻信谣言,借口派船保护。亟应多派兵轮,相机防护梭巡。相应请旨饬敕下海军处,速派大号兵轮数艘,多配炮码,刻日前进,飞速到防,归人骏节制调遣;并由人骏委员驰往探查,及分别调营严加防范外,谨请代奏。人骏。虞。

### 附:湖南巡抚岑春煊为长沙饥民烧毁抚署教堂事致张人骏等督抚电

(宣统二年三月初六日)

盛京、天津、南京、广东、福州、云南、兰州、成都制台,黑龙江、吉林、新疆、开封、陕西、太原、南昌、安庆、苏州、杭州、桂林、济南、贵阳抚台鉴:

洪。湘省上年澧州一带被水成灾,长、衡等处亦间受旱。年来商贩运米出境甚多,米价渐昂,业经奏准禁运。惟照约须出示二十一日后始为实禁之期,愚民不谙约章,痞徒从而煽惑,以致聚众滋闹,不服开导,并胆敢用洋油焚烧抚署堂屋,教堂、学堂亦被焚毁数处。当经官兵协力弹压解散,领事、教士均已保护避开。现正赶办平粜,严拿首要。街市照常贸易,尚称安谧。诚恐谣传误会,特电闻,用纾系念。岑春煊。鱼。

## 附:军机处为长沙民乱复张人骏电旨

（宣统二年三月初八日）

奉旨:张人骏电奏,湘省饥民滋事,长江一带请派兵轮相机保护等语。著海军处速为酌派兵轮,多配炮码,刻日驰往长江一带,归张人骏暂行调遣。钦此。

军机大臣署名:臣奕、臣世、臣鹿(假)、臣那、臣吴。

## 附:军机处为免派兵轮发张人骏电

（宣统二年三月初九日）

奉旨:张人骏电奏,湘省饥民解散,人心差定,请免派拨兵轮等语。海军处知道。钦此。

枢。青。

## 在江苏谘议局第二届第一年度临时会开会式上的训词

（宣统二年三月初九日上午）

今日为江苏谘议局临时会开会之期,此会由正、副议长暨驻局诸君同意发起。发起之意,以为上年所提出之议案,其间多有改良旧制,有必须由局复议方能解决者。若必照章俟至九月开常年会时再行提议,既碍于宪政之进行,又不塞四方之观听。是以合力组织,倡新盛举。本部堂深佩诸君子之热心公益,是以不待再计,亟为赞成。所愿诸君子于提议之余,熟察社会之程度,曲体困难之情形,言期可行,因势利导,以蕲达夫之目的。苟绝无扞格,本部堂督策施行,亦当惟力是视。总期官民一心,目臻上理,俾江苏议会之成绩与宪政之效果,灿然可观。此鄙人区区之诚,愿于开会之始披露胸臆,以为本届开幕之祝焉。

## 附:江苏谘议局请开临时会禀张人骏程德全文

（宣统二年正月二十四日）

江苏谘议局议长张謇,副议长蒋炳章、仇继恒。常驻议员(略)为呈请事。

查谘议局章程第三十三条内开,“临时会以常年会期以外,遇有紧要事件,经督抚之命令或议员三分之一以上之陈请,或议长、副议长及常驻议员之联名陈请,均得召集,其会期以二十日为事”等语。窃上届常年会期内,因未奉宪政编查馆闭会后不得复议之电,本局既未于会期以内多留专待复议之期日,督抚部堂亦未于会期以内迅将交令复议事件札行本局。本局议案悉系紧要事件,计呈报议决案四十六件,公布施行者仅有五件,余有交复议者,且有并未交复议者。朝廷督促宪政计日而期,议员坐糜公费,抚心而愧。用敢遵章用召集临时会之第三条件,择定本年三月初九日为临时会开会之期。请督部堂、抚部院即日通电各属,于三月初八日以前令议员到局齐集,以重议会要政。

又,查局章第三十四条,内开“召集开会,应于三十日以前由议长将本届开会应议事件预行通知各议员”。本局遵章应于二月初九日以前由议长通知本届临时会应议事件,理合呈请督部堂、抚部院鉴核。一面发电召集,一面并将电文于二月初一日以前札行到局,俾得预备一切。

为此,合词呈请督部堂、抚部院迅予施行,须至呈者。

## 请求会衔致东督锡良电

（宣统二年三月十四日）

锡制台鉴:

申。卦电悉。具征语,担斤两,裨益盐纲,实非浅鲜。敬请会挈同敝衔会奏。人骏。文。

### 附:锡良程德全为会奏电稿今晨译发致张人骏等督抚电

（宣统二年三月十五日）

天津陈制台、南京张制台、广州袁制台、成都赵制台、云南李制台、太原丁抚台、杭州增抚台:

辰。会奏电稿,今晨译发。文曰:窃锡良……云云。同叩。咸。等语。请查照。良、全。咸。

## 为限制芜湖大宗米粮运购致东督锡良直督陈夔龙电

（宣统二年三月十五日）

锡制台、天津陈制台鉴:

洪。据芜湖李道清芬元电称,查芜埠存米约十余万石,内地不容外出,米源甚少,载运出口,日必三四千石。各处又纷来采买,价固骤涨,人心惶急。连日与商会计议,佥谓芜湖从前缺米,曾禁载装,拟请照旧办理,一俟新麦登场,米价平减,再行弛禁。至奏办军米,若复大宗购运,价仍难平,且恐影射夹带,并乞电商直、东督宪核定。现需米数陆续采办,庶于军需民食两无缺误,等情。合电请查照。骏。盐。

### 附:东督锡良为东省只购军米一万石致张人骏电

（宣统二年三月十五日）

南京张安帅鉴:

洪。盐电敬悉。芜埠大米来源不多,民食军需,自应兼顾,现饬局从减核议。据称,东省军米告罄,须于三月底四月初购米一万石,以资接济,余俟秋收后再行陆续采买,等语。请转饬芜湖李道知照。良。咸。

## 为宿州李欢孜聚众起事致军机处电

（宣统二年三月二十日）

皖北民情，素称强悍，连年复苦荒歉，伏莽时虞。家宝思患预防，客冬曾由省城抽拨得巡防队二百余名，分段梭巡，以资镇慑。本月初十日，据怀远县知县李维源电称：宿州杨家集地方，匪首李五即李振玉又名李欢孜，因仇杀同族多命，延烧房屋，纠党起事，匪众约三四百人。十一日，窜扰怀远县北乡之看疃集掳掠。适由省派出巡防营管带王宏钰梭巡到怀，即带队捕剿，追至李兴集，格毙七匪，拿获十九匪，并夺获旗帜、枪械。匪众旋由西路窜往龙亢集一带，现正会合追截等语。并据皖北道毓秀、凤阳府知府恩镇电禀相同。随又据宿州知州萧仁丙电禀，李欢孜仇杀同族，逃窜扰害，并带勇追捕各情。

人骏等查皖北盗风素炽，刻正春荒，自应从速扑灭，以免裹胁蔓延。龙亢逼近涡河，当即电饬王宏钰等，并原驻怀远北路右翼第三营管带宋学堂，迅速扼河堵截，杜其窜扰蒙城、涡阳。现据该道府等电禀：匪众窜往龙亢，后经知县李维源、管带宋学堂督队会往，截河堵杀，续捕六名，余众向北旁窜。复经由道派出马队追及助剿，匪众当即溃散，地方平靖等语。此次匪徒仓猝起事，幸知县李维源、管带王宏钰、宋学堂等赴机迅速，得以立时殄灭。

除电饬该道府督饬防营，会同该州县，仍上紧搜捕匿匪，以消隐患，并将现获各犯讯明分别严惩外，谨请代奏。

## 会同朱家宝为苏省饥民滋闹筹办赈济事致军机处电

（宣统二年三月二十一日）

本月十七日，承准军机处电开，奉旨：近来沿江各省，年岁歉收，米价腾贵。亟应联合绅商，协筹款项，采办粮米，或迅购大宗洋米，设局平粜，以定人心而弭隐患。着即会同商榷，详晰电奏等因。钦此。

仰见圣主廑怀民瘼，绥靖闾阎，莫名钦佩。遵即电咨各省督抚会商在案。

伏查宁属四府、二州、一厅，苏属四府、一州，米价腾贵情形，大略相同；而以江北之淮、扬、海，江南之宜、荆、坛、溧等县，被灾地方为尤急。江北自上年秋间，由官借款三十万两，派员前赴奉天、芜湖等处，采购粮米平粜，并加以绅商添购，由人骏等奏免厘税，辘轳转运，至今未停。宜、荆等属，亦赈粜兼施。其余各府州县与江宁省城，并多已设局办粜。或酌量拨款，或动用仓谷及所存本息银两，俾资接济。

惟向来购米，以芜湖一埠为大宗，赣省次之。近则芜米所存无多，赣省收成亦薄，赴购者皆令减少米数，势难定以采办地方。而目前需米孔亟，不能不设法筹济，以纾眉急。是以甫经电陈，有缓漕免税之请，仰蒙圣恩俯准，江南士庶，钦感同深。目前办法，自当先将准缓新漕十万石，分饬需米较急之区，由官督绅领回，平价出粜，先尽极贫之户购食，其余推及次贫。至情形较缓之区，可待外米接济。

宁属归财政局司道督办，饬由江安粮道与裕宁官银钱局借拨官款十余万两。苏属则委江海关道蔡乃煌经管苏、松、太本属，候补道王仁东经管常、镇二属。饬由苏藩司筹垫银五万两，江海关筹垫银十万两，作为由官提倡官本。一面劝募绅富量力筹捐，酌提公款，分赴有米各处，或电致香港外埠，凑购三十万石，分济宁、苏。此乃现在筹办大纲。其各属售价应减若干，应否查户核粜，将来官款应否续拨，亏耗如何开支，仍须各就地方情形，随时酌办。此外如严禁偷漏出海，限制邻疆贩运各节，均已分饬切实办理。人骏等惟有督饬官绅，酌量缓急，相机因应，以副朝廷眷顾东南之至意。

再：宁、苏财政支绌，迭办赈务，罗掘俱穷，而平粜期长，亏折甚巨，力难筹补。合无仰恳天恩，准将亏耗之款，作正开销。各属如复有官运商运平粜米粮为数无多者，可否并由人骏等核准免完厘税，俾轻成本而济民食。

又海州饥民,向海丰面粉公司滋闹,致有伤毙人命之事;宿迁亦有贫民与永丰面厂为难,均已饬令文武弹压解散。一面委员查明实在情形,分别核办。此外各属尚称安靖。

至鄂、湘、浙等省,情形不同,办法似难划一,应由各督抚自行电奏。皖省仍由人骏会同朱家宝妥筹办理,另行奏报,合并陈明,谨台词复陈,乞代奏请旨遵行。

## 为拟就两淮盐政电奏致锡良陈夔龙袁树勋等督抚电

(宣统二年三月二十一日)

盛京、天津、广东、四川、云南制台,盛京、太原、杭州抚台:

洪。盐政处皓电想已接到,各省盐务情形各省不同,既准来电,骏拟就两淮应行变通事宜加以参酌,电请盐政处汇奏。骏。苛。

### 附:浙江巡抚增韫为盐政改革致张人骏等各省督抚电

(宣统二年三月二十一日)

各制台、抚台鉴:

申。顷接督办盐政大臣皓电,令再详细会议,明定办法,从速电复。等因。尊处谅已接阅。当查督办原奏章程窒碍之处,已详会商,前奏惟究应如何酌量变通,分定权限,似宜彼此互商电复,方免办理参差。请仍由清帅主稿,与督办商定后,再行会奏。是否?敬候赐复。增韫。苛。

### 附:粤督袁树勋为盐政改革致张人骏等各省督抚电

(宣统二年三月二十一日)

各制台、抚台鉴:

洪。准督办盐政处皓电,嘱将会议办法电复,一边入告。等语。查此次会议,必应针对原定章程,而附以各省之利害,似宜各将所见,即日汇电清帅处,仍请清帅主稿转咨,庶为一线。鄙意,公共利害,前次电奏已详,而中央集权之说,则仲帅来电所谓督抚无权,则中央亦无从措手,一语破的。此次皓电,既筹及督抚与督办各分权限,而下文又云盐政处仍不失为直接行政机关,是权而仍无。所谓限也,窃谓中央如头目,各省如手足,以头目为发纵指示,以手足为捍卫,正交资为用。若曰头目径可以代手足之劳,而夺其捍卫之方法,犹日日责手足之运动,克岂其然?故今日欲划分权限,无非复还其手足捍卫之能。有云头目仍可直接,似根本上仍有错误。至粤省盐务,上年条奏交部议复,近正派员调查,只可另案办理其事。原章应如何变通?乞卓裁定后转达清帅。是否如此?请电示。树勋。哿。

## 附:粤督袁树勋为盐政改革致张人骏等各省督抚电
（宣统二年三月二十二日）

各制台、抚台鉴:

申。昨发哿电计达。顷准安帅、固帅两哿电均悉。鄙意,此次会议,似应针对原奏章程,事关公共者,则电请清帅主稿汇咨;事关一省利害,有所变更者,则自应单衔奏咨。如诸公意见相同,则应速推清帅起草。各省各抒所见,即电清帅采择,以免参差而期迅捷。合再电布,并希指示。勋。马。

## 附:东督锡良为盐政改革致陈夔龙张人骏等督抚电
（宣统二年三月二十二日）

天津、南京、广州、成都、云南制台,太原、杭州抚台:

洪。先后准安帅哿电、次帅号电、固帅哿电、海帅哿两电,均悉。备承指示,诸佩荩筹。鄙意,此事最要主脑,在明定用人行政权限,权果不应属,断难稍涉迁就。盐务若认督抚有用人行政之权,则原章触背各条自应删改,即各省窒碍情形,亦毋烦缕述。

以后办事,内外不生意见,上下不至隔阂,实于盐务有裨。合拟复电左下文曰:皓电云云,鉴谅,等语。卓见如何,诸祈裁示,以便遵办会复。再。安帅拟单行复电,已否作复?亦乞示知,以便文尾声明。良。养。

## 为轮费路费减收事复东督锡良电

(宣统二年三月二十三日)

锡制台鉴:

个电悉。招商轮费减收五折,沪宁路费减收七折,已准邮传部核准饬遵。此外,轮路亦经电请部示,一律照办。得复再达。骏。洽。

## 为请盐务奏折主稿致东督锡良电

(宣统二年三月二十四日)

锡制台鉴:

洪。苛电计达,典签准天津、广东、四川、杭州各帅电,以各省盐务大纲相同,请由台端主稿会奏,骏亦表同情,俟即拟稿另电就商,并电复各省外,合电闻。骏。养。

### 附:东督锡良为盐政用人权限致张人骏陈夔龙等督抚电

(宣统二年三月二十三日)

天津、南京、广州、成都、云南制台,太原、杭州抚台鉴:

洪。养电计达。原稿用人权限一条内,拟改为“除盐官补缺应仍按班次外,一切委署、委差自由,概由督抚主持”。又,奏事一条,拟添入“一曰奏事权限”一句,以清眉目。而另添拨款权限一条,文曰“盐务正杂各款,照章固不得擅动,然遇有紧要急需,亦实难过于拘泥,应请准由督抚奏明指拨,分咨查核”。又,“度支部前经奏明,外销款项果系实在应用,即予划留。现在外销均经报部,一省之大,巨细用款,几于无日不有,若概须咨准始由动用，必致诸事束手。以后凡实在应用之款，应请准在报部外销盐款内随时支用，列册汇咨查核。如督办拨用各省盐款，亦知照各省备案”。等语。祈裁酌。良。漾。

## 就盐务章程修改意见致东督锡良电

（宣统二年三月二十四日）

锡清帅鉴：

洪。兹将议复盐政处各条开列于下。其文曰：查原章第二章，划分权限，会办果属有权，原可划分，今既声明由督办主持，是会办悉属无权，似无所谓分，更无所谓限矣。即谓不及会商，由该省督抚相机办理，办理、会办既不能主持，似亦不能无庸核办，拟请声明。如有不及会商，须奏明办理者，即由会办单衔具奏，咨明督办查照。其不须奏者亦然，以免贻误。水陆缉私各营，既统归督抚管辖，此后虽涉微调，由会办主政，随时咨明。第三章，盐官职务各条，自可遵办，惟该管官遇有应行改革事宜，急须候批遵行者，如鄂、湘、西、皖，距京程途太远，江北则电报有未通处所，或电报不能详查，若督办必须候督办核办，定多隔阂。拟请声明，遇有要事，即由会办主政饬遵，一面咨报。若会办批示实有不当，督办仍可更正，于直接之权无所损。第四章，任用官吏，如运司、盐道，须所列资格，固难其人。惟督办既得合于资格人员可以预保奏请存记，会办亦应遇有此项合格人员咨明督办揆之，以人事君之义固属相符。督抚本可奏事，似亦未必为逾分。调署以及委用各局差人员，如照常量移，尚无窒碍，如有迫不可待，或电信期阻，必待督抚办核准后方得新旧更替，虑误事机，拟声明运司、盐道如须委派局员更替不能待者，由会办委派奏咨。又，运司、盐道以下各官，遇有缺出酌量补用等因，夫曰“酌”，是不必按例章矣。人才难得，奔竞易开，即遥远履历清册，似亦无裨吏治，此条拟请酌改，以防流弊。第八章，拨解款项，如淮正项，内例不得擅动，惟遇有要事，不能不从权酌划，以应急需，断难胶执。杂款移拨，事所恒有，未能过于拘泥,致误事功。如盐务正杂款项,有不能不动或须暂挪移借者,应由会办奏咨指拨,仍咨报督办备查。如此,可免滥用之虞,亦无束手之患。以上议复各条,不过欲其推行无阻,以免为难而已。际此时局多艰,苟利国家,义所应尽。唯诺固不能出争执,尤多所宜聊贡末谐。希鉴查。可否汇奏,除公电外? 骏。养。

## 为不再另行复陈致东督锡良电

(宣统二年三月二十五日)

锡制台鉴:

洪。养、漾两电均悉。台端拟于原稿添叙各语,益征周密,请即照办。大稿推阐备至,吾辈值此时势,只期于事理推行无阻。现准赵、袁两帅漾电,用意正复相同,恳即汇达盐政处,弟不另行复陈矣。敬以复闻。骏。敬。

### 附:东督锡良为盐改复张人骏电

(宣统二年三月二十七日)

张制台鉴:

洪。养电悉,敬电均悉。大稿细密周至,惜敝处通电先已拍发,特将尊稿择要补入,祈鉴核。良。沁。

### 附:东督锡良为盐改奏折已会衔拍发致张人骏陈夔龙等督抚电张人骏电

(宣统二年三月二十七日)

天津、南京、广州、云南制台,太原、杭州抚台:

洪。议交盐政处电,昨晚会衔拍发。文曰:皓电敬悉……云云。同叩。宥。等语。祈查照。良。沁。

## 为皖省暂行禁米出口致各省督抚电

（宣统二年三月二十五日）

制台、抚台鉴：

申。昨由朱中丞会同敝处电奏，安省米价昂贵，请暂行禁止米谷出口两月，俟麦登场，届时能否弛禁，再行酌办。惟芜湖系通商口岸，应将光绪二十八年中英续订通商条约第十四款办理等由。兹奉电：仍著张人骏会同各该督抚妥筹办理。钦此。查皖省暂行禁米出口，亦属不得已之举，如各省均能采办洋米，则皖省暂禁两月，或尚无碍。邻省民食倘难，势难暂禁。或应如何酌定限制，以期邻疆本地并顾并筹之处，拟请公同酌议妥办为祷。骏。廿五。

### 附：东督锡良为皖省暂行禁米出口复张人骏电

（宣统二年三月二十七日）

张安帅鉴：

洪。廿五电悉。东省军米向就湘皖采购。前承以电示，以芜埠米源不多，嘱为核定米数，陆续采办。当饬局从减核议，初批购米一万石，于咸日电复。嗣准经帅电，又复以军米告罄，委员早已赴芜，请准暂购一批，以救眉急，各在案。皖省粮少，禁运固系不得已之举，惟东省军米亟待接济，委员赴芜已久，无论目下已否购定，务请准运一批出口，以示限制而期兼顾。至此批运得东省，自当另行设法。应否暂禁出口两月，请俟各省汇复核办。良。沁。

## 为汇送劝业会展品说明书致各省督抚电

（宣统二年三月二十七日）

各省制台、抚台鉴：

各省出品，陆续运宁，其说明书多未附送。现值大部审查，无凭核定。祈饬局道将该协会出品按照出品目录,克日赶造说明书及目录书,汇送来会,为祷。骏。感。

## 为盐改奏稿致东督锡良电

(宣统二年三月二十九日)

锡制台鉴:

洪。两沁电均悉。大稿逐层阐发,俾补盐纲,实非浅鲜,弥深感佩!大局挽回,在此一举,且看如何。骏。勘。

## 江苏宿迁饥民焚抢永丰面粉公司事致黎经诰札

(宣统二年三月二十三日)

督宪张为札委事。

本年三月二十日,据宿迁面粉厂刘道更年十九日电称,今日午刻,本邑匪徒竟将永丰面厂机器房屋焚毁,抢掠一空。事前职道面允汪令,将存麦七千余石如数发出,交县平粜,该令迁延不领,即至衅起时,营县到场弹压,又不禁止抢掠,以致酿此巨祸。除容来省面禀外,理合电闻。等情。据此,查此事先据徐防马队龚统领炳魁、宿迁县汪令保增电禀:宿迁粮贵,贫民归咎永丰面厂,请饬缓开机暨将存麦发售,以定人心。并据该面厂刘道更年,以匪徒借端广告,焚毁面厂,电请营县保护,各等情。当经电饬刘道遵照办理。并据龚统领等电称:贫民麇集永丰,要求借麦,纵火肆扰,事机危迫,乞电江北提台派队迅诣镇压前来,亦经电请王提台拨队驰往弹压解散在案。据禀前情,究竟该县贫民如何将该面厂焚抢,因何起衅,刘道果否允将存麦交县平粜,汪令是否迁延不领,营县既经到场弹压,是否坐视并不禁止抢掠,其中系何情形,亟应派员彻查核办。除札宁藩司查照外,合就札委。札到,该员即便遵照,刻日束装驰往宿迁县,按照指饬各节,详细查访,务得确情,据实禀复察夺,毋稍偏徇。切切。特札。

右札徐海道黎。

宣统二年三月二十二日

## 附:黎经诰访查宿迁永丰面粉公司被毁各情形禀
（宣统二年三月）

敬禀者:

窃职道于三月二十二日,在清河县奉督宪札,饬访查宿迁永丰面粉公司被毁各情形,按照指饬各节,详细访查,务得确情,据实禀复,无稍偏徇等因。

奉此,职道遵即由海州前来宿迁,逐一详访,并至该厂踏勘,计焚毁面栈房五间、麦栈房六间、四层洋楼四十间;仅存麦栈房四间、公司房三间、锅炉房三间;毁麦及爬麦近五千余石,尚存别屋麦一百五十余石。该厂留有经理账房、江苏候补知县陈令起看守余屋。该令呈阅被毁机器房照片图,职道略问先后情形,旋至县署调阅有关该厂各案卷,又细访居民隐情,其蓄怨有不自今日始者。查该厂自禀准开办,去冬即有本地土民张希曾等数十人具禀县令,谓宿迁素以麦为养命之源。同、光以来,小麦每石仅售钱二千数百文,民生犹不堪困苦;今价涨至五六千文,推原其故,尽行运赴外洋,致粉、麦两空。宿迁商务分会又照会县令,谓振兴商业,不能以个人之利,贻千万人之害,云云。其祸机已伏于此。迄至今春三月,麦价又涨至每石八千数百文,无不谓该厂广为收买,以致粮价日巨。谣传该厂囤积各卖户家有数万石之多,兼有任长春、徐洪举为该厂在本地定购青苗先给半价之说,群情益形惶惑,于是城乡遍贴广告,有准定于三月二十五日在城隍庙内齐集,各携火油一瓶、洋火一匣,前赴焚毁该厂之说。其广告标目有曰除一大害者,是土民已蓄意焚毁矣。二月十七日,汪令已照会该厂请暂缓开机。自广告贴后,又向该厂恳将存麦发售,以折服居民,该厂未允。三月十八日午后,适有清江大丰面厂麦船五只计装麦四百余石，停泊宿关，饥民误认为永丰麦船，被扒一空。同时周、王二户囤麦亦被扒，祸机已动。汪令先因三堡筑堤争斗，于十五日赴洋河弹压，至是日午刻始回署，即与龚统领及绅董亲至该厂，切求刘道借麦，始允借一千石，多借仍待续商。时已深夜，汪令回署，即出示晓谕，以安人心，并派营役防范。不料十九日巳刻，忽有棍徒向县关迤东亚细亚火油公司取去火油二听，五谷庙美孚火油公司取去火油六听，一拥而往，直达该厂。闯进厂门，将火油倾入机器房等处，加以木皮燃烧，一时火焰冲天，无可扑救。入厂之时，领首者手无一物，向弹压兵叩头请勿放枪。传闻巡兵中有与之熟识者，访无实据。该厂见来势汹汹，即喝令放枪，管带及巡民不敢施放。携火油者约十余人，火起后拍掌一笑而散。厂设城外井儿头地方，距县城十里之遥。龚统领与汪令闻讯赶到，约在未刻，而机器各屋之焚毁，已及其半。访闻巳刻纵火时，有贫民千余人随之而来，比即愈聚愈众，约有贫民万余人，乘机肆扰，取石撞破围墙，并拆毁窗户，计挖洞十余处，有由洞口入内扒麦者，亦有将所扒之麦由洞口运出者。经拿获四人，始渐星散。徐州田守抵宿后，商令该厂经理帐房陈令，将存麦一百五十余石仍交县平粜，地方遂安。查访损失数目，据该经理帐房云：计毁去机器、屋、麦、面等约值十余万之谱，帐目均在上海，现无实数。此职道查勘之实在情形也。据刘道禀称，事前面允汪令，将存麦七千余石发出交县平粜，该令迁延不领。今查悉三月十八日，刘道仅允借麦一千石，并未允借七千石之多。十九日巳刻肇事，则所允借之千石已不及运散，其非令延误可知矣。刘道又称，即至衅起时，营、县到场弹压，又不禁止抢掠，以致酿此巨祸，今查悉龚统领与汪令于未刻到场，均有地方之责，皆竭力弹压。刘道比欲开枪，营、县不肯轻率动手，因耀徐玻璃公司近在咫尺，恐开枪又殃及他处。如以营、县不允放枪，遂谓其弹压不力，亦未免过矣。现在汪令访拿首要，职道亦以首要亟宜严办，庶可以服商人、靖地方、杜后患矣。

所有职道访查宿迁永丰面粉公司被毁各情由，理合缮具清折，呈请宪台电鉴，伏乞核夺施行。职道经造谨禀。

宣统二年三月

## 为轮费未便概令减价致东督锡良电

（宣统二年四月初一日）

锡制台鉴：

漾电计达。顷准邮传部电开，"漾电悉，车费减收，前因沪宁系在本境，已特定专章。此外各路实有为难之处，迭经饬各路局核议，均无善法可以照办。至请饬沿江、沿海各轮局一律减价一节，查本部所辖轮船，除招商一局外，其余皆非直接隶部，未便概令减价，尚希鉴谅为盼"。等因。合电达。骏。艳。

## 为督禁米麦出口事致东三省总督锡良电

（宣统二年四月初五日）

制台鉴：

申。兹会同朱中丞电请军机处代奏云："窃人骏等电奏，皖省筹办平粜，拟请督禁米谷出口情形，三月二十四日承准钧电，'奉旨，仍著张人骏会商各该督抚妥筹办理，等因。钦此'。遵即电商各省去后，旋准各督抚电复，东三省请准运军米一批，以后另行设法。鄂省拟俟前购之芜米运足，暂行停止。浙省、湘省均已采办洋米平粜。而安徽谘议局各绅又以皖省米将告竭，电请人骏奏禁出口，情词迫切。窃为芜湖向为各省采米之地，本难遽停。惟上年皖省被灾，收成歉薄，今春米价日贵，民情恐惶，绅商学界已私相阻运，不得不由官暂禁出口，以安人心。今各省多已采办洋米，似暂可毋须芜米接济。人骏悉心筹酌，除各省先已在芜购定之米听其起运外，其未经定购者毋论官商,均暂行禁运米谷出口四十日,仍照光绪二十八年《中英续订通商条约》第十四款办理,俟限满查看情形再行酌办,期于邻疆本境兼顾兼筹,以纾宸廑而维民食。商家宝意见相同,谨合词复陈,祈代奏请旨遵行。人骏,家宝同叩。"等语。谨闻。骏。支。

### 附:安徽巡抚朱家宝为禁米出口致张人骏等各省督抚电
(宣统二年四月十一日)

制抚鉴:

皖省灾区甚广,赈务方殷,米价高翔,私禁迫切。迭据绅商环请禁米出省,顾全民食,本月初四日,敝处会同两江[①]电奏禁米出省四十日,俟限满再行核办。初十日奉枢电,内开"前据皖省米贵,请暂行禁出口四十日支电,当即代奏,已奉旨允行,希照办"。等因。除遵旨示禁外,谨电达,即乞转饬遵照为祷。宝。蒸。

## 祈酌拨数万致盛宣怀电
(宣统二年四月十六日)

皖北上年水灾,今春各属复苦雨,灾情奇重。弱饿殍,强劫掠,岌岌可虑。虽经皖抚筹振,及皖绅赶筹义振,猝难立集巨款。沪上历年义振,皆公主持,全济无算。拟请酌拨数万,以救皖省燃眉之急。皖绅已恳杨杏翁[②]面恳,特再奉恳,无任感盼。

---

① 代指两江总督张人骏。

② 杨士琦(1862—1918),字杏城。直隶总督杨士骧之弟。历任帮办电政大臣兼轮船招商局总理、南洋公学监督等。

## 附:盛宣怀为援照江鄂赶办官振复张人骏电

(宣统二年四月十八日)

皖灾转重。昨杏城侍郎[①]已来谈及,朱经帅[②]今日电商拨借振余数万,不知历年劝办义振皆属有欠无存,弟经手尚借欠大清银行二十万。捐奖改章,尚不知如何归补。不得已,奏明此后义振,恐无可劝办,必须预筹官振,等语。乞公速电经帅,援照江鄂赶办官振,以免两误。

## 在南洋劝业会开幕式上的训词

(宣统二年四月二十八日)

钦维大清宣统纪元之二年四月二十八日,为第一次南洋劝业会开幕之第一日。是会仿东、西洋各国之国内博览会而设,亦即我国古者以工事列肆、以贸易立市,今乃合肆与市而为一,取通商、惠工、务材、训农诸端,征聚名物,荟萃于一时一地,使吾国人参观互证,知所从违用,收集思广益之效也。伏承明诏式颁,重以各省协赞,沪、宁及各地商业共与图成,海外侨商输载遄返,友邦与国皆以物品来参考。会事于今日,粗以成立。夫是会,发议于去年春初,端前大臣[③]旋解任去,徂夏涉秋,经营伊始,筹备未及周岁,访采遍于寰区。事事物物,多难周备。各处出品限于期短,良楛或未精择,在所不免,无事讳言。惟我国版图绵衍,寒燠中和,天时悉备,山原燥湿,地利无穷,民智物阜,大可有为。则夫取长补短,择善办宜,若者以农殖,若者以工劝,若者以商振,是在四方人士各以观摩从知感奋也。而教育之振兴,武备之修简,机械之精求,亦罔不于是会期之。本大

---

① 杨士琦。

② 皖抚朱家宝。

③ 前两江总督端方。

臣有厚望焉!

## 附:军机处为南洋劝业会期间严密梭巡加意侦缉至张人骏电

(宣统二年四月十一日)

奉旨:现在长江一带,春雨过多,米价腾贵。又值江宁省城开办劝业会,中外商民陆续麇集。迭据英美德等国使臣向外务部声称:该处于长沙乱事后,人心浮动,匪党潜滋,近复有剪发辫、割鸡尾、小孩身佩符箓、学生怀挟枪弹等事。外人性命财产,在在堪虞。各拟商派兵轮,前往观会,借可隐为保护。等语。沿江地方不靖,讹言繁兴,各国咸有戒心。伏莽时虞蠢动,亟应切实防范,豫遏乱萌。该督前调两营弹压会场,如果不敷分布,仍著酌添水陆数营,随时严密梭巡,加意侦缉。如有不法匪徒,勾结煽惑,以至施行邪术,扰乱闾阎,亦当协力查拿。一经讯实,即行就地正法。勿稍轻纵,以弥事变而保治安。并将办理情形,详晰电奏,是为至要。钦此。

## 附:军机处为确保劝业会安全致张人骏电

(宣统二年四月十四日)

奉旨:张人骏电奏悉。据称会场附近,以及下关要地,业派巡防队及炮船巡警屯扎巡逻,布置尚属周妥。巫觋书符造谣,虽由积习相沿,而剪发等事并非常有,显系邪匪所谓。稍涉纵容,即虞滋蔓,应饬地方文武留心访查,如有此等匪徒,即行拿获严办,惩一儆百,此风庶可敛息。调查户口,迭次生事,固由乡愚无知,受人摇惑,亦难保无劣董奸胥借端需索情事。仍著严饬各官绅,于认真晓示开导,务当妥为办理,勿任稍有纷扰,以免误会而靖人心。所请添派兵轮,即著海军处再行酌拨,统归该督暂行调遣。钦此。外。

## 附:上海出品人代表颂词

（宣统二年四月二十八日）

南洋劝业会第一次赛会开幕之第一日,上海全体出品人一百二十五家代表,谨献颂词:

维我中国,天命维新;宪法自立,振兴实业;皇皇纶綍下颁,提倡农工商贾,得以收完美之效果。诚富强善策,为商战时代之先声。际此文明日进,五洲交通,成立此实业界临时之大团体,遥遥半载,民得遍观;况南洋地当要冲,宿号名区,天时地利,正合所宜。至上海仅各国通商大埠,麇集人民,向为出产聚会之处。商等勉力微忱,共襄盛举,联关斗靡之品,其比巧之资,未敢相互竞争也。用特祝颂:全国商民进步! 劝业大会万岁!

谨颂。

## 附:南京协赞会代表严观察祝词

（宣统二年四月二十八日）

南洋第一次劝业会开幕。钦命农工商部侍郎、审查长杨大臣,钦命南洋大臣、两江总督总堂、正会长张大臣,咸莅行礼,猗欤盛哉! 吾各协、赞会身与其盛,忻幸更何可言? 盖我各协、赞会之期成此会之有今日,垂一年余矣。方前制军端公之创起新会也,有赞成者,有反对者,有非笑以为多事者,有冷语以为无成者。我同人咸在赞成之列,各矢热忱,鼓其勇气,拮据赞助,期于必成。盖在己酉五月以前,吾同人一心,以求斯会之成立;虽有反对,咸恃端公之坚持,无少疑阻。未几,端公忽移北洋,南中人民夙闻新制军之贤,然未知于斯会之乐成与否,而众心稍稍懈矣。及今制军张公抵任,即召诸会董、会员,晓以斯会之有关系,谕以斯会之无变更,开诚布公,期于必成。于是,同人感激,驰驱以视始事,时益加奋勉,今幸开会礼成。或谓我同人可息仔肩矣,而不知未也,盖各国开会之举,俱非一手足、一朝夕的所能完备。开幕之日,不过粗具规模而已。至于各项布置之周密,各种设施之完全,必日求改良,日加研究,释回增美,有与斯会相始终者,则正是我各协、赞会尽力补助之日,乌得谓可息仔肩耶! 惟是斯会之有今日,自正会长以下几百执事艰难困苦、更仆难数。今幸开幕礼成,为南洋开千百年未有之特色,从此由第一次劝业会,至于十、百、千、万次,皆不能忘今日之纪念,则其愉快为何如耶? 故不辞弇陋而为之颂曰:

南洋劝业会万岁!

中国万岁!

## 为南洋劝业会开幕致东督锡良电

(宣统二年四月二十八日)

制台鉴:

南洋劝业会本日举行开会礼,到会者均近千人,驻宁各国领事、商人及兵轮管驾咸来观礼,幸能秩序井然,地方亦极安谧。知承垂注,谨电闻。骏。勘。

## 为皖民饥荒致盛宣怀电

(宣统二年五月初一日)

现又据寓宁皖绅蒯礼卿①京卿呈称,皖民饥荒已极,而财政困难。当此待拯孔迫之时,肯早集一日之款,即可多救一日之命。闻上海义振项下尚存有振余之款,拟请电恳冯宫保酌情借数万金,以救眉急。将来皖省筹集有款,再行拨还。上海为商业荟萃之区,宫保又素孚众望,必能拯济斯民。等语。查皖省灾饥待振孔亟,系属实情。公

① 蒯光典,字礼卿,号季逑,晚清学者、教育家。南洋劝业会在江宁开办,蒯光典为总提调。

康济情殷，宏量毅力夙所佩仰，尚祈设法筹借，以应急需，无任感祷。除已电请朱中丞[①]赶办官振外，谨达。

### 附：盛宣怀为上海义振致张人骏电

（宣统二年五月初三日）

蒯京卿所闻上海义振尚存有振余之款，未知系何所指。查敝处历年劝捐义振，只有垫款，从无存款。即如上年甘肃垫款，因毛护院交卸，不准照捐章办奖，至今无著，大失信用，遂致相戒，不肯再垫。海州当田，仅短一万五千，重以钧命，尚难凑足。近因橡皮股票，市面大坏，弟抱病杜门不出，更难劝募，且恐劝亦无效。乞转告蒯京卿原谅为幸。

### 又

闻春麦可收之处，灾情已淡。皖灾究以何处为最重？官绅如何办法？此间一无所闻。公是兼辖，或得其详。皖绅动称沪有存款，究属何因？弟办义振多年，现已捐无可捐，垫无可垫，诚恐虚拥其名。各省误会，无以应之，转致误事，故已将实情奏明。此次金陵大会，商贾云集，皖绅果能就近设法劝募，或有成数也。

## 批复苏州商务总会呈递盐斤加价一案文

（宣统二年五月三十日）

陆军部尚书、两江总督部堂张，抄由批发一件。

苏州商务总会呈浙盐改售洋码请咨商核减由。

据呈已悉。此案前经本大臣会同苏抚部院三次电商盐政处，均未允准。据呈前情，兹再由本大臣会同苏抚部院切实电商，俟覆饬

---

① 安徽巡抚朱家宝。

遵。兹将去电抄发，仰即知照，抄件存。此批。

右批苏州商务总会。

## 附：苏商总会为盐斤加价一案呈江督苏抚稿

（宣统二年五月十五日）

为呈请事。窃照浙盐改售洋码一案，前经会同镇江、锡金等处各分会联名沥陈窒碍情形在案。四月廿四日奉护抚部院批……此复，等因。嗣奉盐政大臣勘电：以改售洋码实出于万不得已，饬令商会明白劝导，等因。同日奉农工商部札开：准盐政处抄录原奏，咨行转饬商会妥为劝导，协力维持。当由职会以钱洋合算，骤增洋八厘四毫，加价至十成之二，恳求据情切商盐政处，妥筹善法等情，电复农工商部在案。兹将盐政处勘电及职会复农工商部东电抄呈钧鉴。

职等默察此事原委，悉心讨论，窃谓浙商之呼吁者为亏累，浙运司之过虑者为商课倒悬，而盐政大臣实并盐课、商困、民食而兼筹之。欲有所更张，自难适剂其平。惟查盐斤改售洋码，虽经盐政大臣减去六文，而钱洋合算，按照售盐原价实骤加洋八厘四毫，合钱十二文零。总计所加之数现奉减之数，反加一倍。若照原价核算，实加十成之二。损益相权，是直以零星买盐之无知小民，与资本雄厚、情愿报效数十万元之引商相提并论。就苏省五属情形而论，松、太等处私盐充斥；常、镇等处民穷仂悍；锡金、溧阳各商会所陈恐酿事端，诚难保其必无。至引商亏累之由，据职会调查所及，实因近年额引之外陡加新引七万，又报效引本二十余万两，是引商非尽受铜元之害，而苏省五属之民不啻举引商所受之亏累而代受之。于此而欲逐层解释，随时劝导，不维徒托空言，委实无能为役。谨按报载盐政大臣致督抚宪宥电内称：如有善全之策，不存成见等因。具见盐政大臣虚衷采访、体恤民艰之至意。此次盐价改售洋码业经奏定，明知盐政大臣苦心经营，良非得已，第数十州县之民困亦万不能不加以体恤，于无可设法之中求一变通之策，只得于减售价改洋码之后，再求宪台主持，俯念苏民实在困苦，切实核减，电商盐政处恩准，以恤民艰。此非苏商会所应言，迭承盐政处谅之，委令劝导。谨贡愚忱，伏维垂察，望切施行。

## 为李堡镇因闹平粜毁及学堂并董宅饬速拿要犯归案严办并从速赔修开学批转提学司札

（宣统二年五月）

查此案，前据如皋县会同教育会[①]、劝学所[②]电禀，并据江苏教育总会电，同前由，当经电饬淮运司、扬州府转饬栟茶场，会同如皋县查明实在情形，妥筹办理具复。昨据如皋县禀称，此次李堡有栟茶场灶民借端平粜，越界滋闹，经该县[③]会同方大使[④]等前赴弹压，已见平靖。现在李堡粜局已开，议定与灶董协办，查户给照，各归各管，米由堡局发售。麦秋在即，当可相安。所有被毁之学堂谕董赶紧设法布置，先行开校，以免旷误。并移请栟茶场转谕灶绅，将李堡被毁学校、董宅设法修复，并催拿首要。等情。经本部堂批饬，妥为办理，毋得迁延，并札饬淮运司迅行东台县及栟茶场，一体会同迅速严拿首要，获解惩办。各在案。据禀前情，仰宁学司[⑤]将以上各节转饬知照，此批。禀抄发。

---

① 即江苏学务总会，1905年建于上海，1906年改名江苏教育总会。张謇为总理，后改称会长，1912年改名江苏教育会。

② 清末地方推广教育的机构。

③ 如皋县令时为郭曾沂。

④ 栟茶场盐大使方思允。

⑤ 1905年由学政改设，1912年改为教育厅。这里指江宁提学使司。

## 就金陵机器局归并江南制造局后之机器及经费事致江南制造局总办张士珩之札文

（宣统二年七月初九日）

为札饬事。

据宁属清理财政局详称，窃查金陵机器局归并一节，迭经司局先后详奉宪台批准遵照在案。其安置机器、筹济军火各节，尚未议定，嗣于五月十三日奉宪台札，饬将裁并局所员薪一案续议情形，叙列汇册详复等因。奉此，查此次裁并全案，共约节省银二十万两，内以裁并该局银八万四千两一款为最巨，且前项裁节银数，业经宪台电达度支部行知有案。是此局归并之后，无论如何筹议，每年所节之款，总以不离原裁之数为归束，则裁节方有实际。查金陵机器局所存新旧机器，准监盘吴道开送清单，旧机值银二十九万三千两有奇（本系沪局张道核估），其新置机价其银七万三千余两，新旧共计作价银三十六万七千余两。今既归并沪局接收应用，所有新旧机器自应按数作价，以昭核实。惟沪局自议建新厂以来，经费甚为支绌，若必责令措交现款，亦属为难。查筹济军火一节，宁局既归并沪局，所有应用军火，自应由沪局担任。沪局所制军火，向系供南北洋军队之用，刻下宁局老毛瑟枪子积存甚多，毋须再制新枪子弹。即须加造，为数当亦无几。应令酌估数目，每年约以银二万两为度，即在前项机价内按数扣抵。照此办理，则机器不至废弃，军火复有着落。宁局获裁节之利，可以腾出款项；沪局得添机之益，毋须亟筹成本。似为一举数得之计。夙知沪局张道力持大体，卓著贤劳，当能共体时艰，赞成斯举。至江南各军修配军械，运沪或有不便。宁局基础全行弃置，亦殊可惜，拟请将金陵机器局酌留员司、工匠若干，专为水陆新旧各军修理军械之厂，仍归沪局张道兼管。事务既简，需款无多，每月经费至多不得过二千两之数，即在原有款内划拨，余归财政公所拨济他项用放。如果，一切细则应统由江南制造局酌议，详请宪台核饬遵照，实为公便。是否有当，理合酌拟具详，仰祈宪台鉴核批示。如蒙允准，并请札饬江宁财政公所、江南机器制造局分别查照办理。

再，裁并全案，前由本局汇移藩司，遵照宪批，叙其妥详，呈请奏咨。嗣奉宪檄饬催，又经转移遵照等情到本部堂。据此，除批据详已悉，所议均尚妥协，仰候札行沪制造局张道遵照酌议具复，并分行行政公所及会同接收金陵制造局之吴道学廉一并查照。檄，印发外。合行札饬，札到，该道即便遵照酌议具复，勿违此札。

### 附：张士珩为覆陈金陵机器局归并江南制造局后之机器及经费事呈张人骏之禀文

（宣统二年七月十三日）

敬禀者：

本年七月初九日，奉宪台札开，据宁属清理财政局详称，窃查金陵机器局归并一节，迭经司局先后详奉宪台批准遵照在案。其安置机器、筹济军火各节，尚未议定。嗣于五月十三日奉宪台札饬，将裁并局所员薪一案续议情形，叙列汇册详复等因。奉此，查此次裁并全案，其约节省银二十万两，内以裁并该局银八万四千两一款为最巨，且前项裁节银数，业经宪台电达度支部行知有案。是此局归并之后，无论如何筹议，每年所节之款，总以不离原裁之数为归束，则裁节方有实际。查金陵机器局所存新旧机器，准监盘吴道开送清单，旧机值银二十九万三千两有奇（本系沪局张道核估），其新置机价其银七万三千余两，新旧共计作价很三十六万七千余两。今既归并沪局接收应用，所有新旧机器自应按数作价，以昭核实。惟沪局自议建新厂以来，经费甚为支绌，若必责令措交现款，亦属为难。查筹济军火一节，宁局既归并沪局，所有应用军火，自应由沪局担任。沪局所制军火，向系供南、北洋军队之用，刻下宁局老毛瑟枪子积存甚多，毋须再制新枪子弹。即须加造，为数当亦无几。应令酌估数目，每年约以银二万两为度,即在前项机价内按数扣抵。照此办理,则机器不至废弃,军火复有着落。宁局获裁节之利,可以腾出款项;沪局得添机之益,毋须亟筹成本。似为一举数得之计。夙知沪局张道力持大体,卓著贤劳,当能共体时艰,赞成斯举。至江南各军修配军械,运沪或有不便。宁局基础全行弃置,亦殊可惜,拟请将金陵机器局酌留员司、工匠若干,专为水陆新旧各军修理军械之厂,仍归沪局张道兼管。事务既简,需款无多,每月经费至多不得过二千两之数,即在原有款内划拨,余归财政公所拨济他项用放。如果,一切细则应统由江南制造局酌议,详请宪台核饬遵照,实为公便。是否有当,理合酌拟具详,仰祈宪台鉴核批示。如蒙允准,并请札饬江宁财政公所、江南机器制造局分别查照办理。再,裁并全案,前由本局汇移藩司,遵照宪批,叙其妥详,呈请奏咨。嗣奉宪檄饬催,又经转移遵照等情到本部堂。据此,除批据详已悉,所议均尚妥协,仰候札行沪制造局张道遵照酌议具复,并分行行政公所及会同接收金陵制造局之吴道学廉一并查照。檄,印发外。合行札饬,札到,该道即便遵照酌议具复,等因。

奉此伏查原详,大旨在节省经费而又不废宁局基址,具见综核名实,并顾兼筹,诚如先批所议妥协。惟其中于沪、宁两局情形尚有未尽悉合之处,既奉饬酌议,谨敢缕晰陈之。原详谓宁局所存新旧机器共值银二十六万七千余两,归并沪局接收,按数作价,每年划抵军火价二万一两节,查沪局经费万分支绌。常年所恃为的款者,惟江海关二成洋税及司、关、道、局所拨三厂常费,两款常费岁额二十万,二成洋税衰旺无定,近年税收不旺,每年除提新厂经费七十万外,实归本局收用者仅十余万至二三十万。告罄请款之禀,积寸盈尺,早为宪台及陆军部、度支部所洞察。常年经费困难,何从另筹添机?职道接办伊始,禀定整顿添机各费,则恃江宁造币分厂及归并财政局之筹防局所欠沪局之款,分别缴还指抵应用。今该两处欠款合计尚有八十余万两无可归还，沪局每一筹措，束手无策。欠款不还，已绝添机之费。现机拨局尚须按数作价抵拨军火，非沪局所能承认矣。且宁局新旧各机，有为沪局所有无须再拨者，有在宁局为合用而在沪局不合用者，有久旧过甚不能应用者，有一经搬运修配得不偿失者，势难概归沪局接收。以上就沪局论。至论宁局，现议酌留员司、工匠，专为修配机械所必需，如炮机四十余部，沪局前经禀请拨用，卒未实行分拨者，则因该局迭以修配需用，未能照拨。近并切实调查，该局实须用二十余部，可划拨者亦只二十部上下。若举该局新旧各机概归沪局，是该局修配之厂将徒手以从事矣。由后之说，宁机不能悉数拨沪，由前之说，则拨机作价及军火抵价为沪局所难。所谓于两局情形未尽悉合者。一也。原详谓宁局酌留修械厂，每月经费不得过二千两，即在原有款内划拨，余归财政公所拨济他项用款一节，查宁局经费共八万四千两，现留每月约二千两，全年约二万四千两，计节存银六万两。该局经费内有二成洋税银四万两，本系沪局制造专款，以宁局无费，先后划拨。沪局近以经费奇困，迭次禀恳截留四个月新厂费，本年六月奉陆军部札准，度支部咨覆，新厂费已拨作学堂经费，不能挪作别用。制造关系军需，该局困难属实，应先由南洋大臣尽力维持，添筹款项。并奉宪台札准，咨同前因。是沪局正在请款为难之际，如宁局实行节存六万两，即使军火不由沪局担任，该款悉数拨沪，以制造之款仍归制造之用，挹彼注兹，亦于势极顺。况二成洋税四万，本系沪局原款，自应提还沪局。且军火由沪局担任，原详谓新枪子弹即使加造，当亦无几，应酌估数目，每年以二万两为度。夫以二万两之款，每年仅能造子数十万粒。上年十月督练公所议定，六密里五枪子一项，实子空响每年即共须六百万粒，饬沪、宁两局遵照。以后宁局既停查造，则凡有军火概须取给于沪，势来能就二万经费以划分造数。是军火沪局不能诿卸，二成洋税四万自应划还沪局,极为事理之平,碍难拨归他项济用。所谓于两局情形未尽悉合者,二也。

职道悉心筹酌,维绎清理财政局原详,大意自以此次裁并全案,共约节省银二十万两,业已电达度支部有案,而二十万中,更以金陵机器局八万四千两为一巨数,是以原详谓无论如何筹议,总以不离原节之数为归宿。盖亦极以宁局基址为不可废,而款已电都在案,自须统筹兼顾。职消愚计,窃以裁并宁局,节存巨款,电部有案者也。而沪局经费度支部咨行谓困难属实,应由南洋大臣尽力维持,添筹款项,亦最近奉部咨行有案者也。若必为裁并全案计,则宁局即照议归并,每年节存六万,冀与原裁之数大致符合。至节存之数,另由沪局专案具详。请将二成洋税四万提回。虽沪局窘迫,仅此四万无济于用,而既担任宁局军火,更不能不借此聊作补苴。似此沪、宁两案各就各案办理,宁局之截款、沪局之拨款,均可与度支部电咨相合,两面可以俱顾。款项既定以后,则宁局归并办法,应即如原详专作水陆新旧各军修配机械之厂,每月开支不得逾二千两,遇闰照加,由财政公所拨发,作为定案。而向领二成洋税四万,即另案由沪局收回,应由沪局担任宁局子弹。至小口径机器,或提运沪局,或派员即就宁局承造,若何办法较为合宜,俟妥为试造,议定通禀。其炮机可以划拨沪局者,即酌选拨运,应留修配之用者,即留宁局。并一切细则,统俟妥议具报。如此,则宁局裁存经费与以原议不悖,而于安置机器、筹济军火、保存基址,或均较为切实允协。奉札前因,理合酌议具复。

是否有当,伏乞俯赐鉴核批示,并分檄饬遵,实为公便。肃禀,恭叩崇绥,仰祈垂鉴。

## 为联络各界参观劝业会致各省督抚电

（宣统二年七月初九日）

各省制台、抚台鉴：

劝业会开幕，攸经两月。现值天气渐凉，赛品已备审查，开始研完。适时，务望各省行政机关及农工商学各团体莅会考查，共图精进，以收期会之实益，而副贵督抚协赞之初心。祈贵督抚迅赐转饬所属，示谕劝导各界联络团体，偕来参观。闭会约十月底，时令已促，特此电陈，无任跂盼。骏。庚。

### 附：东督锡良为饬属组织参观劝业会复张人骏电

（宣统二年七月十二日）

南京制台鉴：

庚电敬悉，承示转饬劝谕各团体莅会参观，等因，当饬属遵照矣。良。佳。

## 为沪市橡皮股票危急致蔡乃煌电

（宣统二年七月二十一日）

上海蔡道：

昨据该道面陈，维持市面办法一案，经即据情电奏，顷承准枢电，"奉旨：张人骏奏上海正元、兆康、谦余三家钱庄同时歇业，债务纠葛，沪局岌岌，筹议大致办法等语。着即按照所筹各节，妥为办理。并饬上海的将善后事宜，悉心筹画，慎防流弊，以维市面而定人心。钦此"。等因。除将原奏稿另行饬知外，即钦遵妥议禀办。督。个。印。

## 附:上海道台蔡乃煌为救沪市危机签订三百五十万两借款合同

（宣统二年六月二十九日）

上海道台蔡观察乃煌并其后任道台(以下称道台),与汇丰、麦加利、德华、道胜、正金、东方汇理、花旗、荷兰、华比各银行(以下称银行)订立合同如后:

一、以上各银行愿借与道台,道台愿向各银行借上海规元三百五十万两。此款借出、归还均照上海规元核算,在上海交付。此项借款应将各银行所执倒闭之正元、谦余、兆康三庄庄票,按照前开交商会清单后,由邵琴涛、福开森两君代道台查核,共银一百三十九万九千五百二十九两四钱一分,先后付清,再将各银行、各洋行所执未付各庄票,务令以上各钱庄及其余各钱庄从速照付,并以维持市面,而定人心。

二、两江总督部堂张制军人骏业将道台议向各银行借款三百五十万两,以及措置情形奏明,奉旨允许后,由外务部照会各该国驻京钦使。

三、此项规元三百五十万两系由下列各银行摊借:

计开

汇丰八十万两,麦加利五十万两,德华五十万两,道胜四十万两,正金三十万两,东方汇理三十万两,花旗三十万两,荷兰二十五万两,华比十五万两。

四、自立合同之日起十日内,道台应将借款三百五十万两总数债票盖用道印,送交各银行收执,为道台及其后任道台担任之据。债票格式及其票数应由各银行与道台妥议定夺。

五、此项借款系为维持上海商业起见,各银行议定长年四厘行息,自立合同之日起,息银半年一付。本银规定于西历一千九百十五年分四星期付还:

西历一千九百十五年七月十四号或以前,八十七万五千两;

西历一千九百十五年七月二十二号或以前,八十七万五千两;

西历一千九百十五年七月二十八号或以前,六十七万五千两;

西历一千九百十五年八月四号或以前,八十七万五千两;

至西历一千九百十五年八月四号全数还清。

已偿之债票应即交还道台注销。

以上分期还银利息应照长年四厘扣还。

六、此项借款本利应由现任道台及后任道台完全担保,到期归还,别无另订专章。

七、华、英文合璧合同应缮二十一分,一分存督署,一分存苏州抚署,一分存外部,一分存道署,九分分存各银行,八分分存各该国驻京使署。合同文义如有参差之处,均以英文为准。宣统二年六月二十九日,即西历一千九百十年八月四号,彼此在上海签押。

## 附:上海道蔡乃煌就沪上金融危急毅然担保借款救济等致两江总督张人骏电
(宣统二年七月初三日)

自前月中,正元等三庄亏倒,市面震动,人心惶惑。有票号源丰润,钱庄德源、源吉同时受挤,危急万分。缘该三家共欠银行、洋行约四百余万,华商存款数百万,放出之款数亦相埒。源丰润、源吉系严道义彬[①]独开,德源系严道及刘道安生股开,均浙江著名巨富。严、刘仓卒来求设法,当即调查该庄号帐目,均

① 严子均,号义彬。清末在上海开设源吉、德源两钱庄,并任源通官银号董事。

属实情。此时严、刘虽有贵重产业而信用将失，一时无可抵用，倘不出面维持，洋商争收催逼，纷纷扰扰，不惟立致倾倒，必至酿出事端，牵连歇业，不可思议。且严道承办五十余年之源通海关官银号同在危险之中，源丰润设有十二埠分号，亦必同遭牵倒，岂独沪市内大局不堪设想！职道系朝廷命官，有保卫地方、补救商业之资，何敢漠然坐视，有负国恩。随嘱严、刘将沪上及各处房地契据，各省盐票、盐地暨各项股票共值价三百余万，交道收存，由道代向各处担借二百余万，存在该庄号，将华洋借款分别酌量应付。市面见职道出此巨款护持，众情已定，不复迫催，自可徐图回复。惟抵借既巨，只能陆续拨还，俾纾喘息。现计职道担保及所借洋债总在七百万内，以上非不知仔肩甚重，然当时察看市情，发岌不可终日，中国商业存亡，呼吸间不容发，不及请示，遂毅然担任，以期仰副朝廷及督宪安靖地方、保全商业之至意。兹事体大，通电报明，伏祈密为存查。至严、刘产业存道，幸勿宣示，俾靖谣风，而保大局。

## 为黑龙江水灾致锡良周树模电

（宣统二年八月初七日）

制台、黑龙江抚台鉴：

洪。支电祗悉。江省大水为灾，深堪悯念，理当协助，以尽恤邻之谊。惟宁省财力艰窘，上年江北一带被水，迭办赈粜，罗掘俱穷；今秋亦迭遭大雨，湖海并涨，添拨工款，尤形竭蹶。容饬藩司勉筹，俟有成数，再当汇解，以恤灾黎，而副台命。骏。歌。

### 附：锡良周树模为黑龙江水灾复张人骏谢电

（宣统二年八月初七日）

南京张制台鉴：

歌电祗悉，江省水灾，辱承俯念哀鸿，慨筹赈助，感荷无极。

还望及时措施，俾得早沾惠泽。敬谢。良、模。阳。

## 会同劝业会审查长杨士琦为动员参加德国万国卫生博览会致各省督抚电

（宣统二年八月二十二日）

制台、抚台鉴：

洪。德联邦京基设立万国卫生博览会，前经民政部奏派监督赴会，并声明将劝业会如以关卫生出品预留一分，专备赴会，等因。奉旨："依议。钦此。"钦遵在案。现民政部派员到宁，就会场征集出品，所有往返运输、保险、装置、除列等费，概由民政部担任。其重要物品仍应严重保护，以免损坏。至在德售出物品价值、带回物品，并所得奖励，即由该会监督运归，分交出品原省。既可敦睦邦交，且劝业会存留赛品亦可销售，两有裨益。特此电请尊处电饬协会出品驻宁委员，按照卫生章程则款预选赛品，于闭会时，务交民政部驻宁委员接到，至为感盼。并祈电复。人骏、士琦。

### 附：东督锡良为预选有关卫生出品赴会复张人骏杨士琦电

（宣统二年八月二十三日）

南京制台、审查总长鉴：

洪。电敬悉。预选有关卫生出品，专备赴会各节，当饬劝业道电饬遵办矣。良。

## 论速开国会设立内阁致各省督抚电

（宣统二年八月二十五日）

制台、抚台鉴：

辰。列公救国伟议，以责任内阁、国会为不易办法，李仲帅效电推论尤详。以他人已行之成效，为我国因时之良规，用心良苦。

骏不佞，窃尝体查华夏古今之民情风俗，不能无疑。中国向以静谧与治，轻征薄敛，与环球各国不同。本朝仁政，主于不扰。庶人不议，民间人[久]无政治思想；绅矜自好，亦以不与公事为不二法门。将驱而与谋君国，谨愿者胸无主宰，不能建议，狡黠者多方运动，自便私图。既无政党之可言，复鲜公理之可据。聚无数顺则良民，供有数嚣张之鼓煽，有要求而无担负。尔时政应之不可，拒之不能，上下交争，民心益去。毕竟激成当年劫围议院之事，将举国骤然，外人乘之借名平乱，君民、国防何以善后？此国会之说也。

内阁全权，必恃国会为对待监督。人民程度不齐，选举法亦未备，骤开国会，政党从违，道谋取舍，善者因孰杀之，歌而即以措理无从；不善者出其权位、资财，勾结党援，势倾人主，萧墙之祸，何以御之？此责任内阁之说也。

查东西各国，如英、德、日本立宪，政体、兵权、外交，国之大事悉操于君，是主脑仍属一人。以中国今日情势，谓一有内阁，朝廷遂可无为而治、不负责任，窃未敢以为定论。葠蓍良药，误服适以杀人。鄙意我国地大物博，徒以边远多未辟之区，中原多水旱之事，地不力不盛，人工又疏，增华踵事，与各国相追逐，不揣其本，而齐其末，未得貌似，形神已疲。为今之计，自应就宪政预备事项，删其可缓，致力所急，通筹各省统治之纲，分厘各省进行秩序，专其责成，清其权限，至鲁至道，悉循等参，庶不致凿枘之害，且免饰虚以应。重要之端，不外饬吏治、兴实业二者。盖吏治修，则民志安；实业兴，则民生厚。内讧不起，外患可弭。及时修明刑政，整饬戎务，未尝不可为善国。操切急进，仆蹶堪虞。自愧迂远之见，无当事理。惟外观时局，内审国俗，谨以历陈，统祈教正。骏。有。

**附：粤督袁树勋为速开国会设立内阁致张人骏等各省督抚电**

（宣统二年九月初一日）

各省制台、抚台钧鉴：

蒸电意有未尽。铁路为应行政策之一端。就路言路，吾国幅员既广，日伺堪虞，则以借款筑路为伐交伐谋之政策，亦目前所宜急筹者。俄日协约成而东三省危，滇越铁路成而滇桂俱危。似此伟大工程，吾国断无此财力。欲稍迟回，而人不我待，则不能不借款，并借以牵制各国。譬如滇路则不可纯用法款，东三省则利用美款，各国即因均势而有所顾忌，我亦得及此间隙以修明内政。如此办法，更须立定主脑。所谓主脑者，曰责任内阁，曰国会。此二语，为现今普通常识上所共有。故勋窃以为内阁国会云云者，为吾国各项政策之起点，并非谓宪政完全之结果，即在是也。所虑者，国会成立，必经无数曲折困难，尚非旦夕间事。然使先组织内阁，尤虑仅有负责任之形式，与目前枢臣无异。而事机万变，仍责难于一人，此则立宪专制，两无所当。无论何种政策，今日以为是，明日又以为非；一方面以为是，一方面又以为非。此起彼仆，时不我与，而国不可为矣。故鄙意筑路为应行政策之一部分，借款为筑路中应研究之一部分，似不必谓全国筑路俱应如此。于救亡政策主脑所在，似系另一问题。至于清帅、莘帅佳电，谓铁路所用工料，悉取于国内，此款留布民间云云，鉴于前车，亦非事实。铁路借款，往往工程师购料两层，操之外人掌握，且吾国铁厂所出，尚未敷全国铁路之用，洋工程师更借词挑剔，为彼国材木及工厂销运之尾闾。历年各路所用木料，可覆按也。故即就铁路而言，无论外款、自款，亦不可无主脑。清帅、莘帅公忠体国，观此时艰，思下一急剂，用心良苦。敢愚蠢见，用备研究，仍祈诸公指示。

## 又电

辰。安帅有电、慕帅勘电均悉。事理以讨论而佥明。阁会关系尤巨，仲帅发起，列公主张，皆治法也；安帅所见，则人治也。慕帅所谓历来讲吏治、实业，成效安在？正坐人治而非法治。故今立一法，而必全国一致，无人能踵越范围，则必经多数公认。

既公认,则不复能违犯,夫是之谓立宪。开会问题,实不过法治之机关。至于执持进行,视乎其人。但其人苟不当,亦必有多数人监督之。此意仲帅电已明。所谓敷衍闻茸,皆无所施也。鄙意似此,乞再加审择。树勋。先。

## 附:浙抚增韫致张人骏等各省督抚电

（宣统二年九月初四日）

各省制台、抚台鉴:

辰。伟论均读悉。窃慨有治人无治法之流弊,驯至更一人必变一番政策,内外不相谋,各省自为风气,焉得有若许之上智列诸内外?如果立法完善,中才以上皆可执守,借收内外互相维持,各省一道同风之益。况立宪政体业经宣布,过渡时代只能作济河焚舟之谋,不能作日暮途穷、倒行逆施之计。熟筹深虑,聊贡狂愚。增韫。支。

## 附:锡良为谘议局通告致张人骏等督抚电

（宣统二年九月十一日）

制台鉴:

辰。鹤帅佳电、海帅壹电均悉。鄙意甚以海帅所见为是,敝省谘议局如有此举,拟即照此办理,希接洽。良。蒸。

## 附:山东巡抚孙宝琦为速开国会设立内阁致各省督抚电

（宣统二年九月二十八日）

清帅、莘帅佳电敬悉。广造铁路以活行政机关,借用外债以纾国内财力,卓见至佩。琦亦素主此议。但造路不能不权缓急,借款必须预定筹还本利。从前路款合同,均载明以车务进款抵押,不敷由国家另行拨补。如沪宁、正太,皆赖别路余款拨补,津浦借款,不以路作抵,而另指定专款虚抵。今若干枝并举,借款数万万，边境人烟本稀，客货必少，行车进款，断难匀还本利。吾国常年进款，已大半抵押甲午、庚子两次赔款，不知度支部另有何项指拨？必须从长计议。筱帅、海帅电作虑极是。鄙见宪政根源要在三权分立，而尤在组织内阁，使国务大臣同负责任。所谓天君泰然，百体从令。国会宜早日召集，庶免局外訾论，溷乱是非。单简重要之方，以此为急。至借款筑路，似应先尽腹地，一则行政灵活，二则本息可靠。若筑边远之路，宜设立大公司，招各国股份。不拘一国，权自我操，指定专款，国家保利，自少流弊，更无到期不能还本之虑。管见所及，尚祈荩筹见教。

## 又电

安帅宥电敬悉，所论阁、会两节，虑远思深，老成持重，至为企佩。惟自九年筹备之期限既促，十一部同时进行，各不相谋，财殚力绌，情势日彰。各省同处困难，各部且时有冲突。于是知是非握定主脑，为单简重要办法，无当也。仲帅倡议，诸公相继赞和，盖非设责任内阁，无以挈统治之机关；非开国会，无以定舆论之归宿。有责任内阁，则各部通力合作，如指臂之相联，必能酌剂缓急之序，政令合一。各省折衷有自，庶易程度进行。至国会只有议决之权，而执行仍在政府，士大夫有政治思想者日多，国会既可为羁縻之地，且可杜局外之妄论，淆乱是非。各省谘议局权限无凭，有国会则权限自定。琦窃以为欲救宪政之困难，与谋宪政之进行，舍此别无良策。至饬吏治与实业，自相承以粉饰。历来疆吏，何人不讲整饬吏治？各省亦何尝不务实业？其成效安在？就观大局，时不我与。敢抒鄙见，尚祈赐教。琦。勘。印。

## 为沪市紧迫危及长江一带拟向洋商借三百万两致军机处电

（宣统二年九月十一日）

窃照沪市紧迫，周转不灵，各国银行不收庄票，不放拆票，华商庄号，现银告竭。经人骏会同苏抚，派委苏藩司陆钟琦诣沪确查。据禀，情形甚为危急，洋款紧要。初八日勉强应期，十八、廿九两期，尚不知若何应付。向称殷实可靠之商号，受挤岌岌，已有停止交易者，商情益为惶骇。各处汇兑不通，波浪及于长江一带，裕宁官银钱局，亦同被挤。江省库币如洗，历付解还洋款、防营新军饷项，以及劝业会官股等款，皆恃该局为挹注，垫支在百万以上。湘、鄂、赣、皖、淮、扬、徐、海、苏、镇、沪、宁总分局三十余处，通用钞票，为数又巨。似此金融阻塞，相逼具来，何堪终日？至沪市为商务中枢，源竭流滞，对内宜防浮动，对外尤虑枝节。昨据上海总商会总协理、各业代表联名切陈困迫，吁请代奏维持；并英领亦以为言，措词甚急。业经电咨度支部，迅筹酌剂，并由人骏分电沪商会、英领事，允为酌量维持，以冀暂定人心，各在案。目下宁省及长江各埠市情，事机更为危迫，若不立图补救，官银钱局一有摇动，洋款军需并一切要用，均将束手无措，骚动堪虞。人骏会商司道，筹维乏术，燃眉急救，惟有与各国银行筹商借债，以三百万两为率，以六年为期，本利由宁省设法匀还。查部章外省订借洋债，应咨候部核。人骏体察情势，万难刻缓。现已派员赴沪，与各国银行订议办理，不敢拘泥定章，延误大局。相应奏明，请旨允行，无任迫切待命之至。除将议借暨分别发放办法，另行奏报咨部立案外，谨请钧处代奏。

## 为沪市危急就运库借拨五十万两分发济急致军机处电

（宣统二年九月十二日）

沪市危急，牵动长江一带。人骏因事机紧迫，议借洋款酌剂。正筹办间，迭接苏抚急电，以苏市纷支裕宁钞票，众情汹涌，势迫时促，洋债尚未订定，莫救燃眉。现由人骏特派江安粮道吴葑专轮驶赴扬州，就运库借拨五十万两，分发济急，暂顾目前。一面仍催令将订借洋款迅速定议，以为后盾。人骏为大局起见，权宜擅便，负咎莫辞。除分别饬办外，相应奏明请旨立案。谨请钧处代奏。

## 附：上谕——张人骏议借洋款借拨库银系为大局起见着即照所请

（宣统二年九月十二日）

电寄张人骏：据两电奏称，沪市危急，议借洋款酌剂，并就运库借拨银五十万两，分发济急各等语。该督系为大局起见，着即照所请，迅速办理。

## 附：外务部为议借洋款应电请户部核准致张人骏来电

（宣统二年十月二十八日）

议借洋款三百万两一事，本部前咨户部复称，此项借款以湘、鄂、赣、皖盐厘加价等款抵指，事属可行。等因。当经照会英、法、德三使。现准该使等照称，各银行与江督订立合同第八款内开：各该国驻使接准外务部照会声明，江督有权代政府担认，依期将此项债款本利清还，并拟合同上盖用总督关防为据。等语。兹银行请询：奉旨批准，是否包括第八款所载，希示复。等因。查尊处前电奏内，未经声叙，该款合同亦未咨部，希即将该款所载各节电请户部核准，知照本部，以凭照复各该使。为要。外务部。二十八日。

## 电旨维持沪市办法致苏抚程德全沪道刘燕翼商会周晋镳电

(宣统二年九月二十七日)

二十六,承准枢电开,奉旨:张人骏等电奏维持沪市办法,请饬度支部、邮传部各拨银二百万两,分交大清、交通二银行会同沪道妥商办理,等语,着该部遵议具奏。钦此。骏。沁。

## 札行江苏谘议局审核宣统三年预算全册文

(宣统二年十月初三日)

宣统二年九月二十三日,准度支部漾电开,二十日会议政务处奏,会议度支部具奏试办宣统三年预算请饬交资政院照章程办理一折,奉旨:依议。钦此。合行恭录谕旨电闻,并请照章将贵省预算全册抄录一份送交谘议局,以备参考,等因。到本部堂。准此。查宁属宣统三年预算,前据谘议局来函请将报部底册关于地方行政各项先行抄稿饬知,俟大部奏明再行正式交议,业经饬据宁属清理财政局照录预算全册,于中秋节前函送谘议局。嗣准度支部江电:具奏试办预算,合将局存地方行政费底册抄录一份送交谘议局,等因。又经饬据清理财政局禀复前送册内,国家地方经费均已划分备列,请免重送。并将裁减各案列表呈请核发前来。复由本部堂先将裁减各款清折札行总谘议局查照各在案。准电。前因所有预算全册既经抄送,应由谘议局按照前送全册办理。为此札行谘议局查照。

### 附:江苏谘议局质询张人骏文

(宣统二年九月初七日)

查局章第二十二、二十三条,谘议局议定可行或不可行事件,得呈请督抚公布,或更正施行。第二十四条后附之按语谓“所以重行政长官之责任”。据此,则本局所议决之案,或公布施行，或更正施行，其责任全在行政长官。

乃自上年开局以来，凡本局议决事件，即经督部堂、抚部院所批准公布者，如下开可行不可行各案，以各属议员之闻见，至今均未实行。如此漠视定章，既乖朝廷采取舆论之盛心，亦非督部堂、抚部院批准公布之初意。究竟具何理由，不能不生疑问。

爰据局章第二十六条，呈请逐案批答。计开：

关于可行事件：一实行禁烟案；一整顿征收丁漕积弊案；一整顿契税方法案(此条关于撤除旧例及革除浮费两条，宁属未实行)；一整顿商会案；一整顿淮安关卡以苏商团案；一本省单行章程规则饬清已行未行界限，分别交存交议案。

关于不可行事件：一永远停止彩票案；一积谷罚款严禁州县存库案。

## 为阁会事蒸日奏稿致各省督抚电

（宣统二年十月十五日）

制台、抚台鉴：

洪。敝处因阁会事，蒸日电请军机处代奏云："读本月初三日谕旨，特准于宣统五年开办议院，预即组织内阁。鉴臣民吁请之诚，开中外大同之治，宸谟丕焕，薄海同钦。伏念立宪之诏，颁自先朝；预备之期，定以九载。光绪三十二年，景庙钦奉懿旨，即以宪政为救时要策。虑规制未备，无以对国民而昭大信，厥后明诏虑传。念时局之艰危，痛事机之迫切，忧勤厉无间宵旰。三十四年八月初一日，上谕明定筹备期限，且甚之曰：危急存亡之秋，殷殷于朝野同心图存，官民交勉以进步，何尝不急于观成？盖必上有完备之法度，下之应进之义务方为有效。相须殷相期，不得不远。诚不欲于政治法律一切整理保护机关未臻周妥之时，遽以无穷担荷责之吾民，一变列圣相承薄赋轻徭之德意。特以筹备事宜严责官司，而议院基础则于资政院、各省谘议局假之议权，宽其责任，俾资练习，处怀之仁，鉴今抗古。人骏前经各省督抚电商阁会办法,需虑议院骤开,议员识解未纯,担负无力,政党从违,靡据。监察每谏内阁权位太重,不无流弊,通电各省踌躇商榷。兹阅锡良等电奏情形,各省谘议局及人民代表吁请速开国会各节,诚如皇上训示,民气奋发,众论佥同,自必于人民应担义务确有把握。锡良等并援日本国会既开,岁入之数自原额八千万元增至六万万元,以为备证。我国地广民稠,何止十倍于日本,以是谋国,何谋不臧尔。此时机正宜急起直追,统图猛进。唯各省历年筹备事宜,维尚循途可赴,究难日起有功。愚民惑于创见,每因调查户口,动辄滋事,其棘手尤在无米之炊。度支部预算案,各督抚复陈筹备经费案统计,每岁不敷,不下数万万,现须在两年内提前赶办,即使删繁求简,移缓就急,而事以限迫,见多款以急谋莫措,通盘筹画,应付实难,尚固以筹备事宜,为国会之先导。今当以国会为筹备事宜之权舆,可否请旨饬下政务处王大臣公同会议,将通国财政应加之数提出,就资政院未闭会、各省人民代表暂未离京之时,交令决议,先举各国通行之有期票、无期票、年利票各项国债办法订定,切实担负发行条款,借以速集巨款,巩固财用;一面分别国家税、地方税,将营业所得、印花各税次第推行,务于民生兴足,会其通斯,以先忧后乐普其利,似此方有真实把握,国会早开之日,即可早收一日之效。组织内阁,正当与议院同时并举,所有筹办一切宪政事宜,均以大权统之,朝廷责任共之,臣庶为不易之办法庶期上下相维,赞成郅治。愚昧之见,是否有当,伏候圣裁。”等语。元日奉双旨:“张人骏电奏,筹备经费不敷,请饬政务处王大臣会议,将通国财政应加之数,提交资政院,先举各项国债办法订定,切实担负发行条款,等语,候会议政务处知道。钦此。”谨闻。骏。盐。

## 为江南拟设教育馆致各省督抚电

(宣统二年十月十七日)

制台、抚台鉴:

劝业会闭会在即,江南拟设教育馆,贵省与赛动植、矿物及标本、模型，除贵重品外，拟恳捐助馆内，以备陈列而资参考。并请札知贵省提学司、劝业道，及电驻宁馆员遵照。可否？尚祈示复。骏。霰。

## 会同朱家宝为皖省劝赈致锡良电

（宣统二年十月二十六日）

锡制台鉴：

本年皖灾奇重，迭请颁发帑银，截留京饷，并设法筹拨，并乞助各省，综计集款仅四十万金。冬振办振，所关仍多，焦灼万分。现皖绅在沪设义振公所，携捐启四出呼吁，但非登高之呼，难期众山响应。兹由皖绅邮寄捐启，恳尊处司道广为劝募，尚祈鼎力谆饬，并恳札委王道荃本①、段道启勋②、程厅长继元③、聂道汝魁④、徐协统万鑫等分别劝募，以收家擎之效。谨为灾黎请命，不胜企祷之至。骏、宝叩。宥。

## 为南洋劝业会业已事竣而散致各省督抚电

（宣统二年十月二十八日）

各省制台抚台鉴：

洪。南洋劝业会，深蒙贵省协赞，借资成立。自本年四月二十八日开会起，至十月二十八日止，已届六个月期满，于是日举行闭会式，事竣而散，秩序井然。谨布谢忱，并以告慰。骏。勘。

---

① 王荃本，清末民初历任吉林劝业道、福建财政司长、湖北财政厅长、河南财政厅长等。

② 段启勋，字子猷，段祺瑞三弟。日本陆军士官学校三期毕业，历任北洋军第二镇参谋、吉林劝业道、河南省财政厅长等职。

③ 程继元，清末民初曾任奉天高等审判庭长。

④ 聂汝魁，聂士成长子。民国时曾任吉林省烟酒专卖局局长、财政厅厅长。

### 附:东督锡良祝贺劝业会礼成复张人骏电
（宣统二年十月二十九日）

张制台鉴:

洪。勘电悉。劝业会始终完美,腾誉遐迩,皆公综揽擘画之力。敝省因人成事,重辱巨谢,深增丑恧。良。艳。

## 为沪宁借洋款三百万两一案情形复外务部度支部电
（宣统二年十月二十九日戌刻发）

二十八日电敬悉。议借洋款三百万两一案,人骏派员赴沪与汇丰、德华、东方三银行商借。拟订合同第八条款内开:各国驻使接准外务部照会,声明江督有权代政府担认,依期将此项债款本利清还,并拟合同上盖用总督关防为据。等语。以上办法,系拟奏奉谕旨允准后,始据洋行要请订允之款。该款合同尚未签字作定,故未咨部。惟九月敬日人骏自沪电请外务部照会英使,曾将此条节叙,谅荷察核。至此项借款,系饬据江藩司查明,以江南财政公所岁收充饷之湘、鄂、赣、皖四岸收回复价八成盐厘及江南要政加价、两淮海分司五成盐厘三项解款作抵,应请度支部核准,知照外务部速赐照复英、德、法三驻使转饬各该银行照借,俟将合同签字后再行咨送钧部备案。

### 附:军机处为奉旨沪宁借款仍遵谕旨办理转知张人骏电
（宣统二年十一月初一日）

奉旨:张人骏电悉。沪宁借款仍恪遵迭次谕旨办理。等语。著户部知道。钦此。

## 附:江宁布政使向上海德华、汇丰、汇理三银行息借洋款三百万两合同

(宣统二年十一月初十日)

江宁藩台樊增祥与上海德华、汇丰、东方汇理银行(以下称各银行)借款三百万两之合同,系两江总督部堂张人骏为维持现时江南市面,奏奉谕旨准借洋债。此谕旨载于外务部照会德、英、法国驻京大臣之文内,准借洋债三百万两。故两江总督部堂特授权与江宁藩台樊增祥议借,并将下文所载债票加盖印信。所议条款如后:

一、各银行愿借与两江总督部堂,两江总督部堂愿向各银行借银三百万两。凡借出、归还及付利息,均照上海规元计算,在上海交付。

二、此项借款规元三百万两,定于订立合同签字盖印之日,由各银行照数交足。

三、此项借款,议定长年七厘行息,自合同签字之日起利息。由现任江宁藩台暨后任藩台,每年定于西六月十一日交一次,又于西十二月十一日交一次,至本银还清为止。其本银则定每年还一次,分六年清还如下:

西历一千九百十一年十二月十一号还债本规元五十万两;

西历一千九百十二年十二月十一号还债本规元五十万两;

西历一千九百十三年十二月十一号还债本规元五十万两:

西历一千九百十四年十二月十一号还债本规元五十万两;

西历一千九百十五年十二月十一号还债本规元五十万两;

西历一千九百十六年十二月十一号还债本规元五十万两。

四、每年依期还清本利后,如下列三项财政进款更有余银,江宁藩台可将下期债款或未还之债款全数提前归还。惟须于三个月前,先行知照各银行。

五、此项债款以下列江南三项财政进款作为抵押,该进款系初次抵押。

甲、湖南、湖北、江西、安徽四处盐岸收回复价八成盐厘,湘平银三十万两;

乙、江西要政盐行加价款,湘平银三十二万两;

丙、两淮海公司五成盐厘,湘平银十二万两。

前三项,宣统三年计进款湘平银七十四万两,宣统四年起每年可增至湘平银八十四万两。藩台担任,上列三项进款以前未曾作过抵押;现任暨后任两江总督部堂担任,倘日后欲将此进款再押与别家,必须声明不得占在此项银行押款之前。

六、自订立合同签字之后三个月内,由藩台将所借之规元三百万两,分备借本债票加盖印信,送交各银行收执,为现任藩台暨后任藩台担任之据。债票格式,及每票应填银数,由各银行会商藩台定夺。仍俟到期照票清偿,再将此票交还藩台注销。至按期还本之后,所有利息随本递减均照长年七厘扣算。

七、此项借款本利,由现任藩台暨后任藩台完全担保到期按票清偿,别无另订专章。

八、大德、英、法国驻京大臣,接准外务部照会,声明两江总督部堂,有权代大清国政府担任,依期将此项债款本利清还,并于合同上盖用总督关防为据。

九、现缮华、英文合璧合同十分,以一分存两江督署,一分存度支部,一分存外务部,一分存江宁藩署,一分存英国驻京使署,一分存德国驻京使署,一分存法国驻京使署,三分分存各银行。合同文义有参差之处,以英文为准。

此合同于宣统二年十一月初十日,西历一千九百十年十二月十一号,在南京签押。

江宁藩台、汇丰银行、德华银行、东方汇理银行、见证人安德臣律师。

## 会同朱家宝为华洋义振会复盛宣怀电

（宣统二年十一月初四日）

华洋义振，系驻沪皖振公所呈请援办，只及皖灾，未及徐海。经骏、宝①往复电商后，随于前月由宝处会衔片奏筹办大概情形。片内并声明丙午前案，系由我公会同吕尚书②、端制军③，委派沈道敦和联合洋员办理。本年皖灾，与前此淮徐相埒，务恳垂怜灾黎，主持一切。不胜企祷之至。

### 附：盛宣怀为华洋义赈会选举事致张人骏朱家宝杨士琦电

（宣统二年十一月初一日）

接上海福开森④、沈敦和⑤等电，江皖巨灾，捐事弩末。现拟仿照丙午⑥办法，组织华洋义振会，仍推钧座为会长，以便向欧美募捐。皖推定杨杏城侍郎，江督、皖抚已商妥电允附奏，乞电复云，查丙午淮徐海华洋义振，欧美捐助面粉甚巨，曾派华董会放，亦甚相安。此次皖北徐海一带确非巨款难期救彻，惟弟远

---

① 皖抚朱家宝。

② 吕海寰。

③ 端方。

④ 福开森（1866—1945），美国人。毕业于波士顿大学。光绪十四年（1888）创办汇文书院（金陵大学的前身），任首任院长。辛亥革命后，他曾先后被聘为国民政府行政院顾问、红十字会副会长等。

⑤ 沈敦和（1866—1920），字仲礼。中国近代著名社会活动家、慈善家。早年留学剑桥大学，专攻政法。光绪三十三年（1907）后，历任大清红十字会、中国红十字会副会长。先后创办中国红十字会时疫医院，红十字会总医院及医学堂、天津路分医院，中国公立医院等，兼任上述各院院长。

⑥ 光绪三十二年（1906）为农历丙午年。此年华洋义赈会成立，赈灾结束后即自动解散。

隔,恐难遥领。尊意究竟如何,祈速示,以便酌行。

### 附:盛宣怀为派汪道咏沂前往办理致张人骏电
（宣统二年十一月二十五日）

义绅萧之华,自海州来面称,海赣沭蒙拨高粱三万石,已到未发。近有饿殍,亟宜查户口给票,减价平粜。闻沈侍郎面恳,准派汪道咏沂[①]前往办理,该道舆论甚孚。岁聿云暮,可否请速派往,并催赶办振,以期救澈。

### 附:盛宣怀为奉旨冯煦为查振大臣致张人骏电
（宣统二年十一月二十七日）

陆相[②]及江皖京官,以江皖灾重,请简宣怀为筹振大臣,冯前抚煦[③]为查振大臣。初九日奉旨照准,已钞折咨会,计早到。梦翁一件,径寄宝应,故尚未达。请照原文转咨,以便接洽。

## 为预备立宪事致各省督抚电
（宣统二年十一月十三日）

抚台鉴:

洪。孙慕帅真电敬悉,宪政提前赶办,莫难于财力不继。骏前经电奏,提出预算案不敷之数,与资政院民选议员预请国民担负,统图补救之术。已奉旨:交政务处知道。钦此。在案。至请将官制交资政院协议一节,设官系行政机关,君主大权所系,不在立法范围之内,似非议员所得与参。我国系遵君主立宪之法,朝廷统治特权极应尊重,院章限制宪政不在与议之列,凡君主立宪,宪法应由钦定,各国通

① 汪咏沂,字鲁门。曾任江苏候补道等。

② 陆润庠,字凤石。时任吏部尚书、东阁大学士。

③ 冯煦,字梦华。1910 年江苏、安徽水灾,朝廷起复其为查赈大臣。

例。此中分际不可不慎，务祈详酌为荷。骏。元。印。

## 附：湖广总督瑞澂为预备立宪事致各省督抚电
（宣统二年十一月十六日）

各省制台、抚台鉴：

辰。诸帅先后论官制电，均悉。伟识至佩。今拟先定大纲，与仲帅三级之说略有引申，现定稿电枢代奏。文曰：窃维厘定直省官制筹备定于今年，廷议如何即难妄测，某等之愚，屡谓应以立宪政体为根据，参以国境情形为解决。夫立宪之国当统一，其行政必集权于中央，二者不备即非完全。欲言行政统一，则以尽裁督抚为正当办法。然我国地大俗殊，交通阻滞，若将督抚尽行裁汰，揆时度势实有未能。盖形势不备，地方行政尚难直接于中央也。故仿效他国今固非宜，因仍旧制尤为非计，则如何变通尽利，如何逐渐推行，在官制未经厘定之初，自应仰乞睿裁，先行钦定完全统一之制度，期以若干年为限一律实行，则国基可以永固，庶政可以日兴。某等统筹各省情形，似应分为三等，如距京最近之直隶一省，似可试裁总督一缺，以民政司直辖于中央。军政、外交、教育、实业亦直辖于各部，并请责成任事各员全力经营，以为各督之模范。行之有效，再推及于距京较近之省分。其次为腹地各省，则裁督留抚，或改督为抚，但当画清中央与地方行政之权限，使其负完全之责任。又次为边地各省，则参取各国属地总督之制，仍设总督为职，当较专畀权当较重，而一切佐治各官当以府厅州县直接于督抚，除司法独立外，其余司道，当如部中各司之议分事负责。一省行政之得失，悉责任于督抚。如此办法虽分匀等第，一以统一行政为指归，俟十余年后，全国交通便利，国境以内行政敏活，中央集权机关完备，其时腹地各省巡抚即可尽裁，边地各省总督亦可量为裁并，则行政经费可省十倍于今日，立宪政体庶亦可称完全。但兹事体大，应请我皇上广集贤能,悉心筹论定议之后诏示天下。所有逐渐推行之方法一同宣示,务使薄海臣民通晓此意,则政本以立,纪纲肃然,立宪之盛可垂万禩。

某等世荷国恩,复膺疆寄,同抱统一立宪,今者竭其愚忱之希望而言官制,断不能据为督抚自便之计,有以上误君国。用陈祷昧,伏乞圣裁,敬乞饬下会议政务处、宪政编查馆核议施行,无任惶悚,请代奏云。译奉削减。事关改制问题,切勿吝教。如愿联名入告,并盼复赐。此电拟仍推清帅领衔。并闻。瑞澂。铣。印。

## 为审判各项急切未备致各省督抚电

(宣统二年十一月十七日)

送江裕轮船新任两广制台张,各省制台、抚台鉴:

洪。坚帅、莘帅咸电敬悉。筹备缩短,事迫见多,虽加删节,终虞不给,财政难支尤属最要问题。人骏前经电奏陈明在案,承示联上馆电,荩筹周密,甚表同情。

惟审判一项,目下各项机关急切未备,司法、警察未办,户籍未明,舍州县原有差役,无从逮捕、拘传。我国向章,丞簿以下不准受词、越诉、压罚,无论事之大小,均由州县起诉。审厅分级起诉,限定等差,诚恐小民无知,动多抵触;豪滑奸胥愚弄诪张,辩护士无相当资格,闾阎不识法律,易滋抑祖之弊,民不堪苦。意拟先就省会大镇试办,树之模范,各属州县每城设一审判厅,分立四庭,以公开豫审各一庭属于地方,以两庭属于初级。凡控案仍由州县受词,即日送交该厅核明,应拘、传、递、捕,即会出签票,原、被、人证到案,由厅分别讯办,经自申报司法上官,案中曲直,牧令不得过问,亦不负责,以符独立法意。似此可为牧令省听讼之劳,腾出时间、精神,致力于应办之事。审判厅略如发审局,而法权加重,司法内之行政亦可免隔阂窒碍。

是否之处，统祈酌采，并乞挈衔为荷。骏。筱。印。

## 论君主立宪集权中央事致周树模电

（宣统二年十一月十九日）

抚台鉴：

洪。莘帅铣电敬悉，荩筹甚佩。此事昨准清帅元电，所论各节已表同情，并略参末议，请公酌定稿，挈衔陈奏。

鄙意君主立宪集权中央不易之论。若言行政有一事始属地方，而驯至解决于中央者，假如因教案而酿成交涉。有一事半属地方，而必待厘定于中央者，假如议办各省单行章程，而牵涉于部章通例，执不能不由内外共负责任。权限之际似难清划。司法独立，赅立法、司法、行政而言。立法属于议院，候裁可于朝廷；司法隶于法职大理院，赦免、勾决恩威仍出自上，固也。行政范围并包度支、民政、提学、警察、劝业各司道职掌，舍此似更无其余司道。至裁撤督抚，即近畿似亦骤难办到。查美国制度系属共和，视我国立宪宗旨截然不同，其疆宇广大则异于欧洲各国，而有似乎我国分省而治，亦设有督抚之相当官，各治所辖不听转移于内阁之更迭，以补内阁倾倒一摇百动之弊。一摇百动之足以紊乱治安秩序。清帅元电第一节虑之甚详，极所赞成。

骏窃谓厘定官制主义，要以于中央立统治之机关，奉朝命以阁令行之；于各省立分治之机关，抚督奉朝命以省令行之。内阁辅弼皇上，有监察督抚之权责。盖各省之大，必有长官以普通行政权总于上，各司以分立行政权举其职，地方官以普通行政权承于下，受议事会之协赞，而实见施行。居中分职之事宜达于上，有其总汇行于下，得其会通方不至抵触、枝梧、隔阂、窒碍。愚昧之见，不敢谓然，兹事体大，不厌求详，爰贡区区，统祈赐察见教为祷。骏。皓。印。

## 以司法行政各务直接中央为是致各省督抚电

（宣统二年十一月十九日）

制台、抚台鉴：

洪。锡帅元电敬悉。以督抚为行政长官，自属正论。审判独立，原为防行政官秉权武断。孟子论皋陶为士，本以执法不挠为主。行政官与地方议会，期于融洽办事，恐议员中或有父兄牵连讼事，因行法伤及感情，遇事刻议，不无疑阻。当人民教育未普，公理不明，监察议员识力未定之时，此端更应虑及。

鄙意仍以司法、行政各务直接中央为是。特律师陪审各项机关，程度均未完备；户籍不清，愚民可侮。种种流弊，尤应设法严防廷尉。天下之平，纯恃中央执法。外交权之在各国友邦，驻使均集都城，交涉大权悉操君主，事势使然。我国于各国领事假以裁判权，各埠租界假以警察权，甚至教士、洋商皆在治外，交涉事务遍布各省，督抚未委外交权而不得即达，府厅州县亦有时不能无直接与外人商办交涉之事。集权中央，应俟收回治外法权方能办到。军事一节，目下警察未尽推行，保卫地方得力全恃防营，乡团有名无实，非如他国有民兵之可调，似巡防各营刻下实万难裁减。新军则统自朝廷，遇有必须调用之时请旨办理，俟警察普及，成效卓著，再将防营次第议裁。各司主管直接、间接之分别，查旧制，藩臬各司本可专折奏事，京内部院对于外事亦得考核、撤参。督抚既属长官，自有监察之责；分掌政务，自应汇总于督抚，并受考成于部院，亦理之常，间接、直接务无争执。至各司之酌荐进退，督抚本有举劾之权，事出秉公，朝廷向以疆吏之言为重，似可仍存向章，以内阁辅弼君主、监视督抚有无过举，为准驳予夺之。准州县自酌佐治员，知府改为三级治，僻远设巡道组织，各司同署办事。内厅不必模仿内阁，清理财政局改为审计局，诸端均表同意。差缺合并，改称为职，无甚出入。品职分离，在我国官制，品系于官，官系于守，似与日本之位号不同，才望为主，恐开标榜之风，破格录用应属朝廷特权，悬为定例，窃虑未妥，统祈公酌赐教为祷。骏。效。印。

## 附：冯汝骙为宪政改革总以地方财力能否胜任为断致张人骏等各省督抚电

（宣统二年十一月二十三日）

各省制台、抚台鉴：

辰。现奉电旨：冯汝骙电江西财力不敷，请饬宪政编查馆将修正清单择要提前赶办，并各部除主管事项，认定先后缓急，总以地方财力能否胜任为断。等语。著宪政编查馆知道。钦此。电奏如下：伏读迭次谕旨，准于宣统五年召集国会，预先组织内阁，饬令京外各衙门，将提前赶办七项通盘筹划，分别最要、次要，请旨办理，并饬宪政编查馆修正筹备清单。各等因。仰见朝廷锐行宪政，通变制宜，莫名钦感。汝骙忝膺疆寄，凡地方筹备事宜责无旁贷，自当懔遵谕旨，切实统筹。窃念财政问题为万事根本，今各省预算案业经度支部核定奏陈，全国财力只有此数。但就现行筹备而言，每年已不敷七千八百万两之巨。若更缩短期限，欲召集国会以前遽求完备，则虽合并三年之岁入，以应一年之岁出，亦属不敷。欲增加人民担负，则恐以国会未开为借口之词，倘任令官吏诛求，则必致宪政前途贻无穷之累。夙夜焦思，罔知所措。拟请饬下宪政编查馆，此次修正清单，应择其与国会有直接关系者，如编订各项法制之类，一律提前赶办。其各部院主管事项，亦应通力合筹，使各部院认定何者宜先、宜急，何者可后、可缓，总以审度地方财力能否胜任为断。而后，外省各主管衙门责任可以加严，功效可以核实，庶无粉饰操切之弊。是否有当，伏候圣裁。并闻。骙。漾。印。

## 为改订官制致各省督抚电

（宣统二年十二月初六日）

各省制台抚台鉴:

辰。仲帅冬电敬悉,伟论甚佩。改订官制,要在执简御繁,收上下相维之效,去内外隔阂之嫌。我国相沿之政教,万殊之习俗,体察支配期于尽善,绝非咄嗟可以立办。留伸缩地步以待修补,派经验疆吏与谋协订,洵为确论。鄙意从同。仍祈公酌,并赐挈衔为荷。骏。鱼。

### 附:云贵总督李经羲为预备立宪事致各省督抚电

（宣统二年十二月初二日）

各省制台、抚台鉴:

辰。官制事经诸帅讨论,至为详悉。承委起草,不敢再辞。惟因节目多有异同,取决颇难,未敢着笔。现在时机已迫,若因商决迟误转失初意,谨照莘帅、雪帅先定大纲、不急要者暂付阙如之旨,勉成一稿,词意未当,译奉削定,如无异议,即请迅电清帅挈衔入告。诸帅如有增改之处,亦请迅电清帅酌定。事难延缓,拟请清帅于初十日以前核发。文曰:恭读上谕,前经降旨饬令宪政编查馆修正筹备清单,着即迅速拟订,并将内阁官制一律详慎纂拟具奏。等因。钦此。伏思修正清单,要旨期于能实行而已,顾清单能否实行,视修正者能否负责为准。今宪政编查馆既不能代内阁负实行之责,他日内阁成立亦不能代馆臣负修正之资,是内阁一日不成,即修正一日无效。皇上洞见及此,特于同时拟订内阁官制,俾内阁得及早观成。圣谟周详,曷胜钦仰。惟某等窃以为,内阁负全国责任,非负中央责任也,然则内阁官制微特不能与各部同负之责任分而为二,且不能与外省各别独立。就今日情形而论,中央官制之厘订尚不甚难,所难者内外关系之间耳。吾国地大俗殊，交通阻滞，各省制度既不能效联邦组织，复不能如日本现制以府县直接中央，似宜内外统筹分为三级，第一级为内阁与各部，其权责在计划国务，统一政纲。第二级为督抚，其权责在秉承内阁计划，主决本省行政事务。第三级为府厅州县，各治一邑，不相统辖，其权责在亲承督抚命令，整理本属行政。省制略如阁制，裁道设司，以补助督抚，各就其主管事务，对于督抚负责。边要地方酌设巡道，注重巡察，为督抚考察属吏特别指挥之补助，不委以专管事务。督抚虽非国务大臣，而一省行政得失既已专于内阁完全负责，则各司均由督抚指名请简，府厅州县之进退决于督抚，各就事务繁简酌设佐治员，由其自辟，呈报督抚加札委用。各司府厅州县及佐治员之资格，皆先行规定，由保荐者负其责成。三级大纲既定，则内外事务界限自不难准其权责量为区分。改制试办之初，凡关于行政一切章制大纲已定，权责自明；至于条目，似不宜过于细密，预留行政伸缩之地，以收随时修补之宜，乃于法理事实两无窒碍。其中惟外交、军事两端易滋纷议，然京部既负有通筹国务权职，督抚定为地方行政长官，则涉外事件其纯系乎外人私权上之利益者，固为该管督抚之责；其关乎国权及因私权上利益，而涉及国权者，应由京部主决负责。如京部因办事上之便利，指定事件委托督抚，督抚亦应于委托一部分对部负责。至各省巡防军队专为弹压内乱、缉捕土匪而设，类于地方巡警之职务，目下内治未完，乱萌时见，巡防军队只能整顿改良，骤难大为裁减。将来体察情形，地方巡警推广果收实效，防军自可渐裁，移饷需以办巡警。是目前防军实所以代地方巡警之用，与新军目的注重国防，其中自有判别。故防军权责宜专归督抚，新军权责可直接中央。惟督抚对于新军亦宜仍带兼衔，俾得节制调遣，以备变起非常，因机应付。否则临时请命，中央诸多窒碍，封疆之责督抚实难担任。此外，边地各省措施控制情事不同，政策自难齐一，宜参取各国属地总督之制,特别组织外交、财政、军事、司法之权,均宜比较腹省酌量加重。而关于国家全局计划,仍受成于中央。如此办法,庶可期行政统一,权责分明,一扫从前疲痿、隔阂、延宕、牵制之弊。至于详明条目,头绪纷繁,欲求京外推行无碍,非有久任封疆、通达治体之员协同纂拟,恐难悉臻完善。应恳皇上钦派督抚数员协订行政官制,克期入京,悉心会拟,庶几内外关系之难得借此沟通解决。一俟纂拟告成,奏请裁择颁行,即同时简任总理,组织内阁,责成阁臣。首先统筹财政,准量盈虚,修正清单。未经修正以前,除各项法典仍赶速编定外,其实行事件暂以原案为准,已办者整理勿隳,未办者量力而进,免致贤愚俱穷,内外交困。某等深受国恩,忝膺疆寄,事关经制,不敢缄默坐误,往复电商,意见相同,用竭愚昧,伏候圣明裁择,请代奏。等语。羲。冬。印。

## 为东北鼠疫复东督锡良电

(宣统二年十二月十二日)

锡制台鉴:

洪。真电敬悉。已电饬沪道遵照妥办。俟复奏闻。骏。文。

### 附:东督锡良为哈尔滨入冬以来疫症流行致张人骏电

(宣统二年十二月十一日)

南京张安帅鉴:

哈尔滨自入冬以来,疫症流行,死亡犹藉。外人以我防范不严,屡欲干预。历经良电商外部及天津陈筱帅,分别选派医员生役多人,饬赴筹办防疫一切事宜,乃防之虽严而患者仍众,近复日甚一日,每日竟死至百余人之多。且火车南来长春、奉天等处,递相传染,现亦日见死亡。此事关系民命,又为外人所注视,办理不得不严。所苦医员不敷分布奉省,除卫生医院外，余无通晓西医者。北洋官医、军医两学堂，亦已多半调奉，实觉无可拨派。查上海通晓者众，本年防疫与外人力争办理，亦甚得力用，特电请饬上海道就近选派防疫素有经验之员五六员，随带助手，饬即迅速由大连来奉。如有英国著名之医，亦可代为聘定一员。倘蒙俯允，并饬购备需用器具、药料，随带来奉。所需装、资及薪津银两，共应若干，并乞暂为代垫，一经示知，即当筹寄归款。所派何员、衔名及何日起程，希先电示为企。良。真。

### 附：东督锡良为派员来奉防疫复张人骏电

（宣统二年十二月十三日）

南京张安帅鉴：

洪。奉文电，蒙饬沪道遵照妥办，甚感。哈疫愈厉，日死百数十人，中外医员亦有因疫而殁者。上海赤十字会医员向来急公好义，前闻上海防疫事出力颇多，敢祈一并饬令来奉相助。救疫如救火，能速更感。所需川资等费，即祈酌垫，示知照缴。敬候台命。良。元。

## 为城乡一级自属自治范围致各省督抚电

（宣统二年十二月十三日）

各省制台、抚台鉴：

辰。坚帅真电悉，荩筹甚佩。查钦定行政纲目财政事务分配表，原分直接官治、间接官治、地方官治、地方自治四级事务，以是区别支款，即因为清划城、镇、乡一级自属自治范围。联衔电部，即请清帅主稿办理。骏。元。

## 为派赤十字会赴奉致东督锡良电

（宣统二年十二月十四日）

锡制台鉴：

洪。元电敬悉。已饬沪道一并查明妥办，并饬速复敬闻。骏。盐。

## 为聘派中西医员刻日赴奉致东督锡良电

（宣统二年十二月十五日）

锡制台鉴：

顷据沪道电奏，已切商税司暨公立医院沈道，聘派中西医员酌购器具药料，刻日赴奉，应需装、薪，由道暂垫。俟复到再行详细电奏等，知注敬闻。骏。咸。

### 附：东督锡良请多派中西医员来奉复张人骏电

（宣统二年十二月十六日）

南京张制台鉴：

咸电敬悉。惟疫症蔓延日甚，请多派中西医员来奉，器具药料尤须多带，以资分布。何日启程？盼示。良。谏。

## 为革道蔡乃煌称合同华洋文义相符复外务部电

（宣统二年十二月十六日戌刻发）

昨承准十一、十四两电示，当经先后转电上海刘道会同蔡革道立速查复。兹据蔡革道盐电复称：文电敬悉。借款合同系由关守絅、译员陈世光、洋员福开森译对无讹，现更派原译员及英律师安得臣将华英文仔细比较，意仍属相符。即此次英霍领照会宪台文内引用合同原文，亦叙明务令以上各庄速付字样，并未谓华、英文义不同，但言立合同时，其余各庄尚未声明倒闭，立合同后其余各庄多倒闭，不能支银以清未付，别无他法，只应由道将借款所余之项以满以上所云之意，等语。合同本无将余款给洋商办法，不过因各庄无银付偿，故出此要求，以为满意起见。苟如此说，即无合同彼亦何事不可以满意二字借为要求？况已付之一百四十万，系由各银行于借款内提扣，倘其余二百十万确应付与洋商，不应存庄生息，则各银行当时即应全数扣住，何必再交沪道？要知借债放息一层原奏声明有案。合同第二条载明：奏明奉旨允许后，由外部照会各国驻京钦使，并据英领及汇丰等行向革道索将原奏抄示。是各银行于合同之外，并以奏案为重矣，何能凭空反变。且英领于英商怡和被倒之票十三万余一款，又何必独用特别公牍另与沪道订明半年内拨付？种种矛盾不攻已破。如谓各银行可自借与票庄，不必假手沪道转借，然则近来商借洋款二百万及内地自来水公司议借一百万，既有产业作抵，何仍尚须沪道担保？尤足证明六月间维持市面之时，票庄信用已失，各银行不肯直接借给，惟信沪道有权禀请奏借，故由沪道经手间接转借，此系合同借款本旨。至英使谓以英文为准，查阅英文除已付一百四十万外，其余票款并无由官代还字样。若令各庄从速照付，本是地方官应尽之责，革道未及办结交卸，心殊耿耿。为今之计，惟有仰恳宪台，饬由沪道转饬严追各庄股东，迅速理付洋商所执各票，以符合同办法，而尽在我之责。仍乞电部在核为祷。等语。

同日并据刘道电禀：此事前接英副领持英总领公文来面诘，当以合同所载务令各庄速付字样即是按约由官严拿追缴之义，详为解释驳回，并于个电详陈在案。兹英使既称合以英文为准，即会同蔡前道传询原译之员及英律师安得臣复加核对。据称详阅英文已付一百四十万，其余票款并无由官代还意义云。除由蔡前道将驳辩理由电禀外，仅复。等语。前来。合照电达。再，在合同洋文内第二款有“Prompt payment by the above named native banks and other above named native banks”字样，是欠款应由各庄自还，不应由官代还，毫无疑义。应请察照主持办理为祷。

## 附:外务部为借款合同华洋文语意不同,英使前来饶舌致张人骏电
（宣统二年十二月十一日）

上海借款合同寄到。查洋文与汉文语意不同,昨英使来晤商此事,告以照合同汉文,沪道只有务令各庄照付之责,并非担任代偿。英使谓合同第七款已声明以英文为准,沪道只将一百四十万还银行,余二百十万交票庄生息,系违背合同,顾图私利。各银行借出巨款只取四厘息,原为维持市面。若不以所借之款归还洋商,则银行尽可自借与票庄,何必假手与沪道转借?务请饬该道将二百十万提出,分还洋商,以符借款之意。答以此款已分存各庄,若全数提还洋商,市面仍受影响,恐非所以示维持。英使终以年关伊迩,应分月及分批归还为清。此事当初订译合同未能详慎,致有此争论。此时若全数提还洋商,固属为难。然竟不陆续照付,彼又责言无已。蔡革道系原订合同之人,仍应责令清理。希饬沪道会同该革道亦与各领筹商办法,以便应付英使。仍亟待回信,并希速即电复。

## 附:外务部为英使坚持将借款速付洋商所执庄票致张人骏电
（宣统二年十二月二十日）

铣电悉。英使力拘合同第一条:The proceeds of this loan will be applied to ensure the prompt payment。谓须将所借之款交已倒及其保各庄速还洋商所执持之庄票。又谓年节在迩,华庄票在英商手者已有一百二十余万之多,若不清付,则洋商亦不能支,务请电沪道在前项余款二百十万内,于年内提出若干支付庄票。各等语。辩论多时,几至决裂。查此项合同含混纠葛,授人以柄,非将未付庄票迅速付还,无以重契约,而保信用。希即电饬沪道与英领磋商,无论如何为难,务于年前先行酌付若

干，以免枝节，并电复为要。

## 为海州赈灾事致盛宣怀电

（宣统元年十二月十八日）

海州本年并未报灾，是以前奏未经列入。昨甫据该州自治会绅董以秋水为灾、麦价陡涨，请令截留面粉等情电禀，当经电饬陈署牧确查，尚未据复准电前因。现又电催陈牧查复，并遵嘱派黄令国梓往查。俟复到，再行酌办。

### 附：盛宣怀为海州赈灾事致张人骏电

（宣统元年十二月十七日）

沈雨人[①]侍郎函云，尊处奏报灾区独遗海州，想系前报征收分数海列九成之故。请派员先往查勘，以安众心，等语。除电冯大臣外，可否请派黄令国梓及一候补道、府，速往海州确查，究竟受灾轻重如何，以免借口。黄令曾在海办当田局，民情较熟。乞裁示。

## 为派赤十字会赴奉致东督锡良电

（宣统二年十二月十七日）

锡制台鉴：

谏电敬悉。已电饬沪道照办，复到即奉闻。骏。筱。

### 附：东督锡良为哈尔滨鼠疫流行致张人骏等各省督抚电

（宣统二年十二月十八日）

各省制台、抚台鉴：

东三省因哈尔滨鼠疫流行，死亡日众，奉省渐亦波及，故京

---

① 沈云沛，字雨辰，号雨人。清末民初实业家、教育家。

奉、南满、东清各二三等火车均暂行停驶,以免蔓延。恐外间谣传误会,特此电闻。良。巧。

## 为选派医员二人事致东督锡良电

(宣统二年十二月十八日)

锡制台鉴:

顷据沪道电,奉选派医员事,现商由沈道派曾任医院检疫、极有经验之史惠敦[①]、赵新畲二人,薪各二百六十两,川资各一百两。随带配药学生曹栗卿一名,月薪、川资各廿五两。又另拨银一千两,备购防疫药等,均暂由道垫给,即由奉省拨还。嘱令廿一日趁"神户丸"由大连赴奉。乞先电明东三省督宪查照。至著名西医,税司谓有一德国人,因索薪过巨,另聘未定。现亦请沈道同为访聘,仍补选相助,妥员续往。复列另呈。等情。除电饬将著名西医妥选另选赴奉外,敬据情电闻。骏。巧。

### 附:东督锡良为乞派十数名医生速来致张人骏电

(宣统二年十二月十九日)

南京张制台鉴:

巧电敬悉。遴派医员代购药料即日北来,感纫无既。惟医官、司药共止三人,实不敷分布,尚乞多派十数名速来为盼。至德医所索既奢,且恐争揽大权,致在事人员或生意见,请作罢论。良。皓。

---

① 1911年11月27日《申报》刊登的《红十字会第一届分会职员一览表》中,史惠敦为厦门分会医士。

## 为宁苏两省预算案议核致各省督抚电

（宣统二年十二月二十日）

各省制台、抚台鉴：

洪。筱帅筱电、坚帅巧电、雪帅皓电均悉，具见关怀行政大局。雪帅持论甚丰，极佩。敝处前接筱帅电，已饬宁、苏两藩司，就本省预算案议核，俟复再行分别办理。骏。号。

## 为地方自治致各省督抚电

（宣统二年十二月二十日）

各省制台、抚台鉴：

辰。前接坚帅税章分级电文，鄙意以行政纲目，本分直接、间接、地方官治、地方自治四级，揆之事实，确亦正当。弟审官制，究分几级，现虽未定，查旧制，京部之下，外省政务由督抚主持，由州县奉行，中间司道责在监司，府为各州县之联合机关，多属承上启下之官。三级之说，督抚以下不应主管各司，所去者，仅府之一级。目下所得研究者，督抚与各治之府厅州县间删去司道承转一层有无窒碍耳。以纲目等级论，直接官治属中央，间接官治属各省，地方官治属府厅州县，地方自治属自治团体，官制定时或于间接官治抑地方内官治内再区分级数，统纲究无逾此，是骏援纲目等级，以赞成坚帅区分地方税为三级之意也。至税之名目大纲，不外国家、地方两税，目下办法，自宜先就清划惟官治费、自治费，似亦应亦分晰，以免日后官民争执，等语。商准筱帅复示。行政纲目、地方官治、自治，两皆属地方办事权限，将来自当由地方税内分配。但地方税分级，应以国家、地方两税划清，方能议及，大约无论司道承转一层是否半留，但既有省制，则省之一级不可少。若再分府厅州县及城镇乡为二级，则官治、自治亦自划分，不至再有争执也。等因。特录，请诸公卓裁。骏。号。

## 为英国医生索拟合同致东督锡良电

（宣统二年十二月二十二日）

锡制台鉴：

皓电敬悉。已电饬沪道照办刻复。据沪道电奏，东省疫重，西医为自顾性命起见，愿往者甚少。现由税司觅到英国著名医生巴地利格一员，索拟条款如下：一、合同须由中国官签押，领事特递。二、合同三月为期，从上海起程日起。三、薪水每月一千五百两，旅费、寓费、医贴在外。四、合同满后，展期不得过一月，薪水及各费照前一律。五、合同期内，应向英国人取保险公司保银三万两，未离上海前照办。应否照议代聘？乞电商东督宪核示遵行，等情。相应据情转达。该医索费如是重奢，是否一律作罢？仍盼示复。骏。马。

### 附：东督锡良为英医费重愿奢请作罢复张人骏电

（宣统二年十二月二十二日）

江宁张安帅鉴：

马电敬悉。英医费重愿奢尚属小节，特恐事权不专，不足以隆重，请作罢。前派医员，请再饬催，盼祷。良。养。

## 为请求会衔致东督锡良电

（宣统二年十二月二十四日）

锡制台鉴：

洪、漾电敬悉。荩筹甚佩，祈挈衔电馆为荷。骏。敬。

## 附：东督锡良为会衔稿已电达宪政编查馆致张人骏陈夔龙瑞澂李经羲电

（宣统二年十二月二十五日）

天津陈筱帅、南京张安帅、武昌瑞莘帅、云南李仲帅鉴：

洪。本日会台衔电达宪政编查馆，文曰：恭读云云，叩有等因。祈查照。良。有。

## 为谘议局核办预算案致各省督抚电

（宣统二年十二月二十四日）

制台抚台鉴：

清帅漾电敬悉，谘议局核算预算案，敝处已由会议厅公决，可行者即与公布，不可行者据事实答复。谨闻。骏。敬。

## 为划分税法致各省督抚电

（宣统二年十二月二十四日）

各省制台抚台鉴：

青帅哿电敬悉，划分税法事，立论精到，甚佩。骏。敬。

## 为派定华医三人赴奉致东督锡良电

（宣统二年十二月二十五日）

锡制台鉴：

顷据沪道电奏，昨改聘英医现已遵电饬，酌复税司作罢。其派定华医三人，准廿五乘“小仓丸”启行，配药学生史惠敦改张伯仁，薪水、川资、药料、器具等共垫给规银六百廿六两一钱六分。惟另须多派十数名，沈道谓遍登广告延聘，应者尚无人。谨再切商，设法招聘外，乞特电等语，敬据情电闻。骏。有。

## 附:东督锡良为百斯笃疫病冬初发见于满洲里致张人骏等各省督抚电

（宣统二年十二月二十六日）

各省制台、抚台鉴:

百斯笃疫病,冬初发见于满洲里,患者寒热、头晕、咳嗽、吐血、皮肤变黑色,一二日即不治。哈尔滨首当其冲,已疫毙二千余人,蔓延附近之双城、长春、宾州、阿城、呼兰、绥化等处,亦已死一千数百人。沈垣传染迄今毙二百二十余人。沿铁道各属如新民、昌图、广宁、绥中,均波及传播日甚。严寒冰坚,用人少经验,款尤支绌,种种困难,实深焦虑。知关廑念,用特电闻。良。宥。

## 洋商所执之票碍难归付致外务部电

（宣统二年十二月二十七日）

顷据上海刘道有电称:英使索付票款事,续奉二十四日电谕敬悉。查洋商所执之票既多至一百二十万,一经照付,则华商被倒票款一百五六十万,势必尽托洋商出面援索。借款余银只二百万,何能遍应?且余数系分存裕宁、裕苏两官局及丰裕官银号等处,定限五年提还,原为维持沪市官、商用起见。值此金融恐惶,各商家甫向汇丰押借二百万济急,人心稍定,倘将放存余款提付洋商,则官局、官号先受倾挤,而与该局号往来之商家最受间接之影响,于华洋市面均大有关碍。况现奉上谕,此项借款不准丝毫累及公家,除先奏准归还洋商一百五十万尚须严追股东欠户,并筹画归补,若再于二百万内提付洋商,目前实受亏损,将来即难免累及公家。惟洋商票款原奏本应垫偿一百五十万,蔡前道只先偿百四十万,扣存十三万余,系应还怡和洋行之款,订定半年内照付,由蔡前道禀明有案。转瞬明正初四至期,英领屡来催问,职道已禀请宪示,尚未奉批。此款既订约在先,万不能不如期拨付。乞先请部示遵办。至源利、永年、长利三家所执之票，查系陈逸卿、戴嘉宝等押款纠葛。盛、陈、戴等既以产业押借款项，而又借正元各庄票附存作保，应仍责成原押户自行赶速清理，方为正办。统祈宪台迅电外务部核办，仍候示遵，等情。应请钧部主持核办，迅期示遵。至扣存待还怡和洋行十三万两，昨据刘道来禀，业已批该道察酌情形，妥为办理。仍候钧示遵办。

### 附：外务部为英使照会速付洋商所执之票致张人骏电
### （宣统二年十二月二十三日）

维持沪市借款事，个电悉。顷又准英使照称，此事若年前英商手内所存之票一批不付，恐该商大有损害，以源利、永年公司、长利等三行情节尤重。昨又据总领电：长利所执之票若年内不付，恐致倒闭，情形十分险要，请速妥行设法办理。等因。希迅饬沪道等遵照本部前电，速筹应付为要，并电复。

### 附：外务部为合同译文合混本部实难回护致张人骏电
### （宣统二年十二月二十五日）

敬电悉。蔡革道等以合同之意，总系此项借款应用以救济各钱庄之财政困难，俾其立稳地步，得以从速付款云。合同果如此措词，英使自无从饶舌。无如洋商 ENSURE 一段，应译作：用借款以管保从速支付各银行、洋行所执上开各钱庄及其余钱庄未付银之庄票等语。固无担任代还字样，亦无担任代追之义，译作“亦令”尤属不符。洋汉译文既已居异，而合同又有英文为凭之语，种种含混，致生轇轕，本部实难再为回护。除英使外，法、比使亦经一再来照。该革道等事后强词，本部未便据之答复。当此年关在即，市面吃紧，庄票不付，信用愈难。且洋商中力量较薄者，亦虑因此牵动，与当日借款维持之义亦复相背。万一洋商借端操纵，影响必及全局。为今之计，惟有仍饬该道等按照二十三日部电,将于存款二百十万两内,年前提出若干,或另行筹划,将未收庄票酌量匀付,是为至要。

### 附:外务部为英使催询付款希将庄票酌付若干致张人骏电

(宣统二年十二月二十六日)

昨电计达。英朱使今日又来催询,坚请在存项二百十万两内提款支付,并要求本部指定支付数目,当经驳拒。惟年节已届,各洋行所存庄票未付者多,势必牵率倒闭,两败俱伤,摇动大局。刘道身任地方,不能以前任经手致有推诿。务希转饬速与英领接洽,限年前将各庄票酌付若干,以维市面而保信用。蔡革道系原为借款,尤应责成切实筹划,毋再延宕。除个电沪道外,盼复。

## 为东北疫症蔓延同深焦灼致东督锡良电

(宣统二年十二月二十九日)

锡制台鉴:

宥电敬悉。承示疫症蔓延情状,同深焦灼。日内能否逐渐松减,仍盼随时电示。骏。俭。

## 为明年逢闰应解赔款致各省督抚电

(宣统二年十二月二十八日)

各省制台抚台鉴:

洪。准度支部宥电,明年逢闰,应解赔款应照有闰年份提前办法筹解,自明年起,赔款每年增加百余万两,所有各省应解洋款均应按期筹解足数,方免贻误。等因。乞饬各关道局照办为感。骏。勘。

# 宣统三年辛亥(1911)

## 为镇江难民事致盛宣怀电

（宣统三年正月初二日）

据镇江林道电禀，奉尊处沁电，镇江资遣难民需款，嘱向督抚为民请命，否则招徕捐输，由库先垫二万两，俟收捐归垫，合电奉闻，等语。查，江北资遣已承拨助二十万，实为感佩。镇江所到难民多有赣皖等省之人，非独江北者。宁省库储支绌，当饬林道劝募捐款，以为资遣之用。谨达。恭贺年禧。

### 附：盛宣怀为刘承干捐赈银事致张人骏电

（宣统三年正月二十六日）

张道士珩来电，去年刘承干[①]捐助海州工振实银一万八千两，尊处因其未交大清银行，不能奏奖。现拟再捐皖振实银一万二千两，请赏卿衔。灾重款急，拟即照办。请查海州工振一款，如能归入尊处汇案奏销，候示方能叙奏。乞速电复。

## 致锡良陈夔龙瑞澂李经羲贺年电

（宣统三年正月初二日）

盛京锡清帅、天津陈筱帅、武昌瑞莘帅、云南李仲帅鉴：

---

① 刘承干，字贞一，号翰怡、求恕居士，晚年自称嘉业老人。近代著名藏书家与刻书家。宣统年间连续在各地灾赈中捐银三万多两。

洪。清帅艳电敬悉。馆[1]沁电,敝处同奉疆臣意见,前荷仲帅草创公酌,电陈在案。自应俟馆议草案见示,再行参酌商承,方有准的。仍请清帅卓裁,挈衔呈复。并贺新禧。骏。冬。

## 为忠信重禄致各省督抚电

(宣统三年正月二十一日)

各省制台抚台鉴:

辰。瑞莘帅号电敬悉。忠信重禄,经有明训,荩筹甚佩,敝处敬表同情。乞清帅主稿见示,挈衔电奏。人骏。个。

### 附:鄂督瑞澂为资政院会奏议决京外各官公费致张人骏等各省督抚电

(宣统三年正月十九日)

各省制台、抚台鉴:

辰。《政治官报》载,资政院会奏议决京外各官公费标准一片内开:外省各官每年公费,总督繁二万四千两,简二万两;巡抚繁一万八千两,简一万四千两;布政使繁一万两,简八千两;民政、交涉、提学、提法、度支、盐运各使,六千两;各道繁五千两,简四千两;各府繁四千两,简三千六百两;州县照原,不加修正。督抚司道各科员公费,科长月支八十两,副科长六十两,一等科员五十两,二等科员四十两,三等科员三十两,等语。除督抚公费按照清理财政章程,应由政务处筹议外,查司道等官职任极重,事务极繁,各省原定公费本已妄求核实,兹资政院准定之数,少者数千,多仅一万,不足以养廉。现在各项新政方促进行,而使行政等官办公竭蹶,日日有亏累之患,亦安期其于一切措施尽心经理?且恐流弊所至,贤者引身相退,不肖者设法取盈。关系吏

---

① 宪政编查馆。

治，尤非浅鲜。至督抚司道各科员，本省候补之员断不敷用，必须访延宿儒名幕，或奏调他省得力人员共资助理，此等人既无职守之可言，又无调剂之定期，并且有情甘淡泊，即保举虚荣，亦不愿得者，非薪俸较优，不足以资维系。今定为科长，每月八十金，其余以次递减。窃意，贤能之人，闻而却退；而愿就者，或滥竽充数，或借势招摇，特为无益有损。方今时艰孔亟，事故方殷，即就督抚而论，举九内、治外交，财政、军政、学务、警务等事，担荷甚重，非一手一足所能理料。从前，骆文忠、曾文正、胡文忠诸公，皆以延揽贤才、共襄中兴郅治。近来，朝廷设立幕职，优予保奖，原欲集思广益，共济艰危，兹乃靳此微糈。在财政一方面，所省有限，而使督抚无延致人才之具，一切政治必将受其影响，且与朝廷原设幕职之意亦不相符，万难遵办。因思各省情形大致相同，尊处现拟如何办法，敬乞详细电示。再，上年十二月钦奉上谕，如实有室碍难行之处，本准叙明理由具奏请旨，此事如须联衔电奏，据实力争。应请清帅主稿，附列敝衔，是所企祷。瑞澂。效。

### 附：闽督松寿为乞清帅主稿致张人骏等各省督抚电

（宣统三年正月二十一日）

各省制台、抚台鉴：

辰。莘帅号电极为钦佩。各省情形大致相同，鄙处敬表同情。乞清帅主稿，挈衔电奏。寿。个。

## 为挈衔具奏致锡良瑞澂电

（宣统三年二月初四日）

盛京锡制台、武昌瑞制台鉴：

辰。密。前承赐电，深佩远猷。此事虽俟编订官俸时候旨，而并无准否明文，一旦照行，则临时无可措手。兹接瑞制台东电，讨论益加详切。倘锡制台领衔具奏,敝处极同情,仍乞挈衔为叩。人骏。支。

## 附:鄂督瑞澂为资政院议决京外各官标准一案致张人骏等各省督抚电

(宣统三年二月初一日)

各省制台、抚台鉴:

辰。资政院片奏议决京外各官标准一案,诸帅各电虽办法间有微异之处,而彼此用意大致相同。查资政院原片,声明作为审查依据,凡公费多于所拟之标准者,概依标准裁减,并云各该衙门均无异见,等语。在资政院一方面,业已议决,无可更移。嗣奉谕旨,俟编订官俸章程时候旨施行。虽未照准,然自表面观之,似亦尚有采用之意。仲帅勘电恐宪政编查馆因有院奏,于厘订官俸章程,不免迁就。清帅敬电,恐编订官俸者未悉外间情形,若缄默不言,馆员亦无所依据。均为深识远虑,莫名佩仰。

鄙意资政院此奏,足使贤能气阻,于政治大有妨碍,所关甚重。若于复奏预算时附片陈明,固属正当办法。第此等预算案,向奉朱批,仅饬度支部知道,仍恐无甚效力,似宜酌照仲帅所议,先将此片为各省万难遵办理由,力陈利弊,联衔奏请饬下宪政编查馆查核备案,务使枢馆得知此次之争出于公理,并非一省一人之私,将来编订官俸,或不至于迁就院奏。如因各省情形向有不同,仍可酌照湘帅所议,另自陈奏。是否之处,祈由清帅酌核办理。见复为祷。澂。东。

## 附:豫抚宝棻为资政院裁减预算一案致张人骏等各省督抚电

(宣统三年二月初四日)

各省制台、抚台鉴:

辰。资政院裁减预算一案,诸帅相所示大致相同。有微异者，急奏、缓奏、分奏、合奏耳。管见，此事别无出入，惟仲帅所虑宪政馆编订官俸时不免迁就院奏，莘帅东电所示若于复奏预算时附陈，恐仅批度支部知道，暨公私两节，所虑尤远。目前，当务之急，似先行会同电奏驳去标准之说，俾枢馆得知各省万难承认，较为妥善。如蒙清帅主稿，乞将贱名附列。

至各省为难细情，自应各自具奏。但《政治报》所载院奏均系总数，可确计绿营全裁、防营半裁，与公费标准数端，其余无可悬揣。此时实行预算已有月余，遵裁固亟应预备，复奏亦须有可依据，殊觉无可措手。应否一面电请政务处速将各省所裁细数颁俾得逐一筹议之处，还乞高明指教为幸。棻。支。

## 附：东督锡良为预算一案今已联衔电奏复张人骏等各省督抚电

（宣统三年二月初五日）

各省制台、抚台鉴：

申。资政院议减各项公费一案，承诸帅先后电商，既以联奏为宜，自应遵办。今已联衔电奏，文曰：军机处钧鉴，窃查云云。同叩，歌。等语。请查照。良。歌。

## 为预算分配不由行政之督抚参预致锡良瑞澂李经羲程德全电

（宣统三年二月初五日）

盛京锡制台、武昌瑞制台、云南李制台、苏州程抚台鉴：

辰。密。程抚台支电敬悉。预算分配，不由行政之督抚参预，将来执行必多窒碍。即使另编附册，未见即能照准。诚宜先行电咨，预占地步，而免困难。程抚台卓论极佩，敝处敬表同情，乞附衔为幸。人骏。歌。

## 附:苏抚程德全为全国预算暂行章程修改意见致张人骏瑞澂锡良李经羲电

(宣统三年二月初三日)

武昌瑞制台、盛京锡制台、云南李制台、南京张制台鉴:

辰。度支部试办全国预算暂行章程第四、第七、第九各条文义,岁出之数,当以内阁政务处协议分配之数为限,如有不敷,得由主管预算衙门另编附册。政权、财权固应统一,惟于督抚权责问题不无疑义。若按三级统系定议,则各省预算经费由督抚酌定,事务又由督抚执行,预算之数能否适合于协议分配之数,督抚自应参预其事。否则,编制之初,督抚既不能预报资政院交议之日,督抚特派员又无到会发言之资格,将来执行,困难可知。

鄙意编制分配,应由各部门与督抚商提接洽,以免隔阂。尊意如以为然,请即联衔分电部、处。再,度支部奏维持预算案并简章,亦经咨到,惟资政院议决全案尚未咨行,究竟能否照办,无从臆度,似应一并电询。乞裁复。全。江。

## 为公费案得邀允准复东督锡良电

(宣统三年二月初十日)

盛京锡制台、武昌瑞制台鉴:

洪。锡制台庚电敬悉。公费案领衔入告得邀允准,朝廷之体恤、两公之主持,曷胜感佩。现在办法诚如尊论,除原奏所指各项外,其余均应竭力削减,即各科员中如能归并,亦当勉为其难。现亦通饬遵办矣。骏。蒸。

### 附:东督锡良为各省各官公费碍难核减致张人骏等各省督抚电

（宣统三年二月初七日）

各省制台、抚台鉴:

申。歌电谅达台览。顷奉枢电,内开:“奉旨,锡良等电奏各省各官公费碍难核减,官俸章程未定以前,请照部定预算之数实行等语,著暂照部定预算数目办理。该衙门知道。钦此。枢,初六日。”等因。奉此特闻。良。阳。

### 附:东督锡良为各官公费一案幸邀俞允致张人骏等各省督抚电

（宣统三年二月初八日）

各省制台、抚台鉴:

申。各官公费,暂照部核预算一案入告,幸邀俞允,仰见朝廷体恤臣僚,无微不至。敝处现拟办法,查院奏公费标准,本指督抚、司道、府、科长、科员数项而言,此次奏准暂行变通,自当以上项,各衙署现有各员缺,比照办理,以清界限以外,各项经费仍应勉力削减。即上项科长、科员公费虽暂仍旧,员额如何裁并,此亦以妥筹裁并为宜。似此办法,庶与资政院预算全案不相背驰,借以仰答朝廷减削浮滥之明训。即使实有窒碍难行之处,遵旨缮册奏请留,亦易邀签名。昨已严饬所属,实力遵行,以凭核办。区区之见,敬以奏闻,祈希教益为荷。良。庚。

### 附:鲁抚孙宝琦为部催官银号局出入对照表致张人骏锡良陈夔龙瑞澂电

（宣统三年二月十四日）

盛京锡制台、天津陈制台、南京张制台、武昌瑞制台鉴:

洪。前准部电,索催官银号出入对照表、发行钞票表,并令将宣统二年应收回票纸二成数目迅速造报。当以东省银根奇紧,请仍通融办理,俟币制厘定再为实行。电复去后,兹又准部电,部章按年收回票纸二成期限极严,毋复借端,因仍应截至本年年底赶紧收回四成,希饬切实遵办,等因。

查目前如照部章办理,不独现款周转不灵,于市面营业多所牵动,且恐外人借口,乘机散布洋币,侵我利权。有关大局,不得不格外慎重。贵省商务较繁,官银号局面较大,于此项部章如何对待,能否照章实行按年收回二成,统祈详示办法。无任感祷。宝琦。盐。

## 为接运东北难民回鄂一节致锡良瑞澂电

(宣统三年二月二十一日)

盛京锡制台、武昌瑞制台鉴:

洪。接运难民回鄂一节,兹据沪道电称:已商请招商局允派"图南"轮船,须三月初二三方能在崇明接运。半价能行与否,应俟邮部电遵,等语。希查照。骏。个。

### 附:东督锡良为遣送湖北难民致张人骏瑞澂电

(宣统三年二月十五日)

武昌瑞莘帅、南京张安帅鉴:

申。顷外部初十电开,遣送湖北难民云云,并电复,等因。此类难民,现计截留男女约千二百人,已商大连,不日派轮专送。惟江轮尚费商量,安帅能商令招商局派轮在崇明接运否?乞速示。由奉至崇川资,由奉担任;由崇至鄂川资,由鄂担任。如何?并祈即复。良。咸。

### 附：东督锡良为遣送难民一事致张人骏电

（宣统三年二月十八日）

南京张安帅鉴：

洪。咸电奉商遣送难民一事，顷莘帅电已商尊处，此项难民约千二百人，留养已日久，昨已送日本铁道所设检疫留验所，七日后必须运送出口。是否用兵轮、抑雇商轮，乞迅赐商定，示悉为感。再，该难民均已留验七日，将来从上海口外经过，请勿再验。仍盼速示。良。啸。

## 复东督锡良电

（宣统三年二月二十二日）

锡制台鉴：

洪。个电敬悉。已饬沪道商订并电邮部饬遵，得复即达。骏。祃。

### 附：东督锡良为遣送难民致瑞澂张人骏电

（宣统三年二月二十一日）

武昌瑞莘帅、南京张安帅鉴：

洪。遣送难民，顷与南满公司商量，用“神户丸”分两次输送，次各六百余人。第一次二月二十九，在大连开驶，初二辰到崇明；二次三月初七开驶，初九辰到崇明。招商轮船已定否？商定应含先期在海口外守候，驳载应用小轮及驳船由招商预备。鹄候即复，以便与南满订定。良。个。

## 为派图南接运鄂民致东督锡良电

（宣统三年二月二十四日）

锡制台鉴：

洪。漾电敬悉。此事先已电饬沪道迅行商办，并电部一体饬遵在案,得复另达。此复。骏。敬。

## 附:东督锡良为运送鄂民一事复张人骏电

(宣统三年二月二十三日)

南京张安帅鉴:

洪。个电敬悉。运送鄂民一事,已蒙商由招商局派“图南”轮船接运,感甚。惟该轮须三月初二、三方能到崇,东省第一批鄂民已定十九由大连出,初二到崇,请饬该轮于初二辰刻以前到崇候接,方免贻误。

又,第二批定初九到崇,若须“图南”折回装运,万来不及,大连轮船恐不允久待。并祈电饬另派一轮运送为要。顷据莘帅来电,亦同此意。谨电请饬道妥商。仍盼电复。良。漾。

## 为派图南接运鄂民致锡良瑞澂电

(宣统三年二月二十四日)

锡制台、武昌瑞制台鉴:

顷据沪道电称:迭奉电谕,遵即面商招商局陈道、唐道,据称“图南”昨开厦、汕,约初三回沪,准初四午刻在崇宝沙停泊守候。应需小轮、驳船接运,由商局预备,费由鄂付。其由崇至鄂船价,每日银二百七十五两,按日计算。乞电东督宪饬扣准日期装运,并电鄂督宪查照。再,“图南”可容千人,先装一次。如须续装,再由商局另议拨派,并祈一并商定,等语。

当复以由东运送鄂民,清帅电头批定廿九日开,初二日到崇,万难缓期,所言初四断不行,仍切商该局设法,祈查照。沪续电另达。骏。敬。

## 为图南初二午前在崇宝沙泊候驳运致锡良瑞澂电

（宣统三年二月二十五日）

盛京锡制台、武昌瑞制台鉴：

敬电谅达。顷据沪道电奏，遵又切商商局电催“图南”提前回沪，准初二午前在崇宝沙泊候驳运，该局已勉允照办。余仍如昨电办理，乞并职道漾电汇核。特复东、鄂两帅。至第二批如何接运，另再熟商该局续奏，等语。祈察照。骏。有。

## 为爱仁轮初九到崇续运致锡良瑞澂电

（宣统三年二月二十七日）

锡制台、武昌瑞制台鉴：

顷据沪道电，“图南”可容千人，头批尽可多装。至第二批切商商局，允派“爱仁”轮初九到崇续运。该轮炉灶甚少，未能备饭，当饬备干粮。等语。乞察照。骏。感。

## 为资政院预算裁减案致锡良陈夔龙瑞澂程德全电

（宣统三年二月二十七日）

盛京锡制台、天津陈制台、武昌瑞制台、苏州程抚台鉴：

辰。资政院预算裁减案，昨催咨到审查报告一册。其中删减之款，计统各省而言，如民政费各省共减若干，注云理由在修正册内。是某省若干，外省无从知之。其他删减亦皆类此。前奉谕旨，原准各督抚据实陈奏，然不知所裁数目即陈奏，亦无从声说。若不及早奏明，即与承认无异，将来必多掣肘。前次程抚台电、此次宝抚台电均虑及之，应否联衔电请馆部，将修正册分颁，俾可查核办理。如果意见相同，并乞锡制台主稿挈衔为叩。骏。感。

## 附:直督陈夔龙为宣统三年预算实用不敷各款致张人骏等各省督抚电

(宣统三年二月二十五日)

各省制台、抚台鉴:

宣统三年预算实用不敷各款,前经诸帅往复电商,以各省情形仍由本省遵旨具奏。敝处业将直隶情形于廿二日具奏,大略以预算册及追加预算经常、临时两门,岁出各款初院议及部核未增减,应照部核及原数分别核实支用。又,各官公费、幕僚薪津,业经各省督抚会奏,仰蒙俞允暂照部定数目办理,应即钦遵查照,毋庸再计。其资政院议减各款,如绿、防营饷,已奉旨饬令会商军部体察情形,权量利害,请旨办理,原饷未便删节。其余院议应减而参酌本省情形未能悉数全减者,叙明理由,开单据实陈奏,计照减之数,约有三分之二。除将折稿另咨外,特此电闻。尊处拟如何具奏,尚乞见示。龙。有。

## 附:陈夔龙为毋庸会衔电部致锡良张人骏电

(宣统三年二月二十八日)

锡制台、南京张制台:

辰。安帅感电悉。宣统三年预算,资政院议决原表,并由部附编勘误,敝处已于正月廿八日准咨到直。昨已遵旨叙述理由,奏请立案,并将大纲择要电闻。鄙意部咨日内亦当到宁,似可毋庸会衔电部。尊意如何?龙。勘。

## 复锡良电

(宣统三年二月二十七日)

锡制台鉴:

洪。俭电敬悉。已转饬沪道遵照矣。骏。沁。

## 复锡良电

（宣统三年二月二十九日）

锡制台鉴：

洪。俭、艳两电均悉。已转饬沪道遵照办矣。骏。艳。

### 附：锡良为爱仁船中不备饭食致张人骏电

（宣统三年二月二十八日）

南京张安帅鉴：

洪。感电祗悉。顷商定二批仍由“龙平丸”运送，初八由大连开船，十一午到崇明宝沙，人数约为七百余。惟“爱仁”船中不备饭食似觉不便，祈饬设法预备以惠灾黎。良。俭。

### 附：东督锡良请饬图南改为初四早在崇宝接运致张人骏电

（宣统三年二月二十八日）

南京张安帅鉴：

洪。运送鄂民一事，昨奉尊电，已饬“图南”于初二日辰到崇宝沙守候，甚感。兹据南满会社电称，该社现派“龙平丸”运送，须初四辰刻到崇宝沙，仍请饬“图南”改为初四早在崇接运，并盼电复。良。俭。

## 致锡良瑞澂电

（宣统三年三月初一日）

锡制台、瑞制台鉴：

洪。清帅艳电悉。迭准尊电，均已转饬沪道遵办矣。骏。东。

### 附:锡良为龙平丸初四日早到崇宝沙致张人骏电
（宣统三年二月二十九日）

南京张安帅鉴:

洪。第一批鄂民已议定派“龙平丸”运送,于初四日早到崇宝沙,昨电已经陈明。恐沿途留难,良经发给护照,请尊处饬江海关验明,一俟到崇,交卸后立即放回,以便装载第二起。勿稍留滞为企。良。二十九。

## 为爱仁当备足干粮致锡良瑞澂电
（宣统三年三月初三日）

锡制台、瑞制台鉴:

洪。顷据沪道冬电称:迭奉电谕,遵又切商商局,具称第一批“图南”初四早在崇宝沙接运,第二批“爱仁”十一早在崇接运。并饬到沪、鄂时,在刘家厂下游江心停泊,听候查验、遣散。乞电鄂督宪届时转饬多条驳船,以便接渡。惟船中锅灶断不能煮六百余人之饭食,若分煮则难民必争抢。当由局备足干粮,必不使难民饥饿,属转奏云。乞电东、鄂督宪饬遵。等语。祈查照。骏。江。

### 附:锡良为鄂民第一批准初四到崇致张人骏瑞澂电
（宣统三年二月二十九日）

武昌瑞莘帅、南京张安帅鉴:

洪。鄂民第一批六百余名廿九日已由奉起行,准初四到崇。第二批须俟“龙平丸”回连,方能再运出口。据称三月十一日辰刻必到崇宝沙交替,“图南”能否折回,抑或即派?“爱仁”船中必备饭食。除电安、莘帅外,请即转饬知照,以资接洽。仍盼示复。良。艳。

## 复锡良电

（宣统三年三月初三日）

锡制台鉴：

冬电敬悉。已飞饬沪道遵照矣。骏。江。

### 附：锡良为交换后即令龙平丸回连致张人骏电

（宣统三年三月初二日）

南京张安帅鉴：

东省僱日轮“龙平丸”运送第一批鄂民，发给护照，前经电明。兹该轮已于初一午后三时由大连出口，计共六百十七人，准于三月初四天未明时到崇宝沙。务请飞饬“图南”于该轮未到以前在彼预备小轮妥为接换，并于交换后即令“龙平丸”回连，以便第二批起运。统祈转饬遵照，仍盼电复。良。冬。

## 为督抚宜对君主负责致锡良陈夔龙瑞澂李经羲电

（宣统三年三月初四日）

盛京锡制台、天津陈制台、武昌瑞制台、云南李制台鉴：

筱帅、莘帅两江电均悉。内阁制度，为内外官制主要机关，于事实上专其责成，唐李赞皇[①]，明张江陵[②]，纪纲实赖一振；于名义上为朝廷受过，实预备以齐错位解地步。我国地大物博，风气各殊，统一法治，本难猝定规之，模仿未易就绪。筱帅持论，甚为正当。鄙意督抚位置，宜于法律上对君主代负责任，于行政上得内阁之同意。督抚原有之上奏权，不宜剥削。是否之处，仍候列帅裁酌，并请清帅主稿

---

① 唐代，赞皇李氏名人辈出，有“赞皇李半朝”之誉。从武后到晚唐的150多年，一连出了李峤、李绛、李吉甫、李德裕、李珏、李固言六位名人。

② 张居正，湖北江陵人。

挈奏为祷。骏。支。

## 附:陈夔龙为奉命会商外省官制致锡良张人骏瑞澂李经羲电

（宣统三年三月初三日）

盛京锡制台、南京张制台、武昌瑞制台、云南李制台:

申。内阁及各部官制,闻已议有草案。龙等奉命会商外省官制,既定阁部草案,本不应有所参预。惟阁部制度对于各省关系,实为改定外省官制权,与既有所闻似不能内外统筹,稍有献替。传闻内阁官制有总理大臣监督指挥,各省长官得发训示于其命令或处分,如有认为违背法令或逾越权限者,得令停止或撤销之。又总理大臣得随时入对,除国务大臣外,凡例应召见人员,于国务有所陈述者,由国务大臣带领入对;例应奏事人员,于国务有所陈奏者,由国务大臣代递。以上两节,其法令有特别规定者,不在此限。所谓法令特别规定,系不负国务上之责任等官。又闻,现议内阁暂行办事章程,内外新官制未经一律施行以前,向例得蒙召见人员,于国务有所陈述,由内阁总、协理大臣带领入对,各省将军、督抚除请安、请训及特旨召见外,其余系国务有所陈述者,应先商明内阁大臣或主管各该部大臣会同入对。关于国务陈奏事件,除依内阁官制规定外,凡向例准其专折奏事者,应具折送交内阁代呈,各等语。其各部大臣,对于外省亦如是。查各部与各省将军、督抚,例应处于平等地位,有稽核之责,无节制之权。我国疆宇辽阔,各省督抚本与东西各国总督体制相同,非日本府县知事可比,若一意模仿,将各部大臣对于督抚如府县知事一例,得以发训示及停止、撤销其设施,窃恐各省政权未能统一,必致窒碍良多。总之,各省督抚似应直接君上承隶内阁,断难分属各部,此为外省官职根本所系。应否会衔陈奏,上备采择之处,祈诸帅裁酌。如荷赞成,并请清帅主稿挈衔为盼。龙。江。

## 附：瑞澂为资政院议决预算表册至今未到致锡良张人骏电

（宣统三年三月初四日）

锡制台、张制台、程抚台、宝抚台、杨抚台[①]：

洪。安帅感电、湘帅宥电均悉。上年资政院议决预算表册至今未到，准咨送安帅，谓不知所裁款目，即陈奏亦无从声说，若不及早奏明，即与承认无异，将来必多掣肘。荩虑极是。惟前接陈筱帅通电，直省已将应减、不应减缘由据实陈奏，自已接到此项表册。当经电询去后，兹按筱帅复电云，直省预算表册已于正月二十八日准度支部咨到，等语。何以一月有余，各省均未接到，甚不可解。鄙意此时似可先由各省径自电询（无须联衔），如何迟迟不到？再，将来奉表册无从遵旨陈奏，不能作为已经承认缘由联衔电奏，以占地步。公意如何？祈酌复。澂。支。

## 附：锡良为表册业已准咨到奉致瑞澂张人骏程德全宝棻电

（宣统三年三月初五日）

武昌瑞制台、南京张制台、苏州程抚台、开封宝抚台鉴：

洪。资政院议决预算表册，各省大半未准咨到，或系驿站延误。莘帅支电主张由各省径自电询，办法极为正当。此项表册，敝处表册业已准咨到奉矣。良。鱼。

## 附：张鸣岐为督抚公费致张人骏等各省督抚电

（宣统三年三月初五日）

锡制台、各省制台、抚台鉴：

辰。清帅江电敬悉。督抚公费，前次联奏，本未计及，故未

---

① 湖南巡抚杨文鼎。

互商。粤省事前亦无认减之电。诸帅现拟如何复奏,乞电示为盼。岐。歌。

## 附:宝棻为已单衔分电政务处度支部致锡良张人骏瑞澂电

(宣统三年三月初五日)

锡清帅、南京张安帅、武昌瑞莘帅鉴:

洪。催询院减预算之案,莘帅支电所示,先由各省径电,极表同情。为期已急,不及再商。棻顷已单衔分电政务处、度支部,其文曰:内省用款,月初均须支放,势难悬待本年预算,各款业已动放三月,无非以部定之数为根据。若照资政院复核案与历次所奉上谕,尚须复删具奏,方能作为定案,而至今谨准贵度支部抄行资政院初次审查会报告一本,细核仅有全案核减大意,此外别无宣布之件,究竟何省何项由院裁减若干,无从悬拟。窃思裁减一事,必须先期布置,已放之款无可追回,此时三月已过、四月临届,且四年预算部限在即,如需按照院奏复办,务乞速将此案可裁各细数从速宣布,俾便赶饬筹议。否则,不得不以部定为准,决算设有纠葛,殊难担其责任。凡此情形,各省所同,不独敝处为然也。为期已迫,待命甚迫急,还乞速赐核示为祷,等语。即请查照。如有汇电,并请清帅将敝衔删除为恳。棻。微。

## 附:锡良为督抚应隶于内阁之下致陈夔龙张人骏瑞澂李经羲电

(宣统三年三月初六日)

天津陈制台、南京张制台、武昌瑞制台、云南李制台鉴:

辰。筱帅、莘帅江电,安帅支电,均敬悉。筱帅荩筹远虑,实深钦佩。惟查立宪制度,仅内阁及议院有奏事之权,今拟督抚承隶内阁不专折奏事,此宪法所必然。如督抚仍直接君主,则内阁可不负责任,恐政见歧出,仍无统一机关。至于各省督抚为国务大臣，抑为行政长官，问题尚未解决，总应隶于内阁之下，方合立宪政体。是否如此，仍祈诸帅教示。良。鱼。

## 为各官公费且恐后难为继致各省督抚电

（宣统三年三月初五日）

各省制台、抚台鉴：

辰。锡制台江电敬悉。各省想亦同达。正拟电商，适接杨抚台支电。鄙意各省督抚公费多系奏定，至苏省则院司道府同时核定具奏，且督署公费亦交清理财政局议决奏咨有案。资政院删减预算案，既奉上谕俟编定官俸时候旨施行，此次各省联奏，虽就司道以下而言，然锡制台所论督抚公费可减之说，亦只发议之词，并非决议之语，故联奏并无此文。现奉上谕：各省各官公费，著暂照部定预算数目办理，等因。督抚公费亦在预算之中，原奏并未请减，上谕亦未提及，如果又请裁减，则非暂照部定预算矣。部定预算既不能照，则各官公费皆受影响，而议者有词，是前奏为虚举矣。鄙人不惮于自减，而惮于摇动，各官公费且恐后难为继。部文到日，拟奉商各制台、抚台据实陈述，未审尊意如何？乞裁示为幸。骏。歌。

### 附：锡良为俟部文递到酌办复张人骏电

（宣统三年三月初六日）

南京张制台鉴：

歌电敬悉。上年资政院核减奉省行政经费为数甚巨，虑有窒碍，因电商度支部总督公费尚可照减，余请维持，迄未接复。此次部奏维持预算声明请旨一案，忽将前电牵入，敝处因认减在先，故奏请照减内专指东督，并声明在良任内照此办理。各省督抚应自行斟酌情形，分别奏咨立案。尊处俟部文递到，酌办可也。良。鱼。

## 附:陈夔龙为直省公费业经奏蒙俞允致张人骏等各省督抚电

（宣统三年三月初六日）

各省制台、抚台鉴:

辰。前接清帅江电,已拟奉商,适接安帅、坚帅、复帅电示,均敬悉。鄙意各省各官公费,前既钦奉上谕遵照部定预算数目办理等因,所有各督抚公费自系包括在内。且此次度支部奏陈维持预算办法一折,虽有督抚公费是否业已商定,应请饬下奏明立案等因,而前折系明降谕旨,并非依议,于公费一层,复又重申前旨似可毋庸再奏。清帅既有上年十二月十五之电,自不能再行具奏以符前案。尊意何如?尚祈卓裁。敝处奏陈宣统三年预算实用不敷,折内已声明各官公费、幕职薪金业经奏蒙俞允,暂照部定预算数目办理,应即钦遵查照,无庸再议。并闻。龙。鱼。

## 附:孙宝琦为拟请安帅挈衔陈复致张人骏等各省督抚电

（宣统三年三月初六日）

各省制台、抚台鉴:

洪。赐电均悉。督抚公费,安帅持论甚正。前奉谕旨钦遵执行,拟请安帅挈衔陈复以维全案。至此外核减各项部咨,只有资政院审查报告,并无政务处会奏详册,所减如何无凭查照,昨已电部请示。筱帅电,拟除公费及防军两款,再就指减事项酌量核减,甚佩卓见。俟得部复后,即行核办。琦。鱼。

## 附:恩寿为仍希诸帅酌示致张人骏等各省督抚电

（宣统三年三月初六日）

各省制台、抚台鉴:

辰。清帅江电,安帅、坚帅歌电均悉。陕抚署公费,前经汇同司道公费，由清理财政局议决奏咨在案，当核定时节照减无可减之数目，定拟无可认减。现奉上谕，各省各公费著暂照部定预算数目办理等因，谨拟遵照办理。鄙见如斯，仍希诸帅酌示为盼。寿。鱼。

## 为图南已接到难民致锡良瑞澂电

（宣统三年三月初五日）

盛京锡制台、武昌瑞制台鉴：

顷据沪道电，"图南"初三夜间赴崇宝沙，经职道派译员、弁勇随往照料，并切嘱税司仅验奉省护照，不派医验病。初四未刻"龙平丸"到崇，共计难民六百廿三名，除病毙一孩已饬收理外，余均上"图南"。初五黎明开，并留勇四名随船照料。"龙平"已放回。余详前电，等语。祈查照。骏。歌。

## 复锡良电

（宣统三年三月初七日）

锡制台鉴：

洪。阳电敬悉，已转饬沪道遵办。骏。虞。

### 附：锡良为第二批鄂民初九日起运致张人骏电

（宣统三年三月初七日）

南京张安帅鉴：

洪。第二批鄂民，仍派"龙平丸"于初九日起运。原拟十一到崇明。兹准于十二日午前到崇宝沙，请饬招商局派轮，务于十二早在崇候接。一切接换办法，均仍照前办理。并请于交换后，饬令"龙平"速回大连，以便再运第三批，乞勿留阻。良。阳。

## 为照部册暂改随折声明致锡良瑞澂程德全宝棻电

（宣统三年三月初七日）

锡制台、武昌瑞制台、苏州程抚台、开封宝抚台鉴：

辰。锡制台鱼电、宝抚台微电均悉。资政院删减预算细册，奉、直先后接到，想宁、赣亦不日可到，拟再暂缓不催。至未经复奏认定之前，惟有仍照部册暂改，随折声明。是否，仍祈见教。骏。虞。

### 附：鄂督瑞澂为督抚应列行政长官致陈夔龙张人骏锡良李经羲电

（宣统三年三月初七日）

天津陈制台、南京张制台、盛京锡制台、云南李制台鉴：

辰。筱帅江电、安帅支电、清帅鱼电均悉。清帅所论，根据宪法，极表同情。现在督抚应列行政长官，隶于内阁，部衔业经销去，亦可觇廷议矣。此事，鄙意似不必联奏为宜，仍祈卓裁。澂。阳。

### 附：程德全为各省官员公费致张人骏等各省督抚电

（宣统三年三月初七日）

各省制台、抚台鉴：

辰。诸帅电敬悉。敝处接清帅电后，即准部咨。查各省官员公费，钦奉谕旨俟编订官俸时候旨施行。前奏声叙情形，原为陈述意见，借备政务处暨各馆、部参考采择。至督抚公费，官俸未定以见[前]，应遵旨办理。官俸既定以后，应遵章办理。前次，此未经议职是之，故部奏转以各省督抚默认院议，请饬奏明立案。合之前奉谕旨，转觉无所适从。各省情形不同，自当各就情形，据实奏明。仍请诸帅酌夺示复。全。虞。

## 附:朱家宝为各官公费致张人骏等各省督抚电

(宣统三年三月初七日)

各省制台、抚台鉴:

辰。惠电均悉。各官公费,两奉谕旨,暂照部定预算数目办理,似可无庸奏。且官俸缘官制发生,刻官制未经厘定颁发,则公费亦不能先定及。应如何照减,似非外间所应自行主持。尚祈卓裁赐示为荷。宝。虞。

## 附:恩寿为拟就陕省情形切实复奏致张人骏等各省督抚电

(宣统三年三月初七日)

各省制台、抚台鉴:

辰。鱼电谅邀垂察。部文申明谕旨缘由,顷已咨到陕省。知府以下各官公费,亦于正月据司局慎重审察详准,分别奏咨立案,删繁就易,均系力从减削核实,拟定减难再减。拟就陕省情形,切实复奏。谨此奉闻。寿。阳。

## 复锡良电

(宣统三年三月初十日)

锡制台鉴:

洪。青电敬悉。即转沪道并电部饬遵。得复另达。骏。蒸。

## 附:锡良为转招商局设法续运致张人骏电

(宣统三年三月初九日)

南京张安帅鉴:

洪。去年鄂民来奉甚多,春暖多思南旋,故陆续来者已近三千人左右。前经电商,蒙饬招商局派轮接运,甚感。惟该项饥民两次所运一千五百余人,尚有一千四百余人不得不再拟三、四批起运,办法以期一律运竣。兹据沪道来电,三批起运商局恐难照办等情。明知运多款费,然奉省已靡费不赀,同一饥民断难显分厚薄,且事关善举,实有欲罢不能之势。尚望我公竭力赞助,务恳饬沪道无论如何为难,必须转商招商局设法续运。毋任感企。仍盼电复。良。青。

### 附:锡良为鄂民第三批起运致张人骏电

(宣统三年三月初十日)

南京张安帅鉴:

洪。东省截留鄂民甚多,不得不另于第三四批起运。庚电已详陈一切,谅蒙鉴及。现查,拟归第三批起运。鄂民送所隔离者计共九百数十人,并与南满商妥,定三月十七日由大连出发,二十日午前抵崇。尊处接运船只,无论如何,务恳转饬招商局派定,以免贻误。仍乞电复。良。蒸。

## 为督抚封疆责任必有担负致锡良瑞澂陈夔龙李经羲电

(宣统三年三月十三日)

盛京锡制台、武昌瑞制台、天津陈制台、云南李制台鉴:

辰。莘帅阳电、仲帅青电、筱帅两文电、清帅鱼电真电,均悉。查各国宪法不相沿袭,要以国内事势为衡。我国地广民稠,南北东西风俗隔异,自治程度未齐。各国治外法权尚未收回,内政时带交涉,警察犹难普及,弹压常须军队,督抚封疆责任必有担负,外交、军政乃君主特权,固应直接陈奏。目下各省办匪尚难尽废就地正法章程,生杀重柄尤不能不请决廷旨。即以外国论,英之印度总督,日本台湾总督,均得便宜行事。上奉国君,诚以鞭长莫及,不能不于统治权下有此例外事权。我国汉制官秩,极于五千石,太守即视此秩,而职守止于吏治、审讼、军事,设丞尉以副之。布政使本承明制,有承宣之职。今若议以督抚为行政长官,是即汉之太守,明之布政使,不如并督抚之名而去之，于边远酌置总督，另定责权，以资震慑。但在腹地，幅员甚广，交通尚未一律便利，电信时虞阻隔，随机应变。中央政府耳目能否周及，此一问题也。内阁责任固当计及，可负亦当度其能负。鄙意则谓对君主负责，系指封疆责任即一省行政督抚完全责任之意，并谓于行政上须得内阁之同意。清帅所谓政见歧出一层，似可无虑。现时督抚陈奏事件，取决仍资部议，督抚直接似于中央集权之旨了无妨碍。况议院之成立，有待议员之识解果否，能骤合立宪程度，尚未可知。朝廷独断只凭内阁一二人之陈论，有无遗议，此一问题也。清帅真电持论甚佩，鄙见所及，统祈采择，并挈衔电馆商办。人骏。元。

## 附：锡良为拟给宪政编查馆发电致陈夔龙张人骏瑞澂李经羲电

（宣统三年三月十一日）

天津陈筱帅、南京张安帅、武昌瑞莘帅、云南李仲帅鉴：

辰。莘帅阳电、仲帅青电均敬悉。仲帅所论督抚于本省行政上奏权及省部权限两端，宜先电馆详商，以免异日争执等因，荩筹极佩。惟草案现未宣布，似难遽行商榷。兹拟就致宪政编查馆一电，文曰：阁部官制，闻已议有草案，良等奉命会商外省官制，于阁部草案本不应有所参预。惟阁部制度对于各省关系，实为改定外省官制权舆，是以良等上年会奏，内有内阁官制，不能与各部分而为二，且不能与外省各别独立，等语。窃以督抚奏承内阁，固有一定办法，惟对于各部之关系，未知若何规定。良等推论此事，当就国务与各省行政分别观之，国务为通筹全国计画，内阁责权所在，自应力谋统一各省行政，但使不背内阁政纲，因时因地应由督抚主决。上年会奏案内，亦曾于阁部及督抚权责详晰声明在案，若边远督抚似宜更有特别之规定。倘蒙将草案大纲先行详示，设有一得之见，谨当随时陈述，用备采择。敬候电复,等语。所拟当否?祈诸帅教示,再行会列台衔译发。良。真。

## 附:宝棻为督抚及各官公费致张人骏等各省督抚电

(宣统三年三月十一日)

各省制台、抚台鉴:

辰。督抚及各官公费,敝处本拟根据两次谕旨,暂照部定预算,静候官俸章程。诸帅所示,除与鄙意相符外,其余或主联衔电奏,或主按照标准认减,宗旨均属正大。但昨接枢电,已由莘帅专夺电旨,指明概俟钦定,此时自可无庸再事纷更。敝处拟仍照筱帅办法,于复奏院减折内随笔声叙钦遵三次谕旨,暂照部定预算数支开支,不复认减,亦不另折具奏。至院减细数册昨已奉到,一时尚无眉目,将来如有认减处,已放之数无可追回,拟随折声明以前不计,自认定之日起遵减,与安帅鱼电所示相同。仍祈诸帅卓裁是荷。棻。真。

## 附:陈夔龙论督抚宜直接君上致锡良张人骏瑞澂李经羲电

(宣统三年三月十二日)

盛京锡制台、南京张制台、武昌瑞制台、云南李制台鉴:

辰。安帅支电、清帅鱼电、莘帅阳电、仲帅青电均悉。立宪制度既设责任内阁,自宜力谋统一。诸帅伟伦,各有精义,至深佩仰。龙前电所论督抚宜直接君上,承隶内阁,正为统一政纲起见。其必须直接君上者,亦以中国幅员宽阔,一省行政责任全在督春[抚],非府县知事可比。但使不背内阁政旨,自宜督抚因地制宜,随时主决。且内阁即有更易,各督抚必不能不同时解职,致滋纷扰。与仲帅所论正复相同。至前电所谓各部对于外省亦如是之语,系传闻所议各部官制有关,于各部主管对于各省行政长官得发训令,各行政长官所发之命令,得令停止或撤销之说。

传有此议，未经议备草案，是以前电未便详述。仲帅电中所述牵掣延缓，行政断难敏活；且督抚无权，改革伊始，尤虑别生变端数语，最为确当。此案尚未宣布，自可暂缓会奏。惟既有传闻，似应电馆详商声明省部权限。诸帅如何以为然，即请清帅主稿挈衔为荷。龙。文。

### 附：陈夔龙为清帅真电会奏稿致锡良张人骏瑞澂李经羲电

（宣统三年三月十二日）

盛京锡制台、南京张制台、武昌瑞制台、云南李制台鉴：

辰。清帅真电会奏稿，极为妥洽，惟“奉呈内阁”“奉”字似以仍用“秉”字为宜，即请裁酌，由清帅挈衔译发为荷。龙。文。

### 附：云贵总督李经羲为联衔电奏事致张人骏锡良陈夔龙电

（宣统三年三月十三日）

盛京、天津、武昌、南京制台鉴：

辰。清帅真电佩悉。电稿词意精当，不明言商榷，而商榷已在其中。如不宣布草案，则此电即他日立案之根也。诸帅意见若同，即请速发。羲。元。

## 为二批爱仁今日已西驶致邮传部锡良电

（宣统三年三月十三日）

邮传部、锡制台鉴：

顷据沪道文二电称，文电发后，又晤招商王道熟商，该局实因运漕吃紧，无船分派，乞电东督宪，俟南漕起运过半，再拨船接运三批鄂民，俾可腾挪。再，二批“爱仁”今日已西驶，并请电知鄂督宪等语。除复以文二电所论情形，已据转部并锡帅应候复办，该道仍照前电商筹，毋致临时周折为要，等语。乞核示。骏。元。

## 附:锡良为第三批鄂民致张人骏电

(宣统三年三月十五日)

南京张安帅鉴:

洪。运送湖北饥民一事,蒸电请饬招商局派轮,以备接运第三批之用。兹因营口第三批鄂民八百九十余人,历据周道电称,该民等不愿入日站隔离所,另商运送之法。故由大连出口人数较多,因即并归一起运送。约定廿四由大连出口前请饬派第三批轮船,应请改缓,俟商定到崇日期再行电告。营口如何运送,另行电商外,务乞先饬派定,仍望电复为企。良。咸。

## 为请商派兵轮接载鄂民致锡良瑞澂电

(宣统三年三月十五日)

盛京锡制台、武昌瑞制台鉴:

准邮传部电开,据招商局复电奏称,京仓开兑,局轮赶运漕粮尚不敷用,东省第三、四批鄂民南下无船可调,俟运漕过半再行派船接装,等因。特此电闻,等因。是商局运船既难应拨,如鄂民南下势难展期,惟有会电海军部商派兵轮接载。如何之处,祈清帅酌定,挈衔电商办理,方免贻误。是否,祈复示。骏。咸。

## 致锡良电

(宣统三年三月十六日)

锡制台鉴:

洪。删、咸两电,均悉,已转饬沪道遵办。俟复再达。骏。铣。

## 附:锡良为肇兴商轮廿六起行复张人骏电

(宣统三年三月十七日)

南京张安帅鉴:

咸电敬悉。接运第三、四批鄂民,商局无轮可派自系实情,惟兵轮恐更难办到。由营口至崇明,已由周道雇定"肇兴"商轮,定期廿六起行,廿九抵崇。惟长江何轮接运,现电请瑞莘帅另行商派他项轮船赴崇候接。尚恳尊处竭力襄助,俾免延误。至深感企。良。筱。

## 嗣后遇有商人争讼凡省城商埠应赴审判厅呈诉札苏商总会文

(宣统三年三月二十日)

宣统三年二月十六日,准农工商部咨:案据山东劝业道电称,省城商埠所设审判厅正月成立,商事诉讼自应一概归并。惟各府州厅尚未遍设,遇有债务讼案,是否概不收理,抑或暂仍旧贯,乞电示遵等情。当即咨行法部核复去后,兹准复称:司法独立,民刑分庭,凡属债务讼案,均为民事裁判所范围。其已设审判厅地方之商事诉讼,自应如原咨所称,一概归并。其未设审判厅地方之债务讼案,若令远诉于省城商埠之审判厅,不免重滋烦扰,应暂仍旧贯,由府州县受理,以示便利而洽商情。惟四级三审,成规备在。已设审判厅地方,商事诉讼得以按级上诉;未设审判厅地方,债务案件之欲行上诉者,不予以遵循之准,转恐无呼吁之门。大凡从前不服府州县判决而上诉之债务讼案,每归劝业道复讯,此项案件既可远赴省城上诉于劝业道,即可转而上诉于高等审判厅。嗣后不服府州县判决而上诉之债务讼案,应概归高等审判厅复审,劝业道毋庸受理,等因到部。查商事诉讼,既未别设审判厅,自应归并民事办理。嗣后遇有商人争讼,凡省城商埠,应赴审判厅呈诉,未设审判厅地方应仍还府州县呈诉。

上控案件,本部及劝业道概不受理,庶司法行政机关不致混淆。惟以前未结之商事讼案,自文到后,限三个月仍由劝业道转饬各府州县从速讯结,报部核销,以清积案,毋得再行延缓。相应咨行贵督查照,札饬司道转饬所属,并饬劝业道移知各商会一体遵照办理可也。等因,到本大臣。准此,合行札饬札司,即便转饬遵照办理毋违,此札。

### 附:苏商总会为嗣后商人争讼办法移各分会文

(宣统三年三月二十七日)

移江震、平望、盛泽、良新、常明、梅里、东唐市各商会。移会事。

本月二十一日,准提法使左移开,案奉督宪张札开:准农工商部咨开,嗣后商人争讼,未设审判厅地方,应仍赴府州县呈诉。上控案件,本部及劝业道概不受理,等因,札司。移会请烦查明,希即转饬分会一体遵照办理,等因,到会。准此,除分移外,合就抄录转移。为此移会费分会,希领转饬遵照办理。须至移者。

## 为来船须有医员给照致锡良电

(宣统三年三月二十二日)

锡制台鉴:

洪。据沪道马电称,奉铣电,即商税司遵办。据复称,旅大、营口如各内地疫出入门户,凡由该埠来沪搭客,难免无疫,故现章来船须有医员给照,批明所载搭客已候验五天,并无染疫,方准进口。否则,须在淞停留五天。此外,东三省各口来船,则绝无耽延。请俟旅大、营口三处疫症全消,再由道与驻沪各领会商,将其余条件一律撤销,等语。乞速转电东督宪,饬查复示遵办,等情。祈饬查明电示饬遵为祷。骏。养。

## 附：锡良为日轮期于廿八到崇致张人骏电
（宣统三年三月二十三日）

江宁张安帅鉴：

运送第三批鄂民，前电请瑞莘帅另派他轮在崇候接，并于筱电请尊处帮同设法，去后尚未准复。现日轮即拟由大连出口，期于廿八到崇。该轮在此久候，每日津贴二百五十元，如到崇无轮接替守待，更多靡费。除电瑞莘帅外，务恳尊处转饬沪道，无论何项轮船，刻日商定，如期候接，万勿迟误。仍乞电复。良。廿三。

## 附：锡良为龙平丸于廿八午前到崇致张人骏电
（宣统三年三月二十四日）

江宁张安帅鉴：

运送鄂民一事，电请商派轮在崇候接，计已达到。顷准莘帅马电，已派定“立兴”轮船在崇候接，等因。兹饬“龙平丸”于廿五日由连出口，廿八午前准到崇宝沙。除发给护照外，请饬江海关勿为留阻。良。敬。

## 为派员前往奉天一带购运杂粮致锡良电
（宣统三年三月二十五日）

锡制台鉴：

宁省粮米向资外运，去岁江北被江皖已告灾，来源顿少。今春粮价奇昂，民食维艰，不得不筹办平粜。经骏商由藩司，派委李直牧大年前往奉天一带购运杂粮，由江南财政公所发给护照。兹据该公所详据李直牧奏，先办一万石待运，请照宣统元年采办江北粜粮成案，电咨免税，等情。查此次粜粮，系为拯济贫民之用，少完一分税项，即穷黎受一分之益。拟请台端转饬各关卡验照放用，照案免缴税捐。

并祈示复,无任盼祷。骏。有。

### 附:锡良为在奉何处购买杂粮若干致张人骏电

（宣统三年三月二十七日）

南京张制台鉴:

洪。有电悉。此次委李牧大年在奉何处购买杂粮若干? 由何关出口? 希饬查明电复,以便分饬放行。良。沁。

## 为第三批鄂民乘“龙平丸”廿七到崇致锡良电

（宣统三年三月二十五日）

锡制台鉴:

敬电谅达。兹据沪道回电,“龙平丸”第三批鄂民已雇至“立丰”轮,廿七日在崇宝沙候接。其营口一批,亦商招商局派“新昌”轮廿三早开营装载,直放武昌。于马、个电奏莘帅、电明东督宪,并已于前日径电营口周道及电韩交涉司,切嘱“龙平丸”廿七到崇,勿误船期在案。乞转复,等情。谨闻。骏。有。

### 附:锡良为鄂民余不再送致张人骏瑞澂电

（宣统三年三月二十六日）

南京张安帅、武昌瑞莘帅鉴:

运送鄂民一事,漾、敬电谅达。览奉天、长春等处鄂民,共五百九十五名,已于廿五日由大连出口,廿八早八钟准到崇明,请于交换后即饬“龙平”回连。此外,但有新昌由营直放武汉一起,余不再送。并此奉闻。良。廿六。

## 为已饬沪道迅速照办致锡良电

（宣统三年三月二十六日）

锡制台鉴：

廿三电敬悉。已转饬沪道迅速照办。骏。

## 为奉省疫净甚慰致锡良电

（宣统三年三月二十六日）

锡制台鉴：

径电奉省疫净，甚慰。即当行饬各关知照。骏。宥。

### 附：孙宝琦为山东疫症二月底内地即已消灭致张人骏等各省督抚电

（宣统三年三月二十三日）

各省制台、抚台鉴，烟台徐道台：

东省疫症二月底内地即已消灭，惟烟台一隅受疫较重，本月上旬间有疫毙，十一日以后至今旬余迄无毙者，确已全省净绝。青岛德租界已裁并留验所，是为疫净之证。顷电奏明开放，由烟台及山东各海口轮船、民船驶赴各省海口，概免留验。以后，照部咨改订防疫章程办理。查照。琦。漾。

### 附：锡良为东三省疫情一律净尽致张人骏等各省督抚电

（宣统三年三月二十五日）

各省制台、抚台鉴：

三省疫气，哈尔滨、长春为最盛，现已月余无疫。奉省自三月以来，亦已消灭。其余各属先后饬派西医分查，良复加体察，是已一律净尽。即在会各国医员，已均认为无疫。除奏报外，特此布闻。良。径。

## 附:孙宝琦为东省疫气确已肃清致张人骏等各省督抚电

(宣统三年三月二十五日)

各省制台、抚台、盛京施丞堂、烟台徐道台、青岛阿税司、济宁吴道台:

东省疫气肃清,本月廿三日电枢代奏,文曰:东省疫症,内地各处至二月底俱已消灭,惟烟埠一隅染症较重,本月上旬间日偶有疫毙,自十一日至今,遂亦绝无毙者。通省疫气确已肃清。青岛租界已将留验所裁撤,并将兵队撤防,可为内地疫净之证。自腊月底至今二月,仰赖朝廷福庇,得以扫尽疫气,深堪庆幸。烟台本系有疫之区,工商受困日久,今已疫净旬余,应请即行开放。所有烟台及东省沿海各口轮船、民船驶赴各省口岸,概免留验,以便交通而苏民困。一切善后事宜,当遵照部咨改订防疫章程办理,并逐渐裁撤兵队、员司,以节靡费。除专折具奏外,谨先电慰宸尘,恳谕饬沿海、沿江各督抚公布实行,无任盼祷。请军机处代奏。三月二十五日准枢电:洪。奉旨,孙宝琦电奏,东省疫气肃清,请即开放,概免留验,善后事宜遵照部咨改订防疫章程办理,并饬沿江、沿海各督抚公布实行,等语。着照所请,该部知道。钦此。敬请查照施行。琦。有。

## 为询曾否核定金陵机器局存裁办法事致军咨处陆军部电

(宣统三年三月二十六日)

军咨处、陆军部钧鉴:

洪。上年七月间奉个电,金陵制造局有关国防,未便轻议更动,俟朱恩绂[①]京卿考查后,禀由处、部妥拟办法,再行奏明请旨施行等

① 朱恩绂,字菊尊。金陵制造局洋火药局总办。1909年7月,前往各省军械局厂考察,制订整顿各兵工厂办法。

因。当由漾电奉复,一面录行司局遵办。旋据清理财政局以前项经费因筹议裁并未经列入预算,详经咨部追加去后。现准度支部咨复,金陵制造局既奉行知停工议裁,未列预算,应仍照原案办理等因。查此项经费前既未列预算,今奉度支部行令仍照原案办理,未允追加,则此项支款将来实无从造报。现在该局应存、应裁,钧处及贵部曾否核定办进,伏乞迅赐示知。并祈就近商明度支部,核饬遵办为祷。人骏。宥。印。

### 附:陆军部军需司为已电知江南制造局及两江总督接收金陵机器局事致接收员李盛和电

(宣统三年三月二十八日)

上海。制造局。李司长鉴:

沁电敬悉。现已回明堂宪电知沪局派员随同赴宁办理。此复。并电知江督饬宁局遵照。军需司。勘。印。

### 陆军部为已电告江南制造局派要员随同接收金陵机器局事致张人骏电

(宣统三年三月二十八日)

张制台鉴:

金陵制造局暂停。本部已电沪局张总办派要员随同接收员李司长盛和办理。此复。希饬局遵照。陆军部。勘。印。

## 为已转饬沪道遵照致锡良电

(宣统三年三月二十七日)

锡制台鉴:

敬电祗悉。已转饬沪道遵照。骏。宥。

## 为李牧大年赴奉购粮一事致锡良电

（宣统三年四月初九日）

锡制台鉴：

洪。前委李牧大年赴奉购粮一事，接准沁电，当即饬据财政公所查复，该牧在营口购杂粮二万石，重六百万斤，分批起运，由山海新关出口。祈饬各关卡查验放行，照案免缴税捐，为祷。骏。佳。

### 附：锡良为已分饬营口关卡查照办理致张人骏电

（宣统三年四月十二日）

南京张制台鉴：

佳电敬悉。已分饬营口关卡查照办理矣。良。真。

## 复锡良电

（宣统三年四月十二日）

锡制台鉴：

洪。真电敬悉。已饬将尊电特电沪道登报声明，以免传讹。骏。文。

### 附：锡良为吉林省城因民房失慎致张人骏等各省督抚电

（宣统三年四月十一日）

各省制台、抚台鉴：

洪。初十日午后，吉林省城因民房失慎，延烧城内各街市暨各衙署局所，灾情甚重。良已电饬哈尔滨、长春两道，筹运粮米，赶往接济。恐各省讹传异词，谨先电闻。良。真。

## 批江宁劝业道江宁商务总会报团赴美参加国际博览会文

（宣统三年四月十五日）

查此案前据该道折呈，当经咨明外务部、农工商部查照核办在案。兹据前情，仰劝业道转移各该商会知照。缴。

## 为报销金陵制造洋火药局宣统元年经费事致外务部之咨呈

（宣统三年六月二十五日）

都察院都御史、总督江南江西等处地方张，为咨呈事。

窃照宣统二年十月初二日承准宪政编查馆咨，奏准各省循例具奏事件酌拟改咨一折，声明工艺局厂等报销列于农工商部门内等因，自应查照办理。

兹据前办金陵洋火药局道员赵有伦详称：金陵设立局厂，仿照西法，用机器制造洋火药，于光绪三十四年，经前办局务王道瓖因造药锅炉机器历久锻炼，类多损坏，木桥七座亦均朽烂，各厂房屋并引河驳岸等处均系年久失修，估需修理经费湘平银一万一百余两。嗣经江南财政局派员复估，减去大门外栅栏一项并玻璃计银四百数十两，实需银九千七百余两。详奉前两江督院端奏明立案，并饬由江南财政局拨款兴修。嗣以江南财政局经费支绌，一时筹措不出，由该局详明暂在洋火药局硝磺余利项下垫用，俟财政局周转稍灵，再行拨还归垫。乃王道未及兴修，即行调差。嗣经职道接办局务，奉前督宪端派员复估，以前项工程当时估计不无过于节省之处，若不乘此大修之年一律修整完固，再行拨款兴修糜费更甚，计增估银一千七百五十余两，亦经奏咨立案，一并在硝磺余利项下垫用。职道于宣统元年三月初一日开工修理，至八月底工竣。曾经详请宪台派委李道国璠验收此项工程，当经到局按照估单逐细勘验，委系工坚料实，并无遗漏偷减之处。所有自是年三日初一日兴修起,至八月底工竣止,均在奏明饬拨修理经费内动用,自应分别造册报销。计旧管五项,新收洋火药局硝磺余利湘平银一万一千五百三十二两,折合库平银一万一千一百二十八两五分一厘七毫二丝二忽三微。开除各次遵照报销章程,各归各部核销,计应归度支部核销库平银九百九十三两九钱五分六厘六毫二丝七忽三微,陆军部核销库平银一万一百三十四两九分五厘九丝五忽。实存五项。在此项报册,已经遵照新章,先行移送江南宁属清理财政局核明移复在案。理合按照核明收支总数数目缮造清册,其文详情分咨前来,本督院覆核无异。

除将清册分咨查照外,相应将清册咨呈。为此咨呈部,谨请查照核销见复施行。须至咨呈者。计咨呈清册四本。

右咨呈外务部。

## 为饬司酌筹拨济复张謇电

(宣统三年七月初九日)

齐电祗悉。风潮为灾,江岸坍削,自宜赶紧筑堤以资捍御。工款不敷,已饬司酌筹拨济。

### 附:张謇为通州港坍堤崩请筑楗保坍致张人骏程德全电

(宣统三年七月初八日)

通州潮灾迭至,港坍堤崩,前请筑楗保坍治本之策。霜降即须种麦,而各港潮汐漫入,耕锸难施,筑堤捍潮,以工代赈,愈不可缓。冯大臣[①]万金勉敷急赈,江督三千两、苏抚三千两请留工赈之用。堤工款由绅捐助外,不敷尚巨,乞恩量拨兴工。

---

① 冯煦。

## 为鄂军有故请海军部多派兵船兼程来宁致内阁等电

（宣统三年八月二十日）

致北京内阁、军咨府、海军部、陆军部：

万急。辰。顷接豫抚万急电开：昨晚接莘帅万急电告，鄂军有故，请速派防队三两营赴援。续又接来电，省城兵与匪合，猛扑督署，其势甚锐，不得已暂登兵轮避锋，仍请派兵速援，云云。豫省已派新军步队一营专车赴鄂，一面分电军咨府、陆军部速派大枝兵队接应。惟下游一带亦关紧要，未识尊处已否得信，严加防范。长江各埠日内安靖否？一切如何布置，并乞电示，等因。下游江防紧要，伏莽素多，乘机窃发，在在堪虞。并图策应武昌，非舰队难期迅速。请海军部饬即多派兵船，由萨军门督布，兼程来宁，分布各埠，保华洋商务。一面由人骏会同苏、皖、赣各抚，设法赶腾得力可靠营队，以备缓急。除电汉口、武昌分别查报确情，随时布置，布[希]乞迅赐核办示知为祷。人骏。号。亥刻发。

### 附：豫抚宝棻为鄂军有故致张人骏电

（宣统三年八月二十日到）

辰。昨晚接莘帅万急电告，鄂军有故，请速派防队三两营赴援。续又接来电，省城兵与匪合，猛扑督署，其势甚锐。不得已暂登兵轮避锋，仍请派兵速援，云云。豫省已派新军步队一营专车赴鄂，一面分电军咨府、陆军部，速派大枝兵队接应。惟下游一带亦关紧要，未识尊处已否得信，严加防范。长江各埠日内安靖否？一切如何布置，并乞电示为祷。棻。号。

### 附:内阁为武昌失守致张人骏等督抚电
（宣统三年八月二十一日）

制台：

申。奉旨:顷据瑞澂电奏,兵匪勾结为乱,武昌失守。长江一带,最关重要。现在人心浮动,伏莽甚多;又值连年荐饥,灾民遍野,殊属可虑。亟宜严防勾结响应。著张人骏、程德全、朱家宝、冯汝骙,加意防范,毋稍疏虞。海外革党,密布内地,到处煽惑,潜谋不轨,并著各省督抚随时严密侦防,免生事端,以顾大局,而弭隐患。将此密谕各该督抚知之。钦此。阁。二十一日。

## 为已饬派兵船来宁分驻各埠致宝棻朱家宝冯汝骙电
（宣统三年八月二十日）

致开封宝抚台、安庆朱抚台、南昌冯抚台：

辰。湘帅[1]号电悉,鄂事敝处尚未得电,下游一带现虽安谧,惟伏莽堪虞,难保不乘机窃发,亟应予筹布置。已分电军咨府、海军部,饬派兵船来宁分驻各埠,以保华洋商务。赣、皖兵力素单,能否足敷调遣,如何布置,并请电饬九江、芜湖两道会营一体防范,乞示复,骏。号。

### 附:程德全为挈衔力请派兵船分驻各埠致张人骏电
（宣统三年八月二十一日）

南京张制台鉴：

辰。号电悉。兵匪猛扑督署,当是莘帅效电以后之事。下游伏莽颇多,现虽处以静谧,亦亟应预筹布置,诚如来电所云。苏属巡防只有六营,新军自退伍后,现只有四十五标。近年因防范空

---

① 河南巡抚宝棻。

虚，借调江防两营驻扎省城外，以备调遣。日前各属灾荒告警，除派水师各营分往弹压，防营亦觉疲于奔命，不敷分布。我公电军咨府、海军部饬派兵船分驻各埠，极佩荩筹。倘府、部不即见允，仍求挈衔力请。鄂事如续得确讯，仍请电示。全。马。印。

### 附：上海道刘燕翼为英海提已赴宁晋谒督宪致张人骏电
（宣统三年八月二十一日）

申。顷闻十九日戌刻武昌新军挟革匪叛，正在查探间，适与英领会讯案件，英领亦以此相询，并云接汉口英领电，武昌衙署被毁，乱事甚急，英海提已赴宁晋谒督宪等语。谨先闻。燕翼[①]叩。哿。

## 为拟暂借一万枝旧枪解宁备用致直隶总督陈夔龙电
（宣统三年八月二十一日酉发）

致天津陈制台：

辰。敝处军械已罄，缓急殊不足恃。闻张少轩[②]军门言，近畿陆军均另发新枪，腾出曼利夏为数甚多，拟暂借一万枝解宁备用，无任感激。乞示复。骏。个。酉发。

## 为赴鄂会剿俟得示再饬行复湖广总督瑞澂电
（宣统三年八月二十一日）

复汉口瑞莘帅：

申。号电悉，兵匪串乱，至于斯极，殊出意外。刻下省中情形如何？文武员弁及仓库、监狱是否均属无恙？乞详示。长江一带极关

---

① 刘燕翼，字襄孙（荪）。宣统二年（1910）九月接替蔡乃煌任江苏松太仓道。

② 张勋（1854—1923），字绍轩、少轩。时任江南提督。

紧要,敝处布置派防殊费经营,宁省巡防队仅三十余营,分扎各属,均难抽动。至得力可靠者,更属无多。既承尊嘱,容即设法酌调,如必须赴鄂会剿,俟得示再饬行。骏。个。酉发。

## 为恳将长江一带通商各埠迅速拨轮巡护致北洋海军提督萨镇冰电

(宣统三年八月二十一日酉发)

汉口探送萨统制:

辰。鄂事昨已电海军部饬派兵船,请公督带兼程来宁,分布各埠,以保华洋商务。兹准电复,嘱就近电问台端调用。务恳将长江一带通商各埠,迅速拨轮,驰往巡护。并乞酌调二、三号来宁,以备骏随时遣用。无任感祷,盼复。骏。个。酉发。

### 附:海军部为就近电问萨统制调用兵舰复张人骏电

(宣统三年八月二十一日)

海。号电悉。昨经瑞制军就近调用兵舰;又经萨统制即电数舰赴鄂听候调用,暨亲往汉口商同瑞制军剿办;又经长江水师提督饬属严防,并亲赴鄂商同剿办,特闻。尊处如需用兵舰,希就近电问萨统制调用。海部。马。

## 为由宁先行息借洋款五百万两致内阁请代奏电

(宣统三年八月二十一日)

辰。窃照鄂乱事起仓卒,江南地处下游,向多伏莽,窃发堪虞。皖、赣逼近鄂疆,兵备均甚空虚,非缓急有备,实难肆应。即军队枪械,亦当预筹添购,米粟并须储峙,在在需款。库帑如洗,亟宜设法宽筹。欲济眉急,舍息借别无办法。

查,前拟借轻息长期洋款五百万两一案,奏奉交部议复,归入地方公债,饬俟谘议局议决核办。现该局尚未开会,而时事万急,断难久待。且饥民载道，更应速为抚遣，以免丛集滋事。人骏为地方安危起见，伏祈俯念防赈紧要，特旨准照前奏由宁先行息借洋款五百万两，所有借款、还款一切事宜，悉照原议。仍俟谘议局开会，照章札令追认，以符定例，而应急需。谨请代奏，人骏叩。个。

### 附：程德全为商请将宁垣库存新币分拨一百万元接济致张人骏电

（宣统三年八月二十日）

南京张制台鉴：

据苏商会总、协理等呈称：现银缺乏，市面奇紧，今各商业议请电商督院，将宁垣库存新币分拨一百万元接济，人心稍定，法币亦可推行。等语。苏市竭力维持，仍复奇紧，非大宗现洋难挽回。库储将罄，除劝谕绅商将所存现洋流通外，仍祈我公力与维持。切盼。俭。印。

## 为乞酌调二、三号来宁备骏随时遣用致萨镇冰电

（宣统三年八月二十二日）

急。辰。准海军部电，此间需用兵舰，嘱就近电商台端调用。昨经电请派拨，尚未奉复。鄂事日益危急，江防亟宜筹备，所有镇江、芜湖、九江各埠，最关紧要，恳速派兵舰驰往巡护。并乞酌调二、三号来宁，备骏随时遣用。无任感祷，并希速复。骏。杩。

## 为筹备江防复陆军部电

（宣统三年八月二十二日未刻发）

辰。马二电均悉。敝处自得信后，即筹备江防，设法调集得力巡防队，择要扼守。惟宁省巡防止有三十余营，分防至千余里之遥，零星散扎，均难抽动。浦口防军因事先后调防各处已居多数，一时亦难调集。现已奏请添募巡防十营，庶策应扼守，较有把握。至沪局兵工

重地,最关紧要,现已派驻兵轮,并加拨军队,以资防守。

再,武昌失陷,汉口无事,以后大部发电,请删去汉口,以免外人疑虑。骏,祃。

### 附:陆军部为武汉陆军均变致张人骏电

（宣统三年八月二十二日）

辰。武汉陆军均变,已有旨派兵赴援。沪、粤、德州局厂存储军火甚多,亟须多派得力兵队,严密保护,以防不测。如何布置,即复。陆。马。

### 附:陆军部为汉口一带处处可危亟须严防分窜致张人骏电

（宣统三年八月二十二日）

辰。武汉陆军均变,已有旨派兵赴援,汉口一带处处可危,亟须严防分窜,希各督抚多派得力军队,分别扼守,共维大局。仍将一切情形随时电部。切切。陆军部。马。

## 为宁省兵力同一单薄复程德全电

（宣统三年八月二十二日）

辰。马电悉。糜无数金钱,久经训练之陆军,几等养虎自卫,可胜浩叹!下游应严加戒备,宁省兵力同一单薄,巡防三十余营,分防至千余里之遥,零星散扎,均难抽动。浦口各营本为长江游击之师,乃出防各处已居多数,亦难一时调集。刻下既须派营赴鄂,又须固守江防,非添招无从措手。现已奏请照巡防营制,募足十营,即日开招。惟饷、械两缺,应付为难,独力更难济事。拟将此项勇饷,尊处分任其半。混成协自退伍后,只有一标,或将余剩饷项尽数拨解,以应急需。我公力顾大局,当能俯如所请。急盼示复。辛[莘]帅号电另译达。骏。祃。

### 附:江苏巡抚程德全为苏属巡防只有六营致张人骏电

（宣统三年八月二十二日）

辰。号电悉。兵匪猛扑督署,当是莘帅效电之后。下游伏莽颇多,现虽处以镇静,亦应行预筹布置。诚如来电所云,苏属巡防,只有六营;新军自退伍后,现只有四十五标。近年因防范空虚,借调江防两营驻扎省城外,以备调遣。目前各属灾荒告警,除派水师各营分往弹压,防营亦觉疲于奔命不敷分布。我公电军咨府、海军部饬派兵船分驻各埠,极佩荩筹。倘府、部不即见允,仍求挈衔力请。鄂事如续得确闻,仍请电示。全。马。

## 为刻下武昌情形如何致瑞澂电

（宣统三年八月二十二日）

申。个电谅达。刻下省中情形如何?文武员弁有无下落?顷得陆军部电,已发兵赴援。大兵到境,我公擘画所至,自能速图规复。一切情形,务乞详示。骏。祃。

## 为铁路电线已设法保护复盛宣怀电

（宣统三年八月二十二日）

尊示与敝见相符,已奏请添招勇营。长江商埠林立,伏莽滋多,并已电调兵舰,抽调得力防营,严加保守。铁路、电线自应设法保护。

### 附:盛宣怀为铁路电线均请设法保护致张人骏电

（宣统三年八月二十一日）

申。十九日夜,武昌为革党占踞,兵变城失,莘帅[①]上兵船泊汉口。党请领事中立,此中必有人在。伪示专主革命,不碍洋

---

① 瑞澂。

人，不杀不掠，举动非常。务望各省认真侦探，防守军械，严查接济。鄙见宜求将领添招勇营，以备不虞。多一勇少一匪。铁路电线有关征调，均请设法保护。此电祈缜密勿布。宣。号。

### 附：盛宣怀为请派人护送鄂军饷上船事致张人骏电

（宣统三年八月二十二日）

南京张制军：

鄂军饷甚急，已电饬造币厂蔡道将已铸银元火速运往，请即密派妥人护送上船。万勿张扬。泽。宣。祃。

## 为已迭次电请派拨兵轮复程德全电

（宣统三年八月二十三日）

辰。祃电悉。下游最关紧要，程[①]遵旨赴鄂，骏已请其统筹兼顾。至需用兵轮，昨准海军部电嘱，就近商萨提[②]调用，已迭次电请派拨。得复再闻。骏。漾。

### 附：程德全为电催军咨府派兵舰驻镇致张人骏电

（宣统三年八月二十三日）

南京张制台鉴：

洪。刘道燕翼祃电，计已并达。沪制造局关系重要，该道既商萨军门酌留两舰驻守，应请挈衔电请海军部饬遵。再，镇江林道来电请派兵舰驻镇，计亦并达。公昨达军咨府，已得复否？似可电催。乞示。全。漾。印。

---

① 程允和，字平斋。曾任长江水师提督。

② 萨镇冰。

## 为奉旨派荫午帅督兵复松寿电

（宣统三年八月二十三日）

申。养电敬悉。武昌于十九日失守，莘帅退守汉口。自得廿日电后，屡次电询，迄未得复。现已奉旨派荫午帅①督兵两镇，由京出发。俟得有确信，再闻。骏。漾。

### 附：闽浙总督松寿询武昌警耗致张人骏电

（宣统三年八月二十三日）

申。武昌警耗，现在情形如何？贵省如探有确信，望速示为盼。寿。养。

## 尊处必时差密探往汉致宝棻电

（宣统三年八月二十三日）

申。汉口电局为革党所据，往电皆不得复。现在京军赴鄂，沿途当尚安静。尊处必时差密探往汉，乞将所侦详情电示。再，铁路有无他故，亦望不及。骏。祃。

## 为添招十营巡防新军致内阁请代奏电

（宣统三年八月二十三日）

辰。武昌被革党占踞，兵变城失。长江下游，关系重要。人骏得信后，即电请派轮巡护各商埠，并抽集巡防队，以备策应扼守。惟伏莽素多，难保不乘机蠢动。灾荒之后，饥民遍地，又恐被其煽惑，保护防剿在在均需兵力。宁省巡防止三十余营，分防至千余里之遥，零星散扎，均难仓卒抽动。浦口防军虽系长江游击之师，惟因事先后调往

---

① 荫昌（1859—1928），字五楼，后改字午楼。历任出使德国大臣，江北提督，陆军部侍郎、尚书等。武昌起义时，率军赴武汉镇压，屡败。

皖、苏各省及徐州等处已居多数,亦难一时调集。至赣、皖、苏各省兵力,更形单薄。下游地段绵长,非现有防营足敷防守。

昨准鄂督电请派得力可靠巡防队前往会剿,顷准陆军部电嘱,派得力军队扼守。巡防队系屡饬裁减,经沥情奏请,始获从缓。惟平时仅敷分防,有事实难调集。为顾全长江大局计,拟请照从前湘军营制,每营五百人,添招十营,按月结饷,名为巡防新军,由一至十挨次编号。饷项、军械极形缺乏,但当此危急之秋,敢不勉为其难!已会商苏抚设法共筹,先行挪拨。相应仰恳天恩俯赐照准,以便刻日再招,相机因应,不胜迫切待命之至。请代奏。人骏叩。漾。

### 附:军咨府为允准南京添招防队十营致张人骏电

(宣统三年八月二十五日)

申。电悉。尊处拟添招防队十营,业经奉旨允准,胥请钦遵办理。此项队伍应仍请查明历次奏案,按照募兵制略及巡防队编制办理,并照章参用陆军教育,以为将来改编地步;即希勿用巡防新军名目,以归画一,并望随时将筹编情形报部为盼。军咨府,陆军部。有。

## 为乞速转电萨统制刻日派舰到境致海军部电

(宣统三年八月二十三日)

海。奉马电,需用兵舰,饬就近电萨统制调用,等因。当以镇江、芜湖、九江各埠最关紧要,应各派一舰;敝处亦需用兵舰二、三号。经迭电萨统制照准,迄未得复。即萨统制督舰赴汉,曾否过宁,亦未得悉。现讹言四起,防务日益吃紧,无兵舰何以资保护、备转运?乞速转电萨统制,刻日照派到境,以维大局,而安人心。无任盼祷。人骏。漾。

### 附:海军部为即电“南琛”“镜清”来宁听候调用致张人骏电

（宣统三年八月二十五日）

海。昨经飞电吴、沈两统领,即电“南琛”“镜清”来宁听候调用。“海筹”尚未到沪,萨统制今日可抵汉。并闻。海部。有。

### 附:长江舰队统领沈寿堃为已派楚谦驻宁致张人骏电

（宣统三年八月二十五日）

辰。致萨统制电谨悉。萨统制于二十赴汉,已派“楚谦”驻宁,业抵下关。上海只留“南琛”一艘防守制造局及火药库。并经电请“海筹”“海琛”“海容”“通济”“楚观”各舰,俟到沪后,谨当派驻镇江,以纾慈廑。寿堃禀。敬。

## 为乞随时电示汉口消息致宝棻电

（宣统三年八月二十四日）

辰。汉口电报不通,消息隔绝。尊处相距较近,豫、鄂之间电报必通,探报必有确信,乞随时电示。骏。敬。

## 为南省情形亦如常致陈夔龙电

（宣统三年八月二十四日）

急。辰。漾电悉。京津安靖,甚慰。南省情形亦如常,报纸讹言均不足信。骏。敬。

## 为汉口大兵将次云集军粮最关紧要复宝棻电

（宣统三年八月二十四日）

辰。漾电悉。自宜格外留意。惟内外往来各电,无印字者居其多数,该电未标明辰、密字样,是否系匆促所致?请详加查察。汉口大兵将次云集,军粮最关紧要,似应予为筹备,第须出之审慎耳,祈高明酌之。骏。敬。

### 附:豫抚宝棻为鄂匪探系黎元洪为首致张人骏电

（宣统三年八月二十四日）

申。祃电悉。鄂匪探系称该省协统黎元洪为首,汉阳已为所踞,惟尚无北扰消息。豫已节节设防,大军明日可到。长江想安谧,乞不时见示。棻。敬。

## 为已飞饬四路炮台转饬遵照复海军部电

（宣统三年八月二十五日）

海军部钧鉴:

海密。敬电及有、日二电敬悉。已录电飞饬四路炮台总理转饬遵照。人骏。径。

### 附:军咨府为请将炮闩卸下另觅严密之处存储致张人骏电

（宣统三年八月二十五日）

海。武昌失守,匪党于龟山、蛇山安设快炮,防御水陆交通。他路炮台,万一被匪占据,障碍尤大。查匪党现无大炮,各路炮台似无需大炮以攻乱匪。现经军咨府、陆军,海军部公同商议,所有炮台各炮,除十二生及五寸口径以下各炮留用,以资防守外,其十二生半及五寸七口径以上各炮,均暂将炮闩卸下,另觅严密之处存储,以昭慎重。惟详加酌核此项炮闩,若存于炮台左近,究仍恐有疏虞。

兹经议定,由海军部电饬各舰队统领,在四路炮台附近,各拨一船驻泊,存储此项炮闩。兹由四路炮台,各派一炮弁分驻各船照料,如查匪党倘有大炮,再行随时将相当炮闩取回应用。似此办理,尊意当必谓然。除由海军部电达萨统制,吴、沈统领派船分路驻泊外,希即饬各路炮台长官与各船管带接洽,遵照办理。军咨府、陆军部、海军部。有。

### 附：署巡洋舰队统领吴应科长江舰队统领沈寿堃令四路炮台炮闩暂行卸下致张人骏电

（宣统三年八月二十六日）

海。奉海军部电，令四路炮台炮闩暂行卸下，派船存储，急用取回一节，业饬驻宁之"楚谦"、驻镇之"登瀛洲"，江阴已派"南琛"，吴淞拟派"策电"各船，与各台官接洽办理，敬请宪台转饬四路各台官照办。现沪无一船，俟"海筹""海容"到时，即饬开宁，合并禀明。应科①、寿堃②同叩。谨禀。宥。

### 附：吴应科为镇江顾总台官拒将炮闩交船存储致张人骏电

（宣统三年八月三十日）

海。顷据"登瀛洲"杜管带电称，镇江顾总台官卸下炮闩，以未奉钧饬交船存储等情，请转饬该台官遵照海部宥电办理为叩。应科。艳。

## 为造币分厂存银万请勿再提运俾定人心复度支部等电

（宣统三年八月二十五日）

急。申。祃电敬悉。当密饬蔡道遵办。计连日运沪银元，已达二百万以上，均派人护送上车，平安无事。惟值此多事之秋，民间忽

---

① 吴应科，原名天保。同治十二年(1873)为清政府选派的第二批赴美留学幼童。回国后入福建马尾船政学堂第八届驾驶班学习。宣统三年(1911)春，任巡洋舰队统领，赏海军协都统衔。1912年出任海军右司令。

② 沈寿堃(1863—1921)。光绪十二年(1886)作为清政府选派的第三批海军留学生赴英国深造。曾任北洋海军长江舰队统领，授海军协都统。辛亥革命爆发，沈寿堃既不支持也未阻止舰队起义，自行离职。

见大批官银接续外运,由是谣言四起,裕宁官钱局大受影响,持票兑现者纷至沓来。虽已筹拨现银,终恐应接不暇。国设、省设未能户晓,裕宁同属官家银行,一经失信,国家银行亦将并受排击。市面动摇,糜烂即在目前。务乞通电沿江及上海大清、交通各分行,与裕宁总分各局互相联络,随时接济,以维大局。此间造币分厂存银,万请勿再提运,俾定人心,而保信用,不胜迫切待命之至。再,该分厂尚存银尚多,并请先借拨五十万,暂济眉急,并恳。人骏叩。有。

## 请通电各银行稳定局面以保信用而安人心致内阁请代奏电

（宣统三年八月二十五日）

万急。辰。鄂省变乱,讹言四起,武汉沿江避难者纷纷南下,裕宁官钱局大受影响,持票兑现者纷至沓来,势将被挤;虽已筹拨现银,终恐应接不暇。若市面动摇,糜烂不堪设想。已另电请度支部、邮传部通电沿江及上海大清、交通各分行与裕宁总分各局,互相联络,随时接济。查宁省造币分厂所存现银五十万两,已由裕宁总局先行借拨,暂救眉急。该分厂尚有造成新币一百余万,拟请敕下度支部飞饬该分厂,尽数拨交大清、交通二分行及裕宁总局,以备应付钞票之用;一面出示晓谕,通行新币,以保信用,而安人心。谨请代奏。人骏叩。有。

## 为拟作何布置规复致袁世凯电

（宣统三年八月二十五日）

辰。恭阅阁抄,鄂事属公[1],为国济艰,谊不俟驾。拟作何布置规复,祈详示伟略为祷。电报阻隔数日,未得武汉情形,瞻念乱区,殊

---

① 宣统三年(1911)八月二十三日,上谕:湖广总督著袁世凯补授,并督办剿匪事宜。迅速赴任,毋庸来京陛见。

深焦灼。敝处已筹备一切，现尚静谧。尊处各密电本全否？请示。人骏。有。

## 为饬苏藩再借十五万元致程德全电

（宣统三年八月二十六日）

申。因鄂乱风潮，裕宁吃紧，钞票兑涌。前电左藩司①已拨借十万元应急，感甚。而分局林立，同时挤迫，虽洋债五百万已奏准派员签字，缓不济急。仍乞饬苏藩再借十五万元，交苏裕宁转济就近各局，洋债交到即还不误。事关大局，乞公大力维持。人骏。宥。印。

## 为拟请由裕宁官银钱局筹备现银随时发用以安人心事致内阁请代奏电

（宣统三年八月二十六日）

辰。窃鄂省事起，沿江一带市面紧急，风潮所及，裕宁官银钱局大受影响。昨经电请度支、邮传二部，请饬交通各分行，互相维持，并奏请敕造币分厂拨借现银新币，以资周转在案。惟市面自发行钞票以来，银元日少，洋厘愈高。平时钞票畅行，所放军饷搭用居其多数，现在票不信用，而新币尚未通行，非多备现洋，无以流通市面，更无以镇定军心。沿江一带皆设有裕宁分局，均须总局时时接济。而上海银元亦极形缺乏，洋盘继长增高，如加价购入，吃亏甚巨。且市侩奸商囤积居奇，更恐有银无从购洋，非另筹办法，不能支持。查广东今年因革党起事，钞票失信，曾奏准添铸旧制银元有案。宁省现因鄂事牵及，钞票情形相同，拟请由裕宁官银钱局筹备现银，交江宁造币厂即日代为附铸，随时发用，以顾大局，而安人心。俟市面平定，即行停铸。谨请代奏。人骏叩。宥。

---

① 左孝同（1857—1924），字子异，一作子祀，晚号逸叟，又号遁斋。左宗棠季子。宣统三年（1911）兼署江苏布政使。

## 附:程德全为勇饷遵谕认筹致张人骏电

(宣统三年八月二十三日)

急。辰。祃电悉。添招防营,以资防卫,全极赞成。勇饷遵谕认筹。四十六标退伍后,所余饷项现已动用;另剩三万余两,自可尽数拨解,请即挈衔奏明为感。全。漾。

## 附:苏州巡警道吴肇邦为因鄂事银根紧急致张人骏电

(宣统三年八月二十四日)

安。苏省安谧如常。惟因鄂事,银根紧急,群向裕宁索取现洋,极其拥挤。经邦[①]派员督警弹压,幸未冲突。近两日已兑出洋圆十余万元,今日由藩库拨借洋十万元,明日当可支持,日久恐难为继。乞设法拨济,以维持市面,而靖人心。肇邦叩。敬。

## 附:内阁为奉旨饬度支部议奏添铸旧制银元事致张人骏电

(宣统三年八月二十七日)

发两江总督电:

洪。奉旨:张人骏电奏,宁省现因鄂事,钞票失信,请援照广东成案添铸旧制银元,由裕宁官银铸局筹备现银,交江宁造币厂即日代为附铸,随时发用等语。著度支部速议具奏。钦此。

# 为现招十营江南巡防先锋队事致军谘府等电

(宣统三年八月二十六日申刻发)

申。有电敬悉。此次添招勇营,为顾全长江下游计,且各处商调军队日习数起,均指名请派防营。宁、苏兵力平时单薄,现招十营,若

---

① 吴肇邦,号方臣。宣统二年(1910)四月任江苏巡警道。

照巡防队编制，亦不满三千人。如再多招，又恐涉于张皇。故奏请照从前湘军营制，每营五百人。平时既可屯集训练，遇事派队出发，又不至单薄。一俟大局平定，或遣散，或改编，再另筹办法。体察目下情形，自以五百人一营为宜，仍照章参用陆军教育。巡防新军名目，应遵嘱勿用。拟名曰：江南巡防先锋队。统乞照准示遵。人骏。宥。

## 为已饬造币分厂先拨新币五十万元救急事致内阁请代奏电

（宣统三年八月二十六日）

辰。窃照裕宁官银钱局被挤，已电奏请拨借造币分厂现银及发行新币在案。现持票兑洋者户几为穿，银元本属缺少，加以风声所播，或藏匿，或外运，即立时罄尽。设法搜罗，竟无从购买。以现银兑票，均不愿领取。刻下水陆新旧各军，及浦口江防军月饷，共计数十万，均须放给。向来搭发钞票居其多数，军饷为计授所关，零星日用以现银为不便，必索取银元。若应付稍迟，势必至于哗噪。闻汉口之变，亦由军士向交通银行取银而起，言之寒心。万一裕宁被挤失败，则全局不堪设想，且交通分行亦同受风潮。此外商办银行及各钱店，亦均岌岌可危。人骏不避专擅之嫌，未及候旨，迫不得已饬造币分厂先拨新币五十万元，分交裕宁总局、交通分行应用，以资补救，而定人心。谨请代奏。人骏叩。宥。

### 附：内阁为奉旨饬度支部核办拨支新币应付挤兑事致张人骏电

（宣统三年八月二十六日）

发江督电：

洪。奉旨：张人骏电奏，鄂省变乱，裕宁官钱局大受影响，持票兑现者纷至沓来，应接不暇。宁省造币分厂尚有造成新币一百余万，请饬度支部飞饬该分厂尽数拨交大清、交通二分行及裕宁总局,以备应付钞票行用等语。著度支部迅速酌核办理。钦此。阁。宥。

## 请饬苏藩务乞速照拨致程德全电

(宣统三年八月二十六日)

急。申。本日巳刻,因苏裕宁事,电请饬苏藩再借十五万元,交该分局济用,计已达览。事关大局,务乞速照拨,无任感祷。该款容由宁从速先行筹还不误。人骏。宥。

### 附:吴肇邦为裕宁持票兑洋仍形拥挤致张人骏电

(宣统三年八月二十六日)

安。敬、有两电计达。今日向裕宁持票兑洋仍形拥挤,乞电抚宪设法维持。否则莠民煽惑,恐酿事端,警力实难保卫。盼复。邦叩。宥。

### 附:程德全为苏库自顾不遑复张人骏电

(宣统三年八月二十六日)

南京张制台鉴:

洪。裕宁苏局钞票受挤,先由藩司遵电拨款十万。昨据藩司续禀,尊电再拨十五万。查苏省库存现款本不宽裕,除拨借裕宁及维持钱市外所存无几。各营薪饷所关紧要,自应留作预备。今日复准度支部急电,饬拨制造局十万两,又不能不分别应付。苏市恐慌情形,万分急迫。全城人心,赖有此少数库存现款,尚可稍示镇定,否则扰乱立见,不堪设想。裕宁行苏钞票数尚不多,而各埠纷至沓来,难于限制,苏库自顾不遑,万一力尽两敝,更属非计。请饬该局迅速分筹,共保大局。并盼电复。全。宥。印。

## 附:程德全为库存现款无多致张人骏电

(宣统三年八月二十七日)

申。宥电敬悉。裕宁钞票拥挤,大局攸关,自应竭力维持。惟苏省全市危迫,库存现款无多,将有杯水车薪之虑。顷已电达,想荷照察。宁苏一家,惟有体察情形,筹拨应付,并随时商奏;一面仍请查照前电,饬局预筹,以保大局。谨复。全。宥。

## 请速派知兵大员统驭沿江军队事致内阁大臣请代奏电

(宣统三年八月二十六日)

申。窃照武昌变故,已历八日,汉局电信不通,多凭商轮过客传闻,惊疑不定。人骏已遴派侦探,以期通灵,惟窃虑沿江无统驭机关,援调均涉呆着,拟请特旨速行简派知兵大员,仿彭玉麟成例,就江防一带,上至荆湘,舰队、防营统归节制,择要驻扎,以期与京畿南下大兵互相联络,兼为各员策应,布置周详。庶足以戢匪人之胆,而息其奸谋。武汉弹丸,不难规复。是否有当,伏候圣裁。谨请代奏。人骏叩。宥。

## 为订购新勇枪弹事致内阁请代奏电

(宣统三年八月二十六日)

申。窃照宁省筹办防务,电奏请募勇营,已奉谕旨允准,钦遵在案。惟查局存枪枝均系旧式,新枪甚为缺乏,服装亦不敷用。现拟先行挪款,向洋商订购新式五响马步枪约一万枝为度,每枝配子弹一千颗,并酌添军服各件,俾资筹备。相应请旨饬部立案,以便派员赴沪购办。至添营勇饷,由人骏、德全就宁、苏两处陆续筹济。合并陈明,谨请代奏,人骏、德全叩。宥。

## 今以戡乱属公是朝廷为天下大局计致袁世凯电

(宣统三年八月二十七日)

辰。有电计达,未奉复示,悬系殊深。武昌居天下上游,自古用兵所必争之地。今以戡乱属公,是朝廷为天下大局计,非为一时一省计。郭令公[①]之平怀恩,何让古贤?深盼速驾,并乞电示。骏。

## 请袁世凯迅速出兵以挽危局电

(宣统三年八月二十七日)

午。宥电敬悉。用旧部以剿新叛,鄂不足平。东山再起,中外仰望。仍请速驾,以挽危局。骏。沁。

### 附:袁世凯为现赴鄂无地驻足无兵节制复张人骏电

(宣统三年八月二十六日)

辰。有电悉,甚慰。旧病未除,新症方剧,俟调理可支,方能就道。鄂兵全变,各路零星援兵绝少,急切难到。部军皆有专帅,讵易会调。凯现赴鄂,无地驻足,亦无兵节制,用何剿抚?现商阁拟请增直省续备万人,编营统往协剿,未知能否得请?宁省戒严,张勋当可得力。惟新军子弹不宜多发,械库须加意防守。存有通、洪、辰、午四密本。凯。宥。

## 为辖境尚属安靖复陈昭常电

(宣统三年八月二十七日)

辰。径电悉。鄂事自二十日以后,敝处亦无确信。惟汉阳继陷,汉口被扰。荫大臣、萨军门率水陆各师先后抵汉,尚无战事,此得自传闻者。报纸谰言,均不可信。下游江防正在筹备,辖境尚属

---

① 郭子仪。

安靖。骏。感。

### 附：吉林巡抚陈昭常望每日彼此电知致张人骏电

（宣统三年八月二十五日）

辰。鄂乱电断，传闻失实。各省近状如何，望每日彼此电知，以便接洽，俾得筹备一切。吉省安靖如恒，各要地已饬慎密防守稽查矣。昭常。径。

## 为维持官票致裕宁局及各商会电

（宣统三年八月二十七日）

裕宁局、各商会：

裕宁钞票被挤业已数日，均设法应付。查各局钞票数已无多，惟省库只存现银，苦无现洋可办。现已饬造币厂开铸银元，一面发行新币，以资接济。各处分局所需现洋，当源源接济，无虞缺乏。并望各商会随时维持。至要。督。感。

### 附：苏商总会为请拨新币以济市面事禀苏抚程德全文

（宣统三年八月二十八日）

谨禀抚宪程大人钧鉴：

窃苏垣现银缺乏，市面奇紧，诚如督宪感电，苦无现洋可办，即开铸银元，亦属缓不济急。职会今日各商业会议，拟恳宪台电商督宪，将宁垣库存新币分拨一百万元到苏接济。有此大宗以现抵现之新币，庶人心可以稍定，而法定币制亦可乘时推行无阻。如蒙俯准逾格维持，苏民幸甚！大局幸甚！除电禀督宪外，谨合词上呈。

苏州商务总会总理尤先甲、协理吴理杲暨全体商民同叩。

### 附:程德全为苏市竭力维持致张人骏电

（宣统三年八月二十日）

南京张制台鉴：

据苏商会总、协理等呈称,现银缺乏,市面奇紧,今各商业会议请电商督院,将宁垣库存新币分拨百万元接济,人心稍定,法币亦可推行等语。苏市竭力维持,仍复奇紧,非大宗现洋难挽回。库储将罄,除劝谕绅商将所存现洋流通外,仍祈我公力与维持。切盼。俭。印。

## 为密电本现在署密存事复陆军部电

（宣统三年八月二十八日）

申。宥电悉。武密电本现在署密存。谨复。骏。勘。

## 为武汉尚无战事复沈瑜庆电

（宣统三年八月二十八日）

申。二十六电悉。尊论知己知彼,胜算独操。惟汉阳继陷,厂亦被踞,业已无及。敝处自汉电阻后,亦无确音。惟闻京军不日可到,萨统制已率舰到汉,尚无战事。此间防务吃紧,幸辖境尚安。骏。勘。

### 附:贵州巡抚沈瑜庆为请派海军全队赴汉阳卫厂平匪致张人骏电

（宣统三年八月二十六日）

申。瑜庆两次电奏,请派海军全队赴汉阳卫厂平匪,均未得报,乞公极力主持。缘海军与党人向不通气,船上大炮断非匪党所有;迟则海外援来,事益棘手。汉电已断,两日内情形如何,望详示。瑜。二十六。

## 为金陵机器局即可复工事致陆军部电

（宣统三年八月二十八日）

陆军部鉴：

洪。宁制造局开工，节经迭电造催。兹据沪局张总办电开：宁局前造六五弹，本系试造，每月由数万渐增至十余万，若数月后制造精熟，可造成廿万。惟现改造七九弹，规模须略改善，各工匠近又大半散去，刻已从速招集，赶紧筹备，酌添煤斤，九月初当可开办。请饬财政公所即日先发银一万两，交郑道、吴守具领，以便赶筹妥办。余俟后妥筹，禀请示遵。仍求迅筹的款，源源接济，等语。除分行外，特闻。骏。俭。印。

### 附：陆军部请派员赴沪局查明余存军械事致张人骏电

（宣统三年九月初七日）

武。顷接川督岑歌电，商拨沪局军械，当经部电复开，尊处添招八营，所需枪炮子弹，已于来电详达。顷接歌电嘱，查沪局枪枝、山炮并子弹及军用品等项。查沪局向以钢药为大宗，其余枪炮等项较小。除本部业经饬解枪枝药外，江督因添招各营，已电商本部饬局匀拨。现在已拨若干，究存若干，尚未详报。希就近派员赴该局查明商办，免多周折，以期迅速。除商明军咨府并电该局外，特电达。陆军部。御。

## 为密码交换代用事复外务部电

（宣统三年八月二十九日午发）

申。有电敬悉。密码交换代用，谨当遵办。惟钧电所谓以一、二、三、四、五与九、八、七、六、零交换者，是否以一代九，二代八，三代七，四代六，五代零？请明晰电示，以便照办。再，阁部是否通用，人骏叩。艳。

## 武昌此变不患蔓延患骚动复李经羲电

（宣统三年八月二十九日）

申。二十七日电敬悉。鄂变，纯系骄兵激叛城陷。报载谰言皆不足信。武汉电先阻，间可通湘、安。蜀无确信，下游赣、皖、宁、苏均静谧。谣言不免，现注意内防，以遏响应。兵舰多驻鄂江，下游亦零布。顷得大兵捷音，已通电谅达。再加痛剿，一面解散胁从，不难平复。据派赴武昌探员报告，匪党实漫无布置。鄙意此变不患蔓延，患骚动；缜密镇静，不妄杀疑似之犯，当可无事。西林微服出鄂，回沪养疴。川事以路起，自应从本原解决，深佩卓见。艳。

### 附：云贵总督李经羲为举项城任事致张人骏电

（宣统三年八月二十九日）

申。鄂变后，仅知北派两镇，汉口、汉阳电阻，匪扰如何实情及上下游军情安危、扼防把握，均难探悉。现在江、皖、粤内容及兵轮调拨，能否得手？务乞电示释系。谣分三路，滇暂粗安。宜主何策？并乞指教。川剧更亟，人心难收。季帅能兵，已失效力者。以百口举项城[①]任事，联络调度，奏已三上，求诸公速陈。西林[②]已否出险赴川？锡、岑均宜，非先决路事不可。并询。羲叩。二十七。

## 李经羲为昨举项城督兵召北援赴难致张人骏电

（宣统三年八月二十四日）

申。江、皖军事安定否？防营援鄂，似宜量力慎筹。汉口能守，岳州勿扼，即万幸。羲昨举项城督兵，召北援赴难，公宜言

---

① 袁世凯，河南项城人。

② 岑春煊，广西西林人。

之，勿引嫌。消息阻隔，乞撮要示复。羲。二十四日。

## 为拟俟外债借成即行酌拨致瑞澂电

（宣统三年八月二十九日）

申。漾电悉。此间市面震动，银行、钱局大受排挤，搜罗银元应付钞票，业尽罄尽。饬厂开铸，至今始蒙度部允准，缓不济急，正深焦灼。至财政困难，近日尤甚。惟事关军务，又重尊嘱，自应设法接济，拟俟外债借成，即行酌拨汇寄。骏。艳。

## 为镇江市面紧急致程德全电

（宣统三年八月二十九日）

辰。沪道寝电，已另复办。镇江市面紧急，顷据林道沁电，已复以新币仅敷宁用，续于勘日接增运司吴道学廉电称，奉饬司库拨银五十万两，昨已兑数二十万两，交裕宁解分号缺省。今早职道正在司署会晤商续发三十万两交解间，本司准镇江林道来函，以银根奇紧，市面现洋一空，岌岌可危，极于待款维持。已电宪座在司库借银十五万两等语，并委员到扬州面述市面恐慌情形。本司与职道互相商酌，镇江为南京、扬州财政机关，镇江市贾吃紧，则南京、扬州均大受其影响，自不能不设法维持，以保大局。惟司库各款异常支绌，无可匀拨。本司与职道再三计议，拟请先由裕宁分号续解银三十万两内分拨十万，暂顾镇江眉急。请示办前来。除复知照拨并饬裕宁总局转分局遵照外，此项款目军需要用，以之腾出维持，实系万分为难，应责成该道担任收放，务于九月二十日以内分期提还，尤须有确实产业抵押，以昭慎重至要等语。希查明。骏。艳。

## 为新币在造币厂容即电部请示办理复苏商总会电

（宣统三年八月三十日）

勘电悉。新币在造币厂，不在库。该厂已先奉部饬，运沪存候发行。容即会同抚院电部请示办理。江督张。卅。印。

## 附:程德全批示苏州商务总会呈请分拨新币接济苏市由

（宣统三年八月二十九日）

降二级留任江苏抚院程批:

一件:苏州商务总会呈请电商督院分拨新币接济苏市由。

已据情电请督院,分拨新币接济苏市。本抚院访闻绅富中有藏匿现洋数十万、潜运赴沪放存外国银行之说,是本抚院竭力维持而不足,一二人有意败坏而有余。除札饬巡警道、苏州府会同该会劝谕放存庄号、典铺接济市面外,仰即遵照。切切。电稿抄发。仍移苏州府查考。此批。二十九日。

## 附:程德全致苏商总会函

（宣统三年八月三十日）

径启者:

顷准督院艳电内开:"俭电悉。宁垣并无库存百万元之款。新币尚未颁行,制、储均在造币厂。苏市急济,应请将急切情形挈衔切商度支部迅电饬提,用能有效。如何?仍望示复为荷。"等语。查沪市急迫,叠据沪道、沪商会、自治公所先后来电请借拨新币,并据商董虞道面陈危急情形。节经本抚院暨督院据情电商大部在案,迄未准复。苏市情形相同,亟应赶速补数。即请将急迫详细情形缕晰呈候会同督院,再行电达大部,迅电饬提为要。

顺颂台安。

名正具　三十日

## 张人骏程德全为请借款一百余万两事致内阁等电

（宣统三年八月三十日）

申。鄂事猝变，长江一带谣言四起，市面动摆，银根紧急，影响及于沪市；其迫促情形，较去年夏秋尤甚。所异者昔为奸商架空牵动，今为现银元缺乏受挤。

汉口目下暂已不可收拾，若再动及沪上，机关一塞，沿江大变即见，此鄙意所宜出全力以图之者。顷据上海总商会绅董来宁告急云，华商银行、钱庄因银元缺少，议停付钞票七天，期限至九月初三日，为时已迫。钱庄向洋商折票数在八百万左右，约信十天，期亦将到，非有四百万之现银元从速发放，势将立涸。坚请以华商银行实业抵借一百万元，巨商叶成志实产抵借一百万元，南北市各殷实钱庄互相担保，请放二百万元。定期押款，以六个月放款，以三个月分别归还。再，上年由沪道向汇丰保借维持二百万两，已借仅九十万两，余额已经刘道呈外务部，声明截止。现在并将请余额一百余万两，仍饬关道照前案保借办理。

人骏据所陈各节，体察目下情势，实非此不能有济，江苏省力万无能胜。惟际存亡危急之秋，东南大局所系非轻，迫求钧阁列部，切念时艰。商务所在，人心所系，国运所关。且使银根一绝，军饷立竭，哗溃事起，莫知所措，有非人骏等所忍言者。主持速复迅办，引领以待。人骏、德全叩。

## 张人骏程德全为请示拨放新币事致度支部电

（宣统三年八月三十日）

北京度支部鉴：

洪。据苏州商会总协理等呈称：苏省市面银元久缺，纸币日多。近因武汉之变牵动全局，纷纷提现、周转不灵，数日之间，有行无市，汇兑不通，情形岌岌可危，非有大宗银元颁发到苏，恐难救济。再四思维,惟有乞赐电部,准将宁币厂铸存新币从速拨运一百万元到苏,先从俸、饷两项发放,人心庶可镇定,市面赖以周转,于币制、民生两有裨益。等情。查苏省市面奇紧,竭力维持,仍难挽救。该商会所呈委系实情,务恳迅账核复。无任盼祷。人、德。卅。印。

## 已会列台衔电陈度支邮传部致程德全电

(宣统三年八月三十日)

苏州程抚台鉴:

洪。顷接苏商会勘电,除复外已会列台衔电陈度支、邮传部。文曰:鄂事变起,沿江市面震动,非现银元无以维持。骏以宁省银根关系大局安危,不得已奏明先将新币提用,以济眉急。兹据苏商会勘电称:苏垣现款缺乏,市面奇紧,诚如督宪谕,苦无现洋可办,即开铸银元,亦属缓不济急。职会今日各商业全体会议,拟恳宪台将宁垣库存新币分拨壹百万元到苏接济。有此大宗以现抵现之新币,庶人心可以稍定,而法定币制亦可乘时推行无阻。商情惶迫!如蒙俯准逾格维持,苏民幸甚,大局幸甚等语。骏体察情形,实属万急。造币厂新币现在沪居多,敢求大部俯念宁、苏事同一律,苏敝宁尤,并受牵掣。准饬沪行运济新币,以资周转。无任翘企。等语。希查照并祈转知。听候部示。骏。卅。

### 附:程德全复张人骏电

(宣统三年九月初一日)

南京张制台鉴:

洪。卅电悉。查此案昨据苏商会来呈,已会台衔电商度支部,并于卅电奉闻在案。我公又据苏商会勘电挈衔电商度、邮两部,更为切实。感甚。除转饬商会知照外,谨复。东。印。

## 为武汉官军已获胜仗复李经羲电

（宣统三年八月三十日亥刻发）

申。二十四电悉。江、皖防务已粗粗布置，援鄂无兵。奉旨准添巡防十营，临时招募亦缓不济急。项城奉命督鄂，得电，拟集北洋续备万人，统率往剿。现闻此兵接战，已获胜仗。长江应仿彭宫保成例，简派督办大臣。骏已奏陈，惟不明指其人耳。骏。

## 为解武汉危局献策事致内阁等电

（宣统三年八月三十日）

申。大军南下，接豫抚电，已获胜仗。惟闻匪党不犯商民，保护洋人，志在远大。我军更应恪守纪律，严禁骚扰。倘有一犯，恐失人心。武汉标营虽已全变，而为首叛乱甘心从逆者，终居少数。其余或系被胁勉从，或因全城无主，暂时依附。大军势盛，必有幡然来归，自可相机招抚。既孤党匪，可结军心。至匪谋百出，我军宜节节进剿，勿长驱直入；得胜又戒远追，以防中伏。匪居绝地，现饷械未足，彼利在速战，我军倘未能操全胜之权，可与之相持。一面绝其运道，断其接济，并派舰队择要扼守，随时游弋，以杜窜路；待势穷援绝，不难一鼓聚歼。各省因自顾藩篱，严内防，绝响应，则大局可危而复安。管见所及，如蒙采择，乞转电酌办，并乞示复。人骏。卅。

## 会同程德全为上海市面岌岌事致内阁等电

（宣统三年八月三十日）

申。卅一电谅达，顷接沪道宥电称：昨夜商会总协理、钱业各董，并中国官商各银行经理仓卒来言，现银奇绌，钞票风潮万紧，市面岌岌，请转商通商银行暂将江宁币制局寄存新币，准以实在产业抵借，发兑应急，情词迫切。职道以既能实产作抵，新币又借可销行，诚为救急之策，立即切商。通商银行以未奉宪示，未允照办。今日四明、信成、兴业、浙江四银行，因连日兑票太多，现款一空，不及运输接济，暂行停兑数日，声明俟现洋办到，再发兑钞票。查沪埠工厂林立，工匠数十万众，厂家按日发给工资，全恃银行、钱庄为之转输。今鄂汉兵乱，警耗频传，市情如此恐急，非立予维持，恐有意外之虞，势将不可收拾，危险万状。向来别处遇有军事，每以上海为转运饷需一大机关，尤不能不设法保全，免坏全局。惟有仰恳宪台迅赐电奏，准由各银行、庄号以实产押借新币；责成通商银行核实，估计产业价值，减折抵押，以维大局，而定人心，无任急切待命之至。

续接沁电，自鄂汉兵乱，各埠汇兑不通，沪市人心惶惶，连日争提现银，并以钞票换现洋，搜括一空，风潮极大。银行、钱业以变起仓卒，未及预备，均将挤倒。沪关为经理财政总汇，值此有事之秋，金融如此恐慌，非特各省关不将洋款解来，即沪关遵照商部奏案存放各庄号生息之公款，一时亦难提回。况外国各银行既允缓收拆票千万，暂救危急，刻下彼要我缓提公项，维持市面，岂能背道而驰？惟赔款洋债为数太巨，偿期甚迫，办法必须速订。非由大清银行速运备现银数百万在沪应急，洋款必至贻误。职道漾电所陈紧要办法两层，务求钧部迅赐商定示遵，大局幸甚等语。

查所陈均属急迫真情，上海为军饷、军械转输机关，制造厂尤要。汉阳兵工厂暂入匪手，所恃止此。枢机一失，变故即生，匪或乘之，不堪设想。迫再转陈，务乞主持速赐，分别维持，以支大局。人骏、德全叩。

## 为两江实无余营可以援鄂致冯汝骙朱家宝电

（宣统三年九月初一日）

申。准军咨府电开，武汉匪势猖獗，日久恐更难扑。查北省援军仅由汉口一面进攻，海军亦止能轰击两岸，武垣后必为敌人纷窜之路，请贵省速与皖赣两省商酌，饬派得力军队，连合攻轰武昌，以牵敌势，庶易奏功。事关南省大局，谅必表同情也。其如何议定布置办法，希速电复等因。此间兵力单薄，无营可调，想尊处同一情形。兹拟会列台衔电复，文曰：自闻鄂警，汝骙即调两营赴援，因汉阳厂被占，无弹接济，旋即折回。宁省兵力本单，得力者更少；巡防三十余营，分防千余里，零星分扎，均无可调。江防一军，分营出防苏皖及因事调扎各属，已居多数，亦难同时撤回。南东大局安危，此间最关紧要。迫不得已，奏请添招十营，已蒙俞允。现虽分路开招，而临时募集，非略施训练，亦属无用。就两江情形而论，所有巡防队，自顾省防，尚虑不敷，实无余营可以援鄂。各处陆军现谣言纷起，人心日夕惊惶，是防内更甚于防外。其中虽不无党人混迹勾结煽惑，希图响应；而外示镇定，内严防范，当不至暴动。武汉官军如迭获胜仗，自能悉就范围。察看各标营自鄂事起后，陆军名誉概被牵累，调以赴剿，难保不遭疑虑。且一时无驾驭统将，如何之处，乞钧裁示遵等语。如卓以为然，请速复，以便择发。骏。东。

## 附：孙宝琦为请次帅挈衔入奏致张人骏电

（宣统三年八月二十九日）

辰。雪帅宥电悉。事机紧急，不宜再有忌讳，奏稿沉痛之至。惟"督臣瑞澂夙抱公忠"八字，必应删去，请次帅挈衔入奏，尤盼诸帅表同情。琦。勘。

## 附：朱家宝为芜湖请派兵轮致张人骏电

（宣统三年八月二十七日）

海。奉安帅电，似可勿庸会奏。惟敝处因芜湖请派兵轮，已电海部请挈同派定，以专责成。文曰：前奉养电，以各省有事，准予就近调用兵轮，仰见统筹全局，宏济艰难，不胜感佩。惟原驻芜湖江贞兵轮，萨统制现已调赴大通，亦未知会，以致芜埠人心恐慌，又请派轮填驻，不胜迫切之至。查皖之安广、大通、芜湖，俱为长江要隘，每处仍驻兵轮一艘。现在鄂乱日炽，闻黄州即有失守之耗，皖防益形吃紧，须兵轮五艘，配足子弹，方敷分布。但未指明舰号、派定地点,恐江地连数省,各轮管带责任不专,难免贻误。拟请钧部就养电所开各舰,指定某轮归某省暂行调遣,并电统制、统领转饬各轮管带遵照,以专责成。皖省逼近鄂疆,务乞垂念危局,俯赐照派为祷等语。谨闻。宝。沁。

### 附:冯汝骙为已电复军咨府事致张人骏电

（宣统三年九月初二日）

申。经帅东电悉。顷电复军咨府文曰:合攻牵敌,诚为要著,前将遣鄂各处驻军严防,曾由张参议节次报告。惟防兵太单,匪由陆窜,已虞不敷堵截。爰饬统领袁坦添北三营,俟成军略加训练,再令前进。现值湖南电阻,萍乡一带亦甚吃紧,惟有再添数营,以厚兵力。省防稍固,再事进攻,等语。尊处如何答复,并望电示。骙。冬。

## 为再向洋行加借二百万两事致内阁等电

（宣统三年九月初一日）

万急。申。窃照请借轻息长期洋债五百万两一案,已奏奉特旨允准,现正与沪上洋行议订合同,以便克期提款。内除还重息短期债项三百五十万外,加以清付利息,所余挪支军储、赈粜之用已属无几。鄂事为东南大局所系,剿抚事宜以及两江防务、招勇购械及开办宁制造局,在在需款,且瑞澂已电请接济。袁世凯奉命督鄂,复电请筹拨军械,节节均应予备。不筹定的款为之应付,于战事防务均大有阻碍。现华洋信用尚在,趁此时再向洋行加借二百万两,即以已还腾出之官产为抵押,庶急切免至束手。人骏忧念时局,中夜徬徨,再四思维,特为此万不获已之吁求。伏乞宸断决行,毋任翘企待命之至。谨请内阁代奏。人骏叩。东。

### 附：内阁为奉旨准向洋行加借款项事致张人骏电

（宣统三年九月初三日）

发江督电。洪。奉旨：张人骏电奏，前经奏准借轻息长期洋债五百万两，除还重息短期债项三百五十万两外，加以清付利息、挪支军储赈粜，所余无几。鄂事剿抚以及江防招勇购械、开办制造、赶拨鄂省军械，在在需款，均应预筹的款，为之应付。拟请向洋行加借二百万两，即以已还腾出之官产为之抵押等语。著照所请。该部知道。钦此。阁。江。

## 致驻沪英德日领事长江各小码头概不停轮请饬遵照会

（宣统三年九月初一日）

照得鄂变事起，沿江一带各埠城镇华洋商务、人产亟应加意保全，诚恐匪徒混迹轮船，潜赴各埠，实于治安有碍。零星小埠尤多盗贼，更当小心防范。现已由邮传部饬令招商局，江轮来往沪、汉，只准在九江、安庆、芜湖、南京、镇江、上海各大埠停泊。沿路小码头概不停轮上下客人，并于各该大埠专派得力妥善巡警，于船到时详细稽查，以尽保护治安，俾商得以宁帖。太古、怡和、大阪、美最时各公司，与招商局事同一律，洋商货产更应尽力保持之责，务祈贵总领事即行分别转饬各该公司一体照办，致纫睦谊。除饬沪道向贵署面商办法外，相应照请贵总领事官查照施行。

须至照会者。

右照会驻沪英、德、日本领事官。

### 附：军咨府为各码头派员严密搜查匪党事致张人骏电

（宣统三年八月二十九日）

申。顷闻匪党间有往来长江上下游、潜行勾结煽惑者，自应严密搜查，庶免蔓延。即请于九江、安庆、芜湖、南京、镇江、上海各码头派定妥员,俟轮船到时均切实盘问考查,如有形迹可疑者,即当扣留。除招商局业由邮部通饬外,其太古、怡和、大阪、美最时各公司,应请贵督照会上海英、日、德各领事通饬遵守为盼。军咨府。艳。

## 会同铁良张勋为拟由铁良招募十营事致内阁请代奏电

(宣统三年九月初二日)

申。钦奉二十七日谕旨:如所添防营仍不敷分布,著铁良、张人骏、张勋会商,再行酌量添募。惟所需饷项,必须预为筹备,方能济用。现值部库支绌,无款可拨,并著由该督移缓就急,设法筹措,以应急需等因。钦此。遵即会同确商。铁良镇守金陵,非招营无以资防御;勋身膺江防,非增兵无以资战守。东南大局安危,关系最重。且现准军咨府电嘱,派得力军队赴鄂连合。袁世凯亦电达调营应援。若不筹备应付,则武汉久被匪踞,大局必至瓦解,非铁良等所敢忍言。且长江伏莽素多,蠢蠢欲动,若不增加兵力,实不足以资镇慑。再四商酌,拟由铁良招募十营,每营暂以二百五十人为额,江防原有十八营,每营只二百五十人,拟由勋每营招足五百人,并另招两营,合共二十营,应可稍资策应。倘匪警日急,仍请照铁良、张勋前电办理。惟所需饷项,诚如圣谕,应须预为筹备,方能济用。惟江南财政困难,至今已极,实无可移之款,息借之外债经分别抵还,已所余无几。即人骏所招之十营,亦尚在筹措前项勇饷。惟有仰恳天恩,仍饬度支部保全东南大局,无论如何为难,迅即先筹的款银一百三十万两,分拨应用,不胜迫切待命之至。谨请代奏。铁良、张人骏、张勋同叩。冬。

## 为刻下各库已罗掘一空事致内阁请代奏电

(宣统三年九月初三日)

申。钦奉初二日电传谕旨:著张人骏体察情形,迅饬提督张勋酌派得力兵队迅速前往、扼要防堵等因。钦此。自应钦遵办理,惟人骏不能已于言者，江南兵、饷两绌，于斯已极，添营购械，在在均需的款。刻下各库已罗掘一空，沿江官银号、银行因钞票被挤，均将失败。经多方筹济，始暂获保全。现上海银根断绝，各庄号已停止交易。七日宁省奉旨准借之外债五百万两，洋行因鉴于沪市情形，又因鄂省乱事，均意在观望，不能迅速成议，提取现银。此财政万分困难之情形也。

宁省止巡防三十余营，分防至千余里之遥，零星分扎，均难抽动。江防十八营因事调皖、调苏及分扎宁城下游一带，现在江浦不过数营。自闻鄂警，人心惊恐，伏莽图发。原扎各处之兵，无论不能撤回，且复纷纷请益。陆军名誉被鄂事牵累，不能用而反应防。各省情形，如出一辙，此间尤甚。奏准添募之十营，虽已分路开招，而临时募集，非略加训练，亦属无用，此军政万分困难之情形也。前月二十夜，一闻鄂警，当以筹布江防，应先调拨兵舰，即电海军部饬派，准复就近调用。时逾十日，仅到最小之“楚谦”一号。日夕电催，昨又到“海容”一号，未及驻泊，即奉调赴鄂。安庆防务吃紧，调江防两营前往，既无兵轮可载，饬雇招商局轮，又不允装兵。现已设法另行筹雇，此调度万分困难之情形也。

总之，金陵系下游根本之地，为东南大局安危所关，人骏忝膺疆寄，值此时艰，敢不勉为其难？惟鄂事由于新军，以致风潮所及，谣言纷起，一夕数惊。以目下情形而论，防内尤甚于防外，而防内之难更甚于防外。稍一松动，窜扰之祸尚远，响应之事即成。经竭力布置，现省防已得就绪，而出防赴援，终苦无兵。九江以上等处，诚如圣谕处处堪虞，已与提督张勋熟商，拟赶紧募勇，填扎原防，一俟成营，即行分拨。一面酌调得力旧营，相机前进扼防。至百端待举，非款莫办。昨经电请代奏，再借外债二百万两，惟有吁恳圣恩，特予允准，以便连同前款五百万两，迅速借成提取，庶不至临时束手。并请饬下各部予以事权，凡归部直接之招商、制造、造币各局厂，如遇提款、拨械、派轮等事，在事各员毋得掣肘，期赴事机，而免迟误。大局幸甚，人骏幸甚。谨请代奏。人骏。江。

### 附:盛宣怀为发行新铸银币致张人骏程德全刘燕翼电

（宣统三年九月初二日）

现因南省市面银根紧急,现币缺乏,已由贵督奏明酌拨新铸银币,发交银行行用。据上海大清、交通、通商各银行奉复,已会同商钱业公议,拟照旧有龙圆价值通用,借维市面,应请查照示谕阖省商民人等须知,此项新币比较旧有龙圆成色更佳,现准照龙圆市价一律行用,所有钱粮厘捐各项均准完纳,俾坚信用而利推行。希即照办电复为盼。

## 大局实属可危我公何日出兵致袁世凯电

（宣统三年九月初四日）

午。现九江、湖口,警信迭至。据潼关电局报称,西安复兵变。似此群起响应,大局实属可危。我公如何布置,何日就道?西省相距较近,尊处当有确音,乞一并电示。骏。支。

### 附:署四川总督赵尔丰为四川形势致张人骏电

（宣统三年九月初二日）

申。鄂乱阻隔,不得确音,敝处所发之电,多不能达,焦急万状。川匪大股以新津为最,凭山阻河,地势险要,已于二十二日克复。近属各匪时思围攻省城,皆经驱剿堵截,先后均败。惟地广兵单,防剿难于周密,匪党到处勾结,时散时聚,已定之区仆而复起,未乱之区亦有蠢动之势。惟有尽现有之兵力,次第荡除而已。午帅带鄂军一标尚在渝城,约下月当可到省。余容续布。尔丰。俭。

## 附:冯汝骙报告九江失守致张人骏等电

(宣统三年九月初三日)

张制台、朱抚台、宝抚台,并探投袁宫保、荫大臣、萨军门、刘道台鉴:

辰。顷电奏,文曰:初三酉刻,据署法司张检禀,初二,九江传闻湘省已失,讹言自起,一日数惊,当饬该统带等加意防范。正在严密布置,忽于十钟,闻炮三声,四路火起,袖缠白布,口称同心协力,枪声贯耳,查系53标营队,即饬55标统带庄守忠率兵抵御,当以众寡不敌,虽奋力猛扑,未能顺手,道府县尚未查明下落,等情。

查九江为通商巨埠,轮船上下,肆行无阻。匪竟来往飘忽,行踪诡秘,暗中勾煽,最为腹心之患。迭经奏请饬部与各国公使严行取缔,一面督饬该道会同租界认真防查。不料变生仓猝,实属口防无术,罪有应得。应请先将汝骙从严惩处,协统吴介璋、53标统带马□宝训练无方,应一并先予严惩责问,带罪效力。署法司张检甫经到防,统带庄守忠奋力抵御,众寡不敌,应请免予置议,仍责成张检督率庄守忠等设法攻击,并请饬海军部电饬驻浔兵轮会剿,力图规复。谨奏。骙。江。印。

## 为拟续借洋款二百万两致内阁电

(宣统三年九月初四日)

申。窃江南筹办防务,需款万急。东日电请钧阁代奏,拟续借洋款二百万两,系出于万不得已之吁求。刻下事机益迫,举凡招营、购械、办赈及支放水陆新旧各军饷糈,均待给于此,而别无可筹。再事迁延,万一华洋信用间有中断,尔时告贷无门,势将束手待毙。华洋信用,全视大局之安危。欲支危局,先求足用,帑项告竭,瓦解即在目前。此人骏迭请借债冒昧烦渎之苦衷也。伏乞圣明独断,准照前奏,由人骏向洋行续借银二百万两,不胜迫切待命之至。谨请钧阁代奏。人骏叩。支。

## 为欲保东南大局亟须筹备大宗款项事致内阁电

（宣统三年九月初四日）

申。窃照宁省先后奏请息借洋债共七百万两,均钦奉谕旨允准,钦遵在案。迭经饬宁藩司委员赴沪议办,惟各国洋商银行因鄂事未定,均意存观望。近日事机益迫,待用愈殷,宁、苏、皖、赣财政同一困难。欲保东南大局,亟须筹备大宗款项。若各省分批自借,终恐迁延贻误,且难取信外人。为今之计,惟有由中央筹借分拨济用,以应亟需。相应请旨饬下外务部、度支部迅速协商,急向各国银行息借巨款,分拨沿江各省认用、认还。并向各国公使声明江宁先后借款共七百万两,统由国家担保,嘱其电饬上海各银行,即与宁省议订合用,庶借款有成,以资补救。谨请钧阁代奏。人骏叩。支。

## 请将长江水师提督程允和等严惩事致内阁等电

（宣统三年九月初四日）

申。据电局公电,湖口、九江于初三失守,电局被据等情,殊深惊愕。人骏自得鄂警,当以九江等处防务最为吃重,即电请海军部饬派兵舰驻泊照护。长江水师提督程允和奉命率师赴鄂,人骏复电嘱其统筹兼顾。初二日接程允和自湖舟次来信,谓沿途布置率湖标船快炮舢板驻扎汉口以下等语。如果布置周到,何要地竟被匪据?且九江派有兵舰,此外舰队复上下往来,何以均无防范?此次失陷,如系鄂匪窜至,则游弋之水师当其重罪;如系内匪响应,则驻泊之水师当其重罪。军务首重赏罚,似此失陷要地,实属咎无可辞。相应请旨将长江水师提督程允和严予惩处,并请敕下萨镇冰查明是日驻泊九江等处是何兵舰,何人管带,一并严惩。一面责成程允和等即日规复,以儆其余。至安庆防务万急,人骏已饬江防两营趱程前进。金陵为下游根本重地，已各饬各营严戒防备。谨请钧阁代奏。人骏叩。支。

### 附：海军部以昨日奉旨著萨镇冰攻击武昌致张人骏电

（宣统三年九月初六日）

海。前准瑞督、萨统制电称，攻击武昌炮舰尚嫌力薄，请饬琛、容、筹三舰前往。等因。“海琛”“海筹”业已抵汉。昨闻九江失守，电报不通。经商购北京、南京无线电局，故电“海容”驻皖，俾本部与驻汉之“海琛”“海筹”，驻皖之“海容”，可由北京、南京无线电局直接通信。经电朱中丞，“海容”到皖，即令“飞鹰”赴宁驻泊。又电上海徐参谋官，“楚观”由汕头到沪，即令立刻赴宁。昨日奉谕旨：着萨镇冰攻击武昌，等因。钦此。特闻，海部。微。

### 附：孙宝琦为不日开拔一协致张人骏电

（宣统三年九月初七日）

申。歌电悉。五镇[①]事甚秘，闻不日开拔一协[②]，起行后再电闻。九江不守，南昌无恙否？大局不可设想。琦。鱼。

### 附：内阁为已著袁世凯将湖口九江失守情形详查电奏致张人骏电

（宣统三年九月初七日）

申。奉旨：张人骏电奏，据电局公电，湖口、九江于初三日失守，电局被据等语。九江防务极关重要，前经派有兵舰驻泊防守，并有舰队往来游弋。程允和率师援鄂，沿途亦应妥为布置。何以均无防范，致令江防要地一旦失陷？著袁世凯将此次失事

---

① 北洋陆军第五镇，首任统制为吴长纯。全镇共计12512人，相当于师的建制。

② 北洋新军团级建制。

情形,程允和有无布置?是日驻泊九江等处兵舰系何人管带?一并详查,迅速电奏。仍督饬程允和等设法进攻,早日规复。钦此。阁。初六日。

## 为汉口业已克复回松寿电

(宣统三年九月初八日)

申。微电悉。长沙、西安均有变故,九江、湖口已失,大局实属可危。幸汉口业已克复,足以伸士气而戢匪焰。此间防务吃紧,虽有谣言,尚属安靖。骏。庚。

### 附:松寿为数日未得鄂省消息致张人骏电

(宣统三年九月初七日)

申。数日未得鄂省消息,不知近日又开仗否?情形如何?此间谣传不一,尚望密示为盼。寿。微。

## 为项城出发在即然尚无的期复李经羲电

(宣统三年九月初八日)

申。江电悉。九江失后,下游谣言愈甚,幸安庆戒备尚严,此间亦筹布就绪,静以镇之。汉口已克服,大局当有转机,京军赴鄂闻系二、四两镇,段提[1]奉命另有差,业已起程。项城出发在即,然尚无的期。

鄂垣满人是否尽殉,未得确音。宜昌并未被占,报纸谣言均不足信。西林仍驻上海,已奏准募勇八营,惟饷械两绌,恐难于速行。特闻。人骏。庚。

---

① 段祺瑞。

### 附:李经羲为段祺瑞军已否到鄂致张人骏电
（宣统三年九月八日）

申。宁防想已安靖,段提督已否援鄂？北军援鄂是否二、四两镇？姜[①]军南征滇川属鄂,项城已否到鄂？有无水陆全权？近日战事胜负如何？炮攻武汉不碍交涉否？

闻鄂垣满人尽殉,确否？宜昌被占,邻川愈危,西林现驻何处？用何兵队进道入川？能否速行？均祈电示。滇饷竭兵单,久持无力,内尚粗靖。敬闻。羲。江。

## 为奉旨拿解鄂督瑞澂致刘燕翼电
（宣统三年九月初九日）

申。瑞莘督[②]奉旨拿解,已委员赴沪会拿,望不动声色,先行看管。至要。督。佳。

### 附:刘燕翼为监视瑞澂事致张人骏电
（宣统三年九月十二日）

申。奉佳电,遵即亲自督同廨员宝令,驰赴瑞革督寓所察视,见工部局已派有探办多人在彼保护。据瑞革督面称自知身为大臣,不应辜恩溺职,早当恭诣阙北请罪。惟现染病恙,拟医治少愈即力病起程,已径自电求宪台核示。至瑞革督寓居公共租界,在工部局警权范围之内,非华官所能看管,必照会领袖、领事,请其转饬捕房,设法严行看守,并札饬廨员会商捕房妥办外,仍俟宪委到沪,再行会同商办。燕翼禀。真。

---

① 姜桂题。

② 湖广总督瑞澂。

## 为外人右匪似已倡言无忌复袁世凯电

（宣统三年九月初十日）

申。庚电敬悉。忠爱苦衷，无任钦佩。外人右[佑]匪，以骏所闻，似已倡言无忌。惟各国政府和约尚在，驻使照常交际，犹未敢公认耳。此时由外务部、各钦使善用联结手段，较伪革军必更得力，此骏前电奉达之意也。匪之联外机关全在侨商，恃其平日财力信用，未可小觑。兹若揭出外人一层，出示措词，不难痛切，应否虑及责言交至，因而直认革军为交战团体，正式公文一出，益将无可措手。不提外人而症结不破，陆宣公所谓以言动人而文不挚，又焉用之？骏忧念大局，无泪可挥！区区愚见，敬以奉商，即求示我。骏。蒸。

## 为已调营前往镇慑复吴肇邦电

（宣统三年九月十一日）

安、蒸电悉。已调营前往镇慑。督。真。

### 附：吴肇邦为镇江旗汉冲突致张人骏电

（宣统三年九月初十日）

安。镇江旗、汉冲突，土匪乘机滋扰，恐酿巨患。乞速派员调和解散。邦叩。蒸。

### 附：程德全为无可抽调之营队到镇江致张人骏电

（宣统三年九月初十日）

申。镇江都统暨林道电，计已达览。敝处无可抽调之营队，想尊处已拨营防助。仍乞电示。全。蒸。

## 为已饬赴沪会办岂能调宁复吴肇邦电

（宣统三年九月十四日）

二元电均悉。接抚电，已饬赴沪会办，岂能调宁？此间新币已尽，亦难照拨。督。寒。

### 附：吴肇邦为上海闸北警局被占致张人骏电

（宣统三年九月十四日）

安。顷闻上海闸北警局被占，雪帅[①]忽委蒋道茂熙[②]会办警务，其意叵测。乞速调邦[③]赴宁，以避此危。肇邦叩。元。

### 附：江苏巡抚程德全为上海商团围攻制造局事致张人骏电

（宣统三年九月十三日）

南京张制台鉴：

洪。刘道元电，知已并达。顷又据巡警局电：南市城内商团全动，举李钟钰民政部长，现围攻制造局，等语。除飞饬吴道迅即赴沪，会同刘道[④]先行设法妥为解散并将姚局长撤销外，先此电闻。全。元。印。

### 附：江苏巡抚程德全为上海租界未闻有警事致张人骏电

（宣统三年九月十四日）

南京张制台鉴：

洪。寒电悉。刘道覃电计达。租界未闻有警。全已电刘道

---

① 程德全。

② 蒋茂熙。曾任河南省巡警道。

③ 吴肇邦。

④ 刘燕翼。

邀集绅商会商各国领事,以保全中外商民产业为第一要义,一并饬遵。再,虞道[1]来苏,午后赴宁,自能面禀。全。寒。印。

## 附:程德全为江苏独立致各省督抚电

(宣统三年九月十五日)

各省制台、抚台、孝感袁宫太保鉴:

洪。顷电内阁,文曰:顷据苏、松、常、镇、太五属士民公呈称,自武汉起义以来,各省响应,人心如此,大局可知。江苏当江海之冲,人民数百万,财产数万万,值此危迫之状,保护维持,责在抚院。现经五属士民公决,苏省亟应宣告独立,组织都督府,并公推抚院为都督,以保治安等语。同时又有苏省军队全体排列到署,并先经遍贴告示,上书都督程字样。德全当即剀切开导,劝其保守秩序,静候大局。惟该士绅既多夙号安分之人,该军队又无暴烈之举动,自未便遽予惩创,转致离散人心。惟有选派士绅,分投劝导,并宣布朝廷德意,以期挽回人心而固大局。事势危迫至此,四方响应,几无补救之法,实为痛心。现在能否解散,毫无把握,惟鞠躬尽瘁而已。请代奏。等语。谨闻。再,杭州已失守。并告。德全。咸。

## 附:军咨府为上海失守致张人骏电

(宣统三年九月十四日)

申。顷据上海报局电称,昨夜道署火起,刘道避租界,地方事暂由自治公所主治。今晨据高昌庙报房电称,制造局已让革军占领,人民平安,等语。查此事关系重大,贵督现在如何处置之处,极盼电复。至沪宁铁路,尤关紧要,务设法防卫,毋为匪徒

---

① 虞和德(1867—1945),字洽卿。清末捐道员衔,辛亥革命中支持上海光复。1920年合伙创办上海证券物品交易所,任理事长。

利用。至要。军咨府。寒。

## 为核实罢兵上谕致京师大学堂监督劳乃宣电

（宣统三年九月十六日）

因。密。十四日罢兵上谕，外间多疑是否确实，乞速密示。骏。铣。

## 为朝廷已处于极可哀怜之地复张謇函

（宣统三年九月十八日）

屡得函电，非不欲竭力图维。奈借款至今未到，饷需万急，更无余力分润。沪上又告变，窃谓朝旨已下，政府已翻，党人已赦，朝廷已处于极可哀怜之地，何忍再事煎迫？此间大势岌岌，弟惟力以图。现值议会方开，政治改良，老兄重望鸿才，与弟气谊相孚，非流俗所喻，亟盼早日惠莅，官绅协力，共保治安。公以伟人，值此艰巨，理应为宁省担其责任，非家食[①]之时。特属薛令持函奉速，无任祷企。

### 附：张謇致张人骏辞职书

（宣统三年九月初三日）

上年谘议局以预算案不蒙公谅，致议员全体辞职。公以见咎，未暇深辩。旋经抚帅调停，召集复职。而宁省维持市面三百万借款之电奏发表，此款在江宁省垣市面，实仅十分之一。今年续借五百万，闻又以增营续借二百万，公已径奏，部令仍交局议。议员循名责实，不止一人，设仍不蒙公谅，议员何所逃罪？謇实不敢预议。适以厂事亟须至沪，故仓卒即行。倘荷以实支实用之款目理由示局，明白不欺，謇当以时忝附议席之末。伏望鉴谅。

---

① 赋闲，不食公家俸禄。

## 附:张謇为以民命为重致张人骏书

（宣统三年九月十八日）

风闻江宁旬日以来新旧军失和,将有溃决之势;又闻新军已开往秣陵关。果尔,则城内悉是旧军,当可安靖。而谣言不息,得毋满汉之故乎?各国公论,以汉口官军残杀过当,又荆州、太原亦有相残之事,颇有违言。世界人道主义日益发明,故战时惨杀实违公例。今江宁所不能释人之疑者,惟有旗营。不揣冒昧,披肝沥胆与铁将军一书,冀两族相见,不以干戈,保全无量之生命。另纸录呈台览。公为守土长官,必以民命为重,伏愿仁人一言,有以启将军之恺恻。謇言或不足为公重,然事关地方大局,当可谅其无他。倘荷采纳,地方幸甚!祈赐还答。

## 为十八日新军攻城事致陈夫人函

（宣统三年九月二十日）

十八日事[①]虽危险,而我并不惊慌,出花园后,即有军队保护至张少轩处,晚住北极阁。今日辰刻回署,一切照常,物件亦无遗失(小物略有损失)。老毛等闻我至,现已前来服役。惟连日未得好睡,未免疲倦,一切情形温委员详述即知。倦极,不能多写。

湛存[②]　二十日

---

① 1911年11月8日(阴历九月十八日),徐绍桢率新军在秣陵关起义,进攻南京城南雨花台。由于弹药不足,攻击未克。

② 张人骏中年之后的别号。

## 我但能过得去决不过于激烈致张允靖函

（宣统三年九月二十日）

永靖[1]收阅：

顷交珮珊兄一函，明日可到。我身体甚好，可告汝母弗念。我但能过得去，决不过于激烈，至多被发入山，不与闻世事耳。连日劳倦万分，多由少睡之故。今日见铁路京电，言都中尚无他变，报纸均不足信。允言十一信言，项城正与武昌议招抚事。倘能早成，暂缓目前之急，亦不得已。惟要求大甚，朝廷未必即曲从耳。

九月二十日父谕

都寓闻谣传亦必惊慌，即由上海发电慰之。允言等日来有无函电？邮政尚通，汝可作禀寄来，不必写沪地名。或托他人转寄亦可。

## 此次北来大错后悔无及致张允言函

（宣统三年十一月二十九日）

前日候洪[2]，竟日未来。昨早作函，邀其午后来此，不独不来，并无只字之复，殊不可解。岂他出未在此耶？项城昨日之险，出于意外。逻卒满城，而有此事，真防不胜防矣。

我事一无眉目，此次北来大错，后悔无及。非得巨款不能南行。前日夜半，段少沧[3]来，我已睡，允方见之，所言与我所拟若合符节。洪既未面陈，意亦不可测，而汝又喉痛不能来，我又不能露面，种种不行事机，殆无顺手之理。我意不如竟作罢论，汝可与华璧臣兄商量具呈请罪之式。如须亲自到京，即于日内北上。如能先行遣报具呈，无

---

① 张允靖，字幼安，张人骏幼子。

② 洪恩广。

③ 段书云，字少沧。

须亲到,尤好作为。到京即请假,拟即在此电阁代委以病为辞(照宝臣[①]办法,惟为日似已太迟)。以上办法三种,或具折奏,酌量为之。据云生、少沧所说,彼处军队、地方均极盼我去,其意可知。若一事无成,贸然前往,不必匪至而哗溃在意中。汝言速到徐了,过节即脱身,谈何容易?如在内具呈,必须将上海两电略提,即令允亮(今日行)抄出带去。

十一月廿九日巳刻

## 令允亮告知项城应得处分尽可从公拟断致张允言函

(宣统三年十一月二十九日)

早间寄去一函,计可即到。顷洪翰香来,言筱帅[②]之意,总以碍于议局查察,未敢耽认,言须到徐后有正式公文方能设法。无款无兵,如何前去?徐州防军之饷,并不由张少轩发给,皆本地官绅筹垫,我若到彼,岂肯再垫?项城前主甚误,细思此事,恐终难就局,不如趁此歇手,免致将来受累。前信所说,可即与璧臣兄商定,并令允亮便中告知项城,应得处分,尽可从公拟断,不必因私情而废公义也。保臣致阁电稿已悉,其抄来兹特寄去。惟我有徐州一层,止可设法斡旋,大致言本拟由铁路赴徐,惟久病不愈,和议无成,时机正急,迟恐误事,应请另简贤员,俾得调理稍痊,即赴都听候处分等语。汝既不便见项城,或与鞠相[③]商之亦可。无论是何处分,我均无怨意也。

顷又闻翰香言,前日上海洋商团有电致内阁,极袒革党,勒令从速了结。往询公使则云,彼国以商为重,商意如此,彼等以保商为责,不能不认等语。其言如此,量洋商均受彼等运动矣,其言似非不确。

---

① 铁良。

② 陈夔龙。

③ 徐世昌。与张允言为结拜兄弟。

又闻项城以开战商之，度支、军咨等部则皆以无饷、无械为辞，项城竟无办法，只有坐以待毙矣。奈何！奈何！

廿九日申刻

## 致袁世凯辞呈

（宣统三年十二月初五日）之前①

慰庭宫太保、亲家大人阁下：

违侍钧衡，倏逾七载。愈壬误国，盗弄潢池。我公东山复起，人骏待罪北行，咫尺国门，不得一瞻颜色，怅惘何如！

金陵失事，情形极为复杂，笔难罄书，不欲再渎清听。总之，此事关于气数，人骏不幸身丁其间，命之不辰，夫复谁怨？

沦陷之时，本欲乘隙过江，以图规复。无如匪舰充斥，不能飞渡。并闻淮皖以北，遍树降幡，辗转思维，与其受凌辱于贼臣，不如归此身于司败。刀锯斧钺，亦属天恩。遂与宝臣将军潜行赴沪，航海北来。及抵津门，始知徐州反正，少轩收集散亡，仅能自保。

儿辈传述钧谕，指示迷途。感激之余，辄思变计。日昨遣人赴徐，查察大势仍属危险，已令儿子允言将详情晋谒面达。公既悯其颠危，欲与扶持，即请速拨劲旅，以固徐防。如果无师可济，则私拟具牍自劾，请付吏议。深恐一误再误，益增咎戾，转贻知己之羞。祈执事有以教之。

再。徐州为四战之地，北连曹兖，西接开归，无江河可限，无险隘可防，以少轩数千饥疲之师，徐防十余缉捕之队，械缺饷单，支柱其间。又闻韩庄驻兵颇不足恃，设有震惊，齐、豫势将瓦解，畿辅藩篱尽

---

① 宣统三年十二月初五日奉旨："失守地方，本属咎有应得。惟念该督效力有年，此次与铁良、张勋坚守苦战，援绝城陷，情尚可原。既据奏称，病难速痊，著开缺听候查办。钦此。"据此推断，张人骏此函写作日期当在宣统三年十一月廿九日致函张允言之后至十二月初五日圣旨下达之间。

撤,其祸殆不忍言。愿我公先事图维大局,幸甚。现已摒当行李,敬候指麾。

专肃。敬请台安,伏惟垂察。

姻如兄张人骏顿首,谨上。

## 附:军情

一、张军[1]虽有二十五营,其能战者不过旧勇二三千人,余数千人多新募,设贼兵分四五路来攻,水陆并进,备多力分,恐难抵御。

二、张军挫败后,士气不免稍馁,非有大支劲旅辅之,其气恐难即振。

三、张军多用曼利夏枪,闻仅六七千枝,每枝子弹不及三百,岂能持久?必须速筹添拨。

四、张军炮位已全遗失,亟宜速拨过山炮十余尊,多配子弹,平原之地非此不可。

五、此次金陵贼军能胜官军者以机关枪,而官军无之,势堪不支。其实宁省除陆军所用外,军械局本存十余尊,因秋操调赴永平,若由军咨处查明现归何处,即予拨回,配给子弹即可应用,否则或由他处拨付十二尊或十六尊,并佐以两磅炮多尊,较为得力。

六、平原之地,最宜马队。张军在宁马匹均未过江,现存仅百余匹,亟宜添购。两军同处一方,易生意见,闻曹统制锟[2],与少轩颇契合,若令相辅而行,必可有济。

七、少轩御下颇严,各统领至不敢违议。公与通问时,务请勉以集思广益,弗信左右近习之言,以救其偏。但弗言此议出自鄙意。

八、徐饷项,属巡防马步共十九营,每月饷银三万余两,向由省

---

① 张勋的部队,即江南巡防营残部。

② 曹锟(1862—1938),字仲珊。1907 年被袁世凯任命为北洋军第三镇统制官。

局及海州分司淮北督销分拨。现在绅士已筹垫两月，竭蹶万分，十二月饷尚无着落，总督一到，断无再垫之理。

九、徐属今年水灾颇巨，邳宿尤甚。总督一到，势必纷纷请赈。不应无以为辞，势必滋乱；应之，则非巨款不可。

十、少轩现住火车，距城数里，总督不能不驻城内，卫队亲军势不可少。

十一、徐州现当前敌，人人以为危地，则办事员弁势非优给公费薪资不可。

十二、兵队之为贼所逼，而叛者或有自拔来归及盗匪之投诚效力者，不能不编营给饷。

十三、张军之自宁冲出者，与少轩异路而行，各统领允以重赏，故一路安静无骚扰溃散之事，及到徐后，不能尽如其愿，颇有怨言。到彼后，必须稍加赏恤，以固军心。后如有战胜之事，亦须随时给赏。

以上额支、活支之款，每月约四万两，张军之饷不在内，赈款随时再议。

再。人骏拟到徐州即电奏请罪，惟望朝廷速简贤员，俾得早日卸责。另纸所陈各节，止为保全大局起见，非有恋栈冀恩之意。敬祈垂察为幸，肃此裁请钧安。名正肃。

固知到彼为日无几，第恐候代需时，设仓卒有警，无可措手，又添一重罪案。

## 【附录】

# 韵目代日表

| 日期 | 韵目 | | | | | 日期 | 韵目 | | | |
|---|---|---|---|---|---|---|---|---|---|---|
| | 上平 | 下平 | 上声 | 去声 | 入声 | | 上声 | 去声 | 入声 | 替换 |
| 1日 | 东 dōng | 先 xiān | 董 dǒng | 送 sòng | 屋 wū | 16日 | 铣 xiǎn | 谏 jiàn | 叶 yè | |
| 2日 | 冬 dōng | 萧 xiāo | 肿 zhǒng | 宋 sòng | 沃 wò | 17日 | 篠 xiǎo | 霰 xiàn | 洽 qià | |
| 3日 | 江 jiāng | 肴 yáo | 讲 jiǎng | 绛 jiàng | 觉 jué | 18日 | 巧 qiǎo | 啸 xiào | | |
| 4日 | 支 zhī | 豪 háo | 纸 zhǐ | 真 zhì | 质 zhì | 19日 | 皓 hào | 效 xiào | | |
| 5日 | 微 wēi | 歌 gē | 尾 wěi | 未 wèi | 物 wù | 20日 | 哿 gě | 号 hào | | |
| 6日 | 鱼 yú | 麻 ma | 语 yǔ | 御 yù | 月 yuè | 21日 | 马 mǎ | 箇 gè | | |
| 7日 | 虞 yú | 阳 yáng | 麌 yǔ | 遇 yù | 曷 hé | 22日 | 养 yǎng | 祃 mà | | |
| 8日 | 齐 qí | 庚 gēng | 荠 qí | 霁 jì | 黠 xiá | 23日 | 梗 gěng | 漾 yàng | | |
| 9日 | 佳 jiā | 青 qīng | 蟹 xiè | 泰 tài | 屑 xiè | 24日 | 迥 jiǒng | 敬 jìng | | |

续表

| 日期 | 韵目 | | | | | 日期 | 韵目 | | | |
|---|---|---|---|---|---|---|---|---|---|---|
| | 上平 | 下平 | 上声 | 去声 | 入声 | | 上声 | 去声 | 入声 | 替换 |
| 10 日 | 灰 huī | 蒸 zhēng | 贿 huì | 卦 guà | 药 yào | 25 日 | 有 yǒu | 径 jìng | | |
| 11 日 | 真 zhēn | 尤 yóu | 轸 zhěn | 队 duì | 陌 mò | 26 日 | 寝 qǐn | 宥 yòu | | |
| 12 日 | 文 wén | 侵 qīn | 吻 wěn | 震 zhèn | 锡 xī | 27 日 | 感 gǎn | 沁 qìn | | |
| 13 日 | 元 yuán | 覃 tán | 阮 ruǎn | 问 wèn | 职 zhí | 28 日 | 俭 jiǎn | 勘 kān | | |
| 14 日 | 寒 hán | 盐 yán | 旱 hàn | 愿 yuàn | 缉 jī | 29 日 | 豏 xiàn | 艳 yàn | | |
| 15 日 | 删 shān | 咸 xián | 潸 shān | 翰 hàn | 合 hé | 30 日 | | 陷 xiàn | | 卅 sà |
| | | | | | | 31 日 | | | | 世、引 shì、yǐn |

## 《中国近现代稀见史料丛刊》已出书目

**第一辑**

莫友芝日记
汪荣宝日记
翁曾翰日记
邓华熙日记
贺葆真日记
徐兆玮杂著七种
白雨斋诗话
俞樾函札辑证
清民两代金石书画史
扶桑十旬记(外三种)

**第二辑**

翁斌孙日记
张佩纶日记
吴兔床日记
赵元成日记(外一种)
1934—1935中缅边界调查日记
十八国游历日记
潘德舆家书与日记(外四种)
翁同爵家书系年考
张祥河奏折
爱日精庐文稿
沈信卿先生文集
联语粹编
近代珍稀集句诗文集

**第三辑**

孟宪彝日记
潘道根日记
蟫庐日记(外五种)
王癸避难日志　辛卯年日记
嘉业堂藏书日记抄
吴大澂书信四种
赵尊岳集
贺培新集
珠泉草庐师友录　珠泉草庐文录
校辑民权素诗话廿一种

**第四辑**

江瀚日记
英轺日记两种
胡嗣瑗日记
王振声日记
黄秉义日记
粟奉之日记
王承传日记
唐烜日记
王锺霖日记(外一种)
翁同龢家书诠释
甲午日本汉诗选录
达亭老人遗稿

**第五辑**

袁昶日记
吉城日记
有泰日记
额勒和布日记
孟心史日记·吴慈培日记
孙毓汶日记信稿奏折(外一种)
高等考试锁闱日录
东游考察学校记
翁同书手札系年考
辜鸿铭信札辑证
郭则沄自订年谱
庚子事变史料四种(外一种)
《申报》所见晚清书院课题课案汇录
近现代“忆语”汇编

**第六辑**

江标日记
高心夔日记
何宗逊日记
黄尊三日记
周腾虎日记
沈锡庆日记
潘钟瑞日记
吴云函札辑释
新见近现代名贤尺牍五种
稀见淮安史料四种
杨懋建集
叶恭绰全集
孙凤云集
贺又新张度诗文集
王东培笔记二种

**第七辑**

豫敬日记　洗俗斋诗草
宗源瀚日记(外二种)
曹元弼日记
耆龄日记
恩光日记
徐乃昌日记
翟文选日记
袁崇霖日记
潘曾绶日记
常熟翁氏友朋书札
王振声诗文书信集
吴庆坻亲友手札
画话
《永安月刊》笔记萃编
浙江省文献展览会文献叙录
杨没累集

**第八辑**

徐敦仁日记
王际华日记
英和日记
使蜀日记　勉喜斋主人日记　浮海日记
翁曾纯日记　瀚如氏日记(外二种)
朱鄂生日记
谭正璧日记
近代女性日记五种(外一种)
阎敬铭友朋书札
海昌俞氏家集
师竹庐随笔
邵祖平文集